한번에 합격!

新 HSK

실전모의고사

저자 위펑(于鵬), 쟈오위메이(焦毓梅), 스징(史靖)

해설 박은영

 문제집

 6급

한어수평고사(HSK)는 전 세계에 중국어를 모국어로 쓰지 않는 사람을 대상으로 중국어의 종합적인 수준을 표준화, 규범화, 과학화된 방법으로 평가하는 가장 권위 있는 시험이다. 1990년에 중국 내에서 정식으로 실시되었고, 1991년에는 해외에서도 실시되어 오늘날까지 만 20년이 되었다. 한어수평고사는 중국어 학습자의 새로운 요구를 만족시켜주기 위해 중국국가한판조직(中国国家汉办组织)에 속한 중외한어교육, 언어학, 심리학, 교육통계학 등의 전문가들이 새로운 국제한어능력표준화시험(신 HSK)을 개발하였다. 이 시험은 해외의 실질적인 중국어 교육 상황에 관한 충분한 조사와 이해를 바탕으로 기존 HSK의 장점을 그대로 살리고 국제 언어 시험 연구의 최신 성과를 참고했으며 《국제한어능력표준》을 근거로 하여 2010년 3월부터 실시되었다.

신 HSK는 기존에 기초, 초중등, 고등 세 단계 총 11개 등급으로 나뉘던 시험을 6등급으로 바꿨다. 또한 필기시험과 구술시험이 따로 분리되어 독립적으로 실시된다. 필기시험은 1급에서 6급까지 있으며, 구술시험은 초등, 중등, 고등시험으로 나뉜다. 신 HSK는 기존 시험의 객관적인 평가를 그대로 유지하며, 그 성적은 유학생의 반 편성, 입학, 졸업, 채용 등에서 중요한 평가기준이 된다.

신 HSK는 국제적인 중국어능력표준화시험으로, 중국어를 모국어로 하지 않는 수험생의 생활, 학습, 업무에서의 중국어 활용능력을 중점적으로 평가한다. 신 HSK는 기존 시험과는 다르게 현재 국제적으로 행해지는 중국어 교육상황이나 교재들을 충분히 반영하고 있다. 이로 인해 문제 유형과 출제 포인트 등이 기존의 시험과는 비교적 큰 차이를 보인다. 시험을 앞둔 수험생들은 대개 시험의 핵심 포인트를 정확하게 짚어주고 실전 연습을 통해 과학적이고 효율적으로 시험에 대비할 수 있도록 도와주는 학습서를 필요로 한다. 이 책은 그런 수험생들을 위해 만들어졌다.

이 책의 특징은 다음과 같다.

① 실전과 같은 문제   이 책에는 신 HSK 4, 5급의 필수 어휘와 핵심 문법이 담겨 있다. 풍부한 이론과 실전 경험을 바탕으로 중국어교육 일선에서 직접 학생들을 가르치며 단독 혹은 공동으로 중국어 교재나 HSK 수험서를 내신 선생님들에 의해 편집되었다. 또한 고등 HSK 시험 듣기 부분 녹음에 참여했던 전문 방송인이 직접 녹음해서 실제 시험과 같은 모의고사를 쳐볼 수 있다.

② 독창적인 내용   이 책은 과학적이고 정확하며 다양한 문제로 구성했으며 불필요한 중복은 피했다. 시험 대비와 학습을 결부시켜, 수험생이 정곡을 찌르는 모의고사를 통해서 중국어의 수준을 올릴 수 있게 했다.

언어라는 것은 배운다고 다 되는 것이 아니라 연습을 통해 터득할 수 있다. 이 책이 시험을 준비하는 과정에서 생기는 수험생들의 어려움을 해결해주고 순조롭게 HSK 6급 시험을 통과하는 데 도움이 되길 바란다.

저자

중국의 경제 규모가 커지면서, 중국어의 중요도도 점점 높아지고, 중국어 수요가 급증하고 있는 지금, 중국어 능력 테스트도 새로운 변화에 부응하기 위해 구 HSK에서 신 HSK로 발전과 변화를 거듭하고 있습니다.

새로운 형식의 신 HSK는 중국어 구사 능력뿐만 아니라, 중국의 사회와 문화에 대한 전반적인 이해가 있어야 문제에 보다 쉽게 접근할 수 있습니다. 이는 중국이 정책적으로 신 HSK를 통해 중국의 문화들을 세계에 알리고, 친 중국파를 많이 만들고자 하는 의도로 파악됩니다. 그러므로 중국어를 사랑하고, 알고자 하는 마음가짐으로 공부하는 것이 중요하다고 할 수 있습니다. 물론 시험이 중요하나, 시험에만 급급해서 문제를 풀지 말고, 여기에 엄선된 내용들은 중국의 특색 있는 중국문화 전파 의도가 반영되어 있음을 이해하고, 이런 각도에서 이 문제집을 풀어본다면 분명 일거다득의 소득이 있을 것이라 장담합니다.

본 교재는 100% 신 HSK 형식에 맞추어 문제가 출제되었으며, 정식 시험 응시 전에 충분한 연습을 할 수 있도록 5세트가 수록되었고, 이에 해당하는 정확한 해석, 자세한 해설 및 단어를 수록하고 있습니다. 여러분들께서 신 HSK를 준비하는 데 있어 만반의 준비를 다 할 수 있을 것이라 여겨집니다.

본 교재 번역은 문법을 묻는 문제들은 직역 위주로 번역하고, 그 외의 부분들은 의역을 하였습니다. 정확한 중국어 단어의 뜻, 하나하나의 의미파악을 위해서는 직역이 필요하고, 전반적인 문맥의 의미를 알기 위해서는 의역이 도움이 되기 때문입니다. 그래서 기초일수록 직역 위주로 번역하였고, 고급일수록 의역을 위주로 하였습니다. 즉 4급에서 6급으로 갈수록 의역을 많이 하였습니다. 고유 명사 표기 부분에서 우리에게 많이 알려진 내용들은 한자어 독음으로 표기하였고, 그 이외에는 음역을 하되 발음은 정부방안을 기준으로 하였습니다. 번역뿐만 아니라 해설에서도 십분 심혈을 기울였습니다. 수험생이 쉽게 범할 오류를 지적해 내고, 수험생의 눈에서 이해하기 쉽도록 잘 설명하려 많은 애를 썼습니다. 다른 보기들이 왜 답이 안 되는지도 확인하고 넘어가는 그런 깐깐함이 필요하므로 수험생들은 이 부분의 설명들을 잘 공부하여 많은 수확을 얻기 바랍니다.

중국의 대외한어 분야에 교학 지도 경험이 풍부하시고, 기초 HSK에서 고등 HSK까지 많은 책을 집필하신 저명한 于鹏, 焦毓梅, 史靖 교수님들과 같이 작업을 할 수 있는 기회를 얻게 되어서 영광스럽게 생각하며, 저도 많이 배우는 기회가 되었습니다. 더불어 이런 기회를 만들어 준 제이플러스 출판사 이기선 실장님과 편집부 식구들에게도 감사의 말씀을 전하고 싶습니다. 그리고, 제게 전폭적인 지지를 해 주시는 順利通 HSK 학회장 찐순지 선생님, 한국외국어대학교 통번역대학원 송근호님께도 감사의 말씀을 전합니다.

마지막으로 제 일이라면 만사 제쳐놓고 도와주시는 친정어머니와 시어머님 및 가족들, 그리고 제 삶의 활력소인 남편, 세상에서 엄마가 제일 예쁘다는 아들 정현이와 이 교재 탄생의 기쁨을 같이 하고 싶습니다.

번역 및 해설 박은영

수험생의 중국어 수준을 종합 적으로 평가하기 위해 신 HSK 6급 시험은 종전의 고등 HSK 문제 유형을 바탕으로 개진하였으나 시험 내용이나 문제 분량 등은 많이 달라졌다. 신 HSK 6급 시험은 객관식과 주관식 두 부분으로 나뉘며, 시험 시간은 약 135분이다.

객관식은 총 100문제이며, 그 중 듣기 부분이 50문제(35분 완성), 독해 부분이 50문제(45분 완성)다. 주관식은 쓰기 부분이 있다. 쓰기 부분은 1,000자 정도의 문장을 400자 정도로 줄여 써야 한다(45분 완성).

자세한 문항 수와 시험 시간은 아래와 같다.

시험 내용		문항수(개)		시험 시간(분)
1. 듣기	제1부분	15	50	약 35
	제2부분	15		
	제3부분	20		
2. 독해	제1부분	10	50	45
	제2부분	10		
	제3부분	10		
	제4부분	20		
3. 쓰기	작문	1		45
답안지 작성 시간				10
총계		101		약 135

객관식 문제 HSK 6급은 응시자의 중국어 응용 능력을 평가하는 시험이다. 시험 수준은 《국제중국어능력기준》 5급과 《유럽공통언어참조프레임(CEF)》 C2급에 해당한다. HSK 6급에 합격한 응시자는 중국어 정보를 듣거나 읽는 데 있어 쉽게 이해할 수 있으며, 중국어로 구두 혹은 서면으로 자신의 견해를 유창하고 적절하게 전달할 수 있다.

① 응시 대상

HSK 6급은 5,000개 또는 5,000개 이상의 상용어휘를 마스터한 학습자를 대상으로 한다.

② 시험 내용

HSK 6급은 총 101문제로 듣기/독해/쓰기 세 부분으로 나뉜다.

총 시험 시간은 약 140분이다.(응시자 개인 정보 작성 시간 5분 포함)

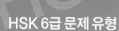

1_듣기

▶ 第一部分

第一部分，共15题。每题听一次。每题播放一小段话，试卷上提供4个选项，考生根据听到的内容选出与其一致的一项。

제1부분은 총 15문항이다. 모든 문제는 한 번씩 들려준다. 모든 문제는 하나의 단문으로 구성된다. 응시자는 시험지에 제시된 4개의 선택 항목 중에서 단문 내용과 일치한 것을 고른다.

〈例如〉

1. 一辆公共汽车沿着下坡路快速前进着，有一个人在后面紧紧地追赶着这辆车子。一个乘客从车窗中伸出头来对追车子的人说："算啦，你追不上的！""我必须追上它，"这人边跑边说："我就是这辆车的司机！"

   A 公共汽车坏了
   B 有乘客想上车
   C 汽车开得很快
   D 司机不在车上 ✓

答案 1 [A] [B] [C] [■]

▶ 第二部分

第二部分，共15题。每题听一次。播放三段采访，每段采访后带5个试题，试卷上每题提供4个选项，考生根据听到的内容选出答案。

제2부분은 총 15문항이다. 모든 문제는 한 번씩 들려준다. 이 부분은 3개의 인터뷰(취재 내용)로 구성되며, 각각의 인터뷰에 대해 5개의 질문을 한다. 응시자는 주어진 4개의 선택 항목 중에서 정답을 고른다.

〈例如〉第21到25题是根据下面一段采访：

女：音乐无国界，当世界著名指挥家小泽征尔第一次听到《二泉映月》，激动得是泪流满面、身不由己地跪了下去！他认为《二泉映月》是世界级的名曲。说起《二泉映月》，首先就要提到他的作者——阿炳。张教授，您能不能给我们介绍一下关于阿炳和《二泉映月》的情况。

男：好的。"二泉映月"的"二泉"是指江苏无锡惠山泉，因为它世称"天下第二泉"。1893年9月19日，民间音乐家华彦钧，俗称瞎子阿炳，就诞生在无锡。作为一个盲人，阿炳经过57

年的孤苦飘零与贫困，经历过重重磨难，创作出了举世闻名的《二泉映月》。

女：听说《二泉映月》能够流传至今还有一段故事呢。

男：是的，阿炳本是一名流浪艺人，中央音乐学院的音乐家杨荫浏与曹安和是发现阿炳这一千古奇才的"伯乐"。1950年夏天，杨、曹携带着一台录音机来到无锡，找到了"瞎子阿炳"，要为他录音。阿炳说："我已经两年没有演奏乐器了，我的技术荒疏了，我的乐器一件也不能用了。"原来，两年前，老鼠咬断了他的琴弦。作为一名长期生活在黑暗之中的盲人，阿炳认为那是上天对他的惩罚，因此放弃了演奏。杨荫浏先生听说后，立刻为阿炳买来了二胡和琵琶，与曹安和一起好言相劝。阿炳终于同意了录音，而他的前提条件竟然是："让我在家里先练3天再演奏。"3天后，两位专家录下了阿炳演奏的《二泉映月》等3首二胡曲和3首琵琶曲。第二年，阿炳去世，他留下的六首乐曲也成了千古绝唱。

录音 21. "天下第二泉"是下面哪一个？

A 映月泉

B 惠山泉 ✓

C 阿炳泉

D 音乐泉

答案 21 [A] [■] [C] [D]

录音 22. 发现阿炳的"伯乐"是谁？

A 华彦钧

B 小泽征尔

C 民间艺人

D 杨荫浏、曹安和 ✓

答案 17 [A] [B] [C] [■]

录音 23. 阿炳拒绝录音的理由是什么？

A 乐器丢了

B 手受伤了

C 身体不太好

C 很久不练了 ✓

答案 17 [A] [B] [C] [■]

录音 24. 阿炳答应录音的前提条件是什么？

    A 自己先练三天 ✓

    B 给他买录音机

    C 给他买二胡和琵琶

    D 带他去中央音乐学院

    答案 24 [■] [B] [C] [D]

录音 25. 阿炳为我们留下的乐曲是：

    A 两首二胡曲

    B 六首琵琶曲

    C 只有《二泉映月》

    D 三首二胡曲和三首琵琶曲 ✓

    答案 21 [A] [B] [C] [■]

▶ 第三部分

第三部分，共20题。每题听一次。播放若干段话，每段话后带几个问题，试卷上每题提供4个选项，考生根据听到的内容选出答案。

제3부분은 총 20문항이다. 모든 문제는 한 번씩 들려준다. 모든 문제는 여러 편의 단문으로 구성되며, 각각의 내용에 대해 여러 개의 질문을 한다. 응시자는 주어진 4개의 선택 항목 중에서 정답을 고른다.

〈例如〉

　　　　古时候，有个商人献给国王三个外表一模一样的金人，同时出了一道题目：这三个金人哪个最有价值？

　　　　国王想了许多办法，请来珠宝匠检查，称重量，看做工，都是一模一样的。怎么办？最后，有一位老大臣说他有办法。

　　　　他拿了三根稻草，把第一根插入第一个金人的耳朵里，稻草从另一个耳朵出来了。第二个金人的稻草从嘴巴里掉了出来。而第三个金人，稻草进去后掉进了肚子里，什么响动也没有。老臣说："第三个金人最有价值。"商人说答案正确。这个故事告诉我们，最有价值的人，不一定是最能说的人。老天给我们两只耳朵一个嘴巴，本来就是让我们多听少说的。善于倾听，才是成熟的人最基本的素质。

31. "金人"问题是谁解决的?

A 国王

B 商人

C 大臣 ✓

D 珠宝

答案 **31** [A] [B] [■] [D]

32. 问题是怎么解决的?

A 称重量

B 用稻草 ✓

C 检查质量

D 凭经验判断

答案 **32** [A] [■] [C] [D]

2_독해

▶ 第一部分

第一部分,共10题。每题提供4个句子,要求考生选出有语病的一句。

제1부분은 총 10문항이다. 모든 문제는 4개의 문장이 제시된다. 응시자는 주어진 4개의 문장 중, 어폐가 있는 하나의 문장을 고른다.

〈例如〉

57. A 你可不要小看新来的同学,他的汉语水平相当不错。

B 有困难就告诉我们,大家一定尽力帮你解决,不要不好意思。

C 你的心情我可以理解,但事情已经过去了,后悔也没有用了。

D 老王出院了,经过治疗,他现在的身体已经恢复得比住院以前差不多了。 ✓

答案 **57** [A] [B] [C] [■]

▶ 第二部分

第二部分，共10题。每题提供一小段文字，其中有3-5个空格，考生要结合语境，从4个选项中选出最恰当的答案。

제2부분은 총 10문항이다. 모든 문제는 3-5개의 빈칸이 있는 단문으로 구성된다. 응시자는 앞뒤 문장을 근거로 주어진 4개의 선택 항목 중, 빈칸에 들어갈 가장 적합한 답안을 고른다.

〈例如〉

63. 参加这次会议的五百余位代表，_____来自工厂、农村、部队等生活第一线。他们在创造物质财富的_____，利用文学、电影、电视、音乐、美术等各自喜爱的艺术_____，创作出许多深受欢迎的文艺作品，有些成为_____全国的佳作。

A 大量   时候   方法   广播
B 大约   时刻   方式   传播
C 大都   同时   形式   流传 ✓
D 大概   同步   形态   传递

答案 **63** [A] [B] [■] [D]

▶ 第三部分

第三部分，共10题。提供两篇文字，每篇文字有5个空格，考生要结合语境，从提供的5个句子选项中选出答案。

제3부분은 총 10문항이다. 모든 문제는 2개의 단문이 제시되며, 각 단문에 5개의 빈칸이 있다. 응시자는 앞뒤의 문장을 근거로 주어진 5개의 선택 항목 중, 빈칸에 들어갈 가장 적합한 답안을 고른다.

〈例如〉

在中国汉朝的时候，有个大将军叫李广，(**71**)_____。一次，他带着100个士兵外出，没想到遇到了敌人的几千骑兵。(**72**)_____。想赶紧逃走。可是李广说："如果我们现在逃走，敌人一定会尽力追杀，(**73**)_____；如果我们留在这里不走，敌人一定以为我们身后埋伏了大批的军队，(**74**)_____"。李广命令士兵继续向前走，一直走到离敌人不到两千米的地方才停下来。天渐渐黑了，他又命令士兵下马，躺在地上睡觉。(**75**)_____，就悄悄退兵了。李广和士兵们安全地返回了。

A 我们谁也逃不掉
B 打仗非常勇敢

9

C 敌人果然害怕有埋伏

D 士兵们都很害怕

E 绝对不敢轻易过来

答案 71　[A]　[■]　[C]　[D]　[E]

答案 72　[A]　[B]　[C]　[■]　[E]

答案 73　[■]　[B]　[C]　[D]　[E]

答案 74　[A]　[B]　[C]　[D]　[■]

答案 75　[A]　[B]　[■]　[D]　[E]

▶ 第四部分

第四部分，共20题。提供若干篇文字，每篇文字带几个问题，考生要从4个选项中选出答案。

제4부분은 총 20문항이다. 모든 문제는 여러 편의 단문이 제시되며, 각각의 단문에는 여러 개의 질문이 제시된다. 응시자는 주어진 4개의 선택 항목 중, 정답을 고른다.

〈例如〉

90～93

　　食盐除供人们食用外，还被誉为"化工之母"，可制取盐酸、氯气、烧碱、苏打等等。岂知，食盐还可用做盖房子、架桥、修公路的材料，君若不信，请到中国西北的聚宝盆柴达木盆地去看看吧！

　　柴达木，蒙语就是"盐泽"的意思，它到处都是盐，土壤里有盐，湖水里有盐，河水里有盐，是一个名副其实的"盐世界"。盆地中众多大大小小的湖泊，光盐湖就有27个，其中著名的察尔汗盐池，是中国也是世界最大的干盐湖，就坐落在柴达木盆地的中南部，面积达5800多平方公里，有130多个杭州西湖那么大。察尔汗干盐湖的盐层很厚，平均30多米，盐储量约420亿吨，其中的食盐含量，够今天全世界人口吃上1000～2000年，真是一个世界级的"盐库"。

　　生活在盐海中的居民深明就地取材之道，在察尔汗盖房根本不用砖坯，只要挖盐块即可，盐块做砖，卤水为泥，盖的房子经凝固后，其坚固程度丝毫不亚于花岗石砌就之房。那下雨岂不将房子浇化？甭愁，这里降雨极其稀少，蒸发量又大，因此卤水只会凝结盐块，根本不会溶化。当地的盐房温暖舒适，洁净漂亮，四壁雪白，好像刷了一层石灰。据当地人称，常住这里的人，从不患皮癣等皮肤病。

90. 食盐被称为"化工之母"是因为：

A 可以食用

B 可以治病

C 可制取盐酸等 ✓

D 可做建筑材料

答案 **90** [C] [B] [■] [D]

91. 根据文章可以知道食盐在什么地方被当做盖房的材料

A 中国各地

B 柴达木盆地 ✓

C 产盐的地方

D 内蒙古自治区

答案 **91** [A] [B] [■] [D]

92. 说柴达木是一个名副其实的"盐世界"是因为：

A 它到处都有盐 ✓

B 它的土壤里有盐

C 它的湖水里有盐

D 它的河水里有盐

答案 **92** [■] [B] [C] [D]

93. 当地用盐块盖的房子为什么不会被雨水浇化？

A 盐块像砖

B 盐块比花岗石还结实

C 当地降雨稀少，蒸发量大 ✓

D 盐房四壁刷了一层石灰

答案 **93** [C] [B] [■] [D]

▶ 缩写(요약, 간추리기)

考生先要阅读一篇1000字左右的叙事文章，时间为10分钟；然后将这篇文章缩写为一篇400字左右的短文，时间为35分钟。标题自拟。只需复述文章内容，不需加入自己的观点。

응시자는 주어진 10분 동안 1000字로 구성된 한편의 서사문(敍事文)을 읽는다.；다음으로 35분 동안 읽은 내용을 400字 정도로 간략하게 요약한다. 제목은 어울리는 제목을 붙일 수 있으나, 요약 내용은 반드시 원문의 내용을 중복 서술해야 하며, 자신의 관점이 들어가서는 안 된다.

〈例如〉

    有一个叫托马斯的人有一年向朋友借了40万美元。没有财产担保，也没有存款抵押，只有一句话："相信我，年底无论如何都还你。"到了年底，他的资金周转非常困难，欠款催不回来，他绞尽脑汁才筹足了20万美元，余下的20万美元怎么也筹不到。

    妻子劝他向朋友求情，宽限两个月，托马斯摇摇头。公司里的"高参"出主意说："反正你朋友也不着用钱，不如先还朋友20万现金，其余的开一张空头支票，等账户上有了钱再支付。"

    托马斯勃然大怒，呵斥这位"高参"是没有信用的人，并辞退了这位搭档。最后，他决定用自家的房屋做抵押去贷款，但银行评估房屋价值24万美元，只能抵押贷款18万美元。托马斯横下一条心，与妻子郑重商量后，把房子以20万美元的低价卖了出去，终于按时还了40万美元。一家人则在市郊租了间房子住。

    朋友如期收回了借款，周末准备在托马斯家聚会，却被托马斯委婉地拒绝了。朋友不明白平日豪爽的托马斯，为何变得如此无情，便一个人开车前去看个究竟。朋友费尽周折，才在一间农舍里找到托马斯，他的眼睛湿润了。他紧紧地拥抱托马斯，一个劲地点头。临别时，他留下掷地有声的一句话："您是守信用的人，以后有困难尽管找我。"

    第二年，托马斯的公司陆续收回欠款，生意做得红红火火，他又买了新房，添了汽车。然而天有不测风云，正当他大展拳脚时，却被一家跨国公司盯上了。那家公司千方百计挤占他的市场，并勾结其他公司骗取他的货款。托马斯的公司遭受沉重的打击，公司垮了，他不但身无分文，而且负债累累。

    托马斯想重整旗鼓，但是，巧妇难为无米之炊。他想贷款，却没有担保人和抵押物。他走投无路的时候，又想起那位曾经借钱给他的朋友。他抱着试一试的心理，找到朋友，朋友没有嫌弃他，不顾家人的反对，毅然再借给他40万美元。他有些颤抖地捧着支票，咬咬牙，坚定地说："最多两年，我一定还你！"

    溺水后的托马斯再到商海里搏击，更加小心谨慎。他成功了，两年后还清了债务。每当有人问他是怎样起死回生时，他会郑重地告诉对方："是信用。"

信用

有一个叫托马斯的人向朋友借了40万美元，许诺年底一定归还。可是到了年底，他只筹到了20万美元，剩下的20万美元怎么也筹不到。

大家都劝他，先还一半，剩下的，请朋友宽限些时间吧。可是他坚持要遵守自己的诺言，做个有信用的人。为了筹到钱，他把自己的房子以很低的价格卖了出去，按期还清了欠款，一家人则在市郊租了间小房子住。朋友知道了事情的经过，很是感动，觉得他真是个守信用的人，并诚恳地表示"以后有困难，尽管来找我"。

第二年，托马斯的公司陆续收回欠款，生意也做得红红火火。可是天有不测风云，托马斯的生意又出了问题，欠了很多债，连银行都不肯贷款给他。没办法，又找到这个朋友。朋友不顾家人反对，又借给托马斯40万美元。

托马斯捧着支票，咬咬牙，坚定地说："最多两年，我一定还你！"

有了失败的经验，托马斯更加小心谨慎。他成功了，两年后还清了债务。每当有人问他是怎样起死回生时，他会郑重地告诉对方："是信用。"

차례

해설집

* 답안카드 5회분

新汉语水平考试

HSK
6级

模拟试题

①

新汉语水平考试
HSK(六级)

一、HSK(六级)分三部分:

    1. 听力 (50题, 约35分钟)

    2. 阅读 (50题, 45分钟)

    3. 书写 (1题, 45分钟)

二、答案先写在试卷上, 最后10分钟再写在答题卡上。

三、全部考试约140分钟 (含考生填写个人信息时间5分钟)。

一、听力

第一部分

第1到15题，请选出与所听内容一致的一项。

1 A 我今天去中国人家做客
   B 一位中国朋友明天结婚
   C 我和中国人国庆节结婚
   D 我亲眼看过中国人的婚礼

5 A 脑力劳动很省力
   B 长跑运动员很辛苦
   C 思维活动消耗能量很大
   D 围棋运动员不喜欢长跑

2 A 今天是爷爷的生日
   B 爷爷最喜欢看小说
   C 爷爷新出版一本书
   D 我送给爷爷一个放大镜

6 A 新闻作品很难写
   B 写好题目很关键
   C 发表文章很重要
   D 要和读者搞好关系

3 A 我比姐姐小两岁
   B 姐姐教我学下棋
   C 爸爸给姐姐买洋娃娃
   D 爸爸教我和姐姐下棋

7 A 中式快餐不好吃
   B 西式快餐比较好
   C 现在没有中式快餐
   D 外国人喜欢中式快餐

4 A 留学生最喜欢听汉字讲座
   B 留学生每天要上京剧艺术课
   C 语言实习是学校的一门讲座
   D 学校每年组织语言实践活动

8 A 新年的第一天叫除夕
   B 春节是中国最重要的节日
   C 除夕时人们放鞭炮，互相拜年
   D 大年三十人们开始准备过年的东西

17

9   A   人们不喜欢压力

       B   压力绝不是好事

       C   压力可使人高兴

       D   适度的压力是有益的

10   A   只有西安有小吃

       B   夜市上的小吃很多

       C   晚上才能吃到小吃

       D   小吃摊都挂着牌子

11   A   我的孩子病了

       B   王老师回家很晚

       C   王老师解决了我们的困难

       D   王老师和爱人每天都很忙

12   A   要禁止孩子使用电脑

       B   要限制孩子上网的时间

       C   电脑可以陪伴监督孩子

       D   要教给孩子丰富的知识

13   A   躺在床上不动就是休息

       B   坐在沙发上想事就是休息

       C   休息的含义是暂时停止工作

       D   脑力劳动者思考问题就是休息

14   A   他买了两套公寓

       B   他买了一辆汽车

       C   应该买高级公寓

       D   住房应远离城市

15   A   中国自行车在印度很畅销

       B   商标设计不能用大象作名字

       C   商标设计要注意消费者心理

       D   欧洲人认为大象是美好的象征

第二部分

第16到30题，请选出正确答案。

16　A　日本
　　B　北京
　　C　韩国
　　D　马来西亚

17　A　年满18周岁
　　B　做过3项以上的整形手术
　　C　在比赛消息公布以前完成整形手术
　　D　提供整形手术证明和整形前后的对比资料

18　A　第一位选手报名的日子
　　B　比赛选出第一名的日子
　　C　比赛新闻正式发布的日子
　　D　比赛选手报名截止的日子

19　A　5项
　　B　7项
　　C　8项
　　D　13项

20　A　内涵
　　B　学识
　　C　修养
　　D　年龄

21　A　报纸广告
　　B　网络留言
　　C　杂志介绍
　　D　电视媒介

22　A　喝啤酒
　　B　喝白酒
　　C　喝葡萄酒
　　D　白酒和啤酒混着喝

23　A　请客吃饭必定饮酒
　　B　出席宴会要带着酒
　　C　中国各地都出产名酒
　　D　中国的酒文化源远流长

24　A　和别人比赛
　　B　被别人劝酒
　　C　认为自己酒量大
　　D　酒中酒精含量高

25　A　喝醉了
　　B　喝得很快
　　C　喝得高兴
　　D　喝酒伤身体

26　A　增加公共汽车数量
　　B　降低公共汽车票价
　　C　公务员错时上下班
　　D　机动车单双号限行

27　A　10%
　　B　25%
　　C　35%
　　D　45%

28　A　计划生育政策
　　B　降低公交费用
　　C　公交优先政策
　　D　限制机动车产量

29　A　人口的迅速增长
　　B　机动车数量增长
　　C　城市土地资源短缺
　　D　乱停乱放机动车

30　A　机场线
　　B　奥运支线
　　C　地铁11号线
　　D　地铁10号线一期

第三部分

第31-50题，请选出正确答案。

31 A 茶
    B 啤酒
    C 咖啡
    D 可可

32 A 美国
    B 法国
    C 奥地利
    D 意大利

33 A 咖啡
    B 音乐
    C 情调
    D 华尔兹

34 A 可以上网
    B 有独立书桌
    C 不带卫生间
    D 入住需要申请

35 A 不交钱
    B 700元
    C 1000元
    D 1600元

36 A 学校的住宿费很贵
    B 7人间比4人间热闹
    C 4人间比7人间面积大
    D 学校允许学生挑选宿舍

37 A 4岁
    B 5岁
    C 10岁
    D 13岁

38 A 3口
    B 4口
    C 5口
    D 6口

39 A 认识卖票的人
    B 电影票卖完了
    C 小孩不用买票
    D 电影票弄丢了

40 A 带他回家了
    B 给他买零食
    C 带他进影院
    D 给他买了票

41	A	他现在已经是大学生		46	A	上午
	B	他一直忘不了那件事			B	中午
	C	他还记得电影的名字			C	下午
	D	他还留着那张电影票			D	晚上

42	A	因为同事取笑他		47	A	钱
	B	因为工作的需要			B	米酒
	C	因为他要去旅馆签名			C	书包
	D	因为他的公司在外地			D	面包

43	A	阿基勃特董事长		48	A	新娘还没回家
	B	每桶四美元先生			B	新娘不想结婚
	C	每桶四美元的标准石油			C	新娘被人藏起来
	D	我在标准石油公司工作			D	新娘不喜欢新郎

44	A	因为他喜欢开玩笑		49	A	先回家睡觉
	B	因为他和同事关系不好			B	和新娘离婚
	C	因为他罕　见的敬业精神			C	明天再来找
	D	因为他的真名没有人知道			D	请别人帮忙

45	A	他工作认真而有成绩		50	A	饭馆里
	B	他和同事的关系很好			B	新郎家
	C	他和董事长关系很好			C	新娘家
	D	他比别的同事更聪明			D	村子口

二、阅读

第一部分

第51-60题：请选出有语病的一项。

51 A 遇到不懂的问题，同事们总是热情地指导和帮忙我。

   B 孩子怎么能跟大人比，干这么重的活儿他身体可吃不消。

   C 看着眼前的照片，他思绪万千，好像又回到了自己的童年时代。

   D 父母的去世使他悲痛万分，但在紧张的工作面前，他只能强忍悲痛。

52 A 他是我们这儿的孩子王，不管走到哪儿，都有孩子跟着他。

   B 研究发现，动物之间存在着确实语言信号，有的还相当复杂。

   C 你这样不留情面地当面批评领导，小心他以后对你进行打击报复。

   D 这次行动事关重大，大家要严守秘密，千万不能把行动计划泄露出去。

53 A 为了不让别人听见，他把声音压得很低。

   B 他连自己的工作都做不好，甚至是要领导一个公司呢？

   C 有关调查表明，目前大学生已经成为我国无偿献血队伍的主力军。

   D 结婚过日子首先考虑的就是吃饭问题，所以婚前大到冰箱、微波炉，小到碗筷，都要准备齐全。

54 A 患者现在已经不能主动进食，完全靠输液来保持生命。

   B 最早期的月饼只是家庭式的传统糕点，并没有特别的包装。

   C 中国是最早种植大豆的国家，也是最早把大豆加工成豆腐的国家。

   D 天山冰川位于乌鲁木齐市西南120多公里处的天山深处，是世界上距离城市最近的冰川。

55 A 调查发现，高校教师和研究人员是网络使用比例最高的群体。

B 家里来了客人以后，主人要给客人倒茶，这是欢迎客人的一种礼节。

C 具有杀菌作用的蔬菜主要是葱蒜类，如大蒜、大葱、韭菜、洋葱等。

D 虽然他脑子没有比我好，可是他特别认真，再加上又肯吃苦，所以学习进步很快。

56 A 这个地区的自然条件非常恶劣，当地农民几乎是靠天吃饭。

B "吃了吗"这句话能够成为人们见面的常用语，可见"吃饭"已经深入人心。

C 当她一走上舞台，大家便热烈地鼓掌起来，在观众的要求下，她一连唱了四首歌。

D 孩子，你可一定要注意身体，别在吃的方面太节省，缺钱就告诉家里，我们会给你汇过去。

57 A 你为什么把人放走了？我不是告诉过你无论如何也得把这个人留住吗？

B 这个服装店生意很火，每天有100多人光顾，双休日可以达到300多人。

C 端午节吃粽子，早已成为中国人的习惯，据说是为了纪念伟大的爱国诗人屈原。

D 通过腰带可以分辨女子是否结婚：已婚妇女会把家中的钥匙挂在腰带，而没挂钥匙的则大多是少女。

58 A 咖啡中含有咖啡因，它具有消除疲劳、振奋精神、增强体力的作用。

B 现在很多人说男女之间已经真正实现了平等，但我知道这并不是真实。

C 夫妻俩都是60年代上海毕业的大学生，他们来到这个小山村已经30多年了。

D 香蕉对失眠或情绪紧张等病症有一定疗效，因为香蕉所含的蛋白质中带有胺基酸，具有安抚神经的效果。

59 A 随着网络在青少年中的不断普及，网络的安全问题已经成为不少父母的"心病"。

B 每年九月是菊花盛开的季节，也是茶农准备采摘菊花制成菊花茶的最好季节。

C 新购进的这艘船，跟前一艘的结构复杂得多，可以说是一个庞大的系统工程。

D 不吃早餐的孩子，在回忆及运用新学知识方面，明显赶不上那些吃过早餐的孩子。

60 A 药膳是以药物和食物为原料，经过烹饪加工制成的一种具有食疗作用的食品。

B 600年前，郑和率船队七下西洋，经东南亚、印度洋到红海和非洲，遍访亚非30多个国家和地区。

C 回收废纸，减少了城市的垃圾量，也减少了对森林的砍伐量，还降低了纸张的生产成本和价格，真可谓一举多得。

D 牙齿是伴随每个人时间最长的器官之一，它不仅在消化、语言等方面起到重要的作用，从而影响一个人的美容和气质。

第二部分

第61-70题：选词填空。

61 近日，四川某高校一名女生＿＿＿到"单间待遇"，一个人包住一间宿舍。她＿＿＿了4800元/
年的费用（＿＿＿于住在标准间四名学生的总住宿费），在大学一年级下＿＿＿搬进了自己独
住的寝室。

A	享受	缴纳	相当	学期
B	接受	成交	相等	部分
C	接收	交出	相同	期间
D	感受	交给	等	周期

62 牛羊肉泡馍是独＿＿＿西安特色的著名小吃，传说是在古代"牛羊羹"的基础上＿＿＿而来的。
早在西周时"牛羊羹"就＿＿＿列为国王、诸侯的"礼馔"。近代以来，牛羊肉泡馍＿＿＿更是闻
名全国，成为陕西饮食文化的代表之一。

A	有	改正	把	却
B	树	前进	为	就
C	存	转变	由	曾
D	具	发展	被	则

63 从高中＿＿＿到现在的十五年中，《微型小说选刊》就像一位无声的老师，＿＿＿着写作知识和
做人处事的道理，就如一位忠实的朋友，＿＿＿着身边发生的一些有趣＿＿＿又引人深思的故
事。

A	时期	广播	陈述	而
B	阶段	传授	描写	却
C	时候	讲授	讲述	但
D	年代	讲解	叙述	可

64　滕州市编辑出版了《墨学研究》、《墨子大全》等150____部墨学论著，并录制光盘公开____。耳濡目染，墨子文化的精华渐渐被人们____接受，逐渐融入人们的生活，形成区域文化____。

A　余　　　发行　　　所　　　特色
B　多　　　发表　　　该　　　特点
C　左右　　出版　　　得　　　特长
D　来　　　播放　　　也　　　特产

65　金融风暴的冲击____许多美国家庭____入经济困境，一些原本打算报考私立学校的学生因此可能____入学而改入公立学校。因此，现在美国私立高中扩大了____国际学生的比例。

A　使　　　插　　　舍弃　　　录取
B　让　　　进　　　取消　　　录用
C　令　　　陷　　　放弃　　　招收
D　叫　　　转　　　撤消　　　招待

66　现代社会的竞争，不____是知识和智力的竞争，____是意志和品质的竞争，没有吃苦的____，是不可能在____的竞争中获胜的。

A　单　　　也　　　思想　　　热烈
B　再　　　又　　　打算　　　壮烈
C　仅　　　还　　　精神　　　激烈
D　只　　　更　　　准备　　　剧烈

67　婚姻是人生____重要的组成部分，____的婚姻使人幸福一生，每个人在____自己的爱人时，都有自己的标准，这个标准一定要根据自身的条件和个性____定。

A　真　　　圆满　　　选举　　　来
B　很　　　美满　　　选择　　　而
C　太　　　满意　　　选拔　　　所
D　非常　　满足　　　挑选　　　以

68　在汉语中，酒____"久"谐音，____天长地久。中国人不但喜欢用酒来____对朋友、客人的友好情谊，____喜欢用酒来寄托哀思，表示对逝去亲人的怀念和哀悼。

A	和	例如	表现	更
B	与	象征	表达	也
C	跟	意思	代表	又
D	同	好像	表示	还

69 梨的谐音是"离"，"离"有分离、离别、离去的＿＿＿，所以中国人去朋友家拜访或去看望病人时都不送梨。一家人吃梨的时候，一般也不用刀＿＿＿开，因为把梨分开就意味着"分离"，骨肉分离＿＿＿是人们最不愿看到的事情。＿＿＿不说汉语的人来说，这是很难理解的。

A	内涵	割	当然	对
B	含义	切	自然	对于
C	意识	分	固然	拿
D	意思	砍	果然	就

70 动物的冬眠不是睡眠，而是它们在＿＿＿的冬季里减少体力消耗的一种自然现象。正是由于＿＿＿这种自然现象，才使一些动物生存下来。不过＿＿＿不是只有冬季才有这种现象，如果你在七月把蛇或刺猬放进冰箱里，它们也会冬眠，＿＿＿低温才是冬眠的主要原因。

A	漫长	存在	并	可见
B	缓慢	拥有	毫	因此
C	悠久	伴随	从来	所以
D	持久	出现	根本	从而

第三部分

第71-80题：选词填空。

71-75

在夏威夷海滩有个十分奇怪的现象——椰树不结果! 据说，这里的椰树本来和所有海滩上的椰树一样，也是果实累累的，但20世纪60年代的某一天，一宗偶然的"椰子夺命案"发生后，（71）_____。

那一天，一名美国游客躺在沙滩上晒太阳，忽然一阵大风吹来，把一个熟透了的椰子从20多米高的树上吹落下来，（72）_____，他当场丧命。

死者的弟弟是精通民事诉讼的大律师，飞赴夏威夷办理后事，他打听到这片椰树属于州政府，于是就决定控告州政府。

三个月后，法院开庭，据说当时来自世界各地的记者挤满了旁听席。最后，大法官认为夏威夷州政府因管理失职而导致游客死亡，理应判罚。（73）_____。

州政府不服，（74）_____，但想不到各级法院都维持夏威夷法院的一审判决。最后，州政府只有向法律低头，赔付了1000万美元。

官司输了，麻烦又来了。夏威夷许多游客听到政府赔偿的消息，（75）_____，守株待兔地等着椰子来砸自己。州政府一看不妙，马上成立了一支专业队去砍椰子。从此以后，夏威夷海滩上的椰子树便不再结果。

A 他们花了几年时间层层上诉

B 这里的椰树便被改变了命运

C 恰好落在了这个游客的脑袋上

D 纷纷跑到沙滩的椰子树下

E 结果判夏威夷州政府赔偿原告1000万美元

广州一名青年失恋以后，在痛苦而愤怒的彷徨中，(76)_____。于是他剪下那朵死玫瑰，用一根黑色的丝带扎好，寄给了以前的恋人。

不久，他在广州开办了一家专门出售枯花的"死玫瑰商店"。(77)_____。那些垂头丧气、心存报复的人源源不断地从各地涌来，要求寄枯萎的花瓣给感情骗子、下流老板、卑鄙的生意合伙人以及把爱情当游戏的负心男子、花心姑娘。

"礼盒"的款式是固定的：白色长方形纸盒，(78)_____。一位美丽的姑娘对他以前的男友写道："我无意咒骂你，我只想告诉你——对我来说，你死了！"而一位中年企业家写给前妻的赠言则是："我对你深表同情，(79)_____！"

一个社会组织走访了1000名收到"死玫瑰"的人士，他们中大多数表示，(80)_____，而对送者能以这种文明而有礼貌的方式说出最后一句话表示感激和敬佩。

A 他发现窗台上一枝美丽的玫瑰枯萎了

B 里面附一张寄语卡片

C 自开业以来，商店每天顾客盈门

D 对这种极其发人深省的"礼物"若有所思

E 因为你失去了最美好的东西

第四部分

第81-100题：请选出正确答案。

81-85

　　人际交往中该怎么讲话，不该怎么讲话，往往要遵守社会行为的规范。其中受"尊卑有别、长幼有序"的传统文化影响很大。《红楼梦》里常常写到用茶，该用哪一个动词，主要看喝茶者地位的尊卑。招待贵妃、王爷等尊贵客人用"献茶"，招待一般客人用"请茶"；如果客人的地位比主人低，就用"倒茶"、"赏茶"；贾府里，仆人对主人和晚辈对长辈用"捧茶"、"端茶"，平辈之间用"让茶"、"递茶"。

　　今天的社会虽不再分尊卑贵贱，但语言中还保留了"上"和"下"的区别，上对下呈现支配型的语言特点，说话具有一定的指令性；下对上呈现被支配的语言特点，说话多一份尊敬、谦恭的语气。现代汉语里有些词语只用于下对上，有些词语则只用于上对下。例如下级对上级一般用"汇报"、"报告"，上级对下级一般用"通报"、"传达"。地位高的人与地位低的人见面用"召见"、"接见"、"会见"，一般人见面就用"看见"、"遇见"、"碰见"。"关心"可以用于上对下，也可以用于下对上。但"关怀"只能用于上对下。

　　在谈话中，敬称和谦称各用相应词语表示，决不可弄错。比方说，为表示对人的尊敬，问话方多用敬称，如问"府上在哪儿"、"令尊可好"或"您贵姓"。答话方对自己则不能用敬称，而要用谦称回答。因此如果回答"我府上在北京"、"我的令尊很好"、"我贵姓马"的话，那就闹笑话了，而要回答"鄙人家住北京"、"家父很好"、"免贵姓马"。

81　这段文章谈论的主要问题是：

A　不要弄错敬称词和谦称词 　　　　　　B　说话的时候要特别小点声

C　汉语交际注意"尊卑有别" 　　　　　　D　今天的社会不分尊卑贵贱

82　下面哪一项不符合《红楼梦》里面喝茶的描写？

A　招待一般客人时用"请茶" 　　　　　　B　招待尊贵客人时用"献茶"

C　招待平辈客人时用"让茶" 　　　　　　D　晚辈招待长辈时用"递茶"

31

83 下面哪个词既可用于下对上也可用于上对下？

    A   传达   B   召见

    C   关怀   D   关心

84 下面哪一项不属于敬称？

    A   令尊   B   鄙人

    C   府上   D   贵姓

85 根据文章，"令尊"是指：

    A   您家人   B   您父亲

    C   您母亲   D   您丈夫

奥运期间北京市旅游市场秩序明显改善，但首都旅游市场治理工作面临的问题仍然很多，未来北京将加大对"一日游"市场的整治力度。

日前北京市召开了黄金周旅游工作会议，会议下发《关于做好2008年"十一"假日旅游工作的通知》，指出北京市的旅游、公安、交通、工商、城管等部门要加强配合与执法合作，通过增加执法力量、提高检查频率、定人定岗定位等措施，加大对天安门地区、奥林匹克中心区、热点旅游景区、火车站等人员密集场所的管理力度。

北京将坚决打击非法揽客、散发旅游小广告、销售虚假旅游交通地图、设立旅游招徕站牌等扰乱旅游秩序行为，深入开展对从事非法"一日游"的黑导游、黑车及社会旅馆、景区周边及沿线旅游商店、药店、医疗咨询场所的治理工作。

北京市假日办将继续通过进京手机用户短信提示、进京火车"一日游"宣传片、旅店内摆放北京旅游宣传册、设立旅行社"一日游"门市部等多种方法引导进京游客出行。"12301"旅游者咨询和投诉热线24小时开通，增派接线服务人力，做好服务保障工作，确保游客旅游质量。

86 根据文章，下面哪一地区不是重点治理的地方？

A 天安门附近　　　　　　　　B 火车站附近
C 热点旅游景区　　　　　　　D 城市商业中心区

87 下列哪一项不是扰乱旅游市场秩序的行为？

A 设立各种旅游招徕站牌　　　B 在街上销售虚假旅游图
C 非法散发旅游小广告　　　　D 宾馆里摆放旅游宣传册

88 这段文章的题目可能是：

A 北京加大对旅游市场整顿力度　　B 关于做好2008年旅游工作的通知
C 北京旅游市场秩序目前明显改善　　D 北京设立旅游咨询和投诉热线

　　《丽人行》是傅抱石最重要的代表作之一，创作于1994年，是中国现代绘画史上的经典之作。这幅两米多的长卷，以唐代诗人杜甫的名诗《丽人行》为主题，描写了杨贵妃出游的场面，刻画了37位形态各异的人物。这幅画非常成功地表现了千百年来中国画高渺的诗意，达到了诗与画的完美结合。中国画的高明之处就是将诗意容纳进来，以意境取胜。这种意境是艺术家凭借丰富的想象力，领悟并且描写出来的艺术世界。

　　《丽人行》使我们明确地体会到傅抱石对杜诗的深层理解，他将杜甫未言之意描写出来，他不仅要写杨贵妃的奢侈，还要写她的美，写她的悲剧。这个十分复杂矛盾的历史人物经傅抱石的生花妙笔勾画出来，异常生动。傅抱石所营造的浓浓氛围把今人带到历史的昨天。

89　傅抱石的《丽人行》创作于哪一年？

　　A　1904年　　　　　　　　　　B　1914年

　　C　1964年　　　　　　　　　　D　1994年

90　《丽人行》取材于唐代哪位诗人的同名诗作？

　　A　李白　　　　　　　　　　　B　杜甫

　　C　白居易　　　　　　　　　　D　李商隐

91　这幅画的成功之处在于：

　　A　诗与画完美结合　　　　　　B　以同名诗为主题

　　C　刻画的人物众多　　　　　　D　描写了出游场面

在福建省西南的群山中点缀着数以千计的圆形土楼，充满神奇的气息，这就是世上独一无二的客家民居。

客家人的居住地大多在偏僻、边远的山区，为了防卫盗匪的侵扰，就建造了"抵御性"的营垒式住宅，并不断进步发展，夯筑起墙厚1米、高15米以上的土楼。它们大多为三至六层楼，100至200多间房如橘子瓣状均匀分布排列在各层，宏伟壮观。大部分土楼历经两三百甚至五六百年的地震撼动、风雨侵蚀以及炮火攻击而安然无恙，显示了传统建筑技术的魅力。

客家先民们崇尚圆形，把圆形当天体之神来崇拜。他们认为圆是吉祥、幸福和安宁的象征，这些都体现了土楼人家的民俗文化。圆墙的房屋均按八卦形布局排列，卦与卦之间设有防火墙，整齐划一，充分显示了突出的内向性、强烈的向心力和惊人的统一性。

客家人在治家、处事、待人、立身等方面无不体现儒家的思想及其文化特征。有一座土楼，先辈希望子孙和睦相处，以和为贵，便用正楷大字写成对联刻在大门上："承前祖德勤和俭，启后子孙读与耕"。强调了儒家立身的道德规范。楼内房间大小一模一样，不分贫富、贵贱，每户人家均等分到底层至高层各一间房。各层房屋的用途达到惊人的统一，底层是厨房兼饭堂，二层当贮仓，三层以上作卧室。两三百人聚居一楼，秩序井然，毫无混乱。

92　客家土楼的高度一般不低于：

A　6米　　　　　　　　　　　　　　B　10米

C　15米　　　　　　　　　　　　　D　30米

93　建筑这些圆形土楼的目的是：

A　建筑方便　　　　　　　　　　　B　抵御盗贼

C　家庭居住　　　　　　　　　　　D　驻扎军队

94　客家先民们把圆形当作：

A　祖先　　　　　　　　　　　　　B　自然

C　天神　　　　　　　　　　　　　D　妖魔

95 在客家人眼中，"圆"象征什么？

A 丰富   B 吉祥

C 财富   D 健康

96 土楼的最底层一般是：

A 卧室   B 客房

C 厨房   D 储藏室

居高不下的油价不仅给经济运行造成一些不利影响，也涉及到每个消费者的切身利益。首先，高油价对我国经济的冲击不容忽视。目前发展中国家正处在工业化时期，节能和替代能源发展缓慢，经济增长对高效优质的石油依存度较高，且防范石油危机的能力较弱，高油价对其经济的冲击不容忽视。相对而言，我国石油对外依存度较高，高达40%左右，已成为仅次于美国的世界第二大石油消费国，但我国剩余石油可采储量只占全球的2%左右，相对13亿人口的大国来说，我国属贫油国。

我国石油产量自1993年以来一直维持在1.6亿吨左右。据预测2010年、2020年和2050年我国的石油年产量分别为1.7亿吨、1.8亿吨和1.0亿吨。而到2010年我国石油消费量将达3.3亿吨，石油需求缺口将达到1.6亿吨；到2020年，我国石油消费将达4.5～6.1亿吨，缺口达2.7～4.3亿吨。

专家预测到2020年前后，中国石油进口量有可能超过3亿吨，将成为世界第一大油品进口国。石油供应对外依存度将达到55.8%～62.1%。国内石油产量的难以增长已成为制约我国经济可持续发展的重要问题。

其次，高油价正在使居民正常消费受到抑制。93号汽油在一年多时间里涨幅高达41%。目前国内已有超过1000万辆的私人汽车，油价的调整使得一般的家庭汽车仅油钱每月就至少要多支出100～200元，使得养车成本提高了20%至30%。

频繁上涨的油价已经在左右人们的购车计划，油价在养车成本中越来越凸现，令很多人感叹"买得起车，开不起车"了。据《汽车观察》的一项调查显示，有80%的人表示，油价上涨影响了他们的购车计划，其中36.6%的消费者会考虑推迟购买。

第三，受油价上升影响较大的行业有交通运输、农业、建筑建材、汽车及机械制造、轻工、电子通信等。交通运输业中，因航油占民航业成本的四分之一左右，油价上升直接导致民航业费用因油价的上升而增加，故民航业受油价上升影响最大。我国是农业大国，油价上升直接影响农田水利用柴油成本上升，间接影响化肥、农药价格上涨，农业受油价上升影响也很大。建筑、建材，特别是化学建材、玻璃等，由于竞争激烈向下游传导价格能力较差，但高油价直接引发生产成本上升，行业毛利迅速被高油价压缩。

97　当今世界第一大石油消费国是：

A　中国

B　日本

C　美国

D　德国

模拟试题①
模拟试题②
模拟试题③
模拟试题④
模拟试题⑤

98　预计到什么时候中国将成为世界第一大油品进口国？

A　2010年　　　　　　　　　B　2020年

C　2030年　　　　　　　　　D　2050年

99　制约中国经济可持续发展的重要问题是：

A　国际石油产量　　　　　　B　国际石油价格

C　煤、电、油、运输　　　　D　剩余石油可采储量

100　为什么很多人感叹"买得起车，开不起车"？

A　汽车太贵　　　　　　　　B　养车太贵

C　收入太低　　　　　　　　D　物价上涨

三、书写

第101题：缩写。

在美国西部，一个乡下青年要去参加骑牛大赛，可他很穷，除了一条破裤子以外，再也没有可换的了。穿着这样的破裤子出现在赛场上多难为情呀！他曾想向朋友借一条新裤子，可又一想，他要去参加比赛，回来时，新裤子可能又成了破裤子。于是就打消了借的念头，穿着露出膝盖的破裤子到了赛场。没想到，他竟奇迹般地得了第一名。上台领奖时，面对台下十几名摄影记者的拍照，他简直无地自容。谁想，他的相片登在报上后，他的破牛仔裤竟然成了当时许多年轻人效仿的款式。几天以后，大街小巷到处都是穿着破裤子的年轻人。这一景象一直延续到今天。

在法国，一个不为人所知的流浪歌手，整天在大街上卖唱，可他不知道自己的歌唱得有多好。他穿着一条肥大的裤子，手握一把吉他，从一个城市走到另一个城市。有一天，一个经纪人找上门来，提出为他出资，帮他组建一支乐队，并让他提出自己的要求。他的唯一要求便是希望投资人给他先买几条裤子，把他不合时宜的大肥裤子换掉，因为那时的歌星们都穿着很合身的瘦腿裤。可是，他的资助人却笑了，说我就是看中了你的肥裤子。从此他的肥裤子果然代表了一种潮流和时尚。在世界各地，许多歌手和追求时尚的青年都开始穿起了肥裤子。

在英国小镇莱切，有一天，一个青年走到一家化工厂楼下的时候，被楼上倒下来的一桶化学物质弄脏了头发，他没钱去理发，就那么留着，红红黄黄地留了几天。没想到竟惹得大街上许多青年纷纷模仿。一家理发店抓住时机，专门找人研制出了各种染发的颜料，满足了新奇者的愿望。这一现象扩展到全球，成为一种典型的时尚。

在巴西，一个乡下女孩儿进城时，她的姥姥发现她的裤子破了一个洞，没有钱买新裤子，只好在她的裤子上绣了几朵花，来掩盖破洞。绣花本是农村一种很土、很落后的工艺，早就被城市上流社会所淘汰。可老太太实在没钱打扮自己的外孙女，只能力所能及地这样做。但没有想到，那时候城里的女人看到她绣着花的裤子时，不觉眼睛一亮，纷纷去服装店里订做。这女孩儿因此开创了时装绣花的先河。这种裤子先是在欧洲流行，后来又传到亚洲。如今，满大街都能见到绣了花的裤子。

如果仔细考察，你就会惊奇地发现，许多时尚的东西，并不是那些富人创造的，而恰恰是那些很不起眼的小人物或一些穷人的无奈。这些时尚的发明，也并非都是什么乐事，它往往来自许多人的苦涩命运。

新汉语水平考试

HSK
6级

模拟试题

新汉语水平考试
HSK(六级)

一、听力

第一部分

第1到15题，请选出与所听内容一致的一项。

1　A　海边的气温很高
　　B　在海里游泳很冷
　　C　我常和朋友去玩
　　D　游泳后皮肤晒得很痛

2　A　安娜和朋友租房子住
　　B　骑车去学校很不方便
　　C　学校没有留学生宿舍
　　D　她买了一辆新自行车

3　A　我不想去上班
　　B　丈夫每天送女儿
　　C　女儿在上幼儿园
　　D　我每天上班很远

4　A　熊猫只吃竹子
　　B　熊猫吃得很多
　　C　熊猫不会爬树
　　D　熊猫的耳朵是白色的

5　A　我的个子不太高
　　B　我要买夏天的衣服
　　C　我不喜欢蓝灰色的
　　D　我买了特大号的衣服

6　A　当记者是我的目标
　　B　我正学习法律专业
　　C　我最想当中学老师
　　D　我开了律师事务所

7　A　他正在球场看球赛
　　B　他喜欢的球队赢了
　　C　在球场看球赛更热闹
　　D　电视里没有球赛直播

8　A　外国姑娘认为中国女人很辛苦
　　B　外国姑娘认为中国男人非常能干
　　C　外国姑娘认为中国男人有阳刚之气
　　D　外国姑娘认为中国男人英俊、幽默

9 A 绵羊绒比山羊绒贵
   B 山羊绒是一种"细羊毛"
   C 山羊绒品质好、手感好
   D 真正的羊绒是指绵羊绒

10 A 男人喜欢女人有事业心
   B 女人善良和漂亮很重要
   C 女人不喜欢男人有成就
   D 男女间的审美差异不大

11 A 县官喜欢牛
   B 县官很贪心
   C 县官的属相是老鼠
   D 县官不喜欢这个礼物

12 A 邻居之间不需要拜年
   B 晚辈拜年时要给长辈钱
   C 过年时晚辈要先给长辈拜年
   D 亲戚之间要互相给"压岁钱"

13 A 漠河的北边是大兴安岭
   B 漠河的冬季长达6个月
   C 漠河出现过中国最低温度
   D 黑龙江是中国最北的城市

14 A 现在这个酒馆名气很小
   B "都一处"是指大家一起去
   C 皇帝给它起名叫"李家酒馆"
   D 皇帝亲笔写了"都一处"三个字

15 A 家长要诚实，不要欺骗孩子
   B 孩子做错了事后常欺骗父母
   C 孩子做错了事父母会很内疚
   D 对孩子要同情关心，不要体罚

第二部分

第16到30题，请选出正确答案。

16 A 上海
    B 北京
    C 烟台
    D 广州

17 A 8:20
    B 8:30
    C 8:40
    D 8:50

18 A 120多人
    B 160多人
    C 180多人
    D 200多人

19 A 一瓶水
    B 一听可乐
    C 一份早餐
    D 一罐八宝粥

20 A 50分钟
    B 80分钟
    C 1个半小时
    D 2个小时

21 A 记者
    B 作家
    C 农民
    D 编辑

22 A 《月子》
    B 《梨枣之乡》
    C 《村里的新鲜事儿》
    D 《枣农实践一百例》

23 A 5块
    B 10块
    C 15块
    D 20块

24 A 1万
    B 2.5万
    C 5万
    D 10万

25 A 是名人写的
    B 内容风趣幽默
    C 有实践指导意义
    D 售价十分便宜

模拟试题 1
模拟试题 2
模拟试题 3
模拟试题 4
模拟试题 5

26　A　春节前后

　　B　劳动节前后

　　C　中秋节前后

　　D　国庆节前后

27　A　少一些

　　B　差不多

　　C　多一倍

　　D　多一点儿

28　A　一些老人也来补拍婚纱照

　　B　星期六、日结婚的人最多

　　C　腊月和正月本来是结婚的淡季

　　D　一些婚庆公司的定单已经定到了11月

29　A　今年是鸡年

　　B　今年是狗年

　　C　今年没有立春

　　D　一种择吉心理

30　A　拍摄婚纱照

　　B　预定婚庆公司

　　C　结婚日期集中

　　D　结婚费用猛增

第三部分

第31-50题，请选出正确答案。

31 A 宋朝

B 唐朝

C 明朝

D 清朝

32 A 一百个

B 二三百个

C 四五百个

D 一千多个

33 A 是最早的姓

B 是皇帝的姓

C 是写书人的姓

D 是钱塘王的姓

34 A 张

B 王

C 孙

D 李

35 A 国庆节

B 中秋节

C 端午节

D 元宵节

36 A 竹叶包上米

B 竹筒装上米

C 用盒子装上米

D 面里包上馅儿

37 A 因为好吃

B 为了比赛

C 为了纪念屈原

D 因为又好吃又便宜

38 A 非常感谢你

B 父母不同意

C 自己有对象

D 愿意交朋友

39 A 同意求爱要求

B 不喜欢这朵花

C 父母还没同意

D 拒绝求爱要求

40 A 用鲜花来表示父母的意见

B 用鲜花来说明约会的时间

C 用鲜花来表示年龄的大小

D 用鲜花来代替求爱的语言

模拟试题 ①

模拟试题 ②

模拟试题 ③

模拟试题 ④

模拟试题 ⑤

41	A	酒吧	46	A	欧洲人
	B	网吧		B	中国人
	C	饭馆		C	法国人
	D	咖啡馆		D	印第安人

42	A	妻子	47	A	土豆
	B	同事		B	大米
	C	网友		C	玉米
	D	孩子		D	大豆

43	A	上网聊天	48	A	60天
	B	朋友介绍		B	100天
	C	一起工作		C	150天
	D	出门旅游		D	半年

44	A	一杯红酒	49	A	可以用来酿酒
	B	一束玫瑰		B	可制汽车燃料
	C	一本杂志		C	可以制成染料
	D	一杯咖啡		D	可以替代脂肪

45	A	喝咖啡	50	A	含有较多脂肪
	B	打网球		B	比水果营养丰富
	C	听情歌		C	蛋白质含量高
	D	看大海		D	比小麦易于生长

二、阅读

第一部分

第51-60题：请选出有语病的一项。

51 A 学校离体育馆很近，骑车5分钟左右就能到。

   B 两辆汽车在高速公路上发生碰撞，其中一辆起火燃烧。

   C 虽然现在条件好了，但艰苦朴素的优良传统不能丢。

   D 有困难就跟大家告诉，我们一定尽力帮你解决，千万别不好意思。

52 A 在昏迷了整整一年之后，患者竟然奇迹般地苏醒了。

   B 大家都在认真学习，阅览室里一点儿声音也没有，安静极了。

   C 随着经济的发展和社会秩序的稳定，人们的精神生活也越来越丰富。

   D 蛋白质是人体生长发育的基础，主要来源鱼、肉、禽、蛋、乳类和五谷杂粮等。

53 A 他们俩才刚开始搞对象，你怎么就说他们成不了。

   B 我以为他会过来帮忙，没想到他站在那儿一动也不动。

   C 要干好这项工作，就得有不怕吃苦的精神，以免是干不好的。

   D 你把这篇发言稿再修改一下儿，看看还有什么要补充的内容。

54 A 只要我们吸取教训，从头再来，我相信胜利一定会属于我们。

   B 如果没有经过调查研究，不了解情况，你就不要轻易发表意见。

   C 由于风力超过比赛规定，组委会决定取消今天的自行车比赛。

   D 由于管理部门一直睁一只眼闭一只眼，所以这种现象不仅没把制止，反而越来越严重。

55 A 你别着急，再期待两天，有了确切消息我马上告诉你。

   B 作为教师，你要时刻注意自己的一言一行，为学生树立榜样。

   C 本厂生产的电器产品已经达到世界先进水平，出口二十多个国家。

   D 这件事不仅关系到我个人的名誉，更关系到我公司的声誉，我不能不管。

56 A 在我最困难的时候，他向我伸出了热情的双手。

   B 对面工地上的噪音太大，严重影响了居民们的正常生活。

   C 随着我国对外贸易的不断发展，对外语类人才的需求量不断增加。

   D 这首古诗以生动的语言描绘出一幅色彩鲜明的图画，对人留下难忘的印象。

57 A 消费者要学会运用法律武器维护自己的正当权益。

   B 我以为她会一口拒绝的，没想到她竟然答应起来。

   C 放学后，同学们在操场上活动。有的打球，有的做操，有的做游戏。

   D 阅读教学既要帮助学生打好汉语基础，又要培养学生具有正确理解汉语语料的能力。

58 A 是否将考试作弊视为犯罪，这一问题值得研究。

   B 为了准备今天的考试，我昨天晚上只睡觉了三个多小时。

   C 爸爸听了他的话以后，气得眼睛瞪得圆圆的，一句话也说不出来了。

   D 这种病毒正以爆炸式速度在全球蔓延，感染者数量在过去一周内增加了两倍。

59 A 随着汽车的增多，北京市的交通堵塞现象日益严重。

   B 人不是万能的，世界上有很多事是自己不会做或不擅长做的。

   C 我多次路过这里，可直到最近才知道，这个医院是牙科专门医院。

   D 赵州桥是世界著名的石桥，修建于公元605年上下，至今已经1400多年了。

60 A 不要紧张，考试中只要正常发挥出你的水平就一定可以通过。

   B 我们正要进去，站在小区门口的一个男的拦住我们，问我们找谁。

   C 我妈妈一直坚持这样一个观点，就是男人在家不能做饭，否则就不是大丈夫。

   D 无论是低等的细菌，而且高等的花草鸟兽以及人类，凡是有生命的地方就有它。

第二部分

第61-70题：选词填空。

61 不切实际的提前消费不值得＿＿＿，因为学生还没有经济收入，没必要相互＿＿＿，追求不必
要的享乐。这就＿＿＿没钱买吃饭，却要去买一件裘皮大衣。钱要花得有意义，而不是一味
追求＿＿＿。

   A   吹捧   比赛   比方   美观

   B   表扬   比较   比喻   贵重

   C   提倡   攀比   好比   奢侈

   D   潮流   对比   好像   宝贵

62 为给画家＿＿＿较好的创作生活环境，当地政府努力＿＿＿环境，先后建成了"红楼"、"美术
馆"等多个专业场馆，＿＿＿了大批画家进驻。政府还＿＿＿社会力量和民营资本、海外资本进
入文化产业。

   A   提供   改善   吸引   鼓励

   B   供给   改良   吸收   鼓舞

   C   供应   改进   吸取   鼓动

   D   给予   改革   引诱   鼓掌

63 大脑皮层在同一时期只有部分＿＿＿在工作，其他部分则处于休息状态，形成兴奋区与抑制
区、工作区与休息区互相镶嵌的活动方式。随着工作＿＿＿的改变，兴奋区与抑制区，工作
区与休息区不断轮换，于是大脑皮层的疲劳得以＿＿＿，这样就能在较长时间里＿＿＿旺盛的
学习精力和工作精力。

   A   地区   条件   缓解   支持

   B   区域   性质   消除   保持

   C   范围   待遇   削弱   维持

   D   地点   环境   减少   坚持

模拟试题 ① 模拟试题 ② 模拟试题 ③ 模拟试题 ④ 模拟试题 ⑤

64 中国古典园林跟西方古典园林不同。西方园林____的是整齐的绿茵草地、图案____花坛、漂亮的水池喷泉、高雅的雕塑艺术，这是一种西方园林美。____中国园林崇尚自然,的是一种诗情画意的自然美。

A 呈现　　式　　而　　追求

B 表示　　型　　但　　提供

C 表现　　类　　却　　想象

D 出现　　级　　可　　幻想

65 中国医药学是中国文化中的一个宝库，它对中华民族的____起了重大作用，对世界医药学的发展____出了贡献。中国医药学有自己____的理论和体系，它的各种治疗方法，如中药、针灸、按摩、气功等，都是十分独特的。

A 发扬光大　　干　　特殊

B 举世闻名　　搞　　特别

C 繁荣昌盛　　做　　独特

D 博大精深　　弄　　特长

66 科学家们正通过各种方法观察、研究生命的____。生命是我们这个星球上最值得____的事情，多样性的生物使得我们的地球____。生命____至今，人们在探索地外空间，寻找与地球相同或者类似的生命形式的时候，也对地球生命自身这个小宇宙充满了好奇。

A 秘密　　自豪　　称心如意　　发展

B 神秘　　暴露　　饱经沧桑　　延续

C 机密　　吹牛　　锦绣前程　　延伸

D 奥秘　　骄傲　　丰富多彩　　演化

67 每____金秋时节，万花凋谢，唯有秋菊盈园，给秋天的大地____了勃勃生机。她不仅色彩
艳丽，姿态万千，而且独具神韵，品格高雅。菊花虽然贵____花中"四君子"之一，却也是
一种不折不扣的"平民花卉"，为普通百姓所____。

A　到　　　增加　　　作　　　爱好
B　逢　　　增添　　　为　　　喜爱
C　过　　　增强　　　于　　　热爱
D　临　　　增长　　　成　　　可爱

68 古人对煎药用水的选择十分____。他们认为：水质有轻重，性有动静，味有厚薄，____。
这是有一定科学根据的。现代医学____证明：各种微量元素对人体的影响很大。所以，有
目的地选取水源煎药对中药疗效的____有不可低估的意义。

A　讲究　　　因地而异　　　亦　　　发挥
B　在意　　　千变万化　　　则　　　发扬
C　在乎　　　层出不穷　　　即　　　发行
D　重视　　　千奇百怪　　　才　　　发育

69 在香港，任何人都能____到这里与亚洲、与世界各地之间极为____的联系，高度发达的通
讯、运输系统使快速、高效而频繁的信息、物资和人才____成为可能。据说，一个高级职
员如果在上午____去他的旧职，在中午就可找到一个令他满意的新职，足见香港人才流动
之快。

A　接受　　　紧密　　　移动　　　推
B　感受　　　密切　　　流动　　　辞
C　体验　　　严密　　　调动　　　退
D　观察　　　秘密　　　行动　　　撤

70   失眠是最常见的一种睡眠____，失眠者难以入睡或难以保持熟睡，醒后无法____精神，也不能恢复体力，其中的17%失眠症状还很严重，老年人的失眠____更是高达60%。____数年的失眠给健康带来的危害是触目惊心的：长期失眠者的衰老速度是健康人的2.5～3倍。

A   疾病   振兴   效率   坚持
B   障碍   振作   比例   持续
C   困难   恢复   比率   继续
D   麻烦   兴奋   数字   连续

第三部分

第71-80题：选词填空。

71-75

　　一个葡萄园，四面都有很高的围墙。(71)_____，一只老狐狸经过这个葡萄园。这只狐狸闻到了葡萄园里飘出的香味，它非常兴奋。它一生中吃过无数好吃的葡萄，它常以此为自豪，也常常向同伴们炫耀："世界上没有我没吃过的葡萄！"这次，它仔细闻了闻，它断定，(72)_____，是一种新品种，自己没吃过这种葡萄。这只老狐狸下了决心："我一定要吃到这里的葡萄，(73)_____。"

　　这只老狐狸在四周仔细地找，终于找到了一个洞，可这个洞太小了，它试了几次都是头能进去而身子进不去。最后，老狐狸做出了一个重大决定：(74)_____，再进去！狐狸是有决心的，它真的瘦了下来，它真的从那个洞进了葡萄园。葡萄园里的葡萄真的是世界上最好吃的，老狐狸足足吃了三天。之后，它想出来了，因为它明白，要是园主人来了，它就没命了。(75)_____。无奈，它只好又绝食三天，这样又瘦得跟进去时一样了，才从那个洞爬了出来。

A　这园子里的葡萄很特别

B　可它又吃肥了，出不来了

C　在葡萄成熟的季节里

D　绝食三天，让自己瘦下来

E　否则我不离开这里

歌德巴赫(1690-1764)生于德国风景优美的历史古城哥尼斯堡，(76)_____
_____。歌德巴赫早年留学英国著名的牛津大学，专攻法学，曾访问欧洲各国。在瑞士期间，因结识了数学史上有名的贝努利家族而激发了他对数学的浓厚兴趣。他对数学的研究极有深度，(77)_____。1725年他被选为俄国彼得堡科学院的院士，此外他还担任了五年的该院秘书职务，是一位集行政与科研于一身的全才。

歌德巴赫与当时的大数学家欧拉是好朋友，(78)_____，但始终保持着书信往来。"哥德巴赫猜想"是他于1742年6月7日写给欧拉的信中提出的猜想，向号称"数学界英雄"的欧拉请教，(79)_____。然而，对这个问题，被称为"有史以来最伟大的四大数学家"之一的欧拉(另三位是牛顿、阿基米德和高斯)也是无能为力，但欧拉并没有隐瞒，(80)_____，表现了一个科学家实事求是的态度和风范。这一著名的猜想经历了两个半世纪，最后的胜利仍然没有获得，问题的最终证明只能寄希望于后来者了。

A　而是回信中坦白地表示"解决不了它"

B　那里曾是大哲学家康德的诞生地

C　希望欧拉能给帮他解决这一问题

D　研究了曲线理论、微积分和无穷数的问题

E　尽管两人不在一个国家

第四部分

第81-100题：请选出正确答案。

81-85

臭氧层其实就是高空中位于平流层的一层大气，在这层大气中臭氧较为集中，臭氧浓度较高，常称为臭氧层。

臭氧层厚度通常在10~15公里，但是臭氧含量也随纬度和季节而变化。在北半球，一般春季臭氧层厚度最大、秋季最小，高纬度地区季节变化更明显。最大臭氧带靠近极地，赤道附近臭氧浓度最小。

高空的臭氧层对地球上的生物是十分有益的。臭氧对太阳紫外辐射具有较强的吸收能力，阻挡了太阳紫外辐射到达地球表面，保护了地表生物。并且它还能通过吸收太阳紫外辐射，起到调节气候的作用。

因此，一旦臭氧层遭到破坏，就会导致太阳紫外辐射大量到达地面，给人类健康带来严重的危害。它会破坏生物蛋白质，造成细胞死亡，导致皮肤癌；还会伤害人的眼睛，导致白内障，从而使眼睛失明；还会抑制人体免疫系统功能，损害人体对疾病的抵抗能力。

除此之外，平流层中臭氧浓度的减少，会导致地球气候异常，影响植物生长和生态平衡；也会使农作物和微生物受到伤害，使其产品质量下降、减产；同时，它也会对建筑物等造成影响，缩短其使用寿命。

81　臭氧层位于：

A　对流层　　　　　　　　　　B　中间层
C　电离层　　　　　　　　　　D　平流层

82　在北半球，在哪一季节臭氧层厚度最大？

A　春季　　　　　　　　　　　B　夏季
C　秋季　　　　　　　　　　　D　冬季

83 哪一地区臭氧浓度最小？

    A 极地   B 赤道

    C 中纬度   D 北回归线

84 下面哪一项是错误的？

    A 臭氧含量随纬度和季节的变化而变化

    B 臭氧浓度的变化不会对建筑产生影响

    C 过多的紫外线会损害人体的抵抗能力

    D 高空的臭氧层对地球上的生物是有益的

85 臭氧浓度的减少会导致：

    A 气候异常   B 降水增加

    C 环境污染   D 工业减产

没有水就不可能有生命。淡水不仅是<u>生物的命根子</u>，也是工业产品的催生剂。由于世界上人口不断增长，对水的需要量也就越来越大。

我们的地球素有"水的行星"之称，3/4的面积覆盖着水层，但海水却占了97.5%，淡水仅占2.5%。淡水中70%又是冰，再扣除包含在大气和土壤中的水分，真正可利用的江河水量，仅占地球总储水量的0.0001%。目前全世界60%的地区面临供水不足，40多个国家在闹"水荒"。同时，淡水资源的分布又极不平衡，有的地区年降水量超过蒸发量；有的地区却终年无雨，沙漠一望无际；而作为巨大冰库的南极洲，又至今还未被利用。

近年来，随着工业的不断发展和人口的急剧增长，水资源的污染又日趋严重。到2010年，世界对水的需要量将增加3倍，水荒将更为严重。

我国年降水总量6万亿立方米，相当于全球陆地年降水总量的5%。世界上平均每人占有径流量为1.1万立米，中国仅约2700立方米。我国北方也同样面临供水不足的紧张状态，所以南水北调势在必行。开河凿井，兴建水库，绿化大地，采取有效措施控制江河的污染，节约用水……所有这些，对于缓和供水紧张状况具有重要的意义。

地球总水量的2.5%的淡水，如能得到妥善保护和合理利用，足可供应200亿人之用。有的国家提出向南极洲取冰化水的大胆设想。南极大陆确是世界上最大的制冰厂，每年结冰可达1200立方公里，现在积存的冰就有3000万立方公里，按世界人口平均计算，可供饮用4万年之久。但目前人们普遍认为，海水淡化是解决"水荒"的主要途径之一。

86 第1段画线部分说明：

A 植物根部需要水

B 生物需要的不只是淡水

C 水中含有很多营养物质

D 生物生长离不开水

87 "南水北调"的目的是：

A 绿化大地

B 开河凿井

C 兴建水库

D 减缓供水不足

88 下面哪一项不是解决"水荒"的主要途径？

A 节约用水

B 海水淡化

C 减少工业用水

D 开河凿井

89 有关中国的水资源情况，下面哪一项不正确？

    A 人均径流量中国与世界平均水平持平

    B 中国北方面临着供水不足

    C 中国年降水总量相当于全球总量的5%

    D 必须想方设法缓和供水紧张状况

90 下面哪种说法不符合这段文字的内容？

    A 到2010年时，世界水荒将更为严重

    B 世界淡水资源的分布极不平衡

    C 解决水荒的唯一办法是到南极洲取冰化水

    D 南极大陆现存的冰可供人饮用4万年

8月12号，中央银行行长周小川在上海公布了人民币汇率所参考的"一篮子货币"的主要组成币种。央行此举的目的显而易见：稳定关于人民币升值的预期。

7月21日，人民币汇率体制改革"出其不意"地开始之后，人民币就再难停止升值的步伐。与7月21日8.11的初始汇率相比，汇改3周以来人民币实际升值约0.15%。若以汇改前8.27的汇率为基准，升值幅度约2.08%。

然而，这种升值幅度离境外的预期显然相差甚远。"其实人民币汇率在过去尽管是盯住美元，却也是可以浮动的。但这次汇改如此受人关注，很大一个原因在于市场对汇改的解读和央行的解读不一致。"华东师范大学商学院院长黄泽民在接受记者采访时表示。

央行一再解释，人民币汇率初始调整水平升值2%，是指在人民币汇率形成机制改革的初始时刻就作一调整。人民币汇率制度改革重在人民币汇率形成机制的改革，而非人民币汇率水平在数量上的增减。

但境外资本却不这样认为，在人民币汇率体制改革之前，境外对人民币升值的预期甚至达到20%。尽管汇改后境外的人民币升值预期有所减弱，但普遍的期望是未来一年内人民币继续升值5%。

黄泽民认为，下一步人民币是否会继续升值，以及升值多少都取决于中国贸易顺差的变化。人民币汇率初始调整水平升值2%，主要考虑国内企业的承受能力，因此下一步汇率调整的依照标准，肯定也是中国外贸企业状况。"应该说，人民币升值贬值都有可能。如果在目前的汇率水平下，贸易顺差逐步缩小甚至出现逆差，那人民币升值可能就要停顿一下。而如果贸易顺差还在继续增大，那可能还将适当升一下。"

91 为什么央行行长公布人民币汇率所参考的"一篮子货币"？

A 有效地管理汇率　　　　　　　　B 避免人民币贬值

C 以防人民币升值　　　　　　　　D 稳定人民币升值的预期

92 根据黄泽民的观点，本次汇改受人关注的主要原因是什么？

A 对汇改的解读存在不一致　　　　B 人民币升值的幅度难以猜测

C 企业对汇改的承受能力不足　　　D 人民对汇改的承受能力不足

93　汇改后，境外普遍预测人民币1年内升值多少？

　　A　2%　　　　　　　　　　　B　2.08%

　　C　5%　　　　　　　　　　　D　20%

94　决定人民币是否继续升值的主要依据是什么？

　　A　国外货币汇率　　　　　　　B　中国贸易金额

　　C　境外资本情况　　　　　　　D　中国贸易顺差

95　什么情况下人民币升值可能出现停顿？

　　A　出现贸易逆差　　　　　　　B　存款利息提高

　　C　外贸企业减产　　　　　　　D　出口产品利润不足

中国烹饪协会副秘书长边疆介绍，本次奥运餐厅的餐饮服务，由美国一家专门负责奥运餐饮的服务公司负责。该公司负责从上世纪60年代至今的所有奥运会的饮食服务，经验非常丰富，其厨师和营养师都是来自世界各地的顶尖高手。这次比赛在供餐上的最大变化是加入30%的亚洲餐饮，包括中国、日本和韩国的美食。

据中国乒乓球队出征雅典奥运会、北京奥运会的营养指导、广安门医院食疗营养部主任王宜介绍，本次比赛入选的中餐菜品，是在前期经过层层筛选菜品，再经由营养学家、美食家、高级厨师等多位专家的分析和品尝后入选的。在色、香、味、形、意、养等方面都比较均衡。

这次接待了很多外国贵宾，所以对饮食和营养进行了"中西合璧"。早餐供应杂粮面包、奶类和蔬菜水果，以及少许培根，能快速消化快速供能，同时减轻身体负担。值得推荐的是黑麦面包，用大家很少用的黑裸麦加工而成。黑麦富含铁、锌等基础元素，营养价值高，制作成面包后加入核桃仁等坚果，以补充脑力。午餐中值得推荐的是秘方烤鸡腿，鸡腿肉脂肪含量低，蛋白质高，在经由蜂蜜、肉桂、葱姜、百里香等的充分腌制后，加入烤箱烘烤，再配上时蔬，如芥蓝、西葫芦、胡萝卜等，营养很全面。这道菜中用了不少香料，但减少油盐的用量，是少油少盐的健康菜品。如果没烤箱，可以把烤改为煎。获奖的是巧克力香浓蛋糕和巧克力布朗尼芝士蛋糕。虽然蛋糕热量高，但饱腹感强，一小块能满足食欲，能有效控制食欲。

96 本次奥运会的餐饮服务是由哪国公司负责的？

A 中国　　　　　　　　　　　　　B 美国

C 韩国　　　　　　　　　　　　　D 日本

97 这次供餐的最大变化表现在哪个方面？

A 提供免费饮食　　　　　　　　　B 营养更加丰富

C 价钱更加便宜　　　　　　　　　D 加入大量亚洲美食

98 入选的中餐菜品有什么特点？

A 是最有名的中国菜　　　　　　　B 由最有名的厨师制作

C 在色香味形等方面很均衡　　　　D 由食疗营养部的主任负责

模拟试题 ❶
模拟试题 ❷
模拟试题 ❸
模拟试题 ❹
模拟试题 ❺

99   本次奥运会对菜品的营养要求是什么？

    A   中西合璧   B   饱腹感强

    C   以西方为主   D   能补充脑力

100   下面哪道菜是少油少盐的健康菜品？

    A   黑麦面包   B   秘方烤鸡腿

    C   巧克力香浓蛋糕   D   巧克力布朗尼芝士蛋糕

三、书写

第101题：缩写。

这是圣诞节前夜，时钟刚敲过7下儿，一个8岁左右的小女孩走进吉姆的小古玩首饰店。"您能把那条漂亮的蓝珠子项链拿给我看看吗？"女孩犹豫了一下，小声地问。

吉姆从橱窗里取出了那条价值不菲的蓝宝石项链。

"对，就是这串！"女孩兴奋不已，"请您用那种红颜色的包装纸给我包起来，行吗？"

吉姆没有动，他说"你给谁买礼物？"

"给我姐姐，她是天底下最好的人，在我妈妈死后，她一直照顾我。我每天放学以后都去卖花，我将卖花的钱都攒了起来，为的是在圣诞节给她送一件最漂亮的礼物。"说着女孩从口袋里掏出一大把零钱放在柜台上，"就这些，这是我卖花得来的所有的钱，还有姐姐平时给的零花钱，都在这儿。"

吉姆的心中顿时仿佛被什么东西轻轻拨动了一下，他默默地看着女孩，然后小心翼翼地撕去项链上的价格标签，他怎么能让她看到实际的价格呢？

"你叫什么名字？"他一边问着，一边将项链用一张鲜艳的红纸细心地包好。

"我叫温妮。"女孩目不转睛地看着吉姆手的动作，喜形于色地答道。

"拿去，"吉姆又说，"路上要当心，不要弄丢了。"

女孩向他露出甜甜的笑，将小包紧紧地搂在怀里，轻快地跑出了店门。瞧着渐渐远去的温妮，吉姆觉得自己完成了一件至关重要的大事，同时也感到更加孤单了。

小女孩和那条蓝宝石项链又一次将深藏在吉姆心中的痛苦记忆唤醒。吉姆想起了自己曾爱过的一个姑娘，这条蓝宝石项链正是吉姆专门给她准备的。然而就在那一年的圣诞节前夜，一辆疾驶的汽车夺去了吉姆痴心相恋的姑娘的生命。

古玩店的门被轻轻地推开了，一位美丽的年轻女子走了进来。"这是在您的店里买的吧？"说着将一个用鲜艳的红纸包着的小包放在柜台上。正是那条蓝宝石项链。

"是的，一个叫温妮的小姑娘，说是要为她姐姐买圣诞礼物。"

"我就是温妮的姐姐爱尔莎，她最多只有几美元，无论如何也买不起这么昂贵的项链啊！"

　　吉姆小心翼翼地用那鲜艳的红纸重新将项链包好，深情地说道："她买得起，她付了一个人所能付出的最高价！因为她拿出了自己全部的钱！"

　　许久，这小小的古玩店里静无声息，两个人默然相对。

　　突然，教堂的钟声响了，那清脆的钟声在圣诞节之夜回荡，新的一天又开始了。"可是，您为什么要那样做呢？"爱尔莎终于说话了。

　　"这本来是为我最心爱的人准备的圣诞礼物，可是她不在了，我没有任何人可送礼物了。我将它送给了一个用全部爱心来购买它的小姑娘，我觉得这很值得。"

新汉语水平考试

HSK
6级

模拟试题

新汉语水平考试
HSK(六级)

一、听力

第一部分

第1到15题，请选出与所听内容一致的一项。

1 A 我最喜欢学校放假
  B 妈妈不喜欢听音乐
  C 妈妈不让我看电视
  D 妈妈带我去买东西

2 A 老师让玛丽写生词
  B 玛丽不喜欢写作业
  C 玛丽写了500字的作文
  D 玛丽学过1000多个汉字

3 A 这对夫妻结婚10年了
  B 孩子10岁还不会说话
  C 这对夫妻过分疼爱孩子
  D 他们的孩子快20岁了

4 A 我喜欢吸烟，不喜欢喝酒
  B 结婚以后我更喜欢邮票了
  C 爷爷给我邮票和零花钱
  D 除了吸烟，我的钱都买邮票

5 A 水羊喜欢吃鱼
  B 水羊的肉不能吃
  C 水羊很少上陆地
  D 水羊和陆地上的羊一样大

6 A 早晨起床后记忆力最好
  B 上午学习能使知识条理化
  C 下午大脑细胞活力最强
  D 晚上睡觉以前记忆力最差

7 A 躺着抽烟很舒服
  B 电影是最好的发明
  C 我不喜欢参加舞会
  D 看书是我最大的享受

8 A 美国人不愿意搬家
  B 美国人觉得搬家麻烦
  C 美国人一般要搬家十几次
  D 中国人搬家花钱很多

69

9	A	老王的鞋25元	13	A	喝茶不利于健康
	B	老王很喜欢买鞋		B	喝茶不如喝咖啡
	C	朋友买鞋买贵了		C	喝茶易患心脏病
	D	老王的鞋和朋友儿子的一样		D	老人不宜多喝茶

10	A	吃饭时不要听音乐	14	A	母亲很爱孩子
	B	听音乐对人健康有利		B	孩子要求吃鱼
	C	做家务时不要听音乐		C	母亲常常撒谎
	D	听音乐使人注意力集中		D	母亲不爱吃鱼

11	A	退休老人越来越多	15	A	苍蝇喜欢捕食蜘蛛
	B	老人退休后很辛苦		B	只有圆形的蜘蛛网
	C	住在老人院里很幸福		C	七大洲上都有蜘蛛
	D	老人不愿和儿女在一起		D	亚洲蜘蛛数量最多

12	A	他在书店工作
	B	他家到处是书
	C	他很喜欢搬家
	D	他从来不卖书

第二部分

16　A　记者
　　B　儿童
　　C　小学生
　　D　大学生

17　A　小学
　　B　少年宫
　　C　广西省
　　D　北海市

18　A　小学老师
　　B　初中老师
　　C　摄影老师
　　D　班主任老师

19　A　去旅游
　　B　去慰问
　　C　去参加比赛
　　D　去拜访老师

20　A　摄影技术
　　B　生活能力
　　C　交友能力
　　D　学习能力

21　A　表演考试
　　B　大学考试
　　C　导演考试
　　D　歌手考试

22　A　自己很喜欢
　　B　陪着朋友去
　　C　想进娱乐圈
　　D　要当名演员

23　A　主角
　　B　一名学生
　　C　一名老师
　　D　一个歌手

24　A　很辛苦
　　B　很失望
　　C　很开心
　　D　很激动

25　A　10几岁
　　B　20几岁
　　C　30几岁
　　D　40岁后

模拟试题 1
模拟试题 2
模拟试题 3
模拟试题 4
模拟试题 5

71

26	A	一方面		29	A	比较骄傲
	B	两方面			B	更加理性
	C	三方面			C	思想消极
	D	四方面			D	非常保守

27	A	鲁豫		30	A	要有成熟的用户
	B	杨澜			B	公司的服务要成熟
	C	吴征			C	用户和公司都要成熟
	D	茅道林			D	给顾客提供成熟的服务

28	A	新浪网
	B	阳光卫视
	C	中广有线
	D	都会盈利

第三部分

第31-50题，请选出正确答案。

31 A 梨伤胃，枣伤牙
    B 梨和枣对胃不好
    C 枣伤牙，梨伤胃
    D 梨和枣都伤牙

32 A 吃梨和枣时少用牙嚼，把它整个咽下去
    B 吃枣时不吃皮，吃梨时只嚼，不咽下去
    C 吃梨时不吃皮，吃枣时不嚼，整个咽下去
    D 吃梨时只嚼不咽，吃枣时不嚼，整个咽下去

33 A 只吃枣不吃梨
    B 少吃枣和梨
    C 只吃梨不吃枣
    D 把枣整个咽到肚子里

34 A 教授
    B 作家
    C 工人
    D 主妇

35 A 儿孙都支持
    B 打字比写字快
    C 学电脑很新潮
    D 上老年大学需要

36 A 兴奋
    B 痛快
    C 难过
    D 热心

37 A 50多岁
    B 60多岁
    C 不到70岁
    D 70多岁

38 A 全职妈妈的比例
    B 易趣是有名的童装
    C 妈妈们喜欢买童装
    D 全职妈妈喜欢网购童装

39 A 一家商店
    B 一个服装店
    C 一台计算机
    D 一个商业网站

40 A 价格不太高
   B 货品比较全
   C 名牌比较多
   D 没时间去商店

41 A 经常表扬人
   B 每天刮胡子
   C 不喜欢说话
   D 喜欢女秘书

42 A 长得挺漂亮
   B 经常买衣服
   C 工作很认真
   D 不天天上班

43 A 老板是个骄傲的人
   B 秘书字写得很漂亮
   C 老板的朋友是个理发师
   D 老板从刮胡子得到启发

44 A 怎样找秘书
   B 巧妙的批评
   C 如何办好公司
   D 理发师的故事

45 A 笔试
   B 口试
   C 面试
   D 表演

46 A 不认识
   B 好像见过
   C 认识，但不知道名字
   D 见过，但没有联系

47 A 他犹豫是不是以前见过考官
   B 他想是否让考官帮忙得到这份工作
   C 他想是不是外国考官的记忆力不好
   D 他犹豫自己去没去过那所大学

48 A 组成神经元
   B 控制人体温度
   C 构成人体结构
   D 调节睡眠节律

49 A 身体温度上升
   B 身体温度过低
   C 晚饭吃得太多
   D 违反了生物节律

50 A 失眠也是一种疾病
   B 生物节律影响身体
   C 所有失眠症都可以治好
   D 加强锻炼对睡眠有好处

二、阅读

第一部分

第51-60题：请选出有语病的一项。

51　A　小刘，听说你要结婚了，我可要道喜你了。

　　B　这个建筑看起来很新，可实际上是十几年前就建起来的。

　　C　为了使大家更清楚地了解，他又列举了一些具体的事例。

　　D　最近工作太忙，我们这里人手不够，你能不能暂时过来帮个忙。

52　A　这件事不是个人所能办到的，要靠集体的力量。

　　B　我打开通向阳台的落地窗，凉爽的空气扑面而来。

　　C　他每天泡在图书馆里，饿了就吃个馒头，渴了就喝口凉水。

　　D　叔叔说得太对了，放心吧，我已经把您刚才谈谈的内容都记下来了。

53　A　爷爷这一生吃了不少苦，况且也享了不少福。

　　B　雪融化时要吸收热量，因此气温很快就会下降。

　　C　由于政策不对路，这几年本市经济发展一直停滞不前。

　　D　他现在变得很庸俗，张嘴闭嘴都是钱，好像钱是生活的一切。

54　A　这次失败未必是坏事，它有助于你发现并弥补自己的不足。

　　B　小张，想喝水的话你就用这个白玻璃杯，黄色的杯子是我同屋。

　　C　新技术成果向生产力转化的节奏越来越快，推动了全球经济的发展。

　　D　面对严重的灾情，国际援助机构正向受灾地区调派救援人员、设备和救灾款项。

55 A 我望着妻子的背影，轻轻地笑了笑，又侧过头向窗外望去。

     B 由于学校的功课很多，使得孩子们很少有时间跟父母交谈。

     C 孔子既然是一位思想家，也是一位教育家，一生中大部分时间在从事教育工作。

     D 我十分珍惜这次来之不易的机会，在这两年里，我的业余时间全部花在阅览室里。

56 A 随着互联网的普及，我国网民的数量已经超过8000万。

     B 凡是到杭州来旅游的人，没有不想看看西湖、品品龙井茶的。

     C 看到妻子把手稿从火中抢了出来，他怒气未消，又夺过手稿，还要投进去火中。

     D 根据学生的特点，选取适当的方法去教育、培养，往往会取得意想不到的效果。

57 A 阅读是人类社会的一种重要活动，是随文字的产生而产生的。

     B 要不是我一把抱住了他的腰，他非得冲上去打老李一顿不可。

     C 你一定要注意，看一个人不能只听他怎么说，更要看他的实际行动。

     D 这种国产汽车价钱比进口汽车便宜一半，而质量比进口汽车不相上下。

58 A 从他的谈话中，我发现他已经一点儿也跟原来不一样了。

     B 开始我对他的做法很不满意，但现在我终于理解了他为什么要那样做。

     C 和他交往了一段时间后，我发现我们两个人的性格不合适，于是就向他提出了分手。

     D 在世界杯乒乓球比赛的小组赛中，除一名选手遭淘汰外，其余四名我国选手全部进入
       半决赛。

59 A 喀纳斯湖简直太美了，我忘不了那里的草原、牛羊，还有清澈的湖水。

     B 最近太忙了，现在我最想做的事就是躺在床上舒舒服服地睡上一大觉。

     C 今天我们参观了国家天文台，这次参观活动，使同学们增长了很多知识和眼界。

     D "性格不合"已经取代"家庭暴力"和"第三者插足"，成为当前离婚的首要原因。

60 A 他头也不回地大步向前走去，身影逐渐消失在夜色里。

     B 南海面积约350万平方公里，比渤海、黄海、东海面积总和还大得多。

     C 随着2008年北京奥运会的日益临近，各方面的准备工作正在紧张进行。

     D 向天津飞往上海的705班机每天上午9：10起飞，晚上9：50返航。

第二部分

第61-70题：选词填空。

61 翠湖不大，____着转一圈也不过半个小时。我平日很不喜欢运动。可是常识告诉我，我这种年纪，这种____，一点儿不动是不行的。于是晚饭后沿着翠湖走一____就变成我每天唯一的运动了。

A 围   企业   周

B 绕   职业   圈

C 按   行业   回

D 走   事业   次

62 暑假到来之后，很多家长会把孩子送去补课，其实，家长们更应该____暑假时间，给孩子补一补"感情课"。孩子的健康____，不但需要从学校里学习新的知识，也需要从父母那里学习生活方面的知识，需要跟父母进行感情____。所以， 在孩子暑假的时候，家长们应该多花一些时间跟孩子在一起，这种"感情补课"对孩子是大有____的。

A 使用   长大   交往   利益

B 运用   发育   沟通   进步

C 利用   成长   交流   好处

D 适用   培养   安慰   帮助

63 每年夏天是英国音乐爱好者狂欢的____。BBC举行的音乐会将在皇家阿尔伯特音乐厅举行两三个月。只花3英镑就可以买到一张站票，虽然累，但供大家站的位置却是音乐厅的池座——最好的____。来"站听"的多是穿着随意的年轻人，可他们却是一流的____。英国的听众永远保持着绅士____，但他们的掌声绝不缺乏热情和发自内心地对音乐家的感激。

A 时间   地址   观众   礼节

B 国家   指挥   主持   价值

C 年份   场所   演员   地位

D 季节   位置   听众   风度

64 有研究表明，大多数成年人的心理问题都____童年时期。如果一个人在童年时没有形成____的人格，将给其未来造成许多____。所以为了孩子的未来，就应该给他____规矩，让他从小就明了是非曲直，____误入歧途。

    A   来自   健康   麻烦   教   避免

    B   出自   正确   困难   讲   未免

    C   源于   健全   障碍   立   以免

    D   在于   美好   曲折   说   难免

65 许多研究表明，当碳酸钙和食物一起服用时，它的吸收率会提高6%左右。____，钙剂和食物一起食用会导致一个严重的____后果，即会严重____食物中的铁等微量元素的吸收。为了进一步说明问题，美国科学家____碳酸钙、碳酸钠以及硫酸钙对铁吸收影响的详细考察，发现仍然是碳酸钙的影响最大。

    A   然而   不良   抑制   通过

    B   但是   不好   影响   经过

    C   可是   恶劣   控制   经历

    D   因而   恶性   限制   经验

66 鸵鸟是一种经济____很高的动物，全身都是宝：鸵鸟肉味鲜美，营养丰富，尤其是____人体需要的各种氨基酸；蛋、内脏也都是美味食品；漂亮的羽毛早在中世纪便已是贵族妇女必不可少的____；蛋壳、骨及羽毛都可____成精美的工艺品；鸵鸟皮则是现今世界上最____的皮革。

    A   价格   含有   饰品   生产   珍贵

    B   价值   富含   饰物   制作   昂贵

    C   品质   包括   装饰   加工   宝贵

    D   价钱   饱含   打扮   研制   高贵

67 有的科学家把人的性格分为5个主要特征：随和、责任、神经过敏、开放及外向。那些赞同性格变化是受基因控制的研究____认为，这5大特征在30岁之前就____定型。男人和女人的相对"神经过敏"有差异：女人的神经过敏____随年龄增长而下降，而男人则相反。男女的"开放"随年龄增长都略有减弱，女人的"外向"也随年龄增长而有所____。

A 人   全部   外向   增加
B 生   完全   方向   提高
C 者   基本   倾向   减少
D 员   根本   方位   稀少

68 从人性的本质____，我们每个人最关心的是____。人们喜欢讲述自己的事情，喜欢听到与自己有关的东西；由于这种心理，有些人便经常犯这样一种____。他们要么____地与人说个不停，不顾他人作何反应；要么当人讲话时，注意力不大集中，总是心不在焉。

A 看来   别人   缺点   吞吞吐吐
B 来说   他人   弱点   眉飞色舞
C 而言   人家   不足   断断续续
D 来看   自己   错误   滔滔不绝

69 每个人都想____自己喜欢的工作，但是很____，只有少数人能把自己的爱好和喜欢的工作____起来，大多数人是为了谋生而工作，干了很多年自己不喜欢的工作，白白____了最宝贵的生命。

A 从事   遗憾   结合   浪费
B 收拾   后悔   团结   消费
C 开发   可惜   合作   破坏
D 创造   抱歉   结构   消灭

模拟试题 1 模拟试题 2 模拟试题 3 模拟试题 4 模拟试题 5

70 中国人的祖先在烧制、使用陶器的启发下，进一步____了瓷器。瓷器是瓷土作胎，胎上上釉，用1200℃____的高温烧制而成。瓷器比陶器____，外观光亮好看，不吸水或很少吸水，敲打有____的金属声。

A 生产　　之上　　坚固　　明亮

B 创造　　以外　　稳固　　干脆

C 发明　　以上　　坚硬　　清脆

D 制造　　之外　　巩固　　响亮

第三部分

第71-80题：选词填空。

　　和很多人一样，为了工作和考试，我不得不花很多时间读一些跟工作相关的书籍，比如英语书、经济学和政治学的书，(71)_____。但读这些书都是"不得已而为之"，说不上喜欢。要说喜欢，其实我最喜欢看的还是故事书，各种各样的故事书。

　　小时候，最喜欢读安徒生童话，《丑小鸭》、《卖火柴的小女孩》、《皇帝的新装》，不知道读过多少遍，(72)_____，恨不得把自己的漂亮衣服、生日蛋糕都送给她。上中学的时候，照样对故事书着迷，常常因为上课的时候读故事书被老师骂，(73)_____，但仍然乐此不疲。现在每天晚上临睡前读几个《读者文摘》上的小故事，或者读几页小说，(74)_____。几年下来，我竟然读了几大本《读者文摘》和几十本小说，这些故事也在不知不觉地影响我。读《简·爱》，使我学到了一个小人物也要自尊、自强；读《飘》，使我明白人在任何时候都不能放弃希望；读《小王子》，使我知道成人如果保持一份童真，(75)_____，才能知道什么是最值得珍惜的。我真的很喜欢读故事书，我想我会一直读下去。

A　也因为晚上躲在被子里偷偷读书被妈妈骂过

B　连做梦都会梦见卖火柴的小女孩

C　用孩子的眼睛去看世界

D　有时甚至要读一点儿哲学的书

E　对我来讲真是难得的放松

网络打破了时空的限制，使我们真正做到"秀才不出门，便知天下事"。人们足不出户，就能在网上走遍世界，(76)＿＿＿＿＿＿＿＿＿＿，了解世界上最新发生的事情。

其次，网络改变了人与人之间的交往方式。网络为人类提供了广泛联系的途径，(77)＿＿＿＿＿＿＿＿＿＿，用网络电话、网络聊天等方式，就像和身边朋友聊天一样方便。

第三，网络在很大程度上改变了现代工作的方式，极大地提高了工作的质量和效率，也使很多人呢可以在家里上班，另外我们通过上网浏览、游戏、聊天等，还可以缓解学习和工作带来的压力，利用网络还可以参加培训，(78)＿＿＿＿＿＿＿＿＿＿。

当然，世界上任何事情都各有利弊，网络也是如此，它在给我们带来方便、快捷的同时，也带来了一些新问题，例如个人隐私难以得到保障；网络传输的信息是否健康、真实我们都不能确定，这对未成年人的心理健康是一个潜在的威胁。另外，"黑客"的袭击也对我们的网络是一种威胁。也就是说，我们在利用网络为自己服务的同时，(79)＿＿＿＿＿＿＿＿＿＿＿。

我认为，解决以上这些问题应从两方面着手，一是要发展网络防毒技术；另一方面就是要规范网络秩序，(80)＿＿＿＿＿＿＿＿＿＿，并且要普及网络实名制。当然，解决这些问题需要全社会的共同努力，只有这样，网络才会更健康更安全地为人类社会服务。

A　不用去学校就可以随时学习知识

B　禁止不健康内容在网络上传播

C　了解不同国家的风俗和文化

D　还必须承担因网络安全问题所带来的风险

E　我们与远在世界各地的朋友联系

第四部分

第81-100题：请选出正确答案。

81-83

据有关部门统计，去年舟山市共接待海内外游客近300万人次，相当于当地人口的3倍。海洋旅游已成为当地重要的新兴产业，每年带来10亿元以上的收入，在全市国民生产总值中的比重已超过12%。

舟山由1300多座大小岛屿组成，历史悠久的宗教文化、热情豪爽的渔家风情、丰富多彩的渔歌民谣、独具特色的美食，为这里的一山一水、一岛一礁增添了许多魅力。

进入九十年代以来，舟山市将海洋旅游摆上与海洋渔业、港口运输同等重要的位置，予以优先发展。当地广泛吸收国内外资金，用于景点景区建设，先后开发了海浴、冲浪、垂钓、笼蟹等50多个旅游项目。目前已建成普陀山、嵊泗列岛两个国家级风景名胜区，岱山和槐花岛两个省级重点风景名胜区，形成了以普陀山、朱家尖、沈家门旅游"金三角"为中心，嵊泗列岛和岱山风景区相辅助，南、北、中相呼应的旅游格局。

81 舟山市的新兴支柱产业是：

A 海洋渔业
B 海洋旅游业
C 港口运输业
D 海产餐饮业

82 关于舟山市，下面哪一项是错误的？

A 有两个国家级风景区
B 宗教文化历史悠久
C 当地人口约300万
D 由一千多座岛屿组成

83 舟山的著名风景旅游区不包括下面哪一项？

A 槐花岛
B 普陀山
C 蓬莱山
D 嵊泗列岛

北京奥运会期间，一些来中国的外国人亲眼看到了人民生活水平和经济发展的巨大变化，从而一改过去认为中国贫困落后的印象。

中国经济的发展使得中国品牌认知度大幅提升。在对奥运期间来华外国人的调查显示，联想、中国移动等中国品牌在外国人当中享有较高的知名度，在受访者中的认知度分别达到58%和52%。作为中国的快速消费品品牌，伊利借助奥运赞助商的营销策略，在外国人当中也赢得了14%的认知度。奥运期间，李宁作为营销表现最为突出的品牌之一，在"奥运期间印象深刻的品牌"调查序列中位居第一，这与李宁的名人效应和奥运影响的认识度有紧密关系。

值得注意的是，虽然中国经济增长迅速，但64%的外国受访者认为中国的经济发展是有代价的，主要表现在环境方面。中国在环境保护方面所做出的努力虽然得到了一定程度的认可，但要赢得广泛的认可评价还有很长的路要走。

84 奥运期间外国人对中国经济的印象怎么样？

A 对中国的印象很模糊　　　　　　　B 改变了对中国的印象

C 觉得中国的经济不太好　　　　　　D 觉得中国已是发达国家

85 文章没有提到下面哪一品牌？

A 伊利　　　　B 李宁　　　　C 联想　　　　D 海尔

86 获得"奥运期间印象深刻的品牌"第一位的是：

A 李宁　　　　B 联想　　　　C 蒙牛　　　　D 中国移动

87 关于李宁品牌的认知影响力，下面哪一项说法没有提到？

A 名人产生的效应　　　　　　　　　B 奥运影响的认知度

C 广告上的巨大投入　　　　　　　　D 奥运会上给人的印象深刻

88 外国受访者认为影响中国经济发展最主要的问题是：

A 经济发展速度较慢　　　　　　　　B 中国品牌不够有名

C 环境问题比较严重　　　　　　　　D 技术手段比较落后

　　家政行业的供不应求已经不是新鲜事，但最近一项调查显示，由于家政员的短缺，目前京城家政行业正在悄悄发生变化：保姆价格上涨的同时，聘请家政员的家庭数量在减少，而高端家政员的需求比例呈上升趋势。

　　对239个家政企业的调查显示，几百元就请个保姆的情况<u>已经成为历史</u>。目前北京市场保姆月平均价格在800元以下的人员几乎没有，55%的家政员价位高于1200元，成交价格集中于1000至1400元的占整个市场价格比例的43.73%。还有7%的家政员月平均工资2000元起价。

　　2005年至2007年上半年的统计数据表明，目前北京的家政市场价位正以每年200元的幅度增长。截止到目前，市场中的低端保姆已经是2005年时中端保姆的价位。其主要原因是市场需求不减而保姆从业人员有所减少。

　　虽然价格不断上涨，但家政行业供不应求的状况依然明显。调查显示，约80%的公司日常人员储备仅1至10人，还有4%的公司人员储备为零。人员储备20人以上的公司仅占7%。

　　家政业供不应求的原因除了现代人工作频率快、需求多外，劳动力的减少是最直接的因素。统计数字显示，如果以2005年顾主需求数据为基数100%，2005年雇用初级保姆的家庭在整个市场中的比例为57.5%，雇用中级保姆的占33.9%，雇用高级保姆的比例为8.6%。到2007年8月为止，雇用初级保姆的比例下降到55.4%；中级保姆比例下降到31.7%；而高级保姆比例增长到11.4%。同时，从总体雇用量看，整个市场的雇用能力比2005年下降了1.5%，雇佣保姆的家庭数量为2005年的98.5%。

　　专家认为，家政业的高端化将促使家政行业质量进一步提高。以往农村剩余劳动力在农闲时段把进城做家政当成"副业"的情况将不再是家政市场的主流。职业学校或大学家政专业的学生将更多进入家政行业，从而促使家政业职业化。据2005年的统计，北京有30%的家庭在雇佣家政员，而随着家政行业价格的进一步攀升，消费人群会继续减少，最终将减至20%。

89 下面哪一项不是京城家政行业正在发生的变化？

A　从业人员逐渐增加　　　　B　工作收入不断提高

C　高端家政员需求量大　　　D　请家政的家庭在减少

90　第2段画线部分"已经成为历史"的意思是：

　　A　这样的情况有很长的历史　　　　B　这样的情况今后不会再有

　　C　这样的情况是历史书上的　　　　D　这样的情况是很少遇到的

91　家政员的平均收入每年提高多少？

　　A　100元　　　　　　　　　　　　B　200元

　　C　300元　　　　　　　　　　　　D　400元

92　造成"保姆荒"的直接原因是：

　　A　需求减少　　　　　　　　　　　B　工资提高

　　C　从业人减少　　　　　　　　　　D　家政职业化

93　据估计，今后北京市场聘请家政的人群将减少到多少？

　　A　8.6%　　　　　　　　　　　　　B　11.4%

　　C　20%　　　　　　　　　　　　　D　30%

太阳是个炽热的气体球，它的表面温度高达6000℃。它以辐射的方式不断地把巨大的能量输送到地球上来。由于种种原因，到达地球表面的能量仅为太阳辐射总量的20亿分之一，但这已相当于在同样时间里燃烧4亿吨烟煤所产生的热量。

影响太阳辐射的因素很多，它既取决于日地距离，也受太阳高度角的变化以及季节变化、地面性质的不同、海拔高度的差异等的影响。地球表面上，何处太阳辐射最强呢？

据有关资料，青藏高原的年平均日照总时数超过3000小时，为全国之最；太阳辐射平均每平方厘米达160～190千卡(拉萨为195千卡，格尔木超过200千卡，约大于同纬度的我国东部地区一倍多)，为全国太阳辐射最强的地区。

青藏高原的太阳辐射为什么最强？我们知道，太阳辐射通过大气时，有14%被大气中的水汽、二氧化碳、微小尘埃、云、雾、冰晶等物质所吸收，又有43%被上述物质及地面反射回宇宙空间，最终仅有43%被地面所吸收。

在相同的纬度条件下，地面吸收太阳辐射的多寡，多受海拔高度大小的影响，因为大气厚度随高度的增加而变薄，大气透明度也随水汽和尘埃的减少而增加。太阳直接辐射加大，总辐射就增大。青藏高原海拔4000米，地势高，空气干燥而稀薄，透光率大，因而它所吸收的太阳辐射就居全国之首。但是，青藏高原并不因此而在年平均温度上居全国第一。相反，它的年平均气温一般在5℃～10℃。

原因何在？关键在于"高"。因为高，其南部的喜马拉雅山阻挡南部印度洋暖湿气流；因为高，空气稀薄，大气中的水汽、尘埃少，因而地面热量散失多而快，最终使气候严寒。另一方面，高原面上那终年不化的冰雪，也加大对太阳辐射的反射，加快热量散失，从而加深了寒冷程度。

94 关于太阳，下面哪一项是错误的？

A 温度高达6000℃   B 将热量辐射到地球

C 是个炽热的气体球   D 是地球的20亿倍

95 影响太阳辐射的因素不包括下面哪一项？

A 日地距离   B 季节因素

C 天气情况   D 海拔高度

三、书写

第101题：缩写。

　　午餐的高峰时间已经过去了，客人都已散去，原本拥挤的小吃店里，终于清净下来了。老板正要喘口气，翻翻报纸的时候，有客人走了进来。是一位老奶奶和一个小男孩。

　　"牛肉汤面一碗要多少钱？""十块一大碗。"

　　奶奶坐下来，从口袋里掏出一个装钱的小塑料袋，数了数钱，然后叫了一碗汤面——一碗热气腾腾的牛肉汤面。奶奶将碗推向小孙子面前，催促着：快吃吧，一定饿坏了吧！

　　小男孩吞了吞口水望着奶奶说："奶奶，您真的吃过午饭了吗？""当然了。"奶奶一边和蔼地看着小孙子，一边拿起一块萝卜泡菜慢慢地嚼着。一眨眼工夫，小男孩就把一碗面吃了个精光。

　　老奶奶站起身，从塑料袋里一张一张地数钱，准备结账。老板看到这幅景象，走到两人面前说："老太太，恭喜您，您今天运气真好，是我们的第一百个客人，所以您要的这碗汤面是免费的。"

　　一转眼一个多月过去了。有一天，老板无意间向窗外张望，突然看到上次的那个小男孩正蹲在小吃店对面的人行道上好像在数着什么东西。老板吃了一惊，仔细看了一会，才发现原来小男孩每看到一个客人走进店里，就拿一颗小石子放进他画的圈圈里。但是午餐时间马上就要过去了，圈圈里的小石子却连五十个都不到。

　　看着孩子失望的神情，老板想起上次他们来店里的事情。他心急如焚，却又不知道怎么办才好，他真想直接把小男孩叫进来，给他煮一碗热气腾腾的汤面，可是不行，绝对不能这样做……

　　老板犹豫了很久，终于决定打电话给他所有的老朋友、老顾客："很忙吗？没什么事，那么来吃碗汤面吧，今天我请客。一定马上来，好吗？对，很重要，真的很重要……"像这样的电话老板打给了很多很多人，之后，客人开始一个接一个地到来了。"81、82、83……"圈圈里的小石子迅速增加着，小男孩数得越来越快了。终于当第99个小石子放进圈圈的那一刻，小男孩一下子跳起来，匆忙拉着奶奶的手走进了小吃店。

"奶奶，这一次换我请客了。"小男孩有些得意地说。真正成为第一百个客人的奶奶，让孙子招待了一碗热腾腾的牛肉汤面。而小男孩就像上次奶奶一样，一边笑眯眯地看着奶奶，一边含了块萝卜泡菜在口中嚼着。

"也送一碗给那男孩吧。"老板娘不忍心地说。

"那小男孩现在正在学习不吃东西也会饱的道理呢！"老板回答。

呼噜、呼噜……吃得津津有味的奶奶，突然停下来，对小孙子说："奶奶吃饱了，这些你吃吧。"

没想到小男孩却拍拍他的小肚子，对奶奶说："不用了，我很饱，奶奶您看……。"

新汉语水平考试

HSK
6级

模拟试题

新汉语水平考试
HSK(六级)

一、听力

第一部分

第1到15题，请选出与所听内容一致的一项。

1. A 病人是个女的
   B 病人的头很疼
   C 病人不愿意张开嘴
   D 病人疼得哭了起来

2. A 老虎不愿意被参观
   B 老虎对游客很好奇
   C 虎园有80多只老虎
   D 游客可以免费参观

3. A 我追上了年轻人
   B 年轻人遇到了危险
   C 年轻人想和我一起跑
   D 年轻人跑得气喘吁吁

4. A 春节时人们都不能回家
   B 春节时全家人不在一起
   C 春节时很多人不想回家
   D 春节时有些人不能和家人团聚

5. A 王老师是我的大哥
   B 大家一直都怕王老师
   C 王老师讲课时很亲切
   D 我认识王老师十几年了

6. A 太阳能自行车即将出现
   B 科技对自行车的影响很大
   C 自行车是20世纪发明的
   D 背包自行车50年前就有

7. A 长跑时起跑快很重要
   B 生活中喜欢长跑的人很多
   C 很多人都笑着看长跑比赛
   D 起跑快的人不一定取得胜利

8. A 篮球比赛每队上场3人
   B 篮球比赛的形式多种多样
   C 篮球比赛的形式有两种
   D 街头篮球每队出场5人

95

9　A　炒饭是一种健康食品
　　B　酱油炒米饭很有营养
　　C　炒饭时应多放调味品
　　D　高温炒饭会破坏营养

10　A　中国啤酒有100多年历史
　　B　中国最早的啤酒厂在北京
　　C　啤酒被人称为"液体鸡蛋"
　　D　啤酒的历史已有1000年了

11　A　乘客太多，很多航空公司都关闭了
　　B　飞机不能起飞是因为飞机出现故障
　　C　全国共有2000多名旅客在等候登机
　　D　航空公司建议乘客改乘其他交通工具

12　A　春饼是一种厚饼
　　B　制作春饼不简单
　　C　春饼只有一种吃法
　　D　春饼可以和烤鸭一起吃

13　A　他画了很多日本画
　　B　他的事业非常顺利
　　C　他的画有自己的特点
　　D　他是日本有名的艺术家

14　A　司机开汽车时不要唱歌
　　B　司机听音乐容易打瞌睡
　　C　吃口香糖可使大脑清醒
　　D　开车时交谈容易大脑疲劳

15　A　人为因素不是地球变暖的原因
　　B　温室气体排放过多使得地球变暖
　　C　汽车销量的增加对气候的影响不大
　　D　人为因素和海洋温度上升没有关系

第二部分

第16到30题，请选出正确答案。

16 A 自己想去微软工作
    B 微软邀请他去工作
    C 和微软公司有合作关系
    D 自己的公司被微软合并

17 A 微软的总部
    B 微软在日本的公司
    C 微软在中国的公司
    D 微软在洛杉矶的公司

18 A 因为微软很有名
    B 要在微软做出一番事业
    C 要学微软的管理和企业文化
    D 要做最好优秀的软件开发师

19 A 办软件公司
    B 学习舞台表演
    C 当软件开发师
    D 设计游戏软件

20 A 男人最想找的工作
    B 男人对微软不满意
    C 男人对今后工作的规划
    D 男人对开发软件感兴趣

21 A 男人向女人正式求爱
    B 男人请女人吃了一次饭
    C 男人每天等女人一起吃饭
    D 男人不让女人和别人吃饭

22 A 外形很好
    B 脾气很大
    C 害怕老婆
    D 对妻子好

23 A 长得很帅
    B 很有才气
    C 脾气很好
    D 人品很好

24 A 没有感觉
    B 非常满足
    C 有点遗憾
    D 不太满意

25 A 六七天
    B 半年
    C 两年多
    D 没有提到

26 A 学会弹吉他以后
   B 二十九岁的时候
   C 1984年获奖以后
   D 在茶座演唱的时候

27 A 歌手
   B 演员
   C 运动员
   D 舞蹈演员

28 A 因为能赚钱
   B 因为虚荣心
   C 因为要出风头
   D 因为自己喜欢

29 A 香港和台湾的歌曲
   B 哪首流行就唱哪首
   C 外国电影里的插曲
   D 美国的乡村歌曲

30 A 水平太低
   B 不守纪律
   C 人品很差
   D 成绩不好

第三部分

第31-50题，请选出正确答案。

31　A　她的情人
　　B　她的弟弟
　　C　她的好朋友
　　D　修电视的人

32　A　想赶他走
　　B　怕孩子看见
　　C　怕丈夫生气
　　D　和丈夫开玩笑

33　A　睡觉
　　B　看电视
　　C　打电话
　　D　踢足球

34　A　门的后边
　　B　衣柜里边
　　C　电视桌下边
　　D　电视机后边

35　A　球员
　　B　小偷
　　C　裁判
　　D　邻居

36　A　失去工作
　　B　家庭支出
　　C　父母健康
　　D　孩子教育

37　A　一人有难，八方支援
　　B　有更多时间照顾老人
　　C　可分担照顾父母的工作
　　D　有事可以互相商量解决

38　A　没有足够的钱
　　B　没有足够的精力
　　C　对父母没有孝心
　　D　父母年纪太大

39　A　国际会计
　　B　经营学入门
　　C　营销学原理
　　D　跨国贸易实务

40　A　大学英语三级
　　B　大学英语四级
　　C　成人英语三级
　　D　成人英语四级

41　A　四年综合大学

　　B　三年专科大学

　　C　经济研究机构

　　D　职业培训机构

42　A　耽误孩子的学习

　　B　影响孩子的视力

　　C　买新眼镜浪费钱

　　D　孩子不愿与父母交流

43　A　玩游戏

　　B　查资料

　　C　聊天儿

　　D　看电影

44　A　孩子在银行里存的钱

　　B　父母和亲戚给孩子的钱

　　C　生日时，大人给孩子的钱

　　D　过年时，大人给孩子的钱

45　A　要离婚

　　B　要买东西

　　C　要给孩子压岁钱

　　D　要给别人压岁钱

46　A　父母共有的

　　B　元元妈妈的

　　C　元元自己的

　　D　元元爸爸的

47　A　一年

　　B　两三年

　　C　四十年

　　D　九十九年

48　A　办事时间观念差

　　B　干工作效率较低

　　C　办事情不屈不挠

　　D　缺乏争分夺秒的精神

49　A　一个叫尾生的人写来的信

　　B　别人对尾生这个人很信任

　　C　尾生这个人很喜欢给人写信

　　D　用来形容非常守信用的人

50　A　非常赞赏

　　B　比较支持

　　C　不太满意

　　D　不想表态

二、阅读

第一部分

第51-60题：请选出有语病的一项。

51 A 这次社会实践，使我们开阔了视野，增长了知识。

    B 在老师和同学们的帮助下，小李的学习成绩进步很快。

    C 有一种鸟叫蜂鸟，是鸟类中最小的鸟，只有拇指那么大。

    D 大家生活上的事使我负责，有问题可以直接到办公室来找我。

52 A 在中国，男人一般60岁退休，女人55岁就退休了。

    B 小张爱骗人，他的话一点儿也靠不起，你怎么能相信他？

    C 儿女大了，有了自己的想法，做父母的不能总是横加干涉。

    D 我最近手头有点儿不方便，你能不能借给我500块钱急用。

53 A 在我很小的时候妈妈就告诉我，男子汉不能轻易掉泪。

    B 他的那种推论，完全凭想象，没有数据支持，根本不能成立。

    C 我只学了一些理论知识，贫乏实践经验，今后还要请大家多多指导。

    D 在艰苦的战争中，他由一名普通士兵逐渐成长为一名优秀的指挥官。

54 A 我们一贯反对战争，一向主张通过和平手段解决国际争端。

    B 在王校长住院期间，学校的日常工作暂时由张主任负责。

    C 在我们的一再劝说下，他改变了主意，终究决定要试一试。

    D 他是我的汉语辅导老师，我们年龄一样大，兴趣、爱好也相似。

55　A　经历了婚姻上的一系列挫折，他不再相信会有长久的爱情。

　　B　以前我从来没有滑雪过，今天是第一次滑，心里不免有些紧张。

　　C　今天本来是张老师的课，但他临时有事，所以由王老师替他上。

　　D　反正咱们已经在这么小的房子里住了20年，再住几年又有什么关系呢？

56　A　他的话伤了我的心，所以我一直几个月没给他打电话。

　　B　比赛中出现这种严重失误，让我哪有脸去面对自己的教练和队友。

　　C　咱们这儿工资太低了，就拿我来说吧，一个月连工资带奖金总共才1000块。

　　D　汉语中的一些词语同时具有几个意思，这些意思有的是相联系的，有的却毫无关系。

57　A　如果热水器在一年内出现质量问题，厂家负责免费更换。

　　B　据史料记载，长城早在秦始皇统一中国以前就已经开始修建了。

　　C　武当山是一座文化宝库，称得到是世界古建筑史上的一个大奇迹。

　　D　他们的先进事迹极大地激励了我，我要以他们为榜样，更加努力地工作。

58　A　真没意思，每天除了吃饭、睡觉就是学习，生活太单调了。

　　B　据一番最新的调查表明，现在越来越多的中国人正加入到旅游者的行列中。

　　C　我们队在比赛中敢打敢拼，最终以3:2战胜了实力明显高于我们的对手。

　　D　居民住房条件的不断改善，带动了建筑装饰行业及物业管理服务等方面的发展。

59　A　为了引起别人的注意，一些女孩子总喜欢穿颜色鲜艳或款式独特的服装。

　　B　新建住房面积大、价格高、数量不足等因素促使二手房的价格大幅度上涨。

　　C　真奇怪，一向爱说爱笑的小李今天怎么老老实实地坐在那里，一言不发呢？

　　D　中国的佛塔在结构上比印度的佛塔有很大的不同，它融合了中华民族建筑的艺术特点。

60　A　在大量的证据面前，罪犯只好一五一十地交代了自己的罪行。

　　B　传真是利用电信号将文字、图表、照片等传送出去的一种通信方式。

　　C　随着我国对农村产业结构的调整，涌现出一大批种植业、养殖业大户。

　　D　差不多先生的名声越传越远，越传越很大，无数人以他为榜样，人人都向他学习。

第二部分

第61-70题：选词填空。

模拟试题 ①
模拟试题 ②
模拟试题 ③
模拟试题 ④
模拟试题 ⑤

61 父母们要从小就给孩子立规矩，但不能____，得____孩子能力的不断发展。例如有的家长就把家规贴在墙上：该写作业时写作业，自己____玩具，脏衣服放在筐里等等。要让孩子脑子里形成____规矩的概念。

   A 急功近利   响应   清理   防守

   B 急于求成   适应   整理   遵守

   C 竭尽全力   对应   治理   保守

   D 力所能及   反应   修理   守护

62 有很多人常常没有耐心听完别人的话。这种不良的行为习惯不利于人际____的。记住：你要让人喜欢你，那就做一个____静听的人，____别人多谈他们自己，让别人觉得你就是最好的____。

   A 往来   利于   鼓舞   观众

   B 来往   关于   鼓动   老师

   C 交往   善于   鼓励   听众

   D 交际   勇于   鼓掌   伙伴

63 因为房间开空调，夏天时很多家庭常常____门窗，为了改善家中的空气，人们____从超市买来空气清新剂喷洒，让家里充满____。但是，您可能不知道，如果经常使用空气清新剂或者除臭剂，会____自己和孩子的健康。

   A 关上   往常   气味   伤害

   B 闭塞   经常   味道   损失

   C 关闭   常常   滋味   损坏

   D 紧闭   往往   香味   损害

64 正是下班的时候，大街上许多辆自行车，慢慢地____向前方。雨滴滴答答地落下来，天已经黑了。我是第一次到这个城市来，因为对环境不____，所以迷路了。地图被雨水____成连一个字也看不到的纸糊。我不知道住处的路该怎么走，做梦似的____着自行车往前骑去。

A 跑　　清楚　　湿　　踏

B 飞　　陌生　　浇　　骑

C 挤　　熟悉　　淋　　蹬

D 开　　了解　　洒　　踩

65 人们总习惯把男人和"大"____在一起，什么"大男子主义"、"男子汉大丈夫"等。而对女人呢，则以小女人看待。其实女人中也有很____的人物，在她们身上也有许多男人所没有的____品质，特别是她们对他人____了关怀。

A 联系　　优秀　　高贵　　充满

B 连接　　优美　　高大　　充实

C 关系　　优良　　高尚　　充足

D 联合　　优越　　高级　　充分

66 上海目前已有超过百分之十的居民家庭____各类保姆，其中包括全日工、半日工、钟点工和零工等，____服务正越来越受到上海人的欢迎。目前，上海人最____需要的服务是房屋清洁，占被调查家庭总数的65%。专家____，上海人对这些服务的需求量还将不断增加。

A 占用　　公司　　着急　　说明

B 使用　　银行　　急切　　猜测

C 需要　　保险　　紧迫　　估算

D 聘用　　家政　　迫切　　预计

67　在我国，许多天然物种____无情地毁灭了。红椿，____有"花心木"的美誉，如今天然种已荡然无存；银杉，现____存300株；一些珍贵植物，如银杏、水杉、杜仲、观光木、喜树等，已日渐____。

A　被　　享　　仅　　减少
B　让　　具　　还　　降低
C　给　　称　　仍　　下降
D　使　　特　　只　　弱小

68　最近在上海举行的国际自行车展览会上，记者发现新材料的____催生出了高价的自行车，一些新材料自行车的价格____达到10万元一辆。这些新材料原来用于航天____，它重量轻、强度高、韧性____、易加工成型，但是价格也高得惊人。

A　应用　　居然　　范围　　高
B　使用　　竟然　　领域　　大
C　利用　　果然　　区域　　强
D　运用　　必然　　地区　　硬

69　在商务谈判中，双方____的语言，都是____自己的愿望和要求的，因此谈判语言要做到____。针对不同的商品，谈判内容，谈判____，谈判对手，要有针对性地使用语言，才能保证谈判的成功。

A　彼此　　表明　　斩钉截铁　　广场
B　互相　　表现　　有条不紊　　当场
C　自己　　表示　　众所周知　　处所
D　各自　　表达　　条理分明　　场合

70 听一位舞蹈老师说过，学跳舞的人的自信心要比一般人＿＿些。舞蹈是一种保持美好＿＿＿＿的极好训练，不仅仅是＿＿＿美感，而学舞蹈的过程是寂寞和枯燥的，又是一种艰难的体力＿＿＿过程，它也是对人毅力与勇气的＿＿＿。

A 大 姿势 锻炼 消失 考核

B 强 姿态 培养 消耗 考验

C 高 身材 栽培 消灭 考试

D 多 身体 训练 消除 考查

第三部分

第71-80题：选词填空。

71-75

　　一位穿着讲究的先生在花店门口停了车，他打算向花店订一束花，因为母亲的生日快到了，他请花店把花寄给远在故乡的母亲。

　　当他正要走进店门时，(71)＿＿＿＿＿＿＿＿＿＿＿，于是他走过去，问她："孩子，为什么坐在这里哭？"

　　"我想买一束玫瑰花送给妈妈，(72)＿＿＿＿＿＿＿＿＿＿＿。"孩子说。绅士听了感到心疼，"是这样啊……"于是他拉着小女孩的手走进花店，先订了要送给母亲的花束，然后给小女孩买了一束玫瑰花。走出花店时他对小女孩说，要开车送她回家。

　　"(73)＿＿＿＿＿＿＿＿＿＿＿？""当然!"

　　"那你送我去妈妈那里好了。可是叔叔，我妈妈住的地方，离这里很远。"

　　按照小女孩指的路一直开了过去，没想到竟然走出了市区，来到了郊区的一座墓园。当小女孩把花放在一座新坟旁边，(74)＿＿＿＿＿＿＿＿＿＿＿，小女孩走这么远的路只不过是为了给她献上一束玫瑰花。

　　把小女孩送回市区后，他并没有回家，而是又返回花店。(75)＿＿＿＿＿＿＿＿＿＿＿，取消了要寄给母亲的花束，决定要在母亲生日那天回到离这里有五小时车程的父母家，他要亲自将花献给妈妈。

A　他才知道原来今天是女孩妈妈的生日

B　发现有个小女孩坐在路上哭

C　可是我的钱不够

D　他改变了主意

E　真的要送我回家吗

　　气候变化对人类的影响是很明显的，它包括变暖和变冷两个方面。根据研究，地球气温每升高1℃可使作物生长界线向高纬方向移动100公里左右。如果下世纪全球气温真的升高3度的话，(76)＿＿＿＿＿＿＿＿＿＿，森林生长范围也将扩大，降水量将增加。这样，大陆性国家的经济活动范围将扩大，并受益于这种变化；而沿海国家则会因为海面上升损失临海的国土。气候变冷时，海面下降，陆地面积固然扩大了，但陆地内部气候的大陆性增加，作物生长界限向赤道方向移动，森林面积减小，沙漠面积扩大。

　　回顾全球气候变化的历史和规律，气候变暖要防，(77)＿＿＿＿＿＿＿＿＿＿。去年的冷冬曾使美国人担心冰期又要来临，1975年的历史似乎又在重演！

　　(78)＿＿＿＿＿＿＿＿＿＿，因此各个国家对这一问题的看法和策略也不尽相同。此外，各个国家的经济实力也相差悬殊，发达的国家有力量来研究和对付全球变化，但对那些不发达的国家，(79)＿＿＿＿＿＿＿＿＿＿，当然是优先发展经济，但也要同时顾及全球变化的问题。因为"地球只有一个"，(80)＿＿＿＿＿＿＿＿＿＿，必须全人类共同作出努力。

A　要想使人类的生存环境不致恶化下去

B　而气候变冷更应该防

C　尤其是连温饱水平都尚未达到的国家

D　由于气候变化对不同国家影响的后果不同

E　那么一些高产作物的生长区将会向北移动300公里左右

81-83

　　据日本学者研究发现，儿童的脑力发展决定于食物，脑功能的优劣80%以上取决于营养。研究还发现，脂肪、维生素A、维生素C、维生素B族、维生素E、钙、蛋白质、糖等营养物质对脑的健全发育起到了重要作用。这些物质人体不能自行合成，必须通过食物摄入。

　　一些不良的饮食习惯对孩子摄取这些营养造成了影响，也间接损害了孩子的智力，家长必须引以为戒：第一，轻视早餐。不吃早餐或者匆匆忙忙吃早餐都会严重影响智力发育和身体健康。第二，长期饱食。因为吃饭后，肠胃需要进行消化，这时，血液供应也就更"偏向"于肠胃，而造成脑部的暂时缺氧，影响大脑发育。三餐过饱，还会造成营养过剩，导致肥胖，并且对肠胃功能也有影响。第三，挑食偏食。大脑的新陈代谢，需要全面的营养才能完成，缺一不可。一类食物只能提供一部分营养物质，所以，鸡鱼肉蛋、大米白面、五谷杂食、蔬菜水果等，样样都要吃，可以取长补短，起到"互补"作用。第四，甜食过量。糖转化成的葡萄糖成为脑细胞的能源，因此适量吃一些含糖食品，有助于大脑发育，但并非多多益善。第五，喜油炸食品。市场上出售的油炸食品，所用的油多是经过反复煎炸的。食物在烹饪中经受高温焦化，会使蛋白质变性，失去生物活性作用，高温油炸本身可产生有强烈致癌作用的朵环胺类物质。

81　下列习惯中哪一项对脑健康没有直接影响？

A　长期饱食 　　　　　　　　　　 B　挑食偏食

C　甜食过量 　　　　　　　　　　 D　少食多餐

82　下列哪种坏习惯有致癌作用？

A　轻视早餐 　　　　　　　　　　 B　长期饱食

C　甜食过量 　　　　　　　　　　 D　喜油炸食品

83 下列与文章原意不相符的一项是：

　　A　不良的饮食习惯间接损害了孩子的智力

　　B　长期饱食会造成营养过剩，导致肥胖

　　C　葡萄糖是脑细胞的能源，吃糖越多越好

　　D　高温油炸可产生有强烈致癌作用的物质

　　明太祖朱元璋从小放牛，后来当了和尚，靠自学<u>粗通文字</u>。做了皇帝以后，每天要看大量奏章，还要下诏批文，凭他掌握的那点文字实在太不够用了，可是他又妄自尊大，自作聪明，结果不少读书人做了屈死鬼。

　　洪武年间，有个叫卢熊的读书人，被吏部推荐到朝廷做官。朱元璋就批准委任他到山东兖州当知州。过去说"私凭文书官凭印"，卢熊到兖州后首先要启用官印，发布文告。当他把皇帝授给他的官印取出一看傻了眼，原来朱元璋笔下的诏书是"授卢熊为山东衮州知州"这官印是根据皇帝的诏书刻制的，这"兖州"自然变成"衮州"了，可是山东历来只有兖州而没有衮州。

　　卢熊是个搞学问的，办事认真，他认为兖州就是兖州，怎么能改成"衮州"呢？于是他就写了一份奏章，要求皇帝重新刻制官印。朱元璋一见奏章，气得脸上红一阵白一阵，他知道的确是写错了，知道应是"兖州"而不是"衮州"，这"衮"字的读音是"滚"，而"兖"的读音是"眼"。但是，要皇帝认错不是那么容易的事。朱元璋自尊心特别强，他的无赖脾气上来了，就大骂道："卢熊好大胆，我还不知道山东有个兖州，我授他衮州知州就是衮州知州，这兖和衮就是同一个字，这卢熊竟敢将它念成"滚"州，这不是要我滚蛋吗？将卢熊斩首。"可怜卢熊为了一个字，竟然送了一条命。

84　第1段画线部分的"粗通文字"是什么意思？

A　从小就自学文字　　　　　　　B　很小就通晓文字

C　对文字了解不多　　　　　　　D　当了和尚才识字

85　卢熊上任后首先要启用什么？

A　文书　　　　　　　　　　　　B　官印

C　文告　　　　　　　　　　　　D　诏书

86　卢熊的屈死和朱元璋的哪项性格无关？

A　妄自尊大　　　　　　　　　　B　无赖性格

C　要求严格　　　　　　　　　　D　自尊心强

87　下面哪一项与原文意思不相符？

　　A　朱元璋掌握的文字很不够用　　　　B　卢熊被吏部推荐到朝廷做官

　　C　山东历来只有衮州而没有兖州　　　D　卢熊因为一个字而白白送了命

88　由内容可以看出这篇文章的体裁属于：

　　A　思想漫谈　　　　　　　　　　　　B　人物故事

　　C　读书杂感　　　　　　　　　　　　D　时事新闻

2002年，上海电信推出了"安全宽带"套餐。这种宽带安装套餐提供给用户一种选择：加1500元左右，获得一套用于查毒杀毒的软硬件设备。但上海电信方面承认，这种套餐销售并不理想。用户普遍感觉这种捆绑销售方式可能会含有不合理的设备价格，因此对套餐有抵触。另外，中国电信早就通过互联星空和金山、瑞星等杀毒软件厂商合作，为用户提供在线杀毒服务。这种在线杀毒服务按月收费，一般在10至15元之间。

根据病毒生命周期设计的信息安全服务听起来完美，然而这种服务需要和人力结合。据了解，信息安全服务需要大量的信息安全专家来执行。目前趋势科技设计的系统可以自己生成报表的80%，再由人工进行剩下20%的加工。就算下一阶段由系统自动做出的病毒报告完成度有望提高到90%，但目前上海电信几十名工程师仍然只能满足已有的上百万宽带用户需求的一小部分。同时，从趋势科技复制过来的上海电信版本的信息安全服务，将以上海电信的服务信誉作为赌注。趋势科技是全球首家推出"承诺制"服务的信息安全厂商，即如果出现安全问题，趋势科技愿意承担相应责任趋势科技愿意承担相应责任。

因此上海电信显得小心翼翼。相关人员表示，和宽带接入等业务不同，客户部门在信息安全服务方面目前没有指标压力。上海电信的副总经理童羚为信息安全中心揭牌，在揭牌时她表示上海电信会充分支持这一部门做出大胆尝试，"电信上市后会裁员，所以新的业务将成为人员流向之一"。

89 "安全宽带"套餐是指什么？

A 加1500元，可获得用于查毒杀毒的软硬件设备

B 与互联星空杀毒软件厂商合作，提供在线服务

C 引进"承诺制"服务，商家愿意承担相应责任

D 与杀毒软件商合作，为用户提供在线杀毒服务

90 根据文章，上海使用宽带的用户大约有多少？

A 几万人   B 几十万人

C 上百万人   D 一千多万人

91 根据病毒生命周期设计的"信息安全服务"需要和什么相结合?

    A 人力   B 电脑

    C 网络   D 电信

92 "电信业上市后会裁员，所以新的业务将成为人员流向之一"这一句中"新的业务"是指:

    A 宽带接入业务   B 在线杀毒业务

    C 信息安全服务   D "安全宽带"套餐

在回答"自己喜欢的异性类型"这个问题时，女生中选择对方活泼健谈的占10%，稳重成熟的占17%，风趣幽默的占20%，关怀体贴的占18%，学识渊博的占18%，浪漫诗意的占5%，有威慑力的占9%，内敛沉默的占3%。而男生中选择对方温柔体贴的占20%，活泼大方的占14%，冰清玉洁的占14%，个性鲜明的占10%，沉默保守的占7%，学识渊博的占9%，百依百顺的占5%，独立性强的占12%，家庭观强的占12%，时髦靓丽的占7%。

无论男生女生，最看中对方性格的占30%，品性的占40%，学识的占10%，身体状况的占9%，相貌的占9%，身材的占2%。在所有同学中，没有人认为在交朋友时要考虑家庭背景。

调查显示，大学生在衡量恋爱与学习的关系时，65%的人认为两者是互相促进的，19%的人认为无影响，仅16%的人认为是互相干扰的。

当自己学习或工作中遇到疑惑时，希望对方给出意见的占51%，30%的选择劝导安慰，10%的选择静静倾听，只有9%的人不希望对方管自己。

另外，有59%的人认为"为了爱情而忘了学业是不适当的"；30%的人认为"生命诚可贵，爱情价更高，若为事业故，二者皆可抛"；仅6%的人认为"没有体验过爱情的幸福，就不知道生活的价值"；3%的人推崇爱情比事业重要，2%的人"把恋爱和幸福看成是人生的第一目标"。

对网恋的态度，50%的人不相信网恋，相信和不确定的各占25%。对于网恋是否能成为现实恋爱，35%的人认为可能，33%的人认为不确定，32%的人认为那是不可能的。

93 在回答"自己喜欢的异性类型"这个问题时，女生选择最多的是哪一项？

A 活泼健谈   B 稳重成熟
C 风趣幽默   D 关怀体贴

94 无论男生女生，主要最看中对方的是哪一项？

A 性格   B 品性
C 学识   D 身材

模拟试题 ①
模拟试题 ②
模拟试题 ③
模拟试题 ④
模拟试题 ⑤

95　约有多少人认为网恋不可能成为现实恋爱?

　　A　50%　　　　　　　　　　　B　35%

　　C　33%　　　　　　　　　　　D　32%

96　有多少人认为恋爱与学习会互相干扰?

　　A　很少　　　　　　　　　　　B　一半

　　C　一半以上　　　　　　　　　D　绝大多数

97　"生命诚可贵,爱情价更高,若为事业故,二者皆可抛",这句话说明人生中最重要的是:

　　A　生命　　　　　　　　　　　B　爱情

　　C　事业　　　　　　　　　　　D　学业

在中国现有的7.2万公里铁路中，有两万多公里修建于解放前，另外两万多公里则兴建于上世纪五六十年代，且至今都发挥着主干线的作用。其中，京哈、陇海和京广、京沪的部分路段等均属铁路干线。中国现有铁路里程占世界铁路总里程6%，却完成了世界铁路24%的工作量。中国铁路完成货运量、客运周转量、运输密度均居世界第一，但人均铁路长度却不到一支烟长！

统计显示，每年投入到铁路建设的资金总共只有不到600亿元人民币。与之形成鲜明的对比是中国每年在公路建设上的投资高达近3000亿元。1997年至2002年5年间，公路投资额达1.4万多亿元，铁路则不足3000亿元。2002年，公路一年的投资额超过铁路近5年投资额的总和。

铁路与公路为何在投入上显现出如此巨大的反差？这主要缘于落后的铁路投融资体制。据介绍，目前中国铁路建设资金主要来源包括，提高铁路运费的铁路建设基金和国家开发银行的政策性贷款。此外，还包括少量的铁路系统自筹资金、企业债券和地方政府投入。这意味着，目前属垄断性质的铁路建设只能依靠政府投入，专项铁路建设基金不足，指望中央财政加大投入也不现实。国家每年新增财政收入不到3000亿元，但需要用钱的地方太多，中央财政根本无力继续扩大对铁路建设的投入。与之相反，公路建设早早走出了单纯依靠政府投入的旧体制。上世纪80年代初之前，国家集中财力建设铁路。相形之下，公路、民航、水运和管道等交通建设则显得较为滞后，种种弊端不断暴露，迫使国家不得不考虑调整交通运输结构。

98 到上世纪五六十年代，中国一共修建了多少公里的铁路？

A 两万多公里   B 4万多公里

C 7.2万公里   D 7.9万公里

99 中国铁路完成的工作量有几项世界第一？

A 两项   B 三项

C 四项   D 五项

100 公路与铁路为何在投入上显现出巨大的差别？

A 铁路投融资体制比较落后   B 国家铁路建设资金较充足

C 以前公路交通运输投入不足   D 铁路已走出依靠政府的旧体制

三、书写

第101题：缩写。

　　这一年的圣诞节，保罗的哥哥送给他一辆新车作为圣诞节礼物。圣诞节的前一天，保罗从他的办公室出来时，看到街上一名男孩在他闪亮的新车旁走来走去，触摸它，满脸羡慕的神情。

　　保罗饶有兴趣的看着这个小男孩，从他的衣着来看，他的家庭显然不属于自己这个阶层，就在这时，小男孩抬起头，问道："先生，这是你的车吗？"

　　"是啊，"保罗说，"我哥哥给我的圣诞节礼物。"

　　小男孩睁大了眼睛："你是说，这是你哥哥给你的，而你不用花一角钱？"

　　保罗点点头。小男孩说："哇！我希望……"

　　保罗认为他知道小男孩希望的是什么，有一个这样的哥哥。但小男孩说出的却是："我希望自己也能当这样的哥哥。"

　　保罗深受感动地看着这个男孩，然后他问："要不要坐我的新车去兜风？"

　　小男孩惊喜万分地答应了。

　　逛了一会儿之后，小男孩转身对保罗说："先生，能不能麻烦你把车开到我家前面？"

　　保罗微微一笑，他理解小男孩的想法，坐一辆大而漂亮的车子回家，在小朋友的面前是很神气的事。但他又想错了。

　　"麻烦你停在两个台阶那里，等我一下好吗？"

　　小男孩跳下车，三步两步跑上台阶，进入屋内，不一会儿他出来了，并带着一个显然是他弟弟的小男孩，因患小儿麻痹症而跛着一只脚。他把弟弟安置在下边的台阶上，紧靠着坐下，然后指着保罗的车子说：

　　"看见了吗，就像我在楼上跟你说的一样，很漂亮，对不对？这是他哥哥送给他的圣诞礼物，他不用花一角钱！将来有一天我也要送给你一辆和这一样的车子，这样你就可以看到我一直跟你讲的橱窗里那些好看的圣诞礼物了。"

保罗的眼睛湿润了，他走下车子，将小弟弟抱到车子前排的座位上，他的哥哥眼睛里闪着喜悦的光芒，也爬了上来。于是三人开始了一次令人难忘的假日之旅。

新汉语水平考试

HSK
6级

模拟试题

新汉语水平考试
HSK(六级)

一、听力

第一部分

第1到15题，请选出与所听内容一致的一项。

1 A 孩子用钱帮助老奶奶
   B 孩子要钱是为了买糖
   C 孩子的奶奶是卖糖果的
   D 妈妈不想给孩子两块钱

2 A 花花是一只小猫
   B 花花不喜欢吃鱼
   C 花花没抓过老鼠
   D 花花的耳朵是三角的

3 A 老虎是世界一级保护动物
   B 老虎在自然界里没有天敌
   C 老虎是世界上最强的食肉动物
   D 老虎对人类活动和气候有影响

4 A "白领"的工资比较高
   B "白领"的衣领是白的
   C "白领"都穿白色工作服
   D "白领"是指体力劳动者

5 A 压岁钱是必须要花的钱
   B 压岁钱是孩子给父母的钱
   C 压岁钱是过年时给孩子的
   D 压岁钱是孩子自己挣的钱

6 A 家庭中要多养花
   B 养花要花很大力气
   C 大家要努力学习文化
   D 应该学些绿化的知识

7 A 宝带桥是中国桥孔最多的桥
   B 十七孔桥在江苏省苏州市
   C 宝带桥在颐和园昆明湖上
   D 十七孔桥是中国最长的桥

8 A 我们要去葡萄园摘葡萄
   B 葡萄园的葡萄又大又紫
   C 我们一起走路去葡萄园
   D 葡萄都熟透了，不好吃

123

9	A	应该送孩子去辅导班		13	A	大人们不喜欢迪斯尼乐园
	B	孩子长跑的效果不理想			B	迪斯尼乐园一共有三个区域
	C	对孩子的教育不应急躁			C	迪斯尼乐园投资了2500万美元
	D	让孩子长跑是一种新的体验			D	每年有几百万游客来迪斯尼乐园玩

10	A	这本书写的是爱情故事		14	A	这个女孩以前很瘦
	B	城市人精神压力很大			B	这个女孩找到了工作
	C	在城市里找工作很难			C	这个女孩现在不胖了
	D	城市人的压力都和房子有关			D	这个女孩找了4个工作

11	A	脚底是人第二个胃		15	A	食用白糖可以减肥
	B	光脚走路可以减肥			B	红糖可导致心脏病
	C	光脚走可按摩心脏			C	食用红糖对人体有益
	D	光脚走路容易受伤			D	红糖帮助胃吸收食物

12	A	现在全家都听我的
	B	我说话别人听不清楚
	C	以前我在家里地位最高
	D	现在全家都不是农民了

第二部分

第16到30题，请选出正确答案。

16　A　建设博鳌，促成亚洲论坛在这里选址
　　B　亚洲论坛召开后才对博鳌进行开发建设
　　C　为了召开亚洲论坛而大力开发建设博鳌
　　D　论坛选址海南后才对博鳌进行开发建设

17　A　加强管理
　　B　艰苦守业
　　C　打好基础
　　D　创新发展

18　A　海南
　　B　两湾
　　C　博鳌
　　D　亚洲论坛

19　A　日本首相细川
　　B　澳大利亚总理霍克
　　C　美国总统布什
　　D　日本首相桥本龙太郎

20　A　日本
　　B　中国
　　C　菲律宾
　　D　澳大利亚

21　A　大学的名字
　　B　教授的名字
　　C　公司的名字
　　D　地方的名字

22　A　外出去打工
　　B　进大学学习
　　C　和朋友发生矛盾
　　D　注册了一家公司

23　A　借朋友的钱
　　B　打工赚的钱
　　C　银行的贷款
　　D　外商的投资

24　A　成绩最好
　　B　吵架总赢
　　C　比较稳重
　　D　年龄最大

25	A	销售
	B	设计
	C	吵架
	D	技术

26	A	鼓手
	B	歌手
	C	商人
	D	医生

27	A	都是名演员
	B	已经离婚了
	C	不关心孩子
	D	是社会名人

28	A	不喜欢照相
	B	不喜欢妈妈
	C	不喜欢装笑
	D	讨厌拍照的人

29	A	从4岁开始
	B	10岁开始
	C	14岁以后
	D	6年前开始

30	A	是一种发泄
	B	对生活厌倦
	C	想学习音乐
	D	是一种爱好

第三部分

第31-50题，请选出正确答案。

31 A 我骑车摔伤了眼睛
   B 我打架打伤了眼睛
   C 三轮车撞伤了眼睛
   D 爸爸打伤我的眼睛

32 A 为了让妈妈放心
   B 为了让爸爸微笑
   C 为了和爸爸比赛
   D 因为跟爸爸赌气

33 A 很想我
   B 出差顺路
   C 我犯了错误
   D 我不常写信

34 A 掉眼泪了
   B 批评了我
   C 拍了我两下
   D 和我说了很多

35 A 什么是爱
   B 怎么表达爱
   C 怎么利用孩子
   D 怎么和孩子相处

36 A 四十年代
   B 五十年代
   C 六十年代
   D 七十年代

37 A 差不多
   B 增加了两万人
   C 减少了两万多人
   D 只增加二十多万人

38 A 招生情况很乐观
   B 出现了生存危机
   C 学校生源严重不足
   D 全校共有学生50名

39 A 102∶100
   B 106∶100
   C 112∶100
   D 120∶100

40 A 第一个孩子是男孩
   B 第一个孩子病死了
   C 父母都是独生子女
   D 第一个孩子是女孩

41	A	重男轻女的传统观念		46	A	气象局上空
	B	性别鉴定技术的应用			B	苏州市上空
	C	婴儿医疗保健条件差			C	工业园上空
	D	社会上不合理的状态			D	阳澄湖上空

42	A	经济犯罪		47	A	是一种强对流天气现象
	B	拐卖妇女			B	多出现在水陆两个地方
	C	破坏家庭			C	发生时伴有高大的水柱
	D	心理扭曲			D	由对流形成的上升运动

43	A	丈夫的妈妈		48	A	2-3分钟
	B	丈夫的姐姐			B	5分钟
	C	丈夫的朋友			C	20分钟
	D	妻子的奶奶			D	30多分钟

44	A	米饭		49	A	盲人
	B	饺子			B	小学生
	C	面条			C	残疾人
	D	豆腐			D	失学儿童

45	A	婆婆对她不太好		50	A	一种手机
	B	她对婆婆不满意			B	一所学校
	C	她比丈夫年龄大			C	一家公司
	D	和婆婆住在一起			D	一种定位服务

二、阅读

第一部分

第51-60题：请选出有语病的一项。

51 A 她的气质很好，一看就知道是读过很多书、见过世面的。

   B 不管工作很忙，为了照顾妈妈，她每周都要回老家看看。

   C 家居装饰时，色彩运用是否得当、搭配是否合理是至关重要的。

   D 现在很多外国人开始对中医学感兴趣，也想学一学这神奇的医疗方法。

52 A 为了避免今后不再发生类似的错误，我们必须认真总结经验教训。

   B 新生必须在九月十号以前来校报到，否则就会取消他的入学资格。

   C 《孙子兵法》成书于公元前五世纪，是世界上最古老的军事理论著作。

   D 据世界卫生组织统计，心血管、脑血管疾病的死亡率为各种疾病死亡率之首。

53 A 食盐除供人们食用外，还可制取盐酸、氯气、烧碱、苏打等等。

   B 小刘正聚精会神地看一篇对于中国历史的文章，没听到我进门的声音。

   C 金花茶为南亚热带树种，生长温度在20℃~25℃，开花温度为8℃~12℃。

   D 我们正在交谈的时候，一个人走到我们旁边，问我们见没见到一位白发老人。

54 A 我们要继承和发扬中华民族尊老爱幼的优良传统。

   B 大批肉、禽、蛋、菜正源源不断地从外地运来，丰富了节日的市场。

   C 政府要求建筑商增加小户型房屋，以满足中低收入群众的购房需求。

   D 你要振作起来，不能因为受到这么一点儿打击就变得对各种事情都抱有悲哀的态度。

55 A 广大劳动者要以主人翁的姿态投入到城市经济建设中。

    B 海岛上的生活条件很艰苦，但驻守在那里的战士们却毫无怨言。

    C 工人们居然在这么简陋的厂房里生产、制造出具有国际先进水平的产品。

    D 诗歌之所以会得到大家的喜爱呢？主要是因为它的语言有一种音乐美，读起来琅琅上口。

56 A 凡是有利于国家，有利于集体的事情，我们都要大力提倡。

    B 绿色食品并非指"绿颜色"的食品，而是特指无污染的安全食品。

    C 到了这儿就像到自己家一样，你想吃什么就自己拿，千万别客气。

    D 版画是中国传统美术的一个重要组成部分，是一种以刀代笔，以印代绘，以绘画、雕刻、印刷为一体的艺术作品。

57 A 有什么话你就痛痛快快地说，别总是拐弯抹角的。

    B 故宫是当今世界上规模最大、建筑最雄伟、保存最完整的古代宫殿。

    C 看到她答应了，我很高兴，连忙说："那我们在电影院门口见面，晚上七点"。

    D 唐三彩是唐代的一种以黄、绿、蓝三种颜色为主的多彩陶器，深受人们的喜爱。

58 A 据历史记载，中国是世界上利用地热资源最早的国家之一。

    B 目前，我国西部地区经济形势令人乐观，但发展和减贫的任务依然十分艰巨。

    C 《黄土地》是一部揭示和反思民族精神的影片，是根据作家柯蓝的散文改编的。

    D 有人说中国农村教育像非洲，城市教育如欧洲，把农村和城市的教育现状比较，可以知道城乡教育的差距有多大。

59 A 这种病症是由节日期间这些家庭主妇的家务加重、加上婆媳关系紧张造成的。

    B 千百年来人们一直梦想能在天空飞翔，美国莱特兄弟设计的飞机使这种梦想变成了现实。

    C 阅读者来说，阅读不仅是理解意义、吸收信息的过程，而且是培养语言习惯、积累知识的过程。

    D 宾馆客房里边的牙刷、牙膏、梳子、拖鞋、洗发液、沐浴露等一次性用品被称为"宾馆六小件"。

60   A 尽管大家生活艰苦，但没有人艰苦，仍然废寝忘食地钻研新技术。

       B 这里的早市真让我惊讶，我从来没见过那么多人，那场景就像要举行重大活动似的。

       C 中国面积广阔，每个地区都有自己的方言。外地人不熟悉当地的方言，常常会闹笑话出来。

       D 学校组织的社会实践活动内容单调，根本调动不了学生的积极性，不能达到提高学生能力的目的。

第二部分

第61-70题：选词填空。

61 ____恐龙灭绝以来，地球上的动物已经____了五次大规模的灭绝，都是自然因素____的。
然而，动物目前正____着的第六次大规模灭绝，却是人类一手制造的。

A 从　　　经验　　　组成　　　面对

B 到　　　体验　　　形成　　　当面

C 自　　　经历　　　造成　　　面临

D 打　　　体会　　　而成　　　对面

62 全国上下都被四川地震的消息震惊了，沉浸在巨大____之中的亿万颗心，____关注着受灾
的同胞们。面对这一突然发生的____，中央政府采取了一切可能的救助____。

A 悲观　　　不无　　　事故　　　办法

B 悲痛　　　无不　　　灾难　　　措施

C 伤心　　　无非　　　情况　　　手段

D 难过　　　非无　　　事情　　　出路

63 大约下午5点钟，天空中____起小雪花来。____的雪花纷纷扬扬地从天上落下来。不到一
个小时，地面上、屋顶上____白了，整个世界被笼罩在一____白茫茫的世界里。

A 洒　　　苍白　　　都　　　种

B 飘　　　洁白　　　全　　　片

C 淋　　　空白　　　变　　　层

D 落　　　坦白　　　成　　　个

64 古代，黄河____是中国政治、经济和文化的中心，许多朝代的都城，如安阳、长安、洛阳、咸阳、开封都在黄河身旁，这些地方有数不清的____。几千年来，____的中国人民，在这些地区____了灿烂的历史和文化。

A 一带 文化历史 能歌善舞 生产
B 流域 名胜古迹 勤劳勇敢 创造
C 附近 风土人情 难能可贵 产生
D 地区 历史名胜 多才多艺 塑造

65 生命的历程就像是写在水上的字，顺流而下，想回头寻找的时候总是失去了____，因为在水上写字，无论多么____，那字都不能成为永恒，____是不能成形的。如果我们只想停留在过去的快乐里，那真是自寻____。

A 痕迹 用力 甚至 烦恼
B 形状 努力 更加 为难
C 图案 费力 可是 麻烦
D 画面 吃力 相反 困难

66 远古时人们喝生水，采树上的野果，吃地上爬行的小虫子，所以常常生病、中毒或受伤。于是，神农氏开始教人们____五谷。他____各种土地，让不同土质的土地，长出了不同的农作物。他还____生命危险尝试百草，____品尝各种滋味和泉水的甜与苦。

A 制造 实验 凭着 亲身
B 生产 检查 借着 亲手
C 播种 研究 冒着 亲口
D 种植 观察 沿着 亲自

67   正如电脑互联网使地球变小了，轿车的使用也使得正在不断____的公路缩短了。随着城市
      规模的不断____，市民的居住地迁往郊区已成为一种____，在这样____的地区发展公共交
      通是很不合适的，轿车的家庭化就显得十分必要了。

      A   扩张   缩小   潮流   广大
      B   延伸   扩大   趋势   广阔
      C   延长   变化   方向   辽阔
      D   发展   增长   时髦   宽阔

68   1610年，茶第一次____欧洲。为了能卖得好，____商人们把茶叶叫做"神仙草"，劝人们一
      天喝上四五十杯。一个荷兰医生甚至用茶叶来代替所有的药，认为茶叶可以____百病。可
      是茶叶是用茶树的叶子____的，绝不是药，喝了放了太多茶叶的茶对于身体甚至是有害
      的。

      A   进入   因此   废除   制作
      B   输出   于是   治疗   研制
      C   出口   因而   开除   生产
      D   传入   所以   医治   制成

69   云南省省会昆明是一个古老的城市，____2400多年的历史。昆明____云贵高原中部，南临
      滇池，三面环山，全市土地面积2万多平方公里。昆明气候____，夏无酷暑，冬无严寒，
      四季如春，因此人们都____之为"春城"。

      A   具有   地处   温暖   称
      B   拥有   位于   温和   叫
      C   含有   处于   暖和   写
      D   有着   在于   舒适   呼

70 一些学者提出人类寿命的长短与智商高低____相关。有研究表明：智商越低、受教育程度越低者，通常死得较早。有学者认为，脑子____的大小也与寿命长短有关。阿尔曼教授指出，人类平均寿命的延长，是人类代代相传累积而来的。他认为上了年纪的人的大脑是极为珍贵的____，它累积了无数的知识和经验。因此未来长寿的人____越来越多。

A 紧密   含量   财产   一定
B 密切   容量   财富   势必
C 周密   重量   财宝   肯定
D 严密   质量   钱财   必定

模拟试题 ❶

模拟试题 ❷

模拟试题 ❸

模拟试题 ❹

模拟试题 ❺

第三部分

第71-80题：选词填空。

71-75

　　25年前，有位教社会学的大学教授，曾叫班上的学生到巴尔的摩的贫民区，以居住在那里的200名男孩儿为被试，调查他们的成长背景和生活经历，并以此为依据对他们的未来发展进行评估。(71)＿＿＿＿＿＿＿＿＿＿＿，并作出了几乎一致的结论——这些男孩儿不可能成功。

　　25年后，另一位教授在无意中发现了这份研究报告。他很感兴趣，(72)＿＿＿＿＿＿＿＿＿＿＿＿，以验证25年前的推论，于是他叫学生们去做后续调查。调查的结果却出乎人们的意料，以前的被试中除了20人由于搬离或去世而无法联系以外，调查到的180人中竟有176名成就非凡，(73)＿＿＿＿＿＿＿＿＿＿＿。

　　这位教授在惊讶之余，决定深入研究此事。他拜访了当年接受过评估的男孩儿，向他们询问同一问题"你成功的主要原因是什么"。(74)＿＿＿＿＿＿＿＿＿＿＿，几乎不约而同地回答"因为我们遇到了一位好老师"。

　　他们的老师仍然健在，虽然年迈，但是还耳聪目明。于是教授登门拜访她，问她到底有什么绝招能让这些在贫民区长大的孩子个个出人头地？(75)＿＿＿＿＿＿＿＿＿＿＿，嘴角带着微笑回答道："其实也没什么，我爱他们。"

A　其中很多人成为了律师、医生或商人

B　想知道25年前的这些孩子今天是什么情况

C　这位老太太眼中闪着慈祥的光

D　学生们进行了认真的调查

E　他们的答案非常相似

一天夜里，一对老年夫妻走进一家旅馆，他们想要一个房间。服务员回答说："对不起，我们旅馆已经客满了，一间空房也没有了。"(76)_____，服务员又说："但是，让我来想想办法……"

好心的服务员把这两位老人带到一个房间，说："也许它不是最好的，但现在我只能做到这样了。"老人见房子倒也干净，就愉快地住了下来。

第二天，当他们结账时，服务员却说："不用了，(77)_____，不用付费，祝你们旅途愉快！"

原来服务员自己一夜没睡，他就在旅馆里值了一个通宵的夜班。两位老人十分感动，老头儿说："孩子，你是我见到过的最好的旅店服务员，(78)_____。"服务员笑了笑，他送老人出了门，很快就把这件事情忘了。

没想到有一天，服务员接到了一封信，打开一看，(79)_____，并附有一封简短的信，说要聘请他去那里做另一份工作。服务员很奇怪，但他还是抱着试试看的想法来到纽约，当他按信中所写的路线来到约定的地方，(80)_____。原来，几个月前的那个深夜，他接待的是一个有着亿万资产的富翁和他的妻子。富翁为这个服务员买下了一座大酒店，并深信他会管理好这座大酒店。

A 因为我只不过是把自己的屋子借给你们住了一晚

B 里面有一张去纽约的单程机票

C 看着两位老人疲倦的神情

D 只见一座豪华的大酒店出现在眼前

E 你会得到报答的

第四部分

第81-100题：请选出正确答案。

81-85

　　我认为电动车一定会代替汽油车。有两个理由：一是能源问题，二是污染问题。我国石油产量不高，大半需要进口。还有就是汽油车对大气造成的污染相当严重，尾气排放造成的空气污染目前已经占到整个污染源的一半以上。目前世界上空气污染最严重的10个城市中有7个在中国。显然，加快使用传统内燃机技术发展汽车工业，将会给包括中国在内的全球能源安全和环境保护造成巨大影响。电动汽车基本上不以汽油为直接燃料，能源利用率高，环境污染低。特别是立足于氢能基础上的燃料电池汽车，以氢为燃料，通过化学反应产生电流并排出水，能实现可循环利用和零排放。

　　在电动车领域，近10年来，美国、欧洲、日本等国的政府和跨国公司已投入超过100亿美元开发研究包括燃料电池车在内的电动车。在电动汽车这一新的领域，中国与国外实际上已经处于相近的起跑线，技术水平与产业化的差距比较小，如果说在传统内燃机汽车方面中国落后于国外先进水平20年左右的话，那么在电动汽车领域，国内外只有四五年的差距。

　　近十年来，世界各国纷纷加快了对新一代洁净能源汽车的研发与生产，各大汽车巨头对此投入重金。据专业人士预测，未来数十年，电池电动车、混合电动车和燃料电池电动车市场份额将以稳定的速度增长，而燃油汽车的市场份额将会逐渐减少，未来的汽车时代将是属于电动汽车的时代！

81　作者认为电动车一定会代替汽油车的根本理由是什么？

　　A　能源问题和污染问题　　　　　　　B　汽油价格问题和动力问题

　　C　汽车速度问题和污染问题　　　　　D　能源问题和汽油价格问题

82　根据文章，传统汽车的不利方面不包括下面哪一项？

　　A　尾气排放　　　　　　　　　　　　B　空气污染

　　C　投资巨大　　　　　　　　　　　　D　依赖能源进口

83 中国有几个城市进入世界空气污染最严重的前10名？

    A 3个   B 6个

    C 7个   D 8个

84 下列对环境污染最小的汽车是哪一种？

    A 电池电动车   B 混合电动车

    C 汽油燃料车   D 氢燃料电动车

85 未来的汽车时代将是什么时代？

    A 汽油车时代   B 燃油车时代

    C 柴油车时代   D 电动车时代

人是一个极其复杂的有机体，七情六欲，人皆有之。属于正常的精神活动，有益于身心健康。但异常的情志活动，可使情绪失控而导致神经系统功能失调，引起人体内阴阳紊乱，从而出现百病丛生、早衰，甚至短寿的后果。故善养生者，宜注意情志调解。

情志伤肝。怒是较为常见的一种情绪，怒则气上，伤及肝而出现闷闷不乐、烦躁易怒、头昏目眩等。也是诱发高血压、冠心病、胃溃疡的重要原因。

情志伤心。喜可使气血流通、肌肉放松、益于恢复机体疲劳。但欢喜太过，则损伤心气。如《淮南子·原道训》曰"大喜坠慢"。阳损使心气动，心气动则精神散而邪气极，出现心悸、失眠、健忘、老年痴呆等。

情志伤胃。中医认为"思则气结"，大脑由于思虑过度，使神经系统功能失调，消化液分泌减少。出现食欲不振、纳呆食少、形容憔悴、气短、神疲力乏、郁闷不舒等。

情志伤肺。忧和悲是与肺有密切牵连的情志，人在强烈悲哀时，可伤及肺。出现干咳、气短、咳血、音哑及呼吸频率改变，消化功能严重干扰之症。

情志伤肾。惊恐可干扰神经系统，出现耳鸣、耳聋、头眩，可致人于死亡。在生活中，通过惊恐的语言暗示，而把人真的吓死的报道，已屡见不鲜，由此可见"恐则气下"的危险性。

86 下面哪一项不是情志活动异常所引起的不良反应？

A 可使人引发精神病　　　　　　B 引起人体内阴阳紊乱

C 使人早衰，甚至短寿　　　　　D 使神经系统功能失调

87 根据文章，"怒"会伤及哪一脏器？

A 脑　　　　　　　　　　　　　B 心

C 肝　　　　　　　　　　　　　D 肺

88 关于过"喜"所引起的疾病表现，下面哪一项没有提到？

A 心悸　　　　　　　　　　　　B 失眠

C 痴呆　　　　　　　　　　　　D 耳鸣

89   下面哪一项是"情志伤胃"的表现?

A   烦躁易怒、头昏目眩   B   消化液分泌会减少
C   出现耳鸣、耳聋、头眩   D   出现干咳、气短、咳血

90   文章总共谈到几种被情志活动伤害的脏器?

A   2种   B   3种
C   4种   D   5种

　　记得小时侯偶感风寒，母亲总是让我喝碗热汤面后卧床，盖上厚厚的棉被发汗，说也怪，有时出了汗病就好了。人为什么出汗？出汗又与人的健康有什么关系呢？

　　原来，人体出汗可分为不显汗和有效汗。当气温在20度以下时，人处于静止状态，通过呼吸、皮肤孔隙扩散，每小时都从体内排出汗液，散发热量，这种汗人感觉不出来，故称不显汗。当气温升到30度以上时，人体通过辐射、对流，不显汗每小时大约散发174~348千卡的热量，但仍低于体内产生并需要散发的热量，这时人体就要通过遍布全身的汗腺排出汗液以蒸发的形式散热。这种汗呈液体状态，人可以感觉出来，故称有效汗。所以出汗是调节人的体温、使之保持在一个相对稳定水平，使人处于较舒适的状态，从而保持充沛精力和健康体魄的重要机能。

　　人体着凉感冒，实际上是皮肤孔隙和体表汗腺因受寒而禁闭，不能以出汗方式散发体内热量，导致人体温度升高。这时如果多喝些热汤盖严棉被，使汗腺和皮肤孔隙因受热而舒张，排出汗液，散发体热，体温则立即下降，可谓汗到病除。但敬请各位注意，如果是原因不明的体温升高，则不能照上述方法办，要尽快找医生查明原因，对症下药，切不可拖延时机。

91　人体出有效汗时体温在多少度？

　　A　低于20度　　　　　　　　　　B　20-30度

　　C　25度左右　　　　　　　　　　D　30度以上

92　文中没有提到下面哪一种人体散热方式？

　　A　辐射　　　　　　　　　　　　B　蒸发

　　C　对流　　　　　　　　　　　　D　传导

93　关于人体出汗的根本原因，下面哪一项是正确的？

　　A　因为室外气温太高　　　　　　B　因为人的身体不好

　　C　为了调节人体温度　　　　　　D　因为运动产生热量

94　人着凉感冒的主要原因是什么？

　　A　不能以出汗方式散发体内热量　　B　天气冷，感冒病毒侵入了人体

　　C　天气太冷，人体御寒能力下降　　D　皮肤孔隙和体表汗腺受病毒感染

95-100

　　自2008年大学生志愿服务西部计划招募工作的消息发出后，立即得到高校毕业生的热烈响应，连日来"到西部去"的呼声在全国一浪高过一浪，全国共有49615名高校应届毕业生踊跃报名。到目前为止，报名工作已经圆满结束。

　　据招募办公室负责人介绍，今年报名工作和去年相比有几个突出的特点。一是毕业生数量增加，尤其是西部生源的报名人数显著增加。今年报名去西部的人数较去年增加了近6000名，增长13.4%。报名毕业生中西部生源达到了24120名，较之去年增加了20.9%；二是报名渠道更加便捷，信息沟通更加畅通；三是体现按岗招募，高校毕业生服务意向的选择更趋理性。今年西部计划围绕支教、支医、支农、青年中心建设和管理、"全国农村党员干部现代远程教育试点工作"志愿服务、"百县千乡宣传文化工程"志愿服务和西部基层检察院志愿服务等七个专项行动的岗位进行招募，报名毕业生根据自身条件、愿望和专项行动的要求，作出较为理性的选择，填报两个服务意向。从目前报名的情况看，教育岗位仍最受青睐，有24297名报名毕业生的第一服务意向选择"教育"，占到报名总数的48.9%；四是参与高校数量显著增加，去年是700多所高校，今年增加到1203所。

　　西部计划服务岗位的申报和录入"招募管理信息系统"的工作已经基本就绪。全国项目办正在根据各地的报名情况和服务岗位申报情况，核定各省区、市志愿者的招募指标。各地的选拔工作也将于近日全面展开，高校项目办将根据分配的招募指标及服务岗位，对报名毕业生的思想政治素质、在校表现、志愿服务经历、健康状况进行综合考察，择优选拔志愿者。

95　根据文章，大学生服务西部计划是指什么？

A　到西部去读书　　　　　　　　　　B　到西部去找工作

C　到西部志愿服务　　　　　　　　　D　到西部去当老师

96　关于今年的报名工作，下面哪一项错误的？

A　西部生源的报名人数显著增加　　　B　报名信息沟通比去年更加畅通

C　毕业生服务意向的选择更理性　　　D　报名总人数比去年增加了20.9%

97 关于今年的报名人数，下面哪一项是正确的？

A 比去年少6000人　　　　　　　B 是去年的13.4倍

C 多达24120人　　　　　　　　D 达到了49615人

98 关于意向的填报，下面哪一项是正确的？

A 教育岗位是最受人青睐的　　　B 只可以填报一项服务意向

C 超过一半的人选择教育岗位　　D 700多所高校毕业生报了名

99 下面哪一项不是对报名者进行考察的内容？

A 思想政治素质　　　　　　　　B 志愿服务经历

C 身体健康状况　　　　　　　　D 在校学习成绩

100 根据文章，下面哪一项不正确？

A 志愿者报名工作已经结束了

B 西部录用志愿者名单已经基本确定

C 录入"招募管理信息系统"的工作已经基本完成

D 核定各省区、市志愿者招募指标的工作正在进行

三、书写

第101题：缩写。

我的家在农村。母亲是土生土长的农村人，没什么文化。但没文化的母亲对孩子的爱并不比有文化的母亲少一分，只不过有的时候会以"特别"的形式表现出来而已。

念高三那年的一天，母亲第一次搭别人的车来到县城的一中。在递给我两瓶自己家做的咸菜后，又兴奋地塞给我一盒包装得挺漂亮的营养液。我惊讶地问："咱家没有钱，买它干什么？"母亲很认真地说："听人家说，这东西补脑子，喝了它，准能考上大学。"我摸着那盒营养液小声问："那么贵，又借钱了吧？"母亲一笑："没有！是用手镯换的。"那只漂亮的银手镯是外祖母传给母亲的，是贫穷的母亲最贵重的东西了。多年来她一直舍不得戴，压在箱底。

母亲走后，我打开一小瓶营养液，慢慢地喝下了那浑浊的液体，没想到我当天晚上便被送进医院。原来母亲带来的那盒营养液是伪劣产品。回到学校，我把它全扔了。

当我接到大学录取通知书时，母亲高兴地说："那营养液还真没白喝呀，当初你爸还怕人家骗咱呢。"我使劲儿点着头。

一个炎热的夏日，正读大学的我收到一个来自家里的包裹单。我匆匆忙忙赶到邮局取邮包，还没打开那包裹得格外严实的小纸箱，就闻到一股臭味。打开才发现里面装的是5个煮熟的鸡蛋，经过千里迢迢的邮寄之路，早已变质发臭。我扔了鸡蛋，心里禁不住埋怨：也不动动脑子，这么大的城市，什么样的鸡蛋吃不到？箱子最下边是母亲让邻居代写的信。原来，前些日子家乡正流行一种说法，说母亲买5个鸡蛋，煮熟了送给儿女吃，就能保儿女的平安。母亲在信中还一再嘱咐，让我一定要一口气吃掉那5个熟鸡蛋……

读着母亲的信，我的心暖暖的，仿佛母亲就站在面前，慈祥地看着我吃下了5个鸡蛋。放暑假回家，母亲问我鸡蛋是否坏了，我笑着说："没有，我一口气都吃了。"

毕业后，我写信告诉母亲我交女朋友了。母亲十分欢喜，很快寄来了一条红围巾。当我拿给女友时，她不屑地说："多土啊，你看现在谁还围它？"女友说得没错，城里的女孩子，几乎没有围这种围巾的。

后来，我跟女友的关系越来越淡，最后只得分手。我问她："那条红围巾呢？""我早扔了，你要，我再给你买一条。"我当然没有要，只是心里充满悲哀，为母亲那条无辜的红围巾。

后来当我和妻子恋爱时，我送她的第一件礼物，就是跟母亲那条一模一样的红围巾，并告诉她是母亲买的。妻子很珍惜。

再后来，母亲自豪地跟很多人说："一条红围巾，一下子就帮儿子拴住了一个好媳妇……"看着母亲那一脸的喜悦，我当然不能告诉母亲，这个媳妇不是用她那条红围巾给"拴住"的。

不过这有什么关系呢，我只要知道母亲是爱我的，而我能给予母亲的最大安慰就是——让母亲知道正是这爱成就了儿子的人生幸福。所以这三件事的真相我决定永远不告诉母亲。

한번에 합격!

新 HSK 실전모의고사

저자 위펑(于鵬), 쟈오위메이(焦毓梅), 스징(史靖)

해설 박은영

해설집

6급

J PLUS
Language Publishing Co.

차례

新汉语水平考试
HSK
6级

모의고사 해설
①

一、听力

第一部分	1. B	2. A	3. A	4. D	5. C	6. B	7. D	8. B	9. D	10. B
	11. C	12. B	13. C	14. D	15. C					
第二部分	16. B	17. B	18. C	19. D	20. D	21. B	22. C	23. A	24. B	25. A
	26. D	27. C	28. C	29. D	30. C					
第三部分	31. B	32. A	33. C	34. C	35. C	36. D	37. B	38. B	39. C	40. D
	41. C	42. B	43. C	44. C	45. A	46. D	47. A	48. C	49. D	50. B

二、阅读

第一部分	51. A	52. B	53. B	54. A	55. D	56. C	57. D	58. B	59. C	60. D
第二部分	61. A	62. D	63. C	64. A	65. C	66. C	67. D	68. B	69. B	70. A
第三部分	71. B	72. C	73. E	74. D	75. D	76. A	77. C	78. B	79. E	80. D
第四部分	81. C	82. D	83. D	84. B	85. B	86. D	87. D	88. A	89. D	90. B
	91. A	92. C	93. B	94. C	95. B	96. C	97. C	98. B	99. D	100. B

三、 书写

时尚的产生

大家可能以为，时尚的东西都是富人创造的，其实事实并非如此。

在美国西部，一个乡下青年要去参加骑牛大赛，虽然他觉得自己的破裤子很丢人，但是实在买不起新裤子。没办法，只好穿着破裤子去比赛了。没想到，在他获得冠军以后，很多年轻人争着模仿他的衣着。破裤子也成了时尚。

在法国，一个穷困的流浪歌手，穿着一条肥大的裤子，到处卖唱。他非常希望能买一条那时流行的瘦腿裤，可是在他成为明星以后，许多歌手和年轻人都开始穿起了肥裤子。他的肥裤子也成了时尚。

在英国，一个青年不小心被颜料弄脏了头发，又没钱去理发，就只好让头发红红黄黄地留了几天。没想到竟有许多青年模仿，也把头发染上颜色。这一现象扩展到全球，也成为一种典型的时尚。

在巴西，一个乡下女孩儿进城时，没有钱买新裤子，只好在裤子上绣了几朵花，来掩盖破洞。绣花本是农村一种很土、很落后的工艺，但没有想到，那时候城里的女人看到她绣着花的裤子时，不觉眼睛一亮。这也就成为了时尚。

很多时候，许多时尚的东西，并不是那些富人创造的，而恰恰是小人物的无奈。这些时尚的发明，往往来自许多人的苦涩命运。

1. 듣기(听力)

제1부분

제1부분은 모두 15문제다. 이 부분의 문제는 하나의 단문으로 구성되어 있고, 시험지에 네 가지 보기가 주어진다. 문제마다 한 번씩 들려주며, 들은 내용과 일치하는 보기를 선택하면 된다.

1

今天是十月一日，是中国的国庆节。一位中国朋友请我明天去参加他的婚礼，我高兴极了。我从没去过中国朋友家做客，更不用说亲眼看中国人的婚礼了。

오늘은 10월 1일, 중국의 국경절이다. 한 중국 친구가 내일 있을 자신의 결혼식에 나를 초대했다. 중국 친구 집에 손님으로 초대받아 본 적도 없고 중국인의 결혼식을 직접 보는 것도 처음이라 나는 너무나 기뻤다.

A 나는 오늘 중국인 집에 초대받아서 간다
B 중국 친구가 내일 결혼한다
C 나는 중국인과 국경절에 결혼한다
D 나는 직접 중국인의 혼례를 본 적이 있다

정답 B

해설 "一位中国朋友请我明天去参加他的婚礼"로부터 답이 B 임을 알 수 있다. 보기 A는 화자가 '중국 친구 집에 손님으로 가본 적이 없다'는 말과 모순이고, 보기 D는 "过"를 사용해 '본 적이 있다'고 과거형으로 표현했지만, 화자는 "还没 A, 更不用说B了"," A도 안 했는데, B는 말할 것도 없다(= B도 안 했다)"는 의미의 한층 심화된 표현으로 본 적이 없음을 시사했다.

단어 国庆节 guóqìngjié 국경절
做客 zuòkè 방문하다

2

今天是爷爷80岁大寿，全家每个人都给爷爷准备了生日礼物。我给爷爷买了一本新出版的《常见病疗法》，因为爷爷身体不太好。爷爷说这本书很不错，就是字太小，看书的时候得用放大镜。

오늘은 할아버지의 팔순 생신이다. 온 가족이 할아버지께 생신선물을 준비했다. 나는 할아버지의 건강이 좋지 않기 때문에 할아버지께《자주 걸리는 병 치료법》이라는 새로 출판된 책을 사드렸다. 할아버지께서는 책이 참 좋다고 말씀하셨다. 다만 글씨가 너무 작아 책을 보실 때 돋보기를 써야 한다고 하셨다.

A 오늘은 할아버지 생신이다
B 할아버지는 소설 책 보는 것을 제일 좋아하신다
C 할아버지가 책을 한 권 새로 출간하셨다
D 나는 할아버지에게 돋보기를 하나 선물했다

정답 A

해설 "今天是爷爷80岁大寿"로부터 답이 A임을 알 수 있다. 보기 D는 '할아버지께서 책을 보실 때 돋보기가 필요하시다'는 지문의 뜻과 모순된다.

단어 大寿 dàshòu 매 10주년 생일
常见病疗法 chángjiànbìng liáofǎ 자주 걸리는 병 치료법

3

爸爸是个象棋迷，他希望自己的孩子也喜欢象棋。姐姐7岁时，他决定教姐姐下棋。那时我才5岁，他嫌我小，不教我，所以我就偷偷地听。可姐姐一点儿也不喜欢下棋，每天只想玩她的洋娃娃。

아버지는 장기 두는 것을 너무나 좋아하셔서 당신의 자식들도 장기를 좋아하길 바라셨다. 아버지는 누나가 7살이 되자 장기 두는 법을 가르치기 시작하셨

다. 当时 5살밖에 되지 않은 내가 너무 어리다고 생각하셨는지 내게는 장기를 가르쳐 주시지 않았다. 어쩔 수 없이 나는 옆에서 몰래 장기 두는 법을 배웠다. 하지만 누나는 장기 두는 것을 전혀 좋아하지 않았고 그저 매일 바비 인형을 가지고 놀고 싶어했다.

A 나는 누나보다 2살 적다
B 누나가 내게 장기 두는 것을 가르친다
C 아버지가 누나에게 바비 인형을 사 주었다
D 아버지가 나와 누나에게 장기 두는 것을 가르친다

정답 **A**

해설 "姐姐7岁时, 他决定教姐姐下棋。那时我才5岁"로부터 답이 A임을 알 수 있다. 보기 B '아버지께서 가르쳐 주지 않아서 몰래 엿들었다'는 지문과 모순이다.

단어 象棋迷 xiàngqí mí 장기매니아
嫌 xián 싫어하다

4

外国留学生除了每天上课以外，还常常听各种各样的讲座，像写汉字的书法讲座，介绍京剧艺术的京剧讲座等等。为了提高留学生的汉语口语表达能力，学校还组织各种各样的语言实践活动，每年还安排学生们到外地进行语言实习。

외국인 유학생들은 매일 수업을 듣는 것 외에도 한자를 쓰는 서예 강좌나 경극 예술을 소개하는 경극 강좌 같은 각양각색의 강좌를 듣곤 한다. 유학생의 중국어 표현 능력을 향상시키기 위해 학교에서는 매우 다양한 말하기 행사를 벌이고 매년 학생들이 익숙하지 않은 곳에서 언어 실습을 할 수 있도록 한다.

A 유학생은 한자 강좌를 제일 듣기 좋아한다
B 유학생은 매일 경극 예술 수업을 들어야 한다
C 언어 실습은 학교의 한 강좌이다
D 학교는 매년 언어 실습 활동을 조직한다

정답 **D**

해설 "为了提高留学生的汉语口语表达能力, 学校还组织各种各样的语言实践活动"에서 답이 D임을 알 수 있다.

단어 像 xiàng ~와 같다
表达能力 biǎodá nénglì 표현 능력
实践活动 shíjiàn huódòng 실습 활동

5

和体力劳动相比，脑力劳动给人的感觉似乎很省力。其实不然，思维活动消耗的能量很大。有人做过测算，围棋运动员下一盘棋和长跑运动员参加一次中长跑付出的能量相当。

육체 노동에 비해 정신 노동이 훨씬 힘이 덜 든다고 생각하기 쉽지만 실은 그렇지 않다. 사람이 생각을 할 때 소모하는 에너지는 매우 많다. 한 관련 실험 결과에 따르면, 바둑 선수가 한 수를 둘 때와 장거리 육상 선수들이 중장거리 경주에 한 번 참가할 때 소모하는 에너지는 거의 비슷하다고 한다.

A 정신 노동은 아주 수월하다
B 장거리 육상 운동선수는 매우 힘들다
C 사고 활동 에너지 소모는 매우 크다
D 바둑 기사는 장거기 달리기를 싫어한다

정답 **C**

해설 "其实不然, 思维活动消耗的能量很大"로부터 답이 C임을 알 수 있다. "其实"는 전환의 의미를 뜻하므로, 듣기나 독해할 때 특히나 주의해야 하는 단어이다.

단어 体力劳动 tǐlì láodòng 육체 노동
脑力劳动 nǎolì láodòng 정신 노동
省力 shěnglì 힘을 덜다, 수월하다
其实不然 qíshíbùrán 사실 그렇지 않다
思维活动 sīwéi huódòng 사고 활동
消耗 xiāohào 소모하다

6

如果你想写出好的新闻作品，希望自己的文章一下子就把读者的目光吸引住，那么确定作品的题目时一定不要随意，要在作品的题目上多下工夫。

당신이 독자의 눈길을 한번에 사로잡을 정도의 좋은 뉴스를 쓰고 싶다면 글의 제목을 정할 때 많은 공을 들여야지 아무렇게나 정해서는 안 된다.

A 뉴스 기사는 쓰기 매우 어렵다
B 제목을 잘 쓰는 것이 관건이다
C 문장 발표하는 것이 매우 중요하다
D 독자와 사이가 좋아야 한다

정답 **B**

해설 "那么确定作品的题目时一定不要随意，要在作品的题目上多下工夫"로부터 답이 B임을 알 수 있다. "要在~上多下工夫"는 '~ 방면에 공 들여야 한다'는 의미이다.

단어 吸引住 xīyǐnzhù 이목을 끌다
下工夫 xiàgōngfu 공을 들이다

7 提起快餐，人们往往想起三明治、汉堡包、麦当劳、肯德基等，似乎快餐都是西式的。其实像油条、豆浆这些中式快餐，不仅历史悠久，而且品种繁多，一点儿也不比西式快餐差。而且中式快餐不仅受到中国人的喜爱，更受到外国朋友的欢迎。

패스트푸드라고 하면 사람들은 샌드위치, 햄버거, 맥도날드, KFC를 떠올리곤 한다. 그래서 패스트푸드는 모두 서양 것처럼 느껴진다. 하지만 사실 유탸오, 더우장 등의 중국식 패스트푸드는 역사도 오래되고 종류도 매우 많을 뿐 아니라 서양식 패스트푸드와 비교해도 전혀 손색이 없다. 게다가 중국식 패스트푸드는 중국인은 말할 것도 없고 외국인들에게도 큰 인기를 끌고 있다.

A 중국식 패스트푸드는 맛이 없다
B 서양식 패스트푸드는 비교적 좋다
C 지금 중국식 패스트푸드가 없다
D 외국인은 중국식 패스트푸드를 좋아한다

정답 **D**

해설 "而且中式快餐不仅受到中国人的喜爱，更受到外国朋友的欢迎"으로부터 답이 D임을 알 수 있다. "不仅受到~，更受到~" 심화의 의미로 외국인들도 중국식 패스트푸드를 좋아함을 알 수 있다.

단어 似乎 sìhū 마치 ~인 것 같다
繁多 fánduō 풍부하다
不比~差 bùbǐ ~ chà ~보다 못하지 않다
受~欢迎 shòu ~ huānyíng 인기있다

8 春节是中国最重要的传统节日，人们在春节前一个多星期开始做过节的准备，买各种吃的、用的东西。春节前一天叫除夕，也叫大年三十。这一天晚上很多人不睡觉，全家人在一起聊天儿、看电视。人们一边玩儿，一边包饺子。到了半夜十二点，人们放鞭炮，互相拜年，庆祝新的一年的到来。

춘절은 중국에서 가장 중요한 전통 명절이다. 사람들은 춘절 일주일 전부터 각종 먹을거리와 필요한 것을 사며 명절 쇨 준비를 한다. 춘절 하루 전을 추시, 또는 섣달 그믐이라 부른다. 섣달 그믐 저녁에는 많은 사람들이 잠을 자지 않고 온 가족이 함께 모여 이야기를 나누거나 TV를 본다. 놀면서 만두를 빚기도 한다. 자정 12시가 되면 사람들은 폭죽을 터뜨리며 지난 한 해를 보내고 새로운 한 해를 축하한다.

A 새해의 첫째 날을 추시라고 일컫는다
B 춘절은 중국의 제일 중요한 명절이다
C 추시에 사람들은 폭죽을 터트리고, 서로 세배를 한다
D 음력 12월 30일 사람들은 설 지낼 준비를 한다

정답 **B**

해설 "春节是中国最重要的传统节日"로부터 답이 B임을 알 수 있다. "春节"는 '음력 1월 1일'이고, "除夕"와 "大年三十"는 '음력 12월 30일'을 뜻하는 동의어이다. 처음부터 주의해서 들어야 하며, 중국 문화에 대한 기본 지식, 즉 중국의 최대 명절인 춘절에 대하여 조금 알고 있다면, 쉽게 정답을 찾을 수 있는 문제이다.

단어 除夕 chúxī 섣달 그믐날 밤
鞭炮 biānpào 폭죽
拜年 bàinián 신년을 축하하다, 세배하다

9 压力绝不是坏事，人们就常说"压力也是动力"。压力可使人注意力集中，适度的压力有时甚至能使工作效率大幅度提高。不过不要给自己过大的压力，过于紧张和担忧，可能引发心血管疾病。

스트레스가 나쁜 것만은 아니다. 사람들은 '스트레스가 원동력이다'라고 자주 이야기한다. 스트레스는 사람이 주의력을 집중할 수 있게 해준다. 어떤 경우 적당한 스트레스는 업무 효율을 크게 향상시키기도 한다. 하지만 스스로에게 너무 많은 스트레스를 주거나 지나치게 긴장하고 걱정하면 심혈관 질병을 유발할 수도 있다.

A 사람들은 스트레스를 싫어한다
B 스트레스는 절대 좋은 것이 아니다

C 스트레스는 사람을 기쁘게 한다
D 적당한 스트레스는 유익한 것이다

정답 D

해설 지문 도입 부분에 "压力绝不是坏事"라고 언급하였으나 "好事"라고 언급한 보기 B를 제거하고, 적당한 스트레스는 압박감으로 오히려 효율을 올리기도 하므로 '적당한 압박감은 유익한 것이다'가 답이다.

단어
动力 dònglì 동력, 원동력
甚至 shènzhì 심지어 ~까지도
过于 guòyú 지나치게, 너무
担忧 dānyōu 걱정하다, 근심하다
引发 yǐnfā 일으키다, 야기시키다

10
　　西安的小吃很多，特别是到了晚上，夜市开了，马路边会一下子出现几十家小吃摊，一家挨着一家，排成长长的一排。每家小吃摊上都挂着一盏红灯，让你觉得很温暖，忍不住去吃。

시안에는 간식거리가 매우 많다. 특히 저녁 때 야시장이 열리면 수십 개의 노점상이 길가에 긴 행렬을 이루며 죽 늘어서게 된다. 모든 노점상이 붉은 등을 하나씩들 달아놓기 때문에 따뜻함을 느끼게 되고 결국 식욕을 참지 못하고 간식거리를 사먹게 된다.

A 시안에만 간식거리가 있다
B 야시장의 간식거리는 아주 많다
C 밤이 돼서야 비로소 간식거리를 먹을 수 있다
D 간식거리 가판대는 모두 간판을 달았다

정답 B

해설 "西安的小吃很多，特别是到了晚上，夜市开了"에서 답이 B임을 알 수 있다. "特别是"는 "尤其是"와 같은 뜻으로 '밤이 되고, 야시장이 열리면 더 하다'는 의미로 답은 B이고, 보기 C는 '밤에만 간식거리가 있다'는 의미로 모순이다.

단어
小吃摊 xiǎochī tān 먹거리 노점상
挨着 āizhe 연이어
盏 zhǎn 등의 양사

11
　　王老师身体不好，教学任务也十分繁重，但她知道我和爱人每天很忙，回家很

晚，所以特别关心我的孩子。每天放学后把我的孩子带回她的家里，做好晚饭并关照她吃下去。等我们下了班，再到王老师家去接孩子。这解决了我们的困难，使我们能全身心地投入到工作中去。

　　王老师是健康不好。게다가 가르치는 일이 매우 고되고 힘들기도 하다. 하지만 선생님은 나와 내 아내가 매일 바쁘고 저녁 늦게나 집으로 돌아온다는 것을 알고 계시기 때문에 우리 아이를 각별히 신경 써 주신다. 아이가 매일 학교를 마치면 선생님 댁에서 저녁을 먹게 한다. 그리고 우리가 퇴근해 아이를 데리러 올 때까지 기다려 주신다. 선생님 덕분에 우리 아이 문제가 해결됐다. 우리가 다른 것 신경 쓰지 않고 일에만 몰두할 수 있게 해 주신 것이다.

A 우리 애가 병이 났다
B 왕 선생님은 늦게 집에 돌아갔다
C 왕 선생님은 우리의 어려움을 해결했다
D 왕 선생님과 부인은 매일 아주 바쁘다

정답 C

해설 "这解决了我们的困难，使我们能全身心地投入到工作中去"에서 답이 C임을 알 수 있다. 보기 B는 지문의 '우리가 늦게 집에 돌아간다'는 뜻과 모순이다. 지문의 맨 마지막을 주의해서 들어야 정답을 잘 고를 수 있다. 서술형의 문제는 지문의 처음과 마지막을 신경 써서 들어야 한다.

단어
繁重 fánzhòng 많고 무겁다
关照 guānzhào 돌보다
全身心 quánshēnxīn 전심전력

12
　　如果你的孩子对电脑和上网感兴趣，不仅不要制止他，而且还要积极引导他。电脑不只可以看动画片，还可以写字、画画、听音乐，可以丰富孩子的知识。不过，孩子上网时父母一定要在旁边陪伴监督，并限制孩子的上网时间。

당신의 아이가 컴퓨터와 인터넷에 관심을 보이면 못하게 하지 말고 더 적극적으로 사용하게 해라. 컴퓨터를 통해 애니메이션을 볼 수도 있고, 글씨를 쓰거나 그림을 그리고 음악을 들을 수 있어 아이의 지식을 풍부하게 할 수 있다. 하지만 아이가 인터넷을 할 때는 반드시 부모가 옆에서 함께 지켜보고 아이의 인터넷 사용 시간을 제한해야 한다.

A 아이의 컴퓨터 사용을 금지해야 한다
B 아이의 인터넷 접속 시간을 제한해야 한다
C 컴퓨터는 아이 감독을 같이 할 수 있다
D 아이에게 풍부한 지식을 가르쳐야 한다

정답 **B**

해설 "不过，孩子上网时父母一定要在旁边陪伴监督，并限制孩子的上网时间"에서 답이 B임을 알 수 있다. 보기 A의 "禁止"와 지문의 "不要制止"는 모순이므로 제외시키고, 보기 C는 '부모가 아이를 감독한다'는 지문과 모순이므로 답이 될 수 없다. 지문 맨 마지막을 잘 들었다면 답은 쉽게 고를 수 있다.

단어 制止 zhìzhǐ 제지하다, 저지하다
积极 jījí 적극적이다
引导 yǐndǎo 안내하다, 인도하다
陪伴 péibàn 동반하다, 수행하다
监督 jiāndū 감독하다
限制 xiànzhì 제한하다

13
　　不少人认为坐在沙发上或躺在床上静止不动就是休息，其实不然，因为休息的含义是指暂时停止工作。如一个脑力劳动者，虽然是坐着或躺着，但是还在动脑筋继续思考问题，那根本就不是休息。而与人聊天说笑，看报刊或听音乐等才是休息。

　　많은 사람들이 소파에 앉거나 침대에 누워 가만히 있는 것이 휴식이라 생각한다. 하지만 사실은 그렇지 않다. 휴식의 의미는 일을 잠시 멈추는 것이다. 예를 들어 머리를 쓰면서 일을 하는 사람이 앉아 있거나 누워서도 머리를 굴려가며 어떤 문제에 대한 생각을 멈추지 않는다면 이는 절대 쉬는 것이 아니다. 다른 사람과 담소를 나누면서 웃기도 하고 신문, 간행물을 보거나 음악을 듣는 것이야말로 휴식이라 할 수 있다.

A 침대에 누워서 움직이지 않으면 곧 휴식이다
B 소파에 앉아서 일 생각하는 것이 곧 휴식이다
C 휴식의 의미는 잠시 일을 멈추는 것이다
D 정신 노동자가 문제를 생각하는 것은 곧 휴식이다

정답 **C**

해설 "因为休息的含义是指暂时停止工作"로부터 답이 C임을 알 수 있다. "~, 其实~"는 '~인 줄 알지만, 실은 ~이다' 전

환의 의미를 뜻한다. "其实" 앞의 내용은 잘못 인식하고 있는 내용이며, "其实" 뒤의 내용이 맞는 내용이라는 의미이므로, 보기 A는 틀린 내용이고, 보기 C는 뒤 부분으로 맞는 내용이 된다. 5번 문제와 마찬가지로 "其实"를 주의해서 들어야 한다.

단어 静止 jìngzhǐ 정지하다
其实不然 qíshíbùrán 사실은 그렇지 않다
含义 hányì 내포된 뜻, 내용, 개념
根本 gēnběn 전혀, 도무지

14
　　与其花40万元在市区繁华地点买一套普通公寓，不如花20万元在郊区买一套高级公寓，再花20万元买一辆中档轿车。这样不仅车房兼得，而且住房远离热闹的城市，空气新鲜，有益身心健康。

　　40만 위안을 투자해 시 중심 번화가 지역의 일반 아파트를 사는 것보다 20만 위안으로 교외지역의 고급 아파트를 한 채 사고, 나머지 20만 위안으로 적당한 중급 수준 자가용을 구입하는 것이 낫다. 차도 집도 살 수 있을 뿐 아니라 시끄럽고 번잡한 도시가 아닌 신선한 공기를 마실 수 있는 교외지역에 살게 되어 심신 건강에도 매우 좋다.

A 그는 아파트 2채를 샀다
B 그는 자동차 한 대를 샀다
C 마땅히 고급 아파트를 사야 한다
D 주거지는 도시에서 멀어야만 한다

정답 **D**

해설 "住房远离热闹的城市，空气新鲜，有益身心健康"에서 답이 D임을 알 수 있다. 지문의 "与其~, 不如~"는 '~하느니, ~하는 것이 낫다'라는 표현이므로, 보기 A와 B에 완료형을 써서 '구매했다'라고 표현한 것은 지문과 모순이다.

단어 繁华地段 fánhuá dìduàn 번화한 거리
中档 zhōngdàng 중급의

15
　　商标的设计要注意各民族和地区的不同风俗习惯。中国销往欧洲国家的"大象牌"自行车，就因为欧洲人认为大象是呆头呆脑的象征，所以不愿购买。但是如果在印度，情况就不同了，大象在印度人看来是美好的象征。

상표 디자인은 각 민족 및 지역 풍습의 차이에 유의해야 한다. 유럽 국가에 수출한 중국의 '코끼리표' 자전거의 경우, 유럽인들이 코끼리를 아둔한 명청함의 상징으로 여겼기 때문에 이 자전거를 사길 꺼려했다. 하지만 인도에서 판매됐다면 상황이 크게 달라졌을 것이다. 코끼리는 인도인들에게 아름다움의 상징이기 때문이다.

A 중국 자동차는 인도에서 잘 팔린다
B 상표 디자인에 코끼리 이름을 쓸 수 없다
C 상표 디자인은 소비자의 심리를 주의해야 한다
D 유럽 사람들은 코끼리가 아름다움의 상징이라고 여긴다

정답 C

해설 "商标的设计要注意各民族和地区的不同风俗习惯"에서 답이 C임을 알 수 있다. 코끼리가 유럽 사람들에게는 멍청한 이미지이지만, 인도에서는 아름다움, 좋은 것의 상징이라고 대비해서 설명하는 것은 그 나라의 풍습에 신경을 써야 한다는 것을 입증하는 좋은 예이다. 그러므로 답은 지문의 처음에 나오는 말에 착안해 보기 C를 선택한다. 보기 A는 사실형으로 표현했고, 지문에서는 가정형으로 표현했으므로 틀린 답이다.

단어 商标 shāngbiāo 상표
销往 xiāowǎng ~로 판매하다
呆头呆脑 dāitóudāinǎo 멍청하다

제2부분

제2부분은 모두 15문제다. 이 부분은 세 개의 인터뷰로 구성되어 있다. 각 인터뷰 뒤에는 다섯 문제가 주어지고, 문제마다 네 가지 보기가 주어진다. 모든 인터뷰는 한 번씩 들려주며, 응시자는 들은 내용을 참고하여 답을 선택하면 된다.

16-20 第16到20题是根据下面一段采访：

女：听说人造美女选美大赛即将在北京举行，您能介绍一下有关情况吗？

男：我们发布了这一消息后，很多人造美女都表示出极大的兴趣，甚至马来西亚、韩国、日本等国也有选手表示将参加比赛。第一位报名者是被媒体誉为"河北第一人造美女"的刘亚娟，她总共做了13项整形手术。

女：我们这次比赛，对参赛选手有哪些要求？

男：为了保证绝对是人造美女的专场比赛，我们组委会要求参赛者必须年满18周岁，必须提供正规医院整形手术证明和整形前后的对比资料，也必须是在今年5月29日之前做的整形手术。我们一贯不支持为了选美而整形，所以选手仅限于在本次大赛新闻正式向外发布前完成整形的女性。

女：我们对整形的标准是如何确定的？

男：组委会曾和另一主办方中国医师学会美容和整形分会探讨过怎样界定人造美女，即在身体上动过多少处才算人造美女，后来发现没有多少可操作性，不容易把握。因此制定了这样一个标准，即只要动过双眼皮手术也算是"人造"的。可以说，这是一场整形技术的比拼，但评委更看重的还是选手的综合素质，以及内涵、学识等等。

女：目前报名选手中最多做过多少项整容手术？

男：一般都做过七八项整形，最多的是13项。

여 : 성형미인 선발대회가 곧 베이징에서 열리는 것으로 알고 있습니다. 관련 상황에 대해서 소개해주시겠습니까?

남 : 저희가 선발대회 개최 소식을 발표한 후 많은 성형미인들이 큰 관심을 보여주셨습니다. 심지어 말레이시아, 한국, 일본 등지에서도 콘테스트 참가를 희망하는 분들이 있었습니다. 대회에 가장 먼저 지원해 주신 분

은 언론에서 '허베이 최고의 성형미인'이라 칭송 받는 류야쥐안 씨입니다. 류야쥐안 씨는 총 13군데를 수술했습니다.

여 : 이번 선발대회가 참가자들에게 제시한 요구 사항에는 어떤 것들이 있나요?

남 : 반드시 성형미인만이 참가하도록 하기 위해 저희 조직위원회에서는 참가자들의 나이를 만 18세로 규정하고, 정규 병원에서 수술을 받았다는 증명서와 성형 전후를 비교할 수 있는 자료를 제출하도록 했습니다. 또한 반드시 올 5월 29일 이전에 성형 수술을 받은 분들로 참가자를 한정하고 있는데요. 이는 저희가 대회 참가를 위한 성형 수술을 반대하기 때문입니다. 따라서 이번 대회 대회 개최 소식이 외부에 정식으로 발표되기 전에 수술을 받은 여성들만 참가할 수 있도록 참가자를 제한했습니다.

여 : 성형의 기준은 어떤 식으로 정해진 거죠?

남 : 조직위원회는 이번 대회 공동 주최자인 중국의사학회 미용성형지부와 성형미인을 어떻게 정의할 것인지에 대해 이야기를 나눴습니다. 몇 군데의 수술을 받아야 성형미인으로 인정할 것인지에 대해 이야기를 나눴는데, 이후 이런 기준 자체가 실효성이 별로 없고 또 적용하기도 어렵다는 사실을 알게 되었습니다. 그래서 쌍꺼풀 수술만 받았다 하더라도 '성형미인'으로 인정하는 기준을 세우게 되었습니다. 이번 대회는 성형 기술을 겨루는 대회라 해도 과언이 아닙니다. 하지만 심사위원들은 참가자의 종합적 소양과 인성, 학식 등을 더욱 중점적으로 평가할 것입니다.

여 : 현재 지원한 참가자들 가운데 가장 많은 수술을 한 경우, 몇 군데를 수술했나요?

남 : 일반적으로는 일곱, 여덟 군데 정도입니다. 가장 많은 경우는 13곳을 수술했습니다.

단어
人造美女 rénzào měinǚ 성형미인
被誉为 bèiyùwéi ~라 불리우다
媒体 méitǐ 매개체
整形手术 zhěngxíng shǒushù 성형 수술
组委会 zǔwěihuì 조직위원회
对比资料 duìbǐ zīliào 대조 자료
一贯 yíguàn 한결같다
可操作性 kěcāozuòxìng 조작성
把握 bǎwò 파악하다
比拼 bǐpīn 최선을 다해 겨루디
内涵 nèihán 교양

16 人造美女大赛即将在什么地方举行?

성형미인 선발대회가 개최되는 곳은 어디인가요?

A 일본
B 베이징
C 한국
D 말레이시아

정답 B

해설 '대회는 베이징에서 열리며, 한국, 일본, 말레이시아에서도 신청자가 있었다'고 지문에 언급되어 있다.

17 下面哪一项不符合人造美女大赛对参赛选手的规定?

다음 중 성형미인 선발대회 참가 규정이 아닌 것은 무엇인가요?

A 만 18세
B 3곳 이상의 성형 수술을 한 적이 있다
C 선발대회 소식을 발표하기 전에 성형 수술을 다 해야 한다
D 성형 수술 증명과 성형 전후 대비 자료를 제공한다

정답 B

해설 보기 A, C, D는 언급된 내용이고, '쌍꺼풀 수술만 했어도 성형으로 간주한다'고 하였으므로 꼭 3곳 이상 성형 수술을 해야만 하는 것은 아니다. 그러므로 보기 B가 틀린 내용이다.

18 根据录音, 5月29日是个什么日子?

지문에 따르면, 5월 29일은 무슨 날인가요?

A 첫 번째 선수의 신청 날
B 선발대회 일등을 뽑은 날
C 선발대회 개최 소식을 정식 발표한 날
D 선발대회 신청 마감일 날

정답 C

해설 '대회 참가를 위해서 하는 성형을 막기 위해, 선발 소식이 정식 발표되는 5월 29일 전에 성형 수술을 한 사람만 참가 신청을 할 수 있다'는 본문의 취지를 잘 이해했으면 답을 고를 수 있다.

19

报名选手中最多做过多少项整容手术？

참가 신청자 중 성형 수술을 제일 많이 한 참가자는 몇 곳을 성형 수술 하였나요？

A 5곳
B 7곳
C 8곳
D 13곳

정답 D

해설 지문 맨 마지막에 '일반적으로는 평균 7-8곳, 제일 많이 한 사람은 13곳'이라고 직접 언급하였다.

20

组委会评判人造美女的标准不包括下面哪一项？

다음 중 조직위원회의 성형미인 선발 심사 기준이 아닌 것은 무엇인가요？

A 교양
B 학식
C 소양
D 연령

정답 D

해설 나이를 18세 이상으로 제한한 것은 참가자를 제한한 것이지, 성형미인대회 심사 기준은 아니다. 지문에는 '교양, 소양, 학식 등 종합적인 면도 고려한다'고 언급되었다. 그러므로 답은 D가 된다.

21-25 第21到25题是根据下面一段采访：

女：中国人的酒文化源远流长，可以说无酒不成席。在生活中，能喝酒可是一种特长。

男：是这样。最近有一条新闻，一个特别能喝酒的女人在网上发帖子声称要出租自己帮人喝酒，解决别人的烦恼。她说自己的酒量特别大，啤酒一喝就是十几瓶，白酒的量也是一斤以上，她在网上还公布了自己出租喝酒的价格：光喝啤酒一次是150元，光喝白酒一次是220元，如果是白酒和啤酒都混着喝的话，一次就要300元。应该说这个价格不太

贵，但这个钱很难挣得长久，因为要挣三千块钱就得喝十次。我们看到在网上已经有五个人有意向雇她去喝酒，看来这个生意还挺有市场。

女：酒能助兴，但是很多人现在也为喝酒烦恼。王先生，您怎么看这一问题？

男：我们就进行过一个调查。问题是"您醉酒的最主要原因是什么？"一共有五千多人参与了调查，结果是回答被别人劝酒劝醉的占到了73%，而自己高兴喝醉的只占到了不到1/3。也就是说绝大多数人都是在喝酒过程中由于别人劝酒，最后不胜酒力喝醉了。

女：的确是这样。这酒吧，如果不喝呢，场面不热闹；要喝呢，喝着喝着可能就喝高了，最后伤了身体。

여：중국인들의 술 문화는 유구한 역사를 지니고 있습니다. 술이 없으면 사람들과의 모임이 불가능하다고 할 수 있죠. 일상생활에서 술 잘 마시는 것도 일종의 능력이라고 봅니다.

남：그렇습니다. 최근 한 뉴스에 따르면 술을 굉장히 잘 마시는 한 여성이 인터넷에 술상무(흑장미)를 대행해 준다는 글을 올렸다고 합니다. 술 때문에 고민하는 분들을 위해서 말이죠. 이 여성은 자신의 주량이 매우 세다며 맥주는 한 번에 10여 병 이상, 바이주 역시 500㎖ 이상 마시는 것이 가능하다고 말했습니다. 이 여성은 인터넷에 술상무 대행 비용을 밝혔는데요. 맥주만 마시면 1회에 150위안, 바이주만 마시면 220위안, 바이주와 맥주를 함께 마실 경우 300위안이라고 합니다. 이 가격이 비싸다고는 할 수 없지만 이 돈을 벌기 위해 오랫동안 일을 하기는 힘들어 보입니다. 3,000위안을 벌려면 10번은 술을 마셔야 하기 때문이죠. 인터넷에 벌써 5명이 이 여성을 고용하겠다고 밝혔습니다. 보아하니 이것도 꽤 시장이 있는 장사네요.

여：술은 흥을 돋웁니다. 하지만 현재 많은 사람들이 술 때문에 고민하고 있기도 합니다. 왕 선생님께서는 이 문제를 어떻게 보시는지요？

남：저희는 '당신이 술에 취하는 가장 큰 원인은 무엇인가요?'라는 조사를 실시했습니다. 5,000여 명이 참가한 이번 조사에서 '다른 사람이 권한 술 때문에'라는 대답이 73%를 차지한 반면, '기분이 좋아서'라는 대답은 전 응답자의 1/3도 채 되지 않았습니다. 다시 말해 거의 대부분의 사람들이 술을 마실 때 다른 사람이 권한 술을 계속 마시다가 결국 술기운을 이기지 못해 취해버린다는 이야기입니다.

여 : 확실히 그렇습니다. 이 술이라는 것이 마시지 않으면
　　술자리가 흥이 나질 않고 또 마시자니, 마시고 또 마
　　시다 보면 취해버려 건강을 해치고 맙니다.

단어 源远流长 yuányuǎnliúcháng 역사가 유구하다
　　　发帖子 fā tiězi 게시글을 올리다
　　　声称 shēngchēng 주장하다
　　　应酬 yìngchóu 접대하다
　　　烦恼 fánnǎo 고민
　　　公布 gōngbù 발표하다
　　　雇 gù 고용하다
　　　助兴 zhùxìng 흥취를 돋우다
　　　劝酒 quànjiǔ 술을 권하다

21　男人提到的能喝酒的女人是通过什么形式
　　提出帮人喝酒的？

남자가 언급한 술을 잘 마시는 여성은 어떤 방식을
통해서 사람들을 대신해서 술을 마셔 주겠다고 하나
요?

A　신문 광고
B　인터넷에 글 남기기
C　잡지 소개
D　TV 미디어

정답 B

해설 '인터넷 상에 게시글을 올려 술을 대신 마셔 준다'고 하는 지
문의 "网上发帖子"는 네 개의 보기 중 보기 B의 "网络留
言"과 비슷한 의미이다.

22　根据录音，帮人喝酒的女人没有提到下面哪
　　一项的价格？

지문에 따르면, 술 대신 마셔 주는 여자가 언급하지
않은 가격은 무엇인가요?

A　맥주 마시기
B　바이주 마시기
C　포도주 마시기
D　바이주와 맥주 섞어 마시기

정답 C

해설 술 대신 마셔 주는 가격을 말하는 부분에서 보기 A ,B, D는
언급이 되었고 보기 C '포도주'는 언급이 되지 않았다.

23　根据录音，"无酒不成席"是指什么？

지문에 따르면, "술이 없으면 모임이 이루어지지 않는
다"가 지칭하는 것은 무엇인가요?

A　손님 접대 식사는 반드시 술을 마신다
B　연회 참석에는 술을 가지고 가야 한다
C　중국 각지에는 유명한 술이 난다
D　중국의 술 문화 역사는 오래되었다

정답 A

해설 "无酒不成席"는 이중 부정으로, 긍정형으로 바꾸면 '술이
있어야 연회가 된다'라는 뜻으로, '모임에는 술이 빠질 수 없
다'는 뜻이다. 그러므로 답은 A임을 알 수 있다.

24　调查显示，人们醉酒的最主要原因是什么？

조사에 따르면 사람들이 취하는 가장 주된 원인은 무
엇인가요?

A　다른 사람과 시합하다
B　다른 사람이 술을 권하다
C　자기 주량이 세다고 여기다
D　술의 알코올 함량이 높다

정답 B

해설 지문에 '73%는 권하는 술을 마셔서 취한다'이었고, '권하는
술을 마시다 술을 못 이겨 취한다'라고 언급한 부분에서 답
이 B임을 알 수 있다. 보기A, D는 언급되지 않은 내용이고,
보기 C는 흑장미를 하겠다는 여성이 스스로를 이렇게 생각
하는 것으로, 24번 문제와는 관련 없는 내용의 보기이다.

25　根据录音，"喝高了"是指什么？

지문에 따르면, "많이 마셨다"가 뜻하는 바는 무엇인
가요?

A　술에 취했다
B　아주 빨리 마셨다
C　기쁘게 마셨다

D 술은 건강을 해친다

정답 **A**

해설 '마시다 결국에는 건강을 해친다'에서 많이 마신다는 뜻임을 알 수 있다. 보기 B, C는 언급되지 않았고, 보기 D는 '많이 마셨다'의 뜻이 될 수는 없다.

26-30 第26到30题是根据下面一段采访：

女：奥运会已经成功举行，为了保证奥运期间交通顺畅，我们都有哪些措施？

男：北京市从7月20日开始，实行了机动车单双号限行。单双号限行除了能有效地缓解交通压力外，对保障空气质量也能起到一定作用。

女：您能不能说一下实行机动车单双号，对交通情况有哪些具体的改善？

男：奥运会期间实施单双号限行以来，北京市公共交通日运送乘客超过2000万人次，乘坐公共交通出行比例达到了45%，比限行前整整提高了10个百分点。单双号限行减少了45%的车流量，由此每天就有400多万人次客流转向公共交通，如果没有北京多年来一贯公交优先政策的实施和公共交通的发展，这数百万客流的出行需要是无法满足的。从更深层次上说，出行效率提高是北京推行公交优先政策的结果。

女：人口增长、城市土地等资源越来越相对短缺、机动车快速增长都使北京的交通状况越来越差。对此，北京市今后如何改善交通拥挤情况呢？

男：我们认识到只有优先发展公共交通才是北京交通的未来。而奥运会的举办大大推动了这一进程。在奥运会开幕前，北京地铁10号线一期、奥运支线和机场线三条新线同时开通。这将在很大程度上缓解北京的交通拥堵情况。

여 : 올림픽이 성공리에 막을 내렸습니다. 올림픽 기간 동안 원활한 교통 흐름을 확보하기 위해 어떠한 조치를 취했나요?

남 : 베이징시는 7월 20일을 기점으로 차량 2부제(차량 번호 홀짝수 운행제)를 실시했습니다. 차량 2부제는 교통난 해소뿐만 아니라 대기오염 방지에도 긍정적인 역할을 합니다.

여 : 차량 2부제 실시로 교통상황이 구체적으로 어떻게 개선됐는지 말씀해 주시겠습니까?

남 : 올림픽 기간 중 2부제를 실시한 이후 베이징시의 대중교통 일일 승객수송량이 연인원 2,000만 명을 넘어섰습니다. 대중교통 이용률이 45%를 기록하면서 2부제 실시 전보다 무려 10%나 증가했습니다. 2부제를 실시하면서 차량이동량이 45%나 감소했고, 하루 평균 연인원 400여만 명이 대중교통을 이용했습니다. 만약 지난 몇 년간 베이징시의 일관된 대중교통 우선정책과 대중교통의 발전이 없었다면 수백만에 달하는 승객들의 교통수요를 당해내지 못했을 것입니다. 좀 더 심층적으로 살펴보면 교통 효율이 향상된 것은 베이징시가 대중교통 우선정책을 추진해온 덕분입니다.

여 : 인구가 증가하고 도시 토지 등의 자원이 갈수록 부족해지고 있습니다. 차량 또한 가파른 증가세를 보이고 있기 때문에 베이징의 교통 상황이 나날이 악화되고 있습니다. 베이징시는 앞으로 교통 체증 현상을 어떻게 개선할 계획입니까?

남 : 대중교통을 우선적으로 발전시키는 것이야말로 베이징 교통의 미래가 달린 일이라는 것을 알게 되었습니다. 올림픽 개최는 대중교통 발전을 크게 앞당겼습니다. 올림픽 개막 전 신설 예정이었던 베이징 지하철 1기 10호선(총2기 공정), 올림픽 지선과 공항선 이 세 노선이 동시에 개통되었습니다. 이는 앞으로 베이징의 교통 체증을 크게 완화시킬 것입니다.

단어
保证 bǎozhèng 보증하다
顺畅 shùnchàng 원활하다
措施 cuòshī 조치
单双号 dānshuāng hào 홀, 짝수
实施 shíshī 실시하다
公交 gōngjiāo 대중교통
优先政策 yōuxiān zhèngcè 우선정책
短缺 duǎnquē 결핍하다
拥挤 yōngjǐ 한데 모이다, 붐비다
推动 tuīdòng 추진하다, 촉진하다

26 为了奥运期间交通的顺畅，北京采取了哪一措施？

올림픽 기간 중 원활한 교통 흐름을 위하여, 베이징은 어떠한 조치를 취하였나요?

A 버스 양을 늘린다
B 버스표 값을 내린다
C 공무원의 시간차
D 출퇴근 차량의 2부제 운행

 D

'차량 번호 홀짝수 운행제(2부제)를 7월 20일부터 시행하여, 많은 사람들이 대중교통을 활용하였다'는 것이 지문의 내용이며, 보기 A, B에 언급한 '버스의 수량을 증가시켰다'거나, '가격을 내렸다' 등은 언급되지 않았다.

27 在奥运会以前，人们乘坐公交出行的比例约是多少？

올림픽 전에, 사람들의 대중교통 이용률은 몇 프로였나요?

A 10%
B 25%
C 35%
D 45%

 C

올림픽 기간에, 2부제를 실시하면서 대중교통 이용률이 45%에 달했고, 이는 10%가 증가한 것이라고 하니, 실시 전에는 45−10＝35, 35%였음을 알 수 있다. 선택항의 보기들을 보고 숫자에 관련된 것들이 보이면, 녹음 지문을 들을 때 특히 주의해서 들으며 정보를 기록해 두는 것이 좋다.

28 奥运期间，人们出行效率提高与哪一政策的推行有关？

올림픽 기간, 시민들의 대중교통 이용률이 높아진 것은 어떤 정책과 관련이 있나요?

A 자녀 계획 정책
B 대중교통비 인하
C 대중교통 우선 정책

D 차량 생산 제한

 C

보기 A, B, D는 지문에 언급되지 않았고, 보기 C 대중교통 우선 정책은 지문의 후반부에 여러 곳에서 강조되었다.

29 根据录音，下面哪一项不是导致北京交通状况不良的原因？

지문에 따르면, 다음 중 베이징 교통 상황 악화를 야기하는 원인이 아닌 것은 무엇인가요?

A 인구의 급속한 성장
B 차량의 수량 증가
C 도시 토지자원 부족
D 차량의 불법 주정차

 D

보기 A, B, C는 지문에 언급되었고, 보기 D는 언급된 바가 없다. 지문에 언급된 "(使)北京的交通状况越来越差"는 질문 중의 "北京的交通状况不良"과 같은 뜻이므로, 사역동사 "使" 앞의 내용들이 악화된 원인이라고 볼 수 있다.

30 在奥运开幕以前开通的线路中没提到哪一条？

올림픽 개막전에 개통한 노선 중, 다음 언급되지 않은 것은 무엇인가요?

A 공항 노선
B 올림픽 노선
C 지하철 11호선
D 지하철 10호선 1기

 C

보기 A, B, D는 분명하게 언급되었고, C는 언급되지 않았다. 보기 C와 D를 혼동하지 않도록 주의한다.

모의고사 1
모의고사 2
모의고사 3
모의고사 4
모의고사 5

제3부분

제3부분은 모두 20문제이다. 이 부분은 여러 개의 단문이다. 단문마다 몇 가지 문제가 주어지며, 네 가지 보기도 있다. 모든 단문은 한 번씩 들려주며, 응시자는 들은 내용을 참고하여 정답을 고른다.

31-33 第31到33题是根据下面一段话：

> 　　茶、咖啡和可可构成了世界主要的三大饮料。美国的咖啡饮用量虽是全球之冠，但无论是煮咖啡还是喝咖啡，其过程都不太讲究。美国人的咖啡口味比较清淡，喝得自由。中欧、北欧的人属于中浓度口味，喝得理智又温和。意大利人喜欢一种无糖无奶的高浓度咖啡。奥地利人喜欢品味情调，他们甚至把咖啡和音乐、华尔兹相提并论，称为"维也纳三宝"。

차, 커피, 코코아는 세계 3대 음료이다. 미국의 커피 음용량은 세계 최고 수준이지만, 커피를 끓일 때나 마실 때나 그 과정은 그다지 신경 쓰지 않는다. 미국인들은 비교적 연한 커피를 선호하며 커피를 자유롭게 즐긴다. 중유럽, 북유럽인들은 적당한 농도의 커피를 좋아하며 이성적이지만 부드러운 태도로 커피를 마신다. 이탈리아인들은 설탕과 우유를 넣지 않은 매우 진한 커피를 좋아한다. 오스트리아인들은 운치와 분위기를 즐긴다. 이들은 음악, 왈츠를 커피와 한데 묶어 '비엔나의 3가지 보물'이라고까지 이야기한다.

단어 **全球之冠** quánqiúzhīguān 전세계 1위
品味情调 pǐnwèi qíngdiào 맛과 분위기
相提并论 xiāngtíbìnglùn 한데 섞어 논하다

31

世界三大饮料不包括下面哪一项？

세계 3대 음료로 다음 중 언급되지 않은 것은 무엇인가요?

A 차
B 맥주
C 커피
D 코코아

정답 **B**

해설 녹음 지문 도입 부분에 '차, 커피, 코코아'를 언급하였고, 보기 B '맥주'는 언급되지 않았다. 귀로는 녹음 지문을 들으면

서, 눈으로는 선택항 보기들을 보고 있어야 문제풀이에 조금 더 쉽게 접근할 수 있다.

32

咖啡饮用量最多的国家是？

커피 음용량이 제일 많은 나라는 어디인가요?

A 미국
B 프랑스
C 오스트리아
D 이탈리아

정답 **A**

해설 "全球之冠"은 '세계 제일'이란 뜻으로, 미국의 커피 음용량이 제일 많음을 언급했다. 나머지 보기 B는 언급되지 않았고, 보기 D는 '진한 커피를 마시는 나라'라고 언급되었다.

33

"维也纳三宝"不包括？

"비엔나의 3가지 보물"에 속하지 않는 것은 무엇인가요?

A 커피
B 음악
C 분위기
D 왈츠

정답 **C**

해설 지문에 언급한 "他们甚至把咖啡和音乐、华尔兹相提并论，称为维也纳三宝"에서, 구문 "把~称为~"는 '~을 ~이라 부른다'의 뜻으로, 커피와 음악과 왈츠를 비엔나의 3가지 보물이라 지칭하는 것임을 알 수 있고, 보기 C '오스트리아 사람들은 분위기로 커피를 마신다'는 것은 맞는 표현이지만, 이를 비엔나의 3가지 보물이라고 하지는 않았다.

34-36 第34到36题是根据下面一段话：

> 虽然全国绝大部分大学不允许按照学生经济状况安排住宿，但我们学校允许学生挑选宿舍。学生宿舍有7人间和4人间两种。7人间一人一年的住宿费是1000元，4人间每人每年是1600元。4人间每个学生都有一个独立的书桌，还有网络接口。我住的是4人间，比较清静。我觉得人多了太吵，所以跟妈妈商量后，就递交了一份申请，住进了4人间。但我的同学都住7人间，7人间也带卫生间，只是不能上网，桌子也只有一个。

전국 대다수의 대학들이 학생의 경제력에 따라 기숙사를 배정하는 일을 금지하고 있다. 하지만 우리 학교는 학생들이 기숙사를 선택할 수 있다. 기숙사는 7인실과 4인실 두 종류로 나뉜다. 7인실은 1년에 1,000위안, 4인실의 경우 1,600위안을 지불하면 된다. 4인실은 인원 수대로 책상이 제공되고 인터넷 랜선이 깔려 있다. 나는 비교적 조용한 4인실을 택했다. 사람이 많으면 너무 시끄러울 것 같아 엄마와 상의해 4인실에서 생활하기로 결정하고 신청서를 냈다. 하지만 내 친구들은 모두 7인실에서 생활한다. 7인실의 경우 방안에 화장실이 딸려 있지만 인터넷이 불가능하고 책상도 하나밖에 없다.

단어
允许 yǔnxǔ 허가하다
独立 dúlì 독립되다
接口 jiēkǒu 연결 입구
清静 qīngjìng 조용하고 고요하다

34 关于四人间宿舍，下面哪一项不正确？

4인실에 관하여, 다음 중 틀린 내용은 무엇인가요?

A 인터넷 접속이 가능하다
B 혼자 사용할 수 있는 책상이 있다
C 화장실이 없다
D 입주하려면 신청해야 한다

정답 C

해설 지문은 4인실과 7인실을 대조해가며 설명하고 있다. 지문에는 '4인실에 화장실이 있다'라고 직접 언급이 되지 않았지만 "7人间也带卫生间"이라는 표현에서 부사 "也"를 사용함으로써 4인실에도 화장실이 있음을 암시하고 있다.

35 住七人间的同学每年要交多少钱？

7인실은 일년에 얼마를 지불하나요？

A 돈을 지불하지 않는다
B 700원
C 1000원
D 1600원

정답 C

해설 '4인실은 1600원, 7인실은 1000원'이라고 지문에 분명히 언급되어 있다.

36 这段录音主要说明？

지문이 주로 설명하고 있는 것은 무엇인가요？

A 学校的기숙사 비용은 매우 비싸다
B 7인실은 4인실보다 활기를 띤다
C 4인실은 7인실보다 면적이 크다
D 학교는 학생들이 기숙사를 선택하도록 허락한다

정답 D

해설 서술형 지문은 처음과 끝을 주의해서 들어야 하는데, 지문 첫 도입 부분에 "虽然~但是~" 전환의 구조를 사용해, 보기 D "学校允许学生挑选宿舍"를 강조하고 있다. 그러므로 답은 D이다. '4인실과 7인실의 비용'을 언급하기는 했지만, '비싸다, 싸다'는 언급하지 않았다. 화자의 주관적인 생각으로 7인실이 4인실보다 "吵(시끄럽다 : 부정적 표현)"할 것이라고 생각한 것이므로, 보기 B에 사용한 "热闹(시끌벅적하다, 활기있다 : 긍정적 표현)"와는 같은 의미라고 보기 어렵다. 그리고 보기 C는 언급되지 않았다.

37-41 第37到41题是根据下面一段话：

> 五岁的时候，全家人一起去看电影。这对我来说可是件大事，因为是我第一次看电影，我高兴极了。和父母、姐姐到了电影院，我看见每个入场的人手里都有一张票，进去的时候要给电影院的人看一下。我向爸爸要票，可是他说"你不用票就可以进去。"我觉得非常不公平，别的人都有票，爸爸带我来看电影，为什么不给我一张票？我大声地哭了，喊着要一张自己的票。妈妈没有办法，只好也给我买了一张。

五岁的我不知道钱是什么，更不知道买票是要花钱的，只想自己应该和别人一样。十三年过去了，我现在已经是一名大学生了。第一次看的电影叫什么名字，我已经不记得了，但我一直记着这件事，至今保留着这张电影票。

5살 때 온 가족이 함께 영화를 보러 간 적이 있다. 이는 내게 매우 큰 일이었는데 난생 처음으로 영화라는 것을 보러 갔기 때문에 매우 기뻤다. 부모님, 누나와 함께 영화관에 도착했을 때 모든 사람들이 손에 한 장씩 표를 쥐고, 입장할 때 영화관 직원에게 확인받는 모습을 봤다. 나는 아빠에게 표를 달라고 했는데, 아빠는 "너는 표 없이도 들어갈 수 있단다."라고만 말씀하셨다. 나는 너무나도 불공평한 일이라고 생각했다. '다른 이들은 모두 표가 있는데, 아빠는 내게 영화를 보여 주려 하면서 왜 표 한 장도 주려 하지 않는 거지?' 울음보가 터진 나는 표를 달라고 소리쳤다. 엄마는 하는 수 없이 내게도 표를 한 장 사 주셨다.

5살밖에 안 된 나는 돈이 무엇인지 잘 몰랐다. 더군다나 표를 산다는 것이 돈을 지불해야 한다는 일인지도 몰랐다. 그냥 남과 똑같았으면 하는 마음뿐이었다. 13년이 지난 지금, 나는 어느덧 대학생이 되었다. 내가 처음으로 본 영화 제목이 무엇이었는지 기억나지 않지만 이 일을 생생하게 기억하고 있는 나는 영화표를 아직까지 고이 간직해 오고 있다.

단어 至今 zhìjīn 지금까지

37 他第一次看电影时多大？

그가 처음 영화를 보았을 때는 몇 살이었나요?

A 4살
B 5살
C 10살
D 13살

정답 B

해설 지문 처음에 '5살'이라 언급하였고, 지문 후반부에도 '5살밖에 안 된 나는 돈 개념이 없었다'는 내용에서도 언급되었다.

38 他们一家几口人？

그의 가족은 모두 몇 명인가요?

A 3명
B 4명
C 5명
D 6명

정답 B

해설 엄마, 아빠, 누나와 같이 전 가족이 영화를 보러 갔으므로 모두 4명이다.

39 爸爸为什么不给他票？

아빠가 그에게 표를 주지 않은 이유는 무엇인가요?

A 영화 볼 때 표는 필요없다
B 영화표는 다 팔렸다
C 어린이는 표를 살 필요가 없다
D 영화표를 잃어버렸다

정답 C

해설 '5살 된 어린이라서 표를 살 필요가 없다'란 이유가 제일 적당하므로 답은 C이다. 보기 A와 혼동하지 않도록 주의한다.

40 他在影院门口大哭，妈妈没办法，只好：

그가 영화관 앞에서 큰 소리로 울어서 엄마는 어쩔 수 없이 어떻게 하였나요?

A 그를 데리고 집에 갔다
B 그에게 간식을 사 주다
C 그를 데리고 영화관에 가다
D 그에게 표를 사 주었다

정답 D

해설 보기 A, B는 언급되지 않았고, 답은 '돈을 지불하여 표를 사 주었다'이다.

41 根据录音，下面哪一项不正确？

지문에 따르면, 다음 중 틀린 내용은 무엇인가요?

A 그는 이미 대학생이다
B 그는 내내 그 일을 잊을 수 없었다
C 그는 영화 제목을 아직도 기억하고 있다

D 그는 아직 그 영화표를 가지고 있다

정답 C

해설 5살 때 본 영화표를 13년이 지난 지금도 가지고 있으므로, 보기 D는 정확한 내용이며, 지문 후반부에 '이미 대학생이 된 나'라고 언급되었으므로 보기 A는 맞는 내용이다. 보기 B는 "一直记着"라고 지문에 언급하였으므로 맞는 것이고, 보기 C '제목을 기억하고 있다'는 것은 지문과 틀리는 내용이다. 지문에는 '기억나지도 않는다'고 하였다. 그러므로 답은 C이다.

42-45 第42到45题是根据下面一段话：

从前，在美国标准石油公司里，有一个名叫阿基勃特的下层职员。作为一名推销员，他常常要到各地出差。在任何地方，只要他签名，他总是在自己签名的后面再写上"每桶四美元的标准石油"这几个字，在书信和收据上也从不例外。因此，他的同事常常取笑他，叫他"每桶四美元先生"，而他的真名反而没人叫了。

这件事情渐渐传到公司的董事长洛克菲勒的耳朵里，董事长很欣赏阿基勃特的敬业精神，于是邀请阿基勃特共进午餐。后来，洛克菲勒卸任，阿基勃特当上了公司第二任董事长。

虽然写下"每桶四美元"这几个字是一件谁都可以做到的事情，可是只有阿基勃特一个人做了，而且坚定不移，乐此不疲。在嘲笑他的同事中，肯定有不少才华、能力都在他之上，可是，最后只有他当了董事长。

예전에 미국 스탠다드 오일(Standard Oil Com-pany, 엑슨 모빌의 전신)사에 아치볼드라는 말단직원이 있었다. 세일즈맨인 그는 각지로 출장을 가야 할 때가 많았다. 어디를 가든지 그는 서명을 한 후 항상 자신의 서명 뒤에 '1배럴에 4달러인 스탠다드 오일'이라는 글귀를 적었다. 편지나 영수증에도 마찬가지였다. 그의 동료들은 이 때문에 그를 'Mr. 1배럴에 4달러'라며 놀려댔고, 본명을 부르는 이도 사라졌다.

이 일은 록펠러 회장의 귀에도 들어가게 되었다. 록펠러 회장은 아치볼드의 이런 투철한 직업정신을 매우 높게 평가했고, 아치볼드를 오찬에 초대했다. 이후 록펠러 회장이 퇴임하자 아치볼드는 제2대 회장으로 부임하게 되었다.

'1배럴에 4달러'라는 글귀를 남기는 것은 누구나 할 수 있는 일이었다. 하지만 오로지 아치볼드만이 이 일을 즐기면서 꾸준히 이어나갔다. 그를 비웃는 동료들 가운데는 분명

그보다 능력 있는 재목들이 많았을 것이다. 하지만 회장 자리에 오를 수 있었던 사람은 아치볼드뿐이었다.

한 사람이 거둔 성공은 우연에서 비롯됐을지 모른다. 하지만 그것이 필연이 아니었다고 또 누가 감히 말할 수 있을까?

단어
标准 biāozhǔn 표준, 스탠다드
签名 qiānmíng 서명하다
从不例外 cóngbúlìwài 예외없다
取笑 qǔxiào 놀리다
欣赏 xīnshǎng 감상하다, 높이 사다
敬业精神 jìngyè jīngshén 프로 정신, 투철한 직업관
坚定不移 jiāndìngbùyí 변함없다
乐此不疲 lècǐbùpí 즐거워서 피곤하지 않다
嘲笑 cháoxiào 조소하다, 비웃다
纯属 chúnshǔ 완전히 ~이다, 100% ~이다

42 阿基勃特为什么常常去外地？

아치볼드가 외지로 출장간 이유는 무엇인가요?

A 동료가 그를 비웃어서
B 업무상 필요로
C 그가 호텔에 가서 사인해야 하므로
D 그의 회사가 외지에 있어서

정답 B

해설 "作为一名推销员，他常常要到各地出差"에서 "作为~"는 '~한 신분으로서'의 뜻으로, 일 때문에 출장이 잦았음을 알 수 있다.

43 阿基勃特每次签名后还写上哪几个字？

아치볼드가 서명을 한 후 항상 뒤에는 무엇을 더 썼나요?

A 아치볼드 회장
B Mr. 1배럴에 4달러
C 배럴당 4달러 스탠다드 오일
D 나는 스탠다드 오일 회사에서 일한다

정답 C

해설 보기 C라고 항상 썼기 때문에, 동료들이 보기 B라고 놀려댔고, 나중에 보기 A가 된 것이다.

44

董事长为什么要见一见阿基勃特？

회장이 아치볼드를 만나보고자 했던 이유는 무엇인가요?

A 그가 농담을 좋아해서
B 그가 동료와의 관계가 나빠서
C 그의 드문 프로 정신 때문에
D 그의 실명을 아는 사람이 없어서

 C

아치볼드의 투철한 직업정신 즉 프로 근성을 높이 샀기에 점심에 초대한 것이다. 그러므로 답은 C이다.

45

根据录音，为什么阿基勃特能当上董事长？

지문에 따르면, 아치볼드가 회장이 될 수 있었던 이유는 무엇인가요?

A 그는 열심히 일했고 업무 실적도 좋았다
B 그는 동료들과 관계가 좋다
C 그는 이사장과 관계가 좋다
D 그는 다른 동료들보다 똑똑하다

 A

록펠러 회장은 아치볼드의 "敬业精神"을 높이 사서 점심에 초대한 것이지, 보기 C 때문이 아니었다. 여기에서 답이 A임을 알 수 있고, '그를 비웃었던 동료들 중에 아치볼드보다도 똑똑한 사람이 있었을텐데' 하는 지문 내용에서 보기 B, D가 틀렸음을 알 수 있다.

46-50 第46到50题是根据下面一段话：

美丽的西双版纳居住着能歌善舞的傣族人。他们的婚礼非常有趣。

傣族新郎的迎亲活动是在晚上举行的。新郎在亲朋好友的陪伴下，一路敲锣打鼓地来到新娘住的村子。但这时村子中的年轻姑娘挡在村口，不许迎亲的队伍进来。她们并不是真的不让新郎进来，而是趁机向新郎要"买路钱"。没有办法，新郎只好恭恭敬敬地交出钱。姑娘们满意了，捧出准备好的米酒，招待迎亲队伍。

进了村子，迎亲队伍来到新娘家门口。新娘的弟弟妹妹和村子里的孩子们又挡住了迎亲队

伍，向新郎要喜钱。不过他们很容易满足，只要新郎拿出红包，他们就让开了。

新郎好不容易进到新娘家，却找不到新娘。原来新娘早被人藏起来了。于是新郎就和他的朋友四处找。找啊，找啊，有时找到半夜也找不到。新郎实在找不到新娘时，就只好请姑娘们帮忙。如果这样，这个新郎就要被姑娘们嘲笑好些日子了。

找回了新娘，一对新人和迎亲队伍就一起回到新郎家，这时婚礼才正式开始。

아름다운 시솽반나 지역에는 노래와 춤을 즐기는 다이족이 살고 있다. 다이족의 결혼식은 매우 흥미롭다.

다이족 신랑은 저녁 때 신부를 맞이한다. 신랑은 친한 친구들의 도움을 받아 징을 치고 북을 울리며 신부가 살고 있는 마을로 향한다. 하지만 이때 마을에서 가장 어린 아가씨들은 마을 입구를 지키고 서서 신랑과 그 일행들을 들어오지 못하도록 막는다. 아가씨들은 정말로 막는 것이 아니라, 이를 통해 '통행료'를 받으려 한다. 다른 방도가 없는 신랑은 어쩔 수 없이 공손하게 돈을 지불하고, 흡족해진 아가씨들은 미리 준비해 놓은 미주를 들고 신부를 맞이하러 온 신랑 일행을 대접한다.

마을에 들어온 일행들이 신부 집 앞에 도착하면 이 때 또 다시 신부의 동생들과 마을 아이들이 '용돈'을 요구하며 이들을 막아선다. 하지만 아이들은 많은 액수가 아니어도 신랑이 흔쾌히 지갑을 열기만 하면 바로 길을 내어준다.

가까스로 도착한 신부 집에서도 신랑이 신부를 찾기란 하늘의 별따기다. 사람들이 일찍이 신부를 숨겼기 때문이다. 신부를 찾기 위해 신랑은 친구들과 함께 이곳저곳을 살핀다. 찾고 또 찾아도 반나절이 지나도록 신부 그림자조차 찾을 수 없는 경우도 있다. 신랑이 신부 찾기를 포기하고 있을 때 즈음엔 다시 아가씨들에게 도움을 청할 수밖에 없다. 이렇게 되면 이 신랑은 한동안 아가씨들에게 놀림을 받게 된다.

신부를 찾아내면 신랑과 친구 일행들은 신랑 집으로 돌아온다. 이때야 비로소 정식으로 결혼식이 시작된다.

 西双版纳 xīshuāngbǎnnà 윈난성 남부지역, 시솽반나
傣族人 dǎizúrén 다이족
迎亲 yíngqīn 신부를 맞이하다
队伍 duìwu 대열, 무리
敲锣打鼓 qiāoluódǎgǔ 야단법석을 떨다
挡 dǎng 막다
趁机 chènjī 기회를 이용하다
恭恭敬敬 gōnggōng jìngjìng 공손하게

46

傣族婚礼什么时候举行？

다이족은 결혼식을 언제 진행하나요?

A 오전
B 점심
C 오후
D 저녁

정답 **D**

해설 "迎亲活动是在晚上举行" 신부맞이가 저녁에 이루어지니, 저녁에 결혼식이 진행됨을 알 수 있다.

47

在新娘家门口，要给孩子们什么？

신부 집 앞에서 아이들에게 무엇을 주어야 하나요?

A 돈
B 미주
C 책가방
D 빵

정답 **A**

해설 '신랑에게 "喜钱"을 요구하고, 신랑은 이들에게 "红包"를 준다'는 부분에서 돈임을 알 수 있다. 보기 C, D는 언급되지 않았고, 보기 B는 '마을 입구에서 신부 친구들이 통행료를 받고, 미주로 신랑 일행들을 대접한다'고 하였다.

48

新郎为什么在新娘家找不到新娘？

신랑이 신부 집에서 신부를 찾지 못하는 이유는 무엇인가요?

A 신부는 아직 집에 돌아오지 않았다
B 신부는 결혼하고 싶어하지 않는다
C 사람들이 신부를 숨겼다

D 신부는 신랑을 좋아하지 않는다

정답 **C**

해설 보기 A, B, D는 언급된 바 없고, '사람들이 신부를 숨겼다'고 지문에 언급되어 있다.

49

如果新郎找不到新娘怎么办？

만약 신랑이 신부를 찾지 못하면 어떻게 하나요?

A 먼저 집에 돌아가 잔다
B 신부와 이혼한다
C 내일 다시 찾는다
D 다른 사람의 도움을 청한다

정답 **D**

해설 '아가씨들에게 도움을 청하고, 한동안 놀림을 받는다'고 지문에 언급되었으므로, 보기 D가 답으로 적당하며, 나머지 보기들은 언급된 바가 없다.

50

婚礼在哪里举行？

결혼식을 진행하는 곳은 어디인가요?

A 호텔에서
B 신랑 집에서
C 신부 집에서
D 마을 입구에서

정답 **B**

해설 '신부를 데리러 신부 집에 가는 과정에서 신부 집 마을 입구에서 통행료 내고, 신부 집 앞에서 용돈 좀 주고, 집에 들어와서는 사방을 뒤져 신부를 찾아낸 다음, 신랑 집으로 데리고 와서 결혼식을 한다'고 지문에 언급되었다. 보기 B가 답이고, 보기 A는 언급된 바 없다.

2. 독해(阅读)

51
A 모르는 문제가 생기면, 동료들은 친절하게 가르쳐 주고 도와준다

B 아이들을 어떻게 어른과 비교할 수 있나, 이렇게 힘든 일을 그의 몸은 견뎌낼 수 없다.

C 눈앞의 사진을 보고서, 그는 만감이 교차했고, 자신의 어린 시절로 돌아간 듯했다.

D 부모님의 작고는 그를 매우 비통하게 하였지만, 긴장의 연속인 일 앞에서 그는 비통함을 억지로 참을 수밖에 없었다.

정답 **A**

해설 동사 사용이 부적합하다. "帮忙(돕다)"은 바로 뒤에 빈어를 가질 수 없는 이합사이므로, 빈어를 가질 수 있는 "帮助"로 바꾸는 것이 적합하다. 올바른 문장은 "同事们总是热情地指导和帮助我"이다.

단어 吃不消 chībuxiāo 견딜 수 없다
思绪万千 sīxùwànqiān 온갖 생각이 다 들다
去世 qùshì 돌아가시다
悲痛万分 bēitòngwànfēn 매우 비통하다
强忍 qiángrěn 억지로 참다

52
A 그는 우리 여기의 아이들 대장이다. 어디를 가든지 아이들이 그를 따라다닌다.

B 동물 사이에 언어 신호가 정말로 있으며, 어떤 것은 매우 복잡하다는 것을 연구로 알아냈다.

C 당신이 이렇게 체면을 무시하며 대놓고 상사를 비판하는데, 나중에 보복을 할지도 모르니 조심하세요.

D 이번 행동은 매우 중요합니다. 여러분들 모두 비밀을 잘 지켜야 하며, 절대로 행동 계획을 누설해서는 안 됩니다.

정답 **B**

해설 어순에 맞지 않는다. "确实"는 상황이 사실이고 믿을 만함을 강조하는 부사로 동사와 형용사 앞에서 상황어로 많이 사용된다. 그러므로 "存在" 앞에 사용해야 한다. 올바른 문장은 "动物之间确实存在着语言信号"이다.

단어 不管 bùguǎn 막론하고
确实 quèshí 정말로
留情面 liúqíngmiàn 체면을 생각해 주다
打击 dǎjī 공격하다, 충격을 주다
报复 bàofù 복수하다
事关重大 shìguān zhòngdà 일이 매우 중요하다
守秘密 shǒu mìmì 비밀을 지키다
泄露 xièlù 누설하다

53
A 다른 사람이 듣지 못하게, 그는 소리를 아주 낮추었다.

B 그는 자기의 업무도 제대로 못하는데, 하물며 한 회사를 지휘하겠다니?

C 관련 자료는 현재 대학생들이 무상 헌혈의 주 부류임을 나타낸다.

D 결혼 생활은 우선 먹고 사는 문제부터 고려해야 해서 결혼 전에 냉장고, 전자레인지 등 큰 것에서부터, 그릇, 젓가락 등 작은 것까지 모두 빠짐없이 준비해야 한다.

정답 **B**

해설 관련사가 부적합하다. "甚至"는 정도 심화를 나타내는 단어로 반문에 사용하기에 부적합하다. 이 대신 "何况(하물며)"을 사용하는 것이 적합하다.

단어 压 yā 낮추다
无偿献血 wúcháng xiànxuè 무상 헌혈

主力军 zhǔlìjūn 주력 부대
准备齐全 zhǔnbèi qíquán 준비를 다 갖추다

54 A 환자는 이미 스스로 음식을 먹을 수가 없고, 완전히 링거에 의존해 생명을 유지하고 있다.
   B 태초의 월병은 가정식의 전통 케이크였기에, 특별한 포장이 없었다.
   C 중국은 대두를 제일 먼저 심은 나라이며, 제일 먼저 대두를 두부로 가공한 나라이다.
   D 톈샨 빙하는 우루무치시 남서쪽으로 120킬로미터 떨어진 깊은 산 속에 위치하며, 세계에서 도시와 거리가 제일 가까운 빙하이다.

정답 A

해설 동사가 부적합하다. "保持"는 원래 상황이 변하지 않는, 소실되지 않고, 약화되지 않는 것의 '유지하다'를 뜻한다. "维持"는 최저 기준치거나 혹은 상태 유지를 위해서 노력해야 하는 '유지하다'를 가리킨다. 문맥상 "保持"는 "生命"과 어울리지 않으므로, "维持~生命"으로 쓰는 것이 적합하다.

단어 输液 shūyè 링거를 맞다
种植 zhòngzhí 심다
冰川 bīngchuān 빙하

55 A 조사에서 대학교 교수와 연구원들이 인터넷 사용 비율이 제일 높은 층으로 나타났다.
   B 집에 손님이 오면, 주인은 손님에게 차를 따라 주는데, 이것은 손님을 환영하는 일종의 예의이다.
   C 살균 작용이 있는 채소는 파와 마늘류로 마늘, 대파, 부추, 양파 등이 있다.
   D 비록 그는 머리가 나보다 좋지는 않지만, 그러나 그는 매우 열심히 하고, 게다가 고생도 달갑게 하여 그래서 학습 성적이 빨리 향상되었다.

정답 D

해설 비교법에 문법적 오류가 있다. "没有"는 "比"와 함께 쓰지 않는다. "没有"를 "不"로 바꾸어 "虽然他脑子不比我好"로 표현하거나, "比"를 제거하고 "虽然他脑子没有我好"로 표현해야 적합하다.

단어 倒茶 dàochá 차를 따르다
韭菜 jiǔcài 부추
肯吃苦 kěn chīkǔ 고생을 기꺼이 하다

56 A 이곳의 자연 환경은 매우 열악하여, 현지 농민은 거의 하늘에 의지해 살고 있다.
   B "먹었나요" 이 말이 사람들의 인사말이 될 수 있다는

것은 "밥먹다"가 이미 많은 사람들의 지지를 받고 있음을 알 수 있다.
   C 그녀가 무대에 오르자마자, 모두들 열렬히 박수를 쳤고, 관중들의 요구하에 그녀는 4곡을 연달아 불렀다.
   D 얘야, 반드시 건강에 주의해야 한다. 먹는 데 너무 아끼지 말고, 돈이 모자라면 집에 말하렴. 너에게 보내줄게.

정답 C

해설 방향보어 위치가 부적합하다. 방향보어 "起来"는 동사 "鼓" 뒤에 붙어야 하는데, 빈어 "掌"을 가지게 되면 , 그 빈어는 방향보어 "起"와 "来" 사이에 끼워 넣는다. 그리하여 "鼓起掌来"라고 쓰는 것이 알맞은 표현이다.

단어 恶劣 èliè 열악하다
深入人心 shēnrùrénxīn 사람들 마음에 깊이 자리 잡다
汇 huì (돈을) 송금하다

57 A 당신은 왜 그를 풀어줬나요? 어떻든 간에 그를 붙잡아 둬야 한다고 당신에게 말하지 않았나요?
   B 여기 옷가게 장사가 아주 잘 된다. 매일 100여 명의 손님이 오며, 주말에는 300여 명이나 된다.
   C 단옷날 쭝즈를 먹는 것은 중국인들의 풍습이며, 위대한 애국 시인 굴원을 기념하기 위해서라고 한다.
   D 허리띠로 여자가 결혼 했는지 안 했는지를 분간할 수 있다. 기혼 여성은 집안 열쇠를 허리띠에 차지만, 열쇠를 차지 않은 사람들은 대부분이 아가씨이다.

정답 D

해설 개사구가 완전하지 못하다. "在…上/中/下"는 상용개사구로, 동사 뒤 보어 자리에, 혹은 동사 앞 상황어 자리에 쓰이는데, 보기 D는 "上"이 빠졌다. 그래서 "已婚妇女会把家中的钥匙挂在腰带上"이라 써야 알맞다.

단어 火 huǒ (사업, 장사가) 잘 된다
双休日 shuāngxiūrì 주말
分辨 fēnbiàn 구별하다
是否 shìfǒu 인지 아닌지

58 A 커피는 카페인을 함유하고 있다. 이것은 피로 회복, 정신 진작, 체력 강화 효과가 있다.
   B 현재 많은 사람들이 남녀 사이에 이미 진정한 평등이 실현되었다고 말하고 있지만, 나는 이것이 사실이 아님을 알고 있다.
   C 부부 둘은 60년대 상해의 대학 졸업생이다. 이들이 이 작은 산촌에 온 것은 이미 30년이 되었다.

23

D 바나나는 불면증과 긴장 등에 어느 정도 효과가 있다. 바나나가 함유한 단백질 중에 아미노산이 있고, 신경 안정 효과가 있다.

정답 **B**

해설 단어 사용이 부적절하다. "真实"는 형용사로 사실과 부합됨을 뜻한다. 지문의 "是"는 동사로 뒤에 빈어가 와야 하는데, "真实"는 문장에서 빈어 역할을 할 수가 없다. 그러므로 마땅히 "事实(사실)"라는 명사로 교체해 "但我知道这并不是事实"라고 표현해야 한다. 혹은 "真实" 뒤에 명사를 붙여서 빈어를 만들어 주어, "但我知道这并不是真实的情况"이라고 표현해도 되겠다.

단어 消除疲劳 xiāochú píláo 피로를 없애다
振奋精神 zhènfèn jīngshén 정신을 진작시키다
增强体力 zēngqiáng tǐlì 체력을 강화하다
疗效 liáoxiào 약효, 치료 효과
胺基酸 ànjīsuān 아미노산
安抚神经 ānfǔ shénjīng 신경 안정

59 A 인터넷이 청소년 사이에 계속 보급됨에 따라, 인터넷의 안전문제는 이미 적지 않은 부모의 "걱정"이 되었다.
B 매년 9월은 국화가 활짝 피는 계절이며, 차농이 국화를 따서 국화차를 만들기 제일 좋은 계절이다.
C 새로 사 들여온 이 배는 앞서 구매했던 배보다 구조가 많이 복잡하여, 방대한 시스템 공정이라 말할 수 있다.
D 아침밥을 안 먹는 아이는 기억하고 새로운 지식을 활용하는 데 있어서, 아침을 먹은 아이들을 현저하게 따라잡지 못한다.

정답 **C**

해설 비교문의 문법적 오류이다. "跟"은 "跟…一样/差不多/近似/不相上下" 등의 구조로 쓰는 '~와 같다' 의미의 동등

비교이다. 우열 비교는 "比"를 사용한다. 그러므로 이 지문에서는 "跟"을 "比"로 바꾸어야 한다.

단어 普及 pǔjí 보급되다
心病 xīnbìng 걱정거리
采摘 cǎizhāi 따다
艘 sōu 배의 양사, 척
庞大 pángdà 방대하다

60 A 약선은 약물과 음식물을 원료로 하며, 조리 가공을 거쳐 만들어진 일종의 음식 치료 작용이 있는 식품이다.
B 600년 전, 정허가 배를 거느리고 7차례 서양을 갔다. 동남아, 인도양을 건너 홍해와 아프리카에 갔으며, 아시아와 아프리카 30여 개 나라와 지역을 방문했다.
C 폐휴지 수거는 도시의 쓰레기양을 줄이고, 삼림의 벌목량도 줄였으며, 종이의 생산 원가와 가격도 낮추는 정말 일거다득이다.
D 치아는 사람과 가장 오래 같이 가는 기관 중의 하나이다. 이것은 소화, 언어 등 방면에서 중요한 작용을 할 뿐만 아니라, 한 사람의 미모와 풍격에도 영향을 준다.

정답 **D**

해설 관련사 사용이 부적합하다. 지문의 의미상 심화 관계인 "不仅…而且…(~일 뿐만 아니라, ~이기도 하다)"가 적합하므로, "从而(그러므로)"를 "而且(게다가)"로 바꾸어 쓰는 것이 적합하다.

단어 药膳 yàoshàn 약선
烹饪 pēngrèn 요리하다
率 shuài 인솔하다
遍访 biànfǎng 두루 방문하다
砍伐 kǎnfá 벌채하다

제2부분은 모두 10문제다. 이 부분은 빈칸에 알맞은 단어를 채워 넣는 문제다. 한 단락에 3~5개의 빈칸이 있고 네 가지 보기가 주어진다. 각 단락의 정답은 3~5개의 단어며, 응시자는 상황이 요구하는 대로 네 가지 보기 중 가장 적합한 답을 골라 답안지 알파벳 위에 가로줄을 그으면 된다.

이 부분은 응시자가 문단에서 상황에 따라 앞뒤가 맞고 적합한 단어를 사용하는지를 주로 평가하게 된다. 어휘의 사용이 정확해야 할 뿐만 아니라 어체에 부합해야 하며 적절해야 한다. 응시자의 단어 분별 능력과 언어 표현의 정확성과 적절성에 치중하여 평가한다.

61 최근 쓰촨성 지역의 한 여대생이 기숙사 방 하나를 혼자서 다 사용하는 '1인실 특별 대우'를 <u>누렸다</u>. 이 학생은 1년치 기숙사 비용 4800위안(표준실 4명분에 해당)을 <u>지불하고</u> 1학년 <u>2학기에</u> 혼자서 지낼 수 있는 방으로 이사했다.

A 누리다 | 지불하다 | 해당하다 | 학기
B 받다 | 이루어지다 | 같다 | 부분
C 받아들이다 | 지불하다 | 같다 | 기간
D 느끼다 | ~에게 주다 | 같다 | 주기

정답 **A**

해설 ① 동사 "接收(수령하다. 주동적임)", "感受(느낌으로 느끼다)"는 "待遇(대우)"와 배합을 이루지 않는다. 그러므로 C, D를 제거한다. 동사 "接受(받아들이다)"는 직접 빈어를 가지나, 뒤에 개사보어 "到"를 가지지 않으므로 B를 제거한다. 그러므로 답은 A이다.

② "缴纳"와 "交出"는 '규정에 따라 일정한 수량의 돈이나 물건을 지불한다'는 뜻이다. "交给" 뒤에는 사람이 와야지, 구체적인 금액이 오지 않는다. "成交"는 '무역이 거래가 이루어지다'란 뜻으로 빈어를 가지지 않으므로 B와 D를 제거한다.

③ A와 D는 "相当于"와 "等于"로 알맞은 상용구로 쓸 수 있는 표현이고, "相等于"와 "相同于"는 없는 표현이다.

④ 중국 학교는 가을에 학기가 시작하여, 이듬해 여름방학까지가 일년 학사 일정이다. 가을부터 겨울방학까지가 1학기 "上学期", 봄부터 여름방학까지가 "下学期"이다. 그러므로 여기서는 "学期"라는 표현밖에 쓸 수 없다.

단어 **待遇** dàiyù 대우
寝室 qǐnshì 기숙사
缴纳 jiǎonà (돈, 비용을) 지불하다

62 소고기・양고기 파오모는 <u>시안(西安)</u>만의 특색을 갖춘 유명 먹거리로 아주 오래전 소고기나 양고기 국을 토대로 <u>발전해</u> 온 것이라는 이야기도 전해진다. 일찍이 서주

(西周)시대에 소고기국이나 양고기국은 왕과 제후에게 바치는 수라상에나 진열될 만한(오름직한) 음식이었다. 근대에 들어와서 소고기・양고기 파오모는 <u>바로</u> 전국적으로 유명해지면서 산시성의 음식 문화를 대표하는 음식 중의 하나가 되었다.

A 있다 | 올바르게 고치다 | ~을 | 도리어
B 나무 | 앞으로 나아가다 | ~ 때문에 | 곧
C 있다 | 변하다 | ~가 | 예전에
D 갖추다 | 발전하다 | ~되다 | 바로

정답 **D**

해설 ① 지문 첫번째 빈 칸의 빈어는 "特色"이다. "独具特色"라는 표현은 쓰는 표현이나. "独存/树/有特色"는 없는 표현이다. 그러므로 답은 D이다.

② "改正"은 '틀린 부분을 올바르게 고친다'는 뜻이고, "前进"은 '앞으로 나아간다'의 뜻으로, 이 둘은 발전의 변천 과정을 표현할 수 있는 단어가 아니다. 그러므로 A와 B를 제외시킨다.

③ 보기 4개는 다 개사이다. 개사는 명사를 가지고 개사구로 쓰이며, 개사가 바로 동사 앞에 사용되지 않는다. 그러나 "被"는 행위자를 생략할 수 있어, 동사 앞에 바로 쓸 수 있다. 여기서도 답이 D임을 알 수 있다.

④ "却"는 전환을 나타내고, "曾"은 예전 과거의 시점을 나타내므로 둘 다 적합하지 않다. 이곳에는 B와 D는 쓸 수 있는 표현이다.

단어 **牛羊肉泡馍** niúyángròupàomó 소고기・양고기 파오모
牛羊羹 niúyáng gēng 소고기・양고기 죽
列为 lièwèi (어떤 부류에) 속하다, 들다
诸侯 zhūhóu 제후
礼馔 lǐzhuàn 예를 갖춘 음식

63 고등학교 때부터 지금까지 15년 동안 《엽편소설 선집》은 때로는 묵묵히 나를 지켜봐주는 선생님처럼 글쓰기에 대

한 지식과 사람으로써 지켜야 할 도리를 강의하였고, 때로는 진실된 친구처럼 우리 주변에서 일어나는 재미있지만 가볍지 않은, 그래서 깊이 생각하게끔 하는 일들을 이야기해 주곤 하였다.

A 시기 | 방송하다 | 진술하다 | 그러나/그래서
B 단계 | 전수하다 | 묘사하다 | 도리어
C 때 | 강의하다 | 이야기하다 | 그러나
D 년대 | 해설하다 | 서술하다 | 그러나

정답 C

해설 ❶ 일반적으로 10년 단위로 "年代"란 표현을 쓴다. 예를 들면, 20세기 80년대는 1981년부터 1990년까지를 뜻한다. 만약 어떤 비교적 긴 시간대를 두루뭉술하게 표현할 때, 예를 들면 "战争年代(전쟁시대)"라고 쓸 수 있다. 그러므로 D를 제외시킨다.
❷ "广播"는 '외부로 소리나 그림을 전송한다'는 뜻으로 "知识", "道理" 등과 같이 쓸 수 있는 조합이 아니며, 나머지 단어 "传授/讲授/讲解"는 다 가능하다.
❸ 이 부분의 지문 속의 주어는 "朋友"이고 술어는 빈칸, 빈어는 "故事"이다. 그러므로 응시생은 빈어 "故事"과 알맞은 조합의 동사를 고르면 된다. "陈述"는 문어체적인 표현으로 '조리 있게 표현한다'는 뜻이며, 격식 차린 장소에서 많이 사용되는데, "故事"와는 조합을 이루지 않는다. "描写"는 '문자를 통해 묘사한다'는 뜻으로 "讲述"의 의미를 가지지 않는다. A, B를 제외한 나머지 두 단어는 다 사용 가능하다.
❹ 전환의 의미로 네 단어 다 사용할 수 있는 표현들이다.

단어 讲授 jiǎngshòu 강의하다
叙述 xùshù 진술, 서술, 설명하다

64 텅저우(滕州)시는 《묵학연구》, 《묵자대전》 등을 포함한 묵학 논저 150여 권을 편집·출간하고 CD를 제작해 정식 발매하기 시작했다. 묵자에 대해 보고 듣는 것이 많아지면서 점점 많은 사람들이 묵자 문화의 정수를 받아들였으며, 묵자 문화가 일상생활에 하나둘씩 스며들어 특색 있는 지역 문화를 형성하게 되었다.

A 여 | 발행하다 | 피동을 뜻하는 조사 | 특색
B 여 | 발표하다 | 당연히 | 특징
C 가량 | 출판하다 | ~해야만 하다 | 잘하는 것
D 여 | 방송하다 | ~도 | 특산

정답 A

해설 ❶ 네 개 단어가 다 숫자 뒤에 쓰여 대략의 수를 나타낼 수 있으나, "左右"는 양사 앞에는 사용할 수 없다. "150部左右"는 맞는 표현이지만, "150左右部"는 틀린 표현이다. 그러므로 C를 제외시킨 나머지는 다 사용 가능한 단어이다.
❷ "光盘"과 조합을 이루 수 있는 동사를 찾아야 한다. "发

表"는 '문장을 발표한다'는 뜻이고, "出版"은 '서적을 출판한다'는 의미로 A와 D만 사용 가능한 단어이다.
❸ 보기 중의 "所"만이 개사 "被"와 같이 피동문 구조 "被/为…所…"를 만들 수 있다. 이곳은 A만 선택 가능하다.
❹ "区域文化(지역문화)"는 "特色" 혹은 "特点"과 조합을 이룬다. "特长"은 '자기만 잘하는 것'이란 뜻이고, "特产"은 '어떤 지역에서만 나는 생산품'을 뜻하므로 지문과 맞지 않으니 C와 D는 제외시킨다.

단어 墨子 mòzǐ 묵자
耳濡目染 ěrrúmùrǎn 항상 보고 들어서 익숙하고 습관이 되다
融入 róngrù 녹아들다, 융합되다
播放 bōfàng 방송하다

65 금융 위기의 충격으로 인해 수많은 미국 가정이 경제적 곤경에 빠져들게 되었다. 원래 사립학교에 응시하려고 했던 몇몇 학생들은 사립학교 입학을 포기하고 국립학교로 전향해야 했으며 이 때문에 현재 미국의 사립 고등학교는 국제학생 모집 비율을 확대하였다.

A ~하게 하다 | 끼여들다 | 버리다 | 합격하다
B ~하게 하다 | 들어가다 | 취소하다 | 고용하다
C ~하게 하다 | 빠져들다 | 포기하다 | 모집하다
D ~하게 하다 | 돌다 | 철회하다 | 접대하다

정답 C

해설 ❶ "使令(사역)"의 뜻으로 보기 네 개는 다 사용 가능하다.
❷ 보기 네 개의 동사 중 "陷"만이 피동의 의미로, '빠져들다'가 될 수 있고, 보기 나머지 세 개 단어는 주동의 의미로 '들어가다'의 뜻이다. 보기 C가 가장 적합하다.
❸ "撤销"의 빈어는 '이미 발표한 명령, 법령 혹은 제도 등을 철회한다'는 뜻이고, "舍弃"는 '재산, 물품 등을 포기한다'는 뜻이다. 이 두 단어는 "入学"와 어울리지 않는다.
❹ "录用"은 '직원을 채용한다'는 뜻으로, 학생에게는 사용이 부적합한 단어이고, "招待"는 '손님에게 예의로 대접한다'는 뜻으로, 어울리지 않는다. 나머지 보기의 두 개 단어는 사용 가능하다.

단어 金融风暴 jīnróng fēngbào 금융 위기
冲击 chōngjī 충격, 쇼크
舍弃 shèqì 버리다, 포기하다
放弃 fàngqì 버리다, 포기하다
撤消 chèxiāo 폐기하다, 파기하다

66 현대 사회의 경쟁은 지식과 지능의 경쟁일 뿐만 아니라, 또 의지와 인품의 대결이기도 하다. 시련을 극복할 수 있는 정신이 갖춰지지 않으면 이 치열한 경쟁에서 이길 수

없을 것이다.

A ~일 뿐만 아니라 | ~더 | 사상 | 열렬하다
B 더 이상 아니다 | 또 | 계획 | 장렬하다
C ~일 뿐만 아니라 | 또 | 정신 | 치열하다
D ~일 뿐만 아니라 | 더욱 | 준비 | 맹렬하다

정답 C

해설 ① 보기의 네 개 단어는 모두 사용 가능하다. "不单", "不仅"과 "不只"는 모두 "不只(~일 뿐만 아니라)"의 뜻이다. "不再"는 '다시는 ~하지 않다'의 뜻이다.
② 보기의 네 개 단어 모두 사용 가능한 부사들이다.
③ 보기의 네 개 단어 모두 사용 가능한 명사들이다.
④ "热烈"는 '열렬하다'는 뜻으로 분위기나 정서 등을 꾸며준다. 예 "热烈欢迎(열렬히 환영하다)", "气氛热烈(분위기가 한껏 고조되어 있다)". "壮烈"는 희생이나 기개를 표현할 때 쓰는 단어이다. "剧烈"는 약이나 통증 등 자극이 심하거나 극심한 변화를 뜻한다. 이 세 개 단어는 "竞争"과 어울리지 않는다. "激烈"는 '격렬하다'는 뜻으로 "争论(쟁론), 辩论(변론), 竞争(경쟁), 搏斗(격투), 内心斗争(심리전)" 등과 같이 잘 쓰인다.

단어 意志 yìzhì 의지
品质 pǐnzhì 품성, 소실, 인품
获胜 huòshèng 승리하다, 이기다
壮烈 zhuàngliè 장렬하다
剧烈 jùliè 격렬하다

67 결혼은 인생에서 매우 중요한 부분을 차지한다. 행복한 결혼 생활은 일생을 행복하게 하기 때문이다. 모든 사람은 사랑하는 사람을 택할 때 각자 자신만의 기준이 있기 마련인데 이 기준은 반드시 자신의 조건과 개성으로써 성해야 한다.

A 정말로 | 원만하다 | 선거하다 | ~로써
B 매우 | 행복하다 | 선택하다 | ~로써
C 아주 | 만족하다 | 선발하다 | ~한 바
D 매우 | 만족하다 | 고르다 | ~로써

정답 B

해설 ① 보기 네 개 단어는 모두 정도부사이다. 그 중 "真", "太"는 감탄문에 많이 사용되며, 본 지문과 같은 서술형 문제와 어울리지 않는다. 그러므로 보기 A, C를 제거한다.
② "圆满"은 '부족함이 없이 만족시킨다'는 뜻이다. 일이나 회의 등이 순조로웠거나, 대답이나 문제의 답들이 만족스러움을 형용할 때 사용하는 단어로 "婚姻"과 조합을 이루기 어색하다. "满意"는 '만족스럽다'는 뜻이지만, 단독으로 한정어 사용되기보다는 "令人满意的婚姻"의 형태로 많이 사용된다. "满足"는 동사로 '어떤 수요나 요구를 만족시켜 준

다'는 뜻이다. "美满"은 '아름답다, 원만하다'는 뜻으로, 일반적으로 "生活", "家庭", "婚姻" 등을 형용할 때 많이 사용한다. 여기에서 답이 B임을 알 수 있다.
③ "选择"와 "挑选"은 비슷한 의미로 이곳에 사용 가능한 단어이다. "选举"는 투표 등의 방식을 통해 '대표를 뽑는다'는 의미로 문맥과 어울리지 않고, "选拔"는 '우수한 인재를 뽑는다'는 뜻으로, 배우자를 선택하는 상황에 사용하기 어색한 단어이다.
④ 문맥상 조건이나, 성격이 수단 혹은 방법이 되어야 하는데, 이렇게 사용할 수 있는 단어는 보기 A, B 둘뿐이다. 조건이나 성격으로 '배우자를 고른다'의 의미이므로 답으로 적당하다. 나머지 보기 C는 "所+동사" 구조로 뒤에는 명사화한 동사가 온다. "所定"이라고 하면, 조건이나 성격이 결정된 내용이나 사항이 되어야 하는 것이므로 문맥상 적합하지 않다. "以"는 개사로 동사 앞에 바로 사용하기 어색하며, "以定"이라는 단어도 없다.

68 중국어에서의 '酒(술 주)'와 '久(오랜 구)'는 모두 '지어우'로 발음되는 동음어로 '영원함'을 상징하며 중국인들은 자주 술로써 친구 혹은 손님에 대한 우정과 인정을 표현하곤 한다. 뿐만 아니라 슬픔과 그리움을 술에 기대기도 하는데 술로써 먼저 세상을 떠난 사람에 대한 그리움과 애도의 뜻을 표현하기도 한다.

A ~과 | 예를 들면 | 나타내다 | ~뿐만 아니라
B ~과 | 상징 | 표현하다 | ~뿐만 아니라
C ~과 | 의미 | 대표하다 | 또
D ~과 | ~인 것 같다 | 표시하다 | ~뿐만 아니라

정답 B

해설 ① 보기 네 단어는 모두 "~와/과"란 비슷한 뜻으로 다 사용 가능하다.
② "象征"은 동사이며, 어떤 사물로 특별한 의미를 표시하는 것으로 이 지문의 문맥에 적합하다. "例如"는 예를 들어서 설명하는 것으로 문맥에 어색하고, "意思"는 명사로, "意思是…"라고 사용된다. "好像"은 "和…差不多"와 비슷한 뜻으로 문맥과 어울리지 않는다.
③ 보기 네 단어 다 사용 가능하다.
④ "又"는 병렬 관계를 뜻하는 관련사로 앞 절의 "不但"과 조합을 이룰 수 없다. 그러므로 보기 C를 제외한 나머지는 다 가능하다.

단어 谐音 xiéyīn 동음, 음이 같다
友好情谊 yǒuhǎo qíngyì 우정과 우호
寄托 jìtuō 위탁, 부탁하다, 맡기다
哀思 āisī 슬픈 생각이나 감정, 애도의 뜻
逝去 shìqù 모습을 감추다
怀念 huáiniàn 그리워하다
哀悼 āidào 애도하다

모의고사 ①
모의고사 ②
모의고사 ③
모의고사 ④
모의고사 ⑤

69 중국에서 '梨(배나무 리)'는 '離(떠날 리)'와 발음이 같은 동음어로서 '離'는 '헤어짐', '이별', '떠나가다' 등의 <u>의미</u>를 갖는다. 따라서 중국인들은 친구 집을 방문하거나 병문안을 갈 때 절대 배(梨)를 선물로 사가지 않는다. 가족끼리 모여서 배를 먹을 때에도 보통은 칼로 <u>자르지</u> 않는다. 배를 잘라 나누는 것은 곧 '헤어짐'을 의미하며 가족이 뿔뿔이 헤어지는 것은 당연히 모두가 가장 원치 않는 일이기 때문이다. 그러나 중국어를 모르는 사람들<u>에게</u> 이러한 풍습은 이해하기가 쉽지 않다.

A 내포된 뜻 ㅣ 나누다 ㅣ 당연히 ㅣ ~에게는
B (포함하는) 의미 ㅣ 자르다 ㅣ 당연히 ㅣ ~에게
C 의식 ㅣ 나누다 ㅣ 비록 ~이나 ㅣ ~를 예로 들어 말하면
D 뜻 ㅣ 자르다 ㅣ 과연 ㅣ ~에 대해 말하면

정답 B

해설
❶ 주어는 "离"이지, "人"이 아니다. 그러므로, "内涵"과 "意识" 등과는 조합을 이루기 어색하다. 그러므로 보기 C, D는 제거한다.
❷ "分"은 결과를 강조하는 말로 무슨 도구가 필요한 것이 아니다. 칼을 사용하는 동작에는 "切"가 제일 적합하다. "割"는 일반적으로 분리할 수 없는 것에 사용하는 단어이며, "砍"은 센 힘으로, 큰 동작으로 내리치는 것을 뜻한다. 그러므로 보기 A, D는 제거한다.
❸ "固然"은 전환을 나타내는 관련사로, "固然…, 可是…" 구조로 사용된다. "果然"은 예상한 것과 같은 결과를 강조한다. 이 두 개의 보기는 문맥과 어울리지 않으므로 제거한다.
❹ "来说"와 조합을 이루어 사용할 수 있는 것은 "对" 혹은 "对于"만 가능하다.

단어 内涵 nèihán 내포
割 gē 자르다, 베다
砍 kǎn 감소하다, 줄이다

70 동물의 겨울잠은 평소에 자는 잠과는 달리 <u>길고 긴</u> 겨울 동안 체력 소모를 줄이기 위한 일종의 자연 현상으로 바로 이러한 자연 현상이 <u>존재</u>하기 때문에 동물들이 생존할 수 있다. 그러나 오직 겨울에만 이러한 현상이 나타나는 것은 <u>결코</u> 아니다. 7월 여름 날에도 뱀이나 고슴도치를 냉장고 안에 집어넣으면 겨울잠을 자는 광경을 볼 수 있을 것이다. <u>여기에서 알 수 있듯이</u> 겨울잠의 주요 원인은 다름 아닌 낮은 온도인 것이다.

A 길다 ㅣ 존재하다 ㅣ 결코 ㅣ ~임을 알 수 있다
B 느리다 ㅣ 가지다 ㅣ 전혀 ㅣ 그러므로
C 유구하다 ㅣ 따르다 ㅣ 여지껏 ㅣ 그래서
D 영구적이다 ㅣ 나타나다 ㅣ 전혀 ㅣ 그리하여

정답 A

해설
❶ "悠久"는 역사를 형용할 때 많이 사용되고, "缓慢"은 속도가 느림을 형용하는 것이다. "持久"는 '어떤 상태가 변함없이 지속되는 시간이 길다'를 의미하는데 이 세 단어는 겨울을 형용하는 데는 사용하지 않는다. '긴 겨울' 등 계절을 형용할 때는 "漫长"이란 단어가 제일 적합하다.
❷ "拥有"는 구체적인 것을 빈어로 가지므로, "现象"과는 조합을 이루기 어색하고, "伴随"는 문맥상 어색하다. 그러므로 보기 B, C를 제거한다.
❸ 네 개 부사는 모두 부정을 강조하는 것이지만. 문맥상 "不是"와 제일 잘 어울리는 것은 "并"이다.
❹ "从而"은 수단과 결과 사이에 사용되는 관련사이므로 문맥상 어색하며, 이를 제외한 나머지 보기 세 개는 다 사용 가능하다.

단어 冬眠 dōngmián 겨울잠
消耗 xiāohào 소모하다
刺猬 cìwei 고슴도치
漫长 màncháng 길다, 지루하다

제3부분

제3부분은 모두 10문제다. 두 개의 단문이 제시되며 각 단문에는 5개의 빈칸이 있다. 응시자는 문맥에 맞게 5개의 보기 중 정답을 고르면 된다.

이 부분은 응시자의 빠른 독해 능력과 필요한 정보를 찾는 능력을 주로 평가한다.

71-75

하와이 해변가 야자수가 열매를 맺지 않는 기이한 현상이 벌어지고 있다. 이곳의 야자수는 원래 해변 전체의 다른 야자수와 마찬가지로 풍성한 열매를 자랑했지만 1960년대 어느 날 우연히 발생한 '코코넛 살인 사건' 후 71 <u>이곳의 코코넛은 운명이 바뀌게 되었다.</u>

사건 당일 한 미국인 여행객이 해변에 누워 일광욕을 즐기고 있을 무렵 갑자기 거센 바람이 불더니 거의 다 익은 코코넛 열매 하나가 20미터 높이에서 땅으로 떨어졌다. 72 <u>공교롭게도 코코넛 열매가 머리 위로 떨어지는</u> 바람에 이 여행객은 그 자리에서 즉사했다.

민사소송 전담 변호사로 활약하던 이 여행객의 동생은 형의 사망 소식을 듣자마자 하와이로 달려와 사후 처리를 하던 중 이 야자수가 주정부 관리하에 있다는 사실을 알아내고 주정부를 상대로 소송을 제기했다.

3개월 후 재판이 시작되면서 법원 방청석은 세계 각지에서 몰린 기자들로 북새통을 이뤘다고 한다. 대법관은 하와이 주정부의 관리 태만으로 여행객을 사망에 이르게 하였으므로 처벌을 내리는 것이 마땅하며 이에 73 <u>하와이 주정부는 원고측에 배상금 1000만 달러를 지급해야 한다는 판결을 내렸다.</u>

하와이 주정부는 이 같은 판결에 불복, 74 <u>몇 년 동안이나 꾸준히 법원에 항소했으나</u> 예상과는 달리 각급 법원은 하와이 주정부에 대한 1심 판결 내용을 그대로 유지했다. 결국 하와이 주정부는 법 앞에 머리를 숙이고 1000만 달러의 배상금을 지급할 수밖에 없었다.

하와이 주정부는 패소 후 또 한 차례 문젯거리에 부딪혔다. 하와이의 많은 여행객들이 이 판결 소식을 듣고 배상금을 목적으로 75 <u>해변가의 야자수 나무 아래로 몰려들어</u> 그 밑에 멍하니 서서 자기 머리 위로 열매가 떨어지기만을 바라는 문제가 생긴 것이다. 주정부는 상황이 심상치 않음을 알아채고 즉각 팀을 구성해 야자 열매를 베도록 했다. 그 이후로 하와이 해변가의 야자수에는 더 이상 열매가 열리지 않게 되었다.

A 그들은 몇 년 동안이나 꾸준히 법원에 항소했다

B 이곳의 코코넛은 운명이 바뀌게 되었다

C 공교롭게도 코코넛 열매가 머리 위로 떨어졌다

D 해변가의 야자수 나무 아래로 몰려들었다

E 하와이 주정부는 원고측에 배상금 1000만 달러를 지급해야 한다는 판결을 내렸다

단어 夏威夷 Xiàwēiyí 하와이

海滩 hǎitān 아무거나 되는 대로 이야기하다

椰树 yēshù 야자나무

结果 jiéguǒ 결과

夺命案 duómìng'àn 살인 사건

丧命 sàngmìng 목숨을 잃다

诉讼 sùsòng 소송하다

赴 fù ~로 가다, 향하다

控告 kònggào 고소하다

导致 dǎozhì 야기하다, 초래하다

不服 bùfú 불복하다, 인정하지 않다

赔付 péifù 손해배상하다

守株待兔 shǒuzhūdàitù 요행만 바라다, 융통성이 없다

不妙 búmiào 좋지 않다, 심상치 않다

71 **정답** B

해설 첫 번째 단락은 '열매를 맺지 않는다'는 야자수에 대해 설명을 하고 있는데, 야자수와 관련된 보기는 B, C이다. 첫 번째 단락에 언급한 "本来…也是果实累累的"와 열매를 맺지 않는 것은 상반된 상황이므로 '운명이 바뀌었다'는 보기 B "改变了命运"이 제일 적합하다.

72 **정답** C

해설 빈칸 뒤로 "当场丧命"이 언급되었는데, 죽음에 이르게 한 원인으로는 보기 C가 알맞다.

73 **정답** E

해설 빈칸 앞으로 "理应判罚"에서 판결의 구체적인 내용이 빈칸에 와야 함을 알 수 있다. 그러므로 보기 E가 답으로 좋다.

74 정답 A

해설 빈칸 앞의 "不服"라는 단어에서, 빈칸에는 이에 따른 행동으로 '법원에 '上诉'한다'는 결과가 오는 것이 제일 적합하다. 그러므로 보기 A가 답이다.

75 정답 D

해설 빈칸 뒤의 "等着椰子来砸自己"하게 하려면 '야자수나무로 몰려든다'는 뜻이 빈칸에 와야 한다. 그러므로 빈칸의 답은 보기 D이다.

76-80

광저우(广州)시의 한 젊은이가 실연을 겪고 이로 인한 고통과 분노 속에서 방황하던 어느 날, ⁷⁶ <u>창 밖에 장미 한 송이가 시들어 있는 것을 보고는</u> 시든 장미를 꺾어 검은색 끈으로 묶은 뒤 전 애인에게 소포로 보냈다.

얼마 지나지 않아 그는 광저우에 전문적으로 시든 꽃만 파는 '시든 장미 꽃집'을 열었고 ⁷⁷ <u>개업 후 꽃집은 날마다 시든 꽃을 사려는 손님들로 가득했다.</u> 전국 각지에서 실연으로 의기소침해 있는 사람들, 전 애인에게 복수하고 싶은 사람들이 끊임없이 꽃집으로 모여들었고 이들은 거짓 감정으로 자신을 속인 사람, 악덕 사장, 파렴치한 동업자 그리고 사랑을 심심풀이 장난쯤으로 여긴 남자들이나 바람기가 다분한 여자들에게 시든 꽃을 보내 달라고 주문했다.

'선물 포장상자'는 직사각형 모양의 흰색 종이 상자로 딱 한 종류의 디자인뿐이었으며 손님들은 ⁷⁸ <u>상자 안에 직접 쓴 카드 한 장을 넣었다.</u> 아름다운 외모의 한 여자 손님은 전 남자친구에게 보내는 카드에 "너를 저주하려는 건 아니야. 단지 한 마디만 해주고 싶어. 나에게 너는 이미 죽은 사람이란 걸"이라고 적었다. 한 중년 사업가 손님은 전 부인에게 "당신이 정말 안됐소. ⁷⁹ <u>세상에서 가장 소중한 것을 잃었으니!</u>"라는 카드를 적어 보내기도 했다.

어느 사회단체에서 전 애인으로부터 '시든 장미꽃'을 받아본 경험이 있는 100명을 인터뷰한 결과 대부분의 사람들은 ⁸⁰ <u>이렇게 의미심장한 선물을 받고서 자신을 돌아보는 시간을 갖게 됐다</u>며 이런 고상한 방법으로 마지막 한마디를 건네준 것이 감동적이고 존경스럽기까지 하다는 의견을 보였다.

A 창 밖에 장미 한 송이가 시들어 있는 것을 보았다
B 상자 안에 직접 쓴 카드 한 장을 넣었다
C 개업 후 꽃집은 날마다 시든 꽃을 사려는 손님들로 가득했다

D 이렇게 의미심장한 선물을 받고서 자신을 돌아보는 시간을 갖게 되었다
E 세상에서 가장 소중한 것을 잃었으니!

단어 彷徨 pánghuáng 방황하다
垂头丧气 chuítóusàngqì 의기소침하다
心存报复 xīncúnbàofù 복수하고자 하다
涌 yǒng 뿜어져 나오다
枯萎 kūwěi 마르다, 시들다
卑鄙 bēibǐ 비열하다
咒骂 zhòumà 악담을 퍼붓다
敬佩 jìngpèi 감복하다, 존경하다, 감탄하다
顾客盈门 gùkèyíngmén 고객이 넘쳐나다
深省 shēnxǐng 깊이 반성하다
若有所思 ruòyǒusuǒsī 생각에 잠긴 듯하다

76 정답 A

해설 빈칸 뒤의 "剪下那朵死玫瑰"에서 지시사 "那朵死玫瑰"는 빈칸에 들어갈 "玫瑰枯萎了"를 가리키는 말이다. "枯萎了"는 '말라 시들어 죽었다'는 뜻이다. 그러므로 답은 보기 A이다.

77 정답 C

해설 빈칸 앞으로 "开办~死玫瑰商店"이라고 하였으니 보기 C의 "开业"와 같은 말이고, 빈칸 뒤로 언급된 고객이 "源源不断"하다는 것은 보기 C의 "顾客盈门"과 같은 의미. 그러므로 답은 보기 C이다.

78 정답 B

해설 빈칸 앞으로 언급된 "长方形纸盒"와 보기B의 "里面…"는 문맥상 이어지기에 적합하다. 그러므로 답은 B이다.

79 정답 E

해설 빈칸 앞으로 언급된 "深表同情"의 원인으로 보기 E가 가장 적합하다.

80 정답 D

해설 마지막 단락은 시든 장미를 받은 사람들의 생각을 적은 지문으로 이들의 태도를 대변할 수 있는 것은 보기 D가 제일 적합하다.

제4부분

제4부분은 모두 20문제다. 이 부분은 소재, 장르, 문체, 스타일이 다른 여러 개의 단문이 주어지며, 단문 끝에 몇 개의 문제가 주어진다. 문제마다 네 가지 보기가 있으며, 응시자는 그 가운데 정답을 골라 답안지 알파벳 위에 가로줄을 그으면 된다.

81-85

사람을 사귈 때 말은 어떻게 해야 하는지, 또 어떤 말은 피해야 하는지는 대부분 그 사회에서 통용되는 행위 규범을 따르기 마련이다. 그 중에도 '존비유별(尊卑有別), 장유유서(長幼有序)'와 같은 전통문화의 영향은 매우 큰 편이다. 《홍루몽》에서는 차를 대접하는 모습을 묘사함에 있어서도 차를 마시는 사람의 지위가 높고 낮음에 따라 각각 다른 동사를 사용했다. 왕실의 후궁이나 벼슬을 하는 사람에게 차를 대접할 때는 '차를 올린다'라고 표현하였으며 일반 손님에게는 '차를 청하다'라는 표현을 사용했다. 손님의 지위가 주인보다 낮을 경우 '차를 따르다' 혹은 '차를 따라주다'라고 하였으며 《홍루몽》 속에서 봉건 대지주 집안으로 등장하는 가부(賈府)에서는 하인이 주인에게 그리고 후학이 선학에게는 '차를 바치다' 혹은 '차를 내어 드린다'고 하고 동년배간에는 '차를 권하다', '차를 건네다'라는 표현을 사용했다.

오늘날 현대 사회에는 더 이상 신분의 높낮음과 귀천의 구분이 존재하지 않지만 쓰는 말에는 여전히 상·하의 구분이 남아 있다. 위에서 아래로 향하는 지배 구조 형태의 언어는 말에 일정한 명령조의 어투가 존재한다는 특징을 지니며 아래에서 위로의 피지배형 언어에는 존경과 공손함의 어조가 깃들어 있다. 현대한어에서도 역시 오직 지배형에만 쓰이는 단어와 피지배형에만 쓰이는 단어가 구별되어 존재한다. 예를 들어, 피지배형 구조의 경우 일반적으로 '보고하다'라고 하는 반면 지배형 구조에서는 '통보하다', '전달하다' 등의 표현을 사용한다. 지위가 높은 사람과 아랫사람이 만날 때는 '소견(召見)', '접견(接見)' 등의 단어를 사용하지만 일반 사람들끼리 만날 경우에는 '보다', '만나다', '마주치다' 정도의 어휘를 사용한다. '관심 가지다'는 지배형, 피지배형 다 사용 가능한 반면, '관심 가지고 배려해 주다'는 지배형에서만 쓸 수 있는 단어이다.

대화를 할 때도 높임말과 낮춤말의 사용법이 각각 다르기 때문에 잘못 쓰는 일이 있어서는 안된다. 예를 들어, 상대방에 대한 존경심을 표시할 때 말을 묻는 사람은 "귀댁이 어디십니까?", "춘부장께서는 안녕하신지요?", "존함이 어떻게 되십니까?" 식의 높임말을 주로 사용한다. 대답을 하는 사람은 스스로에게는 높임말을 사용할 수 없으며 대신

겸손한 어투로 대답을 하게 된다. 따라서 만일 "저희 귀댁은 베이징에 있습니다", "저희 춘부장께서는 강녕하십니다", "저의 존함은 마(馬)를 성으로 쓰고 있습니다"라고 대답한다면 웃음거리가 되기 십상이다. 따라서 "저는 베이징에 살고 있습니다", "저희 아버지께서는 잘 지내십니다", "존함이라니요, 말씀 낮추세요. 제 성은 마(馬)입니다." 정도로 대답해야 한다.

[단어]
人际交往 rénjìjiāowǎng 사교, 사람을 사귀다
遵守 zūnshǒu 준수하다
规范 guīfàn 본보기, 규범
尊卑有别 zūnbēiyǒubié 귀천이 있다
长幼有序 chángyòuyǒuxù 장유유서
献 xiàn 바치다
晚辈 wǎnbèi 후학, 아랫사람
长辈 zhǎngbèi 선학, 윗사람
捧 pěng 받들다
平辈 píngbèi 동년배
贵贱 guìjiàn 귀천
谦恭 qiāngōng 공손하고 겸손하다
召见 zhàojiàn 윗사람이 아랫사람을 불러 만나다
令尊 lìngzūn 아버님

81 본문이 주로 언급한 것은 무엇인가요?

A 존칭과 겸손의 표현을 혼동하면 안 된다
B 말할 때는 아주 작은 소리로 해야 한다
C 중국어로 교류할 때 '존비유별'에 주의해라
D 현대 사회는 귀천을 따지지 않는다

[정답] C

[해설] 지문 전체를 훑어봐도 보기 B는 언급되지 않았고, A, D는 지문에 언급되기는 하지만 단편적인 내용이라 지문 전체를 포괄하기에는 부족하다. 보기 C가 답으로 제일 적당하다. 이런 주제를 물어보는 문제는 지문의 처음이나 마지막에 언급되는데, 이번 지문에 도입부에 바로 언급하였다.

82 다음 중, 《홍루몽》에 묘사되지 않은 것은 무엇인가요?

A 일반 손님을 접대할 때는 '차를 청하다'란 표현을 사용한다

B 귀한 손님을 접대할 때는 '차를 올리다'란 표현을 사용한다

C 동년배들 사이에서는 '차를 권하다'란 표현을 사용한다

D 후학이 선학을 접대할 때는 '차를 건네다'란 표현을 사용한다

정답 D

해설 다른 보기들은 다 맞는 표현이며. 후학이 선학에게 차를 권할 때는 '차를 바치다', '차를 내어 드린다'라고 표현하며, 보기 D에 사용된 '차를 건네다'는 동년배들 사이에서 사용 가능한 표현이다.

83 다음 중 피지배형, 지배형 두 구조에서 다 사용 가능한 단어는 무엇인가요?

A 전달하다

B 만나다

C 관심 가지고 배려하다

D 관심가지다

정답 D

해설 지문 두 번째 단락에 언급한 보기 D "关心"은 다 사용 가능하며, 보기 C "关怀"는 지배형 구조 즉 윗사람이 아랫사람에게 사용하는 단어이다.

84 다음 중 존댓말이 아닌 것은 무엇인가요?

A 춘부장

B 저

C 귀댁

D 성함

정답 B

해설 보기 A, C, D는 존칭이 맞으며, 보기 B는 겸손의 표현. 자신을 낮추어 부르는 말이다. 그러므로 답은 B이다.

85 본문에 따르면, "춘부장"이 가리키는 것은 무엇인가요?

A 당신의 가족

B 당신의 아버지

C 당신의 어머니

D 당신의 남편

정답 B

해설 "令尊"은 존칭어로 상대방의 아버지를 높여 부르는 말이다. 지문에 직접적으로 언급이 되지는 않았지만, 지문 후반부에 언급된 상대방이 존칭을 사용하여 물어본 질문에, 스스로를 낮추어 대답하는 부분을 1:1로 맞추어 보면 "令尊"이 '당신의 아버지'란 뜻임을 알 수 있다.

86-88

올림픽 기간 동안 베이징시의 관광업 질서는 크게 개선되었지만 수도 관광업 관리 업무는 여전히 많은 문제를 안고 있었다. 이에 베이징시 당국은 앞으로 '1일 관광' 시장의 관리에 더 많은 힘을 기울이게 될 것이다.

최근 베이징시는 '황금연휴 관광 업무 회의'를 개최하고 '2008년 국경절 연휴 관광 업무에 관한 통지'를 발표하면서 베이징의 관광, 치안, 교통, 상공업, 도시관리 등 각 부문간의 긴밀한 협력이 필요하며 법 집행에 있어서도 협력을 더욱 강화해야 한다고 지적했다. 법 집행의 역량을 강화하는 동시에 검열의 빈도를 높이고 필요한 인재와 업무를 적재적소에 배치하여 톈안먼, 올림픽센터, 관광명소, 기차역 등 인원 밀집 지역에 대한 관리를 더욱 강화해야 한다고 강조했다.

베이징시는 불법 호객행위, 불법 광고물 배포, 가짜 여행 지도 판매, 관광 유인 안내 팻말 설치 등 관광업의 질서를 어지럽히는 행위를 엄격하게 단속하기로 하였으며 '1일 관광'을 노린 불법 가이드, 불법 택시 및 민박, 관광지 주변 및 도로 근처의 관광품 가게, 약국, 의료 상담소 등에 대한 관리를 한층 강화하기로 하였다.

베이징 내 휴대전화 사용자들은 베이징시의 휴일업무를 문자메시지를 통해 지속적으로 업데이트 받을 수 있으며 베이징에 도착하는 기차에서는 '1일 여행'에 관한 홍보영상을 보게 된다. 숙소에는 베이징 여행에 관한 홍보책자가 비치되어 있으며 여행사들은 '1일 여행' 매장을 따로 개설하는 등 다양한 방법으로 베이징 내 여행객들의 외출을 돕고 있다. 여행객상담 및 불만 신고 접수를 위한 직통 전화 '12301'이 24시간 오픈되어 있을 뿐만 아니라 상담 직원 확충을 통해 서비스의 수준을 향상시키면서 여행객들이 만족스러운 여행을 즐길 수 있도록 노력하고 있다.

단어 秩序 zhìxù 질서, 순서

治理 zhìlǐ 다스리다, 통치하다/처리하다

整治 zhěngzhì 손질하다/혼내다

召开 zhàokāi 열다

执法 zhífǎ 법을 집행하다

措施 cuòshī 조치하다, 대책, 시책

打击 dǎjī 치다, 때리다, 공격하다

非法揽客 fēifǎlǎnkè 불법적으로 손님을 끌다
招徕站牌 zhāolái zhànpái 불법 고객 유치 팻말
扰乱 rǎoluàn 어지럽히다, 혼란하게 하다
黑 hēi 불법의
投诉热线 tóusù rèxiàn 고객 불만 접수 전화

86 다음 중 관리를 강화하는 곳으로 언급되지 않은 곳은 어디인가요?

A 톈안먼 부근
B 기차역 부근
C 관광명소
D 도시 상업 중심지

 D

 보기 D는 언급되지 않았으며, 나머지 보기들은 두 번째 단락에 모두 언급되었다.

87 다음 중 여행 질서를 어지럽히는 행위가 아닌 것은 무엇인가요?

A 관광 유인 팻말 설치
B 거리에서 가짜 여행지도 판매
C 불법 광고물 배포
D 숙소에 여행 홍보책자 배치

 D

 보기 A, B, C는 어지러워진 관광시장을 정리하기 위한 행동이지만, 보기 D는 양질의 관광 서비스를 제공하기 위한 것이다.

88 이 본문의 제목으로 알맞은 것은 무엇인가요?

A 베이징의 관광업 시장 질서 관리 강화
B 2008년 여행업무 통지에 관하여
C 베이징의 관광업 시장 질서는 현재 많이 개선되다
D 베이징시는 관광 안내와 불만 신고 접수 전화를 설립하다

 A

 보기 B, C, D는 단면적인 부분들을 언급하였고, 보기 A는 포괄적인 내용으로 이 지문의 제목으로 적합하다.

《여인행(麗人行)》은 푸바오스(傅抱石)의 가장 중요한 대표작 중 하나로 1994년 창작되었으며, 중국 현대 회화사상 가장 권위 있는 작품이다. 폭이 2미터가 넘는 이 그림은 당대(唐代) 시인 두보의 유명한 시 '여인행(麗人行)'을 테마로 하여 양귀비의 유람 장면을 묘사했으며, 총 37명의 서로 다른 모습의 인물들을 화폭에 담아냈다. 또한 수천 수백 년 동안 이어져 온 중국화의 심오한 시상을 성공적으로 표현해 냄으로써 시와 그림의 완전한 결합을 이루어냈다. 중국화의 가장 뛰어난 점은 시상을 그림에 녹아들게 함으로써 예술의 경지에 이르렀다는 것이다. 이러한 예술의 경지는 예술가들이 자신의 풍부한 상상력을 바탕으로 깨달음을 얻고 나아가 이를 그림으로 그려낸 예술 세계를 말한다.

《여인행》은 두보의 시에 대한 푸바오스의 심층적인 이해를 확실히 체험할 수 있게 해 주었다. 푸바오스는 두보가 시에 표현해 내지 않은 내면의 뜻도 그림으로 그려냈으며 양귀비의 사치스러운 생활을 그렸을 뿐 아니라 양귀비의 아름다움과 슬픔도 함께 그림에 담았다. 복잡하고도 아이러니한 역사적 인물이 푸바오스의 살아 숨쉬는 붓 끝을 통해 그림으로 탄생했으며 어느 작품과는 달리 생동감이 넘쳐흐른다. 푸바오스가 만들어낸 진한 분위기가 많은 사람들을 역사의 지난날로 초대한다.

 创作 chuàngzuò 창작하다
高渺 gāomiǎo 아주 고상하다
诗意 shīyì 시적인, 시정
容纳 róngnà 수용하다, 받아들이다
以意境取胜 yǐyìjìng qǔshèng 뜻으로 승부해서 이기다
凭借 píngjiè ~에 의지하다
领悟 lǐngwù 깨닫다, 이해하다
奢侈 shēchǐ 사치하다
生花妙笔 shēnghuāmiàobǐ 뛰어난 글재주
异常生动 yìcháng shēngdòng 매우 생동감있다

89 푸바오스의 《여인행》은 언제 만들어진 것인가요?

A 1904年
B 1914年
C 1964年
D 1994年

 D

 지문 첫 단락에 '1994년에 푸바오스가 창작해 냈다'고 언급되었다.

모의고사 ①
모의고사 ②
모의고사 ③
모의고사 ④
모의고사 ⑤

90 《여인행》은 당나라 어느 시인의 동명시에서 소재를 구한 것인가요?

A 이백
B 두보
C 백거이
D 이상은

 B

> 지문 첫 번째 단락에 '당나라 두보의 시 "여인행"을 주제로 그렸다'고 나온다.

91 이 그림의 성공한 부분은 어떤 점인가요?

A 시와 그림이 완벽하게 결합하였다
B 동명의 시를 주제로 하였다
C 묘사한 인물이 많다
D 유람 장면을 묘사하였다

A

> 보기 A는 지문에 '푸바오스의 그림이 아주 성공적으로 두보의 시상을 아주 잘 묘사해내어, 시와 그림을 결합할 수 있게 되었다'고 언급하였다. 나머지 보기들도 지문에 언급되기는 하였지만, 답이라고 여기기에는 부적합하다.

92-96

푸젠성(福建省) 서남부 지역의 많은 산들 중에는 수천 개의 원형 토루(土樓)가 돋보이는 지역이 있다. 신기하고 오묘한 분위기를 자아내는 이 곳은 바로 세계에서 하나 뿐인 하카족(客家族)의 집단 가옥이다.

하카족의 거주 공간은 대부분 산간 벽지이거나 먼 변경 부근의 산악 지대이다. 도적떼의 습격을 막기 위해 '방어형' 진지를 구축하였으며, 끊임없는 발전을 통해, 벽 두께 1미터, 높이 15미터 이상의 토루를 지었다. 토루의 대부분은 3층에서 6층 정도이며 각 층마다 100~200칸의 방이 마치 꿀 잎처럼 고르게 분포되어 있어 그 웅장함이 장관을 이룬다. 대부분의 토루는 200~300년, 심지어는 500~600년 동안 지진이나 비바람에 의한 침식 및 전쟁으로 인한 공격 등을 겪으면서도 무사히 보존되어 왔다. 바로 전통 건축기술의 매력을 보여주는 부분이라 할 수 있다.

하카족의 선조들은 원형(圓形)을 숭상하여 이를 천체(天體)의 신으로 여겨 숭배해 왔다. 그들은 원(圓)을 상서로움과 행복 그리고 안녕의 상징으로 여겼으며 이들은 모두 토루 거주민들의 민속 문화를 나타낸다. 원형의 벽으로 이루어진 가옥은 모두 팔괘(八卦)의 형태로 분포가 되어 있으며

괘와 괘 사이에는 방화벽이 설치되어 있어 매우 가지런하게 정돈되어 있다. 이들 민족의 두드러진 내성적 성향과 강력한 구심력 및 놀라운 통일성을 보여주는 형태이다.

하카족은 집안을 다스리고 일을 처리하며 사람을 대하고 처신하는 데에 있어서 유가적 사상과 그 문화적인 특징을 여실히 드러냈다. 어느 토루는 자손의 화목과 화합을 위해 선조가 대문의 대련에 정자체(正字體)로 "선조의 덕성, 근면, 화합, 근검 정신을 계승하고 후대가 이를 잘 받들어 발전해 나갈 수 있도록 한다"는 내용의 글씨를 크게 새기기도 하였다. 유가적 사상에 입각한 도덕적 규범을 강조했던 것이다. 토루의 방은 그 크기가 모두 같고 빈부나 귀천의 구분 없이 모두가 균등하게 1층부터 맨 위층까지 각각 방 한 칸을 나누어 사용할 수 있도록 되어 있다. 각층의 방의 용도는 놀라울 정도로 통일성을 갖추고 있다. 1층은 주방과 식당을 겸용하고 있고 2층은 저장창고, 3층은 침실로 사용하고 있다. 200~300명의 거주민이 하나의 토루에서 질서 정연하게 아무런 혼란 없이 생활한다.

단어

点缀 diǎnzhuì 단장하다, 장식하다
土楼 tǔlóu 토루
气息 qìxī 기운
客家民居 kèjiā mínjū 하카족 주거지
偏僻 piānpì 외지다/편벽되다
防卫盗匪 fángwèi dàofěi 도적떼를 막다
营垒式 yínglěi shì 군사형, 보루형
夯筑 hāngzhù 쌓아 올리다
宏伟壮观 hóngwěi zhuàngguān 장관이다
安然无恙 ānránwúyàng 별일없이 무사하다
崇尚 chóngshàng 숭배하다
整齐划一 zhěngqíhuáyī 정연하고 한결같다
治家 zhìjiā 집안일을 다스리다
处事 chùshì 일을 처리하다
待人 dàirén 사람을 기다리다
立身 lìshēn 처신하다
和睦相处 hémùxiāngchù 화목하게 지내다
贮仓 zhùcāng 저장창고
秩序井然 zhìxùjǐngrán 질서정연하다

92 하카족 토루의 최소 높이는 몇 미터인가요?

A 6미터
B 10미터
C 15미터
D 30미터

 C

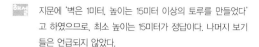
지문에 '벽은 1미터, 높이는 15미터 이상의 토루를 만들었다'고 하였으므로, 최소 높이는 15미터가 정답이다. 나머지 보기들은 언급되지 않았다.

보기 B는 언급되지 않았고, 보기 D는 지문에 언급된 "貯仓"이므로 답은 C이다.

93 원형의 토루를 건축한 목적은 무엇인가요?

A 건축이 용이해서
B 도적떼를 막기 위해서
C 가정 주거용으로
D 군대 주둔을 위해서

정답 B

해설 '하카족'이 벽촌에 살아서 도적떼들을 막기 위해 만들었다는 곳에서 토루의 건축 목적을 알 수 있다. 보기 A, D는 언급되지 않았다.

94 하카족의 조상들은 원형을 무엇이라고 여겼나요?

A 조상
B 자연
C 하늘의 신
D 마귀

정답 C

해설 "把圆形当天体之神"에 사용된 "把~当~" 구조는 '~을 ~으로 여기다'라는 뜻으로 원형을 하늘의 신으로 여겼음을 알 수 있다.

95 하카족에게 "원"이 상징하는 것은 무엇인가요?

A 풍부하다
B 상서로움
C 재복
D 건강

정답 B

해설 '원형은 상서로움과 행복, 안녕의 상징'이라고 지문에 언급되어 있으므로 답은 B이고, 보기 A, C, D는 언급되지 않았다.

96 토루 맨 아래층은 어떤 용도로 사용되나요?

A 침실
B 거실
C 주방
D 저장창고

정답 C

97-99

하늘 높은 줄 모르고 치솟기만 하던 유가는 경제 운영에 악영향을 미쳤으며 모든 소비자들의 실질적인 이익에도 영향을 끼쳤다. 첫째, 중국 경제에 대한 고유가의 충격은 절대 쉽게 간과할 문제가 아니다. 현재 개발도상국들은 산업화 시기를 겪고 있으며 에너지 절약 및 대체에너지 개발이 늦어지고 있다. 경제성장 역시 효율이 높고 품질이 우수한 석유에 대한 의존도가 높고 석유 위기를 막을 수 있는 능력도 부족하다. 따라서 경제에 대한 고유가의 충격은 결코 얕볼 문제가 아니다. 상대적으로 중국의 석유 대외 의존도는 40%나 될 정도로 높은 편이며 이미 미국 다음으로 세계 2대 석유 소비국이 되었다. 그러나 중국의 잉여 석유 채굴량은 겨우 전 세계의 2%밖에 되지 않기 때문에 13억 인구를 가진 대국으로서 중국은 석유 부족 국가에 해당한다.

중국의 석유 생산량은 1993년 이후 줄곧 1.6억 톤 정도를 유지하고 있다. 예측에 따르면, 2010년과 2020년, 그리고 2050년의 연간 석유 생산량은 각각 1.7억 톤, 1.8억 톤, 1.0억 톤이 될 것이라고 한다. 2010년에는 중국의 석유 소비량이 3.3억 톤에 이를 것으로 추정되며 따라서 석유 수요량의 1.6억 톤이 부족하게 될 것이다. 2020년에는 석유 소비량이 4.5~6.1억 톤이 될 것으로 예측됨으로 부족량은 2.7~4.3억 톤이 될 것이다.

전문가들은 2020년을 전후로 중국의 석유 수입량이 아마도 3억 톤을 넘을 것이며 이로써 세계 최대의 석유 수입국이 될 것이라고 예측하고 있다. 석유 공급의 대외 의존도는 55.8%~62.1% 정도가 될 것이다. 국내 석유 생산량의 증가가 어려운 현실이 중국 경제의 지속 가능한 발전을 제약하는 중요한 문제가 되었다.

둘째, 고유가는 현재 국민들의 정상적인 소비 생활을 제약하고 있다. 93호 가솔린 가격이 일년 사이에 41%나 인상됐다. 현재 국내에는 이미 1000만 대가 넘는 자가용이 있으며 유가 조정으로 인해 일반 가정에서 매달 자가용에 드는 기름값만 최소한 100~200위안을 더 지불해야 하기 때문에 자동차 유지비가 20%~30% 늘어나게 되었다.

툭하면 오르는 유가는 이미 국민들의 자동차 구매 계획을 좌우지하게 되었고 자동차 유지 비용 중에서 기름 값이 차지하는 비중이 갈수록 커지자 많은 사람들은 "차는 사도 차를 몰 수가 없다"라며 한숨을 짓고 있다. 《자동차관찰》의 조사에 따르면, 80%의 사람들이 유가 상승은 자동차 구매 의사에 영향을 주었으며, 이중 36.6%는 구매 계획을 미루었다고 한다.

셋째, 유가 상승의 영향을 가장 크게 받은 산업은 교통 운수업, 농업, 건축자재업, 자동차산업 및 기계제조업, 경공업, 전자통신업 등이다. 교통운수업 중 항공유가 민항업 원가의 1/4 정도를 차지하는 상황에서 유가 상승은 민항업 비용에 직접적인 영향을 미쳐 민항업 비용이 유가 상승으로 크게 증가하게 되었다. 이로써 민항업이 유가 상승으로 인한 영향을 가장 크게 받게 되었다. 중국은 농업국가로서 유가 상승으로 인한 직접적인 영향으로는 농경지 수자원 이용을 위한 경유 비용의 상승을 들 수 있고, 간접적인 영향으로는 화학 비료, 농약 가격의 상승을 들 수 있다. 즉 농업 역시 유가 상승으로 인한 영향을 매우 크게 받는다. 건축, 건축자재, 특히 화학 건축자재와 유리 등은 경쟁이 매우 치열한 산업 하부 구조이기 때문에 가격 조정폭이 작은 편이지만 생산원가는 고유가의 직접적인 영향을 받기 때문에 업계의 총 이익 증가 속도는 고유가에 의해 제약을 받게 된다.

단어 涉及 shèjí 언급하다
切身利益 qièshēn lìyì 직접 연관된 이익
冲击 chōngjī 충돌하다
不容忽视 bùróng hūshì 간과할 것이 아니다
防范 fángfàn 방비하다
相对而言 xiāngduì éryán 상대적으로 말하다
仅次于 jǐncìyú ~ 다음이다
剩余 shèngyú 잉여, 나머지
可采储量 kěcǎichǔliàng 채굴량
供应 gōngyìng 제공하다
可持续发展 kěchíxùfāzhǎn 지속적인 발전, 녹색 성장
汽油 qìyóu 가솔린
养车 yǎngchē 자동차를 유지하다
频繁 pínfán 빈번하다
凸现 tūxiàn 분명하게 표현하다
成本 chéngběn 원가
毛利 máolì 총이익

97 현재 세계 제일의 석유 소비국은 어느 나라인가요?

A 중국
B 일본
C 미국
D 독일

정답 C

 "已成为仅次于美国的世界第二大石油消费国"에서 사용한 "仅次于"는 '바로 무엇 다음이다'라는 표현으로 '중국은 미국 다음으로 세계 2대 석유 소비국이 되었다' 하였으니, 미국이 세계 제일의 석유 소비국임을 알 수 있다.

98 언제쯤 중국이 세계 제일의 석유 수입국이 될 것이라 예측하고 있나요?

A 2010년
B 2020년
C 2030년
D 2050년

정답 B

해설 지문 세 번째 단락에 '2020년에 3억 톤을 수입하는 세계 제일의 석유 수입국이 될 것'이라고 언급되어 있다.

99 중국 경제의 지속적인 발전을 제약하는 중요한 문제는 무엇인가요?

A 국제 석유 생산량
B 국제 석유가
C 석탄, 전기, 석유, 운송
D 잉여 석유 채굴량

정답 D

해설 세 번째 단락의 "国内石油产量的难以增长已成为制约我国经济可持续发展的重要问题"에서 언급한 "国内石油产量"은 보기 D의 "剩余石油可采储量"이라고 볼 수 있다. 그러므로 답은 D이다.

100 많은 사람들이 "차는 살 수 있는데, 몰 수 없다"라고 탄식을 하는 이유는 무엇인가요?

A 자동차가 너무 비싸다
B 자동차 유지비가 많이 든다
C 수입이 너무 적다
D 물가가 상승한다

정답 B

해설 '유가 상승으로 기름 값 지출 부분이 커지면서 차를 몰 수가 없다'라는 의미이므로, 차량 유지의 어려움이 가장 큰 원인임을 알 수 있다.

3. 쓰기(书写)

응시자는 우선 주어진 10분 동안 1,000자로 구성된 서사문을 읽는다. 읽으면서 본문을 베껴 쓰거나 기록할 수 없으며, 감독관이 문제를 회수한 후에 이 서사문을 400자 정도의 단문으로 요약해야 한다.

요구사항 :

(1) **쓰기** 전부 중국어로 쓰고(번체자로 써도 된다) 한 칸에 한 자씩 쓴다. 중국어는 반듯하고 또박또박하게 써야 한다. 문장부호도 정확해야 하며, 문장부호도 빈칸에 하나씩 쓴다.

(2) **글자수** 400자 내외

(3) **시험 시간** 35분

(4) **내용** 제목은 직접 붙이고 문장 내용을 반복 서술하되 자신의 관점이 들어가서는 안 된다.

101

미국 서부 지역의 한 시골 마을에 로데오 시합에 참가하려는 청년이 있었다. 매우 가난했던 그는 찢어진 청바지 말고는 바꿔 입고 갈 옷이 없었다. 이런 찢어진 청바지를 입고 시합에 참가하기란 여간 창피한 일이 아닐 수 없었다. 그는 친구에게 새 청바지를 한 벌 빌릴까도 생각해봤지만 그 바지를 입고 시합에 나가면 돌아올 때는 분명 새 바지 역시 찢어지게 될 것이라는 생각에 빌릴 생각을 접고 무릎이 다 훤히 드러나는 찢어진 청바지를 입고 시합에 참가하게 된 것이다. 그런데 놀랍게도 그가 기적처럼 시합에서 1등을 했다. 상을 받으러 무대에 올라갔을 때, 무대 아래에서 수십 명의 기자들이 사진을 찍어대자 그는 정말이지 창피하고 부끄러워서 어쩔 줄 몰라 했다. 그러나 그의 사진이 신문에 실린 후 그가 입었던 찢어진 청바지가 당시의 수많은 젊은이들이 따라 하는 스타일이 될 것이라고 누가 상상이나 했을까? 며칠 후, 길거리 곳곳에는 찢어진 청바지를 입은 젊은이들로 넘쳐났다. 이 때의 모습이 지금까지도 계속 이어지고 있는 것이다. 프랑스의 한 떠돌이 무명 가수는 하루 종일 길거리에서 노래를 부르며 돈을 벌었다. 그러나 그는 자신의 노래가 얼마나 듣기 좋은지 몰랐다. 그는 헐렁한 바지를 입고 손에는 기타를 들고 이 도시에서 저 도시로 떠돌아다녔다. 어느 날, 한 음반사 관계자가 그를 찾아와 밴드를 결성할 수 있도록 자금을 지원하겠다며 요구 사항이 있으면 말하라고 했다. 그의 유일한 바람은 투자자가 자신에게 우선 바지 몇 벌을 사줬으면 하는 것이었다. 유행이 지난 헐렁 바지를 바꿔입고 싶었다. 왜냐하면 그 당시 인기 가수들은 모두 자신의 몸에 딱 달라붙는 바지를 입었기 때문이다. 그러나

그 스폰서는 오히려 웃음을 지으며 가장 마음에 드는 부분이 바로 그 헐렁 바지라고 말했다. 과연 그 때부터 그가 입은 헐렁바지는 당시의 유행과 시대를 대표했다. 세계 각지에서 수 많은 가수들과 유행에 민감한 젊은이들이 모두 헐렁 바지를 입기 시작했다.

영국의 레체라는 작은 마을에서 어느 날, 한 청년이 화학공장 건물 밑을 지나가다가 건물 위에서 화학물질 한 통이 떨어져 그의 머리에 쏟아졌다. 머리에 염료가 묻은 그는 미용실에 갈 돈이 없어서 그냥 그 상태로 내버려두었고 빨갛고 노랗게 물든 머리를 한 채로 며칠 보냈다. 그런데 놀랍게도 언제부터인가 길거리에 많은 젊은이들이 모두 그의 머리를 따라 하고 흉내 내는 일이 벌어졌다. 한 미용실에서는 이 기회를 틈타 전문적으로 다양한 염색약 개발에 나섰고 새로운 것을 좋아하는 사람들의 바람을 만족시켰다. 이러한 현상은 전 세계로 확산되어 대표적인 트렌드가 되었다.

브라질의 한 시골 소녀가 도시로 떠날 때, 소녀의 외할머니는 손녀의 바지에 구멍이 난 것을 발견했지만 새 바지를 살 만한 돈이 없어서 바지에 꽃 자수를 놓아 구멍을 덮었다. 꽃 자수는 원래 농촌 특유의 촌스럽고 유행이 지난 수공예 중 하나로 도시에서는 진작에 찾아볼 수 없는 스타일이었다. 그러나 외할머니는 자신의 외손녀를 제대로 꾸며줄 만한 돈이 없었기에 할 수 있는 최선을 다하는 수밖에 없었다. 그러나 놀랍게도 그 당시 도시의 여성들이 꽃 자수를 놓은 그 바지에 관심을 보이고는 옷가게에 똑같은 옷을 주문하기 시작했다. 이렇게 이 시골 소녀는 꽃 자수 바지를 처음으로 유행시킨 사람이 되었다. 꽃 자수 바지는 우선 유럽 전역에 유행

되기 시작했고 그 후에는 아시아 지역으로까지 확산되었다. 현재는 길거리 곳곳에서 꽃 자수 무늬 바지를 입은 사람들을 쉽게 만날 수 있다.

자세히 살펴보면 수 많은 유행들이 결코 부유한 사람들에 의해서가 아니라 크게 주목받지 못했던 사람들 혹은 가난한 사람들의 어쩔 수 없는 상황에 의해 탄생된 것이라는 놀라운 사실을 발견할 수 있을 것이다. 이처럼 유행의 탄생은 즐거움을 추구하는 과정에서 생긴 것이 아니라, 종종 많은 사람들의 고달픈 운명에서부터 시작되기도 한다.

단어

骑牛大赛 qíniúdàsài 로데오 경기

难为情 nánwéiqíng 부끄럽다

打消 dǎxiāo 포기하다

念头 niàntóu 생각, 마음

无地自容 wúdìzìróng 부끄러워 쥐구멍에라도 들어가고 싶다

不合时宜 bùhéshíyí 시기에 적합하지 않다

看中 kànzhòng 보고 마음에 들다

潮流 cháoliú 유행

时尚 shíshàng 유행

追逐 zhuīzhú 쫓다

扩展 kuòzhǎn 확장하다

绣 xiù 수놓다

掩盖 yǎngài 덮어씌우다

土 tǔ 촌스럽다

淘汰 táotài 도태하다

恰恰 qiàqià 꼭, 바로, 마침

不起眼 bùqǐyǎn 눈에 띄지 않다

无奈 wúnài 어찌할 도리가 없다

苦涩 kǔsè 씁쓸하고 떫다/괴롭다

命运 mìngyùn 운명

101 **모범답안**

时尚的产生

大家可能以为，时尚的东西都是富人创造的，其实事实并非如此。

在美国西部，一个乡下青年要去参加骑牛大赛，虽然他觉得自己的破裤子很丢人，但是实在买不起新裤子。没办法，只好穿着破裤子去比赛了。没想到，在他获得冠军以后，很多年轻人争着模仿他的衣着。破裤子也成了时尚。

在法国，一个穷困的流浪歌手，穿着一条肥大的裤子，到处卖唱。他非常希望能买一条那时流行的瘦腿裤，可是在他成为明星以后，许多歌手和年轻人都开始穿起了肥裤子。他的肥裤子也成了时尚。

在英国，一个青年不小心被颜料弄脏了头发，又没钱去理发，就只好让头发红红黄黄地留了几天。没想到竟有许多青年模仿，也把头发染上颜色。这一现象扩展到全球，也成为一种典型的时尚。

在巴西，一个乡下女孩儿进城时，没有钱买新裤子，只好在裤子上绣了几朵花，来掩盖破洞。绣花本是农村一种很土、很落后的工艺，但没有想到，那时候城里的女人看到她绣着花的裤子时，不觉眼睛一亮。这也就成为了时尚。

很多时候，许多时尚的东西，并不是那些富人创造的，而恰恰是小人物的无奈。这些时尚的发明，往往来自许多人的苦涩命运。

유행의 탄생

여러분들은 부유한 사람들이 유행을 선도한다고 생각할지 모르지만 사실은 그렇지 않다.

미국 서부 지역의 한 시골 청년이 로데오 경기 참가를 준비하고 있었다. 그는 자신의 찢어진 청바지가 매우 창피하다고 생각했지만 바지를 새로 장만할 형편이 되지 못해 하는 수 없이 그 찢어진 바지를 입고 경기에 출전했다. 그런데 청년이 1등을 하자 의외로 많은 젊은이들이 그를 좇아 너도나도 찢어진 청바지를 입기 시작했다. 찢어진 청바지가 유행이 된 것이다.

프랑스의 가난한 무명가수가 헐렁한 바지를 입고 이곳 저곳에서 거리 공연을 하러 다녔다. 그는 당시 한창 유행하던 몸에 달라붙는 바지를 매우 사고 싶어했다. 하지만 그가 스타가 되자 많은 가수들과 젊은이들이 모두 그를 따라 헐렁한 바지를 입기 시작했다. 헐렁한 바지 역시 유행이 된 것이다.

한 영국 청년이 실수로 머리에 염료가 묻어 머리카락 색이 변했지만 돈이 없어 미용실에 갈 수가 없었다. 어쩔 수 없이 며칠째 빨갛고 노랗게 염색된 머리를 하고 다녔다. 놀랍게도 이후 많은 청년들이 그를 따라 염색을 하기 시작했다. 이런 현상이 전세계로 퍼지면서 대표적인 유행으로 자리잡게 되었다.

브라질의 한 시골 소녀가 도시로 상경할 때 새 바지를 살 형편이 안돼 어쩔 수 없이 꽃 자수를 놓아 바지에 뚫린 구멍을 감췄다. 자수는 원래 촌스럽고 유행이 지난 농촌 수공예이다. 하지만 당시 의외로 많은 도시 여성들이 꽃 자수 바지를 보고 탐을 냈다. 이렇게 꽃 자수 바지도 유행으로 거듭났다.

대부분의 경우 유행은 부유한 사람들이 만드는 것이 아니라 평범한 사람들의 어쩔 수 없는 상황에서 비롯된다. 이런 유행의 시작은 종종 많은 사람들의 고달픈 운명에서부터 시작된다.

新汉语水平考试

HSK
6级

모의고사 해설

②

HSK (六级) 2회 모범답안

一、听力

第一部分	1. C	2. A	3. C	4. B	5. D	6. B	7. C	8. B	9. C	10. B
	11. B	12. C	13. C	14. D	15. D					
第二部分	16. C	17. D	18. B	19. A	20. B	21. C	22. D	23. A	24. B	25. C
	26. A	27. C	28. A	29. D	30. C					
第三部分	31. A	32. C	33. B	34. D	35. C	36. B	37. C	38. B	39. D	40. D
	41. D	42. C	43. A	44. B	45. B	46. D	47. A	48. B	49. D	50. C

二、阅读

第一部分	51. D	52. D	53. C	54. D	55. A	56. D	57. B	58. B	59. D	60. D
第二部分	61. C	62. A	63. B	64. A	65. C	66. D	67. B	68. A	69. B	70. B
第三部分	71. C	72. A	73. E	74. D	75. B	76. B	77. D	78. E	79. C	80. A
第四部分	81. D	82. A	83. B	84. B	85. A	86. D	87. D	88. C	89. A	90. C
	91. D	92. A	93. C	94. D	95. A	96. B	97. D	98. C	99. A	100. B

三、 书写

一条珍贵的蓝宝石项链

在圣诞节前夜，一个小女孩走进一家商店，要买一条很贵的蓝宝石项链。

店主人吉姆知道女孩买不起，就问她："你要给谁买礼物？"

小女孩告诉吉姆："是给我姐姐的礼物，她是天底下最好的人。"原来，小女孩的妈妈去世了，一直是姐姐照顾她。为了在圣诞节给姐姐送一件最漂亮的礼物。她每天放学以后都去卖花，现在她把所有的钱都拿来了。

店主人被感动了，尽管女孩的钱很少，他还是把项链仔细地包起来给了她。

女孩把项链紧紧地搂在怀里，跑出了店门。

小女孩让店主人想起了自己曾爱过的一个姑娘，这条蓝宝石项链正是专门为她准备的。然而就在那一年的圣诞节前夜，一辆疾驶的汽车夺去了姑娘的生命，也夺去了吉姆的幸福。

就在这时候，店门被推开了，一位美丽的年轻女子走了进来，问："这是在您的店里买的吧？"

原来是小女孩的姐姐把项链送回来了，她知道妹妹买不起这么贵的东西。

可是吉姆说："她买得起，她付了一个人所能付出的最高价！因为她拿出了自己全部的钱！"

姐姐很想知道这是为什么，于是吉姆讲了自己的故事，说："这本来是为我最心爱的人准备的礼物，可是她不在了，现在我把它送给了一个用全部爱心来购买它的小姑娘，觉得这很值得。"

1. 듣기(听力)

제1부분

제1부분은 모두 15문제다. 이 부분의 문제는 하나의 단문으로 구성되어 있고, 시험지에 네 가지 보기가 주어진다. 문제마다 한 번씩 들려주며, 들은 내용과 일치하는 보기를 선택하면 된다.

모의고사 1
모의고사 2
모의고사 3
모의고사 4
모의고사 5

1

　　放暑假了，我回到故乡。我家住在海边，那里气温不太高，特别是一早一晚十分凉快。我天天在海里游泳，皮肤晒得可黑了。除了游泳，我还常和以前的同学们骑车去郊游，玩得痛快极了。

　　여름방학을 맞아 고향에 왔다. 나는 해변가에 사는데, 그곳은 기온이 별로 높지 않고 특히 아침과 저녁에는 매우 시원하다. 나는 매일 바다에서 수영을 해 피부가 검게 탔으며, 수영 외에도, 친한 친구들과 함께 자전거를 타고 자주 교외에 나가 신나게 놀았다.

A 해변의 기온은 높다
B 바다에서 수영하는 것은 춥다
C 나는 자주 친구와 놀러 간다
D 수영 후 그을린 피부가 매우 아프다

정답 C

해설 '해변은 아침과 저녁으로는 시원하다'고 하였으므로 보기 A는 제거하고, "凉快"와 "冷"은 다른 개념이므로 보기 B 역시 답이 될 수 없다. '친구와 자전거 타고 교외로 놀러 간다'에서 보기 C가 정답임을 알 수 있다.

단어 放暑假 fàng shǔjià 여름방학을 하다
凉快 liángkuài 서늘하다
晒 shài 햇볕이 내리쬐다
郊游 jiāoyóu 교외로 소풍가다
痛快 tòngkuài 통쾌하다

2

　　安娜是上个月来北京的，她不住在学校留学生宿舍，和朋友一起在外边租房子。每天打的去学校上课，她觉得很贵，也很不方便。于是她买了一辆自行车，每天骑车去学校。这辆车不是新的，有点儿不好骑，但安娜觉得没关系。

　　지난 달에 베이징에 온 안나는 학교 유학생 기숙사에 살지 않고 친구와 함께 밖에 집을 얻었다. 매일 택시를 타고 등교해서 수업을 듣다 보니, 너무 비싸고 또 불편해서 자전거를 한 대 샀고, 이제는 매일 자전거를 타고 학교에 간다. 그 자전거는 새 것도 아니고, 타기에도 좀 불편하지만, 안나는 크게 문제될 것이 없다고 생각했다.

A 안나와 친구는 집을 임대해서 살고 있다
B 자전거 타고 학교 가는 것은 매우 불편하다
C 학교에는 유학생 기숙사가 없다
D 그녀는 새 자전거를 한 대 샀다

정답 A

해설 택시가 불편해서 중고 자전거를 구매하였으므로 보기 B, D는 제거하고, '학교 기숙사에 살지 않고 친구와 함께 밖에 임대를 얻어 살고 있다'는 표현에서 보기 A가 답임을 알 수 있다.

단어 租房子 zū fángzi 집을 세내다

3

　　我们一家三口每天都是六点半起床。我丈夫上班路很远，天天很早就走了，晚上得七点左右才能回来。我吃完早饭后，差不多七点一刻，先骑车把四岁多的女儿送到幼儿园，然后再去上班。

우리 집 세 식구는 매일같이 6시 반에 일어난다. 우리 남편은 출근길이 매우 멀기 때문에 매일 아침 일찍 집을 나서서 저녁 7시 반 정도나 돼야 겨우 집에 돌아온다. 나는 아침을 먹고 난 후 대략 7시 15분 정도에 먼저 자전거로 네 살 된 딸아이를 유치원에 데려다 주고 나서, 그 후에 출근한다.

A 나는 출근하고 싶지 않다
B 남편이 매일 딸을 배웅한다
C 딸은 유치원에 다니고 있다
D 나는 매일 멀리 출근한다

정답 **C**

해설 남편의 출근길이 아주 먼 것이므로 보기 D는 제거하고, 보기 A는 언급이 안 되었다. 딸을 유치원에 보내는 것은 '나'이므로 보기 B가 틀렸고, 보기 C가 답임을 알 수 있다.

단어 幼儿园 yòuéryuán 유치원

4

　　熊猫是我最喜欢的动物之一。它的体型像熊，四肢、肩膀、耳朵和眼圈是黑色的，其他地方是白色的。它善于爬树，会翻跟头。它最爱吃的食物是竹子，一只熊猫一天能吃三四十斤竹子呢。不过，它有时也抓一些小动物吃。

　　판다는 내가 제일 좋아하는 동물 중 하나이다. 판다는 곰과 비슷하게 생겼으며, 팔 다리, 어깨, 그리고 귀와 눈 주위가 검은색이고 다른 부분은 모두 하얀색이다. 나무를 잘 타며 땅에서 구를 줄도 안다. 판다가 가장 즐겨 먹는 음식은 대나무이다. 판다 한 마리가 하루에 15~20kg의 대나무를 먹을 수 있다고 한다. 그렇지만 가끔은 작은 동물을 잡아먹을 때도 있다.

A 판다는 대나무만 먹는다
B 판다는 많이 먹는다
C 판다는 나무에 오를 줄 모른다
D 판다의 귀는 하얀색이다

정답 **B**

해설 판다는 가끔 작은 동물도 잡아먹으니 보기 A는 제거하고, 지문에 '판다는 나무에 오를 줄 알고, 귀는 검은색'이라고 언급하였으므로 보기 C, D는 맞는 표현이 아니다. 보기 B는 직접 많이 먹는다고 언급하지는 않았지만, "能吃~"라는 표현에서 양이 많음을 알 수 있다.

단어 熊猫 xióngmāo 판다
爬树 páshù 나무에 오르다
翻跟头 fāngēntou 공중 회전하다

5

　　我今天买了一件冬天穿的衣服。我这么高的个儿在中国买件衣服太不容易了，跑了七八个商店才买到这种特大号的。不过这种衣服的颜色倒是不少，蓝的、绿的、白的、灰的都有。灰的穿着太老气，白的太容易脏，我就挑了这件蓝灰色的。

　　나는 오늘 겨울 옷을 한 벌 샀다. 나처럼 키가 큰 사람이 중국에서 옷을 사기란 여간 어려운 일이 아니다. 매장 7, 8여 곳을 돌아다녀야 겨우 XL 사이즈를 구할 수 있다. 그러나 다행히도 이런 옷의 색상은 파란색, 녹색, 흰색, 회색 등 다양했다. 회색은 너무 나이 들어 보이고, 흰색은 쉽게 더러워져서, 나는 결국 남회색 옷을 골랐다.

A 나의 키는 그다지 크지 않다
B 나는 여름 옷을 사야 한다
C 나는 남회색을 좋아하지 않는다
D 나는 XL 사이즈 옷을 샀다

정답 **D**

해설 지문에 '키가 커서 옷 구매가 쉽지 않다'고 하였으므로 보기 A는 제거하고, 보기 B는 언급되지 않았으며, 내가 산 옷은 남회색이므로, 보기 C는 모순이다. 좋아하지 않으면 남회색을 샀겠는가? 보기 D는 '겨우 어렵게 XL 사이즈 옷을 샀다'고 정확히 언급되어 있다.

단어 颜色 yánsè 색

6

　　我的理想很多，从小学到中学，我一心想当一名记者，但是上了大学以后，我又想当律师。我觉得律师代表着公正，这比当记者更理想。所以我就报考了法律专业的研究生。现在我想毕业以后先去司法部门工作几年，然后最好能自己开一个律师事务所。

　　나는 하고 싶은 일이 많다. 초등학교 때부터 중학교 때까지는 줄곧 기자가 무척이나 되고 싶었다. 하지만 대학에 들어간 후에는 변호사가 되고 싶었다. 나는 변호사란 직업이 공정함을 대표하기 때문에 기자가 되는 것보다 변호사가 되는 것이 더 이상적이라고 생각해서 법대 대학원에 입학했다. 지금은 졸업 후 사법부처에서 몇 년 일을 한 다음 개인 변호사 사무실을 차리는 게 꿈이다.

A 기자가 되는 것이 나의 꿈이다
B 나는 법률을 전공하고 있다
C 나는 중, 고등학교 선생님이 되고 싶다
D 나는 변호사 사무실을 개업했다

정답 B

해설 '어렸을 때 꿈이 기자였고, 지금은 변호사가 되고자 해서 법학을 전공하는 대학원생'이라는 부분에서 보기 A보다는 보기 B가 답으로 적합함을 알 수 있다.

단어 当 dāng 되다
律师 lǜshī 변호사

7

　　在家看球赛和在球场看的气氛可完全不一样。在电视机前边看，是人家让你看什么你就得看什么；在球场上看，是你想看什么就看什么。再说球场上那么多人，有盼这个队赢的，有盼那个队赢的，大家一起喊"加油"，那才热闹呢。

집에서 축구 경기를 시청하는 것과 축구장에 가서 직접 경기를 보는 것은 완전히 다르다. TV 앞에서 경기를 보면, 화면에 보이는 것만 봐야 하지만, 축구장에 가면 보고 싶은 것은 다 볼 수 있다. 게다가 축구장에는 이 팀이 이기기를 바라는 사람, 저 팀이 이기기를 바라는 많은 사람들이 모두 함께 '파이팅'을 외치며 경기를 관람하기 때문에 더 신나고 활기가 넘친다.

A 그는 경기장에서 시합을 보고 있다
B 그가 좋아하는 팀이 이겼다
C 경기장에서 시합을 보는 것이 더 활기차다
D TV는 경기 생방송을 안 한다

정답 C

해설 화자는 'TV 중계보다 경기장에서 시합 보는 것이 더 활기차다고 여긴다'는 보기 C가 답으로 제일 적합하고, 나머지 보기들은 알 수 없거나 혹은 틀린 표현들이다.

8

　　在外国姑娘的眼中，中国男人不是那么英俊潇洒、幽默而富有男子阳刚之气。他们显得忠厚朴实，衣着无华。中国男人给外国姑娘留下最深的印象就是非常能干。他们除了上班工作外，下班后还要回家工作，妻子做的一切事情，除了生孩子，别的活儿男人都要干。

외국인 여성의 눈에 비친 중국인 남자는 그렇게 잘생기지도, 세련되지도 않고 유머 감각도 없고 남자다운 강인함도 없다. 중국 남자들은 대부분 너그럽고 소박하며 옷차림은 수수한 편이다. 중국인 남자가 외국인 여성에게 남긴 가장 강한 이미지는 바로 '능력 있다'는 것이다. 그들은 직장에서 일하는 것 외에도 퇴근 후 집에 돌아와서도 일을 하며 아이를 낳는 일을 제외하고는 집안에서 아내가 하는 모든 일을 다 도맡아 하곤 한다.

A 외국 여성은 중국 여자가 매우 고생한다고 여긴다
B 외국 여성은 중국 남자가 아주 능력 있다고 여긴다
C 외국 여성은 중국 남자가 남성스럽다고 여긴다
D 외국 여성은 중국 남자가 잘생기고, 유머러스하다고 여긴다

정답 B

해설 보기 A '중국 여성'은 언급되지 않았고, 보기 C, D는 중국 남자들의 약한 면들을 반대로 표현하였다. 보기 B는 지문에 정확히 언급되어 있다.

단어 英俊潇洒 yīngjùnxiāosǎ 소탈하며 잘생겼다
幽默 yōumò 유머
阳刚之气 yánggāngzhīqì 남자다운 기질
忠厚朴实 zhōnghòupǔshí 듬직하고 소박하다

9

　　尽管羊有山羊、绵羊等种类的区别，但真正的羊绒是指山羊绒而言的，它手感滑、轻、暖、薄，品质好，但产量有限；而市场上的"绵羊绒"严格意义上是指一种改良的"细羊毛"，手感质地较山羊绒稍差。二者价格相差悬殊，一般纯山羊绒衫每件售价700-800元，"绵羊绒"衫一件只有三四百元。

양은 산양, 면양 등 두 종류로 구분되지만, 진정한 캐시미어는 산양 털로 만든 것을 가리킨다. 산양 털로

만든 캐시미어는 촉감이 부드럽고 가벼우며 따뜻하고 얇다. 품질이 좋긴 하지만 생산량에 한계가 있다. 시장에서 파는 '면양 캐시미어'는 엄격하게 말하면 개량된 '세모 양털'로, 촉감과 질은 산양 캐시미어에 비해 약간 떨어진다. 이 두 종류는 가격 차이가 매우 큰 편인데, 보통 오리지널 산양 캐시미어 셔츠는 7,800위안이나 하는 반면, '면양 캐시미어' 셔츠는 겨우 3,400위안밖에 되지 않는다.

A 면양 털은 산양 털보다 비싸다
B 산양 털은 일종의 '세모 양털'이다
C 산양 털의 품질과 촉감은 뛰어나다
D 면양 털이 진정한 양털이다

정답 C

해설 산양 털이 진정한 양털로 면양 털보다 비싸다. 그러므로 보기 A, D는 틀렸으며, 산양 털을 '세모 양털'이라고 부르지 않는다. 그러므로 보기 B는 틀린 내용이다. 보기 C가 정답이다.

단어 羊绒 yángróng 캐시미어
悬殊 xuánshū 큰 차이가 있다
衫 shān 셔츠

10

　　男人喜欢女人的标准与女人喜欢男人的标准完全不同。男人往往喜欢女人文静、贤惠、善良和漂亮。很少有男人喜欢女人有才气有事业心，更谈不上什么成就了。男女相互的审美差异，隐含着很大的不公平。

　　남자가 여자를 좋아하는 기준과 여자가 남자를 좋아하는 기준은 완전히 다르다. 남자는 보통 우아하고 현명하면서도 착하고 예쁜 여자를 좋아한다. 재능이 넘치고 사업적 마인드가 있는 여자를 좋아하는 남자는 매우 적으며, 여자가 성공을 한 경우는 더 말할 것도 없다(더 더욱 찾아보기 힘들다). 남자와 여자의 미적 기준은 큰 차이가 있으며 여기에는 상당히 불공평한 부분도 숨겨져 있다.

A 남자는 사업적 마인드가 있는 여자를 좋아한다
B 여자가 선량하고 예쁜 것은 아주 중요하다
C 여자는 성공한 남자를 싫어한다
D 남녀 사이에 아름다움의 기준 가치 차이는 크지 않다

정답 B

해설 보기 C는 언급되지 않았고, 보기 A는 반대로 언급되었으며, 보기 D 역시 지문에 "完全不同"이라고 표현하였으므로 틀린 표현이다. 답은 B로 남자들이 여자를 보는 기준은 예쁘고 착하며, 현명한지 아닌지이므로, 이것은 중요한 기준이다.

단어 标准 biāozhǔn 표준
贤惠 xiánhuì 어질고 총명하다
隐含 yǐnhán 은연중 내포하다

11

　　古时候一个县官过生日时，手下的人想到他属鼠，于是就用金子按照实际老鼠的大小做了一只金鼠送给他。县官拿到了礼物，很高兴，他手握着金老鼠，心里想着要是再大点儿就好了，于是对他的手下人说："我太太的生日在下个月，她属牛。"

　　아주 먼 옛날, 한 현령(縣領)의 생일을 축하하기 위해 부하들은 현령이 쥐띠인 것을 생각해, 실제 쥐와 똑같은 크기의 황금 쥐를 만들어 선물했다. 현령은 그 선물을 받고 매우 흡족해했다. 그는 받은 선물을 움켜쥐고는 마음속으로 '조금 더 컸으면 좋았을텐데'라고 생각했다. 그래서 부하들에게 "내 안사람의 생일이 다음달인데, 안사람은 소띠일세."라고 말했다.

A 현령은 소를 좋아한다
B 현령은 욕심이 많다
C 현령은 쥐띠이다
D 현령은 이 선물을 싫어한다

정답 B

해설 지문에 언급된 "再大点儿就好了"는 보기 B의 "很贪心"이라고 볼 수 있다. 그리고 '부인의 띠가 소띠'라고 말한 것에서 그 욕심이 얼마나 큰지를 알 수 있다.

단어 属鼠 shǔshǔ 쥐띠이다

12

　　"拜年"一词本来的意思是向长者祝贺新年，包括向长者行礼、祝贺新年、问候生活等内容。拜年一般从家里开始。初一早晨，晚辈起床后要先向长辈拜年，长辈要把提前准备好的"压岁钱"分给晚辈。给家中的长辈拜完年以后，亲戚、邻居也要互相祝福新年，说一些吉祥话。

‘세배'란 원래 윗사람에게 새해 축하를 드린다는 의미로 어른에게 예를 갖추고 새해를 축하하며 안부를 묻는 등의 내용을 담고 있다. 세배는 보통 집에서 시작한다. 정월 초하루 아침, 손아랫사람이 잠자리에서 일어나 윗사람에게 먼저 세배를 하면 윗사람은 미리 준비한 ‘세뱃돈'을 손아랫사람들에게 나누어준다. 집 안의 어른들께 세배를 마치고 나면 친척이나 이웃끼리도 서로 새해를 축복하며 덕담을 나눈다.

A 이웃 사이에는 세배할 필요가 없다
B 손아랫사람이 세배할 때는 손윗사람에게 돈을 줘야 한다
C 설에 손아랫사람은 손윗사람에게 먼저 세배해야 한다
D 친척 사이에 서로 “세뱃돈"을 준다

정답 C

해설 설에 이웃들 사이에도 서로 축복하며 덕담을 나눈다는 것은 “拜年"의 개념이다. 그러므로 보기 A는 틀린 표현이다. 세배를 하면 손윗사람이 손아랫사람에게 주는 것이 세뱃돈이지, 친척 사이에 서로 주고 받는 것이 세뱃돈이 아니다. 그러므로 보기 B, D도 제외시킨다.

단어 祝贺 zhùhè 축하하다
压岁钱 yāsuìqián 세뱃돈
亲戚 qīnqi 친척
邻居 línjū 이웃

13
漠河是中国最北边的城市，漠河的北边是黑龙江，南边是大兴安岭。那里风景很美，只要你在那里住一段时间就会喜欢上它。漠河冬季长达8个月，只有到了漠河，你才知道什么是寒冷。中国气象资料中最低气温零下52.3摄氏度就是1969年在漠河测量到的。

모허(漠河)는 중국의 최북단 도시로, 위로는 헤이룽지앙이 흐르고, 아래로는 다싱안링 산맥이 길게 뻗어 있다. 경치가 매우 아름다워 모허에 어느 정도 머문 사람들은 모두 이곳을 좋아할 수밖에 없게 된다. 모허의 겨울은 8개월이나 계속되는데, 모허에 와본 사람만이 진정한 추위가 어떤 것인지를 알 수 있다. 중국의 기상 관측 자료 가운데 사상 최저 기온인 영하 52.3도가 바로 1969년 모허에서 관측된 기록이다.

A 모허의 북쪽은 따싱안링이다
B 모허의 겨울은 길게 6개월에 달한다
C 모허는 중국의 최저 기온을 기록한 적 있다
D 헤이룽지앙은 중국 최북단 도시이다

정답 C

해설 헤이룽지앙은 도시명이 아니라 행정단위명이며, 지문의 맨 끝 부분에서 ‘1969년 52.3도 최저 기온을 기록하였다'고 언급하였으므로 답은 C이다.

단어 摄氏度 shèshìdù 섭씨
测量 cèliáng 측량하다

14
清朝的时候，“都一处"还是个小酒馆，那时它叫“李家酒馆"。传说一年除夕，乾隆皇帝来到酒馆里，他说“大年三十不关门的饭馆，大概整个京都就只有你们一处了，以后就叫‘都一处'吧。"说着亲笔写下了“都一处"三个大字。从此这个小酒馆的名气就大了，去吃饭的人也就越来越多。

청나라 시대만 해도 ‘두이추(都一处)'는 작은 술집이었으며 당시에는 ‘리자(李家)' 술집이라 불렸다. 전해오는 말에 따르면, 섣달 그믐, 황제가 이 술집에 와서 “섣달 그믐에도 문을 닫지 않는 술집은 아마도 베이징 전체에서 이 집 한 곳뿐일 것이다. 그런 의미에서 앞으로 술집 이름을 ‘두이추(都一处)'라 부르도록 하라"라고 말하면서 ‘두이추(都一处)' 석 자를 친필로 써내려 갔다고 한다. 그때부터 이 작은 술집은 날로 유명해졌고 식사를 위해 이 집을 찾는 손님들도 점점 많아졌다.

A 지금 이 술집은 유명하지 않다
B “두이추"는 모두들 같이 간다를 뜻한다
C 황제가 이곳의 이름을 “이자술집"으로 지어 주었다
D 황제가 친필로 “두이추" 3자를 썼다

정답 D

해설 원래 ‘리자술집'이었는데, 황제가 “都一处"라고 지어주고, 친필로 써주었다고 정확이 언급되었다. 그러므로 보기 D가 답이다. 보기 B는 언급되지 않은 내용이며, 보기 A는 틀린 표현이다.

단어 除夕 chúxī 섣달 그믐날밤
大概 dàgài 대략

15

孩子做错了事，一般都会产生内疚情绪，在事实面前意识到自己错了。此时父母不宜发火，甚至拳打脚踢，相反这时应该多同情、关心。体罚只会造成下次再做错时隐瞒欺骗父母，不好改正。科学的方法是帮助孩子挽回错事带来的损失，告诫他不可再犯。

아이들은 대부분 잘못을 저지르면 후회를 한다. 있는 그대로의 사실을 마주하고 자신의 잘못을 깨닫곤 한다. 이때, 부모는 아이에게 화를 내거나 매를 들어서는 안 된다. 오히려 그럴 때 일수록 더욱 가엾이 여기고 아이에게 더 많은 관심을 주어야 한다. 체벌은 아이가 다음번에 또 잘못을 했을 때 잘못을 감추고 부모를 속이게 할 뿐이므로 아이의 버릇을 고치기가 어렵게 된다. 이를 해결하기 위한 현명한 방법은 아이가 잘못으로 생긴 손해를 만회할 수 있도록 도와주고 다시는 똑같은 잘못을 하지 않도록 타이르는 것이다.

A 학부모는 솔직하게 아이를 속이지 말아야 한다
B 아이가 잘못을 한 후에는 부모를 자주 속인다
C 아이가 잘못을 하면 부모는 미안해한다
D 아이를 가엽게 여겨 관심을 가져야 하며, 체벌을 하지 말아야 한다

정답 **D**

해설 아이가 잘못한 후 부모가 화를 내거나 체벌을 하게 되면 아이가 다음번 잘못을 부모에게 속이는 것이므로 보기 B는 답으로 보기에 무리가 있다. 아이가 잘못을 하면 스스로 "后悔"하는 마음 즉, "内疚"한 마음에 생긴다고 하였으니, 보기 C도 잘못된 보기이다. 그러므로 답은 D이다.

단어 情绪 qíngxù 기분, 마음
隐瞒 yǐnmán 숨기다
损失 sǔnshī 손해
告诫 gàojiè 경고하다

제2부분

제2부분은 모두 15문제다. 이 부분은 세 개의 인터뷰로 구성되어 있다. 각 인터뷰 뒤에는 다섯 문제가 주어지고, 문제마다 네 가지 보기가 주어진다. 모든 인터뷰는 한 번씩 들려주며, 응시자는 들은 내용을 참고하여 답을 선택하면 된다.

16-20 第16到20题是根据下面一段采访：

女：昨天上午八点五十分，中国第一家低成本运作的民营航空公司——春秋航空在上海正式起航。首航班机由上海飞往烟台，机票的价格从2.5折到8折不等，根据定票时间和方式的不同而有所差别，最低的机票呢只有199元。而其他航空公司这条航线的标准票价为790元。低价航班与一般航班有什么样的区别呢？

男：执行春秋航空首航的这架飞机是空中客车A320。为了节约成本，机舱前排常有的头等舱位和公务舱位都被取消了，换成了清一色的经济舱位，这样的改动增加了近10个经济舱位，全机达到180个旅客座位。另外，本航班除一瓶水外，不再免费提供其他的餐食和饮料。乘客如果需要，可按价购买可乐、八宝粥等20多种食品。

女：这次航班的上座率怎么样？

男：这趟航班的上座率超过了90%。

女：全程需要多长时间？

男：从上海虹口机场到烟台一共一小时二十分。

여：중국 최초 저가 항공회사인 춘치우항공(春秋航空)이 어제 오전 8시 50분 상하이에서 정식 개항했습니다. 첫 정기편은 상하이를 출발하여 옌타이에 도착하

는 노선으로, 항공권은 예약 시간과 예약 방식에 따라 20%~75%까지 다양한 할인율이 적용되며 가장 저렴한 항공권은 199위안입니다. 다른 항공사의 경우 동일 항로의 표준가격은 790위안입니다. 그렇다면 저가 항공 노선과 일반 항공 노선은 어떤 차이가 있을까요?

남 : 춘치우항공은 에어버스A320을 첫 노선 여객기로 선정했습니다. 원가를 절약하기 위해 보통 기내 앞줄에 배치되는 일등석과 비즈니스석을 모두 없애고 전부 이코노미석으로 바꿨습니다. 이런 변화를 통해 10개 정도의 이코노미석을 늘림으로써 항공기 전체 180개의 좌석 수를 확보했습니다. 이외에도, 본 항공은 생수 이외에는 무료 기내식과 음료수를 제공하지 않습니다. 승객이 원하면, 원래 가격대로 콜라, 빠바오죽(八宝粥) 등 20여 종의 식품을 구매할 수 있습니다.

여 : 이번 노선의 탑승률은 어떻습니까?

남 : 90%가 넘습니다.

여 : 비행 시간은 얼마나 되죠?

남 : 상하이 홍커우(虹口) 공항에서 옌타이까지 1시간 20분 소요됩니다.

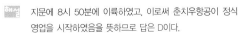

不等 bùděng 같지 않다
执行 zhíxíng 집행하다
舱位 cāngwèi 객석, 좌석
除 chú 제외하다
上座率 shàngzuòlǜ 착석률
全程 quánchéng 전체 과정

16 春秋航空首航班机的目的地是？

춘치우항공 첫 정기편의 목적지는 어디인가요?

A 상하이
B 베이징
C 옌타이
D 광저우

정답 **C**

해설 "由上海飞往烟台"에서 '由 출발지 飞往 도착지'임을 알 수 있다. 보기 B, D는 언급되지 않았다.

17 春秋航空首航班机的起飞时间是？

춘치우항공 첫 정기편의 이륙 시간은 언제인가요?

A 8：20
B 8：30
C 8：40
D 8：50

정답 **D**

해설 지문에 8시 50분에 이륙하였고, 이로써 춘치우항공이 정식 영업을 시작하였음을 뜻하므로 답은 D이다.

18 春秋航空首航班机的乘客有？

춘치우항공 첫 정기편의 승객은 몇 명이었나요?

A 120여 명
B 160여 명
C 180여 명
D 200여 명

정답 **B**

해설 모두 180개 좌석에 탑승률 90%라고 했으므로 180×90%= 162이므로, 답은 B '160여 명'이다.

19 春秋航空首航班机上的免费商品是？

춘치우항공 첫 정기 노선이 무료로 제공하는 것은 무엇입니까?

A 물 한 병
B 콜라 한 캔
C 아침 식사 한 끼
D 빠바오죽 한 캔

정답 **A**

해설 지문에 '생수를 제외하고는 식사와 음료수는 제공되지 않으며, 빠바오죽 등 20여 개 상품은 정해진 가격대로 구매할 수 있다'고 하였다. 그러므로 답은 A이다.

20 春秋航空首航班机的飞行时间是？

춘치우항공 첫 정기 노선의 비행 시간은 몇 시간인가요?

A 50분

모의고사 1
모의고사 2
모의고사 3
모의고사 4
모의고사 5

B 80분
C 1시간 반
D 2시간

 정답 **B**

해설 지문에는 상하이에서 옌타이까지 1시간 20분 걸린다고 언급하였다. 분으로 계산하면 모두 80분이므로 답은 B이다.

21-25 第21到25题是根据下面一段采访:

女：东北农村的白云大妈写了本书叫《月子》，这是今年春节晚会里小品里演的事儿。这样的事儿，现实里还真有。在我国农村，有想法的农民正在出版社的帮助下，用出书的办法把技术和知识告诉更多的人。山西省临猗县庙上乡山东庄是远近闻名的梨枣之乡。乡亲们最近都在议论村里的一件事儿：58岁的农民隋晓黑写了本书，叫《枣农实践一百例》。

男：我是村里第一个搞起枣树的，十几年来，技术上的亏吃了不少，经验教训我都一笔笔记了下来。我就抱着试一试的态度，把稿子寄给了金盾出版社，试一试。很快出版社给我来了电话，就说我这个书写的还不错，很有实用价值，可以出版。

女：老隋的书很受农村读者的欢迎，写的都是一些来自田间地头的顺口溜和那些最实际的经验教训，如"枣树耐旱用水少，水浇多了并不好。""枣树地里用油菜，枣油双收少虫害。"老隋，这本书卖得怎么样？

男：挺好，这本5块钱的《枣农实践一百例》出版以后，销量很快就突破了25000册。

女：据介绍，为积极地开发农村新的智力和技术资源，中国出版集团、中国农业出版社、上海文艺出版总社等出版社今年专门组织了建设新农村的选题，邀请一批生产一线的农民技术能手来出书。

여 : 둥베이의 전형적인 농촌 여성인 바이윈(白云)이 《웨쯔(月子)》라는 제목의 책까지 낸 적이 있었는데요, 이일은 사실 올해 춘제완후이(春节晚会) 프로그램의 참고 '샤오핀(小品, 만담식 중국 전통 코미디)'에서 방영된 극 중 에피소드였죠. 그런데 이런 일이 현실에서도 일어났습니다. 중국 농촌 지역의 뜻있는 농민들이 출판사

의 도움을 받아 책을 출간하는 방식으로 자신이 지닌 기술이나 지식을 더 많은 사람들에게 전하고 있습니다. 산시성(山西省) 린이현(临猗县) 먀오샹시앙(庙上乡)의 산둥좡(山东庄)은 배나무와 대추나무로 유명한 마을입니다. 마을 사람들은 최근 마을에서 벌어진 어떤 일로 굉장히 떠들썩한데요. 그 주인공은 바로 58세의 나이로 《대추농사 실전 사례 100》이라는 책을 쓰신 쑤이샤오헤이(隋晓黑) 씨입니다.

남 : 저는 저희 마을에서 제일 처음으로 대추농사를 시작했습니다. 십몇 년 동안, 기술적으로 실패도 많이 했지요. 그 과정에서 얻은 노하우와 교훈을 하나하나 기록해두었습니다. 저는 밑져야 본전이라는 생각으로 제가 쓴 원고를 진둔(金盾)출판사에 부쳤어요. 생각보다 무척 빨리 출판사에서 제게 연락을 해왔고, 제가 쓴 원고가 마음에 든다며 실용 가치가 있어서 책으로 출간해도 괜찮겠다고 하더군요.

여 : 샤오헤이씨께서 쓰신 책이 농촌의 많은 독자들에게 큰 사랑을 받고 있는데요. 책에는 농사꾼들이 실전에서 담아온 구결과 실제 농사를 지으면서 직접 터득한 노하우와 교훈들을 주로 담으셨다고 합니다. 예를 들면 "대추나무는 가뭄에 잘 견디는 특성이 있어 물을 많이 주지 않아도 괜찮다. 오히려 물을 너무 많이 주는 것이 더 해가 된다", "대추나무 밑에 유채를 심으면 대추와 유채를 모두 얻을 수 있을 뿐만 아니라 병충해도 줄일 수 있다." 등등의 내용입니다. 쑤이샤오헤이씨, 책 판매량은 어떻습니까?

남 : 굉장히 잘 팔립니다. 한 권에 5위안인 제 책이 출판되자마자 25,000권이 넘게 팔렸으니까요.

여 : 소식에 의하면, 농촌의 새로운 지적 자원과 기술 자원을 적극적으로 개발하기 위해서 올해 중국출판그룹, 중국농업출판사, 상하이문예출판본사 등 많은 출판사가 힘을 합쳐 '신 농촌 건설'이라는 슬로건을 내걸고 현장에서 일하는 '농사의 달인'들을 모시고 책을 출간한다고 합니다.

참고 | 중국 샤오핀으로 유명한 송단단이라는 배우가 주로 춘제완후이를 맡아 하던 유명한 여성 MC 니핑이 日子(생활)라는 제목의 책을 쓰니까 그럼 자기는 月子(산후조리)라는 책을 쓰겠다고 해서 웃기는 에피소드가 전개됩니다. 책 제목을 봐도 지식인은 생활이라는 제목으로, 조금은 무식한 전형적인 농촌 여성 '바이윈다마(극중 송단단의 캐릭터 이름)'는 몸조리하다의 말장난 같은 제목으로 책을 낸다는 것이었습니다.

단어 远近闻名 yuǎnjìnwénmíng 멀리까지 유명하다
枣树 zǎoshù 대추나무
稿子 gǎozi 원고
介绍 jièshào 소개하다
组织 zǔzhī 조직하다

邀请　yāoqǐng 초대하다

21

男人是做什么工作的？

남자의 직업은 무엇인가요?

A 기자
B 작가
C 농민
D 편집

정답 C

남자의 직업은 농민이며, 대추 농사를 지으며 얻은 노하우를
책으로 썼다. 직업 작가는 아니다.

22

男人的书叫什么名字？

남자의 책 이름은 무엇인가요?

A 《산후조리》
B 《배와 대추로 유명한 곳》
C 《마을의 새로운 일》
D 《대추 농사 실전 사례 100》

정답 D

지문에 분명히 언급되었으므로 보기 D가 답이다. 보기 A는
만담에 나왔던 에피소드에 등장하는 허구의 책 제목이다.

23

这本书的售价是多少？

이 책의 판매가는 얼마인가요?

A 5원
B 10원
C 15원
D 20원

정답 A

'5원에 한 권'이라고 지문에 언급되었으며, 다른 보기들은 언
급되지 않았다.

24

这本书销量有多少？

이 책은 얼마나 판매되었나요?

A 1만
B 2만 5천
C 5만
D 10만

정답 B

지문에 '2만 5천 부'라고 언급되었다.

25

这本书为什么受欢迎？

이 책이 인기가 있는 이유는 무엇인가요?

A 유명인이 쓴 것이다
B 내용이 재미있다
C 실용 가치가 높다
D 판매가가 매우 저렴하다

정답 C

농민이 농사를 지으면서 얻은 노하우와 경험을 쓴 것으로,
실용 가치가 상당히 높음을 알 수 있다. 지문에 언급된 "实
际的经验教训"과 "很有实用价值"에서 보기 C "有实践
指导意义"임을 알 수 있다.

26-30 第26到30题是根据下面一段采访：

女：俗话说"腊月不娶，正月不嫁"，也就是说，
每年春节前后这段时间应该是结婚的淡季。
但是今年北京市场的婚庆却是非常的火暴，
每天来婚纱影楼咨询拍摄婚纱照的新人络绎
不绝，来拍照的人比去年这个时候多出了近
一倍。为什么会出现这样的情况，我们请西
单109婚庆大市场的李经理谈谈。

男：最近北京市的大小婚庆公司忙得不可开交。
不少结婚新人的父母都加入到了预定婚庆的
热潮中。婚庆公司的喜糖也卖得红红火火。
我们平均一天是接3到5场婚礼，到了星期
日、星期六呢，一天能签8、9场婚礼。

女：据了解，今年北京一些婚庆公司的定单都已

经定到了11月份。那今年结婚的人为什么这么多呢？

男：这是一种择吉的心理。去年是鸡年，没有立春，民俗认为不适合结婚，而今年是狗年，两次立春，比较适合结婚。所以今年结婚的新人比同期多得多。

女：虽然这种择吉的心理是中国人特有的文化现象，但结婚扎堆儿或出现为赶好日子推迟或提前结婚都是不可取的。

여 : "섣달에는 장가를 들지 않고, 정월에는 시집을 가지 않는다"라는 속담이 있습니다. 말하자면, 매년 음력 설을 전후로 이 기간이 결혼 비수기라는 뜻입니다. 그러나 올해 베이징의 결혼 시장은 굉장한 호황을 누렸는데요. 매일같이 웨딩 촬영 상담을 받기 위해 스튜디오를 찾는 신혼부부들이 끊이지 않았다고 합니다. 웨딩 사진을 찍는 커플이 작년 이 기간보다 2배나 늘었다고 하네요. 어떻게 된 일일까요? 시단(西单) 109웨딩몰의 이 사장님을 모시고 말씀을 들어보도록 하겠습니다.

남 : 요즈음 베이징 시의 크고 작은 웨딩 업체들이 모두 눈코 뜰새 없이 바쁩니다. 많은 신랑 신부의 부모님들이 식장 예약 때문에 이리저리 뛰어다니고 있지요. 웨딩 업체가 판매하는 시탕(喜糖)도 불티나게 팔리고 있습니다. 저희 웨딩몰은 하루 평균 3건에서 5건 정도 예식을 진행하는데 토요일이나 일요일에는 하루에 8, 9건이나 됩니다.

여 : 제가 알기로는 올해 베이징의 몇몇 웨딩 업체가 이미 11월까지 예약이 다 찼다고 하던데요, 올해 결혼하는 사람이 이렇게까지 많은 이유가 뭘까요?

남 : 다들 길일(吉日)을 골라서 결혼하려고 하니까요. 작년 같은 경우, 입춘이 없는 닭띠 해였는데 이 해에는 결혼하지 않는 것이 좋다는 민간 풍습이 있지요. 그런데 올해는 개띠 해에 입춘도 두 번이나 껴 있으니 결혼하기 좋은 해라는 거죠. 그래서 올해 결혼하는 커플들이 지난해보다 훨씬 많은 걸 겁니다.

여 : 길일을 선호하는 심리는 중국인 특유의 문화 현상이지만, 결혼날짜가 한 날로 몰린다거나 길일에 맞추려고 결혼 날짜를 앞당기거나 미루는 것은 결코 보기 좋은 모습은 아닌 것 같습니다.

단어 咨询 zīxún 자문하다
拍摄 pāishè 촬영하다
婚纱照 hūnshāzhào 웨딩 촬영
不可开交 bùkěkāijiāo 바쁘다

择吉 zéjí 길일을 택하다
扎堆儿 zhāduīr 한데 모이다
赶 gǎn 재촉하다
推迟 tuīchí 미루다, 연기하다
拥挤 yōngjǐ 한데 모이다, 붐비다
推动 tuīdòng 추진하다, 촉진하다

26
根据录音，下面哪一项属于结婚的淡季？

지문에 따르면 결혼 비수기는 언제인가요？

A 설 전후
B 노동절 전후
C 추석 전후
D 국경절 전후

정답 **A**

해설 지문에 '설 전후'라고 분명 언급이 되었고, 나머지 보기들은 언급되지 않았다.

27
今年春节来拍婚纱照的情况与去年同期相比如何？

올해 설 전후로 웨딩 촬영을 하는 사람들은 작년 동기에 비해 어떤가요？

A 적다
B 비슷하다
C 두 배가 되었다
D 좀 많다

정답 **C**

해설 '작년에 비해 1배 정도 많아졌다'는 표현은 올해 설 전후로 웨딩 촬영을 한 사람들의 전체량은 작년 동기의 두 배라는 뜻이다. 그러므로 답은 C이다. 보기 D는 혼동하지 않도록 주의한다.

28
录音中没有提到下面哪一项内容？

다음 중 지문에 언급되지 않은 내용은 무엇인가요？

A 일부 노인들도 못 찍었던 웨딩 촬영을 다시 찍는다
B 토요일, 일요일 결혼하는 사람이 제일 많다

C 섣달과 정월은 본래 결혼 비수기이다

D 일부 웨딩업체는 11월까지 예약이 다 끝났다

 A

지문에 '새신랑, 신부들의 부모님들이 자녀들의 결혼을 위해 예약을 하러 분주히 다닌다'는 것이지, 부모님들 본인들이 젊었을 때 못 찍은 결혼 사진을 다시 찍기 위해서라는 내용은 언급되지 않았다. 나머지 보기들은 지문에 다 언급된 내용들이다. 이런 문제들은 지문 녹음 내용을 들으면서 보기 선택 항들을 하나하나 체크하며 기록해야 한다. 그렇지 않다면 답을 찾기가 막상 쉽지 않다.

---

29 今年结婚的人为什么这么多呢？

올해 결혼하는 사람들이 이렇게 많은 이유는 무엇인가요?

A 올해는 닭띠 해이다

B 올해는 개띠 해이다

C 올해는 입춘이 없다

D 일종의 길일을 선호하는 심리

 D

 "择吉心理"는 길일을 선호하는 심리로 '작년에는 입춘이 없었지만, 올해는 입춘이 두 번이나 끼여서 많은 사람들이 선호하고 있다'고 지문에 설명하고 있다.

---

30 根据录音，"结婚扎堆儿"是指什么？

지문에 따르면 "결혼이 집중된다"는 무슨 뜻인가요?

A 웨딩 촬영을 하다

B 웨딩 업체를 예약하다

C 결혼 날짜가 집중되어 있다

D 결혼 비용이 많이 늘었다

C

"扎堆儿"은 회화체로 "人聚在一起"를 뜻한다. 의미를 잘 몰라도 전체적인 문맥상 길일을 선택하는 심리로 '결혼이 몰리는 현상은 좋지 않다'란 내용에서 답을 C로 유추해낼 수 있다.

제3부분

제3부분은 모두 20문제이다. 이 부분은 여러 개의 단문이다. 단문마다 몇 가지 문제가 주어지며, 네 가지 보기도 있다. 모든 단문은 한 번씩 들려주며, 응시자는 들은 내용을 참고하여 정답을 고른다.

31-34 第31到34题是根据下面一段话：

大家知道《百家姓》是我国汉族姓氏总集，共收了四五百个姓，四个字一句，读起来押韵上口。可这些姓为什么偏要把"赵钱孙李"放在前面呢？原来《百家姓》是宋朝初年钱塘的一位满腹诗书的老先生编写的，宋朝的皇帝姓赵，"赵"姓便成为国姓。钱塘江属江浙所辖，当时治理江浙一带的王爷姓钱，孙是他正妃的姓，李是南唐后主的姓。于是"赵钱孙李"便成了开头一句。

다들 아시다시피 《백가성(百家姓)》은 중국 한족(汉族)의 모든 성씨를 모아 집필한 서적입니다. 총 400~500개의 성을 수록하였으며 이를 4자(字) 1구(句)로 압운(押韵)하여 암송하기에 매우 편리합니다. 그런데 '조전손이(赵钱孙李)'의 성씨를 굳이 《백가성》의 첫 어구로 정한 이유는 무엇일까요? 《백가성》은 송나라 초기 첸탕(钱塘)강 근처에 경서(經書)를 두루 섭렵한 어느 노인이 집필한 책입니다. 송나라 시대의 황제의 성은 '조(赵)'씨였으며, 이로써 '조'씨 성은 곧 나라의 성(姓)이 되었습니다. 첸탕강은 장저(江浙) 관할 지역에 속했으며 당시 장저 일대를 통치했던 왕의 성이 전(钱)이었고, 왕비의 성이 손(孙)이었습니다. 이(李)씨는 남당(南唐) 마지막 왕조의 성씨였습니다. 따라서 《백가성》의 첫 구가 '조(赵), 전(钱), 손(孙), 이(李)'씨가 된 것입니다.

总集 zǒngjí 총집
押韵 yāyùn 압운하다
满腹 mǎnfù 뱃속에 가득하다
治理 zhìlǐ 다스리다

31

《百家姓》一书产生于哪一朝代？

《백가성》은 언제 만들어진 책인가요？

A 송대
B 당대
C 명대
D 청대

A

'송나라 때 학식이 풍부한 한 노인께서 만들었다'고 지문에 언급되었다.

32

《百家姓》一书共收多少个姓？

《백가성》에는 모두 몇 개의 성씨들이 있나요？

A 100개
B 200~300개
C 400~500개
D 1000여 개

C

'400~500여 개'라고 지문에서 언급하였다.

33

为什么"赵"姓排在首位？

"조"씨 성이 맨 앞에 위치한 이유는 무엇인가요？

A 최초의 성씨
B 황제의 성씨
C 책을 쓴 이의 성씨
D 쳰탕 왕의 성씨

B

송나라 황제의 성씨가 조씨였고, 이는 곧 나라의 성씨였으므로 맨 앞에 위치한다.

34

南唐后主姓什么？

남당 마지막 왕의 성씨는 무엇인가요？

A 장
B 왕
C 쑨
D 리

D

'리씨'라고 지문에 언급되어 있다.

35-37 第35到37题是根据下面一段话：

端午节吃粽子，这早已成为中国人的习惯。在粽子的做法和吃法上，经过几千年的发展，有了很大的变化。为了纪念楚国的屈原，最早的粽子是用竹筒装上米，然后投进江里。后来人们用竹叶包上米，再用线捆起来。以后南北方逐渐形成了各自不同的风味，不但形状、大小各不相同，馅儿和味道更是花样各异：有的一个粽子就一斤重，有的四个才一两；味道有甜的也有咸的；南方的粽子馅儿多用豆沙、咸肉、火腿，北方则多用小枣。现在，粽子已经不再是端午节才有的食品，一年四季都可买到。

단오절에 쭝쯔(粽子)를 먹는 것은 중국인들의 오랜 습관입니다. 쭝쯔를 만드는 방법과 먹는 방법은 수천 년의 발전을 거쳐오면서 크게 변해왔습니다. 초나라 시대의 굴원(屈原)을 기념하기 위해 만들기 시작한 최초의 쭝쯔는 대나무 통에 쌀을 담은 다음 이를 강물에 던져 넣었습니다. 후에 사람들은 대나무 잎을 이용해 쌀을 싸고 다시 실로 묶었습니다. 이후 남부 지역과 북부 지역의 쭝쯔는 서로 다른 특색의 맛을 형성하였으며 모양이나 크기가 제각각이었을 뿐만 아니라, 안에 넣는 재료(소)와 맛이 더욱 다양해졌습니다. 현재, 쭝쯔는 이제 더 이상 단오절에만 먹는 음식이 아니라, 사시사철 언제나 구할 수 있는 음식이 되었습니다.

端午节 duānwǔjié 단오절
粽子 zòngzi 쭝즈
屈原 Qūyuán 굴원
捆起来 kǔnqǐlái 묶다
逐渐 zhújiàn 점차
馅儿 xiànr 소(속재료)

花样各异 huāyànggèyì 종류가 다양하다

35

在中国，粽子是哪个传统节日的食品？

중국에서 쭝즈는 어느 명절에 먹는 음식인가요?

A 국경일
B 중추절
C 단오절
D 대보름

정답 **C**

해설 '단오절'이라고 지문 처음에 언급되어 있다.

36

最早的粽子是什么样的？

최초의 쭝즈는 어떤 모양이었나요?

A 대나무 잎으로 쌀을 싼다
B 대나무 통에 쌀을 담는다
C 통에 쌀을 담는다
D 밀가루로 재료(소)를 싼다

정답 **B**

해설 처음에는 대나무 통에 쌀을 담았었고, 나중에는 대나무 잎으로 싸고, 요즘은 언제든지 먹을 수 있는 음식으로 변해왔다.

37

为什么会有吃粽子的习惯？

쭝즈를 먹는 풍습은 무엇 때문인가요?

A 맛있어서
B 시합하기 위해서
C 굴원을 기념하기 위해서
D 맛있고 저렴해서

정답 **C**

해설 '초나라의 굴원을 기리기 위함'이라고 지문에서 언급하고 있다.

在中国西南部的一些少数民族地区，男女找对象，常常以花代言，彼此不用考虑见面后第一句话说什么。如哈尼族，男青年送一束鲜花给姑娘，如果姑娘回赠单数花朵的话，就说明还没有意中人，愿意发展关系；如果姑娘回赠的是双数花朵，就表示已经有了意中人。布朗族的少女到了婚嫁年龄，常把鲜花插在自己的头巾上，以示求友，向小伙子发出信号。小伙子若是看中某个姑娘，便采来鲜花相送。姑娘有意，便把鲜花也插在自己的头巾上；若把小伙子送来的鲜花丢弃，就表示回绝。这种方法不用语言，不伤和气，免得彼此尴尬。

중국 서남부의 일부 소수 민족 지역에서는 남자와 여자가 서로 배우자를 찾을 때 종종 꽃으로 말을 대신하곤 합니다. 이들은 남녀가 서로 만난 후 처음으로 무슨 말을 해야 할지 깊게 생각할 필요가 없습니다. 가령, 하니족(哈尼族)의 경우 한 청년이 아가씨에게 꽃 한 다발을 선물했는데, 아가씨가 꽃송이를 홀수로 돌려 보낸다면 아직 마음에 두고 있는 사람이 없으니 만남을 가져볼 의향이 있다는 의미라고 합니다. 만약 꽃송이를 짝수로 돌려보낸다면 이미 마음에 두고 있는 사람이 있다는 뜻입니다. 부랑족(布朗族)의 소녀들은 결혼할 나이가 되면 꽃을 자신의 두건에 꽂는데 이는 남자들에게 자신이 지금 만날 사람을 구한다는 신호를 보내는 것입니다. 남자가 만약 어떤 아가씨를 마음에 두고 있다면 그녀에게 생화를 따서 보냅니다. 상대방도 관심이 있으면 그 꽃을 자신의 머리 수건에 꽂고 만일 그 꽃을 버린다면 이는 곧 거절을 의미합니다. 이런 방법은 말을 사용하지 않기 때문에 서로의 감정을 상하게 하지 않아 피차 난처해할 필요가 없습니다.

단어 插 chā 끼우다
若 ruò ～와 같다/만약 ～라면
丢弃 diūqì 내던지다
免得 miǎnde ～하지 않도록
尴尬 gāngà 난처하다

38

哈尼族姑娘如果回赠男青年双数的花朵，表示什么意思？

하니족 아가씨가 청년에게 짝수의 꽃을 돌려보낸다면, 이는 무엇을 뜻하는 것인가요?

A 매우 감사합니다
B 부모님이 찬성하지 않는다
C 연인이 있다
D 교제를 할 의향이 있다

정답 C

해설 '홀수는 교제 의향이 있음'을, '짝수는 이미 연인이 있거나, 마음에 두고 있는 사람이 있음'을 뜻한다고 지문에 나와 있다. "意中人"은 "对象"과 비슷한 개념이다.

39

如果布朗族少女丢弃小伙子送的鲜花，表示什么意思？

부랑족 소녀가 남자가 보낸 생화를 버린다면, 이는 무엇을 뜻하는 것인가요?

A 교제할 의향이 있다
B 꽃을 좋아하지 않는다
C 부모님이 찬성하지 않는다
D 교제할 의향이 없다

정답 D

해설 '머리에 꽂으면 교제 의향이 있음'을, '버린다면 거절 의사를 나타낸다'고 지문에 나와 있다.

40

录音中的"以花代言"是什么意思？

지문에 언급된 "꽃으로 말을 대신하다"는 무슨 뜻인가요？

A 생화로 부모님이 찬성했음을 뜻한다
B 생화로 약속 시간을 설명한다
C 생화로 나이를 표시한다
D 생화로 사랑의 말을 대신한다

정답 D

해설 남녀가 연인을 찾을 때는 꽃으로 이를 대신하기도 하는 소수 민족들의 풍습을 예로 들어 설명하고 있다. 그래서 답은 보기 D가 가장 적합하다.

41-45 第41到45题是根据下面一段话：

　　这是一家有名的咖啡馆，男人坐在西面临街的位子，两杯红酒摆在桌子上，他抽着烟，眼睛不时望向门口。这是他们约好的见面地点。他和女人没见过面，是在网上相识的。那时他刚和妻子分手，每天就靠上网聊天打发日子。女人在网上的出现使他重新找回了一度失去的爱情。

　　他们天天在网上见面、聊天，有着说不完的话，每天难分难舍。他们俩有着太多的相似，都喜欢喝咖啡，都喜欢看大海，都喜欢听同一首情歌。是网络使他们结缘，他们迫切地希望在现实中面对面地倾诉。

　　突然，他的目光捕捉到了目标，没错！手里捧着一束鲜红的玫瑰花，这不正是他们约定的标记吗？女人在他期待的目光中向他走来。他的心跳开始加速，可当女人走出暗影，让他看清楚脸时，他竟惊得张大了嘴巴，一句话也说不出来。

여기는 유명 커피숍입니다. 한 남자가 서쪽으로 길이 나 있는 자리에 앉아 있고, 와인잔 두 개가 테이블 위에 놓여 있습니다. 남자는 담배를 피우면서 줄곧 입구 쪽을 바라보고 있습니다. 여기는 그들이 만나기로 약속한 장소입니다. 그와 그가 기다리고 있는 여자는 인터넷에서 서로 알게 되었지만 아직 만난 적은 없습니다. 당시 그는 아내와 헤어지고 매일같이 인터넷 채팅을 하면서 시간을 보냈습니다.

그들은 매일 인터넷에서 만나 한없이 이야기를 주고받으면서도 매일매일 서로 못내 아쉬워하며 헤어져야 했습니다. 그와 그녀는 닮은 점이 너무 많았습니다. 둘 다 커피와 넓은 바다를 좋아했고 좋아하는 발라드 노래마저도 똑같았습니다. 인터넷이 그들의 인연을 맺어주었고 이제 그와 그녀는 현실 세계에서 서로 얼굴을 마주보고 속내를 털어놓고 싶은 마음이 간절해졌습니다.

갑자기, 그의 눈빛이 한 곳을 응시했습니다. 네! 그녀입니다! 손에는 한 송이 눈부신 장미꽃을 들고 서 있었는데, 그들이 한 약속의 징표입니다. 드디어 그녀가 그의 기대로 가득 찬 눈빛 속을 향해 걸어옵니다. 그의 심장이 요동치기 시작했습니다. 하지만 그녀가 어두운 그림자 속을 지나 그에게 얼굴을 비췄을 때, 그는 너무 놀란 나머지 입을 다물지도 못한 채 한 마디 말도 내뱉을 수가 없었습니다.

단어 摆 bǎi 놓다
上网 shàngwǎng 인터넷상
聊天 liáotiān 이야기하다
难分难舍 nánfēnnánshě 차마 떨어지지 못하다
相似 xiāngsì 닮다

网络 wǎngluò 네트워크
迫切 pòqiè 절실하다, 절박하다
结缘 jiéyuán 인연을 맺다
倾诉 qīngsù (고충을) 털어놓다, 토로하다

41

男人在什么地方？

남자는 어디에 있습니까?

A 술집
B PC방
C 호텔
D 커피숍

 D

41번 문제의 보기 선택 항들을 보고 장소 문제임을 빨리 인
지하고, 장소와 관련된 단어를 잘 듣도록 마음의 준비를 한
다. 녹음 원문 도입 부분에 '유명한 커피숍'이라고 언급하였
으므로 답은 D이다. 이런 문제는 난이도가 낮은 문제이므로
점수를 꼭 확보하도록 한다.

42

男人在等谁？

남자는 지금 누구를 기다리고 있나요?

A 부인
B 동료
C 인터넷에서 알게 된 사람
D 아이

 C

한 번 만나본 적 없고, 인터넷으로만 알고 지내던 사람을 오
늘 약속해서 만나기로 한 부분에서 답이 C임을 알 수 있다.
"网上相识的"와 "网友"는 같은 개념이라 볼 수 있다.

43

男人和女人是怎么认识的？

남자와 여자는 어떻게 알게 되었나요?

A 채팅으로
B 친구 소개로
C 같이 일하다가
D 여행으로

 A

다른 보기들은 지문에 언급된 바 없고 , 보기 A는 언급이 되
었다.

44

男人和女人约定的标记是什么？

남자와 여자가 약속한 징표는 무엇인가요?

A 포도주 한 잔
B 장미꽃 한 다발
C 잡지 한 권
D 커피 한 잔

 B

다른 보기는 언급되지 않았고, 지문에는 '장미꽃 한 다발'이
라고 언급되었다.

45

下面哪一项不是他们共同的爱好？

다음 중 이들의 공통적인 취미가 아닌 것은 무엇인가
요?

A 커피를 마시다
B 테니스를 치다
C 발라드 노래를 듣는다
D 바다를 보다

 B

"他们俩有着太多的相似" 이후로 공통의 취미가 나열되어
있다. 이 중 보기 B는 언급되지 않았다.

46-50 第46到50题是根据下面一段话：

　　今天介绍一种征服了全世界的蔬菜，它是农
民的生活必需品、美食家的佳肴、营养丰富、味
道鲜美。

　　印第安人最早种植它，把它叫做"帕帕"。十
六世纪八十年代，这种不显眼的植物被引入欧
洲，从而开始了它历时四个世纪对全世界的征
服。今天，全世界有130个国家种植它，平均年
产量达2亿9千万吨。

比起小麦、玉米或大米等主要作物，它可在更严峻的气候下、在更少的土地上、更快地生长，只要100天就可成熟。它不仅可供食用，还可以酿造伏特加酒和马铃薯酒，加工成淀粉和染料，甚至制成汽车用燃料。

它的营养价值很高，蛋白质质量比大豆还高，只需一个就足够供应一个成年人每天所需维生素C的一半。如果不加油腻的配料，它就像梨一样含脂肪极少。

你们知道这种令人惊奇的植物到底是什么吗？它就是我们常说的土豆。

오늘은 세계 정복에 멋지게 성공한 채소를 하나 소개해 드릴까 합니다. 이 채소는 농민의 생활 필수품이자 미식가들이 가장 좋아하는 요리일 뿐만 아니라, 영양이 풍부하고 그 맛도 일품인 채소입니다. 최초로 이 채소를 재배한 사람들은 인디언들이었으며 그들은 이것을 '파파'라고 불렀습니다. 1580년대, 그다지 눈에 띄지 않는 식물 하나가 유럽에 들어왔으나, 오늘날, 전 세계 13여 개 국에서 이 채소를 재배하고 있으며 연평균 생산량은 2억9천만 톤에 달합니다.

밀, 옥수수, 쌀 등 주요 작물과 비교해 볼 때, 이 채소는 열악한 기후 환경에서도, 더 빠르게 생장하여 다 자랄 때까지 100일이면 충분합니다. 채소는 식용은 물론, 보드카와 감자술로도 양조할 수 있으며, 전분이나 염료로 가공할 수도 있고 심지어 자동차 연료로도 쓰입니다.

이 채소의 영양 가치는 매우 높을 뿐만 아니라 단백질 품질 또한 콩보다 뛰어납니다. 이 채소를 하나 먹는 것만으로도 성인 기준 비타민 C 일일 섭취 권장량의 반을 섭취하는 것과 같습니다. 기름진 재료를 따로 첨가하지 않는 이상, 배와 마찬가지로 지방 함량이 굉장히 적습니다.

이 식물이 도대체 뭔지 궁금하시죠? 바로 우리 주변에서 흔히 볼 수 있는 감자입니다.

단어
蔬菜 shūcài 채소
佳肴 jiāyáo 좋은 요리
印第安人 Yìndì'ānrén 인디언
显眼 xiǎnyǎn 눈에 띄다
引入 yǐnrù 끌어들이다
严峻 yánjùn 위엄있다
酿造 niàngzào 양조하다
伏特加 fútèjiā 보드카
马铃薯 mǎlíngshǔ 감자
淀粉 diànfěn 전분
染料 rǎnliào 염료
燃料 ránliào 연료

油腻 yóunì 기름지다
脂肪 zhīfáng 지방

46

最早种植"帕帕"的是哪里？

최초로 "파파"를 심은 사람은 누구인가요?

A 유럽인
B 중국인
C 프랑스인
D 인디언

정답 D

해설 지문 처음에 '인디언'이라고 언급되어 있으며, '파파'는 인디언이 감자를 부르던 이름이다. 나머지는 언급되지 않았다.

47

"帕帕"也就是下面哪种植物？

"파파"는 다음 중 어떤 식물인가요？

A 감자
B 쌀
C 옥수수
D 대두

정답 A

해설 '파파'는 인디언이 감자를 부르던 이름이다. 나머지 보기들 '쌀, 옥수수, 대두'는 지문에서 감자와의 비교 대상으로 언급된 것이다.

48

"帕帕"从生长到成熟需要多长时间？

"파파"가 자라는 데 며칠이 걸리나요？

A 60일
B 100일
C 150일
D 6개월

정답 B

해설 지문에 '100일 걸린다'고 언급되었으며, 나머지는 언급되지 않았다.

49

下面哪一项不是"帕帕"的作用？

다음 중 "파파"의 작용이 아닌 것은 무엇인가요?

A 술을 빚을 수 있다
B 자동차 연료를 제조할 수 있다
C 염료로 제조할 수 있다
D 지방을 대체할 수 있다

정답 **D**

해설 감자의 작용을 묻고 있는 문제이다. 보기 A, B, C는 다 언급이 되었고, '지방을 대신한다'는 보기 D는 언급이 되지 않았다.

50

为什么说"帕帕"营养价值高？

"파파"의 영양 가치가 높은 이유는 무엇인가요?

A 비교적 많은 지방을 함유하고 있다
B 과일보다 영양이 풍부하다
C 단백질 함유량이 높다
D 밀보다 쉽게 자란다

정답 **C**

해설 지문에 '단백질 함량이 대두보다도 높고, 비타민 C 함유량도 상당히 높다'고 언급되었다. 그러므로 답은 C이다. '감자는 지방 함유량이 배처럼 낮다'고 하였으므로 보기 A는 틀린 것이고, 보기 D는 지문에 언급된 내용과 맞는 내용이기는 하나, 이것 때문에 감자의 영양 가치가 높다고 평가된 것은 아니다.

2. 독해(阅读)

제1부분

제1부분은 모두 10문제다. 문제마다 4개의 문장이 제시되며, 응시생은 오류가 있는 문장 하나를 골라야 한다. 그 오류에는 어법 구조 및 단어 조합, 문체 성향, 논리 관계 등이 포함되어 있는데, 이는 단순히 문법 위주의 평가가 아니라 여러 면에서 응시자의 언어 능력을 평가하게 된다.

51 A 학교는 체육관에서 아주 가깝다. 자전거로 5분이면 도착한다.
   B 2대의 자동차가 고속도로에서 충돌했고, 그 중 한 대는 화염에 휩싸였다.
   C 비록 지금 여건이 좋아졌지만, 그러나 검소하고 소박한 미풍양속을 잊으면 안 된다.
   D 어려움이 있으면 우리에게 말해요. 우리가 반드시 최선을 다해서 해결을 할 것이며, 절대로 난처해하지 마세요.

정답 **D**

해설 동사 사용이 부적합하다. "告诉"는 직접 빈어를 가질 수 있는 동사이므로, "跟/和" 등이 필요 없다. 그러므로 "有困难就告诉大家"라고 표현해야 한다. 혹은 "告诉"와 의미가 비슷한 다른 동사 "说"를 사용한다면, 이는 개사 "跟/和"와 같이 사용할 수 있으므로 "有困难就跟大家说"라고 하면 올바른 문장이 된다.

단어 碰撞 pèngzhuàng 충돌하다
   燃烧 ránshāo 연소하다
   艰苦朴素 jiānkǔ pǔsù 근검 절약하고 소박하다

52 A 일년 간을 혼수 상태로 있다가, 환자는 갑자기 기적처럼 깨어났다.
   B 모두들 열심히 공부하여서, 열람실은 아무 소리 없이 아주 조용했다.
   C 경제가 발전하고 사회 질서가 안정됨에 따라, 사람들의 정신 생활도 점점 풍부해지고 있다.
   D 단백질은 인체 생장 발육의 기초로 주로 어류, 육류, 조류, 계란류, 우유류와 5곡 등에서 나온다.

정답 **D**

해설 성분이 부족하다. "来源"이 동사로 사용될 때는 "~로부터 나온다"는 의미이지만, 개사 "于"와 같이 사용되어야 의미가 완전해진다. 그러므로 올바른 문장은 "主要来源于鱼、肉、禽、蛋、乳类和五谷杂粮等"이라고 써야 한다.

단어 昏迷 hūnmí 혼미하다, 의식불명
   奇迹 qíjì 기적
   苏醒 sūxǐng 되살아나다, 의식을 찾다
   秩序 zhìxù 질서, 순서
   稳定 wěndìng 안정하다, 가라앉다
   五谷杂粮 wǔgǔzáliáng 오곡잡곡

53 A 그들 둘은 방금 연애를 시작했는데, 당신은 어떻게 그들이 이루어질 수 없다고 하나요.
   B 나는 그가 와서 도와줄 줄 알았는데, 그가 그곳에 꼼짝 않고 서 있으리라고는 생각도 못했다.
   C 이 일을 잘 하고 싶다면, 고생을 감내하는 정신이 있어야 한다. 아니라면 잘할 수가 없다.
   D 당신은 이 발언 원고를 다시 고치시고, 보충할 내용이 또 있는지 봐 주세요.

정답 **C**

해설 관련사 사용이 부적합하다. "以免"은 '~하지 않도록'의 의미로 목적을 나타내는 관련사이다. 일반적으로 "~하는 것이 좋다. 以免+안 좋은 일"의 형식으로 사용한다. 그러나 보기 C 지문은 앞에 것과 같이 하지 않는다면 뒤에 말한 것처럼 그렇게 될 것이다라는 가정의 의미를 나타내는 것이 논리상 맞다. 그러므로 관련사 "否则"를 사용하는 것이 알맞다. "否则是干不好的"가 올바른 문장이다.

단어 搞对象 gǎoduìxiàng 연애하다

54 A 우리가 교훈을 배우고, 처음부터 다시 시작한다면, 승리가 우리의 것이라 확신한다.
B 만약 조사 연구를 거치지 않아서 상황을 잘 모른다면, 당신은 경솔하게 의견을 발표하지 마세요.
C 풍속이 시합 규정을 초과했으므로, 조직위원회는 오늘의 자전거 시합을 취소하기로 결정했다.
D 관리층에서 대충 눈감아주었기 때문에, 그래서 이런 현상이 저지되지 못했을 뿐만 아니라, 오히려 더 심각해졌다.

정답 D

해설 개사 사용이 부적합하다. 개사 "把"를 잘못 사용하였다. "把"자 구문의 기본 구조는 "주어(행위자)+把+대상+동사+기타성분"이다. "把"자는 뒤의 대상을 생략하고 바로 동사 앞에 사용할 수 없다. 이렇게 동사 앞에 바로 사용할 수 있는 개사는 피동의 의미를 가진 개사 "被"이다. 피동문의 기본구조는 "주어(피해자)+被+행위자(생략 가능)+동사+기타성분"이다. 보기 D는 "所以这种现象不仅没被制止"라고 고쳐야 알맞은 문장이 된다.

단어 吸取 xīqǔ 흡수하다
睁 zhēng 눈을 뜨다
闭 bì 눈을 감다
不仅 bùjǐn ~일 뿐만 아니라
制止 zhìzhǐ 제지하다

55 A 조급해하지 마세요. 2일 더 기다렸다가 정확한 소식이 있으면 바로 당신께 알려 드리겠습니다.
B 교사로서 당신은 시시각각 본인의 언행을 주의해야 합니다. 학생들의 모범이 되어야 합니다.
C 본 공장이 생산한 전기 제품은 이미 세계적인 수준에 도달했으며, 20여 개 나라로 수출되고 있습니다.
D 이 일은 개인의 명성에 관계되었을 뿐만 아니라, 더욱이 회사의 명성에도 관계되어 있으므로 저는 관여 안 할 수가 없습니다.

정답 A

해설 동사 사용이 부적합하다. 동사 "期待"는 '기대하며, 기다린다'는 뜻으로 추상적인 사물을 빈어로 가지며, 구체적인 사람을 기다린다는 뜻으로는 사용되지 않고, 시간보어도 가지지 않는다. "等" 혹은 "等待"는 "期待"와 의미가 비슷하지만 문법적인 성질이 다르다. "等"과 "等待"는 '기다린다'의 뜻으로 사람을 빈어로 가질 수도 있고, 기회나 명령, 소식 등 추상적인 것을 가질 수도 있으며, 시간보어도 가질 수 있다. 그러므로 보기 A의 "期待"를 "等" 혹은 "等待"로 바꾸어야 한다. "再等两天"이라고 표현해야 알맞다.

단어 确切 quèqiè 확실하며 적절하다

树立 shùlì 세우다, 수립하다
榜样 bǎngyàng 본보기, 모범

56 A 내가 제일 힘들 때, 그는 내게 친절한 두 손을 내밀었다.
B 맞은편 공사 현장의 소음이 너무 커서, 주민의 정상적인 생활을 심각하게 방해하고 있다
C 우리 나라의 대외 무역이 끊임없이 발전함에 따라, 외국어 관련 인재 수요량이 계속 증가하고 있다.
D 이 옛 시는 생동감 있는 언어로 한 폭의 색감이 선명한 그림을 묘사해, 사람들에게 잊지 못할 인상을 남겼다.

정답 D

해설 개사 사용이 부적합하다. 개사 "对"는 대상을 끌고 나와 동작의 대상을 지시한다. "给~留下~印象"은 자주 쓰는 사용구이므로 꼭 외워 둔다. 보기 D의 "对"를 "给"로 고쳐야 한다.

단어 描绘 miáohuì 묘사하다

57 A 소비자는 법률의 무기로 자신의 정당한 권익을 보호할 줄 알아야 한다.
B 나는 그녀가 한마디로 거절할 줄 알았는데, 그녀가 뜻밖에도 승낙할 줄 몰랐다.
C 하교 후, 학생들은 운동장에서 논다. 어떤 학생들은 공놀이를 하고, 어떤 학생들은 체조를 하고, 어떤 학생들은 게임을 한다.
D 독해 수업은 학생들의 중국어 기초를 닦는 데 도움을 주어야 하며, 학생이 중국어로 된 글을 정확하게 이해할 수 있는 능력을 키워 줘야 한다.

정답 B

해설 방향보어 사용이 부적절하다. 방향보어 "下来"는 동사 뒤에 쓰여 '어떤 동작이 고정됨'을 뜻한다. 그러나 방향보어 "起来"는 동사 뒤에 사용하여 '시작'을 뜻한다. 동사 "答应" 뒤에는 방향보어 "下来"가 어울린다. '그녀가 승낙하였다'의 의미로 고정의 뜻을 가져야 한다. 그러므로 "答应下来"라고 써야 한다.

단어 维护 wéihù 지키다, 옹호하다
拒绝 jùjué 거절하다
语料 yǔliào 글의 소재

58 A 시험 부정 행위를 범죄로 봐야 하는지 아닌지는 연구해 볼 만하다.

B 오늘 시험 준비를 위해서 어제 밤 3시간 정도밖에 못 잤다.

C 아버지가 그의 말을 들은 후에 눈이 휘둥그레질 정도로 화가 나서, 한 마디도 하지 못했다.

D 이런 바이러스는 급속한 속도로 전세계적으로 퍼져나가고 있다. 감염자는 지난 한 주 동안 3배가 되었다.

정답 B

해설 보어의 위치가 틀렸다. "睡觉"는 이합사로 시량보어 "三个多小时"는 "睡"와 "觉" 사이에 써야 한다. 올바른 문장은 "我昨天晚上只睡了三个多小时觉"이다.

단어 作弊 zuòbì 법이나 규정을 어기다, 커닝하다
蔓延 mànyán 만연하다
感染 gǎnrǎn 전염되다, 감염하다

59 A 자동차가 증가함에 따라, 북경시의 교통 체증은 나날이 심각해지고 있다.

B 사람은 만능이 아니다. 세상의 많은 일들이 자기가 못 하는 것이거나 잘 하지 못하는 것이다.

C 나는 수차례 여기를 지나다녔지만, 요 근래가 되어서야 겨우 이 병원이 치과전문 병원인 것을 알았다.

D 쨔오쬬우 다리는 세계적으로 유명한 석교이다. 서기 605년 경에 만들어졌고, 오늘날까지 이미 1400여 년이나 되었다.

정답 D

해설 대략의 수 표현 오류. "上下"와 "前后"는 방위사이지만, 수사 뒤에 사용하여 '대략의 수'를 뜻한다. "上下"는 시간의 양의 개념 뒤에 자주 사용되고, 반면 "前后"는 시점 전후에 사용되는 개념이다. 그러므로 보기 D의 "上下"를 "前后"로 수정해야 한다. 올바른 문장은 "修建于公元605年前后"이다.

단어 堵塞 dǔsè 막히다, 가로막다
擅长 shàncháng 잘 한다

60 A 긴장하지 말고, 시험 볼 때 정상적으로 실력 발휘만 한다면 반드시 통과할 수 있을 것이다.

B 우리가 들어가려 했을 때, 단지 입구에 서 있는 남자가 우리를 막고서 누구를 찾는지 물었다.

C 우리 엄마는 남자가 집에서 밥을 하면 대장부가 아니라는 관점을 줄곧 고수하신다.

D 저등 생물인 바이러스나 고등생물인 꽃, 나무, 새, 동물 및 인류를 막론하고, 생명이 있는 곳이기만 하면 그것이 있다.

정답 D

해설 관련사 사용이 형식에 맞지 않다. "无论"은 조건을 나타내는 관련사로 '무조건'을 뜻한다. 그래서 "无论" 뒤에는 의문문의 형식을 취해야 한다. "还是"를 써서 선택의문문 형태를 만들어 주거나, 혹은 정반의문문을 만들거나, 혹은 바로 의문사를 사용해 의문문을 만들어 주어야 한다. 그러므로 올바른 문장은 "无论是低等的细菌，还是高等的花草鸟兽以及人类，凡是有生命的地方就有它"라 할 수 있다.

단어 发挥 fāhuī 발휘하다
拦住 lánzhù 꽉 막다, 차단하다
细菌 xìjūn 세균

제2부분

제2부분은 모두 10문제다. 이 부분은 빈칸에 알맞은 단어를 채워 넣는 문제다. 한 단락에 3~5개의 빈칸이 있고 네 가지 보기가 주어진다. 각 단락의 정답은 3~5개의 단어며, 응시자는 상황이 요구하는 대로 네 가지 보기 중 가장 적합한 답을 골라 답안지 알파벳 위에 가로줄을 그으면 된다.

이 부분은 응시자가 문단에서 상황에 따라 앞뒤가 맞고 적합한 단어를 사용하는지를 주로 평가하게 된다. 어휘의 사용은 정확해야 할 뿐만 아니라 어체에 부합해야 하며 적절해야 한다. 응시자의 단어 분별 능력과 언어 표현의 정확성과 적절성에 치중하여 평가한다.

61 자신의 주머니 사정을 고려하지 않고 미리 돈부터 쓰는 소비행위(비현실적인 '앞선 소비')는 <u>권장</u>할 만한 것이 아니다. 학생은 아직 경제적 수입이 없기 때문에 서로 <u>억지로 비교</u>만 한다거나 불필요한 사치를 추구할 필요가 없다. 이는 마치 밥 사먹을 돈도 없으면서 모피 코트는 사려고 <u>하는 것과 같다</u>. 돈은 무조건 사치스러운 생활을 추구하기만 할 것이 아니라 의미 있게 써야 한다.

A 치켜세우다 | 시합하다 | 예를 들다 | 아름답다

B 칭찬하다 | 비교하다 | 비유하다 | 귀중하다

C 권장하다 | 억지로 비교하다 | ~하는 것과 같다 | 사치스럽다

D 흐름 | 대비하다 | ~인 것 같다 | 귀중하다

정답 **C**

해설 ❶ "吹捧"은 '아첨하다, 치켜세우다'의 뜻이고, "表扬"은 착한 사람이나 잘한 일을 공개적으로 칭찬하는 것이다. "提倡"은 좋은 면이 있어서 하자고 제창, 권장하는 것이다. 이 세 단어는 다 "不值得"와 조합을 이룰 수 있다. "潮流"는 명사로 사회의 변화, 발전하는 경향을 나타내므로 "值得"와 조합을 이루기도 어색하며 문맥상도 어울리지 않는다.

❷ "对比"는 '두 개 이상을 서로 비교한다'는 의미로 문맥과 어울리지 않으며, 지문의 뜻은 '학생들끼리 누가 더 많이 소비를 하나 겨룬다'는 의미가 되어야 하므로 보기 D를 제거한다. "比赛"와 "攀比", 그리고 "比较"는 다 '비교하다, 견주다'는 의미가 있으나, 이 중 "攀比"가 '폄하'의 의미를 가지고 있으므로 제일 적합하다.

❸ "比方"과 "比喻"는 명사로 빈어를 가지지 않는다. 그러므로 보기 A, B를 제거한다.

❹ "宝贵"는 상당한 가치가 있고, 쉽게 얻을 수 없는 것에 쓰이며 긍정의 뜻을 가지고 있다. 부정적인 문맥과는 어울리지 않는다. 나머지 보기 A, B 역시 긍정적인 의미로 사용되므로 제거한다. 그러나 보기 C "奢侈"는 부정적인 의미를 내포한 단어로 문맥과 부정적인 분위기가 일치한다고 볼 수 있다.

단어 享乐 xiǎnglè 향락하다, 사치하다

吹捧 chuīpěng 치켜세우다

提倡 tíchàng 제창하다

攀比 pānbǐ 억지로 비교하다

潮流 cháoliú 유행

62 화가에게 편안한 창작 환경을 <u>제공</u>하기 위해서 현지 정부는 자금을 투자해 환경 <u>개선</u>에 노력을 기울이고 있다. '홍루(红楼)', '미술관' 등 여러 전문 시설을 세워 많은 창작 화가 입주를 <u>유치</u>했다. 정부는 또한 사회 역량과 민영 자본, 해외 자본이 문화 산업에 투자될 수 있도록 <u>장려</u>했다.

A 제공하다 | 개선하다 | 끌어들이다 | 장려하다

B 공급하다 | 개량하다 | 흡수하다 | 북돋우다

C 공급하다 | 개선하다 | 받아들이다 | 선동하다

D 주다 | 개혁하다 | 유인하다 | 박수치다

정답 **A**

해설 ❶ "给予" 안에는 이미 "给"의 의미가 들어 있으므로, "给予"를 "给" 뒤에 사용하는 것은 어색하다. "供给", "供应"은 생활용품이나 돈, 자료 등 실질적인 물품으로 '수요를 만족시킨다'는 의미로, "环境"과 조합을 이룰 수 없다. 그러므로 답이 A임을 알 수 있다.

❷ "改善"은 '원래의 상황이 완벽하게 변화함'을 뜻해, 일반적으로 "条件, 环境, 生活, 工作, 状况, 关系, 待遇" 등 추상 사물과 조합을 이루며, "改良"은 안 좋은 것에 대한 개조로, '결점이나 부족한 것을 없애고 더 완벽하게 만든다'는 뜻으로 "产品, 土壤, 作物, 品种, 工具" 등 구체적인 사물과 조합을 이뤄 사용할 수 있다. "改进"은 원래의 기초에서 향상된다는 의미로 "工作, 作风, 方法, 措施" 등 추상적인 것들과 조합을 이루어 사용된다. "改革"는 '낡은 것이나 불합리한 것들을 버리고 더 합리적으로 만든다'는 의미로, 구체적이며 거국적인 것에 사용된다. 문맥에 따르면 "改善"만 가능하다.

③ "吸引"은 '다른 이의 흥미나 신경을 집중시킨다'는 의미
며, "吸收"는 '사물이 외부의 사물을 내부로 혹은 조직이나
단체로 끌어들인다'는 뜻으로 빈어는 추상적인 사물이나, 구
체적인 사람 혹은 사물이 될 수 있다. "吸取"는 일반적으로
"经验, 教训" 등의 추상적인 것들을 빈어로 가진다. "引诱"
는 '나쁜 일을 하도록 유도한다'는 폄하의 뜻이다. 문맥상 이
곳도 보기 A만 가능하다.
④ "鼓舞"의 빈어는 일반적으로 "精神, 士气" 등과 많이
조합을 이루고, "力量"이나 "资本" 등과는 조합을 이루지
않는다. "鼓动"은 '언어나 행동으로 다른 사람을 자극하여
어떤 행동을 하도록 하는 것'인데 폄하의 뜻을 가진다. "鼓
掌"은 '박수친다'의 뜻으로 대체로 찬성이나 만족스러움을
나타낼 때 사용하며, 빈어를 가지지 않는다. "鼓励"는 "鼓
动"처럼 '언어나 행동으로 다른 사람이 어떤 행동을 하도록
하는 것'인데, 긍정적인 의미를 가지는 말이다. 문맥상 보기
A가 가장 적합하다.

단어 鼓励 gǔlì 격려하다, 북돋우다
引诱 yínyòu 유인하다

63 대뇌피질은 동 시간대에 일부 <u>영역</u>만 활동을 하며 다른
부분은 휴식 상태에 있다. 흥분과 제어, 운동과 휴식을
담당하는 부위가 서로 얽혀 있는 활동 방식을 형성하는
것이다. 맡은 역할의 <u>성질</u>이 변함에 따라, 흥분과 제어,
운동과 휴식을 담당하는 부위가 끊임없이 교대로 바뀌기
때문에 대뇌피질의 피로는 <u>회복</u>될 수 있다. 이로써 비교
적 긴 시간 동안 왕성한 학습 의욕과 업무에 대한 집중력
을 <u>유지</u>할 수 있다.

A 지역 ┃ 조건 ┃ 완화되다 ┃ 지지하다
B 영역 ┃ 성질 ┃ 회복하다 ┃ 유지하다
C 범위 ┃ 대우 ┃ 약화하다 ┃ 유지하다
D 위치 ┃ 환경 ┃ 감소하다 ┃ 고수하다

정답 B

해설 ① "地区" 혹은 "地点"은 '구체적인 장소'를 뜻하는 것으로
"大脑皮层"과 조합을 이룰 수 없으므로 보기 A, D는 제거
한다.
② 문맥에 따르면 마땅히 업무 "性质"가 되어야 한다. 업
무 "待遇"는 '일에 대한 보수나 처우' 등을 뜻하고, 업무 "条
件" 혹은 업무 "环境"은 '일하는 곳의 상황' 등을 가리키는
말로 문맥에 맞지 않다. 이로써 보기 B가 답이라는 것을 알
수 있다.
③ "削减"과 "减少"는 '양적인 개념의 수량의 감소'를 뜻하
므로, "疲劳"와 조합을 이루기가 어색하며, '정도가 약해진
다'는 의미의 보기 A "缓解", B "消除"는 다 사용 가능하다.
④ "支持"의 빈어로는 사람 혹은 정책 등을 가질 수 있고,
"坚持"의 빈어는 일반적으로 동사성이 많이 온다. 이 두 단
어는 다 "精力"와 조합을 이루어 사용되지 않고, 보기 B "保

"持", C "维持"는 둘 다 사용 가능한 단어들이다. 그러나 "维
持"는 "保持"보다 정도가 낮은 최소한 정도를 '유지하다'의
뜻이므로, 문맥상 "保持"가 더욱 좋다.

단어 抑制 yìzhì 억제하다
镶嵌 xiāngqiàn 끼워넣다
缓解 huǎnjiě 완화되다
消除 xiāochú 제거하다
范围 fànwéi 범위

64 중국의 고전 원림은 서양의 고전 원림과는 다르다. 서양
원림이 <u>보여 주는 것</u>은 가지런하게 깔려 있는 푸른 잔디
밭, 한 폭의 그림 <u>같은</u> 화단, 아름다운 분수대, 고상한
조각 예술 등이며 이것이 서양식 원림의 아름다움이다.
<u>반면</u>, 중국 원림은 자연을 숭배하며 시적인 정서와 그림
같은 정취를 지닌 자연미를 <u>추구한다</u>.

A 나타내다 ┃ ~식 ┃ 그러나 ┃ 추구하다
B 표시하다 ┃ ~형 ┃ 그러나 ┃ 제공하다
C 나타내다 ┃ ~류 ┃ 도리어 ┃ 상상하다
D 나타내다 ┃ ~급 ┃ 그러나 ┃ 환상을 가지다

정답 A

해설 ① "出现"은 '새로이 나타나다'의 뜻이고, "表现"은 '행동
이나 태도로 드러내다'의 뜻이며, "表示"는 언어나 행동으로
'생각이나 느낌, 태도 등을 나타낸다'는 뜻으로 이 세 단어는
문맥상 다 부적합하다. "呈现"은 문어체적인 표현으로 '나타
나게 한다'는 뜻이며, 빈어를 "颜色, 景象, 情况" 혹은 "神
情, 状态" 등을 많이 갖는다.
② "类"는 '종류별'을 뜻하고, "级"는 '등급'을 뜻하므로,
"图案"과 어울리지 않는다. "图案式" 혹은 "图案型"은 "花
坛"을 수식할 수 있는 단어들이다.
③ 모두 전환의 의미를 가지나, "却"는 부사이므로 주어인
"中国园林" 뒤에 사용 가능하므로 이것을 제외한 나머지 세
단어는 다 사용 가능하다.
④ "提供"은 '실물을 준비하거나 의견, 관점 등을 제기한다'
는 뜻으로 '다른 사람에게 참고 삼아 혹은 사용하도록 준다'
는 뜻이다. 문맥상 어울리지 않는다. "幻想"은 '현실적이지
못한 상상'을 뜻하며, 폄하의 뜻을 가지고 있는 단어로 이 역
시 부적합하다. "想象"은 '눈앞에 없는 사물의 구체적인 형
상이나 발전 결과를 추론한다'는 뜻으로, 지문의 눈앞에 실제
로 존재하는 경치에는 부적합하다. "追求"는 '노력하여 추구
한다'는 뜻으로 "自然"을 빈어로 가질 수 있다. 이렇게 되면
"自然"이 이루고자 하는 목표가 된다.

단어 整齐 zhěngqí 질서있다
绿茵 lǜyīn 잔디, 녹지
喷泉 pēnquán 분천
雕塑 diāosù 조각과 소조

崇尚 chóngshàng 숭상하다

65 중국 의약학은 중국 문화의 보고이며 중화민족의 <u>번영과 흥성</u>에 중요한 역할을 했을 뿐만 아니라, 세계 의약학의 발전에도 큰 공헌을 <u>하였다</u>. 중국 의약학은 자신만의 <u>독특한</u> 이론과 체계를 가지고 있으며 중의약, 침구, 안마, 기공 등과 같은 여러 가지 치료 방법 역시 매우 독특하다.

A 원래의 기초 위에서 더욱 확대하고 발전시키다 ㅣ 하다 ㅣ 특수하다

B 세계적으로 유명하다 ㅣ 하다 ㅣ 특별하다

C 번영하고 흥성하다 ㅣ 하다 ㅣ 독특하다

D 넓고 심오하다 ㅣ 하다 ㅣ 잘하다

[정답] C

[해설] ❶ "繁荣昌盛"만이 '국가나 사업이 번창하여 발달한다'는 뜻으로 "中华民族"와 어울려 쓸 수 있고, 나머지 보기들은 "民族"와 사용하기 어색하다. "发扬光大"는 '좋은 사물이 계속 발전하거나 향상되도록 한다'는 동사성 단어로, "传统, 文化, 思想" 등을 '끊임없이 발전시키거나, 더 많은 사람들이 이해하도록 한다'라고 많이 사용된다. "举世闻名"은 '매우 유명함'을 형용하는 것이고, "博大精深"은 '사상이나 학식이 넓고 심오함'을 형용하는 것이다.

❷ 보기 네 개 다 같은 의미지만, "做"만 회화체, 문어체에 다 사용할 수 있는 단어이고, 나머지 세 개는 회화체에 주로 많이 사용되는 단어로 문맥상 어울리지 않는다. 게다가 "做出~贡献"은 자주 사용되는 동사+빈어 구조로 외워두는 것이 좋다.

❸ "特长"은 명사로 '특별히 잘 하는 것'이란 뜻이며, "理论"의 한정어가 되기에는 어색하다. 이 외에 나머지 보기들은 '특색이 있다'란 의미로 "理论和体系"의 한정어가 될 수 있다.

[단어] 贡献 gòngxiàn 공헌하다
体系 tǐxì 체계
繁荣昌盛 fánróngchāngshèng 번영하며 기세좋게 발전해나가다

66 과학자들은 각종 방법을 통해 생명의 <u>비밀</u>을 관찰, 연구하고 있다. 생명은 지구상에서 가장 자랑스러워할 만한 가치가 있는 분야이다. 다양한 생물의 종은 지구를 <u>다채롭고 풍부하게 만들었다</u>. 생명이 지금까지 변화하면서 <u>변화하면서</u> 인간은 지구 밖의 공간에 대해 탐색하고, 지구와 똑같은 혹은 유사한 생명 형태를 찾아왔으며 이 과정에서 지구라는 작은 우주에 대해 많은 호기심을 갖게 되었다.

A 비밀 ㅣ 자랑스럽다 ㅣ 생각한 대로 되어서 만족하다 ㅣ

발전하다

B 신비 ㅣ 밝히다 ㅣ 수많은 세상사의 변천을 경험하다 ㅣ 이어지다

C 기밀 ㅣ 허풍떨다 ㅣ 미래가 밝다 ㅣ 연장하다

D 비밀 ㅣ 자랑스럽다 ㅣ 풍부하고 다채롭다 ㅣ 변천하다

[정답] D

[해설] ❶ "神秘"는 형용사지만 한정어로는 사용되지 않으며, "机密"는 '중요하며 비밀로 해야 하는 사물'을 가리키며, "军事机密" 등에 사용되지만, 본 지문에는 어울리지 않는다. "秘密"는 공개되지 않는, '미지의 사물'을 가리키고, "奥秘" 역시 '심오하여 측량 불가의 사물' 등을 가리킨다. 이 두 단어는 본 지문에 다 사용 가능하다.

❷ "暴露"와 "吹牛"는 폄하의 의미를 가진 단어로 지문의 분위기와 어울리지 않는다. 나머지 보기 두 개 단어 "自豪", "骄傲"는 다 가능하다.

❸ "多样性的生物"란 단어로부터 빈칸에는 "丰富, 多样"의 의미를 가진 단어를 골라야 함을 알 수가 있다. "称心如意"는 마음에 들어 '만족스러움'을 뜻하고, "饱经沧桑"은 많은 일의 변천을 겪고, '경험이 상당히 풍부함'을 뜻한다. "锦绣前程"은 '밝은 미래'를 뜻한다. 이곳에는 "丰富多彩"만이 '풍부하고 다양하다'는 의미를 가졌다.

❹ "延伸"은 '폭, 크기, 범위가 연장된다'는 뜻으로, "生命"과 어울리지 않는다. 그 외 나머지 보기들은 모두 사용 가능하다.

[단어] 探索 tànsuǒ 탐색하다
称心如意 chèngxīnrúyì 마음대로 되어 만족스럽다
暴露 bàolù 폭로하다
饱经沧桑 bǎojīngcāngsāng 세상사의 온갖 변천을 다 겪다
延续 yánxù 계속하다
锦绣前程 jǐnxiùqiánchéng 빛나는 미래
延伸 yánshēn 뻗다
骄傲 jiāo'ào 자랑스럽다

67 매번 추수철을 <u>맞이할 때마다</u>, 온갖 꽃은 다 시들어 색을 잃고 사방천지에 국화만이 가득하니 가을 대지에 생기를 <u>더해 준다</u>. 국화는 색이 아름답고 그 자태가 다채로울 뿐 아니라 운치와 고상함을 함께 머금고 있다. 비록 국화는 <u>고결한</u> '사군자(四君子)' 중 하나로 문인의 사랑을 독차지하며 특유의 영험함과 우아함을 자랑하지만 오히려 평범한 서민들에게 <u>사랑</u> 받는 진정한 '평민의 꽃'이다.

A 되다 ㅣ 증가하다 ㅣ 되다 ㅣ 취미

B 맞이하다 ㅣ 더하다 ㅣ 이다 ㅣ 좋아하다

C 지내다 ㅣ 증강시키다 ㅣ 에서 ㅣ 상당히 좋아하다

D 임박하다 ｜ 성장하다 ｜ 되다 ｜ 귀엽다

 B

해설 ❶ "临"은 '이어져 있거나, 오다'를 나타내며, 주로 단음절과 같이 사용한다. 본 지문과는 어울리지 않는다. "过"는 '지내다'의 뜻으로 '오다'의 뜻은 없으므로 문맥에 어울리지 않는다. "到"와 "逢"은 비슷한 뜻으로, "金秋时节"과 조합을 이루어 가을이 다가옴을 뜻한다.

❷ "增添"만이 "生机"와 조합을 이룰 수 있다. "增加"는 '수량의 증가'를 뜻하고, "增强"은 '능력이나 실력의 향상'을 뜻하며, "增长"은 '수량 증가나 수준의 향상'을 뜻한다. "增添"을 제외한 나머지 보기들은 부적합하다.

❸ "作"와 "成"이 동사로 사용될 때는 상황어 "贵"의 수식을 받지 않는다. 즉 "贵作"나 "贵成"이란 용법은 없다. 이 밖에 "作"나 "成"이 보어로 사용될 때는 동사 뒤에서만 보어로 사용되므로 형용사 "贵"와 조합을 이룰 수 있다. "于"는 형용사 뒤에서 보어로 사용되면 비교의 의미를 갖는다. 즉 "比…"의 뜻으로 "比…贵"를 뜻한다. 문맥상 적합하지 않다. "为"가 동사로 사용되면 "是"의 뜻이 있다. 이는 상황어 "贵"의 수식을 받을 수 있다.

❹ 피동구문인 "为…所…" 구조에서 "所" 다음에는 동사가 와야 한다. "可爱"는 형용사로 적합하지 않다. "爱好"가 동사로 사용되면 주동의 의미를 가지며, 피동문에는 사용되지 않는다. "喜爱"와 "热爱" 이 두 단어는 다 사용 가능하다.

단어 凋谢 diāoxiè 죽다, 시들다
秋菊盈园 qiūjúyíngyuán 가을 국화가 정원에 가득하다
姿态 zītài 자태
神韵 shényùn 기품

68 옛날 사람들은 약을 다리는 물을 선택할 때 <u>이것저것 따지는 것이 많았다</u>. 그들은 물의 성질에 경중이 있다고 여겼으며 정적인 물과 동적인 물을 구분했다. 물의 맛 역시 중후함과 가벼움이 다르며 물은 <u>지방에 따라서도 서로 다르다</u>고 생각했다. 여기에는 과학적 근거가 있다. 현대 의학 <u>역시</u> 각종 미량원소가 인체에 미치는 영향이 매우 크다는 점을 증명했다. 따라서 용도에 따라 물을 신중히 선택하여 약을 다리는 것은 중약이 약효를 <u>발휘하는</u> 데 있어 무시할 수 없는 큰 의미를 가진다.

A 이것저것 주의하다 ｜ 지역에 따라 다르다 ｜ 역시 ｜ 발휘하다
B 신경쓰다 ｜ 변화가 다양하다 ｜ 즉 ｜ 떨쳐 일으키다
C 신경쓰다 ｜ 끝도 없이 나타나다 ｜ 곧 ｜ 발행하다
D 중시하다 ｜ 괴상하고 다양하다 ｜ 겨우 ｜ 발육하다

정답 **A**

해설 ❶ "在意"와 "在乎"는 의미가 비슷한 단어이다. "讲究"는 "重视"와 "注重"의 의미를 가진다.

❷ "因地而异"가 제일 문맥에 알맞다. 나머지 보기들은 변화가 많음을 강조한 것들이다. 지문은 물의 복잡한 변화를 강조하는 것이 아니라, 물의 성질에 따라 차이가 있다는 것을 강조하는 것으로 보기 A가 가장 적합하다.

❸ "亦"는 "也"의 뜻으로, 문맥에 제일 적절하다. "则"는 "却"의 뜻으로 전환을 나타낸다. "即"는 맨 앞에 자주 사용하며 "就是"의 의미를 가진다. "才"가 부사로 사용될 때는 늦은 시간이나, 느린 동작 등을 표현한다. 그러므로 보기 B, C, D는 제거한다.

❹ 동사 "发挥"만 "疗效"와 조합을 이룰 수 있다. "发扬"은 일반적으로 "传统、精神" 등과 조합을 이루고, "发行"은 새로운 화폐나 책, 서적 등과 조합을 이루고, "发育"는 생물체가 '성숙해진다'는 의미이다. 그러므로 "发挥"를 제외한 나머지들은 "疗效"와 조합을 이루기 어색하다.

단어 煎药 jiān yào 약을 달이다
选择 xuǎnzé 선택하다
厚薄 hòubó 탁하고 맑다
微量元素 wēiliàng yuánsù 미량원소
低估 dīgǔ 과소평가하다

---

69 홍콩에서 모든 사람들은 이곳이 아시아 및 세계 각지와 매우 <u>밀접한</u> 관계를 맺고 있다고 <u>느낀다</u>. 고도로 발달된 통신과 운수 시스템은 신속하고 효율적이며 활발한 정보, 물자, 인재의 <u>유동</u>을 가능케 한다. 고위 직원의 경우 만일 오전에 일을 <u>그만두었다면</u> 오후에 곧바로 만족스러운 새 직장을 찾을 수 있다는 말이 있을 정도로 홍콩의 인재 유동 속도는 매우 빠르다.

A 받아들이다 ｜ 긴밀하다 ｜ 이동하다 ｜ 미루다
B 느끼다 ｜ 밀접하다 ｜ 이동하다 ｜ 사직하다
C 체험하다 ｜ 치밀하다 ｜ 이동하다 ｜ 물러서다
D 관찰하다 ｜ 비밀 ｜ 행동하다 ｜ 퇴각하다

정답 **B**

해설 ❶ 동사 "接受"는 '조건을 받아들이다, 혹은 물건을 수령하다'의 뜻으로 빈어로 "联系"를 가지기 어색하다. 보기 A를 제외한 나머지 보기들은 다 사용 가능하다.

❷ "紧密"와 "密切" 두 단어만이 "联系"를 수식할 수 있다. "秘密"와 "严密"는 "联系"를 수식하기에 어색하다. "秘密"는 공개하지 않는 정보나 일 등을 수식하고, "严密"는 '틈이나 누락된 곳이 없음'을 뜻해 주로 "看守、监督、监视、封锁" 등 방범, 경계와 관련된 단어를 수식한다. 그러므로 보기 C, D는 제외한다.

❸ "流动"과 "调动"은 "信息、物资和人才"와 조합을 이룰 수 있다. 그러나 "移动"은 사람이나 물품의 '위치 변화'를 뜻하므로, "信息"의 전달에 사용하기 어색하며, "行动"은 사람

에게만 사용되는 단어로 "信息"와 "物资"에 사용되지 않는다. 그러므로 보기 A, D는 제거한다.

❹ "辞职"는 상용 조합이므로 외워둔다. 방향보어 "去"는 "辞"의 보어로 사용 가능하다. 나머지 보기들은 보어 "去"와 빈어 "职"을 가질 수 없다.

단어 频繁 pínfán 빈번하다

70 불면증은 가장 흔한 수면장애로서, 불면증에 걸린 사람은 잠들기가 힘들거나 숙면 유지가 힘들며 잠에서 깬 후에도 정신을 차리기 힘들고 체력 회복도 어렵다. 불면증 가운데 17%는 매우 심각한 증상을 보이는데, 노인의 불면증 비율은 60%에 이른다. 수 년간 지속된 불면증이 건강에 미치는 해는 아주 심각하여, 불면증 환자의 노화 속도는 일반인의 2.5에서 3배에 이른다.

A 질병 | 흥성하게 하다 | 효율 | 고수하다
B 장애 | 차리다 | 비례 | 지속하다
C 어려움 | 회복하다 | 비율 | 계속하다
D 번거로움 | 흥분하다 | 숫자 | 연속하다

정답 **B**

해설 ❶ "麻烦", "困难"은 어감이 약하고, 회화체에 많이 사용한다. 글의 전반적인 분위기는 문어체이므로 분위기상 약간 어색하다. "障碍", "疾病"은 모두 문어체적인 분위기의 단어로 앞의 두 단어보다 더 적합하다고 할 수 있다.

❷ "振兴"은 일반적으로 "国家", "民族"와 조합을 이루어, "使…振作兴盛(~로 하여금 흥성하여 떨쳐 일어나게 하다)"의 의미를 갖는데, 지금 지문의 문맥상 이 단어는 어울리지 않는다. "兴奋"은 형용사로 빈어를 가지지 않으니 제거한다. "恢复"는 원래의 상태로 '되돌아온다'는 의미로 "精神"과 조합을 이룰 수 있다. 휴식을 통하여 비교적 좋은 상태로 '정신이 회복된다'는 의미이다. "振作"는 '정신(활력)이 가득 차다'의 의미로 "振作精神"은 상용 조합이다.

❸ "60%"는 "比例", "比率"와 사용하기에 적합하고, "效率", "数字"와는 같이 사용하지 않는다. "效率"는 보통 "高", "低"로 표현한다.

❹ "持续"와 "连续" 뒤에는 시간의 개념들이 잘 온다. 그러나 "坚持", "继续"는 동작의 개념에 잘 사용하므로 뒤에 동사들이 잘 온다. 문맥상 어울리지 않는다.

제3부분

제3부분은 모두 10문제다. 두 개의 단문이 제시되며 각 단문에는 5개의 빈칸이 있다. 응시자는 문맥에 맞게 5개의 보기 중 정답을 고르면 된다.
이 부분은 응시자의 빠른 독해 능력과 필요한 정보를 찾는 능력을 주로 평가한다.

71-75

사방이 모두 높은 벽으로 둘러싸인 한 포도원이 있었다. ⁷¹ 포도가 마침 잘 익은 계절에, 늙은 여우 한 마리가 이 포도원을 지나다가 포도밭에서 풍겨 나오는 향기를 맡고 몹시 들떴다. 이 여우는 평생 맛있는 포도를 수도 없이 먹어봤기 때문에 항상 이를 자랑스럽게 여기고 동료들에게 잘난 척을 해댔다. "나는 이 세상의 포도란 포도는 다 먹어봤어!" 여우는 찬찬히 냄새를 맡고는 ⁷² 이 포도원의 포도가 매우 특별한 것이라고 단정지었다. 분명 새로운 품종일 것이며 지금까지 한번도 먹어보지 못한 포도일 것이라고 생각했다. 이 나이 많은 여우는 결심했다. "반드시 이 곳 포도를 먹어볼 테야, ⁷³ 먹기 전에는 절대 여길 떠나지 않겠어."

여우는 사방을 꼼꼼히 둘러보고 구멍 하나를 찾아냈다.

그러나 몇 번이나 들어가려고 시도했지만 구멍이 너무 작아서 겨우 머리만 간신히 들어갈 뿐 몸까지는 무리였다. 결국 여우는 중대한 결정을 내렸다. ⁷⁴ 3일 동안 굶어서 배를 홀쭉하게 한 다음에 다시 들어가야지! 여우는 각오를 다졌다. 그리고는 정말 몸이 홀쭉해지더니 그 구멍을 통과해 포도원에 들어갈 수 있게 되었다. 포도원 안의 포도는 정말이지 세상에서 가장 맛있는 포도였다. 여우는 3일 내내 포도를 배불리 먹고 나서, 여우는 이제 나가야겠다고 생각했다. 만약 주인이 온다면 꼼짝없이 죽을 게 분명했기 때문이었다. ⁷⁵ 그러나 포도를 많이 먹은 만큼 원래대로 다시 살이 쪘기 때문에 밖으로 나갈 수가 없었다. 하는 수 없이 늙은 여우는 또 3일을 굶었고 들어왔을 때와 마찬가지로 살을 뺀 다음에야 비로소 그 구멍으로 나올 수 있었다.

A 이 포도원의 포도가 매우 특별하다

B 그러나 포도를 많이 먹은 만큼 원래대로 다시 살이 쪄서 밖으로 나갈 수가 없었다

C 포도가 마침 잘 익은 계절에

D 3일 동안 굶어서 배를 홀쭉하게 만들었다

E (먹기 전에는) 아니라면 절대 여길 떠나지 않겠어

단어 炫耀 xuànyào 자랑하다

瘦 shòu 마르다

无奈 wúnài 어찌할 도리가 없다

71 **정답** **C**

해설 도입 부분으로 포도밭을 설명하는데, 포도밭과 관련된 보기는 A, C이다. 이 둘 중 첫 번째 빈칸에 이 두 보기는 다 어울린다. 그러나 빈칸 뒤에 연결되는 이야기는 '포도밭으로부터 풍겨 나오는 냄새를 맡았다'는 것과 연결시키려면 보기 C의 '포도가 잘 익은 계절'이 훨씬 더 적합하겠다.

72 **정답** **A**

해설 빈칸 뒤로 "是一种新品种"이라는 것과 '여우가 먹어보지 못한 것'이란 이야기에서 이 빈칸에 역시나 포도와 관련된 보기가 들어가야 함을 알 수 있다. '새로운 품종'이라는 단어에서 보기 A가 가장 적합함을 알 수 있다. 이 곳 보기 C는 들어갈 수 없다. 그러므로 71번에는 C, 72번에는 A가 들어가야 한다.

73 **정답** **E**

해설 "否则"는 '앞에 언급한 상황처럼 하지 않는다면, ~일 것이다'라는 뜻으로 가정의 의미를 가지는 관련사이다. "不然"과도 비슷한 의미이며, 이미 발생한 일에는 사용하지 않는다. 빈칸 앞에는 '반드시 포도를 먹고야 말겠다'는 강한 의지를 표현했고, '이렇지 않다면 떠나지 않겠다'는 뜻이 와야 한다. 그러므로 보기 E가 제일 적합하다.

74 **정답** **D**

해설 빈칸 뒤에 있는 "狐狸是有决心的, 它真的瘦了下来"의 내용으로 비추어 볼 때 빈칸에는 '마르다, 살을 빼다'의 내용이 들어가야 한다. 보기 D가 가장 적합하다.

75 **정답** **B**

해설 빈칸 앞에는 '여우가 배불리 3일을 먹었다'는 내용이 나오고, 빈칸 뒤로는 '어쩔 수 없이 3일을 굶었다'는 내용에서 빈칸에 왜 굶어야만 했는지, 그에 해당하는 이유가 있어야겠다. '포

도를 많이 먹어 뚱뚱해져서 빠져나올 수 없다'란 보기가 가장 적합하다. 그러므로 답은 B이다.

76-80

골드바흐(1690-1764)는 역사가 살아 숨쉬는 독일의 아름다운 고도(古都) 쾨니히스베르크(현재의 칼리닌그라드)에서 태어났다. ⁷⁶ 그곳은 철학자 칸트의 출생지이기도 했다. 골드바흐는 어린 시절에 영국의 옥스퍼드 대학으로 유학을 떠났으며 법학을 전공하고 유럽 각국을 둘러보았다. 스위스에 머무는 동안 유명한 수학자인 베르누이와 그의 가족을 만나게 되었고 이를 계기로 수학에 대한 흥미가 더욱 커지게 되었다. 그는 수학에 대해 심도 있는 연구를 하였으며 ⁷⁷ 곡선이론, 미적분 그리고 무한수열의 문제를 연구했다. 1725년, 그는 러시아 피터버로 과학원 원사로 선출되어 그곳에서 5년 동안 비서 직무를 담당했다. 행정과 과학 연구를 모두 다루는 만능 인재였다.

골드바흐는 당시 대수학자인 오일러와 막역한 사이로 ⁷⁸ 비록 두 사람은 같은 나라에 있지 않았지만 항상 서신을 통해 연락을 유지하고 있었다. '골드바흐의 추측'은 그가 1742년 6월 7일 오일러에게 쓴 편지에서 언급된 추측으로 '수학계의 영웅'이라 불리는 오일러에게 가르침을 구하면서 ⁷⁹ 그가 자신을 도와 이 문제를 해결해 주길 바랐다. 그러나 이 문제는 '역사상 가장 위대한 4대 수학자' 중 하나인 오일러(오일러를 제외한 3대 수학자: 뉴튼, 아르키메데스, 가우스)조차도 해결할 수가 없었다. 하지만 오일러는 이 점을 숨기지 않고 ⁸⁰ 솔직하게 "풀지 못하겠다"라고 답장을 보냈다. 과학자로서 실사구시적인 태도와 면모를 보여준 것이라 할 수 있다. 이 유명한 추측은 100년의 세월을 거쳤음에도 그 어떠한 결과도 얻지 못했으며, 결국 해결에 대한 희망과 기대를 후대로 미루는 수밖에 없었다.

A 솔직하게 "풀지 못하겠다"라고 답장을 보냈다

B 그곳은 철학자 칸트의 출생지이기도 했다

C 그가 자신을 도와 이 문제를 해결해 주길 바랐다

D 곡선이론, 미적분 그리고 무한수열의 문제를 연구했다

E 비록 두 사람은 같은 나라에 있지 않았지만

단어 激发 jīfā 불러일으키다

浓厚 nónghòu 짙다

隐瞒 yǐnmán 숨기다

风范 fēngfàn 풍모와 재능

76 **B**

> 빈칸 앞에 언급된 장소 "哥尼斯堡"는 보기 B에 있는 "那
> 里"와 의미상 연결시키기가 제일 적합하다.

77 **D**

> 빈칸 앞으로 골드바흐가 수학에 흥미를 가지고 심도 있게
> 연구하는 부분이므로 문맥상 보기 D가 가장 적합하다.

78 정답 **E**

> 골드바흐가 오일러와 어떻게 친분을 유지했는지에 대해 말

하는 부분으로 빈칸 뒤에 관련사 "但"에서 앞에는 보기 E 의
"尽管"이 와야 함을 알 수 있겠다.

79 정답 **C**

> 빈칸 앞으로 오일러에게 "向~请教" '가르침을 구한다'는 부
> 분이 나왔으므로, 빈칸에는 오일러가 도와 주기를 희망하는
> 보기 C가 가장 적합하다.

80 정답 **A**

> 빈칸 앞의 "没有隐瞒"과 보기 A의 "坦白地表示"는 같은
> 뜻이므로, 답은 A이다.

제4부분

제4부분은 모두 20문제다. 이 부분은 소재, 장르, 문체, 스타일이 다른 여러 개의 단문이 주어지며, 단문 끝
에 몇 개의 문제가 주어진다. 문제마다 네 가지 보기가 있으며, 응시자는 그 가운데 정답을 골라 답안지 알파
벳 위에 가로줄을 그으면 된다.

81-85

사실 오존층은 성층권에 위치한 대기층으로 이 대기층
가운데 오존이 밀집되어 있고 농도가 비교적 높은 층을 통
상적으로 오존층이라고 부른다.

오존층의 두께는 보통 10~15km 정도이지만 오존함량은
위도와 계절에 따라 변한다. 북반구에서는 일반적으로 봄철
에 오존층 두께가 가장 두껍고, 가을철에 가장 얇다. 고위
도 지역일수록 계절에 따른 변화가 더욱 두드러지게 나타난
다. 오존층이 가장 크게 형성된 지역은 극지 근처이며 적도
근처의 오존 농도가 가장 낮다.

고공의 오존층은 지구상의 생물에게 매우 이롭다. 오존
은 태양의 자외선 복사열에 대한 강한 흡수력을 가지고 있
어 그것이 지구 표면에 닿는 것을 막아, 지표 생물을 보호한
다. 뿐만 아니라, 태양의 자외선 복사열을 흡수함으로써 기
후 조절 작용을 한다.

때문에 일단 오존층이 파괴되면 태양의 자외선 복사열이
지면에 닿아 인류의 건강에 심각한 피해를 가져다 준다. 이
는 생물 단백질을 파괴하고 세포를 죽여 피부암을 유발한
다. 또한 사람의 안구를 손상시켜 백내장을 유발해 실명까
지 이르게 할 수 있다. 그 밖에도 신체의 면역 시스템 기능
을 억제하여 질병에 대한 저항 능력을 떨어뜨린다.

이 외에도 성층권에서의 오존 농도가 줄어들면 지구의 이
상기후 현상을 야기해 식물 생장과 생태계 평형에 영향을
미친다. 농작물과 미생물에 피해를 줌으로써 상품의 품질을
떨어뜨리고 생산량도 줄어들게 한다. 또한 건축물 등에도
영향을 미쳐 수명 주기를 단축시킨다.

단어 **阻挡 zǔdǎng** 저지하다
抵抗 dǐkàng 저항하다
平衡 pínghéng 평형
缩短 suōduǎn 단축하다

81 오존층이 위치하는 곳은 어디인가요?

A 대류권
B 중간층
C 전리층
D 성층권

정답 **D**

> 첫 번째 단락에 분명하게 언급되어 있으며, 나머지 보기들은
> 언급되지 않은 사항들이다.

82 북반구에서 오존층이 가장 두꺼운 계절은 언제인가요?

A 봄
B 여름
C 가을
D 겨울

정답 **A**

해설 '봄에 가장 두껍고, 가을에 가장 얇다'고 하였다. 그러므로 답은 A이다.

83 오존층 농도가 제일 낮은 곳은 어디인가요?

A 극지
B 적도
C 중위도
D 북회귀선

정답 **B**

해설 '오존의 농도가 가장 낮은 곳은 적도이고, 짙은 곳은 극지'라고 지문에 언급되었다.

84 다음 중 틀린 내용은 무엇인가요?

A 오존 함유량은 위도와 계절의 변화에 따라 변한다
B 오존 농도의 변화는 건축물에 영향을 주지 않는다
C 과도한 자외선은 인체의 저항 능력을 저하시킨다
D 고공의 오존층은 지구의 생물에 유익하다

정답 **B**

해설 본문 마지막에 '오존층의 파괴는 건물의 수명을 단축시킨다'고 언급하였으므로 보기 B가 틀린 것이다.

85 오존 농도의 감소는 아래 보기 중 어떤 상황을 초래할 수 있나요?

A 기후 이상
B 강우량 증가
C 환경 오염
D 공업의 생산량 감소

정답 **A**

해설 세 번째 단락 마지막 부분에 "起到调节气候的作用" '오존층은 기후 조절 작용을 한다'고 언급하였고, 다섯 번째 단락 첫 째줄에 "平流层中臭氧浓度的减少, 会导致地球气候异常" '오존 농도가 줄어들면 기후 이상을 초래한다'고 분명히 언급하였다. 보기 B '강우량의 증가'는 직접 언급되지는 않았지만, 이상 기후로 A에 포함된다고 볼 수 있다. 그러나

B를 답으로 고르기는 역부족이다. 보기 D는 '농업 생산량에 지장을 준다'고 지문에 언급은 되었으나, '공업의 생산량'은 언급되지 않았다.

86-90

물이 없으면 생명도 존재할 수 없다. 담수는 생물이 살아갈 수 있는 <u>생명의 근원</u>일 뿐만 아니라 공업 상품의 촉매제이기도 하다. 세계의 인구는 계속해서 증가하고 있기 때문에 물에 대한 수요도 점점 더 커진다.

'물의 행성'이라고도 불리는 지구는 그 이름처럼 면적의 4분의 3이 물로 뒤덮여 있다. 그러나 해수가 97.5%를 차지하고 있으며, 담수는 겨우 2.5%밖에 되지 않는다. 담수 중 70%는 또 얼음 형태로 존재하기 때문에 대기와 토양에 함유되어 있는 수분을 제외하고 실질적으로 이용 가능한 강물양은 지구 전체에 축적되어 있는 양의 0.0001%밖에 되지 않는다. 현재 전세계 60% 지역이 물 공급 부족에 시달리고 있으며 40여 개의 나라에서는 '물 부족난'을 겪고 있다. 한편, 담수자원의 분포도 매우 불균형적이어서 강수량이 증발량보다 훨씬 더 많은 지역도 있다. 또 어떤 지역은 일년 내내 비가 내리지 않아 사막이 끝없이 이어진다. 그런데도 거대한 얼음 창고인 남극은 여전히 제대로 활용되지 못하고 있다.

최근 들어 산업의 발전과 인구의 급증으로 수자원 오염 문제가 갈수록 심각해지고 있다. 2010년이 되면 세계의 물 수요는 3배 증가할 것으로 예상되는 가운데 물 부족 문제는 더욱 더 심해질 것이다.

중국의 연간 총 강수량은 6조㎥로 전국 육지의 연간 총 강수량의 5% 수준이다. 세계적으로 1인당 경류(徑流)량은 1.1만㎥인 셈이며 중국은 겨우 2700㎥밖에 되지 않는다. 중국의 북부 지역 역시 마찬가지로 물 공급량 부족이라는 어려운 상황에 직면해 있다. 따라서 남부의 풍부한 담수 자원을 물이 부족한 북부로 끌어오는 이른바 남수북조(南水北調) 사업은 반드시 실시되어야 한다. 착정(鑿井) 작업, 저수지 댐 건설, 대지 녹화 등 효과적인 조치를 취하여 강물 오염을 막고 생활용수를 절약해야 한다. 이러한 조치는 모두 물 공급 부족의 상황을 완화하는 데 매우 중요한 의의를 갖는다.

지구상에 존재하는 2.5%의 담수가 만약 제대로 보호되고 합리적으로 이용된다면 적어도 200억 명에게 공급할 수 있으며 이에 '남극의 얼음을 물로 만들자'라는 대범한 구상을 제안하는 나라도 있다. 남극 대륙은 세계에서 가장 큰 얼음 제조 공장이라 할 수 있다. 남극의 연간 결빙량은 1200㎢에 달하며 현재 축적된 얼음만 하더라도 3000만㎢나 되므로 세계 인구의 평균 식수량을 계산해 보았을 때 4만

년은 족히 마실 수 있는 양이다. 그러나 현재 많은 사람들은 보편적으로 해수의 담수화가 '물 부족' 문제를 해결하는 주요 방법 중의 하나라고 여긴다.

86 첫 번째 단락에 밑줄 그은 부분이 설명하는 것은 무엇인가요?

A 식물의 뿌리 부분은 물이 필요하다
B 생물이 필요한 것은 담수뿐만이 아니다
C 물에는 많은 영향물질을 함유하고 있다
D 생물의 생장은 물과 밀접한 관계가 있다

정답 D

해설 지문의 처음 도입 부분에 언급한 "没有水就不可能有生命"에서 물이 생명에 아주 중요한 요소라는 사실을 알 수 있고, 밑줄 그은 부분의 "命根子"는 '아주 중요한 것'을 뜻한다. 보기 D의 "离不开"는 '아주 중요하여 떠날 수 없다'는 뜻으로 일치한다. 나머지 보기들은 지문에 언급되지 않은 내용들이다.

87 "남수북조"의 목적은 무엇인가요?

A 대지 녹화
B 착정 작업
C 저수지 댐 건설
D 물 공급 부족 완화

정답 D

해설 보기 A, B, C는 물 공급 부족을 해결하기 위한 방안이며, 지문에 따르면 "南水北调"도 그 중의 한 방편이다.

88 다음 중 "물 부족"을 해결하는 주된 경로가 아닌 것은 무엇인가요?

A 생활 용수 절약
B 해수의 담수화
C 공업 용수의 감소
D 착정 작업

정답 C

해설 보기 A, B, D는 물 공급 부족을 해결하기 위한 방안이지만, '공업 용수의 감소'는 언급되지 않았다. 생활 용수와 공업 용수를 혼동하지 않도록 한다.

89 중국의 수자원 상황에 관하여, 다음 중 틀린 내용은 무엇인가요?

A 중국 1인당 평균 경류량과 전세계 1인당 평균 경류량은 같다
B 중국 북방은 물 공급 부족에 직면하고 있다
C 중국 연 총 강수량은 지구 연 총 강수량은 5%이다
D 반드시 방법을 강구해 물 공급 부족 문제를 해결해야만 한다

정답 A

해설 지문에 따르면 '세계 1인당 경류량은 1.1만 제곱미터'인 데 반해, '중국은 겨우 2700제곱미터'라고 하였다. 수사 앞에 사용한 "为"는 '객관적인 숫자'를 표시하지만, 수사 앞에 사용한 "仅"은 '적은 숫자'를 뜻한다. "仅"을 사용하여 '중국이 아주 부족함'을 나타내고 있다. 그러므로 '같다'고 한 보기 A가 틀린 표현이다.

90 다음 중 본문의 내용과 다른 것은 무엇인가요?

A 2010년이 되면 세계 물 부족난은 더욱 심해질 것이다
B 세계 담수 자원의 분포는 아주 불균형적이다
C 물 부족난을 해결하는 유일한 방법은 남극의 얼음을 담수화하는 것이다
D 남극 대륙의 현존하는 얼음은 4만년을 마실 수 있는 양이다

정답 C

해설 보기 C에 사용된 "唯一"는 '유일하다'는 뜻으로 다른 방법이 없음을 뜻한다. 그러나 지문에는 '착정 작업, 저수지 댐 개발, 대지 녹화 등도 물 부족을 해결을 위한 방법'이라고 언급하였다.

　　8월 12일, 저우샤오촨(周小川) 인민은행장은 상하이에서 위안화 환율 책정에 참고로 활용되는 '바스켓 통화'의 주요 화폐 종류를 발표했다. 중앙은행이 이 같은 조치를 취한 목적은 아주 분명하다. 바로, 위안화 평가절상에 대한 예측을 안정시키기 위한 것이다.

　　7월 21일, 위안화 환율 개혁이 '사전예고 없이' 시작된 후, 위안화 평가 절상의 움직임을 멈추기가 다시금 어려워졌다. 7월 21일 8.11위안으로 출발한 환율과 비교해 볼 때 환율 개혁 3주 동안 위안화는 실질적으로 약 0.15% 절상되었다. 만약 환율 개혁 전의 8.27위안을 기준으로 한다면 평가 절상 폭은 약 2.08%나 된다.

　　그러나 이 절상 폭은 해외의 예측과는 상당한 거리가 있다. 황쩌민(黃澤民) 화동사범대학 상업학교 원장은 기자와의 인터뷰에서 다음과 같이 밝혔다. "사실, 과거에 위안화 환율은 미 달러에 고정되어 있었지만 오히려 변동은 가능했습니다. 그러나 이번 환율 개혁이 이렇게 주목을 받는 가장 큰 원인은 바로 환율 개혁에 대한 시장의 해석과 중앙은행의 해석이 일치하지 않기 때문입니다."

　　중앙은행은 위안화 환율의 초기 절상폭을 2% 수준으로 조정하겠다는 것은 위안화 환율 형성 메커니즘 개혁의 초기 단계에 한 차례의 조정을 거치는 것이라 재차 설명했다. 즉, 위안화 환율제도 개혁의 중점은 위안화 환율의 수치상 증감에 있는 것이 아니라 위안화 형성 메커니즘의 개혁 자체에 있다는 것이다.

　　그러나 중국의 위안화 환율 개혁에 대한 해외 자본시장의 해석은 이와는 다르다. 위안화 환율제도 개혁이 실시되기 전, 해외 자본시장에서 예측한 위안화 평가 절상 폭은 심지어 20%에 달했다. 비록 환율제도 개혁 후 해외의 위안화 평가 절상에 대한 기대치는 다소 줄어들었지만 보편적으로는 향후 1년 내에 위안화가 5%까지 계속 절상될 것이라고 기대하고 있다.

　　황쩌민은 위안화가 계속 평가 절상될 수 있을지, 또 얼마나 절상될지는 모두 중국 무역 흑자의 변화에 따라 결정된다고 내다봤다. 위안화 환율의 초기 조정 절상 폭을 2% 수준으로 정한 것은 국내 기업이 감당할 수 있을 만한 절상폭 수준을 염두에 두고 결정한 것이기 때문에 다음 차례의 환율 조정 역시 중국 대외무역 기업의 상황을 기준으로 그 수위를 결정하게 될 것이다. "위안화 평가 절상이냐 평가 절하냐의 문제는 사실, 두 가지 가능성이 모두 존재합니다. 만약 현재의 환율 수준에서 무역 흑자가 줄어들거나 적자가 발생할 경우, 위안화 평가 절상은 아마도 잠시 멈추겠지만, 무역 흑자가 계속해서 늘어난다면 적당한 선에서 다시 평가 절상될 것입니다."라고 전했다.

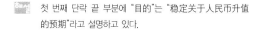

단어 汇率 huìlǜ 환율
浮动 fúdòng 안정되지 못하고 움직이다
顺差 shùnchā 흑자
避免 bìmiǎn 피하다
以防 yǐfáng 예방하다, 미리 방지하다
稳定 wěndìng 안정하다
逐步 zhúbù 차츰차츰
缩小 suōxiǎo 축소하다
甚至 shénzhì 심지어 ~까지도
逆差 nìchā 적자

91 중앙은행장이 위안화 환율 책정에 참고로 활용되는 '바스켓 통화'를 무엇 때문에 발표하였나요?

A 환율을 효과적으로 관리하기 위해
B 위안화 평가 절하를 막기 위해
C 위안화 평가 절상에 대비하기 위해
D 위안화 평가 절상의 예측을 안정시키기 위해

정답 D

해설 첫 번째 단락 끝 부분에 "目的"는 "稳定关于人民币升值的预期"라고 설명하고 있다.

92 황쩌민의 관점에 따르면, 이번 환율 개혁이 사람들의 주목을 받는 이유는 무엇인가요?

A 환율 개혁에 관한 해석이 일치하지 않는다
B 위안화 평가 절상의 폭을 예측하기 어렵다
C 기업의 환율 개혁에 대한 방어력이 떨어진다
D 위안화의 환율 개혁에 대한 방어력이 떨어진다

정답 A

해설 세 번째 단락 '시장의 해석과 중앙은행의 해석이 달라서 사람들의 이목을 집중시키고 있다'고 설명하고 있다.

93 환율 개혁 후, 해외에서는 보편적으로 위안화가 1년 내에 얼마까지 평가 절상될 것이라 예측하나요?

A 2%
B 2.08%
C 5%
D 20%

정답 C

해설 다섯 번째 단락에서 '환율 개혁 전에는 20% 정도로 예측하고, 개혁 후에는 5%'라고 설명하고 있으니 혼동하지 않도록 한다.

94 위안화가 계속 평가 절상될 것인지 아닌지는 무엇에 근거해 결정되나요?

A 외국 화폐의 환율
B 중국 무역액
C 해외의 자본 상황
D 중국 무역 흑자 변화

[정답] **D**

[해설] 마지막 단락에 '중국의 무역 흑자에 따라서 결정된다'고 언급하였다.

95 위안화 평가 절상은 어떤 상황에서 멈출 수 있나요?

A 무역 적자 발생
B 은행 금리 인상
C 대외무역 기업의 생산량 감소
D 수출 상품의 이윤 부족

[정답] **A**

[해설] '중국 무역 흑자에 따라서 평가 절상이 계속될 것인지가 결정되고, 무역 적자가 나면 평가 절상은 멈출 것'이라고 맨 마지막 단락에 언급하고 있다.

96-100

올림픽은 우리에게 스포츠의 즐거움을 가져다 줌과 동시에 건강에 유익한 생활 지침과 방법을 알려준다. 본문에서는 올림픽 기간 동안 다양한 서비스를 제공해온 전문가의 단독 취재 내용을 소개함으로써 올림픽 기간 중의 건강 노하우를 함께 공유하고자 한다.

벤장(边疆) 올림픽 요리협회 부 사무총장은 이번 올림픽 식당의 음식 서비스는 미국의 한 올림픽 음식 전문 서비스 업체가 담당한다고 소개했다. 이 회사는 1960년대부터 지금까지 모든 올림픽의 음식 서비스를 담당했던 만큼 경험이 매우 풍부하고 요리사와 영양사 모두 세계 곳곳의 최고 베테랑들로 구성됐다고 한다. 이번 시합에서 제공된 음식 메뉴의 가장 큰 변화는 중국, 일본, 한국 등 30%의 아시아 국가의 대표 메뉴가 포함됐다는 것이다.

중국 탁구 대표팀이 아테네올림픽 및 베이징올림픽 출전했을 당시 영양사를 담당했던 광안먼(广安门)병원 식이요법 영양부서 왕이(王宜) 주임의 소개에 따르면 이번 시합에서 선정된 중국요리는 사전에 단계를 거쳐 선별된 요리이며 영양학자, 미식가, 헤드셰프 등 여러 전문가의 분석과 시식을 거쳐 선정된 것이라고 한다. 색, 향기, 맛, 모양, 의미, 영양가가 골고루 균형을 이루는 요리들이다.

이번에는 많은 해외 귀빈들을 모셨기 때문에 식습관이나 영양 면에서 '중국과 서양의 조화'를 추구했다. 아침에는 잡곡 빵, 우유, 야채, 과일 및 약간의 베이컨 등 소화가 빠르고 에너지 공급이 신속히 이루어지는, 몸에 부담이 덜 가는 음식이 제공되었다. 그 중 가장 추천할 만한 음식은 바로 호밀빵이었다. 사람들이 평소 자주 접하지 않는 호밀을 재료로 가공하여 만든 것이다. 호밀은 철분, 아연 등 기초원소의 함유량이 풍부하여 영양 가치가 높으며 빵으로 만든 후 호두 등과 같은 견과류를 첨가하면 뇌 운동을 활발하게 해 주기도 한다. 점심 메뉴 중에서는 비법으로 만든 구운 닭다리 요리가 가장 추천할 만했다. 닭고기 중 다리 부위는 지방이 적고 단백질 함량이 높은 데다가 이번 요리는 꿀, 육계, 파, 생강, 백리향 등을 넣어 충분히 절인 후, 오븐에 구워 차이니즈 케일, 호박, 당근 등 채소를 곁들임으로써 영양소를 골고루 챙겼다. 이 요리는 많은 향료를 사용하였지만 기름과 소금의 양을 줄여 기름기가 적으면서 짜지 않은 건강한 요리이다. 만약 오븐이 없다면 굽는 대신 찜 요리로 변경할 수도 있다. 상을 받은 음식 메뉴는 초콜릿 케이크와 초콜릿 무스 치즈 케이크였다. 케이크는 열량이 높지만 포만감을 줄 수 있어 작은 한 조각으로도 충분히 배가 부르기 때문에 효과적으로 식욕을 억제할 수 있다.

[단어] 举措 jǔcuò 행동거지/조치
分享 fēnxiǎng 같이 누리다
筛选 shāixuǎn 골라 선별하다
均衡 jūnhéng 균형
中西合璧 zhōngxīhébì 중국과 서양의 장점을 취하여 합하다
推荐 tuījiàn 추천하다
腌制 yānzhì 염장하다
饱腹感 bǎofùgǎn 포만감

96 이번 올림픽 식당의 서비스는 어느 나라 회사가 담당하나요?

A 중국
B 미국
C 한국
D 일본

[정답] **B**

[해설] '이번 올림픽 음식은 미국의 회사가 담당을 하고, 메뉴들 중에 중국, 한국, 일본 등의 많은 아시아 음식들이 포함되었다'고 지문에는 언급되어 있다.

97 이번 식사 제공의 가장 큰 변화는 무엇인가요?

A 식사를 무료로 제공한다
B 영양이 더욱 풍부해졌다
C 가격이 훨씬 저렴해졌다
D 많은 아시아 음식이 포함되었다

정답 D

해설 30% 이상의 아시아 음식들이 포함된 것이 가장 큰 변화이다. 나머지 보기들은 지문에 언급되지 않았다.

98 선정된 점심 메뉴의 특징은 무엇인가요?

A 제일 유명한 중국 요리이다
B 제일 유명한 주방장이 만든 요리이다
C 색, 향, 맛, 모양 등 방면에서 아주 균형을 이루고 있다
D 식이요법부 주임이 담당한다

정답 C

해설 세 번째 지문에 '선정된 음식'에 관해 언급하고 있다. 이 중 보기 C가 지문에 부합된다. 보기 D의 식이요법 부서 주임이 특징을 소개한 것이지, 주임이 특징이 될 수 없으므로 혼동하지 않도록 한다.

99 이번 올림픽 음식의 영양 면에서 추구하는 바는 무엇인가요?

A 중국과 서양의 조화
B 포만감
C 서양 위주
D 뇌 활동 보충

정답 A

해설 영양 면에서 추구하는 것은 네 번째 단락에 언급한 '중국과 서양의 조화'로 답은 A이다. 나머지 보기 중 포만감은 케이크와 관련된 것이고, 뇌 활동력을 보충해 줄 수 있는 것은 '호밀 빵에 호두 등 견과류를 같이 먹으면 그럴 수 있다'는 내용이었다.

100 다음 중 기름과 소금이 적게 들어간 건강 식품은 무엇인가요?

A 호밀 빵
B 비방으로 만든 닭다리 구이
C 초콜릿 케이크
D 초콜릿 무스 치즈케이크

정답 B

해설 "这道菜中用了不少香料"에서 이 음식이 가리키는 것은 '비방으로 만든 닭다리 구이'이다. 보기 C, D는 '상을 받은 음식'이고, 보기 A '호밀 빵'은 추천 음식이다.

3. 쓰기(书写)

응시자는 우선 주어진 10분 동안 1,000자로 구성된 서사문을 읽는다. 읽으면서 본문을 베껴 쓰거나 기록할 수 없으며, 감독관이 문제를 회수한 후에 이 서사문을 400자 정도의 단문으로 요약해야 한다.

요구사항 :

(1) **쓰기** 전부 중국어로 쓰고(번체자로 써도 된다) 한 칸에 한 자씩 쓴다. 중국어는 반듯하고 또박또박하게 써야 한다. 문장부호도 정확해야 하며, 문장부호도 빈칸에 하나씩 쓴다.

(2) **글자수** 400자 내외

(3) **시험 시간** 35분

(4) **내용** 제목은 직접 붙이고 문장 내용을 반복 서술하되 자신의 관점이 들어가서는 안 된다.

101

크리스마스 이브. 시계 종소리가 7번 울렸을 무렵 8살 정도 된 여자아이가 짐의 작은 골동품 액세서리 가게로 들어왔다.

"저 예쁜 남색 진주 목걸이 좀 꺼내 보여주실 수 있나요?" 여자 아이는 잠시 머뭇거리더니 조그만 목소리로 물었다.

짐은 진열대에서 꽤 값이 나가는 사파이어 목걸이를 꺼냈다.

"맞아요, 바로 그거요!" 여자 아이는 흥분을 감추지 못했다. "빨간색 포장지로 포장해주실 수 있죠?"

짐은 가만히 쳐다보며 물었다. "누구한테 선물할 거니?"

"우리 언니요. 우리 언니는 세상에서 제일 착한 사람이에요. 엄마가 돌아가시고 나서 줄곧 저를 돌봐주고 있거든요. 매일 학교 수업이 끝나면 저는 꽃을 팔러 다녔는데 오늘은 꽃을 팔아서 번 돈을 한푼도 쓰지 않고 모두 모았어요. 크리스마스 때 언니에게 가장 예쁜 선물을 해주려고요." 아이는 주머니에서 잔돈을 한 움큼 꺼내 계산대 위에 올려놓았다. "이게 제가 꽃을 팔아 모은 돈 전부예요. 그리고 언니가 평소에 준 용돈도 있어요. 여기요."

순간 무엇인가가 짐의 가슴 속 깊은 곳을 살짝 휘젓는 듯했다. 그는 묵묵히 아이를 쳐다보며 조심스럽게 목걸이 위의 가격표를 뗐다. 어떻게 아이에게 실제가격을 보여줄 수가 있겠는가?

"이름이 뭐니?" 그는 밝은 빨간색 포장지로 정성껏 목걸이를 포장하면서 물었다.

"저는 윈니라고 해요." 아이는 짐의 손을 뚫어지게 바라

보며 기쁨이 가득 찬 얼굴로 대답했다.

짐은 "자, 가져가렴." 하고 말한 후 "길거리에서는 꼭 조심해야 한다. 잃어버리면 안 돼."라고 당부했다.

아이는 그를 향해 예쁜 웃음 지어 보이며 작은 선물을 가슴에 꼭 품고 가벼운 발걸음으로 가게를 나섰다. 점점 멀어지는 윈니를 바라보면서 짐은 자신이 매우 의미 있는 일을 했다고 생각하면서도 한편으로는 외로움이 사무쳐왔다.

방금 왔던 꼬마 아가씨와 사파이어 목걸이는 다시 한번 짐의 마음 깊숙이 숨어 있는 슬픈 기억을 끄집어냈다. 짐은 한때 사랑했던 여인 생각에 잠겼다. 이 사파이어 목걸이는 사실 짐이 그녀를 위해 준비한 것이었다. 그러나 그 해 크리스마스 이브, 급히 달리던 자동차가 짐이 그토록 사랑하는 여인의 생명을 빼앗아 갔던 것이다.

가게의 문이 조심스럽게 열렸다. 한 아름다운 젊은 여자 손님이 들어왔다. "이거 여기에서 산 거죠?"라고 물으며 눈에 띄는 빨간색 종이로 포장된 작은 선물을 계산대 위에 올려놓았다. 바로 그 사파이어 목걸이였다.

"네, 맞습니다. 윈니라고 하는 꼬마 숙녀가 언니에게 크리스마스 선물로 사준다고 하더군요."

"제가 바로 윈니의 언니 엘사예요. 제 동생이 돈을 모아봐야 몇 달러밖에 안됐을 텐데, 아무리 돈을 모았어도 이렇게 비싼 목걸이를 사지는 못했을 거예요!"

짐은 조심스럽게 빨간색 포장지로 목걸이를 다시 포장하고는 따스한 목소리로 말했다. "충분히 살 수 있었어요. 그 꼬마 친구는 한 사람이 낼 수 있는 최고 값을 냈답니다. 왜냐하면 아이는 자기가 가진 전 재산을 꺼냈으니까요!"

오랫동안 이 작은 가게에 고요함이 흘렀다. 두 사람은 가

만히 서로를 바라보았다.

갑자기, 교회의 종소리가 울렸다. 맑고 청아한 종소리가 크리스마스 밤에 울려 퍼졌고, 새로운 하루가 또 시작되었다.

"그런데, 왜 그러셨던 거죠?" 엘사가 드디어 말을 꺼냈다.

"이 목걸이는 원래 제가 가장 사랑하는 사람을 위해 준비한 크리스마스 선물이었어요. 하지만 그녀는 이제 없어요. 다른 누구에게도 줄 수 없더군요. 자기의 모든 사랑을 쏟아서 이 목걸이를 산 그 아이에게 선물하고 싶었어요. 충분히 그럴 만하죠?"

単語
古玩 gǔwán 골동품
首饰 shǒushì 장식품
橱窗 chúchuāng 진열장
项链 xiàngliàn 목걸이

101 모범답안
一条珍贵的蓝宝石项链

在圣诞节前夜，一个小女孩走进一家商店，要买一条很贵的蓝宝石项链。

店主人吉姆知道女孩买不起，就问她："你要给谁买礼物？"

小女孩告诉吉姆："是给我姐姐的礼物，她是天底下最好的人。"原来，小女孩的妈妈去世了，一直是姐姐照顾她。为了在圣诞节给姐姐送一件最漂亮的礼物。她每天放学以后都去卖花，现在她把所有的钱都拿来了。

店主人被感动了，尽管女孩的钱很少，他还是把项链仔细地包起来给了她。

女孩把项链紧紧地搂在怀里，跑出了店门。

小女孩让店主人想起了自己曾爱过的一个姑娘，这条蓝宝石项链正是专门为她准备的。然而就在那一年的圣诞节前夜，一辆疾驰的汽车夺去了姑娘的生命，也夺去了吉姆的幸福。

就在这时候，店门被推开了，一位美丽的年轻女子走了进来，问："这是在您的店里买的吧？"

原来是小女孩的姐姐把项链送回来了，她知道妹妹买不起这么贵的东西。

可是吉姆说："她买得起，她付了一个人所能付出的最高价！因为她拿出了自己全部的钱！"

姐姐很想知道这是为什么，于是吉姆讲了自己的故事，说："这本来是为我最心爱的人准备的礼物，可是她不在了，现在我把它送给了一个用全部爱心来购买它的小姑娘，觉得这很值得。"

소중한 사파이어 목걸이

크리스마스 이브, 한 여자아이가 가게로 들어와 비싼 사파이어 목걸이를 사려고 했다.

상점 주인인 짐은 여자아이가 살 만한 능력이 없다는 걸 알고 물었다. "누구한테 선물하려고?"

아이는 "우리 언니에게 줄 선물이에요. 우리 언니는 세상에서 가장 착한 사람이에요."라고 말했다. 알고 보니, 아이의 엄마는 돌아가셨고 줄곧 언니가 아이를 보살피고 있었던 것이다.

크리스마스에 언니에게 가장 예쁜 선물을 하기 위해서 아이는 매일 학교를 마친 후 꽃을 팔아왔고 이제 선물을 사기 위해 자기가 모은 돈을 전부 가져왔다.

상점 주인은 가슴이 뭉클했다. 비록 아이의 돈은 적었지만 그는 목걸이를 정성껏 포장해 아이에게 주었다.

아이는 목걸이를 가슴에 꼭 안고 상점을 나섰다.

아이를 보내고 상점 주인은 자신이 사랑했던 여인이 생각났다. 이 사파이어 목걸이는 바로 그가 예전에 그녀를 위해 준비한 것이었다. 그러나 그 해 크리스마스 이브, 도로 위를 내달리던 자동차가 그녀의 생명을 빼앗아 갔고, 짐의 행복도 함께 앗아갔다.

바로 그때, 상점 문이 열리더니 아름다운 젊은 여자 손님이 들어왔다. "이거 여기에서 산 거죠?"

알고 보니, 아이의 언니가 목걸이를 돌려주러 온 것이었다. 동생이 이렇게 비싼 물건을 살 수 없다는 것을 언니는 알고 있었다.

그러나 짐은 "충분히 살 수 있어요. 아이는 한 사람이 낼 수 있는 최고 값을 냈답니다. 아이는 자신의 전 재산을 꺼냈거든요!"

아이의 언니는 이유를 알고 싶었고 짐은 자신의 이야기를 했다. "이건 원래 제가 가장 사랑하는 사람을 위해 준비한 크리스마스 선물이었어요. 하지만 그녀는 이제 없어요. 다른 누구에게도 줄 수 없더군요. 자기의 모든 사랑을 쏟아 이 목걸이를 산 그 아이에게 선물하고 싶었어요. 충분히 그럴 만하죠?"

新汉语水平考试

HSK
6级

모의고사 해설

③

HSK（六级）3회 모범답안

一、听力

第一部分	1. C	2. D	3. C	4. B	5. C	6. A	7. D	8. C	9. D	10. B
	11. C	12. B	13. D	14. A	15. C					
第二部分	16. D	17. B	18. C	19. B	20. B	21. A	22. B	23. B	24. C	25. B
	26. B	27. A	28. D	29. B	30. C					
第三部分	31. A	32. D	33. C	34. B	35. B	36. C	37. D	38. D	39. D	40. C
	41. C	42. A	43. D	44. B	45. C	46. A	47. B	48. D	49. D	50. C

二、阅读

第一部分	51. A	52. D	53. A	54. B	55. C	56. C	57. D	58. A	59. C	60. D
第二部分	61. B	62. C	63. D	64. C	65. A	66. B	67. C	68. D	69. A	70. C
第三部分	71. D	72. B	73. A	74. E	75. C	76. C	77. E	78. A	79. D	80. B
第四部分	81. B	82. C	83. C	84. B	85. D	86. A	87. C	88. C	89. A	90. B
	91. B	92. C	93. C	94. D	95. C	96. B	97. B	98. A	99. D	100. B

三、书写

第100位客人

一位老奶奶和一个小男孩走进一家小吃店，问："牛肉汤面一碗要多少钱？"

老板回答："十块一大碗。"

奶奶坐下来，仔细地数了口袋里的钱，只要了一碗牛肉汤面。奶奶把碗推到小孙子面前，让他赶快吃，自己却只吃了一点儿泡菜。一眨眼工夫，小男孩就把一碗面吃了个精光。老奶奶站起身，准备结账。老板看到这幅景象，走到两人面前说："恭喜您，您是我们的第一百个客人，所以这碗面是免费的。"

过了一个多月，有一天，老板无意间发现，上次的那个小男孩正蹲在店门口，店里进来一个客人，他就放一颗石子在自己画的圆圈里，可是离100个还差得多。

老板想起上次他们来店里的事情，很想帮助他，可又不想伤害孩子的自尊心。于是，他给朋友们打电话，请大家来吃面。客人一个个来了，当第99个客人来了以后，小男孩一下子跳起来，拉着奶奶的手走进了小吃店。

小男孩高兴地给奶奶要了一碗面，自己却只含了块泡菜在口中。

奶奶吃到一半的时候停下来，对小孙子说："奶奶吃饱了，这些你吃吧。"

没想到小男孩却拍拍他的小肚子，对奶奶说："不用了，我很饱，奶奶您看……。"

1. 듣기(听力)

제1부분

제1부분은 모두 15문제다. 이 부분의 문제는 하나의 단문으로 구성되어 있고, 시험지에 네 가지 보기가 주어진다. 문제마다 한 번씩 들려주며, 들은 내용과 일치하는 보기를 선택하면 된다.

1

> 　　学生都喜欢放假，可我却怕放假。因为一放假，妈妈就让我在屋子里看书学习，哪儿也不准去。电视也不让看，音乐也不让听。她去上班或上街买东西时，就把我锁在家里。

> 　　학생이라면 누구나 방학을 좋아하지만 나는 방학이 무섭다. 방학만 했다 하면 엄마가 꼼짝없이 공부만 시키면서 아무 데도 못 가게 하기 때문이다. TV도 못 보고 음악도 못 듣는다. 엄마는 출근할 때나 장보러 갈 때 아예 밖에서 집 문을 잠그고 나간다.

A 나는 학교 방학이 제일 좋다
B 엄마는 음악 듣는 것을 좋아하지 않는다
C 엄마가 TV를 못 보게 한다
D 엄마가 나를 데리고 물건을 사러 간다

정답 C

해설 '집 밖에서 문을 잠그고 나간다'는 것은 '나를 집에 두고 문을 잠근다'는 뜻이므로, 보기 D는 답이 아니고, 'TV도 못 보게 하고 음악도 못 듣게 한다'고 하였으므로 보기 C가 답으로 좋다.

단어 怕 pà 무서워하다
不准 bùzhǔn ~하지 못하다
锁 suǒ 잠그다

2

> 　　老师让每个留学生写一篇500字的作文。玛丽写了一天还没写出来。好朋友问她："你会多少汉字？"她说："大概1000多

> 个。"朋友说："那你写一篇500字的作文应该不成问题。"玛丽不好意思地回答："我学过的汉字虽然不少，可我总是不能把它们凑在一块儿。"

> 　　선생님께서 유학생들에게 500자 작문 숙제를 내 주셨다. 마리는 하루 종일 썼는데도 다 못 쓰고 있었다. 한 친구가 물었다. "너 아는 한자가 몇 자야?" 마리가 "아마 천 자는 넘을걸?" 하고 대답하자 그 친구는 "그럼 500자 작문 정도는 일도 아니네 뭐." 하고 말했다. 그 말에 마리는 겸연쩍다는 듯이 대답했다. "배운 한자는 꽤 되는데, 그 한자들을 같이 쓰지 못하겠어."

A 선생님은 마리에게 새 단어를 쓰라고 시켰다
B 마리는 숙제하는 것을 좋아하지 않는다
C 마리는 500자 작문을 썼다
D 마리는 1000여 개의 한자를 배웠다

정답 D

해설 '500자 작문 숙제를 마리가 배워서 알고 있는 1000여 자의 단어를 조합을 이루어서 쓰지를 못하겠다'고 했으므로 보기 D가 답이다.

단어 凑 còu 모으다

3

> 　　有一对夫妻，结婚二十年才生下一个儿子。他们把孩子当作掌上明珠，什么事情都听孩子的，什么事情都不让孩子自己做。结果，孩子长到10岁了，整天饭来张口，衣来伸手，自己连吃饭穿衣都不会。

결혼 20년 만에 아들 하나를 낳은 부부가 있었다. 부부는 아이를 손의 보배처럼 여겼고, 뭐든 아이 말대로 하고 아들에겐 아무 것도 시키지 않았다. 결국 10살이 되었을 때, 그 아이는 밥도 떠 먹여 줘야 먹고 옷도 입혀 줘야 하는, 혼자서는 기본적인 것도 못 하는 아이가 되고 말았다.

A 이 부부는 결혼한 지 10년이 되었다
B 아이가 10살이 되었는데도 말을 못 한다
C 이 부부는 아이를 지나치게 사랑한다
D 그들의 아이는 곧 20살이다

정답 C

해설 "饭来张口, 衣来伸手"는 아이가 아무 것도 할 줄 모르며, 모든 것을 부모에게 의존하여 하는 것을 비유할 때 많이 사용되는 표현들이다. '부모들이 "掌上明珠"로 여겨서 그렇게 만들었다'는 뜻이다. "过分疼爱孩子"를 "溺爱孩子"라고도 표현한다.

단어 掌上明珠 zhǎngshàngmíngzhū 애지중지하는 딸, 아끼는 사람
饭来张口 fànláizhāngkǒu 밥이 오면 입을 벌리다
衣来伸手 yīláishēnshǒu 옷이 오면 손을 뻗다

4
　　我从小就对邮票有感情。小时候爷爷给的零用钱，我全买了邮票和集邮册。结婚以后，我对邮票的感情更深了。我这个人不吸烟、不喝酒，除了吃饭穿衣以外，剩下的钱全都用来买邮票了。

　　나는 어렸을 적부터 우표에 애틋한 감정이 있었다. 어렸을 때 할아버지가 주신 용돈을 전부 우표와 우표책을 사는 데 쏟아부었다. 결혼 후에도 우표에 대한 마음은 오히려 더 깊어졌다. 나는 담배도 안 피우고 술도 안 마시는 사람이라서, 먹고 입는 것 이외에 남는 돈은 전부 우표를 사는 데 쓴다.

A 나는 담배 피우는 것을 좋아하고, 술 마시는 것을 좋아하지 않는다
B 결혼 후 나는 우표를 더 좋아하게 되었다
C 할아버지가 내게 우표와 용돈을 주셨다
D 담배 사고 남은 돈으로는 모두 우표를 산다

정답 B

해설 술, 담배를 다 안 한다고 하였으므로 보기 A, D는 제외하고, 할아버지께서 주신 용돈으로 우표를 샀으므로 보기 C도 틀린 내용임을 알 수 있다. 지문에 어려서부터 우표를 좋아하였는데, 결혼하고 더 좋아하게 되었다고, '感情更深'이라고 표현하였는데, 이는 보기 B의 '更喜欢'과 같은 의미라고 볼 수 있다. 그러므로 답은 보기 B이다.

단어 感情 gǎnqíng 친근감, 애정
集邮册 jíyóucè 우표수집용 책
剩 shèng 남다

5
　　羊是生活在陆地上的动物，但也有例外。非洲有一种生活在水里的"水羊"。它的眼睛是红色的，身体比陆地上的羊大两三倍，肉可以食用。水羊以水草为食物，常年生活在水里，很少在陆地上。

　　양은 주로 육지에 사는데, 그렇지 않은 양도 있다. 아프리카에는 물 속에서 사는 양도 있는데, 눈은 붉고 몸은 육지의 양보다 두세 배 크며 그 고기는 식용으로도 쓰인다. 이러한 양은 수초를 주식으로 하며 육지에 있는 일이 드물고 거의 물 속에서 지낸다.

A 물 속에 사는 양은 물고기를 좋아한다
B 물 속에 사는 양 고기는 먹을 수 없다
C 물 속에 사는 양은 거의 육지에 있지 않는다
D 물 속에 사는 양과 육지에 사는 양 몸집은 비슷하다

정답 C

해설 보기 A, B, D는 지문에 언급된 내용과 모순이고, 보기 C만 부합된다.

단어 例外 lìwài 예외로 하다
常年 chángnián 일년내내, 일년 동안

6
　　科学实验证明，早晨起床后和晚上睡觉前记忆力最好。因为早晨大脑细胞经过休息，活力最强。而临睡前知识信息刚进入大脑就入睡，没有干扰，有助于知识条理化。

　　과학 실험 결과, 아침에 일어난 후와 저녁에 잠들기 전 공부한 내용이 기억에 가장 잘 남는다고 한다. 아침에는 대뇌 세포가 휴식을 가진 후 활력이 가장 넘치기 때문이며 밤에는 방금 습득한 정보나 지식이 대뇌

에 들어가자마자 잠에 들기 때문에 아무런 외부의 방해 없이 지식을 체계화할 수 있기 때문이다.

A 아침에 일어난 후 기억력이 제일 좋다
B 오전 학습은 지식이 체계화 되도록 한다
C 오후 대뇌세포의 활력이 제일 강하다
D 밤에 잠들기 전 기억력이 제일 나쁘다

정답 **A**

해설 밤이 지식 체계화에 도움이 되니 보기 B는 틀린 것이고, '아침에 대뇌세포 활력이 제일 강하다'고 지문에 언급되었으니 보기 C도 틀렸다. '아침과 밤에 기억력이 제일 좋다'고 하였으니 보기 D도 틀리고, 답이 A임을 알 수 있다.

단어 **实验** shíyàn 실험하다
证明 zhèngmíng 증명하다
干扰 gānrǎo 방해하다
条理化 tiáolǐhuà 체계화

7

人是越来越聪明了，发明了电影，发明了舞会、音乐茶座等好东西。最好的是发明了电视，有声有色地将故事演给人们看，而且足不出户。但在我看来，躺在床上，点一支烟，捧一本好书，读到夜深人静，这就是我最大的享受了。

인간은 갈수록 총명해진다. 영화와 무도회, 음악다방 등 좋은 것들을 발명해 냈다. 그 중에서도 최고의 발명품은 TV이다. TV는 우리에게 생생하게 이야기를 전해주며, 집 밖에 나갈 필요도 없다. 하지만 내 생각에는 침대에 누워 담배 한 대를 피워 물고 밤 늦도록 좋은 책을 한 권 읽는 것, 이것이야말로 나의 최대의 즐거움이다.

A 누워서 담배 피우면 기분이 좋다
B 영화는 제일 좋은 발명이다
C 나는 댄스파티 참석을 즐기지 않는다
D 책 보는 것은 나의 가장 큰 즐거움이다

정답 **D**

해설 지문에서는 '누워서 담배를 물고, 책을 읽는 것이 제일 큰 즐거움'이라고 하였는데, 이는 책 보는 것에 포인트가 맞추어진 의미이며, '누워서 담배 피는 것이 기분이 좋다(편하다)'라는 보기 A는 주의해야 한다.

단어 **足不出户** zúbùchūhù 집 밖을 나가지 않다
捧 pěng 받들다

8

搬家在中国既麻烦又费时，非到万不得已人们是不愿意随便搬家的。然而美国人却喜欢搬家。据统计，在美国只有十分之一的家庭在一个地方的居住时间超过30年。美国人一生中很难定居在一个地方，平均每家都要搬十几次。

중국에서 이사란 참으로 귀찮고도 시간 아까운 짓이기도 하다. 그래서 중국인들은 웬만하면 이사를 안 가려고 한다. 하지만 미국인들은 이사하기를 좋아한다. 통계에 따르면 미국에서는 한 곳에서 30년 이상 산 사람이 10분의 1밖에 안 된다고 한다. 미국인들은 평생 한 곳에서 살지 못하고 한 가구당 열몇 번씩 이사를 다닌다.

A 미국인들은 이사하려 하지 않는다
B 미국인들은 이사를 번거롭게 생각한다
C 미국인들은 일반적으로 열몇 번씩 이사 다닌다
D 중국인들은 이사하는 데 많은 비용을 지불한다

정답 **C**

해설 보기 C는 지문과 일치하는 내용이며, 지문에서 언급한 '중국에서 이사란 귀찮고, 번거로운 일'이라는 뜻과 보기 B는 같은 내용이 아니므로 주의한다.

단어 **非** fēi 아니다
万不得已 wànbùdéyǐ 부득이하다

9

老王平时很喜欢开玩笑。有一次他到朋友家去做客，朋友看到老王穿的鞋和自己儿子的鞋一模一样，就问："你这鞋多少钱买的？" 老王抬起左脚，说"这鞋25块。" 朋友一听就急了，说"这么便宜，我儿子那双怎么花了50块？" 老王听了一笑，又抬起右脚说 "这鞋也25块，那只加这只一共50块。"

라오왕은 평소 농담을 즐긴다. 한번은 친구네 집에 놀러 갔는데, 친구가 라오 왕의 신발이 자기 아들의 신발과 완전히 똑같다는 것을 알고 "자네 이 신발 얼마에 샀나?" 하고 물었다. 라오 왕은 왼발을 들면서

"이 신발은 25위안을 줬지." 하고 대답했다. 친구는 깜짝 놀라 "이렇게 싼 신발을 내 아들 녀석은 50위안이나 줬단 말인가?" 하고 말했다. 그 말을 들은 라오 왕은 껄껄 웃으며 이번엔 오른발을 들어 "이 신발도 25위안이네. 두 쪽을 합하면 50위안이지." 하고 말했다.

A 라오 왕의 신발은 25위안이다
B 라오 왕은 신발 구매를 즐긴다
C 친구는 신발을 비싸게 샀다
D 라오 왕의 신발과 친구 아들의 신발은 같다

정답 D

해설 처음에 '라오 왕이 농담을 즐긴다'고 하였으므로, 지문의 전반적인 분위기가 농담에 관련된 것이라는 짐작을 하는 것이 좋다. 지문에서 처음부터 신발 관련 양사 "只", "双"을 사용해서 말을 했더라면 더 쉽게 이해를 했을 텐데, 라오 왕은 농담하려고 일부러 양사를 빼고 말을 하여 혼동을 일으키게 하였다. 그러나 결국 라오 왕은 맨 마지막에 "只"를 사용하여 '본인의 신발과 친구 아들의 신발이 같은 값 50위안'이라고 알려주었다.

단어 抬 tái 들다/치켜세우다
急 jí 초조해하다

10
　　常听音乐有助于人体健康，但是什么时候听什么音乐却大有学问。每日三餐是收听音乐的好时机。由于用餐时间不长，不应该把注意力全部集中在欣赏音乐上，这时以听轻音乐最理想。当您做家务时，最好播放您喜欢的音乐，这样您的情绪会被歌曲感染，使所做的家务变得不那么枯燥。

　　음악을 자주 들으면 건강에 좋다고 한다. 하지만 언제 어떤 음악을 들을 것인가는 어느 정도 지식이 필요한 문제이다. 매일 세 끼 식사 시간은 음악을 듣기 좋은 시간이다. 식사 시간이 길지 않기 때문에 모든 정신을 음악 감상에 쏟아서는 안 되며, 가벼운 음악을 듣는 게 가장 좋다. 집안일을 할 때에는 좋아하는 음악을 듣는 것이 좋다. 그러면 곡에 몰두하여 집안일이 별로 힘들지 않게 느껴질 것이다.

A 식사 때는 음악을 듣지 마라
B 음악 듣는 것은 건강에 이롭다
C 가사일을 할 때는 음악을 듣지 마라
D 음악 듣는 것은 집중하는 데 도움이 된다

정답 B

해설 보기 A, C는 지문과 모순된 내용이고, '음악을 몰두해서 듣지 말라'고 한 지문과 보기 D는 관련성이 없다.

단어 大有学问 dàyǒuxuéwen 요령이 있다
欣赏 xīnshǎng 감상하다
枯燥 kūzào 무미건조하다

11
　　过去老人退休后常常和儿女生活在一起，他们认为这样幸福。但现在越来越多的老人改变了想法，他们更愿意住在老人院里，他们觉得很多老人在一起生活得也很幸福。

　　과거에 노인들은 은퇴 이후 자식들과 함께 사는 것이 곧 행복이라 여겼다. 하지만 갈수록 많은 노인들이 생각을 바꾸어 양로원을 선호한다. 노인들끼리 함께 어울려 사는 것도 행복하다고 느끼기 때문이다.

A 은퇴한 노인이 점점 많아진다
B 노인은 은퇴한 후 더 힘들다
C 양로원에 사는 것이 행복하다
D 노인들은 자녀들과 같이 살고 싶어하지 않는다

정답 C

해설 보기 C, D는 잘 생각해야 한다. '자식들과 같이 살고 싶지 않아서 양로원을 선택하는 것'이 아니고, '양로원에서 사는 것이 더 행복하다고 해서 선택한다'는 지문의 뜻을 곡해하는 함정에 빠지지 않도록 한다. 그러므로 답은 C이다.

단어 退休 tuìxiū 퇴직하다

12
　　我是个书迷，外出总忍不住要逛书店，逛书店就不可能不买书。新书、准备要看的书、看了一半的书、写作正用得着的书、有保存价值的书，占据了我房子的绝大部分空间，而且还不断扩展。我搬家主要就是搬书，所以最怕搬家。每次搬家虽然舍不得，可都不得不卖掉一些书。

　　책벌레인 나는 외출만 했다 하면 서점에 들르는데, 서점에 가면 책을 안 사고는 못 배긴다. 새로 나온 책, 읽으려고 생각했던 책, 절반은 읽은 책, 글 쓸 때 필요

한 책, 소장 가치가 있는 책 등 온갖 종류의 책들이 우리 집의 대부분을 차지하고 있는데다 계속 자리를 늘려가고 있다. 이런 내게 있어서 이사란 책 옮기기와 같아서 이사가 무서울 정도다. 그래서 매번 이사할 때마다 좀 아깝긴 해도 어느 정도는 팔 수밖에 없다.

A 그는 서점에서 일한다
B 그의 집에는 책이 많다
C 그는 이사하는 것을 매우 좋아한다
D 그는 책은 절대 팔지 않는다

정답 B

해설 지문의 "占据了~绝大部分空间"에서 보기 B "到处是书"임을 알 수 있다. '이사할 때 어쩔 수 없이 책을 판다'고 하였으므로 보기 D는 틀린 내용이다.

단어 书迷 shūmí 독서광
保存 bǎocún 보존하다
占据 zhànjù 점거하다, 차지하다
扩展 kuòzhǎn 확장하다
舍不得 shèbùde 아쉽다, 섭섭하다

13

尽管现代科学研究证明喝茶有益健康，特别是喝茶还有降血压、降血脂、防癌等特殊作用，但茶叶中含有较多的咖啡碱，这对老人，特别是患有心脏病的老人不太适宜。

비록 차가 건강에 유익하고 특히 혈압과 혈중 지방 농도를 낮추며 암을 예방하는 등의 역할을 한다는 것이 현대 과학 연구에서 밝혀졌지만, 그러나 차 잎은 카페인 함량이 높기 때문에 노인들에게, 특히 심장병을 앓고 있는 노인에게는 좋지 않다.

A 차는 건강에 이롭지 않다
B 차는 커피만 못하다
C 차는 심장병을 유발한다
D 노인은 차를 많이 마시는 것이 좋지 않다

정답 D

해설 지문에 사용된 "尽管+사실, 但是+강조 부분"전환 관계 관련 사에서 '차가 건강에 좋다는 것을 알 수 있다. 보기 A는 제거하고, 지문에 차와 커피를 비교해서 언급한 부분은 없다. 그러므로 보기 B도 제거한다. "特别是"는 무리 속에서 부분을 강조하는 것으로 지문에 '노인들에게, 특히 심장병 노인에게 안 좋다'는 것은 심장병 걸린 노인에게만 안 좋다는 것이 아니라

일반 노인에게도 좋지 않다는 의미를 내포하고 있다.

단어 血压 xuèyā 혈압
血脂 xuèzhī 혈지
防癌 fáng'ái 암을 예방하다
咖啡碱 kāfēijiǎn 카페인
适宜 shìyí 적당하다

14

孩子长身体的时候，贫穷的母亲常用周日休息时间去河沟里捞些鱼来给孩子补钙。鱼很好吃，鱼汤也很鲜。孩子吃鱼的时候，母亲就在一旁啃鱼骨头。孩子看到了，就把自己碗里的鱼夹到母亲碗里。母亲不吃，她撒谎说："孩子，快吃吧，我不爱吃鱼！"

한창 성장기인 아이를 둔 한 가난한 어머니가 일요일마다 냇가로 나가 생선을 잡아다가 칼슘을 보충해 주곤 했다. 생선도 생선국도 참 맛있었다. 아이가 생선을 먹고 있는데, 어머니는 그 옆에서 생선뼈를 쪽쪽 빨고 있었다. 그 모습을 본 아이가 자기 그릇에 든 생선을 어머니 그릇에 놓아드렸지만 어머니는 그 생선을 먹지 않고 아이에게 자신은 생선을 좋아하지 않는다고 거짓말을 했다.

A 엄마는 아이를 사랑한다
B 아이가 생선을 먹겠다고 한다
C 엄마는 종종 거짓말을 한다
D 엄마는 생선을 좋아하지 않는다

정답 A

해설 엄마는 아이에게 영양가 있는 생선을 더 많이 먹이기 위해 본인은 뼈를 발라 먹고 있는 것이므로 전체적인 분위기는 엄마의 사랑을 느낄 수 있다. 보기 D는 함정이므로 주의한다.

단어 贫穷 pínqióng 가난하다
捞 lāo 잡다, 건지다
补钙 bǔgài 칼슘을 보충하다
鲜 xiān 신선하다
啃 kěn 갉아먹다, 뼈의 살을 발라 먹다
撒谎 sāhuǎng 거짓말을 하다

15

世界上大约有4万种蜘蛛，七大洲均有分布。大多数的蜘蛛靠织网捕捉苍蝇、蚊子等小飞虫为生。蛛网大小不一，形态各异，像笼子、钟、吊床的都有；有圆形的网，也有方形的和三角形的网。

전세계에는 약 4만여 종의 거미가 있고 7개 대륙에 다 분포해 있다. 대부분의 거미는 그물에 걸린 파리나 보기 같은 작은 날 곤충을 먹고 산다. 거미 그물은 크기나 모양이 다 다른데, 바구니 모양, 시계 모양, 해먹 모양까지 다양하며 동그란 그물이나 네모, 세모 그물도 있다.

A 파리가 거미 잡아 먹는 것을 좋아한다

B 원형의 거미줄만 있다
C 7개 대륙에 모두 거미가 있다
D 아시아 거미 수량이 제일 많다

정답 **C**

해설 거미가 파리를 잡아 먹으므로 보기 A는 혼동하지 않도록 주의하고, 지문의 "均有分布"는 보기 C의 "都有"의 의미이다. 답은 C이다.

단어 **蜘蛛 zhīzhū** 거미
织 zhī 짜다, 엮다
捕捉 bǔzhuō 잡다, 붙잡다
吊床 diàochuáng 달아맨 그물 침대

제2부분

제2부분은 모두 15문제다. 이 부분은 세 개의 인터뷰로 구성되어 있다. 각 인터뷰 뒤에는 다섯 문제가 주어지고, 문제마다 네 가지 보기가 주어진다. 모든 인터뷰는 한 번씩 들려주며, 응시자는 들은 내용을 참고하여 답을 선택하면 된다.

16-20 第16到20题是根据下面一段采访：

女：在完成学业的同时，你还参加哪些社会活动？
男：对我来说吧，我觉得我参加的社团活动比较多，因为我参加的社团活动，经常需要到外面拍摄，而且去的一般都是人比较少的地方，或是条件比较艰苦的地方。
女：北京市少年宫开办的摄影培训班，你参加了吗？
男：我参加了十年少年宫这方面的培训。
女：哦，这么长的时间。
男：对。我的摄影指导老师就像我父亲一样，他看着我从小学一直到中学。我曾经去过许多地方，最远的到过，就是在广西北海市那年。那次北海发了大水，我们去那边慰问当地的同龄人。他们的学校被冲毁了，我们去捐款。经过这么多次的社会实践活动吧，我觉得我在照顾自己的能力方面有了突出的进展。所以现在同学们都说，要出去玩儿的

话，一定要带上我。

여 : 공부하면서 어떤 동아리 활동을 하고 있나요?
남 : 내가 속한 동아리는 활동이 많은 편입니다. 밖에 나가서 사진을 찍는데, 주로 가는 곳은 사람이 별로 없거나 환경이 열악한 곳이지요.
여 : 베이징시 청소년 국에서 개설한 사진반에도 들었나요?
남 : 10년이나 있었는걸요.
여 : 우와, 그렇게나 오래요?
남 : 네, 우리 지도 선생님이 꼭 아버지 같으세요. 초등학교 때부터 고등학교까지 죽 나를 지도해 주셨거든요. 그 동안 많은 곳을 가봤는데, 그 중에서 제일 먼 곳은 광시(广西)성 베이하이(北海)시였어요. 그때 베이하이에 물난리가 나서 그곳 친구들을 위문하러 갔었는데, 그곳 학교가 무너져서 성금 모금도 했지요. 아무래도 사회 봉사 활동을 이렇게 오래 하다 보니 스스로를 돌볼 수 있는 능력이 좀 커진 것 같아요. 그래서 내 친구들은 어디 놀러 갈 때면 꼭 나를 데려가겠다고 말해요.

단어 **社团活动 shètuán huódòng** 동아리 활동

拍摄 pāishè 촬영하다
开办 kāibàn 설립하다
发大水 fādàshuǐ 홍수가 나다
慰问 wèiwèn 위문하다
冲毁 chōnghuǐ 휩쓸어버리다
捐款 juānkuǎn 돈을 기부하다

16

男人现在最有可能是？

남자는 누구일까요?

A 기자
B 아동
C 초등학생
D 대학생

정답 **D**

해설 "同学们"에서 학생 신분임을 알 수 있고, "从小学一直到中学"에서 아동이거나 초등학생이 아님을 알 수 있다.

17

男人参加过哪里组织的摄影培训班？

남자가 참가한 사진반은 어떤 단체에서 개설한 것인가요?

A 초등학교
B 청소년국
C 광시성
D 베이하이시

정답 **B**

해설 보기 C, D는 수재로 방문했던 지역이다.

18

男人认为谁像父亲一样一直关心他？

남자는 누가 줄곧 아버지처럼 그를 보살펴 주었다고 여기나요?

A 초등학교 선생님
B 중학교 선생님
C 사진반 선생님
D 담임 선생님

정답 **C**

해설 지문에 '사진반 선생님'에 대해서만 나온다.

19

男人去北海市的目的是什么？

남자가 베이하이시에 간 목적은 무엇인가요?

A 여행
B 위문 방문
C 시합 참가
D 선생님 방문

정답 **B**

해설 보기 A, C, D는 언급되지 않았다.

20

男人认为自己在哪方面进步很大？

남자는 자기가 어느 면에서 많이 향상되었다고 여기나요?

A 촬영 기술
B 생활 능력
C 교제 능력
D 학습 능력

정답 **B**

해설 "社会实践活动"을 통해서 "照顾自己的能力"가 많이 향상 되었다'를 다른 말로 표현하면, "生活能力"가 많이 향상 되었다'이다.

21-25 第21到25题是根据下面一段采访：

女：刘德华是香港娱乐界的天王巨星，如今42岁的刘德华在这个圈子里摸爬滚打二十多年，他的歌迷和影迷遍布全球华人圈，然而对于大部分人来说，他18岁时进入无线艺员培训班的经历几乎已被人们淡忘。刘先生，您能不能给我们说说你是怎样进娱乐圈的？

男：好像是一个特别老套的故事，就是我陪朋友去考试演员，我就考上了。

女：但是你当时去考试的时候，想做演员还是……
……

男：当导演。后来三个月之后我考试，考了第一次之后，所有的老师就说，你不用去当导演了，你是应该学当演员的。

女：那天都考了哪方面的表演？

男：就是看着照片，好像女朋友死掉这种，看到照片就想到她。那时我不懂表演，就乱演，最后考上了。

女：你的第一个角色是什么？

男：在训练班我演过很多，第一个是在一部电影里面，一大批人里面的其中一个。剧本需要一个班的学生，演一个革命的学生，一班人中我只是其中一个。

女：没有台词吧？

男：有，站起来唱歌。

女：之后呢，之后这样的小的角色很多吗？

男：多，都是跑龙套的角色。

女：那时候跑龙套很苦吗？

男：不苦，我觉得不苦，我不知道其他人，我觉得开心。我没有想过要当主角，真的没有想过。

여 : 올해 마흔두 살의 유덕화는 홍콩 연예계에서 20여 년을 보낸 특급 스타로, 전 세계 화교 사회에 그의 노래와 영화를 사랑하는 팬들이 많이 있습니다. 하지만 18살 때 홍콩무선방송국(TVB)의 연예인 훈련반에 들어갔던 이력을 기억하는 이는 많지 않을 것입니다.
유덕화씨, 어떻게 연예계 생활을 시작하게 되셨는지 말씀해 주시겠어요?

남 : 뻔한 얘기지만 저도 친구 따라 시험 한 번 보러 갔다가 덜컥 합격했죠.

여 : 시험 보러 가셨을 때 진짜 연기자가 되고 싶으셨나요? 아니면…

남 : 감독이 되고 싶었죠. 3개월 후에 시험 보는데, 그런데 첫 시험을 보고 나서 모든 선생님들이 감독 하지 말고, 넌 연기자가 돼야 한다고 말씀해 주셨죠.

여 : 그때 어떤 연기를 하셨었나요?

남 : 애인이 죽었는데, 그 후 사진을 보다가 애인을 떠올리는 남자 연기였죠. 그때 저는 연기가 뭔지도 잘 몰라서 그냥 되는대로 했는데 합격했죠.

여 : 첫 번째 맡은 역은 어떤 역할이었나요?

남 : 훈련반에서 연기를 많이 했었는데, 제 첫 번째 역할은 영화에서 한 무리의 사람들 중 한 명이었죠. 한 반 학

생들이 혁명을 하는데, 그 중 한 명이요.

어 : 대사는 없었어요?

남 : 있었어요. '다 일어나 노래하자'였죠.

어 : 그 뒤로도 이렇게 작은 역할을 많이 맡으셨나요?

남 : 네, 다 단역이었죠.

어 : 그 시절엔 단역이 참 힘드셨죠?

남 : 아뇨, 하나도 안 힘들었어요. 다른 사람은 어땠는지 모르겠지만 저는 참 즐거웠던 것 같아요. 일단 저는 주인공을 해야겠다는 생각이 없었으니까요. 정말 없었어요.

🔲 **단어**
摸爬滚打 mōpágǔndǎ 갖은 고생을 하다
遍布 biànbù 널리 퍼지다
华人圈 huárénquān 중화권
淡忘 dànwàng 기억이 흐려져 잊혀지다
老套 lǎotào 흔한 방법
台词 táicí 대사
跑龙套 pǎolóngtào 단역

21

男人去参加的是什么考试？

남자가 참가한 것은 시험은 무엇인가요?

A 연기자 시험
B 대학 시험
C 감독 시험
D 가수 시험

🔲 **정답** A

🔲 **해설** '친구 따라 연기자 시험 보러 갔다가 합격하였다'고 지문에 분명히 언급되어 있다.

22

男人为什么去参加考试？

남자가 시험에 참가한 것은 무엇 때문인가요?

A 본인이 좋아해서
B 친구 따라 갔다가
C 연예계에 들어가고 싶어서
D 연기자가 되고자 해서

🔲 **정답** B

🔲 **해설** 다른 보기들은 지문에 언급되지 않은 내용이다.

23

男人演的第一个角色是什么？

남자가 연기한 첫 번째 역할은 무엇이었나요?

A 주연
B 학생
C 선생님
D 가수

정답 **B**

해설 최대한 지문에 충실해 문제를 풀어야 한다. 유덕화는 한국에도 잘 알려진 홍콩의 가수 겸 배우이므로 엉뚱한 답을 고를 수도 있겠지만, 지문을 들으면서, 필기를 해 놓는다면 이런 실수는 하지 않을 것이다.

24

对于演小角色男人是怎么想的？

단역을 연기하는 것에 대해 남자는 어떻게 생각했나요?

A 힘들다
B 실망하다
C 즐겁다
D 흥분하다

정답 **C**

해설 여자의 '힘드냐'는 질문에 남자는 '힘들지 않고 "开心"하다'고 직접 언급하였으므로 답은 C이다. "小角色"와 "跑龙套"는 같은 의미의 단어이다. 보기 D의 "激动, 开心, 高兴"이 유사어이기는 하지만, 이들의 차이점을 잘 알고 있으면 이곳에는 제일 적합한 답이 보기 C라는 것을 알 수 있다.

25

男人大概是什么时候进入演艺圈的？

남자가 연예계에 발을 들인 것은 언제인가요?

A 열몇 살 때
B 스물몇 살 때
C 서른몇 살 때
D 마흔살 후

정답 **B**

해설 올해 42살인데, 20여 년 동안 연예계 생활을 하였으므로 20대에 들어왔을 것으로 유추할 수 있다.

26-30 第26到30题是根据下面一段采访：

女：段先生，欢迎您来参加我们《鲁豫有约》节目。您能不能先介绍一下四通公司目前开展的主要业务？

男：现在的四通有两块业务，一块是以香港四通为龙头，主要做信息产业，做信息产业又主要分两支，一支是做网络媒体，四通控制阳光四通，阳光四通控制新浪网，因为我们是新浪网最大的股东，占20.6%；新浪网控阳光卫视，占23%的股份；然后香港四通又直接控阳光卫视，占4%股份；所以我们也是阳光卫视的最大股东，四通还加入了中广有线25%股份，就是网络媒体。但这我是外行，所以我们请茅道林、汪延、杨澜、吴征他们这些专业人士来管理，我们是一种长期投资。茅道林、汪延、杨澜、吴征他们现在发展都非常好，新浪网、阳光卫视、中广有线今年都会盈利。

女：但这个合作项目，从合作之初到现在，新闻是一直在不断，包括吴征辞去董事局主席这样一个行为，大家都觉得这个事情发展到现在，最后赢的就只有您。

男：不，不，都会赢，你放心。你比如说新浪网，它会很快公布上个季的季报，有非常好的表现，阳光卫视也会有很好的发展，大家都会赢。如果只有我赢，他们不赢，他们就不会这么尽心尽力的，充分发挥自己聪明才智来做这些事情，一定是多赢。

女：那么四通的另一块呢？

男：另一块是以原来四通传统业务为基础的，这种IT服务，四通在1996年就提出了以IT服务为主业。这也是很惨痛的教训，因为我个人一直有个印象，就是想帮助中国人生产一个比外国品牌的电脑便宜20-30%的电脑。但这个事业很难，有个双成熟的问题，双成熟就一个是用户要成熟，如果用户不成熟，你着急去做他也不会用；第二如果用户成熟，你不成熟，你也不能给他提供非常好的服务，也做不成。

女：这是不是也有一个培育和引导的过程？

男：对。所以我常常在想，中国有八亿农民，比如说有两亿个家庭，如果我现在突然决定向他们去推销钢琴，我一定就死定了。但是这个道理，我想了6年才想明白。

여 : 두안 회장님, 저희 프로그램 〈루위와의 데이트〉에 나와 주셔서 감사합니다. 먼저 스톤(Stone그룹, 중국명: 四通)사의 최근 사업 방향을 말씀해 주시죠.

남 : 현재 저희 스톤 그룹은 크게 두 가지 사업을 진행하고 있는데요. 하나는 홍콩 스톤사(社)를 주축으로 하는 정보산업이에요. 그 중 하나가 온라인 미디어 사업으로, 현재 스톤 그룹이 썬(Sun)스톤사의 최대 주주이고 썬스톤사가 시나닷컴(sincom)의 최대 주주입니다. 스톤그룹이 시나닷컴의 최대 주주로 20.6%의 지분을 가지고 있고, 시나닷컴은 차이나 썬TV(chinasuntv.com)의 지분 23%를 보유하고 있습니다. 또 홍콩스톤사가 차이나 썬TV를 직접 관리하면서 4%의 지분을 가지고 있죠. 결국 저희 스톤그룹이 차이나 썬TV의 최대 주주인 거죠. 또 스톤그룹은 온라인 미디어인 중광유선의 지분 25%를 사들였죠. 하지만 온라인 미디어 사업은 제 전공 분야가 아니라서 마오따오린(茅道林), 왕옌(汪延), 양란(杨澜), 우정(吴征) 등 전문가가 경영을 맡고 있고 저희는 장기 투자를 하고 있습니다. 이들이 모두 현재 활발하게 활동을 펼치고 있는 만큼 시나닷컴과 썬TV, 중광유선 모두 올해 흑자가 예상됩니다.

여 : 하지만 이 합병과 관련해 초기부터 지금까지 관련 뉴스가 계속 나오고 있는데요. 우정 씨가 이사회 의장을 사임했다던가 하는 얘기들이요. 다들 이 합병에서 회장님만 이득을 볼 거라고 하던데요.

남 : 그렇지 않습니다. 모두들 이득을 볼 테니 걱정 마세요. 예를 들면 시나닷컴은 지난 분기 결산에서 매우 큰 이득을 보았고 썬TV도 크게 발전할 겁니다. 만일 저만 빼고 모두들 성공하지 못할 거라면 이렇게 다들 열심히 노력할 리가 없지 않겠습니까. 자신의 재능을 십분 발휘한다면 모두들 틀림없이 성공할 겁니다.

여 : 스톤 그룹의 다른 한 가지 사업도 소개해 주시죠.

남 : 스톤 그룹이 기존부터 추진해왔던 IT서비스입니다. 저희 그룹은 1996년부터 IT서비스를 주력 산업으로 키워왔죠. 사실 이것도 뼈아픈 교훈인데요. 저는 중국에서 외국 브랜드보다 20~30% 더 싼 고유 브랜드 컴퓨터의 생산을 추진하고 싶었습니다. 하지만 이 일도 만만치가 않았지요. "두 가지 성숙" 문제가 있더라구요. 우선 성숙한 컴퓨터 이용자들이 필요했습니다. 그렇지 않을 경우 아무리 좋은 컴퓨터를 만들어내도 아무 소용 없으니까요. 또 하나는 컴퓨터 기업의 성숙도였습니다. 아무리 훌륭한 컴퓨터 이용자들이 있어도 좋은 제품을 만들지 못한다면 좋은 서비스를 제공할 수 없

을 테니까요.

여 : 여기에도 육성과 지도가 필요한 거겠죠?

남 : 맞습니다. 중국에는 8억의 농민이 있습니다. 만일 2억 가구가 있는데 제가 지금 그들에게 피아노를 팔겠다고 나선다면 저는 분명 망하고 말 겁니다. 그런데 이런 진리를 저는 6년이나 걸려서 겨우 깨달았죠.

단어
开展 kāizhǎn 넓히다, 전개하다
龙头 lóngtóu 우두머리
信息产业 xìnxīchǎnyè 정보산업
网络媒体 wǎngluòméitǐ 인터넷 매개체
控制 kòngzhì 제어하다, 규제하다
新浪网 xīnlàng wǎng 시나닷컴
股东 gǔdōng 주주
外行 wàiháng 문외한
盈利 yínglì 이익
辞去 cíqù 물러나다, 그만두다
尽心尽力 jìnxīnjìnlì 몸과 마음을 다하다
发挥 fāhuī 발휘하다
聪明才智 cōngmíngcáizhì 똑똑하고 지혜롭다
惨痛 cǎntòng 비통하다, 비참하다
教训 jiāoxùn 교훈
培育 péiyù 기르다
引导 yǐndǎo 안내하다, 인도하다
推销 tuīxiāo 널리 팔다

26
男人的公司主要开展几方面业务？
남자 회사가 주로 진행하는 사업은 몇 가지인가요?

A 1가지
B 2가지
C 3가지
D 4가지

정답 B

해설 지문에는 "两块业务" '2가지'라고 분명히 언급하고, 그 중 하나가 "信息产业"이며 '이것을 2가지로 나눌 수 있나'며, 이것에 대해서 이야기를 풀어가고 있다. 회사 이름들이 많이 나오니 혼동하여 듣지 않도록 주의한다. 그리고 중후반부에 언급된 스톤 그룹이 기존부터 추진해 왔던 'IT 服务'가 나머지 한 가지 사업이다.

27

下面哪一位不是男人请来的管理人员？

다음 남자가 모셔온 전문경영인이 아닌 사람은 누구인가요?

A 루위
B 양란
C 우정
D 마오따오린

정답 **A**

해설 보기 B, C, D는 남자가 "网络媒体"에 문외한이라 모셔온 '전문경영인'으로 언급되었고, 보기 A "鲁豫"은 이 프로그램의 사회자이다.

28

男的提到的哪项事业在今年盈利？

남자가 언급한 어떤 사업이 올해 흑자를 보나요?

A 시나닷컴
B 차이나 썬 TV
C 중광 유선
D 모두 흑자를 볼 것이다

정답 **D**

해설 '남자는 모두 흑자를 기록할 것'이라고 지문에 언급하였다.

29

男人现在的想法与6年前相比，有什么不同？

남자의 현재 생각이 6년 전과 다른 것은 무엇인가요?

A 비교적 교만하다
B 더욱 이성적이다
C 생각이 소극적이다
D 무척 보수적이다

정답 **B**

해설 지문의 맨 마지막에 '농촌에 피아노를 팔려고 한다'는 예를 들어 두 가지 성숙을 설명하면서, '6년 후에나 이런 이치를 깨달았다'고 언급하고 있다. 이로써 이 사람이 더 이성적으로 사고를 하게 되었음을 유추할 수 있다.

30

男人提到的"双成熟"是什么意思？

남자가 언급한 "두 가지 성숙"이란 무슨 뜻인가요?

A 성숙한 고객이 있어야 한다
B 회사의 서비스가 성숙되어야 한다
C 고객과 회사가 다 성숙하여야 한다
D 고객에세 성숙된 서비스를 한다

정답 **C**

해설 "双成熟"란 쌍방의 성숙을 뜻하고, 여기서 쌍방이란 "用户(고객)"와 "你(기업)"를 의미한다.

제3부분

제3부분은 모두 20문제이다. 이 부분은 여러 개의 단문이다. 단문마다 몇 가지 문제가 주어지며, 네 가지 보기도 있다. 모든 단문은 한 번씩 들려주며, 응시자는 들은 내용을 참고하여 정답을 고른다.

31-33 第31到33题是根据下面一段话：

古时候，一个人在卖水果的小摊子上买了一些水果，其中有梨也有枣。当他拿起来正要吃的时候，被一位老人拦住了。

老人说："小伙子，梨可不能多吃呀，它虽然对牙齿有好处，可是吃多了是会伤胃的。"青年人听了，马上问："那么，枣呢？"老人说："枣虽然是补胃的，但是它伤牙，也不能多吃。"

青年人看了看梨，又看了看枣，想吃又不敢吃。那可怎么办好呢？小伙子想了半天，终于想出一个两全其美的办法。他高兴地说："我吃梨时只用牙嚼，不咽到肚子里去，吃枣时不用牙嚼，把它整个咽到肚子里去不就行了吗。"说着，他拿起一个枣放在嘴里，硬吞了下去。

后来人们就用"囫囵吞枣"这个成语来形容读书只知道死记硬背或含含糊糊、不加分析地笼统接受。

옛날 어떤 사람이 좌판에서 배와 대추 등의 과일을 좀 샀다. 과일을 들고 와 먹으려는데 한 노인이 막았다.

"여보게 젊은이, 배는 너무 많이 먹지 말게. 배가 치아 건강에 좋기는 하지만 그래도 많이 먹으면 위가 상하거든." 그 말을 들은 젊은이가 물었다. "그럼 대추는요?" 노인이 대답했다. "대추는 위를 보하지만 이를 상하게 하니 그것도 너무 많이 먹지 말게."

젊은이는 먹고 싶은 마음에 배와 대추를 물끄러미 쳐다보면서도 먹지를 못했다. 어떻게 하지? 한참을 생각한 젊은이는 두 가지를 다 만족시키는 좋은 방법을 생각해내곤 신이 나서 말했다. "배를 먹을 땐 이로 씹기만 하고 삼키지 않으면 되고, 대추를 먹을 땐 이로 안 씹고 통째로 삼켜버리면 되잖아요." 그러더니 대추 한 알을 집어 꿀꺽 삼켰다.

그래서 훗날 '대추를 통째로 삼킨다'라는 뜻의 성어 '훌륜탄조(囫囵吞枣)'는 공부할 때 단순히 암기만 하거나 대충대충 보면서 아무런 분석이나 비판 없이 통째로 받아들이는 것을 의미하게 되었다.

단어 拦住 lánzhù 막다, 저지하다
两全其美 liǎngquánqíměi 쌍방이 모두 좋게 하다
嚼 jiáo 씹다
咽 yàn 삼키다
硬吞 yìngtūn 억지로 삼키다
囫囵吞枣 húlúntūnzǎo 무비판적으로 받아들이다
死记硬背 sǐjìyìngbèi 기계적으로 외다
含含糊糊 hánhanhūhu 모호하다
笼统 lóngtǒng 뚜렷하지 않다

31

老人为什么按住小伙子，不让他吃梨和枣？

노인은 무엇 때문에 젊은이가 배와 대추 먹는 것을 막았나요?

A 배는 위에 안 좋고, 대추는 치아에 안 좋다

B 배와 대추는 위에 좋지 않다
C 대추는 치아에 안 좋고, 배는 위에 안 좋다
D 배와 대추는 모두 치아에 좋지 않다

정답 **A**

해설 보기 A, C를 혼동해서 듣지 않도록, 녹음 지문을 들을 때 필기하는 습관을 꼭 가지도록 한다.

32

小伙子想的两全其美的办法是：

젊은이가 생각해낸 둘 다 만족시키는 방법은 무엇인가요?

A 배와 대추를 먹을 때 적게 씹고, 통째로 삼킨다
B 대추를 먹을 때 껍질을 먹지 않고, 배를 먹을 때는 씹기만 하고 삼키지 않는다
C 배를 먹을 때 껍질을 먹지 않고, 대추를 먹을 때 씹지 않고, 통째로 삼킨다
D 배를 먹을 때는 씹기만 하고 삼키지 않으며, 대추를 먹을 때는 씹지 않고 통째로 삼킨다

정답 **D**

해설 이 문제 역시 필기를 하면서 잘 들어야 하는 문제이다. 정확하게 답을 찾아내려면 녹음 지문을 들으면서, 보기 선택항을 보고 하나하나 잘 체크해야 한다.

33

根据录音，"囫囵吞枣"的本义是：

지문에 따르면, "훌륜탄조"의 원래 의미는 무엇인가요?

A 대추만 먹고 배는 먹지 않는다
B 대추와 배를 많이 먹지 않는다
C 배만 먹고 대추는 먹지 않는다
D 대추를 통째로 삼킨다

정답 **D**

해설 "囫囵"은 '전체의, 완전한'의 의미이고, "吞枣"는 '대추를 삼키다'이다. 글의 본래 의미는 '대추를 통째로 삼키다'이고, '분석을 거치지 않고 그냥 받아들이다'란 비유의 의미로 사용된다.

第34到37题是根据下面一段话：

儿子、孙辈都能摆弄电脑，挺有意思，但开始时我并没有太关心。我觉得电脑是新潮产物，与我没有关系。后来，看儿孙们用电脑打字比写快得多，我也就想试试了。我写的诗集和小说还在稿纸上，若能打印出来该多好？我让儿子教我，儿子特别支持，年过古稀的我，于是和电脑打上了交道。开始时我找字很慢，还常打错。有时忘了存盘，好不容易打出来的几行字都没了，心中很是懊丧。诸如此类的问题很多很多，我想算了吧，电脑又不是咱70多岁的老太婆的玩意儿，可我又不甘心，于是再来。除了吃饭、睡觉和上老年大学，我都在电脑前练习，慢慢儿毛病少了，速度快了。现在写东西，我都能以脑代笔了。

아들이나 손자들 다 컴퓨터를 만질 줄 아는데, 나는 처음에 컴퓨터 조작엔 별로 관심이 없었다. 컴퓨터는 새로운 기계니까 나와는 별 상관이 없다고 생각했던 것이다. 그런데 나중에 아이들이 컴퓨터로 글을 쓸 때 손보다 훨씬 빠른 것을 보고 나도 한번 해보고 싶어졌다. 내가 쓴 시집과 소설은 다 원고지에 쓴 것인데, 그것들을 프린트할 수 있다면 얼마나 좋을까? 그래서 아들에게 컴퓨터 좀 가르쳐 달라고 부탁했더니 아들 녀석이 흔쾌히 나섰다. 이렇게 해서 칠순을 넘긴 내가 컴퓨터와 첫 대면을 시작하게 되었다. 처음에는 속도도 느리고 오타도 많았다. 어떨 때는 저장하는 걸 깜빡해서 어렵게 타자친 몇 줄을 홀랑 날려버리기도 했다. 실망이 이만저만이 아니었다. 이렇게 자꾸만 난관에 부딪치자 '됐다, 컴퓨터가 뭐 칠순 넘은 할망구 장난감도 아니고', 하는 생각도 들었지만 그래도 포기하기는 싫어서 다시 도전했다. 먹고 자고 노인 대학 가는 시간 외에는 컴퓨터 연습만 했더니 조금씩 실수가 줄고 속도도 빨라졌다. 지금은 나도 뭘 쓸 때 다 연필을 대신해서 컴퓨터를 사용한다.

단어 摆弄 bǎinòng 가지고 놀다
新潮产物 xīncháo chǎnwù 최신 유행 상품
稿纸 gǎozhǐ 원고지
古稀 gǔxī 고희, 70세
诸如此类 zhūrúcǐlèi 모두 이와 같다
不甘心 bùgānxīn 만족하지 않다
以脑代笔 yǐnǎodàibǐ 컴퓨터로 연필을 대신하다

34 说话人的职业最可能是什么？

화자의 직업은 무엇인가요？

A 교수
B 작가
C 노무자
D 주부

정답 **B**

해설 보기 A, C, D는 언급이 되지 않았고, 지문의 "我写的诗集和小说还在稿纸上"은 '원고지에 시나 소설을 쓴다'라는 뜻으로 이곳에서 화자가 작가임을 알 수 있다.

35 说话人为什么想学电脑？

화자는 왜 컴퓨터를 배우려고 하나요？

A 자식과 손자들이 지지하다
B 타자가 글 쓰는 것보다 빠르다
C 컴퓨터 배우는 것은 유행이다
D 노인대학을 다니는 데 필요하다

정답 **B**

해설 화자는 처음에 컴퓨터에는 별 흥미가 없었는데, 나중에 컴퓨터로 쓴 글이 손으로 쓴 글보다 속도가 빠르다는 것을 알고, 배우고자 했다. 그래서 답은 B이다.

36 当说话人好容易打出的字忽然消失的时候，她是什么感觉？

화자가 힘들게 겨우 친 글이 갑자기 없어졌을 때, 그녀는 어떤 심정이었나요？

A 흥분하다
B 통쾌하다
C 괴롭다
D 열심히 하려 하다

정답 **C**

해설 보기 C "难过"는 지문의 "伤心"과 비슷한 단어이므로 답은 C이다.

37

 说话人大概多大年纪？

화자 나이는 대략 어떻게 될까요?

A 50여 세
B 60여 세
C 70세가 안 되었다
D 70여 세

정답 **D**

해설 지문에 언급한 "古稀"는 고희로 '70세'를 뜻하고, 지문에도 직접적으로 '70여 세의 할머니'라고 했으므로 답은 보기 D 이다.

38-40 第38到40题是根据下面一段话：

> 今年以来，作为中国最大的电子商务平台，易趣的童装销售呈现出非常火爆的势头，成为服装销售的一个重头。年初，童装部还没有几家店铺，可现在已经有全国各地卖家将近600人，在线商品有将近7000件。易趣服饰频道负责人发现，童装因其普遍定价不是很高，深受买家的喜爱，而且许多买家一次都会购买许多童装类别的商品。另据调查，"全职妈妈"人群在中国五大核心城市上海、北京、广州、深圳、成都以每年20%左右的比例增长。"全职妈妈"群体的增加，直接拉动了网上童装的销售。她们平时没有时间去逛商店，发现网上有货品比较全的地方，当然是在网上购买最方便。

올 들어 중국 최대의 전자 상거래 플랫폼인 이베이(eBay)의 아동복 판매가 급증해 전체 의류 판매의 중심이 되었다. 올해 초만 해도 아동복 매장이 몇 개 없었는데 지금은 전국 각지의 아동복 상점이 600군데에 이르고 온라인에서 판매되는 제품도 7000여 종이나 된다. 이베이의 패션 상품 담당자는 아동복 가격이 그리 높지 않아 인기를 끌고 있고 또 많은 소비자들이 한꺼번에 몇 벌씩 구매한다는 사실을 발견했다. 또 다른 조사에 따르면 중국 5대 도시인 상하이, 베이징, 광저우, 션전, 청두에서 '전업 엄마'들이 매년 약 20%씩 늘어나고 있다고 한다. 이처럼 (육아에만 매달리는) '전업 엄마'들이 늘어나면서 온라인 상의 아동복 판매가 급증했다. 평소 쇼핑을 할 시간이 없는 전업 엄마들이 온라인 상에서 거의 모든 상품을 갖춘 사이트를 찾아낸 것이다. 역시 인터넷쇼핑이 제일 편리하다.

단어
电子商务 diànzǐshāngwù 전자상무
平台 píngtái 작업대, 컨베이어
易趣 yìqù 이베이
火爆 huǒbào 성황을 누리다
势头 shìtóu 형세, 정세
重头 zhòngtóu 영향력이 큰 부분
拉动 lādòng 적극적으로 이끌다
全 quán (상품이) 다 있다

38

 这段话主要介绍了什么内容？

이 지문이 주로 소개한 내용은 무엇인가요？

A 전업 엄마의 비율
B 이베이는 유명한 아동복이다
C 엄마들은 아동복 사는 것을 좋아한다
D 전업 엄마는 온라인에서 아동복 사는 것을 좋아한다

정답 **D**

해설 보기 C, D는 혼동하지 말고 잘 구분해서 골라야 한다. "全职妈妈" 즉 '아이를 잘 돌보기 위해 엄마의 역할만을 충실히 하는 전업 엄마들이 온라인상에서 아동복 구매하는 것을 좋아한다'고 하였으므로, 답은 보기 D이다.

39

录音中提到的"易趣"是什么？

지문에 언급한 "이베이"는 무엇인가요？

A 상점
B 옷가게
C 컴퓨터
D 온라인 매장

정답 **D**

해설 이베이의 아동복은 "电子商务", 즉 '전자 상거래 중에서 아주 폭발적인 인기를 얻고 있는 곳'이라고 하였으며, 지문의 주된 내용은 '전업 엄마들이 온라인 매장을 통한 아동복 구매를 좋아한다'이므로 이베이가 온라인 매장 중의 하나임을 알 수 있다.

40

 下面哪一项不是人们喜欢网上购买童装的原因？

아래 온라인상에서 아동복 구매를 좋아하는 이유가 아닌 것은 무엇인가요?

A 가격이 비싸지 않다
B 물건이 비교적 고루고루 갖추어져 있다
C 유명 브랜드가 비교적 많다
D 상점에 갈 시간이 없다

정답 **C**

해설 보기 A, B, D는 지문에 언급된 내용이고, 보기 C는 전혀 언급되지 않은 내용이다.

41-44 第41到44题是根据下面一段话:

从前，有位老板，平时很少说话，被人们称作"沉默的人"，但他也有出人意料的时候。

老板有位女秘书，人虽长得不错，但工作中却常粗心出错。一天早晨，老板看见秘书走进办公室，就对她说："今天你穿的这身衣服真漂亮，正适合你这样的年轻漂亮的女孩子。"

这几句话出自老板之口，让秘书又高兴又吃惊。老板接着说："但也不要骄傲。我相信你的文字处理也能和你一样漂亮的!"果然从那天起，女秘书在文件上很少出错了。

一位朋友知道了这件事，就问老板："这个方法很妙，你是怎么想出来的?"老板得意地说："这很简单。你看见过理发师给人刮胡子吗?他要先给人涂香皂水，为什么呀?就是为了刮起来使人不痛。"

평소 말수가 적어 '조용한 사람'이라고 불리던 사장이 있었다. 그러나 그런 그에게도 남들이 예상치 못했던 면이 있었다.

그 사장에게는 여비서가 한 명 있었는데, 얼굴은 예쁘장하게 생긴 사람이 일할 때는 자꾸 실수를 했다. 그러던 어느날 아침, 사장은 비서가 사무실에 들어오자 "오늘 옷 예쁘네. 자네처럼 젊고 예쁜 아가씨에게 정말 잘 어울려." 하고 말했다.

이런 말이 사장님 입에서 나오다니! 비서는 기쁘면서도 놀랐다. 사장이 다시 말했다. "그렇다고 너무 우쭐해진 말게. 나는 자네의 문자 처리 능력도 자네 외모만큼이나 훌륭할 것이라 믿네." 결과 그날부터 그 여비서의 서류상의 실수가 눈에 띄게 줄었다.

한 친구가 이 일을 전해 듣고는 사장에게 물었다. "이거 놀라운걸. 어떻게 이런 방법을 생각해냈나?" 사장이 의기양양하게 대답했다. "간단하지. 이발사가 손님 수염 깎는 것을 본 적 있나? 수염을 깎기 전에 먼저 손님 턱에 비눗물을 묻히는데 왜 그러겠나? 수염 깎을 때 아픔을 못 느끼게 하려는 거 아니겠나?"

단어
沉默 chénmò 침묵하다
出人意料 chūrényìliào 뜻밖에
粗心 cūxīn 데면데면하다
妙 miào 기발하다
涂 tú 바르다

41

根据录音，老板:

지문에 따르면, 사장님은?

A 자주 칭찬을 한다
B 매일 면도를 한다
C 말하는 것을 좋아하지 않는다
D 여비서를 좋아한다

정답 **C**

해설 지문의 "很少说话"와 "沉默"에서 말이 없는 사람, 보기 C가 답임을 알 수 있다.

42

根据录音，女秘书:

지문에 따르면, 여비서는?

A 아주 예쁘게 생겼다
B 옷을 자주 산다
C 일을 열심히 잘 한다
D 매일 출근하는 것은 아니다

정답 **A**

해설 여비서가 보기 C와 같다면 '업무상 실수가 드물다'는 의미가 되어야 한다. 그러므로 보기 C는 제외시키고, '말 수 없는 사장님이 비서의 업무 능력이 생긴 것처럼 훌륭했으면 좋겠다'는 바람에서 '비서가 예쁘다'는 것을 알 수 있다.

43

根据录音，下面哪种说法正确？

지문에 따르면 다음 맞는 표현은 무엇인가요?

A 사장은 교만한 사람이다
B 비서는 글씨를 예쁘게 쓴다
C 사장의 친구는 이발사이다
D 사장은 면도로부터 힌트를 얻었다

 정답 **D**

해설 사장이 맨 마지막에 언급한 '면도할 때 아프지 않도록 먼저 거품을 바르는 것'에서 "启发(힌트, 깨달음)"를 얻어, 여비서 에게 일 제대로 잘 하라는 꾸중을 하기 전에 예쁘다고 칭찬 을 한 것이므로, 보기 D가 답이다.

44

这段录音主要谈的是：

본 지문이 주로 언급한 것은 무엇인가요?

A 어떻게 비서를 찾는가?
B 기분 좋은 꾸중
C 어떻게 회사를 잘 경영하는가?
D 이발사의 에피소드

 정답 **B**

해설 상대방의 잘못을 지적하는 것이 잘못된 행위는 아니지만, 때 때로 감정을 상하게 한다. 그러나 지문에 언급한 사장은 기 발한 방법으로 여비서 기분을 상하지 않도록, 오히려 기분 좋게 여비서를 칭찬하면서 스스로 잘못을 시정하도록 하였 다. 지문에 사장의 친구가 사용한 "妙"는 '기발하다'는 의미 로, 보기 B가 답으로 제일 적합하다.

45-47 第45到47题是根据下面一段话：

去年三月，我参加了一家外国公司的招聘考 试。考试分为笔试和面试两场，在回答最后一场 的面试问题时，突然一位外国考官从座位上站了 起来，惊喜地说他在国外某大学的语言培训班上 见过我，并说："老朋友，又见面了！"其他的考 官听后都向我们表示祝贺，但是我心里很清楚， 我并没有去过那所大学。

我一时犹豫起来，不知是否应该利用他认错 人来帮助自己得到这份工作？ 但是我最终战胜

了自己，对他说："对不起，您认错人了"。"不，
我的记忆力很好！""您确实认错人了！"在我的
坚持中，房间里突然响起了一片掌声，我被录用
了。后来我才知道，所谓在国外见过我，其实也
是这次考试中的一部分。

작년 3월에 한 외국계 기업의 입사 시험을 본 적이 있다. 시험은 필기 시험과 면접으로 이루어졌는데, 면접에서 마 지막 질문에 대답할 때였다. 한 외국인 면접관이 벌떡 일어 나더니 외국 모 대학의 랭귀지 스쿨에서 나를 본 적이 있다 는 것이다. 그러면서 "친구, 오랜만이야!" 하고 말했다. 다 른 면접관들이 모두 나에게 축하한다고 말했지만 나는 사 실 그 대학에 가본 적이 없다.

나는 잠깐 망설였다. 모른 척하고 그냥 취직을 해야 하 나? 하지만 결국 솔직해지기로 하고 그 면접관에게 "죄송합 니다. 사람 잘못 보셨습니다" 하고 말했다. "아니야, 내 기 억력이 얼마나 좋은데!"라고 말하는 그 면접관에게 다시 "분 명 잘못 보셨습니다" 하고 끝까지 아니라고 하는데, 갑자기 면접실 안에 박수소리가 울렸고, 나는 합격했다. 나중에 알 고 보니 외국에서 본 적이 있다는 말은 실은 면접 시험의 일 부분이었던 것이다.

단어 **招聘 zhāopìn** 모집하다
战胜 zhànshèng 싸워 이기다

45

说话人参加的是一场什么考试？

화자가 참가한 시험은 무슨 시험인가요?

A 필기 시험
B 구술 시험
C 면접 시험
D 연기

 정답 **C**

해설 필기 시험과 면접 시험 모두 언급이 되었지만, 면접 시험 때 마지막 질문에 관련해서 벌어진 이야기를 하고 있다. 그래서 보기 C가 답이다.

46

说话人认识那位考官吗？

화자는 그 면접관을 알고 있나요？

A 모른다
B 본 것도 같다
C 알지만 이름은 모른다
D 본 적이 있지만, 연락을 하지 않았다

정답 A

해설 화자가 면접관에게 '사람을 잘못 보셨다'고 끝까지 우기는 데서, '그 면접관을 모른다'는 것을 분명히 하였다.

47

看到考官和自己打招呼，说话人为什么犹豫起来？

면접관이 자기를 아는 척을 하였을 때, 화자는 왜 망설였나요?

A 예전에 면접관을 본 적이 있는지 없는지 해서
B 면접관에게 도움을 받아 취직을 해볼까 해서
C 외국인 면접관의 기억력이 나쁜 것이지 아닌지 생각하느라
D 그 대학을 가보았는지 아닌지 망설이느라

정답 B

해설 지문에 '이 일을 얻기 위해 이 면접관을 이용해 볼까?' 하면서 망설이는 부분에서 보기 B가 답임을 알 수 있다. '이득을 얻을 수 있는 부분에서 망설이도록 하고, 정직하게 대답을 하느냐, 양심을 저버리느냐로 직원을 뽑는, 면접 시험의 일부였다'는 부분에서 솔직함이 얼마나 중요한지 강조하고 있다. 지문에 직접적으로 "诚实"라는 단어를 언급하지는 않았지만, 신HSK 시험에 듣기, 독해, 쓰기 전 분야에 걸쳐 자주 등장하는 주제이므로 주의 깊게 그 교훈을 생각해 볼 필요가 있다.

48-50 第48到50题是根据下面一段话：

失眠可以避免吗？专家们的回答是肯定的。睡眠是人体生物结构中的一个组成部分，有着相当严格的规律。在人类的大脑中，有一个由"神经元"组成的生物钟，可以调节我们"醒"和"睡"的循环节律。生物钟把我们的一个昼夜分为3等份，1/3用于睡眠，2/3用于工作或学习。我们之所以不能甜蜜地入睡，是因为我们违反了生物节律。晚上人的体温下降，我们就应该上床休息。早晨体温开始回升，我们的身体已经得到了充分的休

息，又可以投入工作或学习了。但是，如果我们睡觉前过度烦恼或兴奋，周围的环境过于吵闹，或者毫无节制地熬夜，我们人体的生物节律就会被打乱，我们的身体也就会因此而受到损害。

专家们认为，只要严格控制作息时间，大多数人的失眠症是可以治愈的。他们建议，每个人都要合理地安排一天的体力劳动、脑力劳动和娱乐活动的时间。加强体育锻炼对促进睡眠有益无害。此外，晚饭要尽量吃得清淡些，严格禁止饮酒。

불면증을 피할 수 있을까? 전문가들은 "그렇다"고 말한다. 잠은 인체의 생체리듬 구조의 한 구성 요소로, 매우 까다로운 규칙을 가지고 있다. 사람의 대뇌에는 신경세포인 '뉴런'으로 이루어진 생체 시계가 있어서 잠자고 깨어나는 순환 리듬을 조절한다. 생체 시계는 하루를 삼등분해 삼분의 일은 잠자는 데에, 삼분의 이는 일하거나 공부하는 데 쓰는데, 우리가 달콤하게 깊게 자지 못하는 것은 바로 이러한 바이오 리듬을 어겼기 때문이다. 밤에 체온이 떨어지면 바로 잠자리에 들어 휴식을 취해야 한다. 아침이 되면 다시 체온이 오르고 밤사이 우리의 몸도 충분한 휴식을 취했기 때문에 다시 일을 하거나 공부할 수 있게 된다. 만일 잠자기 전에 스트레스를 많이 받고 흥분을 하거나 주변 환경이 지나치게 시끄럽거나 혹은 절제없이 밤을 샜다면 인체의 바이오리듬이 깨져 우리 몸에 악영향을 미치게 된다.

전문가들은 일과 휴식 시간을 정확히 지키기만 한다면 대부분 불면증을 고칠 수 있다고 지적한다. 하루 중 육체노동과 정신 노동 및 휴식의 시간을 잘 정해서 지키고, 체력을 길러 수면을 촉진해야 하며, 저녁 식사는 최대한 싱겁게 먹고, 술은 가급적 마시지 말라고 충고한다.

단어 失眠 shīmián 불면증에 걸리다
避免 bìmiǎn 피하다
神经元 shénjīngyuán 신경원, 뉴런
生物钟 shēngwùzhōng 생체시계
昼夜 zhòuyè 주야, 밤낮
违反 wéifǎn 위반하다
节律 jiélǜ (물체운동의) 리듬과 법칙
毫无节制 háowújiézhì 도대체 절제가 없다

48

人体生物钟的作用是什么？

사람 생체 시계의 작용은 무엇인가요？

A 신경세포를 구성하다
B 체온을 조절하다
C 인체 구조를 구성하다
D 수면 리듬을 조절하다

정답 **D**

해설 생체 시계는 신경세포로 구성된 것이므로 보기 A는 틀렸고, '깨어남과 수면의 리듬을 조절한다'는 지문의 내용 "可以调节我们'醒'和'睡'的循环节律"에서 답이 D임을 알 수 있다.

49 造成入睡困难的原因是什么？

불면증을 일으키는 원인은 무엇인가요?

A 체온 상승
B 체온이 지나치게 낮다
C 저녁 식사를 너무 많이 했다
D 바이오 리듬을 깼다

정답 **D**

해설 지문에 '생체 리듬, 즉 바이오 리듬을 깨서 달콤한 잠에 들수 없다'고 언급하였다.

50 根据文章，下面哪一项不正确？

지문에 따르면, 다음 중 틀린 것은 무엇인가요?

A 불면증도 일종의 병이다
B 바이오 리듬이 건강에 영향을 미친다
C 모든 불면증은 다 치유될 수 있다
D 체력 단련은 수면에 도움이 된다

정답 **C**

해설 지문에 언급한 "大多数人的失眠症"과 보기 C의 "所有失眠症"은 같은 의미라고 볼 수 없다. 그러므로 보기 C가 틀린 내용이다.

2. 독해(阅读)

제1부분

제1부분은 모두 10문제다. 문제마다 4개의 문장이 제시되며, 응시생은 오류가 있는 문장 하나를 골라야 한다. 그 오류에는 어법 구조 및 단어 조합, 문체 성향, 논리 관계 등이 포함되어 있는데, 이는 단순히 문법 위주의 평가가 아니라 여러 면에서 응시자의 언어 능력을 평가하게 된다.

---

51 A 샤오리우, 듣자 하니 결혼한다면서요, 축하한다고 말해야겠네요.

B 이 건물은 보기에는 아주 새 것 같지만, 실은 십몇 년 전에 지은 것이다.

C 사람들의 이해를 돕기 위해서 그는 또 구체적인 예들을 들었다.

D 최근에 너무 바빠서 여기 일손이 부족하니, 당신이 임시로 좀 와서 도와줄 수 있나요?

정답 A

해설 동사 사용이 부적합하다. "道喜"는 이합사이므로 뒤에 빈어가 올 수 없으며, "道"와 "喜" 중간에 끼워 넣지도 않는다. 일반적으로 개사 "向" 혹은 "给"와 같이 사용된다. 올바른 문장은 "我可要给/向你道喜了"이다.

단어 道喜 dàoxǐ 축하하다
列举 lièjǔ 예를 들다

52 A 이 일은 개인이 할 수 있는 것이 아니고, 팀워크가 필요한 것이다.

B 베란다로 난 큰 창문을 열었더니, 시원한 공기가 얼굴을 스쳤다.

C 그는 매일 도서관에서 산다. 배고프면 만두를 먹고, 목이 마르면 찬물을 마신다.

D 아저씨께서 하신 말씀은 정말 이치에 맞아요. 안심하세요. 방금 전에 하신 말씀 제가 다 적었습니다.

정답 D

해설 동사 중첩 사용 용법 오류. 동사 중첩형 "谈谈" 역시 동사로 '짧은 시간 내의 동작'을 뜻하는데, 중첩 형태는 한정어로 쓰지 않는다. 그러므로 "谈谈"을 "谈"으로 바꾸어야 맞다.

단어 靠 kào 기대다
扑 pū 엎드리다

53 A 할아버지는 평생 적지 않은 고생을 하셨지만, 그러나 많은 복도 누리셨다.

B 눈이 녹을 때는 열량을 흡수해야 하기 때문에, 그래서 기온이 급히 떨어진다.

C 정책 방향 설정이 잘못되어서, 요 몇 년 본 시의 경제 발전은 내내 정체되어 있다.

D 그는 지금 아주 속물이 되어서, 돈이 생명의 전부인 양 입만 벌렸다 하면 돈타령이다.

정답 A

해설 관련사 사용이 부적합하다. "况且"는 '게다가'의 뜻으로 점층 관계에 사용하며, 복문에서 종종 뒷절 앞에 위치한다. 그러나 보기 A는 '고생을 했다'와 '복을 누렸다' 의미는 내용상 전환의 관계가 되어야 한다. 그러므로 "况且"를 "可是", "但是" 혹은 "不过" 등 전환의 의미를 나타내는 관련사로 바꾸어야 올바른 문장이 된다.

단어 吃苦 chīkǔ 고생하다
且 qiě 게다가
享福 xiǎngfú 행복하게 살다
融化 rónghuà 녹다, 융해되다
政策 zhèngcè 정책
停滞不前 tíngzhìbùqián 앞으로 나가지 못하고 지체되다
庸俗 yōngsú 저속하다

54 A 이번 실패가 꼭 나쁜 것만은 아니다. 그것은 당신의 부족함을 발견하고 채워주는 데 도움이 된다.

95

B 샤오장, 물 마시려면 흰 유리컵을 써요. 노란색 컵은 제 룸메이트 것입니다.

C 신기술 성과가 생산력으로 바뀌는 속도가 점점 빨라져서, 전세계 경제발전을 촉진시켰다.

D 심각한 재해피해에 직면해서, 국제원조기구는 재해를 입은 지역에 구조요원, 설비, 재해구조비를 보내고 있다.

정답 B

해설 주어와 빈어의 관계가 어색하다. "是"자문은 "A是B"의 구조로 주어와 빈어 관계가 동격이거나 포함의 관계이다. 보기대로라면 "杯子"가 "我同屋"가 되는데, 논리적으로 맞지 않다. 그러므로 "黄色的杯子是我同屋的"라고 표현해야 한다.

단어
弥补 míbǔ 보충하다
转化 zhuǎnhuà 변화하다
节奏 jiézòu 리듬
推动 tuīdòng 추진하다
调派 diàopài 파견하다
救援 jiùyuán 구원하다
救灾 jiùzāi 재난에서 구원하다
款项 kuǎnxiàng 비용

55 A 나는 부인의 뒷모습을 보면서 살짝 미소 지었고, 머리를 돌려 창 밖을 바라보았다.

B 학교 숙제가 많아서, 아이들이 부모와 이야기를 나눌 시간이 없게 한다.

C 공자는 사상가이며 교육자였다. 일생 대부분의 시간을 교육에 종사했다.

D 나는 어렵게 얻은 기회를 매우 소중히 여겨, 2년 동안 여가 시간을 전부 독서실에서 보냈다.

정답 C

해설 관련사의 사용이 부적합하다. "既然"은 "那么", "就"와 조합을 이루어 '기왕 ~된 바에는, 그럼/곧 ~하다'의 뜻으로 이미 발생된 일이나 그렇게 하기로 결정된 일에 쓰이는 인과관계 관련사이다. 그러나 보기 C는 사상가이며, 교육자라는 병렬의 논리를 가져야 한다. 그러므로 "也"에 맞추어 보면, "既然"을 "既"로 바꾸어, "既…也…"를 사용한다. 올바른 문장은 "孔子既是一位思想家, 也是一位教育家"이다.

단어
从事 cóngshì 종사하다
来之不易 láizhībúyì 성공을 거두거나 손에 넣기 쉽지 않다

56 A 인터넷의 보급에 따라, 우리나라 누리꾼 수는 이미 8000만을 넘었다.

B 항주에 여행 온 사람치고, 시후를 둘러보고 롱징차를 맛보고자 하지 않는 사람이 없다.

C 부인이 불구덩이에서 손수 쓴 원고를 재빨리 꺼내는 것을 보고 그는 노기가 가라앉지 않아, 원고를 또 빼앗아 불구덩이에 던져 버렸다.

D 학생의 특징에 따라서, 적합한 방법을 선택해 교육하고 훈련하면, 뜻밖의 효과를 얻을 때가 있다.

정답 C

해설 방향보어 사용 오류. "投"는 동사이고, 이 뒤의 "进去"는 복합방향보어이다. 그리고 "火中"은 동사 "投"의 장소빈어이다. 복합방향보어 중에 뒤가 "~来", "~去"로 이루어진 것들은, 빈어를 방향보어 사이에 끼워 넣는다. 보기 C의 "火中"은 "进"과 "去"의 중간에 넣어야 한다. 올바른 문장은 "还要投进火中去"이다.

단어
普及 pǔjí 보급되다
网民 wǎngmín 네티즌
凡是 fánshì 무릇 ~이기만 하면
手稿 shǒugǎo 친필 원고
抢 qiǎng 빼앗다
怒气未消 nùqiwèixiāo 화가 가라앉지 않다
夺 duó 강제로 빼앗다

57 A 독해는 인류 사회의 중요한 활동이며, 문자가 만들어지면서 생겨난 것이다.

B 내가 그의 허리를 붙잡지 않았더라면, 그는 돌진해서 라오리를 한 대 때렸을 것이다.

C 당신은 반드시 주의해야 합니다. 사람을 볼 때 그가 어떻게 말하는지만 보면 안 되고, 그의 실제 행동이 어떤가를 더 주의 깊게 봐야 한다.

D 이런 국산 자동차는 수입 자동차의 반값이지만, 품질은 수입차와 비슷하다.

정답 D

해설 비교법 사용 오류. 비교법은 "比"를 사용하는 우열 비교와 "A跟B一样/差不多"와 같은 동등비교가 있다. 보기 D 지문 "不相上下"는 동등비교 용법에 사용되는 것이므로, 개사 "和", "跟", "与" 등과 같이 사용해야지, "比"와 같이 사용하게 되면 모순이다. 그러므로 올바른 문장은 "而质量和/跟/与进口汽车不相上下"이다.

단어
非得~不可 fēiděi ~ bùkě ~하지 않으면 안된다
不相上下 bùxiāngshàngxià 막상막하

58 A 그의 말 속에서 나는 그가 이미 예전과 전혀 같지 않음을 알았다.

B 처음에 나는 그의 행동에 상당히 불만이었지만, 지금은 그가 왜 그렇게 했는지 이해하게 되었다.

C 그와 교제를 어느 정도 한 후, 나는 우리 두 사람의 성격이 맞지 않는다는 것을 느끼고, 그에게 헤어지자고 했다.

D 탁구 세계 선수권 대회 조별 시합에서, 한 명의 선수만 떨어지고, 나머지 4명 우리나라 선수는 모두 준결승에 올랐다.

정답 **A**

해설 어순 배열 오류. 보기 A의 주된 구조는 "跟…不一样"이다. "一点儿"과 "也"는 상황어로 "不一样" 앞에서 강조의 의미로 사용된다. "我发现他已经跟原来一点儿也不一样了"가 올바른 문장이다.

단어 遭 zāo 만나다, 부닥치다
淘汰 táotài 도태되다

59 A 카나스 호수는 너무 아름답다. 나는 그곳의 초원, 소와 양, 그리고 맑은 호수 물을 잊을 수가 없다.

B 최근에 너무 바빴다. 지금 내가 제일 하고 싶은 것은 침대에 누워서 편하게 한숨 자고 싶다.

C 오늘 우리는 천문대를 견학하였다. 이번 견학은 학생들로 하여금 많이 배우게 하였다.

D "성격 불화"는 이미 "가정 폭력"과 "제3자 개입"을 대체하는, 현재 이혼의 첫 번째 이유가 되었다.

정답 **C**

해설 '동사+빈어' 조합이 부적합하다. 보기 C. 동사 "增长"에 걸

리는 빈어는 "知识"와 "眼界" 2개이다. "知识"는 "增长"과 조합을 이루어 쓰이지만, "眼界"와 쓰기에는 어색하다. 그러므로 "眼界"를 제거하여 "使同学们增长了很多知识"라고 사용하던지, 아니면 적당한 동사 "开阔"를 넣어서 "使同学们增长了很多知识, 开阔了眼界"라고 사용하는 것이 올바르다고 할 수 있다.

단어 清澈 qīngchè 맑다, 투명하다
取代 qǔdài 대신하다
首要 shǒuyào 가장 중요하다

60 A 그는 뒤도 돌아보지 않고 성큼 걸어갔으며, 그의 뒷모습은 어둠 속으로 사라졌다.

B 난하이 면적은 약 350제곱킬로미터로, 발해, 황해, 동해 면적의 총합보다도 훨씬 크다.

C 2008년도 북경 올림픽이 점점 가까워짐에 따라, 각 방면의 준비 작업도 긴박하게 진행되고 있다.

D 천진에서 상해로 비행하는 705항공편은 매일 오전 9시 10분에 이륙하여, 저녁 9시 50분에 회항합니다.

정답 **D**

해설 개사 사용이 부적합하다. 개사 "向"은 동작을 방향을 나타내는, '∼에게', '∼향하여'의 의미로 사용되는 것으로, '시작'의 의미는 없다. 그러므로 "向"을 "从"이나 "由"로 바꾸어, "从/由天津飞往上海的705班机每天上午9：10起飞"라고 써야 올바른 문장이다.

단어 日益 rìyì 날로
临近 línjìn 접근하다
返 fǎn 되돌아가다

제2부분은 모두 10문제다. 이 부분은 빈칸에 알맞은 단어를 채워 넣는 문제다. 한 단락에 3~5개의 빈칸이 있고 네 가지 보기가 주어진다. 각 단락의 정답은 3~5개의 단어며, 응시자는 상황이 요구하는 대로 네 가지 보기 중 가장 적합한 답을 골라 답안지 알파벳 위에 가로줄을 그으면 된다.

이 부분은 응시자가 문단에서 상황에 따라 앞뒤가 맞고 적합한 단어를 사용하는지를 주로 평가하게 된다. 어휘의 사용은 정확해야 할 뿐만 아니라 어체에 부합해야 하며 적절해야 한다. 응시자의 단어 분별 능력과 언어 표현의 정확성과 적절성에 치중하여 평가한다.

61 취호(翠湖)는 그렇게 크지는 않아서 <u>둘레</u> 한 바퀴 돌아도 삼십 분을 넘지 않는다. 나는 평소 운동을 싫어하지만 이 나이에 이런 <u>직업</u>을 가진 사람이 조금도 꿈쩍 않는다는 것은 상식적으로 안 될 일이다. 그래서 저녁 식사 후 취호를 따라 한 <u>바퀴</u> 걷는 것이 내 유일한 운동이 되었다.

A 둘러싸다 | 기업 | 바퀴
B 돌다 | 직업 | 바퀴
C 따르다 | 업종 | 번
D 가다 | 사업 | 번

정답 B

해설 ❶ 첫 번째 보기 중, "按"을 제외하고, 나머지 단어 3개는 다 사용 가능하다.
❷ "企业"와 "事业"은 모두 사람을 상대로 하는 말이 아니고, "职业"와 "行业"는 사용 가능하다.
❸ "绕着走"는 '둘레를 둘러서 간다'는 뜻으로 동량사를 "周" 혹은 "圈"을 일반적으로 쓴다.

단어 一圈 yìquān (마작에서) 한 바퀴
绕 rào 빙빙 돌다
按 àn 따라서(기준)

62 많은 학부모가 여름방학이 되면 자녀에게 보충학습을 시키지만 사실 여름방학을 <u>이용해</u> 정서 교육을 시키는 것이 더 중요하다. 자녀의 건강한 <u>성장</u>을 위해서는 학교에서 새로운 지식을 배우는 것도 필요하지만 부모로부터 생활상의 지식을 배우고 부모와 정서 <u>교류</u>를 나누는 것도 중요하다. 때문에 자녀의 여름방학 기간 동안 부모는 자녀와 더 많은 시간을 보내야 한다. 이러한 정서 교류 보충 학습은 자녀에게는 많은 <u>이점</u>이 있다.

A 사용하다 | 자라다 | 왕래하다 | 이익
B 활용하다 | 발육하다 | 소통하다 | 진보
C 이용하나 | 성상하나 | 교류하다 | 이섬

D 적용하다 | 기르다 | 위로하다 | 도움

정답 C

해설 ❶ "时间"을 빈어로 조합을 이룰 수 있는 것은 "利用"만 가능하다. "使用"은 일반적으로 "工具, 仪器, 方法" 등을 빈어로 가진다. "运用"은 "知识, 语言" 등을 빈어로 가지고, "适用"은 형용사로서 한정어로 많이 사용되고, 서술어로 사용할 때는 뒤에 "于"를 붙여 "适用于"로 사용된다.
❷ "健康"과 조합을 이룰 수 있는 것은 "成长"만 가능하다. "培养"의 대상은 사람이 많이 오고, "发育"는 생물의 구조나 기능 등이 '성숙해진다'는 의미로 문맥에 맞지 않다.
❸ "感情"과 조합을 잘 이루는 단어는 "沟通"과 "交流"이다. "交往"은 사람과 사람 사이의 '왕래'를 뜻하며, "安慰"는 '마음을 편안하게 한다'는 의미로 이 두 단어는 부적합하다.
❹ "大有帮助", "大有好处" 둘 다 가능한 조합이다. "进步"가 가리키는 것은 '예전보다 좋아졌다'는 의미로 사용되지만, '자신의 동작에 많은 향상이 있었다'는 "对…进步"로 사용하기 어색하다. "利益"는 '물질적인 것들의 좋은 점'을 가리키므로 문맥과 어울리지 않는다.

단어 感情 gǎnqíng 감정
沟通 gōutōng 소통하다
安慰 ānwèi 위로하다

63 영국의 음악 애호가들에게 매해 여름은 특별한 <u>계절이</u>다. BBC에서 주최하는 음악회가 로열 알버트 홀에서 2, 3개월 가량 열리기 때문이다. 3파운드면 입석 한 장을 살 수 있는데, 서서 듣는 게 좀 힘들긴 해도 콘서트홀 앞자리- 가장 좋은 <u>위치</u>를 잡을 수 있다. 서서 듣는 이들은 대부분 편한 차림의 젊은이들인데, 사실 그들이야말로 최고의 <u>청중</u>이다. 영국 청중은 늘 신사적 <u>태도</u>를 보이지만, 박수만큼은 마음에서 우러나는 음악가에 대한 감사와 열정으로 가득 차 있다.

A 시간 | 주소 | 시청자 | 예절
B 국가 | 발위 | 사회사 | 가치

C 년도 | 장소 | 연기자 | 지위

D 계절 | 위치 | 청취자 | 태도

D

해설
❶ "夏天"과 조합을 이룰 수 있는 단어는 "季节"뿐이다.
❷ "池座"는 '구체적인 장소'로, "位置"가 제일 적합하다.
"地址"는 '사람이나 기관 단체가 머물고, 통신하는 지점'이
다. "场所"는 더 큰 추상적인 '활동 장소나 상황'으로 "公共
场所" 등이 있다. "指挥"는 '명령하여 조절한다'는 의미로
"池座"를 제외한 나머지 세 단어는 문맥상 부적합하다.
❸ 문맥상 "听众"이거나 "观众"이다. "主持"와 "演员"은
문맥상 어울리지 않는다.
❹ "绅士风度"는 고정 조합이다.

단어 **皇家** huáng jiā 황실
缺乏 quēfá 결핍되다

64 한 연구 결과에 따르면 성인 대다수의 심리적 문제가 어
린 시절에서 비롯되었다고 한다. 어린 시절에 건전한 인
격이 형성되지 못한 경우 그의 미래에 많은 장애를 일으
킨다는 것이다. 그러므로 아이의 미래를 위해서는 규범
을 세우고, 어렸을 때부터 옳고 그름을 인식하게 하여
잘못된 길로 빠지지 않도록 해야 한다.

A ~로부터 오다 | 건강하다 | 번거로움 | 가르치다 |
피하다

B ~로부터 나오다 | 정확하다 | 어려움 | 말하다 | ~라
고 말할 수 있다

C ~로부터 생기다 | 건전하다 | 장애 | 세우다 | ~하
지 않도록

D ~에 있다 | 아름답다 | 굴곡 | 말하다 | ~ 피하기 어
렵다

C

해설
❶ "在于"는 일이 발생한 지점, 장소 등을 표시하며, '~로
부터'라는 출처의 의미는 없다. 그러므로 문맥상 어울리지 않
는다.
❷ "健全"은 건강하고 결함이 없는 상태로, "身体"나 "精
神"에 사용할 수 있으며, "人格"와도 조합을 이룰 수 있다.
"健康"과 "健全"의 의미는 비슷하지만, 이 단어는 주로 "身
体"와 많이 사용한다. "美好"와 "正确"는 "人格"와 어색하다.
❸ "曲折"는 형용사로 빈어를 가질 수 없다. "麻烦"은 회
화체로 의미가 가볍고, 문맥상 어색하므로 제거한다.
❹ "立规矩"는 '규범을 정한다'는 의미로, 나머지 보기들은
부적합하다.
❺ "以免"은 "为了避免"의 의미로, 목적을 나타낸다. 일반
적으로 '~하는 것이 좋다. 以免+안 좋은 일'의 형식으로 쓰
인다. "未免"은 '이미 발생한 일'에 사용하고, "难免"은 '피하

기 어렵다'는 의미로 문맥상 어울리지 않는다.

단어 **规矩** guīju 규범, 예의
明了 míngliǎo 분명히 알다
是非 shìfēi 시비
曲直 qūzhí 시비
歧途 qítú 갈림길
避免 bìmiǎn 피하다
曲折 qūzhé (우여)곡절

65 탄산칼슘을 음식물과 함께 섭취할 경우 그 흡수율이 6%
정도 높아진다는 연구 결과가 나왔다. 그러나 칼슘제를
음식물과 함께 섭취할 경우 불량 반응을 일으킬 수도 있
다. 즉 음식물 속의 철분 등 미량 원소의 흡수를 억제하
는 결과를 초래할 수도 있다는 것이다. 문제를 제대로
밝히기 위해 미국의 한 과학자는 탄산칼슘과 탄산나트
륨 및 황산칼슘이 철분의 흡수에 미치는 영향을 자세히
관찰하는 것을 통해 탄산칼슘의 영향이 가장 크다는 것
을 발견했다.

A 그러나 | 양호하지 않다 | 억제하다 | 통하여
B 그러나 | 안 좋다 | 영향을 미치다 | 통하여
C 그러나 | 열악하다 | 컨트롤하다 | 겪다
D 그리하여 | 악성이다 | 제한하다 | 경험

A

해설
❶ 문맥상 전환 의미를 가진 관련사가 와야 한다. 그러므로
보기 D "因而"만 빼고 모두 가능하다.
❷ "不良后果"는 자주 쓰는 조합이다. "恶劣"는 "非常坏"
의 의미로 "后果"와 조합을 이룰 수 있다. "不好"는 주로 관
정어로 쓰일려면 구조조사 "的"를 붙여서 "不好的…"라고
써야 한다. "恶性"은 '심각한 결과를 초래할 수 있다'의 의미
로 "后果"와 같이 사용되지 않는다.
❸ "抑制", "影响" 다 가능하다. "控制"는 의도적으로 '장
악하고 지배한다'는 의미로 문맥상 어울리지 않는다. "限制"
는 일정 범위를 넘어서지 못하도록 '제약한다'는 뜻으로 이
역시 문맥과 어울리지 않는다.
❹ 문맥상 이 자리에는 개사가 들어와야 한다. "通过"나
"经过"나 다 가능하다.

단어 **碳酸钙** tànsuāngài 탄산칼슘
导致 dǎozhì 야기하다
钠 nà 나트륨
恶劣 èliè 아주 나쁘다

66 타조는 온몸 전체가 보석이라 할 만큼 경제적 가치가 높
은 동물이다. 타조 고기 요리는 맛도 좋고 영양이 풍부
할 뿐 아니라, 특히 인체에 필요한 각종 아미노산을 풍

모의고사 ❶
모의고사 ❷
모의고사 ❸
모의고사 ❹
모의고사 ❺

부하게 함유하고 있다. 또 타조알과 내장 역시 맛있는 식품이며, 아름다운 깃털은 일찍이 중세시대부터 귀족 여성들의 필수 악세서리가 되었다. 알 껍질과 뼈, 그리고 깃털로 예쁘고 정교한 공예품을 제작할 수도 있다. 또 타조 가죽은 세계에서 가장 비싼 가죽으로 꼽힌다.

A 가격 | 함유하다 | 장식품 | 생산하다 | 귀중하다
B 가치 | 풍부하게 함유하다 | 악세서리 | 제작하다 | 비싸다
C 성품 | 포함하다 | 장식 | 가공하다 | 귀중하다
D 가격 | 가득하다 | 꾸미다 | 연구 제작하다 | 고귀하 다

정답 **B**

해설
❶ "经济价值"는 상용 조합이다. "品质"는 상품의 품질이고, "价格", "价钱"은 '상품 판매시의 액수'를 뜻하므로 모두 "经济"와 같이 쓰기에는 무리가 있다. 그러므로 A, C, D를 다 제거한다.
❷ "含有"와 "富含" 두 단어는 "成分"과 사용 가능하다. "包括"는 구체적인 부분을 가리키는 말로 문맥상 어울리지 않고, "饱含"은 일반적으로 감정을 표현할 때 자주 사용하는 단어이다.
❸ 보기 A, B, C 다 가능하다. "打扮"만 동사로 문맥에 부적합하다.
❹ "工艺品"과 조합을 이루는 할 수 있는 것들은 보기 A, B, C 이다. 나머지 "研制"은 "研究制造"의 뜻으로 일반적으로 고도의 기술이 필요한 제품에 사용된다.
❺ 문맥상 물건이 비싸다는 뜻이 와야 한다. 제일 적합한 단어는 "昂贵"이다. "珍贵", "宝贵"는 일반적으로 비교적 드물거나 혹은 주관적으로 귀중하게 여기는 물건에 사용하므로 문맥에 어울리지 않는다. "高贵"는 사람에게 많이 사용하는 단어로 이 역시 부적합하다.

단어 鸵鸟 tuóniǎo 타조
氨基酸 Ānjīsuān 아미노산
必不可少 bìbùkěshǎo 없어서는 안된다
精美 jīngměi 정밀하고 아름답다
昂贵 ángguì 물건 값이 비싸다

67 일부 과학자는 사람의 성격을 순종성, 책임감, 신경과민, 개방성, 외향성의 다섯 가지 특징으로 분류한다. 성격 변화가 유전자의 통제를 받는다에 동의하는 연구자들은 이 다섯 가지 특징이 30세 이전에 거의 정형화된다고 생각한다. 남성과 여성의 신경과민 증상에는 상대적으로 차이가 있는데, 여성은 나이가 들수록 심해지다가 줄어드는 경향을 보이지만 남성은 그 반대이다. 개방성의 경우 남녀 모두 나이가 들수록 증가하다 약간 감퇴하고, 여성의 '외향성' 역시 나이에 따라 증가하다

가 다소 감소한다.

A ~인 | 전부 | 외향 | 증가하다
B ~생 | 완전히 | 방향 | 향상되다
C ~자 | 거의 | 경향을 가지다 | 감소하다
D ~원 | 전혀 | 방위 | 희소하다

정답 **C**

해설
❶ "研究人"이라고는 표현하지 않고, "研究人员(연구하는 사람)", "研究员(연구원)", "研究生(대학원생)", "研究者(연구하는 사람)"라고 표현한다. "研究员(연구원)"은 어떤 단체에 소속된 신분을 강조하는 말로 문맥상 적합하지 않고, 일반적으로 연구하는 사람의 의미로 쓰일 수 있는 "研究人员", "研究者"가 어울린다.
❷ 긍정형 "根本"은 한정어 용법으로만 사용가능하며, 상황어로는 사용할 수 없다. 상황어로 사용되면 "根本不/没" 형식으로 부정의 의미로 사용되어야 한다. "全部"는 주어의 범위를 확정 짓는 말로 "全部都…"로 많이 사용하며, 문맥에 맞지 않다. "完全"과 "基本"은 서술어의 실현 정도를 표현할 수 있는 의미로, 서술어 "定型"을 꾸밀 수 있는 상황어들이다.
❸ "过敏倾向"은 조합을 이룰 수 있는 단어이며, "方向"과 "方位"는 "改变"할 수만 있고, "下降"할 수 있는 개념들이 아니다. 그러므로 지문에 어울리지 않는다. "外向"은 밖으로 향하는 경향이란 뜻이므로, 과민이면 과민, 외향이면 외향 따로 써야지 "过敏外向"이라고 묶어 쓰는 것은 논리적으로 틀린 표현이다.
❹ 문맥상 "下降"과 "减弱"의 뜻이 와야 하므로 "减少"만 가능하다.

단어 随和 suíhé 순하다, 상냥하다
基因 jīyīn 유전자
定型 dìngxíng 정형화하다
基本 jīběn 기본

68 인성의 본질 면에서 보면 우리 모두의 가장 큰 관심사는 바로 자기 자신이다. 자기의 일을 말하길 좋아하며, 자신과 관련된 것을 듣기 좋아한다. 이러한 심리 때문에 다음과 같은 잘못을 자주 저지르는 사람도 있다. 다른 사람의 반응이 어떻든 간에 끝도 없이 자기 얘기를 늘어놓거나, 아니면 남이 무슨 얘기를 하든 별로 집중하지 않는 것이다.

A 보아하니 | 다른 사람 | 결점 | 더듬거리다
B 말하자면 | 다른 사람 | 약점 | 의기양양하다
C 말하자면 | 남 | 부족하다 | 끊겼다 이어졌다 하다
D 보면 | 자기 | 잘못 | 말이 많고 끝이 없다

정답 **D**

ᄒ | ❶ "来看"과 "来说"만 개사 "从"과 조합을 이루어, "~의 관점에서/각도에서 보면"이라는 뜻이 된다. 그러므로 A, C는 제거한다.

❷ 지문의 다음 내용들을 보면 다 자신과 관련된 일을 말하고, 듣는다는 내용이므로, 이 빈칸에는 "自己"가 문맥상 제일 적합하다.

❸ 보기들 중 동사 "犯"의 빈어는 "错误" 하나뿐이다.

❹ 문맥상 '끊임없이 이야기한다'의 의미이므로 보기 B, D 다 가능하다. "眉飞色舞"는 '기뻐서 의기양양해하며 말하는 모습'을 형용하는 것이고, "吞吞吐吐"는 '뭔가를 감추려고, 말이 이어지지 않는 것'을 가리킨다. "断断续续"는 '말이 이어지지 않음'을 표현하고, "滔滔不绝"는 '끊임없이, 유수처럼 말하다'의 뜻이다.

단어 | 犯 fàn 침범하다/위반하다
不顾 búgù 고려하지 않다
何 hé 어떠한
心不在焉 xīnbúzàiyān 정신을 딴데 팔다
吞吞吐吐 tūntūntǔtǔ 우물쭈물, 횡설수설
眉飞色舞 méifēisèwǔ 희색이 만면하다
滔滔不绝 tāotāobùjué 청산유수처럼 끊임없이 이야기하다

69 누구나 자신이 정말 좋아하는 일을 <u>하고</u> 싶지만, <u>안타깝게도</u> 자신의 취미를 좋아하는 일로 <u>연결시키는</u> 사람은 극소수에 불과하다. 대다수는 생계를 위해 원치도 않는 일을 다년간 하면서 인생의 가장 소중한 시간을 헛되이 <u>낭비하고</u> 있다.

A 종사하다 | 안타깝다 | 연결하다 | 낭비하다
B 정리하다 | 후회하다 | 단결하다 | 소비하다
C 개발하다 | 애서하다 | 협력하다 | 깨다
D 창조하다 | 미안하다 | 구조 | 소멸하다

정답 | A

해설 | ❶ "从事…工作"는 상용 조합으로, 다른 보기들은 빈어로 "工作"를 갖기에 어색하다.

❷ "遗憾"과 "可惜"는 의미가 비슷하며, 통제할 수 없는 상황에 대한 '애석함'을 표시한다. 이 두 단어는 문맥상 적합하다. "后悔"는 자신이 한 일에 대한 뉘우침 내지는 '후회'이며, "抱歉"은 다른 사람에게 '미안함'을 표시하는 것이다. 이 두 단어는 부적합하다.

❸ "结构"는 명사이고, "团结", "合作"는 '사람들 사이의 결합'을 뜻한다. 이 세 단어는 문맥상 다 어색하다. "结合"만이 사람과 사물에 다 쓸 수 있는 단어이다.

❹ 빈칸의 수식어 "白白"는 '헛되이 쓰다, 효과 없다'의 의

미로, "浪费"가 가장 적합하다.

단어 | 谋生 móushēng 생계를 도모하다

70 중국인의 선조들은 도기를 굽고 사용하면서 얻은 깨달음으로 한 걸음 더 나아가 자기를 <u>발명</u>하기에 이르렀다. 자기는 고령토로 초기 형태를 만든 다음 그 위에 유약을 발라 섭씨 1200도 <u>이상의</u> 고온에서 구워 만든 것이다. 자기는 도기보다 더 <u>단단하며</u> 외관이 아름다운 빛을 띤다. 또한 물은 적게 혹은 아예 흡수하지 않으며 두드리면 <u>맑고 청아한</u> 금속음이 울린다.

A 생산하다 | ~ 위 | 튼튼하다 | 밝다
B 창조하다 | ~ 외 | 안정되게 하다 | 시원하다
C 발명하다 | ~ 이상 | 단단하다 | 맑고 청아하다
D 제조하다 | ~ 밖에 | 튼튼하다 | 우렁차다

정답 | C

해설 | ❶ "创造"와 "发明"은 '예전에 없던 새로운 물건을 만들어냈다'는 의미로, 예를 들면 "中国人发明/创造了印刷术"라고 사용할 수 있다. "生产"과 "制造"는 '재료를 상품으로 만든다'는 뜻으로, 예를 들면 "这家工厂制造/生产各种家具"라고 사용할 수 있다. 그러므로 보기 B, C를 선택할 수 있다.

❷ "之上"은 '어떤 수량을 초과한다'는 뜻이 아니라, '어떤 물건의 윗면'을 뜻한다. 그 밖에 온도는 "高低" 혹은 "上下"로 표현하지, "内外"로 표현하지 않는다. 그러므로 보기 B, D는 잘못된 선택항이고, 이곳에서는 보기 C만 사용 가능하다.

❸ "坚固"와 "坚硬"은 형용사로 "瓷器" 혹은 "陶器"를 수식할 수 있다. 그러나 "稳固"는 형용사이기는 하지만 이 단어는 관계나 국면 등 추상적인 것에 사용되는 것이다. "巩固"는 동사로 '더 안정적으로 만든다'는 뜻으로 추상적인 것들과 조합을 이루어 사용되며, 구체적인 사물을 수식하지는 않는다. 그러므로 보기 A, C만 선택 가능하다.

❹ "明亮"은 광선이 충분하여 '밝다'는 뜻이고, "响亮"은 '소리가 우렁차고 높다'는 의미로, 이 두 단어는 자기를 두드려서 나는 소리를 형용하기에는 어색하거나 무리가 있다. "干脆"가 형용사로 사용될 때는 단도직입적이라는 뜻으로 사람의 성격이나 행동을 형용하지, 소리를 형용하는 것이 아니다. 그러므로 보기 C의 '맑고 청아한 소리'를 뜻하는 "清脆"를 사용하는 것이 제일 적합하다.

단어 | 触目惊心 chùmùjīngxīn 보기만 해도 몸서리치다
振兴 zhènxīng 진흥하다
振作 zhènzuò (정신을) 차리다

모의고사 1 / 모의고사 2 / 모의고사 3 / 모의고사 4 / 모의고사 5

제3부분

제3부분은 모두 10문제다. 두 개의 단문이 제시되며 각 단문에는 5개의 빈칸이 있다. 응시자는 문맥에 맞게 5개의 보기 중 정답을 고르면 된다.

이 부분은 응시자의 빠른 독해 능력과 필요한 정보를 찾는 능력을 주로 평가한다.

71-75

다른 사람들과 마찬가지로 일과 시험을 위해 나 역시 영어나 경제학, 정치학 등 업무와 관련된 책을 읽느라 어쩔 수 없이 많은 시간을 쏟아부었고, 71 심지어는 철학서적까지 봐야 했다. 하지만 이런 책들은 어디까지나 '어쩔 수 없이' 읽은 책들로, 좋아한다고는 말할 수 없다. 좋아하는 것을 말하라면, 사실 내가 가장 좋아하는 책은 다양한 이야기책이다.

어린 시절 나는 안데르센의 동화들을 너무나 좋아한 나머지 《미운 오리새끼》, 《성냥팔이 소녀》, 《벌거벗은 임금님》을 몇 번이나 읽었는지 모른다. 72 심지어 꿈에서도 성냥팔이 소녀가 나왔는데, 내 옷과 생일 케이크까지 다 그 소녀에게 주지 못해 얼마나 안타까웠던지. 중학교에 올라가서도 이야기책에 정신이 팔려 수업시간에 읽다가 선생님께 혼나거나 73 또, 밤에 혼자 몰래 이불을 뒤집어쓰고 읽다가 엄마에게 혼났지만 너무 재미있어서 피곤한 줄도 몰랐다.

지금의 나는 잠들기 전 〈리더스 다이제스트〉 속의 이야기들을 읽거나 소설 몇 장을 읽는 것이 74 내게는 더없이 소중한 휴식이다. 그렇게 몇 년 동안 읽은 〈리더스 다이제스트〉와 소설 몇십 권이 알게 모르게 나에게 많은 영향을 주었다. 《제인 에어》를 통해 중요하지 않은 존재라도 자존심을 지키며 스스로 강해져야 함을, 《바람과 함께 사라지다》를 읽고 사람이라면 어떤 순간에도 희망의 끈을 놓쳐서는 안 된다는 사실을 배웠고, 《어린 왕자》를 읽고는 어른도 동심을 가지고 75 아이의 눈으로 세계를 바라보아야만 가장 소중한 것이 무엇인지 알 수 있음을 깨닫게 되었다.

나는 이야기책을 정말로 사랑한다. 아마 앞으로도 계속해서 이야기책을 읽으리라.

A 또, 밤에 혼자 몰래 이불을 뒤집어쓰고 읽다가 엄마에게 혼났다

B 심지어 꿈에서도 성냥팔이 소녀가 나왔다

C 아이의 눈으로 세계를 바라보다

D 심지어는 철학서적까지 봐야 하다

E 내게는 더없이 소중한 휴식이다

단어 说不上 shuōbùshang ~라고 말할 정도는 아니다
安徒生 Āntúshēng 안데르센

恨不得 hènbùde 못하는 것이 한스럽다
乐此不疲 lècǐbùpí 즐거워서 피곤하지 않다
放弃 fàngqì 버리다, 포기하다
童真 tóngzhēn 어린이의 천진함

71 **정답** D

해설 빈칸 앞으로 "跟工作相关"한 각종 서적을 나열하고 있다. "英语书", "经济学", "政治学" 그리고 심화의 관계를 나타내는 "甚至"를 써서 "哲学书"까지 보았다고 하는 것이 문맥상 적합하다. 그러므로 답은 D이다.

72 **정답** B

해설 빈칸 앞의 내용은 글쓴이가 좋아하는 '안데르센 동화 미운 오리, 성냥팔이 소녀, 벌거벗은 임금님'을 차례로 나열하였고, '수도 없이 읽었다'고 표현하였다. 그러면 빈칸에는 이와 관련된 내용으로 보기 B가 가장 적합하다. 보기 B에는 "连~也(~조차도)" 강조의 뜻을 사용하여 많이 좋아하고 수도 없이 읽어서 '꿈에서조차도 성냥팔이 소녀가 나타난다'고 문맥을 이어나가는 것이 제일 좋다.

73 **정답** A

해설 빈칸 앞의 내용은 "对故事书着迷"해서, "被老师骂"했다고 쓰여 있다. 보기 A는 빈도 부사 "也"를 사용하여 '엄마에게도 욕 먹은 적이 있다'라고 하였으므로 답으로 적합하다. '선생님께도 혼나고, 역시나 엄마에게도 꾸중을 들었다'라는 것은 '책에 한참 빠져 있다'라는 것을 설명하는 구체적인 일들이다.

74 **정답** E

해설 빈칸 앞 내용 '잠을 자기 전에 읽는 책'과 보기 E의 '편안함'을 연결하는 것이 제일 적합하다.

75 **정답** C

해설 빈칸 앞의 '동심을 유지한다'와 보기 C의 '아이의 눈으로 세상을 본다'를 연결하는 것이 문맥상 일치한다.

첫째, 인터넷은 시공간의 한계를 뛰어넘어 '난 사람은 집 안에서도 천하를 알 수 있다'는 말을 현실로 만들어 준다. 집 밖으로 나가지 않고도 인터넷을 통해 전 세계를 돌며 ⁷⁶ <u>다른 나라의 풍습과 문화를 이해하고</u> 가장 최근에 일어난 세계 구석구석의 일을 알 수 있다.

둘째, 인터넷은 사람 사이의 교류 방식을 바꾸어 놓았다. 인터넷은 우리에게 폭넓은 교류의 방식을 선사했는데, 인터넷 전화와 메신저 등을 통해 ⁷⁷ <u>우리는 세계 곳곳의 친구들과도</u> 마치 바로 옆에 있는 것처럼 이야기를 나눌 수 있다.

셋째, 인터넷은 현대 사회의 업무 방식을 크게 바꾸어 놓아 업무의 질과 효율을 향상시켰으며 재택 근무도 가능하게 했다. 그 외에도 인터넷 서핑과 온라인 게임, 메신저 등을 통해 학습과 업무로 인한 스트레스를 해소할 수 있으며 각종 온라인 교육으로 ⁷⁸ <u>학교에 가지 않고도 언제든지 지식을 습득할 수 있다</u>.

물론 세상 모든 일이 그러하듯 인터넷에도 장단점이 있다. 인터넷은 우리에게 편리함과 빠른 속도를 선물하지만 다른 한편으로는 여러 가지 새로운 문제들도 야기한다. 가령 개인의 사생활 보호가 어렵고 인터넷 상의 각종 정보가 건전한지 혹은 진실인지를 확인할 수가 없기 때문에 미성년자의 심리적 건강에 잠재적인 악 영향을 미친다. 그 밖에 인터넷 해킹 역시 일종의 위협이다. 다시 말해 우리는 인터넷을 이용해 여러 편의를 누리는 대신 ⁷⁹ <u>인터넷 안전과 관련한 각종 위험도 감수해야 한다</u>.

위에서 언급한 문제들을 해결하기 위해서는 두 가지 측면을 고려해야 한다. 하나는 인터넷 바이러스 방지 기술의 발전이고, 다른 하나는 인터넷 문화 질서를 규범화해 ⁸⁰ <u>불건전한 컨텐츠가 인터넷 상에서 퍼지는 것을 막고</u>, 인터넷 실명제를 확산시키는 것이다. 물론 이러한 문제의 해결을 위해서는 전 사회가 함께 노력해야 한다. 그래야만 인터넷이 더욱 건전하고 안전한 인류사회 발전에 이바지할 수 있을 것이다.

A 학교에 가지 않고도 언제든지 지식을 습득할 수 있다
B 불건전한 컨텐츠가 인터넷 상에서 퍼지는 것을 막다
C 다른 나라의 풍습과 문화를 이해하다
D 인터넷 안전과 관련한 각종 위험도 감수해야 한다
E 우리는 세계 곳곳의 친구들과 연락한다

단어 打破 dǎpò 타파하다
限制 xiànzhì 제한하다
走遍世界 zǒubiànshìjiè 전 세계를 두루 돌아다니다
途径 tújìng 루트, 방법
缓解 huǎnjiě 완화되다

利弊 lìbì 이로움과 폐단
快捷 kuàijié 재빠르다
隐私 yǐnsī 프라이버시
潜在 qiánzài 잠재하다
威胁 wēixié 위협하다
黑客 hēikè 해커
袭击 xíjī 습격하다
着手 zhuóshǒu 착수하다
规范 guīfàn 본보기, 규범
传播 chuánbō 퍼트리다
承担 chéngdān 담당하다
风险 fēngxiǎn 위험

76 정답 C

해설 빈칸 앞은 '집 밖에 나가지도 않고, 세상을 다 돌아다닐 수 있다'고 했고, 빈칸 뒤에는 '세상에 발생한 일을 다 알 수 있다'라고 표현하였으므로, 이 빈칸에는 보기 C "了解~"를 사용하여 뒷절과 병렬 구조를 맞추어 주는 것이 문맥상 적합하다.

77 정답 E

해설 두 번째 단락은 "网络改变了人与人之间的交往方式"를 이야기하고 있다. 보기 E에 언급한 "与朋友联系"와 내용이 일치할 뿐만 아니라 빈칸 뒤의 "~和身边朋友~"와도 일치한다.

78 정답 A

해설 빈칸 앞 "可以参加培训"과 보기 A "可以随时学习知识"는 내용상 교육에 관한 내용으로 관련이 있다.

79 정답 D

해설 네 번째 단락은 주로 '인터넷의 안전 문제점'에 대해 언급하고 있다. 예를 들면 "个人隐私", "心理健康" 등, 보기 D만 "网络安全问题"를 언급하고 있으므로 내용상 일치한다.

80 정답 B

해설 다섯 번째 지문은 문제 해결 방법에 대해 언급하고 있다. 인터넷 문화 질서를 규범화하는 것과 보기 B "禁止…" 내용이 일치한다.

모의고사 1
모의고사 2
모의고사 3
모의고사 4
모의고사 5

제4부분

제4부분은 모두 20문제다. 이 부분은 소재, 장르, 문체, 스타일이 다른 여러 개의 단문이 주어지며, 단문 끝에 몇 개의 문제가 주어진다. 문제마다 네 가지 보기가 있으며, 응시자는 그 가운데 정답을 골라 답안지 알파벳 위에 가로줄을 그으면 된다.

81-83

관련 부처의 통계에 따르면 작년 저우샨(舟山)시를 찾은 국내외 방문객은 현지 인구의 3배에 해당하는 300만 명 가량이었다. 해양관광은 저우샨시의 떠오르는 신흥 산업으로, 매년 저우샨시 GDP의 12%가 넘는 10억 위안 이상의 수입을 벌어들이고 있다.

저우샨은 1300여 개의 크고 작은 섬으로 이루어졌다. 유구한 역사를 자랑하는 종교와 문화, 열정적이며, 호탕한 어촌의 인심, 다채로운 고기잡이 민요, 독특하면서도 맛깔나는 음식이 저우샨 구석구석, 여기 저기에 매력을 더한다.

1990년대 이후 저우샨시는 해양관광을 어업 및 항구 운송산업과 마찬가지로 우선 발전 산업으로 지정했다. 국내외에서 다방면의 자본을 유치하여 관광지 건설에 힘썼으며 해수욕과 서핑, 낚시와 게잡이를 비롯한 50여 개의 여행 상품을 잇따라 개발했다. 현재 이미 개발된 푸퉈(普陀)산과 성쓰(嵊泗)열도 국립명승지와, 따이(岱)산과 화이화(槐花)섬 두 곳 성(省)급 명승지를 푸퉈산-주자젠(朱家尖)섬-선자먼(沈家门)섬의 황금 트라이앵글을 중심으로 성쓰열도와 따이산 풍경구를 배경으로 하는 남과 북을 잇는 관광지로 개발되었다.

단어 人次 réncì 연인원
相当于 xiāngdāngyú ~에 해당하다
岛屿 dǎoyǔ 섬
豪爽 háoshuǎng 호탕하고 시원하다
一岛一礁 yídǎo yìjiāo 섬과 바위들
将~摆上~重要的位置 jiāng ~ bǎishàng ~ zhòngyào de wèizhì ~을 중요시 여기다
予以 yǔyǐ ~을 주다
辅助 fǔzhù 보조하다
呼应 hūyìng 호응하다
格局 géjú 구조와 격식

81 저우샨시의 신흥 지주 산업은 무엇인가요?

A 해양어업
B 헤양관광업
C 항구 운송산업
D 해산물 요식업

정답 B

해설 "海洋旅游已成为当地重要的新兴产业"는 "A成为B" 구조이므로 답은 '해양관광업'이다.

82 저우산시에 관해, 다음 틀린 것은 무엇인가요?

A 2개의 국립 명승지가 있다
B 종교 문화 역사가 유구하다
C 현지 인구는 약 300만 명이다
D 천여 개의 크고 작은 섬으로 이루어져 있다

정답 C

해설 '관광객이 300만으로 현지인의 약 3배에 달한다'고 하였으니, 현지인은 약 100만이 맞는다. 그러므로 보기 C가 틀린 내용이다.

83 다음 중, 저우산의 유명한 관광지가 아닌 것은 무엇인가요?

A 화이화섬
B 푸퉈산
C 펑라이산
D 성쓰열도

정답 C

해설 보기 A, B, D는 언급되었으나, C는 언급되지 않았다. 참고로 펑라이산은 산동성에 있는 산이고, 나머지 지명들은 절강성 닝보어와 관련된 지역이므로, 지리적으로도 같이 언급되기가 어려운 위치들이다.

84-88

베이징 올림픽 기간에 중국을 찾은 외국인들은 중국 국민의 생활 수준과 경제 수준이 크게 변화했음을 직접 목격

하고서 중국이 더 이상 과거의 가난하고 낙후된 나라가 아니라고 인식을 바꾸게 되었다.

중국 경제의 발전에 힘입어 중국의 브랜드 인지도도 크게 향상되었다. 올림픽 기간에 중국을 방문한 외국인을 대상으로 한 조사에서 응답자 가운데 58%와 52%가 각각 레노버(Lenovo)나 차이나 모바일을 알고 있다고 대답해, 중국 브랜드가 비교적 높은 인지도를 누리고 있음을 보여주었다. 중국의 소비 품목 가운데 빠른 발전 추세를 보이고 있는 이리(伊利)유업은 올림픽 후원업체라는 마케팅 전략을 펼쳐 외국인들에게 14%의 인지도를 확보했다. 스포츠용품 브랜드 리닝(李宁)의 경우, 올림픽 기간 동안 가장 성공적인 마케팅 전략을 펼쳐 '올림픽에서 가장 인상 깊었던 브랜드는?'이라는 질문에서 1위를 차지했다. 여기에는 리닝이라는 스타 마케팅 전략과 올림픽 효과가 주효했다.

그러나 중국 경제가 빠르게 발전하고 있음에도 응답자 중 64%가 중국의 경제 발전은 환경 오염 등의 문제를 야기했다고 대답했다는 사실에 주목할 필요가 있다. 물론 환경 보호에 쏟은 중국의 노력이 어느 정도 국제 사회의 인정을 받기는 하였지만 더욱 폭넓은 인정을 받기 위해서는 아직도 갈 길이 멀다.

단어
贫困 pínkùn 가난하다
落后 luòhòu 낙후되다
大幅 dàfú 대폭적인
提升 tíshēng 향상시키다
享有~知名度 xiǎngyǒu ~ zhīmíngdù 지명도를 누리다
受访者 shòufǎngzhě 인터뷰 참여자
借助 jièzhù 도움을 빌다
赞助商 zànzhùshāng 공식후원사
营销策略 yíngxiāo cèlüè 영업 전략
位居第一 wèijūdìyī 1위를 차지하다
代价 dàijià 대가
赢得 yíngdé 얻다

84 올림픽 기간 외국인의 중국 경제에 대한 인상은 어떠하였나요?

A 중국을 잘 모른다
B 중국에 대한 인상을 바꾸었다
C 중국의 경제가 그다지 좋지 않다
D 중국은 이미 선진국이다

정답 B

해설 첫 번째 단락에서 '외국인들이 올림픽을 통해 가난하고 낙후된 나라라는 인식을 바꾸었다'고 지적되었으므로 답은 B이다.

85 다음 중 지문에서 언급하지 않은 브랜드는 무엇인가요?

A 이리
B 리닝
C 레노버
D 하이얼

정답 D

해설 두 번째 단락에 보기 A, B, C는 다 언급되었고, 중국의 최대 가전업체인 '하이얼'은 지문 어디에도 언급되지 않았다.

86 "올림픽에서 가장 인상 깊었던 브랜드" 1위 브랜드는 무엇인가요?

A 리닝
B 레노버
C 멍니우
D 차이나 모바일

정답 A

해설 두 번째 단락에서 '리닝이 제일 눈에 띄는 브랜드 1위를 하였다'고 직접 언급이 되었다. 참고로 리닝은 우리나라에서 개최된 86 서울아시안게임, 88 서울올림픽에서도 우수한 성적으로 금메달을 딴 중국의 유명한 체조선수로, 지금은 본인의 이름을 딴 체육 용품 업체를 운영하고 있다. 2008년도 북경올림픽 개막식 마지막 부분에 와이어에 매달려, 중국의 5000천 년의 역사를 파노라마처럼 보여주면서 경기장 테두리를 한 바퀴 돈 사람이 바로 리닝이다.

87 리닝 브랜드 인지도에 관하여, 다음 중 지문에 언급되지 않는 것은 무엇인가요?

A 스타 마케팅 효과
B 올림픽으로 인한 인지도 상승
C 광고 방면의 막대한 투자
D 올림픽에서 깊은 인상을 남겼다

정답 C

해설 '리닝 브랜드는 광고 방면에 많은 투자를 하였다'는 보기 C는 지문에 언급되지 않았다. 나머지는 보기는 지문에 다 언급된 내용들이다.

88 외국인 응답자들은 중국 경제발전에 영향을 주는 제일 주된 문제는 무엇이라고 여기나요?

A 경제 발전 속도가 느리다
B 중국 브랜드는 인지도가 낮다
C 환경 문제는 비교적 심하다

D 기술면에서 비교적 낙후되어 있다

 C

해설 질문의 "问题"는 지문 후반부의 "中国的经济发展是有代价的"에서 "代价"와 같은 의미라고 볼 수 있고, 이 지문 바로 뒤에 환경 방면을 언급함으로 보기 C가 답이라는 것을 알 수 있다.

89-93

가사도우미 파견 업계의 공급 부족 현상은 어제 오늘 일이 아니지만 최근의 한 조사 결과에 따르면 가사도우미 부족으로 인해 베이징의 가사도우미 파견 업계에 몇 가지 변화가 일고 있다고 한다. 가정부의 몸값이 올라가면서 일반적인 수요는 줄어들고 있지만 경험 많은 보모에 대한 수요는 계속해서 늘어나고 있는 것이다.

가사도우미 파견 업체 239곳을 대상으로 한 조사 결과, 몇백 위안에 가정부를 쓸 수 있었던 것은 <u>옛날에나 가능했던 일이다.</u> 현재 베이징에서 한 달 평균 800위안 이하로는 가정부를 구할 수가 없다. 55% 이상의 가정부 몸값이 1200위안 이상이며, 전체 도우미의 43.73%가 주로 1000위안에서 1400위안을 받는다. 심지어 그중 7%는 한 달에 2000위안 이상을 받는다고 한다.

2005년에서 2007년 상반기까지의 통계를 보면 현재 베이징의 가사도우미 몸값은 매년 200위안 꼴로 증가하고 있으며 가장 낮은 수준의 가정부가 2005년의 중상급 몸값을 받고 있는 것으로 나타났다. 가장 주요한 원인은 수요는 늘어나는 데 반해 인력이 줄어드는 데 있다.

가정부 몸값이 계속해서 치솟고 있는데도 공급 부족 현상은 나아질 기미를 보이지 않는다. 조사 결과, 가사도우미 파견업체 80%의 대기 인원은 한 명에서 열 명 정도이며 대기 인원이 한 명도 없는 업체도 4%나 된다. 반면 20명 이상의 대기 인원을 확보한 업체는 7%에 불과하다.

가사도우미 파견 업계의 공급 부족 문제가 나타나는 원인으로는 현대의 빠른 인력 교체 사이클과 높은 수요도 있지만, 가장 직접적인 원인은 노동력의 감소이다.

통계에 따르면 2005년 가정부 고용 수요를 100%로 볼 때 가장 낮은 수준, 중상 수준, 고급 수준의 가정부를 고용한 가정의 비율은 각각 57.5%와 33.9%, 그리고 8.6%였다. 2007년 8월 현재 가장 낮은 수준과 중상 수준 가정부의 고용 비율은 각각 55.4%, 31.7%로 떨어진 반면 고급 가정부의 고용 비율은 11.4%로 증가했다. 또 전체 고용량에서 볼 때 시장 전체의 고용 능력은 2005년보다 1.5% 하락해 가정부를 고용한 가구의 비율이 2005년의 98.5%에 그쳤다.

전문가들은 가사도우미 파견 업체의 고급화가 업계의 수

준을 한층 높여줄 것으로 보고 있다. 농촌의 잉여 노동력이 농한기에 도시에서 가정부 일을 하는 것을 부업으로 삼던 과거의 상황은 이제 더 이상 쉽게 찾아볼 수 없다. 앞으로는 직업학교나 대학에서 가사도우미를 전공한 학생들이 이 업계에 더 많이 진출하여 가사도우미의 전문화를 이끌 것으로 예상된다. 2005년 통계에 따르면 현재 베이징 전체 가구의 30%가 가정부를 두고 있지만, 가정부 몸값이 계속 오름에 따라 수요가 계속 줄어들어 향후 20%까지 떨어질 전망이다.

단어 家政行业 jiāzhèngxíngyè 가사도우미 업계
供不应求 gōngbùyīngqiú 공급이 수요를 따르지 못하다
短缺 duǎnquē 결핍하다
上涨 shàngzhǎng 오르다
呈 chéng 나타내다
截止 jiézhǐ 마감하다
储备 chǔbèi 비축하다, 저장하다
雇用 gùyòng 고용하다
促使 cùshǐ ~도록 재촉하다
剩余劳动力 shèngyú láodònglì 잉여노동력
攀升 pānshēng 오르다

89 다음 가사 도우미업의 발전 변화가 아닌 것은 무엇인가요?

A 종사자 수가 점차 증가했다
B 월급이 계속 올랐다
C 고급 도우미의 수요량이 증가했다
D 가사 도우미를 고용하는 가정이 줄었다

 A

해설 세 번째 단락에 '도우미 인원이 감소하고 있다'고 언급한 반면 보기 A는 '증가하고 있다'고 하였으므로 틀린 것이 된다.

90 두 번째 단락에 밑 줄 그은 "이미 역사가 되었다"의 의미는 무엇인가요?

A 이런 상황은 오랜 역사를 가지고 있다
B 이런 상황은 다시는 불가능하다
C 이런 상황은 역사 책 속의 것이다
D 이런 상황은 거의 발생하지 않는다

 B

해설 "~已经成为历史"는 고정결합으로 '과거에 발생된 일이고, 이후에는 다시는 발생할 수 없는 추억 속의 일이 되었다'는 뜻이다.

91 가사 도우미의 평균 수입은 매 해 얼마씩 올랐나요?

    A 100원

    B 200원

    C 300원

    D 400원

    정답 **B**

    해설 세 번째 지문에 분명히 언급하였다.

92 "가사 도우미 기근"의 직접적인 원인은 무엇인가요?

    A 감소가 필요하다

    B 월급이 올랐다

    C 종사자가 감소하였다

    D 가사 도우미의 전문화

    정답 **C**

    해설 보기 A, B, C, D가 다 지문에 언급된 문제들이기는 하지만, '가사도우미 기근 현상이 일어나는 직접적인 원인은 종사자가 줄고 있기 때문'이라고 언급했다. 92번 문제는 89번 문제와 같은 것을 묻고 있는 문제이다.

93 추측에 따르면, 향후 베이징시에서 가사 도우미를 고용하는 사람들이 어느 정도로 감소할까요?

    A 8.6%

    B 11.4%

    C 20%

    D 30%

    정답 **C**

    해설 지문 마지막 단락에 '2005년 통계에 따르면 30%가 가사도우미를 고용하고 있으나 앞으로 20%로 줄 것이라 전망한다'고 언급되었다.

94-97

    태양은 이글이글 타오르는 기체 덩어리로, 그 표면 온도는 6000℃에 달한다. 태양은 복사의 형태로 엄청난 에너지를 지구에 전달한다. 여러 가지 원인으로 인해 지구 표면에 전달되는 에너지는 태양 복사 총량의 20억 분의 1밖에 안 되지만, 그것만으로도 4억 톤의 유연탄을 태웠을 때 발생하는 에너지와 맞먹는 엄청난 양이다.

    태양 복사에 영향을 끼치는 요인으로는 태양과 지구 사이의 거리 외에도 태양 고도의 변화, 계절의 변화, 지표면의

성질, 해발 고도의 차이 등 여러 가지가 있다. 그렇다면 지표면 중에서 태양 복사 에너지가 가장 큰 곳은 어디일까?

    관련 자료를 보면 칭짱(青藏)고원은 연평균 총 일조 시수가 3000시간 이상으로 중국에서 가장 길고 평균 태양 복사 에너지가 160~190㎉/㎠(라싸 195㎉, 거얼무 200㎉이상, 같은 위도에 위치한 중국 동부 지역의 2배 이상)로, 중국 전체에서 태양 복사 에너지가 가장 강한 지역이다.

    그렇다면 칭짱 고원의 태양 복사가 가장 강한 이유는 무엇일까? 대기를 지나면서 14%의 태양 복사 에너지가 대기 중의 수증기, 이산화탄소, 미세먼지, 구름, 안개, 얼음 결정 등에 흡수되고 43%는 이들 물질과 지표면에 의해 우주로 반사되어 결국 43%만 지표면에 흡수된다.

    위도가 동일할 경우 지표면에 흡수되는 태양 복사열량의 많고 적음은 해발 고도에 의해 주로 결정된다. 그 이유는 고도가 높아짐에 따라 대기층의 두께가 얇아지고, 수증기와 먼지가 줄어들면서 대기층의 투명도가 높아지기 때문이다. 태양의 직접 복사량이 많아지면 총 복사량도 늘어난다. 칭짱 고원은 해발 4000미터의 고지대에 위치해 공기가 건조 희박하며 빛 투과율이 높기 때문에 중국 전 지역 중 가장 많은 복사 에너지를 흡수할 수 있는 것이다. 그렇다고 해서 칭짱 고원의 연평균 기온이 중국에서 가장 높은 것은 아니다. 칭짱 고원의 연평균 기온은 대체적으로 5~10℃ 정도이다.

    이처럼 기온이 낮은 이유는 무엇일까? '높이'가 그 답이다. 지대가 높기 때문에 남쪽의 히말라야산이 남인도양의 고온 다습한 기류를 막아주는 데다. 공기가 희박해 대기 중에 수증기와 먼지가 적기 때문에 지표면의 열량 손실이 빨라 기온이 낮아지는 것이다. 또한 고원에 덮인 눈이 녹지 않고, 복사 에너지 반사량을 증가시켜 열량 손실이 빠르게 일어나기 때문에 기온이 더욱 낮아진다.

단어 炽热 chìrè 몹시 뜨겁다

    辐射 fúshè 복사하다

    燃烧 ránshāo 연소하다

    烟煤 yānméi 유연탄

    取决于 qǔjuéyú ～로 결정되다

    纬度 wěidù 위도

    海拔 hǎibá 해발

    透明度 tòumíngdù 투명도

    稀薄 xībó 엷다, 희박하다

94 태양에 관하여, 다음 중 틀린 내용은 무엇인가요?

    A 온도가 6000℃에 달한다

    B 열 복사가 지구에 도달한다

    C 타오르는 기체 덩어리이다

    D 지구의 20억 배(크기)이다

D

보기 A, B, C는 정확히 언급된 내용들이고, 보기 D는 '태양이 지구의 20억 배 크기'라는 뜻인데, 지문에는 '태양 복사열의 20억분의 1이 겨우 지구에 도달한다'는 의미였다. 그러므로 보기 D가 틀린 내용이다.

95 태양 복사에 영향을 미치는 요소가 아닌 것은 다음 중 무엇인가요?

  A 태양과 지구의 거리
  B 계절 요소
  C 날씨 상황
  D 해발 고도

 C

보기 C만 언급이 안 되었다.

96 지문의 셋째 단락이 설명하는 것은 무엇인가요?

  A 칭짱고원 날씨가 제일 덥다
  B 칭짱고원 복사가 제일 강하다
  C 칭짱고원 강우량이 제일 적다
  D 칭짱고원 기온이 제일 낮다

 B

세 번째 단락의 내용은 두 번째 단락 마지막에 언급한 "何处太阳辐射最强呢?"에 대한 대답과 설명이다.

97 칭짱고원 태양 복사가 제일 강한 주된 원인은 무엇인가요?

  A 위도가 제일 높다
  B 해발이 제일 높다
  C 습도가 제일 높다
  D 기온이 제일 높다

 B

'해발이 높아서 복사열이 가장 강하다'고 지문에 언급이 되었다. 그래서 칭짱고원의 복사열이 강한 것이다.

98-100

세월의 흐름 속에서 둔황 막고굴의 환경은 어느 정도 안정을 찾게 되었고 동굴 내부의 상대 습도도 크게 변하지 않았다. 하지만 스며드는 빗물 및 그 외 인위적인 원인 때문에

일부 동굴의 습도가 계속 변화하면서 벽화 훼손의 가장 직접적인 원인이 되는 염화 현상이 쉽게 일어나게 된다. 곰팡이가 자라는 과정에 생기는 대사 산물도 벽화와 채색 지점토 인형의 안료층을 부식시켜 벽화와 점토 인형을 변색시키고 있다. 그 밖에 인위적인 활동 역시 막고굴의 국부적인 환경 변화를 야기하고 있다.

둔황 막고굴은 최근 연평균 방문자 수가 30만을 넘어서는 등 관광객이 급증했다. 주로 5월에서 10월 사이에 가장 많은 인파가 몰리는데, 향후 5년에서 10년 사이에 연간 방문객 수가 50만 명을 넘어설 것으로 전망된다. 관광객이 몰리면 동굴 내부 온도와 상대 습도, 벽 표면 온도 및 동굴 내부 이산화탄소 농도가 변화하게 되는데, 대부분의 동굴이 협소하고 동굴 내외의 공기 순환율이 낮기 때문에 관광객이 내뿜는 이산화탄소 농도가 일정 수준에 이르면 벽화의 염화 현상이나 안료 변색을 일으키게 된다.

둔황 연구소는 관람객수가 막고굴의 환경 변화에 미치는 영향을 측정하기 위해 동굴 관람객수를 연구하였는데, 그 결과는 향후 막고굴 문물 자원의 합리적인 이용에 과학적인 근거를 제시하게 될 것이다.

단어   变迁 biànqiān 변천하다
     敦煌莫高窟 dūnhuáng mògāokū 둔황 막고굴
     洞窟 dòngkū 동굴
     渗漏 shènlòu 새다
     酥碱 sūjiǎn 염화하다
     霉菌 méijūn 곰팡이
     壁画 bìhuà 벽화
     彩塑 cǎisù (채색한) 소조
     监测 jiāncè 모니터링
     承载量 chéngzàiliàng 적재량
     依据 yījù 의거하다

98 다음 중 둔황 막고굴 벽화 수명에 영향을 주는 요소가 아닌 것은 무엇인가요?

  A 과학 연구 업무의 전개
  B 이산화탄소의 농도가 지나치게 높다
  C 동굴의 상대 습도가 높아졌다
  D 곰팡이 대사산물이 많아졌다

 A

보기 B 이산화탄소의 농도는 벽화 염화 현상이 일어나게 하고, 보기 C 습도나 높아지면 이 역시 염화 현상이 일어나게 된다. 보기 D '곰팡이는 벽화나 인형의 안료층을 파괴하여 변색을 가져온다'고 하였다. 그러나 보기 A는 언급되지 않았다.

99 둔황 막고굴 여행에 관하여, 다음 중 틀린 것은 무엇인 가요?

A 관광객이 주로 5월부터 10월까지 집중된다
B 현재 매 해 관광객은 30만이 넘는다
C 관광객 수는 여전히 계속 증가하고 있다
D 관광객이 만져서 벽화의 색을 훼손하였다

정답 D

해설 보기 A, B, C는 두 번째 단락에 다 언급이 된 내용들이며, 보기 D '관광객들이 벽화를 만져서 훼손한다'는 지문에 언급된 내용이 아니다.

100 이 글의 중심 내용은 무엇인가요?

A 둔황 막고굴의 상황을 간략하게 소개하다
B 둔황 막고굴에 대한 보호를 강화해야 한다
C 둔황 막고굴에 대한 관광을 어떻게 발전시키는가
D 둔황 막고굴의 벽화 예술에 대해 말하다

정답 B

해설 보기 A '둔황 막고굴의 소개' 이것을 답이라고 생각할 수도 있으나, 지문은 전체적으로 막고굴을 훼손시키고 있는 주된 원인, 습도 등 자연적인 원인과 관람객이 내뿜는 이산화탄소와 공기의 변화 등 인위적인 원인을 설명하고 있다. 그리고 지문의 맨 마지막에 '이런 최대 관람객 수에 관한 연구 보고 등은 합리적인 문물 자원 이용에 과학적 근거를 준다'라는 곳에서 보호를 제창함을 알 수 있다. 그러므로 답은 보기 B 이다. 주제는 일반적으로 지문의 맨 앞과 맨 뒤에 나와 있다.

모의고사 1
모의고사 2
모의고사 3
모의고사 4
모의고사 5

3. 쓰기(书写)

응시자는 우선 주어진 10분 동안 1,000자로 구성된 서사문을 읽는다. 읽으면서 본문을 베껴 쓰거나 기록할 수 없으며, 감독관이 문제를 회수한 후에 이 서사문을 400자 정도의 단문으로 요약해야 한다.

요구사항 :
(1) **쓰기** 전부 중국어로 쓰고(번체자로 써도 된다) 한 칸에 한 자씩 쓴다. 중국어는 반듯하고 또박또박하게 써야 한다. 문장부호도 정확해야 하며, 문장부호도 빈칸에 하나씩 쓴다.
(2) **글자수** 400자 내외
(3) **시험 시간** 35분
(4) **내용** 제목은 직접 붙이고 문장 내용을 반복 서술하되 자신의 관점이 들어가서는 안 된다.

101

점심 시간이 다 지나 식당을 가득 메웠던 손님들이 자리를 뜨자 작은 가게 안은 순식간에 고요해졌다. 주인 아저씨가 겨우 한숨을 돌리고 잠시 앉아 신문을 펴 들려는 찰나, 할머니 한 분과 꼬마 아이 하나가 들어왔다.

"고기국수 한 그릇에 얼마유?" 할머니의 물음에 주인은 "10위안입니다" 하고 대답했다.

할머니는 자리에 앉더니 주머니에서 작은 비닐을 꺼내 그 속에 넣어둔 돈을 세어본 후 고기국수 한 그릇을 주문했다. 김이 모락모락 나는 고기국수가 나오자 할머니는 그릇을 손자에게 내밀면서 "내 새끼, 배 많이 고팠지? 어서 먹으렴" 하고 말했다.

손자가 침을 꼴딱 삼키며 "할머니, 점심 먹은 거 진짜야?" 하고 묻자, 할머니는 "그럼" 하고 대답하고는 사랑스럽다는 듯이 손자를 바라보며 무김치를 집어 천천히 씹었다. 꼬마는 게 눈 감추듯 순식간에 국수 한 그릇을 뚝딱 해치웠다.

그러자 할머니가 일어나 비닐 주머니에서 돈을 꺼내 한 장씩 세어 계산할 채비를 했다. 이 광경을 지켜보던 주인이 두 사람에게 다가가 "할머니, 축하드립니다. 운도 좋으시지, 저희 가게 100번째 손님이 되셨어요. 그러니 오늘 드신 국수는 공짜랍니다" 하고 말했다.

그로부터 한 달이 지난 어느 날, 주인은 무심코 창 밖을 바라보다 지난번 그 꼬마가 가게 맞은편에 쭈그리고 앉아 뭔가를 세고 있는 걸 발견했다. 깜짝 놀라 자세히 보니 꼬마는 가게에 손님이 한 명 들어갈 때마다 자기 땅에 그려놓은 동그라미 안에 돌멩이를 집어넣고 있었다. 그런데 점

심 시간이 다 끝나가는데도 동그라미 안에 있는 돌멩이는 오십 개가 채 되지 않았다.

꼬마의 실망하는 낯빛을 보자 지난번 꼬마가 할머니와 가게에 왔던 일을 떠올린 주인은 마음은 급한데 어찌 해야 할지 몰랐다. 생각 같아선 그냥 꼬마를 불러 뜨끈한 국수를 먹이고 싶지만, 그럴 수는 없는 일이었다.

주인은 한참을 망설이다가 알고 지내는 모든 친구와 단골들에게 전화를 걸어 "바쁘시죠? 아니, 별 일은 아니고요, 오늘 저희 가게에서 공짜로 국수를 대접해 드리려고 하거든요. 얼른 오세요, 얼른. 네, 정말 중요한 일이랍니다. 중요하고말고요." 하고 말했다. 전화를 받은 손님들이 한 명씩 두 명씩 가게로 들어서면서 동그라미 속 돌멩이도 금세 늘어났다.

"81, 82, 83…." 드디어 아흔아홉 번째 돌멩이가 원으로 들어가는 순간, 꼬맹이는 기쁜 듯 깡총거리며 할머니 손을 잡고 급히 가게로 들어섰다.

"할머니, 이번엔 내가 살게." 꼬마가 의기양양하게 말했다. 이번엔 진짜 100번째 손님이 된 할머니는 손자가 내민 따뜻한 고기국수를 받아 들었다. 그러자 꼬마는 지난번 할머니가 그랬듯 미소 띤 얼굴로 할머니를 쳐다보면서 무김치를 한 입 베어물었다.

"꼬마에게도 한 그릇 주지 그래요." 하고 재촉하는 부인의 말에 주인은 "아니오. 저 꼬마는 지금 먹지 않아도 배부른 게 뭔지 배우고 있는 중이라오." 하고 대답했다.

후루룩 맛있게 국수를 먹던 할머니가 갑자기 그릇을 내려놓으며 "아유, 할머닌 이제 배부르다. 이제 우리 새끼 먹으려무나" 하고 말하자 꼬마가 자기 배를 두드리며 말했다.

> "아니야, 할머니. 이거 봐. 나 엄청 배불러."

단어

高峰 gāofēng 최고조

拥挤 yōngjǐ 붐비다

清净 qīngjìng 조용하다

翻报纸 fān bàozhǐ 신문을 넘기다

掏 tāo 꺼내다

塑料袋 sùliàodài 비닐봉지

数 shǔ (수를) 세다

叫 jiào 주문하다

热气腾腾 rèqìténgténg 김이 모락모락 나다

催促 cuīcù 재촉하다

吞 tūn 삼키다

和蔼 héǎi 상냥하다, 친근감 있다

嚼 jiáo 씹다

一眨眼工夫 yīzhǎyǎngōngfū 눈 깜짝할 사이, 아주 짧은 시간

结账 jiézhàng 계산하다

免费 miǎnfèi 공짜, 무료

无意间 wúyìjiān 무의식적으로

蹲 dūn 웅크리고 앉다

圈 quān 원을 그리다

神情 shénqíng 기색, 표정

心急如焚 xīnjírúfén 마음이 급하다

犹豫 yóuyù 주저하다

匆忙 cōngmáng 황급히

招待 zhāodài 접대하다

津津有味 jīnjīnyǒuwèi 맛있게 먹다

101 모범답안

第100位客人

一位老奶奶和一个小男孩走进一家小吃店，问："牛肉汤面一碗要多少钱？"

老板回答："十块一大碗。"

奶奶坐下来，仔细地数了口袋里的钱，只要了一碗牛肉汤面。奶奶把碗推到小孙子面前，让他赶快吃，自己却只吃了一点儿泡菜。一眨眼工夫，小男孩就把一碗面吃了个精光。老奶奶站起身，准备结账。老板看到这幅景象，走到两人面前说："恭喜您，您是我们的第一百个客人，所以这碗面是免费的。"

过了一个多月，有一天，老板无意间发现，上次的那个小男孩正蹲在店门口，店里进来一个客

人，他就放一颗石子在自己画的圆圈里，可是离100个还差得多。

老板想起上次他们来店里的事情，很想帮助他，可又不想伤害孩子的自尊心。于是，他给朋友们打电话，请大家来吃面。客人一个个来了，当第99个客人来了以后，小男孩一下子跳起来，拉着奶奶的手走进了小吃店。

小男孩高兴地给奶奶要了一碗面，自己却只含了块泡菜在口中。

奶奶吃到一半的时候停下来，对小孙子说："奶奶吃饱了，这些你吃吧。"

没想到小男孩却拍拍他的小肚子，对奶奶说："不用了，我很饱，奶奶您看…。"

"也送一碗给那男孩吧。"老板娘不忍心地说。

"那小男孩现在正在学习不吃东西也会饱的道理呢！"老板回答。

呼噜、呼噜…吃得津津有味的奶奶，突然停下来，对小孙子说："奶奶吃饱了，这些你吃吧。"

没想到小男孩却拍拍他的小肚子，对奶奶说："不用了，我很饱，奶奶您看…。"

백 번째 손님

할머니 한 분이 손자와 함께 작은 식당에 들어와서 "고기 국수 한 그릇에 얼마유?" 하고 물었다.

사장은 "대(大)자 한 그릇에 10위안입니다."라고 대답했다.

할머니는 자리에 앉아 주머니 속 돈을 찬찬히 세어 보더니 한 그릇만 주문했다. 할머니는 그릇을 손자에게 내밀며 얼른 먹으라고 하고는 김치만 조금 집어 먹고 말았다. 꼬마가 눈 깜짝할 사이에 한 그릇을 뚝딱 해치우자 할머니는 일어나 계산할 채비를 했다. 주인은 이 광경을 지켜보다가 두 사람 앞으로 가 "축하합니다. 저희 백 번째 손님이시네요. 그러니 계산은 안 하셔도 됩니다." 하고 말했다.

그 후 몇 달이 지난 어느 날, 주인은 지난번 그 꼬마가 식당 맞은편에 쭈그리고 앉아 가게에 손님 한 명이 들어가면 자기가 땅에 그려 놓은 원 안에 돌멩이를 하나를 던져 넣는 것을 보게 되었다. 하지만 돌멩이는 백 개에서 한참 모자랐다.

지난번 꼬마가 할머니와 함께 식당에 왔던 것을 생각해 낸 주인은 꼬마를 도와주고 싶었지만 그렇다고 아이의 자존심을 다치게 하고 싶지는 않았다. 결국 주인은 친구들에게 국수 먹으러 오라고 전화를 걸었다. 그렇게 손님들이 하나둘씩 안으로 들어가고 마침내 아흔아홉 번째 손님이 안으로 들어가자, 꼬마는 기쁜 나머지 펄쩍 뛰며 할머니 손을 잡고 식당으로 들어왔다.

꼬마는 의기양양하게 할머니에게 국수를 한 그릇 시켜 드리고

는 김치만 집어 먹었다. 할머니는 국수를 반만 먹고는 손자에게 "할미는 배가 부르구나. 네가 마저 먹으렴."하고 말했다. 그러자 꼬마가 자기 배를 두드리며 하는 말. "아니야 할머니, 이것 봐, 나 엄청 배불러."

新汉语水平考试

HSK
6级

모의고사 해설

HSK（六级）**4**회 모범답안

一、听力

第一部分	1. A	2. B	3. A	4. D	5. D	6. B	7. D	8. B	9. D	10. A
	11. D	12. D	13. C	14. C	15. B					
第二部分	16. B	17. A	18. C	19. A	20. C	21. C	22. D	23. B	24. B	25. D
	26. C	27. A	28. D	29. B	30. B					
第三部分	31. D	32. C	33. B	34. C	35. A	36. A	37. B	38. B	39. C	40. A
	41. B	42. C	43. B	44. D	45. A	46. C	47. B	48. C	49. D	50. C

二、阅读

第一部分	51. D	52. B	53. C	54. C	55. B	56. A	57. C	58. B	59. D	60. D
第二部分	61. B	62. C	63. D	64. C	65. A	66. D	67. A	68. B	69. D	70. B
第三部分	71. B	72. C	73. E	74. A	75. D	76. E	77. B	78. D	79. C	80. A
第四部分	81. D	82. B	83. C	84. C	85. B	86. C	87. C	88. B	89. A	90. C
	91. A	92. C	93. C	94. B	95. D	96. A	97. C	98. B	99. B	100. A

三、书写

圣诞节的礼物

保罗的哥哥送给他一辆新车作为圣诞礼物。有一天，保罗看到街上一个男孩在他的新车旁走来走去，满脸羡慕的神情。

小男孩看到保罗，就问他："先生，这是你的车吗？"

"是啊，"保罗说，"我哥哥给我的圣诞节礼物。"

小男孩表现得很惊讶，保罗以为小男孩是羡慕自己有一个这样的哥哥，可是小男孩的希望是自己也能成为这样的哥哥，也能送这样贵重的礼物给弟弟。

他们一起去兜风，小男孩请求保罗开车去自己家。保罗本来以为小男孩只是想向周围的人炫耀一下，没想到小男孩是为了让自己双腿残疾的弟弟看一下这个圣诞礼物。小男孩对弟弟说，"看见了吗，这辆漂亮的车是他哥哥送给他的圣诞礼物，他不用花一角钱！将来有一天我也要送给你一辆和这一样的车子，这样你就可以看到我一直跟你讲的橱窗里那些好看的圣诞礼物了。"

保罗的眼睛湿润了，他走下车子，将小弟弟抱到车子前排的座位上。他决定带着小男孩和他的弟弟一起去兜风。

1. 듣기(听力)

제1부분

제1부분은 모두 15문제다. 이 부분의 문제는 하나의 단문으로 구성되어 있고, 시험지에 네 가지 보기가 주어진다. 문제마다 한 번씩 들려주며, 들은 내용과 일치하는 보기를 선택하면 된다.

1

病人牙疼去找医生。在治疗室，大夫对病人说："请张开嘴。"病人听到了，感动得热泪盈眶："谢谢。"大夫特别奇怪，问她："为什么谢我呢？"病人不好意思地对大夫说："因为我的丈夫老是叫我闭嘴。"

이가 아픈 한 환자가 의사를 찾아갔다. 진료실에서 의사가 환자에게 "입을 벌리세요"라고 하자 환자가 갑자기 눈물을 글썽이며 "감사합니다"라는 것이었다. 의사가 의아해하며 "뭐가 고맙다는 거죠?"라고 묻자 환자가 부끄러운 듯 이야기했다. "우리 남편은 항상 저더러 입 다물라고만 하거든요."

A 환자는 여자이다
B 환자의 머리가 많이 아프다
C 환자는 입을 벌리려 하지 않는다
D 환자는 아파서 울었다

정답 A

해설 "丈夫(남편)"란 단어에서 환자가 여성임을 알 수 있고, 여성은 아파서 운 것이 아니라 감동해서 운 것이다.

단어 治疗室 zhìliáoshì 진료실
热泪盈眶 rèlèiyíngkuàng 눈물을 글썽이다
闭嘴 bìzuǐ 입을 다물다

2

哈尔滨的东北虎园每天都吸引着大批游人。导游告诉我们虎园里有大大小小八百多只老虎，参观的路上，车子不时被闲逛的老虎拦下，在它们好奇的打量一番后才能被放行。真不知道是谁参观谁，但付钱的肯定是我们。

하얼빈의 둥베이 호랑이공원은 매일 관광객들로 넘쳐난다. 가이드의 말로는 이 공원에 크고 작은 800여 마리의 호랑이가 있는데 한가롭게 거니는 호랑이 때문에 차량은 가다 서다를 반복해야 한다고 한다. 호랑이들은 호기심 어린 눈빛으로 우리를 한참 훑어보고 나서야 길을 비켜주었다. 정말 누가 누굴 구경하고 있는 것인지 모를 정도였다. 정작 입장료는 우리가 냈는데 말이다.

A 호랑이는 구경거리가 되고 싶어하지 않는다
B 호랑이는 관람객에게 호기심이 있다
C 호랑이 공원에는 80여 마리의 호랑이가 있다
D 관람객은 무료로 관람할 수 있다

정답 B

해설 '호랑이가 관람객들을 호기심있게 쳐다본다'는 곳에서 답이 B임을 알 수 있다. 입장료는 사람이 냈는데, 차 안에 있는 관람객들이 도리어 호랑이의 구경거리가 되었음을 표현한 것으로, 무료로 볼 수 있음을 뜻한 것은 아니다. 그리고 800여 마리를 80여 마리로 혼동하여 듣지 않도록 주의한다.

단어 导游 dǎoyóu 가이드
参观 cānguān 참관하다
肯定 kěnding 분명히

3

黄昏的时候，我在路上慢跑。有一个年轻人从我后面跑上来，在我耳边急促地叫着："快跑！""发生了什么事？"我问身旁的年轻人。"赶快跑。"我快速地追了他3000米以后才追上他，我气喘吁吁地问他："到底发生了什么事？""你跑得太慢了。"年轻人丢下我继续往前跑去。

노을이 질 무렵 조깅을 하고 있을 때였다. 한 청년이 뒤에서 쫓아오더니 내 귓가에 "빨리 뛰어요!"라고 숨가쁘게 외치는 것이었다. 내가 그에게 "무슨 일인데요?" 하고 묻자, 그는 "그냥 빨리 뛰어요!"라고 했다. 나는 3000미터를 전력 질주해서야 겨우 그를 따라잡고 헐떡이며 다시 물었다. "도대체 무슨 일이냐고요?" "당신 뛰는 게 너무 느리잖아요." 그는 나를 뒤로한 채 앞으로 계속 달려갔다.

A 나는 청년을 따라잡았다
B 청년은 어려움에 부딪혔다
C 청년은 나와 같이 뛰려 했다
D 청년은 숨가쁘게 뛰었다

정답 **A**

해설 청년을 따라잡아서 '도대체 무슨 일이냐고요?' 하고 물어볼 수 있었던 것이다. 숨가쁘게 뛴 것은 청년이 아니고 화자이다. 그러므로 답은 A이다.

단어 黄昏 huánghūn 황혼
慢跑 mànpǎo 천천히 뛰다
急促 jícù 급하다
快速 kuàisù 빠른 속도
气喘吁吁 qìchuǎnxūxū 헐레벌떡

4 春节是中国最富有特色的民间传统节日，也是最热闹的一个古老节日。在这合家欢聚、互祝平安吉祥的日子里，您可记得那些为保卫祖国、守护百姓的平安，而不能与家人团聚的人？

설은 중국의 특색이 가장 돋보이는 민족 고유의 명절일 뿐 아니라 가장 신명나는 전통 명절이기도 하다. 하지만 온 가족이 함께 모여 서로 덕담을 나누는 사이 조국 수호와 국민의 안녕을 위해 명절에도 가족과 함께하지 못하는 사람들을 생각해 본 적이 있는가?

A 설에 사람들은 모두 집에 돌아가면 안 된다
B 설에 가족들이 다 같이 있지 않다

C 설에 많은 사람들이 집에 돌아가고 싶어하지 않는다
D 설에 일부 사람들은 가족들과 함께 보낼 수 없다

정답 **D**

해설 "那些~不能与家人团聚的人"은 '가족과 함께 보낼 수 없는 사람'이란 뜻이고, "为 목적, 而 수단"을 나타내는 구조로, 조국 수호와 국민의 안녕을 위해서 같이 지낼 수 없음을 뜻한다. 그러므로 답은 D이다.

단어 传统 chuántǒng 전통의
热闹 rènào 시끌벅적하다
欢聚 huānjù 즐겁게 모이다
吉祥 jíxiáng 길하다
保卫 bǎowèi 지키다
守护 shǒuhù 지키다
团聚 tuánjù 모이다

5 十几年前当我刚踏进大学校门的时候，最先见到的就是亲切的王老师。他在给我们上课的时候严格认真，同学们都有些怕他。后来接触的时间长了，同学们才发现，其实王老师更像我们的一位大哥，课下聊天时谈笑风生，从不摆老师的架子。

십수년 전 내가 대학에 갓 입학했을 때 처음 만난 분이 바로 친절한 왕 선생님이었다. 왕 선생님은 수업 시간에 워낙 엄격하셔서 학생들은 그를 무서워하기도 했다. 하지만 시간이 지나면서 그가 방과 후에는 형처럼 학생들과 허물없이 지낼 수 있는 유쾌한 사람이라는 것을 알게 되었다.

A 왕 선생님은 우리 큰 형이다
B 모두들 왕 선생님을 무서워한다
C 왕 선생님은 수업하실 때 아주 친절하시다
D 나는 왕 선생님을 안 지 십몇 년 된다

정답 **D**

해설 지문 처음을 잘 들어야 답을 무난히 고를 수 있다. '수업 시간에는 엄격하다'고 하였으므로 보기 C는 답이 아니다. "其实"는 전환의 의미로 수업은 엄격하게 하지만, 개인적으로는 형처럼 허물없이 지낼 수 있는 사람이라고 묘사하고 있다.

단어 踏进 tàjìn 들어서다
亲切 qīnqiè 친절하다
严格 yángé 엄격하다
接触 jiēchù 접촉하다, 교류하다

摆架子 bǎijiàzi 거드름을 피우다

6

　　自行车自从19世纪发明以来，在100多年的时间里，它无论是在外观上，还是在功能上，就一直没有出现过重大的变化。进入21世纪以后，随着科技的发展和人们对自行车认识与需求的变化，自行车家族中才出现了许多新奇的面孔。比如有的是可折叠的背包式自行车，有的是太阳能动力自行车等等。

19세기에 처음 발명된 후 100여 년 동안 자전거는 그 외관이나 기능면에 별다른 변화가 없었다. 21세기에 접어들면서 과학 기술의 발전과 자전거에 대한 사람들의 인식 및 수요의 변화에 힘입어 새로운 형태의 자전거가 나타나게 되었다. 예를 들면, 접어서 등에 멜 수 있는 자전거나 태양열 자전거 등이 그것이다.

A 태양열 자전거는 곧 생겨난다
B 과학이 자전거에 미치는 영향은 매우 크다
C 자전거는 20세기에 발명된 것이다
D 멜 수 있는 자전거는 50년 전부터 있었다

[정답] B

[해설] '21세기 이후, 과학이 발전함에 따라 자전거가 다양화되었다'는 예로 '태양열 자전거'와 '멜 수 있는 자전거'를 언급하였다. 그러므로 보기 A, D는 답이 아니며, B가 답이다.

[단어] 随着 suízhe ~함에 따라
面孔 miànkǒng 얼굴
折叠 zhédié 접다
背包 bēibāo 배낭

7

　　相信大多数人都看过长跑比赛，也清楚地知道：起跑时，冲在前面的人并不一定能笑到最后，后来居上并最终成为胜利者的人却很多见。但一旦从赛场回到现实生活中，人们就常常忽略了这个事实。

대부분의 사람들이 마라톤을 본 적이 있을 것이다. 출발할 때 선두를 달렸다고 해서 반드시 우승하는 것은 아니며 나중에 선두를 따라잡으면서 우승을 거머쥐는 경우가 많다는 것도 잘 알고 있을 것이다. 하지만

일단 경기장에서 나와 현실로 돌아오면 사람들은 종종 이런 점을 잊어버린다.

A 장거리 달리기에서 빠른 출발은 중요하다
B 생활 속에서 장거리 달리기를 좋아하는 사람은 많다
C 많은 사람들이 웃으며 장거리 달리기를 본다
D 빠른 출발을 한 사람이 꼭 승리를 하는 것은 아니다

[정답] D

[해설] "不一定"은 '꼭 그런 것은 아니다'의 뜻이며, "笑到最后"는 '끝까지 미소 짓는 사람'으로 최후의 승자를 뜻한다.

[단어] 清楚 qīngchǔ 분명하다
忽略 hūlüè 소홀히 하다

8

　　篮球是一个由两队参加的球类运动，每队出场5名队员。目的是将球投进对方球篮得分，并阻止对方获得球或得分。篮球比赛的形式多种多样，现在流行一种街头三人篮球赛，这是一种三对三的比赛，这种比赛人少，所以更讲究个人技术。

농구는 두 팀이 참가하는 구기 종목으로 한 팀 당 5명의 선수가 있다. 상대팀의 바스켓에 공을 넣으면 득점하게 되며 상대팀의 공을 뺏거나 득점하는 것을 막는 것이 목적이다. 농구 경기에는 다양한 형식이 있는데, 그 중 가장 유행하는 길거리 농구대회는 3대3 경기로 선수가 적기 때문에 개인기가 더욱 중시된다.

A 농구 경기는 한 팀마다 3명이 경기한다
B 농구 경기 형식은 다양하다
C 농구 경기 형식은 2종류이다
D 길거리 농구는 한 팀마다 5명이 경기한다

[정답] B

[해설] 정식 경기는 5명이 한 팀이고, 길거리 농구가 3명이다. 그리고 지문에 '다양한 형식이 있다'고 언급되었으므로 답은 보기 B이다.

[단어] 球篮 qiúlán 농구
形式 xíngshì 형식
技术 jìshù 기술

117

9

做炒米饭时最好不要使用任何增加鲜味的调料，因为炒饭讲究的就是干香，水分少才可口。这些年有一种"酱油炒饭"很流行，实际上这完全不符合炒饭的基本要求，长时间高温爆炒会破坏米饭的营养，而且味道过咸，不利于人体健康，因此建议少吃炒饭。

볶음밥을 만들 때는 될 수 있으면 음식의 맛을 내는 조미료를 첨가하지 않는 것이 좋은데, 볶음밥은 고슬고슬하며 수분이 적어야 제맛이기 때문이다. 최근 유행하는 '간장볶음밥'은 볶음밥의 기본에 어긋나는 것으로 고온에서 장시간 볶으면 밥의 영양소가 파괴될 뿐 아니라 너무 짜게 변해 건강에 해롭다. 그러므로 볶음밥을 많이 먹지 않는 것이 좋다.

A 볶음밥은 일종의 건강 식품이다
B 간장으로 볶은 밥은 맛있다
C 볶음밥을 만들 때 조미료를 많이 넣어야 한다
D 고온에서 볶으면 쌀의 영양을 파괴한다

 D

지문 마지막의 '건강에 해로우니 볶음밥을 많이 먹지 말라'고 건의 한 부분에서 보기 A는 제외시키고, '장시간 볶으면 영양소가 파괴된다'고 한 보기 D는 지문과 일치한다.

鲜味 xiānwèi 맛있다
调料 tiáoliào 조미료
酱油 jiàngyóu 간장
爆炒 bàochǎo 센 불에 급히 볶아내다
破坏 pòhuài 파괴하다

10

世界上啤酒的生产已经有4000多年的历史。中国最早于1903年在青岛建立了第一个啤酒厂，至今也有100多年的历史了。啤酒的营养丰富，喝上一瓶啤酒，人体一天所需要的热量就可以得到补充，因此啤酒也被称为"液体面包"。

맥주는 세계적으로 이미 400여 년의 역사를 가지고 있다. 중국은 1903년 칭다오에 처음으로 맥주 공장을 세워 오늘날까지 100여 년의 역사를 자랑하고 있다. 맥주는 영양이 풍부하고 한 병만 마셔도 인체가 하루에 필요로 하는 열량을 보충할 수 있기 때문에 '액체로 된 빵'이라 불리기도 한다.

A 중국 맥주는 100여 년의 역사가 있다
B 중국 최초의 맥주 공장은 북경에 있다
C 맥주는 "액체로 된 계란"이라 불려진다
D 전 세계 맥주는 1000년의 역사를 가지고 있다

 A

칭다오에 "第一个=最早" 맥주 공장이 세워졌으므로 보기 B는 답이 아니다. 그리고 그것이 100여 년의 역사를 가졌으니, '중국은 100여 년의 맥주 역사가 있다'인 보기 A가 답이다.

啤酒 píjiǔ 맥주
补充 bǔchōng 보충하다
液体 yètǐ 액체

11

由于天气原因，全国不少机场依然关闭，直到昨日17点，仅南方航空公司就仍有2000余名旅客在等候上机。由于节前北方仍有不少城市将出现暴雪和雨雾天气，航空公司提醒广大旅客，如果目的方向航班实在没办法飞走，不妨考虑转乘其他交通工具回家。

기상 악화로 전국의 여러 공항이 폐쇄된 상황에서 어제 오후 5시까지 남방항공사에서만 약 2000여 명 승객이 탑승을 기다리고 있었다. 연휴를 앞두고 북부 지역의 여러 도시에 여전히 폭설, 강우, 안개 등이 나타나고 있어 만약 목적지로 가는 항공편이 이륙할 수 없는 경우 항공사에서는 고객에게 다른 교통수단으로 환승하도록 권장하고 있다.

A 승객이 너무 많아, 많은 항공사가 문을 닫았다
B 비행기가 이륙할 수 없는 것은 비행기 고장 때문이다
C 전국 2000여 명의 승객이 탑승을 기다리고 있다
D 항공 회사는 승객이 다른 교통 수단을 이용하도록 건의하고 있다

 D

지문 처음에 기상악화 원인 "由于"를 설명하고 있으므로 보기 B는 답이 될 수 없고, '남방항공사만 보아도 2000여 명의 승객이 탑승을 기다린다'는 뜻으로 전국적인 규모로 본다면 더 많은 승객들이 탑승을 기다린다는 뜻이다. 그래서 보기 C도 틀린 표현이다. 지문의 "不妨"은 "建议"의 뜻으로 '시도해 볼 것을 권유하다'이므로, 보기 D가 답이 됨을 알 수 있다.

仍 réng 여전히
雾 wù 안개

考虑 kǎolǜ 고려하다
乘 chéng 탑승하다
不妨 bùfáng ~해봐도 좋다

12

春饼又叫薄饼，是一种做得很薄的面饼，是中国的传统美食。它的材料简单，制作方便，口感鲜美独特，吃法也有很多种，卷、包、配菜、作为主食单吃、炒饼都可以，尤其和烤鸭搭配食用最为美味可口。

춘빙(春饼)은 바오빙이라고도 불리는, 일종의 아주 얇은 밀가루 부침으로 중국의 전통 먹거리이다. 춘빙은 재료가 간단하고 조리가 편리하며 맛이 좋고 독특하다. 먹는 방법도 여러 가지가 있는데, 곁들인 요리를 돌돌 말거나 싸서 먹기도 한다. 또한 주식으로 따로 먹거나 차오빙(炒饼 : 饼을 잘게 썰어 고기나 채소 등을 넣고 볶은 것)을 만들어 먹을 수도 있다. 특히 오리구이와 함께 먹으면 그 맛이 일품이다.

A 춘빙은 일종의 두꺼운 떡이다
B 춘빙을 만드는 것은 어렵다
C 춘빙은 일종의 먹는 방법이다
D 춘빙은 오리구이와 같이 먹을 수 있다

정답 **D**

해설 "厚"와 "薄"는 반대말이고, "方便"과 "简单"은 비슷한 말이다. 그러므로 보기 A, B는 틀린 표현이다. '오리구이와 같이 먹으면 맛있다'는 표현에서 보기 D가 답임을 알 수 있다.

단어 尤其 yóuqí 특히나
搭配 dāpèi 조합하다
美味可口 měiwèikěkǒu 맛있다

13

他是19世纪人类最杰出的艺术家之一。他热爱生活，但在生活中多次遭受挫折；他献身艺术，大胆创新，在广泛学习前辈画家的基础上，吸收其他画家在色彩方面的经验，并受到东方艺术，特别是日本画的影响，形成了自己独特的艺术风格。

그는 19세기 가장 출중한 예술가 중 한 명이다. 그는 삶을 사랑했지만 인생에서 여러 번의 좌절을 겪기도 했다. 그는 예술에 헌신하며 대담한 혁신을 이루어

냈다. 선배 화가들로부터 배운 기초 위에 다른 화가들의 색채기법을 응용했을 뿐 아니라 오리엔탈 예술, 특히 일본 그림의 영향을 받아 자신만의 독특한 스타일을 완성했다.

A 그는 많은 일본화를 그렸다
B 그의 사업은 매우 순조로웠다
C 그의 그림은 자신만의 특징이 있다
D 그는 일본의 유명한 예술가이다

정답 **C**

해설 '많은 좌절을 겪었다'는 표현에서 보기 B는 제외시키고, 일본 그림의 영향을 받은 것이 '일본화를 그렸다'와 같은 의미가 될 수 없으므로 보기 A도 제외시킨다. 문장의 맨 마지막 "独特的艺术风格"는 보기 C의 "特点"으로 재해석되었다. 그러므로 답은 C이다.

단어 杰出 jiéchū 뛰어나다
遭受 zāoshòu 당하다
挫折 cuòzhé 좌절
献身 xiànshēn 헌신하다
吸收 xīshōu 흡수하다
独特 dútè 독특하다
风格 fēnggé 스타일

14

司机驾驶时，由于注意力高度集中，容易造成大脑疲劳而产生打瞌睡的现象。研究人员发现，吃口香糖可以有效地预防打瞌睡。而且吃口香糖比交谈、活动身体和听音乐的效果都好。研究人员认为吃口香糖可以直接刺激大脑活动，从而使大脑保持清醒。

차를 운전할 때는 운전자는 고도의 집중력이 필요하기 때문에 대뇌 피로로 인한 졸음이 오기 쉽다. 연구에 의하면 껌을 씹는 것이 졸음 예방에 효과적이라고 한다. 더구나 껌을 씹는 것은 대화를 나누거나 신체를 움직이거나 음악을 듣는 것보다 졸음을 쫓는 데 뛰어난 효과가 있으며 껌을 씹으면 대뇌 활동을 자극시켜 대뇌가 깨어있는 상태를 지속시킬 수 있다고 한다.

A 운전할 때 음악 듣는 것이 제일 좋다
B 기사가 음악을 들으면 잘 존다
C 껌은 대뇌를 깨어나게 한다
D 기사가 운전을 할 때 이야기를 나누는 것은 대뇌를 피곤하게 한다

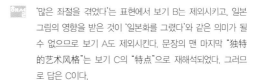
모의고사 ① 모의고사 ② 모의고사 ③ 모의고사 ❹ 모의고사 ⑤

C

'껌 씹는 것'이 '이야기 나누는 것, 신체를 움직이는 것, 음악을 듣는 것보다 효과적'이라고 했으므로 보기 A, B를 제외하고, '껌은 대뇌를 자극시켜 깨어 있는 상태를 유지한다'고 하였으니 답은 C이다.

驾驶 jiàshǐ 운전하다, 몰다
疲劳 píláo 피로
打瞌睡 dǎkēshuì 졸다
刺激 cìjī 자극, 자극하다
保持 bǎochí 유지하다
清醒 qīngxǐng 정신이 맑다

15   气候变暖指的是在一段时间内地球的大气和海洋温度上升的现象，主要是指人为因素造成的温度上升。原因很可能是由于温室气体排放过多造成，例如全球汽车销售量和使用量的逐年增加给气候带来的影响就很大。

기후 온난화란 일정 기간 내 지구의 대기와 해수의 온도가 상승하는 현상을 말하는데 주로 인위적 요소로 인해 온도가 상승하는 것을 말한다. 온난화의 원인은 과다한 온실가스 배출일 가능성이 높다. 예를 들어, 해마다 늘어나는 전세계 자동차 판매량과 사용량은 기후 온난화에 엄청난 영향을 끼치고 있다.

A 인위적인 요소는 지구 온난화의 원인이 아니다
B 온난화 가스 배출 과다는 지구를 따뜻하게 하였다
C 자동차 판매량 증가는 기후에 미치는 영향이 크지 않다
D 인위적인 요소와 해양 온도 상승은 관계가 없다

B

'인위적인 요소로 온도가 상승한다'고 했으므로 보기 A는 틀린 표현이다. 그리고 해수 온도 상승 현상이 온난화이므로 보기 D도 모순이다. 인위적인 요소와 해양온도 상승은 관계가 있다.

因素 yīnsù 요소
温室气体 wēnshìqìtǐ 온난화 가스
排放 páifàng 배출하다

제2부분

제2부분은 모두 15문제다. 이 부분은 세 개의 인터뷰로 구성되어 있다. 각 인터뷰 뒤에는 다섯 문제가 주어지고, 문제마다 네 가지 보기가 주어진다. 모든 인터뷰는 한 번씩 들려주며, 응시자는 들은 내용을 참고하여 답을 선택하면 된다.

16-20 第16到20题是根据下面一段采访：

女：唐先生，我们知道，你用自己的第一笔钱，开了自己的软件公司，到94年的时候，你也算是个老板了，那为什么当时会选择去微软？是他们来挖你，还是你自己去应聘的？

男：是他们来挖我的。是通过我在日本做的一个软件，做的非常好的一个软件，然后微软的日本公司看中了这个软件，他们也想做多媒体的这种游戏，就跟我讲，你愿不愿意到日本的微软公司来做？我说，我好不容易

离开日本，你再让我回到日本去，到微软去做，我不感兴趣，我不去。可这个人也比较负责，就把这个简历交到了微软总部。后来微软总部跟我联系，说你愿不愿意加入微软总部，那个时候才让我对微软萌发一点儿兴趣，我就过去了。但是，为什么要加入微软，其实我有一个想法，我是一个想做大事的人，我可以没有钱，没有地位，但是我一定要做一番事业出来，这个事业就是让我过上10年20年50年再回去想一下，这是我的人

生经验，我做过大事。

女：这个时候是一个更高层面的一个需求了。

男：对，我希望这种做事要大，场面要大，规模要大，这就是整个贯穿我的人生的这种追求也好，这种人生的哲学也好。

女：那么到微软以后，你很快就适应了吗？

男：我给自己定了一个目标，我去微软总部只呆两年，这两年我把微软的管理、企业文化、市场模式都学过来，学过来我还想做大事，我不会局限于在微软里永远做个软件开发师。我觉得，对我来说，我需要一个舞台、一个空间给我，所以我要在微软里呆两年，把东西学到以后，我再回到洛杉矶，我再去办我的软件公司，那个时候，我的眼界可能会变得更宽一点儿。

여：탕 선생님께서는 처음 번 돈으로 소프트웨어 회사를 차리셨다고 알고 있는데요. CEO이시면서도 왜 MS(Micro Soft)사에 입사하기로 결정하신 건가요? MS에서 스카우트를 한 것인가요? 아니면 본인이 직접 지원하신 건가요?

남：MS사에서 절 스카우트한 거죠. 전에 제가 일본에서 만든 소프트웨어가 좀 잘됐었어요. 그때 일본 MS사에서 그 소프트웨어에 관심을 갖고 멀티미디어 게임을 만들어 보고 싶다면서 자기 회사에서 같이 일해 볼 생각이 없느냐더군요. 이제 겨우 일본을 떠나왔는데 다시 일본의 MS로 가서 일을 하라니 관심 없다고 거절했죠. 근데 이 사람이 책임감이 강했는지 MS 본사에 제 이력서를 넣은 거예요. 나중에 MS본사에서 저한테 연락이 와서 본사에서 일해 볼 생각은 없느냐고 묻더군요. 그때부터 MS에 관심이 생기기 시작하면서 본사로 간 거죠. MS사에 간 이유는 사실 하나예요. 저는 큰 일을 해보고 싶은 사람이거든요. 돈이나 지위는 없어도 좋지만 이렇다 할 만한 일을 하나 해보고 싶었어요. 10년, 20년, 50년이 지나서 다시 돌이켜봤을 때, '내 인생의 좋은 경험이었다. 내가 정말 큰 일을 해냈구나'라고 느낄 수 있을 만한 그런 거요.

여：뭔가 한 차원 높은 바람이네요.

남：그렇죠. 저는 스케일이 크고 규모가 큰 일을 하고 싶어요. 이게 제 인생의 목표랄까, 인생철학이라고 할 수 있겠죠.

여：MS에 입사하신 후 적응은 금방 하셨나요?

남：저에겐 한 가지 목표가 있었어요. 'MS 본사에서 딱 2년만 일하자, 이 2년 동안 MS의 경영방식, 기업문화, 시장모델 같은 것을 전부 배워서, 나중에 내가 큰 일

을 할 때 꼭 활용해봐야겠다. 나는 MS의 소프트웨어 개발자로 머물지는 않겠다.'라고요. 제가 볼 때 당시 저에게는 어떤 무대랄까, 일종의 공간이 필요했던 것 같아요. MS에서 2년간 일하면서 여러 가지를 배운 후 다시 로스앤젤레스로 돌아와서 저만의 소프트웨어 회사를 세웠죠. 그때 제 식견이 한층 더 넓어졌던 것 같아요.

단어
一笔 yìbǐ 돈에 대한 양사
软件 ruǎnjiàn 소프트웨어
微软 wēiruǎn 마이크로소프트사
挖 wā 파다, (비유) 스카우트하다
应聘 yìngpìn 모집에 응시하다
负责 fùzé 책임지다
萌发 méngfā 발생하다
规模 guīmó 규모
贯穿 guànchuān 꿰뚫다, 관통하다
适应 shìyìng 적응하다
洛杉矶 Luòshānjī 로스엔젤레스

16

男人是怎么去微软公司的？

남자는 어떻게 MS사에 가게 되었나요?

A 본인이 MS사에 입사하고자 했다
B MS사가 그를 스카우트했다
C MS사와 협력 관계가 있다
D 본인의 회사가 MS사에 합병되었다

정답 B

해설 "挖"는 스카우트 제의를 할 때도 쓸 수 있는 표현이다. 보기 B "邀请他去工作"는 "挖我"의 재해석이다.

17

男人去的是哪里的微软公司？

남자가 간 곳은 어디의 MS사인가요?

A MS사 본사
B MS사 일본 지사
C MS사 중국 지사
D MS사 로스엔젤레스 지사

정답 A

보기 B '일본 MS는 거절하였고, MS본부는 가겠다'고 남자는 말하였다. 나머지 보기 C, D는 언급된 내용이 아니며, 남자가 나중에 로스앤젤레스로 갔다는 것을 혼동하지 않도록 한다.

사에 불만이 있지 않다는 것. 그리고 단순히 프로그램 개발자로 남아 있는 것에 만족하지 않음을 알 수 있다. 그리고 이 모든 것은 '자기의 회사를 차리고자 함'이므로, 이들이 주로 하는 대화는 '앞으로의 사업 계획임'을 알 수 있다. 그러므로 답은 C이다.

18

男人为什么要加入微软？

남자는 왜 MS사에 들어가려 하였나요?

A MS사가 상당히 유명해서
B MS사에서 일을 잘 해보고 싶어서
C MS사의 관리와 기업 문화를 공부하고 싶어서
D 제일 우수한 프로그램 개발자가 되고자 해서

 C

MS사에서 관리, 기업 문화, 시장 모델을 배워서 본인이 사업을 크게 해볼 생각이었던 것이므로 보기 B는 제외시킨다.

19

男人的目标是什么？

남자의 목표는 무엇이었나요?

A 소프트웨어 회사를 차리다
B 무대 공연을 공부하다
C 소프트웨어 개발자가 되다
D 게임 프로그램을 설계하다

 A

지문에 남자는 'MS사에서 2년 동안 배운 후 자기의 회사를 차리려고 했었다'라고 직접 언급이 되어 있다.

20

男女二人的对话主要谈的是哪方面的内容？

남녀 두 사람의 대화는 주로 어느 방면의 내용인가요?

A 남자가 제일 하고자 했던 일
B 남자는 MS사에 불만이 있다
C 남자의 앞으로의 사업 계획
D 남자는 프로그램 개발에 흥미를 느낀다

C

대화를 통해 남자가 일을 찾고 있는 것이 아니라는 것과 MS

21-25 第21到25题是根据下面一段采访：

男：开始的时候你对冯小刚导演有感觉吗？

女：没什么感觉。

男：但是你能感觉到他是在追你了，那时候？

女：就是到广州以后，因为去了差不多有六七天，我就是从一个什么事情开始感觉，就是每天吃饭的时候，他都去叫我，一块吃饭什么的。有一天，我被别人叫走了，我也没跟他打招呼，后来吃到很晚我才回来。回来以后他就敲我门，他说你上哪儿了？我说我吃饭去了。他说我还找你吃饭呢，你怎么没打招呼就走了。我就那一瞬间人像过了一下电似的。我觉得我长这么大，吃饭的时候还没人找过我吃饭，还等我吃饭。

男：那时候对自己未来的丈夫有没有什么期望？

女：从我20岁开始谈恋爱开始知道男女关系的时候，我就是要自己选择男朋友那种，选择丈夫的标准吧，我就觉得要找像我爸那样的。我爸爸对我妈特别好，里里外外都能抵挡一面的，但是我爸也有点脾气，我爸爸又不是那种怕老婆的人，我就特喜欢这个，我不喜欢男的怕老婆，我从来没有说对于我喜欢的男孩子在形象上有什么要求。

男：但至少那时候也没想到会找到小刚这样的吧？

女：也不是，我喜欢的男孩子没一个漂亮的。我尤其喜欢有才气的男孩。

男：那个时候你心里是什么状态？

女：那时候我还是觉得挺快乐的，那时候我就是觉得不结婚，就这么相爱，我就觉得挺值的。

남 : 처음부터 펑샤오강(冯小刚) 감독에게 마음이 있었나요?

여 : 그땐 별 느낌 없었어요.

남 : 그래도 그때 저 사람이 날 좋아한다는 느낌은 받았었죠?

여 : 광저우(广州)에서 알았어요. 그때 거의 일주일을 머물렀는데 무슨 일로 눈치채게 되었느냐 하면, 매일 식사 때마다 저를 불러서 같이 먹자고 그러더라고요. 하루는 다른 사람이랑 식사 약속이 생겨서 그에게 따로 얘기 안하고 갔었거든요. 그날 좀 늦게 돌아왔는데, 돌아오자마자 그가 방문을 노크하더니 어디 갔었느냐는 거예요. 그래서 밥 먹으러 갔다고 했더니, 같이 식사하려고 했는데 어쩜 말도 없이 갔느냐고 하더라고요. 그때 뭔가 전기가 오는 것 같은 느낌을 받았어요. 이날 이때껏 밥 같이 먹자고 찾아오는 사람도 없었지만 같이 먹자고 기다려 주는 사람도 없었거든요.

남 : 당시에 미래의 남편감에게 따로 바라는 점은 없었나요?

여 : 스무 살 때 연애를 시작해서 남녀 관계라는 게 어떤 건지 알게 된 다음부터 저는 줄곧 제가 남자친구를 고르는 타입이었어요. 남편감의 기준이라면 바로 저희 아버지 같은 사람이에요. 저희 아버지는 어머니한테 참 잘해 주실 뿐만 아니라 안팎으로 야무진 스타일이세요. 하지만 아버지도 나름 성격이 있으셔서 부인에게 잡혀 사는 타입은 아니세요. 저는 그게 참 좋더라고요. 부인한테 꽉 잡혀 사는 남자는 별로예요. 전 원래 외모 같은 건 따지지 않아요.

남 : 하지만 그때까지만 해도 펑감독 같은 남편을 만나리라고는 생각 못 했겠죠?

여 : 그렇지도 않아요. 제가 좋아했던 남자 중엔 미남이 한 명도 없거든요. 저는 재능 있는 타입을 좋아해요.

남 : 그때는 어떤 마음이었나요?

여 : 상당히 즐거웠어요. 결혼하지 않고 이렇게 연애하는 것도 할 만하다고 생각했었어요.

단어 打招呼 dǎzhāohu 인사하다
敲 qiāo 두드리다
一瞬间 yīshùnjiān 순식간에
期望 qīwàng 기대하다
标准 biāozhǔn 표준
抵挡 dǐdǎng 막다
状态 zhuàngtài 상태

21 女人是怎么感觉到有人追求她的?

여자는 누군가 그녀에게 구애하고 있다는 것을 어떻게 알게 되었나요?

A 남자가 여자에게 정식으로 구애하였다

B 남자는 여자에게 식사를 한 끼 대접했다
C 남자는 매일 여자를 기다려 같이 밥을 먹는다
D 남자는 여자가 다른 사람과 밥을 같이 먹지 못하게 한다

정답 **C**

해설 '여태껏 밥 먹자고 기다려 준 사람이 없었는데, 있다'는 표현에서 남자가 자기에게 관심이 있음을 느꼈다는 것을 알 수 있다.

22 根据女人的谈话，下面哪一项属于她的爸爸的特点?

여자의 말에 따르면, 아래 어떤 것이 그녀 아버지의 특징인가요?

A 잘생겼다
B 성질이 대단하다
C 부인을 무서워한다
D 부인에게 잘 해준다

정답 **D**

해설 '아버지께서 나름 성격이 있다'는 표현과 보기 B '성질이 대단하다'는 정도상 차이가 있으므로 제외시킨다. 어머니를 무서워해서 잡혀 사는 스타일도 아니므로 보기 C도 답이 아니다.

23 女人心中喜欢什么样的男人?

여자는 어떤 스타일의 남자를 좋아하나요?

A 아주 잘생기다
B 능력이 뛰어나다
C 성격이 좋다
D 인품이 훌륭하다

정답 **B**

해설 '인물은 안 보고, 능력 있는 남자들을 좋아했다'고 직접 언급이 되어 있으므로 답은 B이다.

24 女人当初对这段感情的态度怎么样?

여자는 처음 이 사랑에 대해 어떤 태도였나요?

A 아무 느낌 없다
B 매우 만족하다
C 약간 유감스럽다
D 그다지 만족하지 않는다

정답 B

해설 "快乐(즐겁다)"와 "值的(~할 가치가 있다)"에서 여자가 매우 만족함을 알 수 있다.

25

女人和男朋友认识多长时间就结婚了？

여자는 남자친구와 사귄 지 얼마 만에 결혼했나요？

A 6-7일
B 반년
C 2년여
D 언급하지 않았다

정답 D

해설 남, 여 두 사람의 연애 과정을 이야기하고, 결혼은 언제 했는지 언급되지 않았다.

26-30 第26到30题是根据下面一段采访：

女：1984、1985年的时候，大街小巷到处都可听到张行的歌声。然后有一天，张行突然消失了。今天我们请张行来谈谈他近来的情况，欢迎你接受我们的邀请。

男：主持人好，大家好！

女：张行，你成名是在上海吧？

男：对。

女：哪一年？你当时多大？

男：参加1984年吉他大奖赛获奖以后，在全国出名了。我那会儿十九、二十。

女：你当时好像是边谈弹吉他边唱歌。都在哪些地方唱呢？

男：对，我自己特别喜欢。因为弹吉他，在当时是一种时尚。早期的那个歌厅，以前叫音乐茶座啊什么的。我们就在那种地方演出，一晚上非常辛苦地就赚一块钱、一块二。

女：你当时都唱什么歌？

男：很多，来自港台的歌曲，或者美国的一些乡

村歌曲，然后还有一些外国电影。就是哪一首歌火，我们就唱哪一首。

女：你是怎么发现自己唱歌儿很好的？

男：那是从小。我从幼儿园开始就唱，就发现自己唱歌好了。进小学，我们就是唱京戏。我进了戏曲学校，呆了半年，打架被开除了。后来又学体操，田径、跳水、游泳什么都学，只要是搞活动我都参加。最后是进中学以后，跳舞蹈。

女：你怎么没想到要考一个这种文艺团体？

男：考过海曲艺戏团。我是学校刚毕业去考的。当时我记得跟我一起还有王志文，那时我没有考上，不是业务的问题，就是我不是个好孩子。所有的人那会儿都说我不是个好孩子。

女：怎么就看出来你不是个好孩子？

男：我就从来就没有安分过，一直调皮捣蛋，从小就不是守纪律的那种。

여：1984, 1985년까지만 해도 어디서나 장싱(张行) 씨의 노래를 들을 수 있었는데 어느 날부턴가 갑자기 사라졌죠. 오늘은 장싱 씨를 모셔서 근황을 들어보겠습니다. 초대에 응해 주셔서 감사합니다.

남：안녕하세요.

여：장싱 씨는 상하이에서 처음 유명세를 타셨죠？

남：네.

여：그게 몇 년도죠? 몇 살 때인가요？

남：1984년 기타연주대회에서 상을 받은 다음부터 전국적으로 유명해졌어요. 그때가 19살, 20살 때예요.

여：그때 장싱 씨는 기타를 치면서 노래도 불렀던 것 같은데, 주로 어디서 노래를 불렀나요？

남：네, (기타 연주를) 너무 좋아했죠. 기타 연주가 당시에는 하나의 유행이었거든요. 초창기 라이브카페를 예전에는 음악다방이다 뭐다 불렀는데 그런 곳에서 주로 공연했었고요. 하룻밤 내내 고생해야 1위안, 1.2위안 정도 벌었어요.

여：그때 어떤 노래를 주로 불렀나요？

남：많죠. 홍콩이나 대만 노래도 불렀고, 미국 컨트리송도 불렀어요. 또 외국 영화에서 나오는 노래도 불렀지요. 그냥 어떤 노래가 인기 있다 싶으면 그 노래를 부르고 그랬어요.

여：본인의 음악적 재능을 언제 발견하셨나요？

남：어렸을 때요. 저는 유치원에서부터 노래를 했는데, 제가 노래를 잘한다는 걸 그때부터 알았어요. 초등학교

에 들어가서는 경극을 했었죠. 전통극 학교에 들어가서 반년 정도 공부도 했지만 친구랑 싸워서 쫓겨났어요. 나중엔 체조, 육상, 다이빙, 수영 등등 가리지 않고 다 배우고, 무슨 행사만 했다 하면 빠짐없이 참가했죠. 마지막으로 뭘 배운 게 중학교 들어가고 난 다음인데, 그땐 춤을 배웠죠.

여 : 그럼 공연단이나 극단 시험을 볼 생각은 안 했나요?

남 : 하이취이시톼(海曲艺戏团) 시험도 봤었어요. 학교 졸업하자마자 가서 시험을 봤었죠. 그때 왕즈원(王志文)도 저랑 같이 있었던 걸로 기억하는데, 저는 그때 떨어졌어요. 실력 때문이 아니고 당시 제가 그다지 착실한 학생이 아니었거든요. 모두가 그때 저보고 착한 아이가 아니라고 했었죠.

여 : 왜 착하지 않다고들 했을까요?

남 : 저는 어렸을 때부터 의젓하지 못하고 항상 짓궂게 말썽만 피웠거든요. 어릴 적부터 규칙이나 규범을 잘 지키는 편은 아니었어요.

단어
大街小巷 dàjiēxiǎoxiàng 크고 작은 길
邀请 yāoqǐng 초청하다
获奖 huòjiǎng 상을 타다
吉他 jítā 기타
京戏 jīngxì 경극
打架 dǎjià 싸우다
开除 kāichú 해고하다
田径 tiánjìng 육상경기
跳舞蹈 tiào wǔdǎo 춤을 추다
调皮捣蛋 tiáopídǎodàn 말썽을 부리다
守纪律 shǒu jìlǜ 규율을 지키다

26 男人是什么时候成名的？

남자는 언제 유명해졌나요?

A 기타를 연주할 줄 안 후부터
B 29세 때
C 1984년 상 탄 이후
D 차 집에서 노래 부를 때

정답 C

해설 질문의 "成名"과 지문의 "出名"은 같은 의미로 '유명해지다'란 뜻이다. 기타 연주대회에서 상 탄 후로 전국에 유명해졌으므로 답은 C이고 당시 나이는 19~20세이므로 보기 B가 틀렸음을 알 수 있다.

27 男人是做什么工作的？

남자가 하는 일은 무엇인가요?

A 가수
B 연기자
C 운동선수
D 무용수

정답 A

해설 '모두들 그의 노래를 들어봤다'에서 그가 가수임을 알 수 있다. 중학교 때 무용을 배우기는 했지만 남자의 직업은 아니다.

28 男人为什么弹吉他演唱？

남자는 왜 기타를 치면서 노래를 부르나요?

A 돈을 많이 벌 수 있어서
B 허영심 때문에
C 나서고 싶어서
D 본인이 좋아해서

정답 D

해설 '본인이 좋아서 기타를 치면서 노래를 불렀다'고 지문에 언급되었으며, '돈은 힘들게 벌었다'고 하였다. 그리고 나머지 보기들은 언급된 내용이 아니다.

29 当时男人在歌厅主要演唱什么歌曲？

당시 남자는 홀에서 어떤 노래를 주로 불렀나요?

A 홍콩과 대만 노래
B 유행하는 노래
C 외국 영화 삽입곡
D 미국 컨트리송

정답 B

해설 "就是哪一首歌火，我们就唱哪一首"는 "哪首流行就唱哪首"와 같은 의미로 "火=流行"임을 알 수 있다.

30

文艺团体为什么没有招收男人？

문예공연단은 왜 이 남자를 뽑지 않았나요?

A 실력이 없다
B 규율을 안 지킨다
C 인품이 안 좋다

D 성적이 안 좋다

제3부분

제3부분은 모두 20문제이다. 이 부분은 여러 개의 단문이다. 단문마다 몇 가지 문제가 주어지며, 네 가지 보기도 있다. 모든 단문은 한 번씩 들려주며, 응시자는 들은 내용을 참고하여 정답을 고른다.

31-35 第31到35题是根据下面一段话：

想起电视机坏了，漂亮的妻子打电话给修理店。一会儿，一个年轻的小伙子赶来了。忙了一会儿，电视机修好了。正要离开时，女人听到丈夫回家开门的声音。她急忙对小伙子说："对不起，我丈夫回来了。他最爱吃醋了，看到他不在时有男人来，肯定要跟我吵架，你能不能先藏起来，等他不注意的时候再溜走？"小伙子不得已只好藏在电视机桌子下面。

丈夫进了家门，一屁股坐在沙发上看起电视来。电视里正在转播足球比赛。丈夫看得津津有味，而藏在桌子下面的小伙子却又闷又热，他实在忍不住了，就从桌子下面钻了出来，生气地从夫妻俩面前走过，打开房门走了。丈夫看着这个人走出去，大惑不解地看看电视，再看看妻子，说："亲爱的，我怎么没看见裁判为什么把这个家伙罚下场呢，你看见了吗？"

어느 날 뛰어난 미모의 유부녀가 집에 TV가 고장난 것이 생각나 수리점에 전화를 걸었다. 잠시 후 한 젊은 청년이 방문했다. 그는 한 동안 바삐 움직이더니 TV 수리를 마쳤다. 그가 떠나려고 할 때 남편이 귀가하여 문을 여는 소리가 들렸다. 여자는 "미안해요. 남편이 왔나 봐요. 저이는 질투가 워낙 심해서 자기가 집에 없을 때 외간 남자가 온 걸 보면 분명 저랑 다투려 들 거예요. 잠깐 숨어 있다가 저이가 한눈팔 때 나가시면 안 되겠어요?" 청년은 하는 수 없이 TV가

놓여진 탁자 밑으로 숨었다.

남편은 집에 들어오자마자 단숨에 소파에 주저앉아 TV를 보기 시작했다. TV에서는 마침 축구 중계를 하고 있었다. 남편이 축구 경기에 푹 빠져 있는 동안 탁자 밑에 숨어 있던 청년은 더위와 답답함에 더 이상 참을 수 없을 지경이 되었다. 결국 그는 탁자 아래로 기어 나와서 씩씩거리며 부부의 앞을 가로질러 문을 열고 나가 버렸다. 남편은 남자가 나가는 것을 보고 의아한 눈빛으로 TV와 부인을 번갈아 쳐다보며 말했다. "여보, 방금 심판이 왜 저 사람을 퇴장시켰지? 당신 혹시 봤어?"

단어 吃醋 chīcù 질투하다
藏起来 cáng qǐlai 숨다
屁股 pìgǔ 철퍼덕 (앉다)
津津有味 jīnjīnyǒuwèi 흥미진진하다
大惑不解 dàhuòbùjiě 의문이 풀리지 않다
裁判 cáipàn 심판

31

来找女人的男人是谁？

여자를 찾아온 남자는 누구인가요?

A 그녀의 애인
B 그녀의 남동생
C 그녀의 절친한 친구
D TV를 수리하는 사람

정답 D

해설 수리점에 전화를 한 후에 젊은이가 방문을 하였고, TV를 고쳤으니, 이 남자는 '수리공'으로 보기 D가 답이며, 보기 A는 '남편이 이렇게 오해를 할지도 모른다'는 것이었다. 나머지는 언급되지 않았다.

32

女人为什么让小伙子藏起来？

여자는 왜 남자보고 숨으라고 하였나요?

A 그를 쫓아내고 싶어서
B 아이가 볼까 봐서
C 남편이 화를 낼까 봐서
D 남편과 농담하려고

정답 C

해설 남편이 질투가 심해서 싸울 것 같으니까 숨으라고 한 지문 내용에서 주로 남편 때문에 이 수리공보고 숨으라고 한 것을 알 수가 있다.

33

丈夫回家后干什么？

남편은 돌아온 후 무엇을 하였나요?

A 잠을 자다
B TV를 보다
C 전화를 걸다
D 축구를 하다

정답 B

해설 지문에서 남편은 오자마자 축구 시합을 시청했음을 알 수 있다. 그래서 답은 B이다.

34

小伙子藏在什么地方？

젊은이는 어디에 숨었나요?

A 문 뒤에
B 옷장 안에
C TV 탁자 밑에
D TV 뒤에

정답 C

해설 지문에는 'TV 밑에 숨었다'고 나왔으므로 보기 C가 답이고, 보기 D와 혼동하지 않도록 주의한다. 나머지 보기는 언급되지 않았다.

35

丈夫认为小伙子是：

남편은 젊은이를 누구라고 여겼나요?

A 축구 선수
B 좀도둑
C 심판
D 이웃

정답 A

해설 남편은 TV 밑에 숨었다가 참지 못하고 뛰쳐나가는 이 TV 수리공을 심판에 의해 퇴장당하는 선수로 착각하고 부인에게 묻는 곳에서 알 수 있다.

36-38 第36到38题是根据下面一段话：

在中国实行了多年的独生子女政策，现在正面临着很多挑战。独生子女家庭担忧的最大问题是工作。社会竞争如此激烈，最怕哪一天自己会下岗。多生子女家庭，兄弟姐妹中有一个下岗的话，都是一人有难，八方支援。而独生子女家庭，却要独自承受这种艰难。靠小两口任何一方的工资，是很难养活一家人的。如果有个孩子，那开销就更大了。都这么大了，哪好意思再向父母求援，而且双方父母岁数越来越大，他们最终需要的是小两口的照顾。

随着年龄的增长，一些夫妻俩均为独生子女的家庭开始意识到个人责任的艰巨性了。父母日渐衰老，自己必须付出更多的时间和精力去陪伴老人。在这方面，独生子女与非独生子女有很大差异。家里有兄弟姐妹的话，对父母的责任可以平摊开来，父母分阶段由不同的子女照顾，反而更容易融洽地相处。遇到重大的事情，兄弟姐妹们之间还可以商量，找人拿主意。独生子女与非独生子女最大的区别在于，独生子女在赡养老人时有着很大的局限性，一个独生子女家庭往往需要赡养包括双方父母在内的四位老人，即使他们有足够的资金、物质帮助老人度过晚年，也很难尽生活陪伴与精神慰藉之孝道。

중국에서 다년간 실시했던 산아 제한(1가구 1자녀) 정책이 최근 여러 문제에 직면했다. 외동자녀끼리 꾸린 가정의 최대 걱정거리는 일자리다. 치열한 경쟁 속에서 어느 날 갑자기 자신도 실업자 신세가 될지 모를 일이기 때문이다. 다자녀 가구에서는 형제자매 중 어느 한 명이 실업자가 되더라도 여러 형제가 도움을 줄 수 있지만, 외동자녀끼리 꾸린 가정은 이런 어려움을 홀로 견뎌내야 한다. 그러나 부부 중 어느 한쪽의 수입에만 의존해서는 가족 전체를 먹여 살리기가 쉽지 않고 만약 아이라도 있으면 지출은 더욱 커지기 마련이다. 그렇다고 성인이 된 마당에 부모한테 손을 벌릴 수도 없고 양가 부모님도 나이가 들어가시니, 외동자녀 부부가 기댈 곳이라고는 서로밖에 없는 것이다.

나이가 들면서 외동자녀 부부들은 가정에서 개인 책임의 막중함을 깨닫게 되었다. 부모님이 하루가 다르게 쇠약해져 감에 따라, 자신은 더 많은 시간과 노력을 들여 노부모를 봉양해야 하는 것이다. 이런 면에서 외동자녀와 비 외동자녀는 큰 차이가 있다. 형제자매가 있으면 부모에 대한 책임을 함께 분담할 수 있고, 부모도 단계별로 여러 자녀에게 보살핌을 받으므로 오히려 더 화목하게 지낼 수 있다. 집안에 큰일이 생겼을 때도 형제자매끼리는 서로 상의를 하거나 의논을 할 수 있다. 그러나 외동자녀와 비 외동자녀의 가장 큰 차이점은, 외동자녀가 노부모를 모시는 데 한계가 있다는 것이다. 외동자녀끼리 꾸린 가정의 경우, 한 부부는 모두 4명의 노인을 모셔야 한다. 설령 자금이 충분해서 부모의 노후를 물질적으로 돕는다 하더라도, 일상생활에서 함께하거나 정신적으로 위안을 주는 등의 효도를 하기는 힘들다.

단어
独生 dúshēng 외동
政策 zhèngcè 정책
担忧 dānyōu 걱정, 걱정스럽다
竞争 jìngzhēng 경쟁하다
激烈 jīliè 치열하다
支援 zhīyuán 지원하다
承受 chéngshòu 감당하다
开销 kāixiāo 지출하다
求援 qiúyuán 구조를 바라다
照顾 zhàogù 돌보다
艰巨性 jiānjùxìng 어려움
衰 shuāi 약해지다
平摊 píngtān 똑같이 나누다
阶段 jiēduàn 단계
融洽 róngqià 관계가 좋다
赡养 shànyǎng 어른을 모시다
局限性 júxiànxìng 국한성

慰藉 wèijiè 위로하다

36

独生子女家庭最担心的事情是什么?

1가구 1자녀의 가장 걱정스러운 일은 무엇인가요?

A 실직하다
B 가정 지출
C 부모님 건강
D 자녀 교육

 A

질문의 "担心"은 지문의 "担忧"와 같은 뜻이고 "下岗"하는 것을 제일 걱정스러워한다고 지문에 언급했는데, 이는 "失去 工作"와 같은 뜻으로 답은 A이다. 이렇듯 비슷한 단어로 재해석되는 것들이 답인 경우가 많다.

37

下面哪一项不是多子女家庭所具有的优势?

아래 다자녀 가구의 장점이 아닌 것은 무엇인가요?

A 한 사람이 어려우면, 여러 사람이 돕는다
B 노인을 돌볼 더 많은 시간이 있다
C 부모님 보살펴 드리는 일을 분담할 수 있다
D 일이 생기면, 서로 상의해서 해결할 수 있다

 B

형제자매들끼리 서로 분담할 수 있고, 문제가 생기면 서로 도울 수 있지만, '시간이 훨씬 더 많다'고는 언급하지 않았다.

38

独生子女照顾老人的最大的困难是什么?

1가구 1자녀가 노인을 돌보는 데 제일 큰 문제점은 무엇인가요?

A 충분한 돈이 없다
B 충분한 여력이 없다
C 부모님께 효도의 마음이 없다
D 부모님 연세가 너무 많다

 B

지문의 마지막에 언급한 부분은 '효도할 마음이 없다'기보다는 '시간이 없어 효노를 할 그럴 충분한 여력이 없다'로 해석

될 수 있다. 그러므로 답은 B이다.

39-41 第39到41题是根据下面一段话:

> 本校是一所面向全国招生的普通高等职业院校，主要培养从事国际经济贸易或其他涉外经济活动的专门人才。学制三年，合格者可获得国家教育部大学专科证书。
>
> 学生所学课程主要有政治经济学原理、国际贸易、国际贸易实务、营销学原理、国际金融、国际商法、大学英语等。修满80学分，成绩合格，同时英语达到教育部规定的大学英语三级者可获得专科毕业证。

> 본교는 전국 단위로 학생을 모집하는 일반 고등직업학교로 주로 국제 경제무역이나 기타 국제 경제활동에 종사하는 전문 인재를 양성하고 있습니다. 본교는 3년제 학제이며 합격자는 국가교육부 전문대 수료증을 받을 수 있습니다.
>
> 주요 이수 과목으로는 정치경제학원리, 국제무역, 국제무역실무, 마케팅 원리, 국제금융, 국제상법, 대학영어 등이 있습니다. 80학점을 모두 이수하고 성적이 합격선 이상이며, 교육부가 규정한 대학영어 3급에 해당하는 영어 수준을 갖춘 자는 전문대 졸업증서를 받을 수 있습니다.

단어 招生 zhāoshēng 학생을 모집하다
　　　营销 yíngxiāo 마케팅
　　　金融 jīnróng 금융
　　　规定 guīdìng 규정

39
下面哪一项是录音中提到的课程?

다음 중 지문에 언급된 과정은 무엇인가요?

A 국제 회계
B 경영학 입문
C 마케팅 원리
D 다국적 무역 실무

정답 **C**

해설 보기 D는 '다국적간 무역'으로 지문에 언급한 '국제 무역'과 쉽게 혼동할 수 있는 함정이므로 주의한다.

40
毕业时学生英语须达到什么水平?

졸업 시 학생의 영어는 어떤 수준에 이르러야 하나요?

A 대학 영어 3급
B 대학 영어 4급
C 성인 영어 3급
D 성인 영어 4급

정답 **A**

해설 중국에서는 전문대 수준은 대학영어 3급, 4년제 정규대학은 대학영어 4급, 대학원은 대학영어 6급을 통과하여야 졸업을 할 수 있다.

41
这是一所什么样的学校?

이것은 어떤 학교인가요?

A 4년제 종합 대학
B 3년제 전문 대학
C 경제 연구 기국
D 직업 훈련 기구

정답 **B**

해설 '3년제 전문대학'이라고 지문에 언급되었으므로 보기 B가 답이 되며, 나머지 보기들은 언급된 내용들이 아니다.

42-43 第42到43题是根据下面一段话:

> 看你儿子坐电脑前一下午了，你这当爸爸的也不管管！先不说他这样长时间上网，耽误学习，就是对身体也不好啊。你没看他最近一回家就直奔电脑，跟咱们说话都少了，话都说给那台电脑了。最近看什么东西得把眼睛凑到跟前才能看清楚，那眼镜的度数肯定又长了。家里安网络宽带，本来主要是为了我写报告查资料方便，我们是大人，能管得住自己，不去打什么游戏。可问题是孩子还小，他现在上网都干什么呀？玩游戏、聊天儿，哪有什么正文啊？我看干脆把宽带取消了，省得他光想着。

> 아들이 오후 내내 컴퓨터 앞에만 앉아 있는데 당신은 아

버지란 사람이 신경도 안 쓰여요? 인터넷을 오래 하는 건 둘째 치더라도 공부에 방해될 뿐 아니라 건강에도 안 좋잖아요. 요새 재가 집에만 들어오면 컴퓨터 하기 바쁘고 우리랑은 말도 잘 안 할뿐더러 그나마도 입만 열면 온통 컴퓨터 이야기뿐이에요. 요새는 또 뭘 볼 때마다 눈밑까지 가까이 대고 봐야 겨우 제대로 보는 걸 보니 안경 도수도 더 올라갔나 봐요. 원래는 내가 보고서 작성할 때 편리하게 자료 찾으려고 집에 인터넷을 설치한 건데. 우리는 어른이고 어느 정도 자신을 다스릴 줄은 아니까 게임 같은 건 안 하지만, 재는 아직 어린 애가 인터넷에서 뭘 하겠어요? 게임이나 채팅 말고 무슨 제대로 된 글을 읽겠느냐구요. 하루 종일 인터넷만 생각하지 않게 하려면 차라리 인터넷을 없애는 게 낫겠어요.

단어
耽误 dānwù 지체하다
网络宽带 wǎngluòkuāndài 인터넷
干脆 gāncuì 차라리

42

下面哪一项不是女人担心的事情？

다음 중 여자가 걱정하는 일이 아닌 것은 무엇인가요?

A 아이의 학습에 지장을 준다
B 아이의 시력에 영향을 준다
C 새 안경을 사는 데 돈을 낭비한다
D 아이가 부모와 교류하고자 하지 않는다

정답 C

해설 인터넷을 하느라 컴퓨터를 많이 봐서 눈에 안 좋은 영향을 준 것을 걱정한 것이지, 안경에 지출되는 비용을 걱정한 것은 아니다.

43

说话人家为什么安装网络宽带？

화자는 왜 인터넷을 설치했나요?

A 게임하다
B 자료를 검색하다
C 채팅하다
D 영화를 보다

정답 B

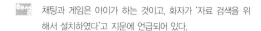

해설 채팅과 게임은 아이가 하는 것이고, 화자가 '자료 검색을 위해서 설치하였다'고 지문에 언급되어 있다.

44-46 第44到46题是根据下面一段话：

在过春节的时候，中国人习惯给孩子"压岁钱"，很多孩子因此有了一笔不小的存款，7岁的元元就在银行里存着5万元压岁钱。今年，元元的父母要离婚了，这5万块钱成了父母争夺的一部分。元元爸爸认为，这虽然是孩子的压岁钱，可其实是爸爸、妈妈给别人孩子压岁钱换来的，所以应该是父母的财产，现在离婚了，当然是两个人一人一半。元元妈妈却觉得钱是孩子的，和父母没关系。最后，法院认定压岁钱是父母赠送给孩子的财产，而且银行存款是元元的名字，所以这5万块是元元的财产，父母无权分割。

중국에는 설을 쇨 때 어른들이 아이들에게 세뱃돈을 주는 풍습이 있어 많은 아이들이 세뱃돈으로 적잖이 돈을 모으기도 한다. 올해로 7살이 되는 위안위안은 그 동안 세뱃돈을 모아 무려 5만 위안을 은행에 저금했다. 그런데 올해 위안위안의 부모가 이혼을 하게 되면서 이 5만 위안을 두고 부모가 쟁탈전을 벌이는 일이 일어났다. 위안위안의 아버지는 비록 이 돈이 아이가 받은 세뱃돈이지만 사실 자신과 부인이 다른 아이들에게 주었던 세뱃돈만큼을 돌려받은 것과 마찬가지기 때문에 부모의 재산에 속하며 이혼을 앞둔 지금 당연히 자신과 부인이 반반씩 나눠가져야 한다고 주장했다. 반면 위안위안의 어머니는 이 돈은 아이의 것이며 부모와는 전혀 관계 없다는 입장이었다. 결국 법원에서는 세뱃돈은 본래 부모가 자녀에게 아무런 대가 없이 주는 재산의 일종에 속하며 은행 계좌 역시 위안위안의 이름으로 등록이 되어 있으므로 5만 위안은 위안위안의 재산에 속하고 부모는 이를 분할할 권리가 없다는 판결을 내렸다.

44

什么是"压岁钱"？

무엇이 "세뱃돈"인가요?

A 아이가 은행에 저금한 돈
B 부모와 친척이 아이에게 주는 돈
C 생일에 어른들이 아이에게 주는 돈
D 설에 어른들이 아이에게 주는 돈

D

 지문에 '설에 아이에게 돈을 주는 풍습이 있다'고 언급되었으
니 보기 D가 답으로 제일 적합하고, 보기 B는 '설'이라는 의
미가 없어서 답으로 적당하지 않다.

45

根据录音，元元的父母要做什么？

지문에 따르면 위안위안 부모는 무엇을 하려 하나
요?

A 이혼하려 하다
B 물건을 사려 하다
C 아이에게 세뱃돈을 주려 하다
D 다른 사람에게 세뱃돈을 주려 하다

정답 **A**

해설 이혼하면서 재산권 분할 문제로 위안위안의 5만 위안이 문
제가 된 것이다.

46

法院认定这5万块是谁的财产？

법원은 이 5만 위안이 누구의 재산이라고 판결하였나
요?

A 부모 공동 소유이다
B 위안위안 엄마 것이다
C 위안위안 본인의 것이다
D 위안위안 아버지 것이다

정답 **C**

해설 '위안위안 이름으로 부모는 나눌 권리가 없다'고 했으므로
위안위안 본인의 것이 제일 적합하다.

47-50 第47到50题是根据下面一段话：

中国人不仅日常生活的节奏慢，做买卖也是
慢腾腾的。香港、深圳的房地产出租契约，期限
是三、四十年，甚至还有长达“九十九年”的。对
于出租契约一般为二年或三年的日本人来说，只
能认为这是在开玩笑。从中国人的走路方式也可
以明白他们不慌不忙的生活态度，即使在北京、

上海这种繁忙的大城市里，也很难看到像日本人
那样一路小跑似走路的中国人。不过在古代战争
中，中国军队常常采取慢慢地拖垮敌人的不屈不
挠的战术，可以说是其特长。中国人的这种“慢慢
儿来吧”的态度，虽然有优点，但还是缺点居多。

“慢慢来”的缺点之一是时间观念松弛，没有
争分夺秒的精神。《史记》中有个“尾生之信”的故
事，大意是：尾生和恋人约好某日某时在某地的
桥头约会。可是尾生在约定的地点等了几个小时
也不见恋人，这时天降大雨使河水猛涨，但尾生
却不肯离去，最后抱着桥栏杆溺死。此后中国人
便用“尾生之信”来形容非常守信用的人。

“慢慢来”的缺点之二是效率低。中国人一直
认为自古以来中国在文化、思想、技术方面都是
最优秀的，所以并不急于学习其他国家的知识和
文化。对欧洲文明、尤其是科学、技术方面的成
果也采取慢慢吸收消化的消极态度。这也影响了
近代中国的发展。

중국인들은 일상 생활 리듬이 느릴 뿐만 아니라 장사를
할 때도 굼뜨다. 홍콩, 선전(深圳)의 부동산 임대계약의 경
우 기한이 30~40년, 심지어 '99년'짜리 계약도 있다. 일반
적으로 2~3년짜리 임대 계약이 보통인 일본인에게는 그저
농담 같은 이야기일 수밖에 없다. 중국인의 걸음걸이에서도
그들의 여유로운 생활 태도를 엿볼 수 있다. 베이징이나 상
하이와 같은 번화한 대도시에서도 일본인처럼 종종걸음으
로 걷는 중국 사람은 찾아보기 힘들다. 중국군은 고대 전쟁
에서도 적을 천천히 무너뜨리는 불요불굴(不撓不屈) 전술을
자주 사용했는데 이는 중국군의 장기 중 하나였다. 중국인
의 이런 '천천히'태도는 장점도 있지만 단점이 더 많다.

'천천히'의 단점 중 하나는 시간 관념이 희박하여 시간
을 중시하지 않게 된다는 것이다. 《사기(史記)》에는 '미생의
약속'이라는 고사가 나오는데, 대략적인 내용은 다음과 같
다. 미생과 그의 연인이 언제 어디에 있는 다리에서 만나기
로 약속을 했다. 그러나 미생이 약속 장소에서 몇 시간을 기
다려도 연인은 나타나지 않았다. 그때 큰 비가 내려 강물이
갑자기 불어났지만 미생은 여전히 자리를 지켰고 끝내 다리
난간을 붙잡은 채 익사했다. 그 후 중국인들은 신용을 지키
는 사람을 가리켜 '미생의 약속'에 비유한다.

'천천히'의 두 번째 단점은 효율이 낮다는 것이다. 중국인
은 자고로 문화, 사상, 기술 방면에서 중국이 최고라고 생각
해왔기 때문에 다른 나라의 지식이나 문화를 배우는 데 소
홀했다. 유럽의 문명, 특히 과학 기술 분야의 성과에 대해서
도 천천히 흡수하여 소화하려는 소극적인 태도를 보였다.

이 역시 근대 중국의 발전에 걸림돌이 되었다.

단어 节奏 jiézòu 리듬

慢腾腾 màntēngtēng 느릿느릿하다

契约 qìyuē 계약

不慌不忙 bùhuāngbùmáng 침착하다

繁忙 fánmáng 바쁘다

采取 cǎiqǔ 취하다

拖垮 tuōkuǎ 끌어 무너뜨리다

不屈不挠 bùqūbùnáo 한 번 먹은 마음이 흔들리거나 굽힘이 없다

松弛 sōngchí 느슨하다

争分夺秒 zhēngfēnduómiǎo 분초를 다투다

猛涨 měngzhǎng 갑자기 불어나다

溺死 nìsǐ 익사하다

效率 xiàolǜ 효율

优秀 yōuxiù 우수하다

消极 xiāojí 소극적이다

47

> 日本房地产的出租契约一般为多长时间？
>
> 일본인들의 임대 계약은 보통 몇 년인가요?

A 일년

B 2-3년

C 40년

D 99년

 B

해설 30-40년과 99년짜리 계약은 중국의 임대 계약을 설명하면서 언급한 내용이고, '일본은 보통 2-3년'이라고 언급되었다. 보기 A는 언급된 내용이 아니다.

48

> "慢慢来"的缺点不包括下面哪一项？
>
> "천천히"의 결점이 아닌 것은 무엇인가요?

A 시간 개념이 약하다

B 업무 효율이 비교적 낮다

C 일할 때 한번 먹은 마음이 흔들리거나 굽힘이 없다

D 1분1초를 다투는 정신이 부족하다

정답 **C**

해설 보기 A, B, D는 결점이고, 보기 C는 '천천히'의 장점이다.

49

> "尾生之信"这个词是什么意思？
>
> "미생의 약속"은 무슨 의미인가요?

A 미생이라고 불려지는 사람이 쓴 편지

B 다른 사람이 미생에게 신임이 두텁다

C 미생은 사람들에게 편지 쓰는 것을 좋아한다

D 신용을 잘 지키는 사람을 비유한다

정답 **D**

해설 "信"은 '편지, 믿음, 신용'을 뜻하는데, 지문에서는 약속을 잘 지키는 사람, 즉 '신용 있는 사람'을 형용하는 것이다.

50

> 作者对这种"慢慢来"的做法是什么态度？
>
> 작가는 이런 "천천히"에 어떤 태도인가요？

A 매우 칭찬한다

B 비교적 지지한다

C 그다지 만족하지 않는다

D 태도를 분명히 하고 싶지 않다

정답 **C**

해설 '장점은 있으나 단점이 많다'는 전환의 어기에서 작가가 단점을 이야기하고자 하는 것을 알 수 있다. 그러므로 '단점에 불만이 있다'는 보기 C가 답으로 알맞다.

2. 독해(阅读)

제1부분

제1부분은 모두 10문제다. 문제마다 4개의 문장이 제시되며, 응시생은 오류가 있는 문장 하나를 골라야 한다. 그 오류에는 어법 구조 및 단어 조합, 문체 성향, 논리 관계 등이 포함되어 있는데, 이는 단순히 문법 위주의 평가가 아니라 여러 면에서 응시자의 언어 능력을 평가하게 된다.

51 A 이번 사회 현장 실습으로 우리의 시야를 넓히고, 많은 지식을 쌓았다.

B 선생님과 학우들의 도움 하에, 샤오리의 학습 성적은 빨리 향상되었다.

C 벌새라고 불리는 새가 있는데, 조류 중 제일 작은 새로, 겨우 엄지손가락만하다.

D 여러분들 생활상의 일은 제가 책임 맡고 있으니, 문제가 있으면 사무실로 직접 저를 찾아오시면 됩니다.

정답 D

해설 개사 사용이 부적합하다. "使"는 '~에게 ~하게 시키다'의 뜻인 사역 동사이다. 보기 D는 책임을 지는 행위자를 이끌 수 있는 개사 "由"가 적합하다. "由~负责"는 많이 사용되는 문형이므로 꼭 알아둔다. "大家生活上的事由我负责"가 올바른 문장이다.

단어 实践 shíjiàn 실천하다, 행동하다
开阔 kāikuò 넓히다
视野 shìyě 시야
成绩 chéngjì 성적
拇指 mǔzhǐ 엄지손가락

52 A 중국에서, 남자는 일반적으로 60세에 퇴직하고, 여자는 55세에 퇴직한다.

B 샤오장은 남을 잘 속여요. 그의 말은 조금도 믿을 수가 없는데, 당신은 어떻게 그를 믿을 수 있나요?

C 딸도 커서 자기 생각이 있는데, 부모라고 늘 마음대로 간섭만 할 수는 없다.

D 내가 요즘 주머니 사정이 안 좋은데, 급히 쓸 500원을 빌려 줄 수 있을까?

정답 B

해설 보어 사용이 부적절하다. "起"는 "靠"의 보어가 될 수 없다. 중국어에 "靠不起"란 표현은 없다. "住"는 '정지, 고정, 안정'의 뜻을 나타내므로 "住"를 사용한 "他的话一点儿也靠不住"가 올바른 표현이다.

단어 退休 tuìxiū 퇴직하다
骗人 piànrén 남을 속이다
横加干涉 héngjiāgānshè 함부로 간섭하다

53 A 내가 아주 어렸을 때 엄마가 내게 남자는 쉽게 눈물을 흘리는 것이 아니라고 알려 주셨다.

B 그의 이런 추론은, 완전히 상상에 의한 것으로, 데이터 근거도 없고, 전혀 성립될 수 없다.

C 저는 이론을 조금 배웠을 뿐, 실제 경험이 부족합니다. 앞으로 잘 부탁 드립니다.

D 고달픈 전쟁 속에서, 그는 일반 사병에서 점차 성장하여 한 명의 우수한 지위관이 되었다.

정답 C

해설 '동사+빈어' 배합이 부적합하다. "贫乏"는 추상적인 사물이 풍부하지 못함을 뜻하는 '부족하다'란 의미의 형용사이다. 그러므로 뒤에 빈어를 가지지 않는다. 보기 C는 빈어 "实践经验"과 조합을 이루어야 하므로 '부족하다'란 의미의 동사를 써야 알맞다. "缺乏" 혹은 "缺少" 등이 어울린다. "缺乏实践经验" 혹은 "缺少实践经验"이 올바른 표현이다.

단어 掉泪 diàolèi 눈물을 흘리다
推论 tuīlùn 추론하다
凭 píng ~의하여
数据 shùjù 데이터
支持 zhīchí 지지하다
贫乏 pínfá 부족하다
艰苦 jiānkǔ 고달프다

逐渐 zhújiàn 점차
优秀 yōuxiù 우수하다
指挥官 zhǐhuīguān 지휘관

54
A 우리는 전쟁을 한결같이 반대했고, 늘 평화적인 수단으로 국제 분쟁을 해결하기를 주장해 왔다.
B 왕 교장선생님이 입원해 계시는 동안, 학교의 일상적인 업무는 임시로 쟝 주임이 맡아서 합니다.
C 우리의 거듭된 권유하에 그는 생각을 바꾸어, 마침내 시도해 보기로 결정했다.
D 그는 나의 중국어 과외지도 선생님으로, 우리들의 나이는 같고, 흥미와 취미도 비슷하다.

_{정답} **C**

_{해설} 부사 선택이 부적절하다. 부사 "终究(결국)"는 "终归", "毕竟"의 뜻이다. 최종에 얻은 결론을 뜻하며 결과는 확정적인 것이다. 보기 C는 부사 "终于" 혹은, 명사 "最后"로 바꾸는 것이 알맞다. "他改变了主意, 终于/最后决定要试一试"가 올바른 표현이다.

_{단어}
一贯 yíguàn 일관되다
手段 shǒuduàn 수단
争端 zhēngduān 분쟁
暂时 zànshí 임시로
负责 fùzé 책임지다
劝说 quànshuō 권유하다
终究 zhōngjiū 결국
兴趣 xìngqù 흥미

55
A 혼인상 일련의 좌절을 겪은 후, 그는 다시는 영원한 사랑이 있을 것이라 믿지 않는다.
B 예전에 나는 스키를 타본 적이 없다. 오늘 처음 타보는데, 약간 긴장되는 것은 어쩔 수 없다.
C 오늘은 본래 쟝 선생님 수업인데, 그러나 그에게 갑자기 일이 생겨서, 왕 선생님이 대신 수업한다.
D 어찌되었던 간에 우리는 이미 이 작은 방에서 20년을 살았는데, 몇 년 더 산들 무슨 관계가 있겠는가?

_{정답} **B**

_{해설} 동태조사 위치가 부적절하다. 동태조사 "过"는 동사 뒤에 사용하여, "～한 적이 있다"로 예전의 경험을 나타낸다. 빈어 "雪" 뒤에 놓는 것이 아니라 동사 "滑" 뒤에 사용하여야 한다. "以前我从来没有滑过雪"가 올바른 문장이다.

_{단어}
滑雪 huáxuě 스키타다
替 tì 대신하다

56
A 그의 말이 내게 상처를 주어서, 나는 연이어 몇 개월을 그에게 전화하지 않았다.
B 경기 중 이런 결정적 실수를 범했는데, 어디 얼굴이 있어서 우리 감독코치와 팀을 보겠나?
C 우리 여기는 월급이 아주 적다. 나를 예로 들어 말하면 한달 월급에 보너스까지 모두 합해도 겨우 1000 원이다.
D 중국어의 일부 단어들은 동시에 몇 가지 의미를 띤다. 이런 의미는 서로 관련된 것들이기도 하고, 전혀 아무런 상관이 없는 것들도 있다.

_{정답} **A**

_{해설} 부사 사용이 부적절하다. 부사 "一直"는 '동작의 지속이나 상황의 변함없음'을 뜻하지만, 뒤에 수량이나 시간이 관련된 단어가 오지 않는다. "一直几个月"라고 사용할 수 없다. 그러므로 동작이 연달아 발생하거나, 혹은 같은 상황이 이어서 발생한다는 뜻의 "一连"을 사용하는 것이 좋다. "一连"은 뒤에 수량사과 시간사를 가질 수 있다. 올바른 문장은 "所以我一连几个月没给他打电话"이다.

_{단어}
失误 shīwù 실수하다
奖金 jiǎngjīn 보너스
联系 liánxì 연락하다
毫无关系 háowúguānxì 전혀 관계가 없다

57
A 만약 순간 온수기가 일년 내에 품질 문제가 생기면, 공장장이 책임지고 무료로 교환해 드립니다.
B 사료에 기재된 것에 근거하면, 만리장성은 진시황이 중국을 통일하기 이전부터 만들기 시작했다.
C 무당산은 문화의 보고로, 세계 고대 건축사상 일대 기적으로 불리울 만하다.
D 그들의 선진적인 업적은 나를 크게 감화시켰다. 나는 그들을 본보기로 삼아 더 열심히 일해야겠다.

_{정답} **C**

_{해설} 보어 사용이 부적합하다. "到"가 보어로 쓰이면 목적 달성이나 완성을 뜻한다. "称"과는 어울려 사용할 수 없고, "到"를 "上"으로 바꾸어야 한다. "上"이 보어로 사용되면 어떤 일정한 기준에 도달함을 뜻한다. "称得上"은 자격이나 기준이 되어 '～라고 부를 만하다'의 뜻이다. 올바른 문장은 "称得上是世界古建筑史上的一个大奇迹"이다.

_{단어}
质量 zhìliàng 품질
负责 fùzé 책임지다
免费 miǎnfèi 무료
古建筑 gǔjiànzhù 옛 건물
奇迹 qíjì 기적

激励 jīlì 격려하다
榜样 bǎngyàng 본보기

58 A 정말 재미없다. 매일 밥, 잠, 아니면 공부, 생활이 너무 무료하다.
   B 최신 조사 발표에 따르면, 현재 점점 더 많은 중국인들이 여행자의 대열에 합류하고 있다.
   C 우리 팀은 시합에 과감하게 필사적으로 임해서, 결국에 3:2로 우리보다 실력이 월등히 높은 팀을 싸워 이겼다.
   D 주민 거주 여건이 끊임없이 개선되면서, 건축, 인테리어 업계 및 관리 사무업 등 방면의 발전도 이끌었다.

[정답] B

[해설] 양사 사용이 부적합하다. 양사 "番"은 동량사로 "遍"이나 "次"에 해당한다. 동사 뒤에 사용하여 시간을 많이 소모했거나, 힘든 동작 등을 표시하기도 한다. 지문의 "调查"와 어울리는 명량사는 "项"이다.

[단어] 单调 dāndiào 단조롭다
   敢打敢拼 gǎndǎgǎnpīn 과감히 필사적으로 경기에 임하다
   明显 míngxiǎn 분명하다
   不断改善 búduàngǎishàn 끊임없이 개선하다
   建筑装饰 jiànzhùzhuāngshì 건축 인테리어
   行业 hángyè 업종

59 A 다른 사람의 이목을 끌기 위해서, 어떤 여자아이들은 튀는 색이나 스타일이 독특한 옷 입는 것을 즐긴다.
   B 새로 분양되는 집들의 면적이 크고, 가격이 높고, 수량이 부족한 원인 등은 중고 집의 가격을 대폭 오르게 하였다.
   C 정말 이상하네, 늘 말하기 좋아하고, 웃기 좋아하던 샤오리가 오늘은 어떻게 저렇게 얌전히 저기 앉아서, 한마디도 안 하지?
   D 중국의 불탑은 구조적으로 인도의 불탑과 많이 다르다. 그것에는 중국 민족의 건축예술 특징이 녹아 있다.

[정답] D

[해설] 비교문 사용이 부적합하다. 동등 비교는 개사 "和", "跟", "与" 등을 사용하며, "比"는 우열 비교에 사용된다. 보기 D는 "中国的佛塔在结构上和/跟/与印度的佛塔有很大的不同"으로 써야 올바른 문장이다.

[단어] 引起 yǐnqǐ 야기하다
   鲜艳 xiānyàn 선명하다
   因素 yīnsù 요소
   大幅度 dàfúdù 대폭
   佛塔 fótǎ 불탑
   融合 rónghé 융합되다

60 A 다량의 증거 앞에서, 범죄자는 자세히 자기의 범행을 자백했다.
   B 팩스는 전기 신호로 문자, 그림, 사진 등을 전송하는 일종의 통신 방식이다.
   C 우리 나라 농촌 산업 구조 조정에 따라, 많은 재배업계, 양식업계의 대부호가 쏟아져 나왔다.
   D 챠부뚀씨의 명성은 점점 널리 많이 퍼졌고, 많은 사람들이 그를 본보기로 삼았고, 모두들 그를 본받았다.

[정답] D

[해설] 단어 사용이 잘못되었다. "越+동사+越+형용사"는 '~할수록, ~하다'는 의미로 앞의 조건에 따라 변화하는 상황을 형용한다. 그러므로 뒤에 형용사는 정도부사 "很"이나 "非常"의 수식을 받지 않는다. 올바른 문장은 "差不多先生的名声越传越远, 越传越大"이다.

[단어] 证据 zhèngjù 증거
   罪犯 zuìfàn 죄를 짓다
   罪行 zuìxíng 범죄
   传真 chuánzhēn 팩스
   结构 jiégòu 구조
   养殖业 yǎngzhíyè 양식업
   大户 dàhù 대 부호

제2부분

제2부분은 모두 10문제다. 이 부분은 빈칸에 알맞은 단어를 채워 넣는 문제다. 한 단락에 3~5개의 빈칸이 있고 네 가지 보기가 주어진다. 각 단락의 정답은 3~5개의 단어며, 응시자는 상황이 요구하는 대로 네 가지 보기 중 가장 적합한 답을 골라 답안지 알파벳 위에 가로줄을 그으면 된다.

이 부분은 응시자가 문단에서 상황에 따라 앞뒤가 맞고 적합한 단어를 사용하는지를 주로 평가하게 된다. 어휘의 사용은 정확해야 할 뿐만 아니라 어체에 부합해야 하며 적절해야 한다. 응시자의 단어 분별 능력과 언어 표현의 정확성과 적절성에 치중하여 평가한다.

---

61 부모들은 자녀가 어릴 때부터 예절 교육을 시키려고 하지만, 지나치게 서둘기만 할 것이 아니라 자녀의 능력이 끊임없이 발전하는 것에 적응하여야 한다. 예를 들어 어떤 부모는 '숙제할 때 숙제만 하고 장난감은 스스로 정리하며 빨랫감은 바구니에 넣어라' 등의 가정규칙을 벽에 써 붙여놓곤 한다. 아이들의 머릿속에 규칙을 준수해야 한다는 개념을 심어주고자 하는 것이다.

A 눈앞의 성과와 이익을 급하게 구하다 | 호응하다 | 정리하다 | 수비하다

B 서둘러 성공하려고 하다 | 적응하다 | 정리하다 | 준수하다

C 전력을 다하다 | 대응하다 | 나스리다 | 지키다

D 자신의 능력으로 해낼 수 있다 | 반응하다 | 수리하다 | 지키다

정답 B

해설 ① "急功近利"은 빨리 이득을 얻었으면 희망하는 것이고, "急于求成"은 빨리 목적을 이루었으면 하는 것으로 사용 가능하다. "竭尽全力"은 '힘껏 한다'는 의미로 문맥에 맞지 않으며, "力所能及"는 '할 수 있는 만큼 한다'로 이 역시 문맥에 맞지 않다.

② 빈어 "发展"과 같이 쓸 수 있는 단어는 보기 B "适应"이다. 이 밖에 "顺应"과도 쓸 수 있다.

③ 문맥에 따라 "整理玩具"를 선택하는 것이 좋다. "修理"는 "玩具"와 조합을 이룰 수 있지만, 지문 뒤에 있는 "脏衣服放在筐里"는 "整理"와 더 잘 어울린다. "清理"는 '깨끗이 정리하거나 처리한다'는 의미이며, "治理"는 '통치하다, 다스리다'의 뜻으로 이 두 단어는 적합하지 않다.

④ "遵守"만 "规矩"와 조합을 이룰 수 있으며, 나머지 보기들은 어색하다.

단어 规矩 guīju 예의범절
家规 jiāguī 가정 규율
筐 kuāng 광주리
概念 gàiniàn 개념

急功近利 jígōngjìnlì 눈앞의 이익에만 급급하다
急于求成 jíyúqiúchéng 서둘러 목적을 달성하려 하다
竭尽全力 jiéjìnquánlì 전력을 다하다
力所能及 lìsuǒnéngjí 자기 능력으로 해낼 수 있다

62 다른 사람의 이야기를 끝까지 들어줄 만한 인내심을 가진 사람은 많지 않다. 이러한 좋지 못한 행동 습관은 사람을 사귀는 데 걸림돌이 된다. 다른 사람으로부터 사랑받으려면 먼저 남의 이야기를 잘 들어줄 수 있는 사람이 되어야 하고 남들이 자신의 이야기를 더 많이 할 수 있도록 격려해야 하며 당신이 최고의 청중이라는 사실을 그들이 느낄 수 있도록 해야 한다.

A 왕래하다 | ~에 이롭다 | 북돋우다 | 관객

B 왕래하다 | ~관하여 | 부추키다 | 선생님

C 사귀다 | ~를 잘하다 | 격려하다 | 청중

D 사귀다 | ~를 과감히 하다 | 박수치다 | 동료

정답 C

해설 ① "人际交往"은 고정조합이다. 관용 표현으로 기억하자.

② "利于"는 동사로 '어떤 방면에 이롭다'는 뜻이다. "勇于"는 부사로 ~에 위축되지 않고, 뒤로 물러서지 않음을 뜻한다. "关于"는 개사로 사람이나 상황을 끌어낸다. 이 세 단어는 다 문맥에 맞지 않는다. "善于"는 동사며 '어떤 일을 아주 잘한다'는 뜻으로 행위, 동작, 업무 등에 사용하며, 빈어는 일반적으로 명사성이 아니다.

③ 네 개의 보기 중 "鼓励"만 문맥에 맞는다. "鼓舞"는 뒤에 빈어를 가지지 않고, "鼓动"은 안 좋은 일을 시킬 때 사용한다. "鼓掌"은 빈어를 가지지 않는다.

④ 문맥에 따르면 듣는 것과 관련된 "听众"밖에 선택할 것이 없다.

단어 耐心 nàixīn 인내심
碍 ài 방해되다
鼓动 gǔdòng 선동하다

鼓励 gǔlì 권장하다

63 에어컨을 트느라 여름에 창문을 꼭 <u>닫고</u> 지내는 집이 많다. 쾌적한 집안 공기를 위해 사람들은 종종 슈퍼에서 사온 방향제로 집안에 <u>향기</u>가 가득하게 한다. 하지만 방향제나 탈취제를 자주 사용하면 자신과 아이들의 건강을 <u>해칠</u> 수 있다는 사실을 아는 사람은 많지 않은 듯하다.

A 닫다 | 평소 | 냄새 | 해치다
B 막다 | 자주 | 냄새 | 손해보다
C 닫다 | 자주 | 맛 | 훼손하다
D 꼭 닫다 | 종종 | 향기 | 해치다

 D

● 문맥에 따르면 "紧闭", "关闭"와 "关上" 다 사용 가능하다. "闭塞"는 '막혀서 통하지 않는다'는 뜻으로 문맥에 부합되지 않는다. 그러므로 B를 제거한다.
② 문맥상 "经常", "常常"과 "往往"은 부사로 다 동사 앞에 사용 가능하다. "往常"은 '평소'란 명사로 어울리지 않는다. 그러므로 보기 A를 제거한다.
③ "充满"과 어울릴 수 있는 빈어는 "香味"이다. 나머지 세 단어는 "充满"과 어울릴 수 없다. "味道"는 '혀와 마음으로 느끼는 맛'을 뜻한다. 이에 비해 "滋味"는 '음식을 맛본 혀의 감각'을 뜻해, 사용 범위가 "味道"에 비해 좁다. 또 "滋味"는 때에 따라서는 '안 좋은 심리적 느낌'을 표현할 때도 있다. "气味"는 '코로 맡는 것'을 뜻한다.
④ "损害健康"은 고정조합으로, "损害"는 '기능을 떨어뜨린다'는 의미를 가진다. 예를 들면 "损害听力"라고 표현할 수 있다. "损失"은 일반적으로 "财产", "精神"과 조합을 이루고, "损坏"는 물품과 조합을 이룬다. "伤害"는 "感情", "人" 등과 조합을 이룬다.

단어 空气清新剂 kōngqì qīngxīnjì 방향제
喷 pēn 뿌리다
洒 sǎ 뿌리다
除臭剂 chúchòujì 탈취제

64 마침 퇴근시간이라 길에는 수많은 자전거들이 (대열에) <u>끼어들어</u> 앞을 향해 달리고 있었다. 빗방울이 후두둑 떨어지기 시작하더니 이내 날이 저물었다. 나는 이 도시에 오는 것은 처음이라 지리에 <u>익숙지</u> 않은 탓에 길을 잃고 말았다. 지도는 비에 <u>젖어</u> 전혀 알아볼 수 없는 종이조각이 되어버렸고 나는 어떻게 숙소로 돌아가야 할지 몰라 마치 꿈을 꾸듯 자전거를 (발로) <u>누르며</u> 앞으로 계속 나아가기만 했다.

A 달리다 | 분명하다 | 젖다 | 밟다
B 날다 | 낯설다 | 뿌리다 | 타다

C 끼어들다 | 익숙하다 | 젖다 | 누르다
D 몰다 | 이해하다 | 뿌리다 | 밟다

정답 **C**

● 문맥에 맞는 것은 "挤"밖에 없다. "跑"와 "飞"는 "慢慢"과 서로 모순이며, "开"는 자동차와 조합을 이루어야 하므로, "自行车"에는 쓸 수 없다.
② "陌生"만 문맥에 맞지 않고, 나머지 세 단어는 다 사용 가능하다.
③ 지문에서 말하는 것은 "雨"이므로, '꽃에 물을 준다'는 "浇"나, '흩뿌린다'는 "洒"는 어울리지 않는다. "湿"는 형용사로 뒤에 빈어를 가질 수 없다. 그러므로 빈어를 가질 수 있고, '젖다'의 의미인 "淋"을 고를 수밖에 없다.
④ "踩" 이외에, 나머지 세 단어는 "自行车"와 조합을 이룰 수 있다.

단어 滴滴答答 dīdidādā 〔의성어〕비 떨어지는 소리
湿 shī 젖다
踏 tà 디디다
熟悉 shúxī 익숙하다

65 사람들은 습관처럼 남자와 '대(大)'자를 함께 <u>연결짓는</u>다. '대남자주의'(大男子主義, 남성우월주의를 일컫는 중국식 표현), '사내대장부(男子漢大丈夫)' 등이 <u>그것이다.</u> 반대로 여자에게는 '소(小)'자를 써서 비유하곤 한다. 그러나 여자 중에도 <u>우수한</u> 인물들이 있고, 대부분의 남자들에게서 찾아볼 수 없는 <u>고귀한</u> 인품을 가진 사람들도 있다. 특히 그녀들은 타인에게 관심이 <u>가득하다</u>(타인을 세심하게 보살핀다).

A 연결하다 | 우수하다 | 고귀하다 | 가득하다
B 연결하다 | 아름답다 | 높고 크다 | 풍부하다
C 관계되다 | 우수하다 | 고상하다 | 충분하다
D 연합하다 | 우월하다 | 고급이다 | 충분하다

정답 **A**

● "把…联系/联合在一起(…를 연결시킨다)"는 고정조합으로 '추상적인 것들을 같이 생각한다'는 의미로 사용된다. "把…连接在一起(…를 연결시킨다)"는 '일반적으로 물건이나 선을 어느 곳에 연결시킨다'는 의미이다. "关系"는 명사로 문맥에 맞지 않으므로 B, C를 제외한다.
② "人物"와 어울리는 단어는 "优秀"만 가능하다. "优美"는 동작, 소리, 경치 등이 보기 좋아서 좋은 느낌을 불러 일으킬 때 사용하며, "优良"은 '품종이나 품질이 아주 좋음'을 뜻한다. "优越"는 일반적으로 '지위, 조건 등이 좋다'는 의미이고, "优秀"를 제외한 나머지 세 단어는 다 부적합하다.
③ "品质"와 어울리는 단어는 "高贵"나 "高尚"이다. "高大"는 일반적으로 신체를 형용하는 말로, '키가 크고 몸집이

137

크다'는 뜻이다. "高级"는 '수준 레벨이 높다'는 의미이다.
④ "充满"만 동사로 빈어 "关怀"를 가질 수 있다. 나머지
세 단어는 형용사로 빈어 "关怀"를 가질 수 없다.

 则 zé 즉
品质 pǐnzhì 품성

66 최근 10%가 넘는 상하이 가정에서 전일제, 반일제, 시간
세, 임시공 등 다양한 형태의 가정부를 <u>고용하면서</u> <u>가사
도우미</u> 서비스가 갈수록 인기를 끌고 있다. 현재 상하이
시민들이 가장 <u>절실하게</u> 원하는 서비스는 청소 대행 서
비스로, 조사 대상 가정의 65%를 차지한다. 전문가들은
가사 도우미 서비스에 대한 상하이 시민들의 수요가 앞
으로도 꾸준히 늘어날 것으로 <u>예측 전망하고</u> 있다.

A 점유하다 | 회사 | 조급하다 | 설명하다
B 사용하다 | 은행 | 절실하다 | 추측하다
C 필요하다 | 보험 | 긴박하다 | 짐작하다
D 고용하다 | 가사 도우미 | 절실하다 | 예측 전망하다

 D

① "使用", "聘用"과 "需要"는 모두 빈어 "保姆"를 가질
수 있다. "占用"은 점유해서 사용한다는 의미로 문맥과 어울
리지 않는다.
② 문맥에 따르면 "家政服务(가사 도우미 서비스)"만 적합
하다.
③ "非常需要(매우 필요하다)"의 뜻은 응당 "迫切" 혹은
"急切"를 사용한다. "迫切"는 매우 필요하여 더 이상 기다
릴 수 없는 상황에 많이 사용하며, 사회, 단체, 혹인 개인의
요구, 수요, 소망 등에 사용하고, 기대함을 강조한다. "急切"
는 '긴급하고, 절박하다'는 뜻으로, 사람의 주관적인 생각에
많이 사용되고, 심리적인 조급함을 강조한다. "紧迫"는 시간
이나 임무 등이 '긴급함'을 뜻하고, 상황어로는 사용되지 않
는다. "着急"는 동사 앞에서 상황어로 쓰이지 않는다.
④ "估算"은 숫자에 대한 추측이고, "说明"은 어떤 상황에
대한 설명이다. "猜测"는 일반적으로 근거없는 추측을 뜻한
다. 이 세 단어는 다 부적합하고, D만 문맥에 어울린다.

 保姆 bǎomǔ 도우미
清洁 qīngjié 청결하다
占 zhàn 차지하다
着急 zháojí 조급하다
急切 jíqiè 절박하다
猜测 cāicè 추측하다
紧迫 jǐnpò 긴박하다
估算 gūsuàn 추측하다
聘用 pìnyòng 채용하다
家政 jiāzhèng 가사 관리

67 우리나라의 많은 자연 생물종이 무참하게 멸종<u>되고 있
다</u>. '화심목(花心木)'이라 불리며 좋은 평판을 <u>누리던</u> 참
죽나무는 이미 멸종되어 사라졌으며, 은삼나무는 이제
<u>겨우</u> 300그루밖에 남지 않았다. 은행, 메타세쿼이아, 두
충, 관광목, 희수나무 등 일부 희귀 식물들도 그 수가 하
루가 다르게 <u>감소하고 있다</u>.

A ~에 의하여(당하다) | 누리다 | 겨우 | 감소하다
B ~하게 시키다 | 갖추다 | 또 | 떨어지다
C ~에게 | 부르다 | 여전히 | 떨어지다
D ~하게 시키다 | 특유의 | 만 | 약하다

 A

① "被", "给"와 "让"은 다 피동을 뜻하지만, "被"만 뒤에
행위자(가해자)를 생략할 수 있어, 직접 동사 앞에 쓸 수 있
는 것은 "被"이므로, 보기 A만 적합하다.
② "享有⋯美誉(좋은 평판을 누리다)"는 고정 조합으로 A
를 선택한다.
③ 부사 "仅"과 "只"는 동사 앞에서 수량이 적음을 나타낸
다.
④ 수량이 적음을 나타낼 수 있는 것은 "减少"를 사용한다.
"降低"나 "下降"과 자주 같이 쓰이는 빈어는 "水平", "程
度", "标准" 등으로, 수량의 많고 적음을 표현하기에 부적합
하다. "弱小"는 형용사로 문맥에 어울리지 않는다.

 毁灭 huǐmiè 멸종되다
荡然无存 dàngránwúcún 모두 없어져 남은 게 없
다
降低 jiàngdī 낮추다

68 최근 상하이에서 열린 국제 자전거 전람회에서 기자는
신소재를 <u>사용한</u> 고가의 신형 자전거를 발견했다. 그중
에는 <u>뜻밖에도</u> 가격이 10만 위안을 호가하는 것도 있었
다. 이들 신소재는 원래 우주비행 <u>영역</u>에 사용하는 것으
로 무게가 가볍고 강도가 높으며 인성(靭性)이 <u>클</u> 뿐만
아니라 가공 성형도 용이하지만 가격 또한 놀라우리만치
비싸다.

A 응용하다 | 뜻밖에 | 범위 | 높다
B 사용하다 | 뜻밖에 | 영역 | 크다
C 이용하다 | 과연 | 구역 | 강하다
D 활용하다 | 필연적인 | 지역 | 단단하다

 B

① "材料"와 어울리는 동사는 "使用"과 "应用"이다. "运
用"은 사물의 특성에 맞추어 '사용한다'는 뜻으로 빈어는 일
반적으로 구체적이기보다는 추상적인 것들이 많이 온다. "利
用"은 사람이나 사물로 하여금 '효능을 발휘하게 한다'는 뜻

으로 빈어는 일반적으로 추상적인 것들이다. 그 밖에 "利用"은 수단을 사용하여, 사람이나 사물을 '자기를 위해 사용한다'는 의미로 사람이 빈어일 경우가 있는데, 다 문맥과 어울리지 않는다. 그러므로 C, D를 제거한다.

❷ 문맥에 어울리는 것은 "居然"과 "竟然"으로 '가격이 그렇게 높을 줄 몰랐음'을 의미한다. "果然"은 본인이 생각했던, '예상했던 것과 같다'는 의미이고, "仍然"은 '상황이 예전과 같음'을 뜻한다. 이 두 단어는 적합하지 않다.

❸ "航天"과 조합을 이루고, 연구 범위를 나타내는 것은 영역, 분야의 뜻인 "领域"만 가능하다. 나머지 보기 세 단어는 구체적인 장소 등을 뜻하지, 연구 범위인 분야를 뜻하지 않는다.

❹ "韧性"은 물체가 외부에서 잡아당기거나 누르는 힘에 의해 변형되거나 절단되지 않고 견디는 성질을 가리킨다. 이런 단어의 술어는 "大" 혹은 "强"을 사용한다. 그러므로 A, D를 제거한다.

단어 展览会 zhǎnlǎnhuì 전람회
催 cuī 촉진시키다
韧性 rènxìng 인성
领域 lǐngyù 영역, 분야

69 비즈니스 협상에서 양측은 <u>각자</u>의 말로 자신들의 바람과 요구를 <u>표현하기</u> 때문에, 협상할 때는 말을 <u>조리있게</u> 해야 한다. 각기 다른 상품, 협상 내용, <u>상황</u>, 상대에 따라 그에 알맞은 어휘를 사용해야만 협상에서 성공을 이끌어 낼 수 있다.

A 서로 | 밝히다 | 과단성이 있고 머뭇거리지 않다 | 광장
B 서로 | 나타내다 | 조리 정연하다 | 그 자리에서
C 자기 | 밝히다 | 모든 사람들이 다 알다 | 장소
D 각자 | 표현하다 | 조리가 분명하다 | 상황

정답 D

해설 ❶ 문맥에 맞는 것은 "各自"밖에 없다. "彼此"와 "自己"는 "双方"이란 단어의 수식을 받기에 모순이며, "互相"은 부사로 "语言"의 한정어가 될 수 없다. 이로써 D가 답임을 알 수 있다.

❷ "语言"과 조합을 이룰 수 있는 것은 "表达"이다. "表达"는 생각이나 뜻을 말이나 글로 즉 언어로 표현한다는 뜻이다. "表明"은 일반적으로 "态度" 혹은 "立场"과 조합을 이루며, "表现"은 구체적인 행동을 뜻한다. "表示"는 일반적으로 "心意"나 "谢意" 등과 조합을 이룬다.

❸ "条理分明"은 사고, 언어, 글 등이 '단계가 분명함'을 뜻한다. "斩钉截铁"는 말이나 행동이 '결단력 있고, 애매모호하지 않음'을 뜻하므로 두 단어 다 가능하다. "有条不紊"은 '업무 진행이 순서 있게, 체계 있게 진행된다'는 뜻이고, "众所周知"는 누구나 다 알고 있는 뜻으로 언어를 형용하는 단

어가 아니다. 이 두 단어는 문맥과 어울리지 않는다.

❹ "谈判"은 "场合" 혹은 "处所"와 다 조합을 이룰 수 있다. "当场"은 부사이며, "广场"은 면적이 큰 장소를 뜻하므로 이 두 단어는 부적합하다.

단어 谈判 tánpàn 협상하다, 이야기하다
针对 zhēnduì 겨냥하다
斩钉截铁 zhǎndīngjiétiě 언행이 단호하다
有条不紊 yǒutiáobùwěn 말과 행동이 조리 있고 질서정연하다
众所周知 zhòngsuǒzhōuzhī 모든 사람이 다 알고 있다
条理分明 tiáolǐfēnmíng 조리가 분명하다

70 무용 강사의 말에 따르면 춤을 배우는 사람은 일반인보다 자신감이 <u>강해야</u> 한다고 한다. 춤은 아름다운 자태를 유지하고 아름다운 감각을 <u>기르는</u> 최고의 훈련이다. 뿐만 아니라, 춤을 배우는 과정은 고독함과 따분함의 과정이며 힘겨운 체력 <u>소모</u>가 따르기 때문에 인간의 의지력과 용기에 대한 <u>테스트</u>가 되기도 한다.

A 크다 | 자세 | 단련하다 | 소실되다 | 심사
B 강하다 | 자태 | 기르다 | 소모하다 | 테스트
C 높다 | 몸매 | 기르다 | 소멸하다 | 시험
D 많다 | 신체 | 훈련하다 | 제거하다 | 조사

정답 B

해설 ❶ "自信心"의 술어는 "强"이 제일 적합하고, 나머지 세 단어는 다 부적절하다.

❷ "美好"와 조합을 이룰 수 있는 단어는 "身材" 혹은 "姿态"이다. "姿势"는 "优美"와 어울리며, "美好"와 쓰지 않는다. "身体" 역시 "美好"와 쓰지 않는다.

❸ "美感"을 빈어로 가질 수 있는 단어로는 어떤 능력을 기른다는 "培养"이 제일 적합하다. "锻炼"의 빈어는 일반적으로 "身体"를 많이 사용하고, "栽培"는 '식물을 심거나, 인재 배양'의 뜻으로 빈어는 사람이나 꽃, 풀 등이다. "训练"의 빈어는 사람이나 동물이 많이 쓰이며, 이 세 단어는 "美感"과 어울리지 않는다.

❹ "体力消耗"는 고정조합이다. "消亡"은 일반적으로 "民族" 혹은 "国家"와 자주 쓰이고, "消除"는 일반적으로 "误会" 혹은 "矛盾" 등을 없앤다는 뜻이다. "消灭"는 '적대시되는 유해 사물을 없앤다'는 뜻이며, 이 세 단어는 "体力"과 어울리지 않는다.

❺ "考核", "考试"와 "考查"는 '시험을 통해 우열을 평가한다'는 뜻으로 문맥에 어울리지 않고, "考验"은 행동으로 검증하는, 빈어로 추상적인 뜻의 "毅力与勇气"를 가질 수 있다.

단어 舞蹈 wǔdǎo 춤

寂寞 jìmò 적막하다

姿势 zīshì 자태

枯燥 kūzào 무미건조하다

考核 kǎohé 심사하다

毅力 yìlì 의지력

栽培 zāipéi 기르다

제3부분

제3부분은 모두 10문제다. 두 개의 단문이 제시되며 각 단문에는 5개의 빈칸이 있다. 응시자는 문맥에 맞게 5개의 보기 중 정답을 고르면 된다.

이 부분은 응시자의 빠른 독해 능력과 필요한 정보를 찾는 능력을 주로 평가한다.

71-75

한 멋쟁이 신사가 꽃집 앞에 차를 세웠다. 어머니 생신이 곧 다가오기 때문에 멀리 고향에 계신 어머께 꽃다발을 배달시킬 생각이었다.

가게로 들어서던 그는 ⁷¹ 길에서 울고 있는 한 소녀를 보고, 소녀에게 다가가 "얘야, 왜 여기서 울고 있니?" 하고 물었다.

"엄마한테 장미 다발을 선물하고 싶은데, ⁷² 그러나 돈이 모자라요." 소녀가 대답했다. 소녀의 이야길 듣고 마음이 아픈 신사는 "그렇구나…" 하며 소녀를 데리고 꽃집에 들어갔다. 그는 먼저 어머께 선물할 꽃다발을 주문한 뒤 소녀에게 장미 한 다발을 사주었다. 꽃집을 나서면서 그는 소녀에게 차로 집까지 태워다 주겠다고 했다.

"⁷³ 정말 저를 집까지 태워주시려고요?" "그럼!"

"그럼 엄마가 있는 곳까지 태워주세요. 근데 아저씨, 우리 엄마 있는 곳이 여기서 좀 멀어요."

"진작 얘기하지 그랬니? 그럼 안 태워줄 걸." 그는 농담으로 말했다.

소녀가 알려주는 길을 따라 계속 가다 보니, 어느덧 시내를 벗어나 교외에 있는 한 묘지에 다 다르게 되었다. 생긴지 얼마 안 되어 보이는 한 무덤 옆에 소녀가 꽃을 내려놓았을 때에야 ⁷⁴ 비로소 신사는 오늘이 소녀 엄마의 생일이었고 소녀가 이렇게 먼 길을 온 것도 엄마에게 장미꽃을 선물하기 위해서였다는 것을 알게 되었다.

그는 묵묵히 소녀를 시내까지 데려다 준 후 집으로 돌아가지 않고 곧장 꽃집으로 향했다. ⁷⁵ 그는 생각을 바꿔 어머니 생신에 차로 5시간 거리에 있는 고향집까지 직접 가서 꽃다발을 전해드리기로 결심했다.

A 비로소 신사는 오늘이 소녀 엄마의 생일이었음을 알게 되었다.

B 길에서 울고 있는 한 소녀를 보았다

C 그러나 돈이 모자라요

D 그는 생각을 바꾸었다

E 정말 저를 집까지 태워주시려고요

단어 讲究 jiǎngjiu 중요시하다, 신경쓰다

绅士 shēnshì 신사

提议 tíyì 제의하다

郊区 jiāoqū 교외

墓园 mùyuán 묘지

坟 fén 무덤

献 xiàn 드리다, 헌사하다

取消 qǔxiāo 취소하다

花束 huāshù 꽃 다발

决定 juédìng 결정하다

亲自 qīnzì 직접, 몸소

71 **정답** **B**

해설 아이가 우는 것을 발견하고서 왜 우냐고 원인을 물을 수 있으므로, 빈칸 뒷 지문의 "孩子, 为什么坐在这里哭"와 연결시킬 수 있는 것은 보기 B이다.

72 **정답** **C**

해설 지문 앞의 내용은 아이가 울고 있고, 울고 있는 원인은, '꽃을 사려고 하는데, 돈이 없어서'라고 추측할 수 있다. 그러므로 보기 C가 알맞다.

73 정답 E

> 앞 단락에서 '집까지 차로 데려다 준다'고 하였고, 빈칸의 문장부호가 물음표로 끝났으므로, 의문문이 와야 한다. "吗"로 끝나는 보기 E가 답임을 알 수 있다.

74 정답 A

> '어린 소녀가 무엇 때문에 엄마 무덤에 꽃을 놓았을까?'를 생각해 보면, 생일과 관련 짓는 것이 제일 적합하다. 그리고 지문의 마지막에 신사도 감동을 받아서, 본인도 어머니 생신에 직접 꽃을 선물하려는 부분도 호응한다고 볼 수 있다.

75 정답 D

> '화환을 취소하고 ～하기로 결정했다'는 부분에서 생각이 바뀌었음을 알 수 있다. 그러므로 보기 D가 적합하다.

76-80

기후 변화가 인류에 미치는 영향은 명확하다. 기후 변화에는 온난화와 냉각화의 두 종류가 있다. 연구에 따르면, 지구의 온도가 1℃ 상승할 때마다 농작물의 재배한계선이 100km 정도 고위도로 이동한다고 한다. 만약 다음 세기에 정말로 전세계 기온이 3℃ 오른다면 <u>76 일부 수확량이 많은 작물의 재배한계선이 북쪽으로 300km 정도 이동할 것이고</u> 삼림 생장 범위가 확대될 것이며 강수량도 늘어날 것이다. 이렇게 되면, 대륙에 위치한 나라들은 경제 활동 범위가 확대되어 이득을 보게 되겠지만 연안에 위치한 나라들은 해수면 상승으로 인해 해안 국토가 유실될 것이다. 반면 기후 냉각화가 오면 해수면이 낮아져 전 세계 육지 면적이 확대될것이다. 그러나 내륙지방에서는 대륙성이 커지면서 작물 재배 한계가 적도 방향으로 이동하여 삼림 면적이 줄어들고 사막 면적이 늘어날 것이다.

과거 기후 변화의 역사와 규칙을 돌이켜보면, 온난화도 방지해야 하지만, <u>77 냉각화는 더더욱 막아야 한다.</u> 작년에 불어 닥친 한파로 인해 미국인들은 '빙하기가 다시 오는 것은 아닌가', '1975년의 악몽이 다시 되풀이되는 것은 아닐까'라는 걱정을 하게 되었다.

<u>78 특히 기후 변화가 가져오는 영향과 결과가 나라마다 다르기 때문에,</u> 이 문제를 둘러싼 각국의 견해와 대응책도 각기 다르다. 또한 각국은 경제력 면에서도 서로 큰 차이를 보이고 있다. 선진국은 온난화에 대응할 여력이 충분한 반면, 못 사는 나라 <u>79 특히 국민들의 기본 의식주도 해결되지 않은 나라들은</u> 경제 발전과 지구 온난화를 함께 고려해야만 한다. 지구는 '단 하나뿐'이기에 <u>78 인류 생존 환경의 지</u>

<u>속적인 악화를 막기 위해서는</u> 전 인류가 함께 노력해야만 한다.

A 인류 생존 환경의 지속적인 악화를 막기 위해서는
B 그러나 냉각화는 더더욱 막아야 한다
C 특히 국민들의 기본 의식주도 해결되지 않은 나라들
D 특히 기후 변화가 가져오는 영향과 결과가 나라마다 다르기 때문이다
E 일부 수확량이 많은 작물의 재배한계선이 북쪽으로 300km 정도 이동할 것이다

단어
包括 bāokuò 포함하다
作物 zuòwù 농작물
扩大 kuòdà 확대하다, 확장하다
沿海 yánhǎi 연안
规律 guīlǜ 법칙, 규율
防 fáng 막다
策略 cèlüè 책략
悬殊 xuánshū 차이가 매우 크다
顾及 gùjí 고려하다

76 정답 E

> 빈칸 앞의 내용에 '1도씨 올라갈 때마다 100km를 이동한다'고 하였으니, 3도씨 오르면 300km 이동하는 것은 쉽게 계산이 나온다. 그러므로 답은 E이다.

77 정답 B

> 지문 첫 번째 줄에 '기후 변화는 따뜻하게 변하는 것과 춥게 변하는 것 두 가지 방면을 다 포함한다'고 하였다. 그러면 내용상 첫 번째 단락에 온난화에 대한 설명이 나왔으면, 그 다음은 냉각화에 대한 설명이 나와야 한다. 빈칸 뒤로 "冷冬", "冰期" 단어들이 나타나는 것으로 보아 냉각화를 끌어낼 수 있는 보기 B가 가정 적합하다.

78 정답 D

> 빈칸 뒤로 선진국과 후진국의 관점과 책략을 이야기하고 있으므로, 빈칸에는 다른 나라에 미치는 다른 영향을 뜻하는 보기 D가 문맥상 어울린다. 또 구조적으로 접근을 해보면, 빈칸 뒤에 있는 "因此" 앞에는 일반적으로 원인이 나오는데, 보기 D는 "由于"로 시작하여 원인을 알려주고 있다. 그러므로 답은 D이다.

79 정답 C

> 각각 다른 나라에 미치는 영향을 단계적으로 설명하는데, 먼

저 선진국을 예로 들었고, 그 다음 발전하지 못한 나라. 특히나 의식주도 해결 못 한 나라가 되어야 한다. 또한 부사 "尤其是"는 무리 속에서 부분을 부각시키는 것이다. 의식주도 해결 못한 나라는 못 사는 나라 중에 강조되는 부분이므로 보기 C가 답으로 제일 적합하다.

80 **A**

"要想~하려면, 必须~해야 한다"의 구조로 풀면 보기 A가 제일 적합하다.

제4부분

제4부분은 모두 20문제다. 이 부분은 소재, 장르, 문체, 스타일이 다른 여러 개의 단문이 주어지며, 단문 끝에 몇 개의 문제가 주어진다. 문제마다 네 가지 보기가 있으며, 응시자는 그 가운데 정답을 골라 답안지 알파벳 위에 가로줄을 그으면 된다.

81-83

한 일본 학자의 연구에 따르면 어린이의 뇌 발달 수준은 음식에 따라 결정되며 뇌 기능의 우수성도 80% 이상이 영양 상태에 의해 결정된다고 한다. 연구에서는 지방, 비타민 A, 비타민 C, 비타민 B군, 비타민 E, 칼슘, 단백질, 당분 등 영양소 또한 뇌 발육에 중요한 역할을 한다고 밝혔다. 이들 물질은 인체 내에서 자가합성을 할 수 없기 때문에 음식을 통해 섭취할 수밖에 없다. 그러므로 자녀가 똑똑해지길 바라는 부모라면 아이들이 이들 영양소를 장기간 합리적으로 섭취하도록 해야 한다.

좋지 않은 식습관은 자녀가 영양소를 섭취하는 데 영향을 주어 간접적으로 자녀의 지능을 손상시킬 수 있다. 때문에 부모들은 다음과 같은 사항을 반드시 주의해야 한다. 첫째, 아침을 가벼이 여겨선 안 된다. 아침을 거르거나 급하게 먹는 것은 지능 발달과 신체 건강에 영향을 미친다. 둘째, 장기간 포화 상태를 피해야 한다. 식사 후에는 장과 위에서 소화를 시키는데 이때 혈액이 위와 장에 몰리게 되면서 뇌에 잠깐 산소가 부족하게 되어 대뇌 발육에 영향을 끼치게 된다. 또한 하루 세 끼를 과식하게 되면 영양 과다로 인해 비만을 초래할 수 있으며 위·장의 기능에도 영향을 준다. 셋째, 편식하지 말아야 한다. 대뇌의 신진대사는 완전한 영양이 갖추어져야만 이루어지기 때문에 어느 하나라도 부족해선 안 된다. 한 종류의 식품은 영양소의 일부만을 제공하므로, 닭고기, 생선, 고기, 달걀, 쌀, 밀가루, 오곡, 잡곡, 야채, 과일 등 여러 가지를 골고루 먹어야만 서로 상호보완을 이룰 수 있다. 넷째, 단 것을 너무 많이 먹어선 안 된다. 당분이 변해서 만들어지는 포도당은 뇌세포의 에너지가 되므로

단 것을 적당히 먹는 것은 대뇌 발육에 도움이 된다. 그러나 무조건 많이 먹는 것이 좋은 것은 아니다. 넷째, 튀긴 음식을 많이 먹으면 안 된다. 시중에서 파는 튀김 음식은 대부분 여러 번 사용한 기름으로 조리된다. 식품은 고온의 조리 과정을 거치면서 단백질이 변성되어 생물학적 활성 작용을 잃게 된다. 그러므로 고온에서 튀긴 음식은 HCA 등 강력한 발암 물질을 만들어낼 수 있다.

단어
优劣 yōuliè 우열
摄入 shèrù 섭취
引以为戒 yǐnyǐwéijiè 다시는 그러지 않도록 경계한다
过剩 guòshèng 남아돈다
偏食 piānshí 편식
新陈代谢 xīnchéndàixiè 신진대사
致癌 zhì'ái 암을 유발시키다, 발암
朵环胺 Duǒhuán'àn 헤테라사이클릭아민(HCA)

81 다음 나쁜 습관 중 뇌 건강에 직접적 영향이 없는 것은 무엇인가요?

A 장기간 과식 상태
B 편식
C 단 음식 다량 섭취
D 소식다찬

 D

보기 A, B, C는 대뇌에 영향을 미치는 나쁜 습관이고, 보기 D는 본문에 언급되지 않은 건강한 습관이다.

82 다음 중 나쁜 습관 중 암 유발 작용이 있는 것은 무엇인가요?

 A 아침을 가벼이 여긴다
 B 장기간 과식 상태이다
 C 단 음식 다량 섭취하다
 D 튀김 음식을 좋아하다

정답 **D**

해설 '고온 기름에 튀기면 발암 물질을 유발한다'고 지문에 언급되어 있다

83 다음 중 지문 내용에 부합되지 않는 것은 무엇인가요?

 A 좋은 않은 식습관은 간접적으로 아이의 지능을 손상시킨다
 B 과식하게 되면 영양 과다로 인해 비만을 초래할 수 있다
 C 포도당은 뇌세포의 에너지가 되므로 당을 많이 먹을수록 좋다
 D 고온에서 튀기면 강력한 발암 물질을 만들어낸다

정답 **C**

해설 보기 C 앞절의 말은 맞는 말이나. 뒷절의 '많이 먹을수록 좋다'는 말은 지문의 "但并非多多益善(그러나 많을수록 좋은 것은 아니다)"과 모순이다. 그러므로 C가 지문에 부합되지 않는 내용이다.

84-88

명태조(明太祖) 주원장(朱元璋)은 소를 치던 목동으로, 나중에 중이 되고 나서야 독학으로 어설프게 글을 익혔다. 황제가 된 그는 매일 수많은 상소문을 읽고 조서나 공문을 내려야 했지만 그의 글 실력으로는 역부족이었다. 거만하고 잘난 체하기 좋아하던 그는 결국 무수한 선비들을 억울한 죽음으로 몰아갔다.

홍무(洪武)년에 로옹(蘆熊)이라는 선비가 있었다. 어느 날 그는 이부(吏部)의 추천을 받아 조정에 관직을 얻게 되었는데, 주원장은 그를 산둥 옌저우(兗州)의 지주(知州)로 봉하였다. 옛말에 '선비는 공문서를 쓰고 관료는 인장을 쓴다' 하여 옌저우에 당도한 로옹은 가장 먼저 관인을 사용해 자신의 부임을 포고하려 했다. 그런데 황제가 하사한 관인을 꺼낸 그는 깜짝 놀라고 말았다. 원래 주원장이 쓴 조서는 '로옹을 산둥 옌저우 지주에 봉한다'여야 하는데, 주원장의 조서대로 만든 이 관인에는 '옌저우'가 '군저우(袞州)'로 되어 있는 것이었다. 그러나 산둥에는 군저우란 곳이 없었다.

'기왕 이리 된 걸 어쩌겠는가. 황제가 군저우라면 군저우지 내가 감히 어찌하랴' 하고 넘어갔으면 좋으련만 로옹은 학문을 닦는 선비로 매사를 곧이곧대로 처리하는 사람이었다. 결국 그는 옌저우가 '군저우'로 바뀌었다며 상소를 올려 틀린 글자를 고치고 인장을 다시 만들어 줄 것을 청하였다. 주원장은 상소를 보자마자 화가 치밀어 올라 얼굴이 울그락불그락했다. 자신이 글자를 잘못 썼고 '군저우'가 아니라 '옌저우'가 맞으며 '袞'자는 '군(滾 : 속으로 '꺼져버려'의 뜻)'이라 읽고 '兗'자는 '옌(眼)'과 같은 발음으로 읽는다는 것을 그도 잘 알고 있었다. 하지만 황제 체면에 실수를 인정하는 것이 그리 쉬운 일이 아니었다. 자존심이 강한 주원장은 진노하여 말했다. "로옹이란 놈이 아주 대담하구나! 내가 아무렴 산둥에 옌저우(兗州)가 있는 것을 모르겠느냐? 그래도 내가 군저우(袞州) 지주로 봉했으면 군저우 지주인 것이 아니더냐! 결국 옌(兗)과 군(袞)은 같은 글자이거늘, 이 로옹이 감히 이것을 '군(滾)저우'라고 읽다니, 날 농락하는 것이 아니고 무엇이냐! 당장 로옹의 목을 베어라!"

불쌍한 로옹은 결국 글자 하나 때문에 목숨을 잃게 되었다.

단어 **粗通文字** cūtōngwénzì 글을 어설프게 알다
下诏 xiàzhào 왕이 조서를 내리다
批文 pīwén 하급기관에 주는 회답 문서
屈死鬼 qūsǐguǐ 억울하게 죽다
凭印 píng yìn 도장에 근거한다
斩首 zhǎnshǒu 목을 베다

84 첫 번째 단락에 밑줄 그은 "粗通文字"는 무슨 뜻인가요?

 A 어려서부터 글자를 독학하였다
 B 어려서부터 글자에 통달했다
 C 글을 어설프게 익혔다
 D 중이 된 후에 글을 깨우쳤다

정답 **C**

해설 "粗通"은 "精通(정통)"의 반대말로, '어설프게 알고 있다'는 표현이다.

85 로옹이 부임한 후 처음 무엇을 사용하기 시작하였나요?

 A 공문서
 B 인장
 C 공포문
 D 조서

143

B

해설 지문의 두 번째 단락에 '선비는 공문서를 쓰고 관료는 인장을 쓴다 하여 옌저우에 당도한 로옹은 가장 먼저 관인을 사용하려 했다'는 곳에서 답이 B임을 알 수 있고, 보기 D는 황제가 내용 하달을 할 때 사용하는 것이다.

86 로옹의 억울한 죽음은 주원장의 어떤 성격과 관계가 없나요?

A 거만하고 잘난 체하다
B 억지 쓰는 성격
C 요구하는 바가 엄격하다
D 자존심이 세다

 C

해설 보기 A, B, D는 지문에 주원장의 성격으로 다 언급되어 있다. 주원장의 성격이 보기 C와 같았더라면, 틀린 글자를 바로잡아주고, 로옹을 억울하게 죽게 만들지 않았을 것이다.

87 아래 본문의 내용과 다른 것은 어떤 것인가요?

A 주원장이 알고 있는 글자는 매우 적었다
B 로옹은 이부의 추천으로 조정의 관원이 되었다
C 산동에는 역대로 군저우만 있었고, 옌저우는 없었다
D 로옹은 한 글자 때문에 억울하게 죽었다

 C

해설 보기 C는 "兖州"와 "衮州"를 바꾸어 썼다.

88 내용상 이 글의 장르는 어디에 속하나요?

A 생각을 자유롭게 말하기
B 유명인들의 재미있는 이야깃거리
C 독후감
D 시사 뉴스

 B

해설 글의 전반적인 분위기는 어떤 구체적인 역사적 사실 이야기를 통하여 주원장의 성격이 어떠하였는지 말하고 있으므로 '유명인들의 재미난 이야깃거리'가 가장 적합하다.

89-92

2002년 상하이 텔레콤은 "세이프 인터넷" 패키지를 출시했다. 이 인터넷 패키지는, 1500위안 정도를 추가해서 바이

러스백신 프로그램을 설치할 것인지를 서비스 가입자가 직접 선택하게 되어 있다. 그러나 상하이 텔레콤에서도 이런 식의 패키지 판매가 결코 이상적인 판매 방식은 아님을 인정하고 있다. 대부분 서비스 가입자들은 이런 식의 끼워팔기가 '바가지'라는 생각에 거부감을 갖고 있다. 한편 차이나 텔레콤은 일찌감치 후롄싱쿵(互聯星空), 진산(金山), 루이싱(瑞星) 등 백신프로그램 업체와의 협력을 통해 서비스 가입자에게 실시간 보안 서비스를 제공하고 있다. 실시간 온라인 보안 서비스 요금은 월별 정산되는데 보통 10~15위안 사이다.

바이러스의 유행주기에 맞춰 설계된 정보 보안 서비스는 겉으로는 완벽해 보이지만 사실 그만큼의 인력을 필요로 한다. 정보 보안 서비스는 여러 명의 보안전문가에 의해 가동된다. 현재 트랜드 마이크로사에서 설계한 시스템은 바이러스 보고서의 80% 정도를 자가 생성할 수 있으며 나머지 20%의 업무는 사람이 담당하고 있다. 시스템에서 자동으로 작성한 바이러스 보고서의 완성도가 앞으로 90%까지 오른다 하더라도 현재 겨우 몇십여 명의 기술자를 보유한 상하이 텔레콤으로서는 백만 명이 넘는 기존 서비스 가입자의 극히 부분적인 수요만을 만족시킬 수 있을 뿐이다. 또한 트랜드 마이크로에서 카피해 온 상하이 텔레콤 버전의 정보 보안 서비스는 상하이 텔레콤의 명성을 담보로 하고 있다. 트랜드 마이크로는 세계 최초로 '보장형' 서비스를 출시한 정보 보안 회사로 보안 문제가 발생하면 회사측에서 그에 상응하는 책임을 지게 되어 있다. 한 소프트웨어 판매자는, "만약 상하이 텔레콤이 트랜드 마이크로의 보장형 서비스도 함께 카피하지 않는다면 고객의 신뢰를 잃게 될 것이다"라고 밝혔다. 이렇게 어느 특수한 분야에서 원래 손해가 비일비재하다 할지라도, 애초에 완벽한 서비스를 약속함으로써 신뢰를 얻었던 대기업은 소비자로부터 결코 용서받을 수 없다. 그러나 서비스 가입자들이 바이러스의 침입으로 입게 되는 손실에 '책임'을 진다는 것이 상하이 텔레콤에게는 상당히 버거운 일이다.

때문에 상하이 텔레콤은 무척 신중한 태도를 보이고 있다. 관련인사는 인터넷 연결과 달리, 정보 보안 서비스 방면에는 아직까지 구체적인 가이드라인이 없다고 밝혔다. 상하이 텔레콤의 둥링(童羚) 부사장은 정보보안센터 설립 제막식에서, 상하이 텔레콤은 정보 보안 부서의 대담한 도전을 지지할 것이라며, "텔레콤이 상장되면 인원감축이 있을 것이기 때문에, 새로 시작될 정보 보안 업무가 곧 새로운 인기 부서로 떠오를 것"이라고 밝혔다.

단어 选择 xuǎnzé 선택하다
捆绑 kǔnbǎng 묶다
设备 shèbèi 설비

抵触 dǐchù 반감
结合 jiéhé 결합하다
执行 zhíxíng 집행하다
领域 lǐngyù 영역, 분야
即使 jíshǐ 설령 ~라 하더라도
遭受 zāoshòu 당하다
损失 sǔnshī 손해입다
揭牌 jiēpái 제막식을 거행하다
裁员 cáiyuán 감원하다

89 "세이브 인터넷" 패키지는 무엇을 가리키나요?

A 1500위안을 더 내면, 바이러스백신 프로그램을 설치
할 수 있다
B 후렌싱콩 백신프로그램 업체와의 협력을 통해 실시
간 보안 서비스를 제공한다
C "보장형" 서비스를 도입하여, 회사에서 책임을 진다
D 백신 프로그램 업체와 협력해 서비스 가입자에게 실
시간 보안 서비스를 제공한다

정답 **A**

해설 첫 번째 단락에 언급된 내용으로 답이 A임을 알 수 있고, 보
기 B, C, D가 지문에 언급된 내용이기는 하지만 "安全宽带
套餐"을 의미하는 것은 아니다.

90 본문에 따르면, 상하이 인터넷 가입자는 몇 명이나 되나
요?

A 몇만 명
B 몇십만 명
C 백만 명이 넘는다
D 천여만 명

정답 **C**

해설 두 번째 단락에 '백만 명이 넘는 기존 서비스 가입자'라고 언
급된 부분에서 답이 보기 C임을 알 수 있다.

91 본문에 따르면 바이러스의 유행 주기에 맞춰 설계된 정
보 보안 서비스는 무엇과 서로 결합을 하여야 하나요?

A 인력
B 컴퓨터
C 인터넷
D 텔레콤

정답 **A**

해설 두 번째 단락에 언급된 내용에서 "信息安全服务"는 "人力"

와 결합을 하여야 한다고 언급되어 있으므로 답은 보기 A이
고 나머지는 언급된 내용이 아니다.

92 "텔레콤이 상장되면 인원감축이 있을 것이기 때문에, 새
로 시작될 업무가 곧 새로운 인기 부서로 떠오를 것"에서
"새로운 업무"가 가리키는 것은 무엇인가요?

A 인터넷 가입 업무
B 실시간 바이러스 백신 업무
C 정보 보안 업무 서비스
D "세이브 인터넷" 패키지

정답 **C**

해설 '상하이텔레콤이 이 부분에서 대담한 시도를 해볼 것이며, ~
새로운 업무는 ~'에서 지시사 '이'는 '새로운 업무'이며, 이것
은 "信息安全服务业务"를 가리키는 말이다.

93-97

'본인의 이상형은?'이라는 질문에 여성 응답자의 10%는
활발하고 건전한 대화를 하는 사람, 17%는 중후하고 성숙
한 사람, 20%는 유머러스하고 재미있는 사람, 18%는 자상
한 사람, 5%는 낭만적이고 시적인 사람, 9%는 카리스마 있
는 사람, 3%는 신중하고 내성적인 사람을 선택했으며, 남성
응답자의 20%는 자상하고 따뜻한 사람, 14%는 쿨하고 활
발한 사람, 14%는 순결하고 청순한 사람, 10%는 개성이 뚜
렷한 사람, 7%는 조용하고 보수적인 사람, 9%는 박학다식
한 사람, 5%는 순종적인 사람, 12%는 독립심이 강한 사람,
12%는 가정 관념이 강한 사람, 7%는 스타일리쉬하고 외모
가 수려한 사람을 골랐다.

남녀를 불문하고 상대의 성격을 가장 중요시하는 사람은
30%, 인품을 중요시하는 사람은 40%, 학식을 중요시하는
사람은 10%, 신체건강상태를 중요시하는 사람은 9%, 몸매
를 중요시하는 사람은 2%로 집계되었다. 학생들 중 친구를
사귈 때 가정환경을 고려하는 사람은 없었다.

조사에 따르면, 65%의 대학생들은 연애와 학업의 관계
를 상호 보완 관계라고 생각하고 있으며, 19%의 학생들은
무관, 오직 16%의 학생만이 서로 방해가 된다고 생각하는
것으로 나타났다.

학업이나 일에 고민이 생겼을 때 상대방의 조언을 바라
는 사람은 51%였고, 30%의 학생이 설득과 위로를 바라며,
10%의 학생은 묵묵히 자신의 이야기를 들어주길 바란다고
답했다. 자신에게 신경 쓰지 말았으면 좋겠다는 학생은 9%
뿐이었다.

그밖에, 59%의 학생이 '연애 때문에 학업을 소홀히 하는

모의고사 ①
모의고사 ②
모의고사 ③
모의고사 ④
모의고사 ⑤

것은 옳지 않다'고 답했고 30%의 학생은 '생명은 소중하며 사랑은 가치 있는 것이나 일을 위해서라면 둘 다 버릴 수 있다.'고 답했으며 3%의 학생은 '사랑이 일보다 중요하다', 2%의 학생은 '연애와 행복은 인생 최대의 목표'라고 답했다.

인터넷 연애에 대한 태도 조사에서는 50%의 응답자가 인터넷 연애를 믿지 않는다고 답했으며 믿거나 잘 모르겠다고 답한 사람은 25%를 차지했다. 인터넷 연애가 현실 연애가 될 수 있을까라는 질문에 35%의 응답자는 가능하다, 33%는 잘 모르겠다, 32%는 불가능하다고 답했다.

活泼健谈 huópōjiàntán 활발하고 대화를 잘 나누다
稳重成熟 wěnzhòngchéngshú 중후하고 성숙하다
风趣幽默 fēngqùyōumò 유머러스하고 재미있다
关怀体贴 guānhuáitǐtiē 관심 가지고 자상하다
学识渊博 xuéshíyuānbó 지식이 해박하다
浪漫诗意 làngmànshīyì 낭만적이고 시적이다
有威慑力 yǒu wēishèlì 카리스마 있다
内敛沉默 nèiliǎnchénmò 신중하고 내성적이다
温柔体贴 wēnróutǐtiē 부드럽고 자상하다
冰清玉洁 bīngqīngyùjié 순결하고 청순하다
沉默保守 chénmòbǎoshǒu 조용하고 보수적이다
时髦靓丽 shímáoliànglì 스타일리쉬하고 예쁘다
衡量 héngliáng 가늠하다
促进 cùjìn 촉진하다
疑惑 yíhuò 의혹을 품다
选择 xuǎnzé 선택하다
劝导 quàndǎo 설득하다
安慰 ānwèi 위로하다
倾听 qīngtīng 경청하다

93 '본인의 이상형은?'이라는 질문에 여성들이 가장 많이 선택하는 것은 어떤 유형인가요?

A 활발하고 건전한 대화를 하는 사람
B 중후하고 성숙한 사람
C 유머러스하고 재미있는 사람
D 자상한 사람

정답 C

해설 보기 A는 '10%', 보기 B는 '17%', 보기 C는 '20%', 보기 D는 '18%'로 제일 좋아하는 유형으로는 보기 C가 답으로 적합하다. 이런 세부 사항을 물어보는 문제는 보기 선택항 옆에 세부 내용을 적어가면서 비교해야, 시간도 절약되고 혼동하지 않는다.

94 남성 여성을 막론하고, 상대방의 무엇을 제일 중요시하게 보나요?

A 성격
B 인품
C 학식
D 몸매

정답 B

해설 보기 A는 '30%', 보기 B는 '40%', 보기 C는 '10%', 보기 D는 '2%'라고 지문에 언급되어 있으므로, 이성의 성품을 제일 많이 고려함을 알 수 있다. 그러므로 답은 보기 B이다.

95 약 몇 프로의 사람들이 인터넷 연애가 현실 연애가 될 수 없다고 여기나요?

A 50%
B 35%
C 33%
D 32%

정답 D

해설 지문 마지막 단락에 '현실이 될 가능성이 있다고 여기는 사람들은 35%', '잘 모르겠다는 33%', '불가능하다가 32%'라고 언급되었으므로 답은 보기 D이다.

96 몇 명의 사람들이 연애와 학습은 서로 방해된다고 여기나요?

A 아주 적다
B 반
C 반 이상
D 절대 다수

정답 A

해설 세 번째 단락의 '조사 결과에 따르면 65%가 오히려 긍정적인 영향을 미친다고 여기고, 19%가 별 영향을 안 받는다고 했으며, 16%만 서로 방해가 된다'고 언급되어 있다. 16%는 과반수도 안 되는 적은 양이라고 판단할 수 있으므로, 답은 보기 A이다.

97 '생명은 소중하며 사랑은 가치 있는 것이나 일을 위해서라면 둘 다 버릴 수 있다.' 이 말에서 인생의 가장 중요한 것은 무엇인가요?

A 생명
B 사랑
C 일

D 학업

정답 C

해설 '사업을 위해서라면 두 가지, 즉 생명과 사랑을 다 포기할 수 있다'라고 하므로 답은 보기 C이고, 보기 D는 관련이 없다.

98-100

현재 7만2000킬로에 달하는 중국의 철도 중에서, 약 2만 킬로가 넘는 철도는 해방 전, 그 외 2만킬로가 넘는 철도는 1950~60년대에 건설되어 오늘날까지 주간선 역할을 맡고 있다. 그중 베이징-하얼빈, 룽하이(陇海)와 베이징-광동, 베이징-상하이의 일부 구간 등은 모두 간선철도에 속한다. 현재 중국의 철도 길이는 전 세계 철도 총 길이의 6%로 세계 철도 업무량의 24%를 소화하고 있다. 중국의 철도는 화물 수송량, 여객 수송량, 운행 간격 등에서 모두 세계 1위를 차지하고 있으나, 국민 1인당 평균 철도 길이는 담배 한 개비 길이도 채 되지 않는다!

통계 자료에 따르면, 매년 철도 건설에 들어가는 자금은 총 600억 위안도 되지 않는다고 한다. 이는 매년 3000억 위안에 달하는 도로 건설 투자액과 상당한 대조를 이룬다. 1997년에서 2002년 5월 사이 중국의 도로 투자액은 1억 4천만 위안이 넘지만 철도투자액은 3000억 위안도 채 되지 않았다. 2002년 한 해 동안 도로에 들이간 투자액은 과거 5년간 철도 투자 총액을 넘어섰다.

철도와 도로는 어째서 투자면에서 이토록 현격한 차이를 보이는 것일까? 이는 낙후된 철도 투자·융자 시스템에서 기인한다. 자료에 따르면, 현재 중국 철도 건설 자금의 주요 출처는 철도 운송비를 인상하는 철도 건설 기금과 국가개발은행의 정책 대출이다. 그 밖에 철도 시스템이 스스로 모집한 소규모 투자 자금과 기업 채권 및 지방 정부 투자가 있다. 이 같은 현실은 현재 독점 성격을 띤 철도 건설이 정부 투자에 의존할 수밖에 없으며 전문적인 철도 건설 기금이 부족해도 중앙 정부의 투자 확대를 기대할 수 없는 상황이라는 것을 의미한다. 매년 새로 늘어나는 국가 재정 수입은 3000억 위안이 채 되지 않지만 돈이 들어갈 부분은 너무 많기 때문에, 중앙 정부로서는 철도 건설 투자를 지속적으로 확대할 재정적 여력이 없다. 이와 대조적으로, 도로 건설은 정부 투자에 의존하던 낡은 체제를 일찍이 탈피했다. 1980년대 초 이전까지 정부는 철도 건설에 집중적으로 투자했고 도로, 민항, 수운, 관 수송 등 교통 건설은 상대적으로 뒤처지게 되면서 여러 가지 문제점이 잇달아 드러나게 되었다. 이로 인해 정부는 교통 운수 산업의 구조 조정을 모색하지 않을 수 없게 되었다.

단어
解放 jiěfàng 해방
兴建 xīngjiàn 건설하다
均属 jūnshǔ 모두 ~에 속한다
人均 rénjūn 일인당 평균
投资额 tóuzī'é 투자액
政策 zhèngcè 정책
贷款 dàikuǎn 대출금
系统 xìtǒng 체계, 시스템
债券 zhàiquàn 채권
垄断 lǒngduàn 독점하다
弊端 bìduān 폐단
暴露 bàolù 드러내다
养车 yǎngchē 차를 유지하다
运输 yùnshū 운수
结构 jiégòu 구조

98 20세기 50-60년대까지 중국은 총 몇 km의 철도를 건설하였나요?

A 2만여km
B 4만여km
C 72만여km
D 79만여km

정답 B

해설 해방(1949년) 전에 2만여km, 50-60년대 2만여km이므로 모두 4만여km가 된다.

99 중국 철도 업무량에서 몇 개 항목에서 세계 제일을 차지하고 있나요?

A 2개 항목
B 3개 항목
C 4개 항목
D 5개 항목

정답 B

해설 첫 번째 단락의 언급된 내용 "中国铁路完成货运量、客运周转量、运输密度均居世界第一"는 "A、B、C均居世界第一"라고 구조를 간략화시킬 수 있다. "、(顿号)"는 나열의 의미, "均"은 모두를 뜻하므로 3가지가 다 세계 1위임을 알 수 있다.

100 도로와 철도는 왜 투자면에서 현격한 차이를 나타내나요?

A 철도 투자·융자 시스템의 낙후

B 국가 철도 건설 자금은 비교적 충분하다
C 예전에 도로교통 운수에 투자가 부족했다
D 철도는 이미 정부에 의존하는 낡은 체제를 벗어났다

 보기 B는 '철도 건설 기금이 부족하다'는 지문과 모순이며,
보기 D는 도로 건설이 이미 정부에 의지하는 낡은 체제를
벗어난 것이지, 철도가 아니다.

정답 A

3. 쓰기(书写)

응시자는 우선 주어진 10분 동안 1,000자로 구성된 서사문을 읽는다. 읽으면서 본문을 베껴 쓰거나 기록할 수 없으며, 감독관이 문제를 회수한 후에 이 서사문을 400자 정도의 단문으로 요약해야 한다.

요구사항 :
(1) **쓰기** 전부 중국어로 쓰고(번체자로 써도 된다) 한 칸에 한 자씩 쓴다. 중국어는 반듯하고 또박또박하게 써야 한다. 문장부호도 정확해야 하며, 문장부호도 빈칸에 하나씩 쓴다.
(2) **글자수** 400자 내외
(3) **시험 시간** 35분
(4) **내용** 제목은 직접 붙이고 문장 내용을 반복 서술하되 자신의 관점이 들어가서는 안 된다.

101

올해 크리스마스에 파울로의 형은 파울로에게 새 차를 선물했다. 크리스마스 이브, 파울로는 그의 사무실에서 나오다가 무척이나 부러운 표정으로 그의 번쩍이는 새 차를 만지며 근처를 서성이는 소년을 보았다.

파울로는 흐뭇하게 소년을 바라보았다. 차림새로 보아 부유한 집안 아이는 아닌 것 같았다. 바로 그때, 소년이 고개를 들더니, "아저씨, 이거 아저씨 차예요?" 하고 물었다.

"그래."

"형한테 받은 크리스마스 선물이지." 파울로가 답했다.

소년은 눈이 휘둥그레져서 물었다. "형이 준 거면, 아저씨는 돈 한푼 안 썼단 말이에요?"

파울로가 고개를 끄덕였다.

"와! 나도…." 소년이 말했다.

파울로는 소년이 바라는 게 무엇인지 알 것 같았다. 분명 '이런 차를 선물해 주는 형이 있었으면' 하고 부러워하리라 생각했기 때문이다.

그런데 소년의 대답은 예상 밖이었다.

"나도 그런 형이 됐으면 좋겠어요." 소년이 말했다.

파울로는 크게 감동하여 소년을 바라보며 물었다.

"나랑 같이 타고 바람 쐬러 가지 않을래?"

소년이 뛸 듯이 기뻐했다.

한동안 드라이브를 하던 중 소년이 파울로에게 말했다.

"아저씨, 절 집 앞까지 좀 데려다 주시겠어요?"

파울로는 미소를 지었다. 소년의 속마음을 알 것 같았기 때문이었다. 이렇게 크고 멋진 자동차를 타고 집에 가면, 또래 친구들이 무척 신기해할 것이 분명했다.

하지만 그는 이번에도 틀렸다.

"죄송하지만, 저기 층계 쪽에서 잠깐만 기다려 주세요."

소년은 차에서 내려 계단을 성큼성큼 뛰어 올라갔다. 집에 잠깐 들어갔다 나온 소년은 동생으로 보이는 어린 소년을 데리고 나왔다. 동생은 소아마비로 인해 다리를 절고 있었다. 그는 동생을 아래쪽 층계에 앉히고 자신도 그 옆에 앉아 파울로의 차를 가리키며 말했다.

"자, 봤지? 내가 방금 너한테 말한 거랑 똑같잖아. 정말 멋지지 않니? 저 아저씨 형이 크리스마스 선물로 준 차라서 저 아저씨는 돈 한푼도 안 쓰셨어! 나중에 형도 너한테 저런 차를 사줄게. 그러면 내가 항상 얘기하던 쇼윈도 속 멋진 크리스마스 선물들을 볼 수 있을 거야."

파울로의 눈가가 촉촉히 젖어왔다. 그는 차에서 내려 소년의 동생을 자동차 앞 좌석에 앉혔다. 소년도 기쁨으로 가득 찬 눈동자를 반짝이며 차에 올랐다.

이렇게 세 사람은 잊을 수 없는 크리스마스 여행을 떠났다.

단어
闪亮 shǎnliàng 반짝이다
触摸 chùmō 쓰다듬다
满脸 mǎnliǎn 얼굴 가득
饶有兴趣 ráoyǒuxìngqù 흥미가 가득하다
显然 xiǎnrán 분명하다
属于 shǔyú ~에 속하다
阶层 jiēcéng 계층
兜风 dōufēng 바람 쐬다
惊喜万分 jīngxǐwànfēn 매우 놀랍다

逛 guàng 거닐다

台阶 táijiē 계단

患 huàn 앓다

小儿麻痹症 xiǎoʼérmábìzhèng 소아마비

101 모범답안

圣诞节的礼物

保罗的哥哥送给他一辆新车作为圣诞礼物。有一天，保罗看到街上一个男孩在他的新车旁走来走去，满脸羡慕的神情。

小男孩看到保罗，就问他：“先生，这是你的车吗？”

“是啊，”保罗说，“我哥哥给我的圣诞节礼物。”

小男孩表现得很惊讶，保罗以为小男孩是羡慕自己有一个这样的哥哥，可是小男孩的希望是自己也能成为这样的哥哥，也能送这样贵重的礼物给弟弟。

他们一起去兜风，小男孩请求保罗开车去自己家。保罗本来以为小男孩只是想向周围的人炫耀一下，没想到小男孩是为了让自己双腿残疾的弟弟看一下这个圣诞礼物。小男孩对弟弟说，“看见了吗，这辆漂亮的车是他哥哥送给他的圣诞礼物，他不用花一角钱！将来有一天我也要送给你一辆和这一样的车子，这样你就可以看到我一直跟你讲的橱窗里那些好看的圣诞礼物了。”

保罗的眼睛湿润了，他走下车子，将小弟弟抱

到车子前排的座位上。他决定带着小男孩和他的弟弟一起去兜风。

크리스마스 선물

파울로의 형이 그에게 새 차를 크리스마스 선물로 주었다. 어느 날 파울로는 길에서 부러운 얼굴로 그의 새 차 옆을 서성이는 한 소년을 보았다.

소년은 파울로를 보자 물었다. "아저씨, 이거 아저씨 차예요?"

"그래." "아저씨 형이 크리스마스 선물로 준 거란다." 파울로가 대답했다.

소년은 깜짝 놀라는 눈치였다. 파울로는 그가 이런 차를 선물해주는 형이 있다는 것을 부러워할 거라고 생각했지만 소년은 자기도 동생에게 이렇게 비싼 선물을 해줄 수 있는 형이 되고 싶어 했다.

둘은 함께 드라이브를 했고 소년은 파울로에게 집까지 태워 달라고 부탁했다.

파울로는 소년이 주변 사람들에게 자랑하고 싶어서 그러는 줄 알았지만 소년은 다리가 불편한 동생에게 이 크리스마스 선물을 보여주고 싶어서 집까지 태워 달라고 한 것이었다. 소년은 동생에게. "봤지? 이 멋진 차는 아저씨 형이 아저씨한테 크리스마스 선물로 준 거고 아저씨는 한푼도 안 썼어! 나중에 형도 너한테 이런 차를 사줄게. 그러면 내가 항상 얘기하던 쇼윈도 속 멋진 크리스마스 선물을 너도 볼 수 있을 거야."라고 말했다.

파울로는 촉촉히 젖은 눈으로 차에서 내려, 소년의 동생을 자동차 앞 좌석에 앉혔다. 그는 소년과 그의 동생을 데리고 함께 드라이브를 가기로 했다.

新汉语水平考试

HSK
6级

모의고사 해설

⑤

HSK (六级) 5회 모범답안

一、听力

第一部分	1. B	2. A	3. B	4. A	5. C	6. D	7. A	8. B	9. C	10. B
	11. B	12. C	13. D	14. B	15. C					
第二部分	16. A	17. D	18. C	19. C	20. B	21. C	22. D	23. B	24. D	25. A
	26. B	27. C	28. C	29. C	30. A					
第三部分	31. B	32. D	33. B	34. C	35. B	36. B	37. C	38. C	39. B	40. D
	41. C	42. A	43. A	44. B	45. D	46. D	47. B	48. C	49. A	50. D

二、阅读

第一部分	51. B	52. A	53. B	54. D	55. D	56. D	57. C	58. D	59. C	60. C
第二部分	61. C	62. B	63. B	64. C	65. A	66. C	67. C	68. D	69. A	70. B
第三部分	71. D	72. B	73. A	74. E	75. C	76. C	77. A	78. E	79. B	80. D
第四部分	81. A	82. C	83. D	84. D	85. D	86. A	87. C	88. D	89. B	90. D
	91. D	92. D	93. C	94. A	95. C	96. D	97. D	98. A	99. D	100. B

三、书写

三件不能让母亲知道的事

　　我的母亲是农村人，没什么文化，但没文化的母亲对孩子的爱也是一样的，只是有的时候会以"特别"的形式表现出来而已。

　　我念高三的那年，母亲卖了外祖母传给她的银手镯，给我买了一盒包装得挺漂亮的营养液。结果，我喝了以后，当天晚上就进了医院。那盒营养液根本就是骗人的伪劣产品。当我接到大学录取通知书时，母亲高兴地说："那营养液还真没白喝呀。"我使劲儿点着头。

　　我读大学的时候，母亲从千里之外寄来5个熟鸡蛋，寄到的时候，已经发臭了。原来，母亲听说，买5个鸡蛋，煮熟了给儿女吃，就能保儿女平安。放暑假回家，母亲问我鸡蛋是否坏了，我笑着说："没有，我一口气都吃了。"

　　毕业后，我交了女朋友。母亲寄来了一条红围巾。当时的女友觉得很难看，就丢掉了。后来我和妻子恋爱时，我又送给她一条一模一样的红围巾，并告诉她是母亲买的，妻子很珍惜。母亲一直以为这个媳妇是她那条红围巾给"拴住"的。

　　不过这有什么关系呢，我只要知道母亲是爱我的，而我能给予母亲的就是 —— 让母亲知道正是这爱成就了儿子的人生幸福。所以这三件事的真相我决定永远不告诉母亲。

1. 듣기(听力)

제1부분

제1부분은 모두 15문제다. 이 부분의 문제는 하나의 단문으로 구성되어 있고, 시험지에 네 가지 보기가 주어진다. 문제마다 한 번씩 들려주며, 들은 내용과 일치하는 보기를 선택하면 된다.

1

　　孩子向妈妈要两块钱。妈妈问："昨天不是给了你两块钱吗？""我给了一个可怜的老奶奶"孩子回答说。"你真是个善良的好孩子"妈妈骄傲地说，"好吧，今天再给你两块钱，昨天你为什么给老奶奶钱？""她是个卖糖果的，因为我想吃糖。"孩子拿着钱跑了。

　　아이가 엄마한테 2위안만 달라고 졸랐다. 엄마가 물었다. "어제 2위안 줬잖아?" "불쌍한 할머니한테 줬어요." 아이가 대답했다. "참 착하구나." 엄마가 대견해하며 말했다. "좋아, 그럼 오늘 2위안 더 줄게. 그런데 어제 할머니께 돈은 왜 드린 거니?" "할머니가 사탕 장수였거든요. 사탕 사 먹으려구요." 아이는 돈을 받자마자 신이 나서 달려나갔다.

A 아이는 돈을 할머니에게 그냥 드렸다
B 아이가 돈을 달라는 것은 사탕을 사기 위해서이다
C 아이의 친할머니는 사탕 파는 사람이다
D 엄마는 아이에게 2위안을 주려 하지 않는다

정답 **B**

해설 보기 A의 "送"은 '무상으로 그냥 주거나, 선물로 준다'는 의미이다. 아이는 사탕 사먹는 데 돈을 사용했으므로 틀린 표현이고, 보기 C "孩子的奶奶"는 친족 관계를 나타내는 단어로 '아이의 친할머니'라고 표현되었으므로 틀렸다.

단어 可怜 kělián 불쌍하다
善良 shànliáng 착하다
骄傲 jiāo'ào 자랑스럽다

2

　　花花刚来我家的时候很小，身体很弱，叫起来喵喵的，让人疼爱。以后长大了就好看了。花花的两只小耳朵是三角形的，当听到声音时就竖得很直，两个眼睛就像玻璃球一样，晚上发出绿色的光很可怕。它吃我们给它的鱼肉吃多了，就不想抓老鼠了。

　　화화(花花)가 처음 우리 집에 왔을 때는 아주 작고 연약한데다 야옹야옹 울어서 모두의 사랑을 독차지했다. 크고 나서는 예뻐졌다. 화화의 삼각형 귀는 무슨 소리가 들릴 때마다 쫑긋 세운다. 유리구슬 같은 두 눈은 밤에 보면 녹색빛이 나서 굉장히 무섭다. 화화는 사람이 주는 생선만 너무 먹은 탓인지 쥐를 잡을 생각을 통 안 한다.

A 화화는 고양이다
B 화화는 생선을 안 좋아한다
C 화화는 쥐를 잡아 본 적이 없다
D 화화의 귀는 세 개의 뿔이 있다

정답 **A**

해설 '야옹야옹 울고, 생선을 잘 먹고, 쥐를 잡는다'는 습성에서 고양이임을 알 수 있다. 보기 D의 "三角"는 '삼각형'을 뜻하는 것이 아니라, '세 모서리, 3개의 뿔'을 뜻한다. 함정에 빠지지 않도록 주의하자.

단어 疼爱 téng'ài 사랑하다
三角形 sānjiǎoxíng 삼각형
竖 shù 세우다
抓老鼠 zhuā lǎoshǔ 쥐를 잡다

3

　　虎又称老虎，是当今体型最大的猫科动物，也是亚洲陆地上最强的食肉动物之一。虎在自然界中没有天敌，但受人类活动以及气候环境影响，它已是国际面临灭绝动物以及中国一级保护动物。

　　호랑이는 현재 몸집이 가장 큰 고양이과 동물로 아시아 대륙에서 가장 강한 육식 동물 중 하나이다. 호랑이는 자연에서 천적이 없지만 인류의 활동과 기후 환경의 영향 때문에 이미 국제적으로 멸종 위기에 놓인 동물이자 중국의 1급 보호 동물로 지정되었다.

A 호랑이는 세계 1급 보호 동물이다
B 호랑이는 자연계에 천적이 없다
C 호랑이는 세계에서 제일 강한 육식 동물이다
D 호랑이는 인류의 활동과 기후에 영향을 미친다

정답 **B**

해설 아시아에서 제일 강한 육식 동물이니 보기 C는 틀렸고, 인류의 활동과 기후가 호랑이 생존에 영향을 미치는 것이므로 보기 D도 틀렸다. 보기 B는 지문에 직접 언급되어 있다.

단어
天敌 tiāndí 천적
受影响 shòuyǐngxiǎng 영향을 받다
面临 miànlín 직면하다
灭绝 mièjué 멸종

4

　　所谓"白领"，是指一切领取薪水的非体力劳动者，包括技术人员、管理人员、办事员、推销员、打字员、会计及教师、医生、律师等，他们的经济收入和工作条件一般较好。这些人的工作环境比较干净整洁，他们穿着整齐，衣领洁白，所以被称为"白领"。

　　'화이트칼라'란 기술직, 관리직, 사무직, 판매직, 서류 작성자, 회계사, 교사, 의사, 변호사 등 월급을 받는 몸보다는 머리를 쓰는 노동자를 가리킨다. 이들의 경제적 수입과 근무 여건은 대부분 좋은 편이다. 업무 환경은 비교적 깔끔하고 정돈되어 있으며, 복장이 단정하고 칼라가 깨끗하기 때문에 '화이트칼라'라고 한다.

A "화이트칼라"의 월급은 비교적 높다
B "화이트칼라"의 옷깃은 하얀색이다
C "화이트칼라"는 모두 흰색 작업복을 입는다
D "화이트칼라"는 육체 노동자를 가리킨다

정답 **A**

해설 화이트칼라는 정신 노동자이므로 보기 D는 틀린 표현이고, 일반적으로 칼라가 깨끗한 하얀색이었으므로 화이트칼라란 말이 생긴 것이지, 화이트칼라들의 옷깃이 다 하얀 것은 아니다. 이것은 코끼리 다리가 4개라고, 다리가 4개 인 것은 다 코끼리라고 하는 것과 같다. 보기 B는 함정이므로 주의한다. 지문의 "经济收入较好"는 보기 A의 "工资比较高"로 재해석 된 것이다.

단어
所谓 suǒwèi 소위
领取 lǐngqǔ 받다
被称为 bèichēngwéi ～라 불리우다

5

　　过年时给孩子压岁钱是中国的传统，但事实上，孩子对为什么给压岁钱并不清楚，有的孩子会认为压岁钱是长辈应该给的，是"自己挣的钱"。因此，父母应告诉孩子压岁钱是表达对孩子的一种爱，是长辈的一份心意，不能用金钱的多少来衡量。

　　새해에 아이들에게 세뱃돈을 주는 것은 중국의 전통이지만 아이들은 세뱃돈을 받는 이유를 잘 모른다. 어떤 아이들은 세뱃돈이 어른이 당연히 주는 것, 즉 '자기가 버는 돈'이라고 생각한다. 그래서 부모는 세뱃돈이 사랑의 표현이자 어른의 마음이므로 액수로 판가름해선 안 된다는 것을 알려줘야 한다.

A 세뱃돈은 반드시 써야 하는 돈이다
B 세뱃돈은 아이들이 부모님께 드리는 돈이다
C 세뱃돈은 설에 아이들에게 주는 돈이다
D 세뱃돈은 아이들 본인이 번 돈이다

정답 **C**

해설 세뱃돈을 어떤 아이들은 자기가 번 돈이라고 착각할 수도 있고, 액수로 사랑의 정도를 가늠하므로 그 의미를 제대로 잘 알려줘야 한다는 것이 지문의 취지이다.

단어
压岁钱 yāsuìqián 세뱃돈
表达 biǎodá 표현하다
衡量 héngliáng 평가하다

6

　　家庭绿化已经越来越普及了，不过大家还应该学习这方面的一些小知识。否则尽管花了很多精力去养花种草，也还是显不出好的效果来。

그린 하우징이 널리 보급되면서 우리에게 이미 익숙해졌다. 하지만 우리는 여전히 이 분야에서 작은 요령들을 배울 필요가 있다. 그렇지 않으면 열심히 공을 들여 식물을 심는다 해도 좋은 결과를 얻지 못할 수 있다.

A 가정에서 주로 꽃을 많이 길러야 한다
B 꽃을 기르는 데 많은 힘이 든다
C 문화를 열심히 공부해야 한다
D 마땅히 녹화 (관련) 지식을 배워야 한다

정답　**D**

해설　"应该学习这方面的一些小知识" 중 '이 방면 지식'이란 보기 D '그린 하우징 관련 지식'을 뜻한다.

단어　**家庭绿化** jiātíng lǜhuà 그린 하우징
　　　普及 pǔjí 보편화되다
　　　否则 fǒuzé 그렇지 않으면
　　　显 xiǎn 나타내다

7

　　中国桥孔最多的石桥是哪一座？通常人们回答是北京颐和园昆明湖的十七孔桥。这座桥长150米，由17个桥孔组成。其实江苏省苏州市的宝带桥才是中国桥孔最多的石桥。

중국에서 교공(桥孔, 교각 사이의 아치형으로 이루어진 공간)이 가장 많은 돌다리는 어느 것일까? 대부분 사람들은 베이징의 이화원(颐和园)과 쿤밍호(昆明湖)의 17공교(十七孔桥)를 꼽는데, 이 다리는 총 150m로 17개의 교공으로 이루어져 있다. 그러나 사실은 장쑤성 쑤저우시(苏州市)의 보대교(宝带桥)가 중국에서 교공이 가장 많은 돌다리이다.

A 보대교는 중국에서 교공이 제일 많은 다리이다
B 17공교는 짱수성 쑤저우시에 있다
C 보대교는 이화원 쿤밍호에 있다
D 17공교는 중국에서 제일 긴 다리이다

정답　**A**

해설　"其实"는 전환을 나타내는 "잘못 알고 있는 상황+其实(사실은)+올바른 상황"으로 어떤 정보를 알려주고 있다. 그러므로 주의해서 들어야 한다.

단어　**桥孔** qiáokǒng 다리의 구멍
　　　其实 qíshí 사실은

8

　　到了葡萄园，我们都下了车。看着这一颗颗又大又紫的葡萄，我的口水都快流下来了。我赶快跑去摘葡萄，葡萄都熟透了，每颗都又大又圆，好像轻轻一摸就会流出葡萄汁来。我摘了一颗，洗干净后放进嘴里，酸酸甜甜的，真好吃啊！

포도밭에 다다르자 우리는 모두 차에서 내렸다. 큼직한 보라색의 포도 알맹이들을 보니 군침이 절로 넘어갔다. 나는 재빨리 포도를 따러 달려갔다. 아주 잘 익은 크고 동그란 포도들은 살짝 스치기만 해도 포도즙이 베어나올 것만 같았다. 나는 포도를 한 알 따서 깨끗이 닦아 입에 넣었다. 새콤달콤한 맛이 정말 일품이었다!

A 우리는 포도밭에 포도 따러 갈 것이다
B 포도밭의 포도는 크고 보라색이었다
C 우리는 같이 걸어서 포도밭에 갔다
D 포도는 너무 익어서 맛이 없었다

정답　**B**

해설　차를 타고 갔으므로 보기 C는 틀린 표현이고, 푹 익어서 맛없는 것이 아니라 맛있다고 했으므로 보기 D도 틀린 표현이다. 보기 B는 지문에 그대로 언급이 되어 있다.

단어　**摘** zhāi 따다

9

　　很多家长都把孩子送进各种各样的课外辅导班学习，可效果却并不理想。建议这些家长们不如把孩子的人生看成一场与自己比赛的"长跑"，不急不躁，不争不抢……那么，你对教育孩子就会有全新的体验了。

많은 부모들이 자녀에게 각종 과외를 시키지만 그 효과는 그다지 이상적이지 않다. 나는 이런 부모들에게 자녀의 인생을 자신과의 '장거리 달리기(마라톤)'라 생각해 보라고 권하고 싶다. 조급해하거나 너무 욕심

을 내면 안 되는 '장거리 달리기' 말이다. 그러면 부모들은 자녀 교육에 있어 전혀 새로운 체험을 하게 될 것이다.

A 아이를 보습학원에 보내야만 한다
B 아이의 장거리 달리기 효과는 안 좋다
C 아이 교육은 조급하면 안 된다
D 아이보고 장거리 달리기 하라는 것은 일종의 새로운 체험이다

정답 C

해설 마라톤을 하는 것처럼 조급해지 말라고 비유의 뜻으로 언급이 된 것이지, 아이가 장거리 달리기를 하는 것은 아니다.

단어 课外辅导班 kèwài fǔdǎobān 과외 수업
急躁 jízào 조급하다
争抢 zhēngqiǎng 쟁탈하다
体验 tǐyàn 체험하다

10

　　这本书借买房的故事写出目前都市人群面临的普遍压力，不只是来自房子、工作的物质压力，更多的是婚姻、情感上的精神压力，夫妻情、母女情、姐妹情、恋人情、婚外情都得到了充分的展现。

이 책은 내 집 마련에 관한 에피소드를 통해 도시민이 직면한 되는 여러 가지 일상적인 고민들을 보여주고 있다. 여기에는 집 문제, 직업에서 오는 경제적 문제 외에도, 결혼, 정서적 스트레스, 부부 관계, 모녀 관계, 형제 관계, 연인 관계, 외도 등을 충분히 드러내 보여주고 있다.

A 이 책이 쓴 것은 러브스토리이다
B 도시 사람들의 정신적인 스트레스는 아주 크다
C 도시에서 일을 찾는 것은 매우 어렵다
D 도시인의 스트레스는 모두 집 구매에 관한 것이다

정답 B

해설 '내 집 마련 말고도 이 밖의 많은 일상적인 일로 스트레스를 받고 있다'고 하므로 보기 D는 틀렸고, '도시인이 받는 스트레스가 크다'는 것이 맞는 것임을 알 수 있다.

단어 普遍 pǔbiàn 일반적이다
压力 yālì 스트레스
婚外情 hūnwàiqíng 외도

展现 zhǎnxiàn 펼쳐 보이다

11

　　光着脚走路有益健康。首先，光着脚走可以释放身体静电。另外光着脚走还可以帮助你按摩脚底，要知道脚底被称为人体的第二心脏，经常刺激脚底，可以使脚部血液循环畅通。第三，光着脚走还能起到减肥的效果，使人身材苗条。

맨발로 걷는 것은 건강에 도움이 된다. 첫째, 맨발로 걸으면 신체의 정전기가 자연스럽게 방출될 수 있다. 둘째, 맨발로 걷는 것은 발바닥 지압의 효과도 있다. 제2의 심장이라 불리는 발바닥을 자주 자극하면 발의 혈액 순환이 원활해진다. 셋째, 맨발로 걸으면 다이어트 효과를 누릴 수 있어 몸매가 날씬해진다.

A 발바닥은 사람의 제2의 위이다
B 맨발로 걷는 것은 다이어트가 된다
C 맨발로 걷는 것은 심장 마사지가 된다
D 맨발로 걷는 것은 잘 다친다

정답 B

해설 보기 D는 언급되지 않았고, 지문의 맨 마지막에 '다이어트 되며, 날씬해진다'고 했으므로 답은 B임을 알 수 있다.

단어 光 guāng (신체를) 드러내다
释放 shìfàng 방출하다
按摩 ànmó 안마하다
畅通 chàngtōng 원활하다
苗条 miáotiáo 날씬하다

12

　　我这个六十多岁的老农民，在家庭中的地位，不用说是最高领导。不管我说什么，家里人没有不听的。可这是以前的事了，最近几年也不知怎么了，我在家说话一点儿也不灵了。

나이가 60이 넘은 늙은 농사꾼인 나는 집안에서는 나라님도 부럽지 않은 대접을 받아왔다. 무엇이 되었든 내가 하자는 대로 온 식구들이 잘 따라주곤 했다. 그러나 이제 이것도 옛날 이야기가 되어버렸다. 최근 몇 년간, 어찌된 영문인지 내가 집에서 하는 말이 씨알도 먹히지 않는다.

A 지금은 가족들이 다 내 말을 듣는다
B 내 말을 다른 사람들은 잘 못 듣는다
C 예전에 나는 집에서 신분이 제일 높았다
D 지금 가족 중에 농민은 없다

정답 C

해설 우선 보기 B "听不清楚"와 "不灵(이 지문에서는 不听과도 같은 표현임)"은 다른 표현으로 혼동하지 않도록 주의하고, 예전에 "家里人没有不听的"는 2중 부정으로 가족들이 다 그의 말을 따르고 들었음을 알 수 있다. 그러나 지금은 "不灵(효과가 없다)"이란 단어로 "不听"을 표현하고 있다. 그러니 보기 A는 틀렸다. "不用说"는 강조의 뜻으로 '~는 말할 것도 없다'란 의미로 화자가 상당한 대접을 받고 있었음을 강조하고 있다. 그러므로 답은 C이다.

단어 不灵了 bùlíngle 효과가 없다

13

位于美国加州的迪士尼乐园，投资1700万美元，每天需要2500名工人维护，园内共有四个区域：冒险世界、西部边疆、童话世界和未来世界。大人和孩子同样喜爱这个乐园，它每年吸引几百万游客来到这里。

미국 캘리포니아주에 위치한 디즈니랜드는 1700만 달러를 투자해 만들었고, 매일 2500명의 기술자가 유지 보수하고 있으며, 모험의 세계, 서부 세계, 동화의 세계, 미래 세계 등 모두 4개의 구역으로 구성되어 있다. 어른 아이 할 것 없이 모두의 사랑을 받는 디즈니랜드는 매년 수백만 명의 관광객을 유치하고 있다.

A 어른들은 디즈니랜드를 좋아하지 않는다
B 디즈니랜드는 모두 3개의 구역으로 나뉘어 있다
C 디즈니랜드는 2500만불을 투자했다
D 매해 몇백만 명의 관광객이 디즈니랜드에 놀러온다

정답 D

해설 '어른과 어린이 모두 디즈니랜드를 좋아한다'는 표현에서 보기 A가 틀렸음을 알 수 있고, 뒷부분의 설명에서 수백만 명의 관람객이 디즈니에 놀러 오는 것을 알 수 있으므로 답은 D이다.

단어 区域 qūyù 구역
边疆 biānjiāng 국경 지역

14

我做梦都想成为一个瘦女孩，真的想找到一份属于自己的工作……"看到这句话，你是否会想起那个本报多次报道过的因体重280斤而难找工作的22岁女孩王小莉？距上次报道已经过了近4个月了，如今，小莉已经成为了一家超市的理货员。

"저는 날씬해지는 게 소원이에요. 정말로 날씬해져서 좋은 일자리를 찾고 싶어요…" 본지가 수차례 보도한 바 있는 168kg의 체중 때문에 직장을 구하지 못했던 22세의 왕샤오리(王小莉)를 기억하는가? 지난번 보도 후 4개월이 지난 지금, 한 마트의 상품 진열 및 매장 정리를 담당하는 직원이 되었다고 한다.

A 이 여자는 예전에 아주 말랐었다
B 이 여자는 일을 찾았다
C 이 여자는 지금은 뚱뚱하지 않다
D 이 여자는 4가지의 일을 찾았다

정답 B

해설 '왕샤오리가 날씬해져서 직장을 찾았으면 좋겠다'고 한 개인적인 소원에서, 직장을 찾았다고 해서 날씬해졌다는 사실 여부를 확인할 수 없다. 그러므로 보기 D를 답이라 보기에는 무리가 있고, 직장을 찾은 것은 확실한 것이다. 그러므로 답은 B이다.

단어 属于 shǔyú ~에 속하다
距 jù ~로부터

15

过去人们认为，吃糖能使人发胖，而且能导致高血脂、糖尿病、心脏病等。其实，这些都是食用白糖过量造成的。而食用红糖则相反，不仅不会发胖，而且红糖有防止动脉硬化的功效。因为红糖中的黑色物质能阻止胃肠道对葡萄糖的过多吸收。

과거 사람들은 설탕이 비만, 고지혈증, 당뇨병, 심장병 등을 유발한다고 생각했다. 하지만 이들 질병은 모두 정제당(백설탕)의 과다 섭취로 인해 생겨나는 것이다. 이와 반대로 흑설탕은 먹어도 살이 찌지 않을 뿐 아니라 동맥 경화 예방에도 효과가 있다. 흑설탕에 함유된 검은 물질이 위와 장의 포도당 과다 흡수를 막아 주기 때문이다.

A 정제당은 다이어트가 된다
B 흑설탕은 심장병을 유발한다
C 흑설탕은 인체에 유익하다
D 흑설탕은 위장 흡수를 돕는다

정답 C

해설 '흑설탕에 ~ 예방 효과가 있다'는 것은 보기 C의 "对身体有益"와 같은 의미이다.

단어 导致 dǎozhì 초래하다
动脉硬化 dòngmàiyìnghuà 동맥경화
住址 zhùzhǐ 주소

제2부분

제2부분은 모두 15문제다. 이 부분은 세 개의 인터뷰로 구성되어 있다. 각 인터뷰 뒤에는 다섯 문제가 주어지고, 문제마다 네 가지 보기가 주어진다. 모든 인터뷰는 한 번씩 들려주며, 응시자는 들은 내용을 참고하여 답을 선택하면 된다.

16-20 第16到20题是根据下面一段采访：

女：徐先生，我首先问您一个问题，是您先看好博鳌这个地方呢，还是因为博鳌亚洲论坛先确定在博鳌召开，您才开发了博鳌水城？

男：我经常跟我们员工说：再好的企业如果你不发展，两三年你就会被淘汰。基于这种思想我们公司还是集中大家的智慧，就是一个企业在经营过程中，它不断地去创新不断地去发展。江总书记讲一个民族最主要是创新精神，实际上我们的企业，这几年一直在创新。对海南应该是这样说的，我们有了两湾这个项目以后，在一个偶然的情况下，发现了海南的博鳌，所以应该说先发现海南博鳌，才有亚洲论坛，而不是有了亚洲论坛，我们才去建设博鳌的。

女：您能不能给我们详细讲讲？

男：应该说我们企业在海南开发过程中，也与一些国家的一些前领导人，有比较好的关系。比如说澳大利亚的前总理霍克，像菲律宾的前总统拉莫斯，像日本的一些前首相细川、桥本龙太郎。他们有时候到中国来访问、旅游，在他们得知有了海南博鳌，他们也来看。看过以后，在大家谈的过程中，就谈出了在中国建立一个把驻地放在中国的、亚洲国家的这么一个论坛。在谈的过程中，我们

这个企业有幸直接参与了发起了这样一个组织的整个过程。当时在发起的时候，也得到了各国政府，特别是得到我们国家政府的支持，所以说在这个情况下，实际上是推动了亚洲论坛所在地的建设，所以才有报纸上所说的，博鳌一夜之间成为天堂小镇，确实是天堂小镇。

여 : 쉬(徐)선생님께 한 말씀 여쭙겠습니다. 예전부터 보아오(博鳌)를 눈여겨보셨던 건가요, 아니면 보아오아시아포럼(博鳌亚洲论坛) 개최지로 확정됐기 때문에 보아오수이청(博鳌水城)을 만드신 건가요?

남 : 저는 직원들한테 이런 말을 자주 합니다. "아무리 탄탄한 회사라도 끊임없이 발전하지 않으면 2~3년을 버티지 못한다." 이런 생각을 바탕으로 우리 회사는 모두의 지혜를 모으고 있습니다. 다시 말해 경영 과정에서 직원들과 함께 끊임없는 혁신과 발전을 도모하고 있습니다. 장쩌민(江澤民) 총서기가 한 민족에게 가장 중요한 것은 바로 혁신 정신이라고 말씀하셨죠. 사실상 우리 회사도 근 몇 년간 지속적인 혁신을 추구해왔습니다. 하이난(海南) 지역에 대해선 이렇게 말씀드릴 수 있겠죠. 우리 회사는 량완(两湾 : 상하이 최대 규모의 지역 재개발 사업) 사업을 시작하면서 우연히 하이난의 보아오를 알게 되었기 때문에 엄밀히 말하면 하이난 보아오를 먼저 알고 나서 아시아포럼이 열리게 된 겁니다. 아시아포럼이 열린다고 해서 보아오를 건설한 것이 아니구요.

여 : 좀 더 자세히 말씀해주실 수 있으세요?

남 : 우리 회사가 하이난을 개발할 때, 호크 전 호주총리, 라모스 필리핀 전 대통령, 일본 호소카와 전 총리, 하시모토 전 총리 같은 일부 전직 국가원수들과 좋은 관계를 유지했던 건 사실입니다. 이 분들이 중국을 방문하시거나 여행하다가 하이난에 보아오라는 곳이 있다는 아시고 와서 참관하셨어요. 후에 말씀들을 나누시다가, 중국에 본부가 있고 아시아 국가들이 참여하는 포럼에 관한 구상이 나온 거죠. 그러다가 우리 회사가 운 좋게도 그런 국제기구 창설 과정에 참여하게 된 거예요. 발기 당시 각국 정부 특히 우리 정부의 지원을 받게 되면서, 사실상 아시아 포럼 개최지 건설을 추진한 거죠. 그래서 신문에서 얘기하듯이 보아오가 하루 아침에 천당의 작은 마을이 되었다는 말이 나온 거예요. 보아오가 진짜 많이 좋아지긴 했죠.

[단어]
博鳌 Bó'áo 보아오(지명)
亚洲论坛 yàzhōu lùntán 아시아포럼
召开 zhàokāi (회의를) 열다
淘汰 táotài 도태되다
创新 chuàngxīn 혁신개혁하다
驻地 zhùdì 주둔지, 본부

16 男人认为是先有亚洲论坛还是先建设博鳌?

남자는 먼저 아시아포럼이 있었다고 여기나요, 아니면 보아오 건설이 먼저였다고 여기나요?

A 보아오 건설은 아시아포럼이 여기를 장소지로 선정하게 하였다
B 아시아포럼 개최 후 보아오를 개발 건설하였다
C 아시아포럼을 열기 위해서 보아오를 개발 건설하였다
D 포럼 장소를 하이난으로 선정하고 보아오를 개발 건설하였다

[정답] A

[해설] 인터뷰 처음에 여자가 한 질문이 이것이었고, 이 질문에 쉬선생님은 보아오의 건설이 아시아 포럼을 보아오에서 열리도록 만들었으며, 아시아 포럼 때문에 보아오를 건설한 것이 아니라고 대답을 하였다.

17 男人认为企业发展中最重要的是什么?

남자는 기업 발전에서 제일 중요한 것은 무엇이라고 여기나요?

A 관리를 강화하다
B 사업을 유지하다
C 기초를 잘 닦다
D 혁신 발전

[정답] D

[해설] 장쩌민 총서기의 말을 인용해 혁신 발전이 중요함을 강조하였다.

18 录音中的"天堂小镇"是指哪个地方?

인터뷰에서 말한 "천당의 작은 마을"이 가리키는 곳은 어느 곳인가요?

A 하이난
B 량완
C 보아오
D 아시아포럼

[정답] C

[해설] '천당의 작은 마을'은 보아오가 발전한 것을 비유하는 표현이므로 보아오를 가리키는 말이다.

19 录音中没有提到下面哪位领导人?

인터뷰에서 언급되지 않은 지도자는 누구인가요?

A 호소카와
B 호크
C 부시
D 하시모토

[정답] C

[해설] 미국의 부시는 언급되지 않았다. 이런 나열 문제는 지문 녹음 내용을 들을 때 보기를 보면서 잘 체크를 해놓아야 막상 질문을 들었을 때 당황하지 않고 풀 수 있다.

20 亚洲论坛的驻地在哪儿?

아시아 포럼 본부는 어디인가요?

A 일본
B 중국
C 필리핀
D 오스트레일리아

 B

해설 '보아오를 보고 아시아 포럼 주둔지를 중국에 두자고 여러 나라의 수뇌들이 결정하였다'고 하는 지문에서 답이 중국임을 알 수 있으며, 나머지 보기들은 여러 나라 전·현직 수뇌들을 언급하면서 언급된 나라명들이다.

21-25 第21到25题是根据下面一段采访：

女：乔先生，复旦金仕达的成立是在95年2月吧，当时的注册资本是多少？

男：五十万。

女：是靠你们的创业的那笔收入？

男：就是之前打工赚的一些钱，没有分，就把它拿来作为公司的注册资金了。

女：当时有几个人一起做这事？

男：当时我们是8个人。

女：8个人？大家有分工吗？做哪一摊，你是什么职务？

男：也没有，糊里糊涂的。谁擅长什么就做什么。

女：当然有个头，有个主管。

男：算起来我算头，因为年龄大一点儿。

女：8个人大家都差不多的同学，那为什么你当这八个人的头？是民心所向，觉得你特稳重，还是因为你的成绩最好？

男：我嗓门比他们大，因为我嗓门大，吵架总赢，这是开玩笑。其实可能是我这个人能张罗一些，另外技术上又差一点，所以人家技术好的就做技术喽。你说跟客户沟通、去卖东西，这得要有人去干，学生出来的谁也不爱干这个事情，很费劲，他们不干只好我去干。

여 : 차오(乔)씨, Kingstar가 창립일이 1995년 2월이죠? 그때 등록 자본금이 얼마였나요?
남 : 50만 위안이었습니다.

여 : 모두 창업 당시 수입으로 충당한 건가요?
남 : 그 전에 일하면서 모아뒀던 돈을 나누지 않고 등록 자본금으로 썼어요.
여 : 그때 몇 명이 동업하셨나요?
남 : 8명이었죠.
여 : 8명이요? 그럼 일을 나눠서 했겠네요? 어느 분야의 어떤 직책이셨나요?
남 : 그렇지도 않아요. 어리바리해서. 그냥 잘 하는 것 맡아하고 그랬죠.
여 : 그래도 그 중에 리더가 있었을 것 아니에요?
남 : 따지자면 제가 리더였죠. 나이가 제일 많았거든요.
여 : 8명이 다 비슷한 또래 학생이었을 텐데 왜 차오씨가 리더가 된 거죠? 모두들의 뜻이었나요. 차오씨를 특별히 듬직하다고 여겨서, 아니면 학교 성적이 제일 좋았나요?
남 : 제 목소리가 제일 컸어요. 목소리가 커서 싸우면 늘 이겼죠. 농담이고요. 실은 아마 제가 조금 접대를 잘 하는 편이라 그랬을 거에요. 그리고 기술면에서 좀 뒤쳐지니까 기술이 뛰어난 친구가 기술 쪽을 맡은 거죠. 고객과 소통하고 물건을 팔고 해야 일은 누군가는 해야하는데, 학생 출신들이라 그런 건 하려고 하지 않더라고요. 어쩌겠어요. 제가 맡을 수밖에요.

단어 成立 chénglì 성립하다
注册 zhùcè 등록하다
创业 chuàngyè 창업하다
摊 tān 자리
民心所向 mínxīnsuǒxiàng 민심이 원하다
稳重 wěnzhòng 듬직하다
嗓门 sǎngmén 목소리
张罗 zhāngluo 접대하다
沟通 gōutōng 소통하다
费劲 fèijìn 힘들다

21 录音中提到的"复旦金仕达"是什么？

인터뷰 중 언급한 "킹스타"는 무엇인가요?

A 대학교 이름
B 교수 이름
C 회사 이름
D 지역명

정답 **C**

"成立(설립하다)", "注册资本(등록자본금)"과 두 사람의 대화 중에 나오는 "创业(창업)"라는 단어들 속에서 킹스타가 회사 이름임을 추측할 수 있다.

22

男人在1995年2月做了件什么事？

남자는 1995년 2월에 무엇을 하였나요?

A 나가서 아르바이트를 했다
B 대학 가서 공부를 했다
C 친구와 갈등을 빚었다
D 회사를 하나 등록했다

 D

 보기 A '일을 해서 돈을 벌었다'는 것은 회사를 설립하기 전에 하였던 일이고, '친구와 갈등을 빚었다'는 것은 지문에 언급되지 않은 내용이다. 지문에는 '회사를 설립하였다'고 하므로, '등록했다'고 표현한 보기 D가 답으로 제일 적합하다.

23

50万注册金是怎么来的？

50만 위안 등록 자본금은 어떻게 만들어진 돈인가요？

A 친구의 돈을 빌렸다
B 일해서 번 돈
C 은행의 대출금
D 외국 기업가의 투자금

 B

 보기 A, C, D는 인터뷰에서 언급도 되지 않았다. "打工"은 아르바이트의 개념만이 아니라, 자기 소유의 사업을 하지 않고, 남에게 일해주고 보수를 받는 월급쟁이들도 이 개념에 들어간다. 이 지문의 남자는 본인들의 회사를 설립했으므로, 그 전에 번 돈은 다 "打工"으로 번 돈이라고 할 수 있다.

24

男人为什么被选为主管？

남자는 무엇 때문에 리더로 뽑혔나요？

A 성적이 제일 뛰어나다
B 싸움에서 늘 이기다
C 비교적 듬직하다
D 나이가 제일 많다

 D

 보기 B는 남자가 농담으로 한 말이었고, 보기 A, C는 질문을 한 여자가 물어본 말이고, 보기 D는 '남자는 나이가 제일 많아서 리더로 뽑혔다'고 본인이 말했다. 그러므로 답은 D가 제일 적당하다

25

男人主要负责什么工作？

남자가 주로 맡은 업무는 무엇인가요？

A 판매
B 설계
C 싸움
D 기술

 A

 남자는 '기술면에서 좀 떨어지고, 고객 소통과 판매를 누군가는 해야 하니까, 본인이 맡았다'는 것에서 알 수 있다. 지문에 "去卖东西"는 보기 A "销售"로 재해석된 것이다.

26-30 第26到30题是根据下面一段采访：

女：一个20岁的年轻人，人生才刚刚开始，应该没有太多的故事。但今年22岁的谢霆锋不同，他进入娱乐圈已经6年了，唱了无数的歌。和同龄人相比，这6年让他有了太多太多的事情。有请嘉宾谢霆锋。

男：大家好。

女：你爸爸妈妈都是有名的演员，你是不是从小觉得自己的爸爸妈妈跟别人的不太一样？

男：没有，没有。

女：你从很小的时候出门就被记者拍照了吧？

男：对呀，每年的大年初一都拍，一直到我13岁。我记得跟我妈说，我不想拍，还得拍，他们叫我笑，我没有笑，结果妈妈打了我一顿，我坚持不笑。我问我妈，我为什么要笑？她说今天是新年，加上有很多记者在拍你。我说那又怎么样，不值得我笑，如果真的要笑，我希望是从心而发的，结果就一直被打，结果还是没笑。从这开始就不再拍了。

모의고사 1
모의고사 2
모의고사 3
모의고사 4
모의고사 5

女：你是从小就喜欢唱歌吗？

男：不是从小就喜欢，我真正喜欢音乐是从14岁起，不算早。到了十五六岁，我路过一家二手乐器店，99美元买了一套鼓。什么都有，很满足。为什么打鼓？就是所谓的叛逆心理吧，我爸妈也离婚了，拿敲打东西来发泄。

女：不能打人就打鼓？

男：这个就是我发现的一点。打什么东西？不要说打人，打破一个杯子也好，打什么都是在搞破坏，只有打鼓。打打打，结果把鼓给打破了。

여 : 이제 막 인생의 첫걸음을 내디딘 스무 살 청년에게 특별한 이야깃거리가 많을 리는 없겠죠. 하지만 오늘 모신 22세 청년 셰팅펑(谢霆锋) 씨는 다릅니다. 셰팅펑 씨는 연예계에 입문한 지 벌써 6년이나 되었고 무수히 많은 노래를 불렀죠. 이 6년 동안 그는 같은 연령대 사람들보다 더 많은 일들을 겪었습니다. 그럼 셰팅펑 씨를 자리에 모시겠습니다.

남 : 안녕하세요.

여 : 셰팅펑 씨는 부모님이 모두 유명한 배우시죠? 어렸을 때부터 부모님이 남들과 좀 다르다고 느끼진 않으셨나요?

남 : 아니요. 전혀요.

여 : 어렸을 때부터 집 밖에 나가면 기자들이 사진을 많이 찍었겠어요?

남 : 네. 13살 때까지 매년 설마다 사람들이 사진을 찍었어요. 사진 찍기 싫은데도 계속 찍는 게 싫다고 어머니께 불평도 많이 했죠. 한번은 기자들이 아무리 웃으라고 해도 웃지 않았던 적이 있는데 결국 그 일로 어머니께 매를 맞았죠. 그런데도 저는 끝까지 웃지 않았어요. 어머니께 왜 웃어야 하냐고 그랬더니, "새해인데다 기자들이 사진을 찍고 있지 않나?" 하시더라고요. 그래서 그게 뭐 웃을 일이냐, 웃음은 마음에서 우러나야 하는 게 아니냐고 대들었다가 또 맞았죠. 그래도 여전히 웃지 않았어요. 그때부터 사진을 다시는 안 찍었죠.

여 : 어렸을 때부터 노래 부르는 걸 좋아하셨나요?

남 : 어릴 때부터 아니고요. 음악을 진짜 좋아한 건 14살부터니까 이르진 않아요. 15살인가 16살 때 중고 악기상점을 지나다가 99달러짜리 드럼 세트를 샀어요. 뭐든지 다 있더라고요. 아주 기뻤죠. 드럼을 친 이유는 흔히 말하는 반항심 때문이었어요. 부모님이 이혼하고 나서 드럼을 두드리며 스트레스를 풀었던 거죠.

여 : 싸움 대신 드럼을 쳤던 건가요?

남 : 바로 그거죠. 그럼 뭘 치겠어요? 사람을 치는 건 말할

것도 없고 컵을 집어 던지든 뭘 하든 결국 깨지고 부서지잖아요? 역시 드럼밖에 없더라고요. 두드리고 두드려서 결국은 드럼도 망가졌지만요.

26

你男人现在从事什么工作？

남자가 지금 종사하는 일은 무엇인가요?

A 드러머
B 가수
C 상인
D 의사

정답 B

해설 보기 C, D는 전혀 엉뚱한 보기이고, 앞에 셰팅펑을 소개하는 부분을 잘 듣지 못하고, 뒷부분만 들으면 보기 A '드러머'라고 오해할 수도 있으나, 셰팅펑은 청소년기에 스트레스를 풀기 위해 드럼을 친 것이고, 본업은 가수로, 중국 현 연예계에 약간 관심이 있는 사람들은 거의 누구나 다 알 정도로 유명한 영화도 찍는 연예인이다.

27

关于男人的父母，下面哪项不正确？

남자의 부모에 관해 다음 중 틀린 것은 어느 것인가요?

A 모두 유명 배우이다
B 이미 이혼하였다
C 아이를 보살피지 않는다
D 사회적 유명 인사이다

정답 C

해설 보기 A, B, D는 지문에 언급된 반면, 보기 C는 언급되지 않았다. 아이에게 신경 쓰고 관심이 있었더라면 이혼을 했겠느냐 의문을 가질 수 있겠지만, 이혼을 했다고 아이를 나 몰라

라 한다고 보기도 무리이다. 응시자는 주관적인 관점을 배제하고, 최대한 지문의 내용을 근거로 그 안에서 답을 고르도록 한다.

A 4살 때부터 시작하다
B 10살에 시작하다
C 14살 이후에
D 6년 전 시작하다

지문에 '14살 때부터 좋아하기 시작했다'고 정확히 언급되었고, 보기 D의 '6년 전'은 연예계 생활을 시작한 때이다.

28

> 小时候照相时男人为什么不笑?
>
> 어린 시절 사진 찍을 때 남자는 왜 웃지 않았나요?

A 사진 찍는 것을 좋아하지 않는다
B 엄마를 좋아하지 않는다
C 웃는 척하는 것을 좋아하지 않는다
D 사진 찍는 사람들을 싫어한다

정답 **C**

해설 '웃음은 마음으로부터 우러나서 웃어야 한다'는 셰팅펑의 말에서, 억지 웃음을 짓고 싶지 않아서라는 것을 유추할 수 있다.

30

> 男人为什么学习敲鼓?
>
> 남자가 드럼을 배운 이유는 무엇인가요?

A 일종의 발산이다
B 생활에 대한 염증이다
C 음악을 배우고 싶어하다
D 일종의 취미이다

정답 **A**

해설 "叛逆心理"는 청소년기의 반항심리를 가리키며, 이것과 부모님의 이혼으로 인한 심리적인 불만 등을 뭔가를 두드려 풀어내고 싶어서, 싸움보다는 드럼을 선택했고, 지문 후반부에 언급된 '드럼도 두드려 망가트린 것'에서 단순히 취미나 음악을 배우고자 해서가 아님을 알 수 있다.

29

> 男人是从什么时候开始喜欢音乐的?
>
> 남자가 음악을 좋아하기 시작한 것은 언제부터인가요?

제3부분

제3부분은 모두 20문제이다. 이 부분은 여러 개의 단문이다. 단문마다 몇 가지 문제가 주어지며, 네 가지 보기도 있다. 모든 단문은 한 번씩 들려주며, 응시자는 들은 내용을 참고하여 정답을 고른다.

31-35 第31到35题是根据下面一段话:

爸爸不懂得怎样表达爱, 使我感受到爱的是妈妈。爸爸只是每天上班下班, 而由妈妈负责照料我的一切, 并把我做的错事告诉他, 由他来批评责骂我。

我小时候, 每天把我送到幼儿园去的是爸爸, 而来幼儿园接我的是妈妈。记得有一次, 我和别的小朋友打架眼睛受了伤, 在去医院的路上, 一直抱着我的是妈妈, 爸爸不知从哪儿借来一辆三轮车, 骑车带着我们俩。

还有一次, 爸爸教我骑自行车。我叫他别松手, 他却突然把手松开了。我摔倒之后妈妈要跑过来扶我, 爸爸却不让她过来。当时我气极了, 决心一定要学会骑车。于是我马上爬起来, 跨上车, 不要他扶, 这样我很快学会了骑车。当我骄傲地骑给他看, 气他的时候, 爸爸只是微笑着。

我在外地上大学，所有的家信都是妈妈写的。爸爸除了出差顺路来看过我一次外，什么也没给过我，而且他来看我的时候还对我说，因为我不在，家里清静多了。

我结婚时，掉眼泪的是妈妈，爸爸只是重重地在我肩上拍了两下就走出房间。

我从小到大都听他在说："你到哪儿去了？"、"怎么才回来？"、"不许这样！"、"自己动手！"爸爸真不知道该怎么表达爱，除非……会不会是他已经表达了，而我却没有察觉到呢？

아버지는 사랑을 표현할 줄 모르셨기에 나는 어머니만 사랑하신다고 생각했다. 아버지는 매일 일만 하시고 어머니가 모든 걸 챙겨주셨는데, 어머니가 내 잘못을 아버지께 말씀 드릴 때면 날 야단치고 혼내는 건 항상 아버지였기 때문이다.

어렸을 때 나를 매일 유치원에 데려다 준 것은 아버지였지만 집으로 데려와 주신 분은 항상 어머니였다. 한번은 친구들과 싸워 눈을 다친 적이 있었는데, 병원에 가는 동안 날 꼭 안고 있었던 것은 어머니였고 아버지는 어디서 빌려왔는지도 모르는 삼륜차에 우리 둘을 태우고 가셨다.

또 한번은 아버지께서 자전거 타는 법을 가르쳐 주셨는데 내가 손을 놓지 말라고 했는데도 아버지는 갑자기 손을 놓아버리셨다. 내가 넘어지자 어머니가 달려와 일으켜주려 했는데 아버지는 오히려 그런 어머니를 오지 말라며 말렸다. 그때 나는 너무 화가 나서 자전거 타는 법을 배우고야 말겠다고 결심했다. 나는 바로 그 자리에서 일어나 아버지의 도움도 거절한 채 자전거를 탔고 결국 자전거 타는 법을 금세 익혔다. 내가 보란 듯이 자전거를 타 보이며 아버지에게 화 나 있는 동안, 아버지는 그저 미소만 짓고 계실 뿐이었다.

내가 외지에서 대학에 다닐 때 받은 모든 가족 편지는 전부 어머니가 쓰신 것들이었다. 아버지는 출장 길에 잠깐 들르시는 것을 제외하곤 아무것도 해주신 게 없다. 더구나 매번 만날 때마다 하시는 말씀이라고는 "네가 없으니 집이 조용하다(좋다)"는 말이 고작이었다.

내가 결혼하던 날 눈물을 보이신 것도 어머니였고 아버지는 겨우 내 어깨를 힘있게 지긋이 두세 번 누르시고 그냥 방에서 나가셨다.

어렸을 때부터 지금까지 아버지께서 하시는 말씀이라고는 "어디 갔다 오냐?", "왜 이렇게 늦냐?", "안 된다!", "네 스스로 해라."뿐이다. 아버지는 정말 사랑을 표현할 줄 모르신다. 아니, 어쩌면 아버지의 표현을 내가 알아채지 못하는 것일까?

단어

不懂得 bùdǒngde ～할 줄 모른다, ～을 잘 못한다
照料 zhàoliào 돌보다
责骂 zémà 매섭게 꾸짖다
松手 sōngshǒu 손을 놓다
跨 kuà 두 다리를 벌리고 서다
扶 fú 부축하다
顺路 shùnlù 방향이 같다
掉 diào (눈물을) 흘리다
除非 chúfēi ～을 제외하다
察觉 chájué 느끼다

31

爸爸为什么送我去医院？

아버지가 나를 병원에 데리고 간 것은 무엇 때문인가요?

A 내가 자전거 타다가 눈을 부딪혔다
B 내가 싸움해서 눈을 다쳤다
C 삼륜차가 눈에 부딪혔다
D 아빠가 때려서 눈을 다쳤다

정답 B

해설 '친구와 싸움하다가 눈을 다쳐서, 삼륜차를 타고 병원에 갔다'고 했다.

32

我为什么决心学会骑自行车？

나는 자전거를 꼭 배우겠다고 결심했는데 무엇 때문인가요?

A 엄마가 안심하시라고
B 아빠가 웃으시라고
C 아빠와 시합하려고
D 아빠한테 (불만으로) 울컥해서

정답 D

해설 자전거를 배우다 넘어졌는데, 어머니를 말리는 아버지의 행동에 화가 나서 "赌气" 즉 '어디 한번 두고 봐' 하는 심산으로 결심을 한 것이다.

164 新汉语水平考试 | 6级 | 모의고사 해설

33

我读大学的时侯，爸爸为什么来看我？

내가 대학 다닐 때 아버지는 무엇 때문에 보러 오셨나요?

A 내가 보고 싶어서
B 출장 가는 길에
C 내가 잘못을 저질러서
D 내가 편지를 자주 쓰지 않아서

정답 B

해설 보기 C, D는 언급이 안 되었고, 지문에 화자가 '아버지가 출장 가는 길에 보러 오셨다'고 직접 언급을 하였으므로 답은 보기 B가 적합하다. 지문 맨 마지막에 '아버지의 사랑을 내가 모르는 것일까' 하였으므로 보기 A '아버지가 나를 보고 싶어한다'는 것을 화자가 알고 있다는 것은 무리수가 있다.

34

我结婚时，爸爸有什么表示？

내가 결혼할 때 아버지는 어떤 표시를 하셨나요?

A 눈물을 흘렸다
B 나를 나무라셨다
C 나를 토닥이셨다
D 나와 많은 말을 하셨다

정답 C

해설 "拍"는 '손바닥으로 치다'란 의미로 "拍肩膀"은 '어깨를 토닥이다'의 뜻이다. 보기 B, D는 언급이 안 된 내용이고, 보기 A는 엄마가 한 행동이다.

35

我认为爸爸不懂得什么？

나는 아버지가 무엇을 잘 모르신다고 여기나요?

A 무엇이 사랑인지
B 어떻게 사랑을 표현하는지
C 어떻게 아이를 이용하는지
D 어떻게 아이와 지내는지

정답 B

해설 지문 전체가 아버지가 아이를 사랑하고 있지만 어떻게 표현해야 하는지 잘 모른다는 것을 나타내고 있다. 지문 도입 부분과 맨 마지막 부분에 이와 관련해서 언급하였으므로, 긴 서술형 지문은 처음과 끝을 잘 들어야 한다.

36-38 第36到38题是根据下面一段话：

本市建国以来首次人口增长高峰期是1953年，第二次生育高峰期出现在1962年，之后的14年持续增长。现在第二次生育高峰中出生的孩子，如今已经全面进入育龄期，但人们担心的生育高潮并没有出现，本市的人口增速反而下降了。2001年新出生的婴儿比1997年减少了2万余人。孩子越来越少，学校生源严重不足。如文峰里小学最近几年招生情况很不理想，今年一共才招到50名新生。本市还有些学校由于招不到新生，不得不取消了招生计划。

건국 이래 본시 최초의 베이비붐은 1953년, 두 번째 베이비 붐은 1962년이었다. 그 후 14년간 인구는 꾸준히 증가해 왔다. 제2차 베이비 붐에 태어난 사람들이 이제 가임 연령에 접어들었지만 그토록 걱정하던 3차 베이비 붐은커녕, 인구 증가 속도가 오히려 감소했다. 2001년에 태어난 신생아들은 1997년보다 2만여 명이나 감소했으며 어린이 수가 갈수록 줄어들면서 각 학교는 심각한 학생 부족 현상을 겪고 있다. 원펑리(文峰里)초등학교는 최근 몇 년 학생 모집 상황이 좋지 않았으며, 올해 신입생이 겨우 50명밖에 되지 않는다. 본시의 다른 일부 학교들도 신입생을 받지 못해 어쩔 수 없이 모집 계획을 취소하고 있는 실정이다.

단어 首次 shǒucì 처음
高峰期 gāofēngqī 최고 높은 시기
生育 shēngyù 낳고 기르다
育龄期 yùlíngqī 가임기
高潮 gāocháo 고조
生源 shēngyuán 신입생, 학생
招生 zhāoshēng 학생을 모집하다

36

建国以来第一次生育高峰出现在什么时候？

건국 이래로 제1차 베이비붐이 나타난 것은 언제인가요?

A 40년대
B 50년대
C 60년대
D 70년대

정답 B

해설 "首次"는 '맨 처음, 제 1차'의 의미를 가진다.

37

> 2001年新出生的婴儿与1997年相比:
>
> 2001년도 신생아는 19997년에 비해 어떤가요?

A 비슷하다
B 2만 명 증가했다
C 2만 명 감소했다
D 20여만 명만 증가했다

정답 **C**

해설 지문에 정확히 '2만여 명이 줄었다'고 언급되어 있다. 대략의 숫자를 나타낼 때는 "余", "多" 등을 많이 쓴다.

38

> 今年的招生情况说明文峰里小学:
>
> 올해 신입생 모집 현황은 원평리초등학교가 어떻다는 것을 설명하나요?

A 신입생 모집 상황이 아주 낙관적이다
B 생존 위기가 나타났다
C 학교 학생이 심각하게 부족하다
D 전교 모두 50명의 학생이 있다

정답 **C**

해설 '신입생 수가 상당히 부족함을 설명한다'는 보기 C가 적합하고, 지문에 '올해 신입생수가 50여 명밖에 안 된다'고 부연 설명하고 있다. 보기 D는 '전교생 수'이므로 함정에 빠지지 않도록 주의한다.

39-42 第39到42题是根据下面一段话:

> 国际公认男女性别比例在106:100之间为正常数值。1990年,中国男、女婴比例为112:100,超过正常值6个百分点。2000年,第五次人口普查时,比例跃升到120:100,猛超了14个百分点。
>
> 造成这种现象的原因完全是人为因素。一是观念上重男轻女,二是技术上可以进行胎儿性别鉴定,三是社会上不合理状态。农村绝大多数地区的生育政策规定,第一胎生男孩的,不再生二胎;第一胎生女孩的,可以生二胎。
>
> 性别严重失衡的后果应引起有关部门的重视。别的都不说,到了谈婚论嫁的年龄,会有相

> 当多的男青年找不到对象,由此引发的社会问题,如心理扭曲、拐卖妇女、破坏家庭等,将不可避免地大量增加。
>
> 国际的으로 공인하는 정상적인 남녀 비율은 106:100이다. 1990년 중국 신생아 성비는 112:100으로 정상 수치보다 6%p 높았다. 2000년 제5차 인구 조사에서는 이 비율이 120:100까지 올랐으며, 14%p를 훌쩍 뛰어넘었다.
>
> 이런 현상은 남아 선호 사상, 태아 성감별, 사회적 모순 등 인위적 원인에서 비롯된다. 대다수 농촌 지역의 산아 정책은 첫아이가 아들일 경우 둘째 아이의 출산을 제한하고 있으며, 첫아이가 딸이어야만 둘째 아이 출산을 허용하고 있다.
>
> 정부 부처는 성비 불균형 문제에 보다 관심을 기울여야 한다. 다른 건 둘째 치더라도, 결혼 적령기가 된 많은 남성들이 신붓감을 찾지 못하게 되면서 이로 인해 야기되는 심리 장애, 부녀자 인신 매매, 가정 파괴 등 사회 문제가 어쩔 수 없이 많이 증가하게 될 것이기 때문이다.

단어
公认 gōngrèn 공인하다
性别比例 xìngbiébǐlì 성비
人口普查 rénkǒu pǔchá 인구 조사
跃升 yuèshēng 훌쩍 뛰어넘다
重男轻女 zhòngnán qīngnǚ 남아 선호
鉴定 jiàndìng 감정하다
失衡 shīhéng 균형을 잃다
谈婚论嫁 tánhūnlùnjià 결혼을 말하다
心理扭曲 xīnlǐniǔqū 심리 장애
拐卖 guǎimài 인신 매매
避免 bìmiǎn 피하다

39

> 国际公认的男女性别的正常比例是多少?
>
> 국제적으로 공인하는 남녀 성비의 정상 비율은 몇인가요?

A 102:100
B 106:100
C 112:100
D 120:100

정답 **B**

해설 보기 C는 '1990년대', 보기 D는 '2000년대의 남녀 성비 비율'이다. 아주 기본적인 것이지만, 120은 "一百二", 102은 "一百零二"이라 읽는다는 것에 주의하자.

40

根据录音，在中国农村，一般什么情况下可以生两个孩子？

지문에 따르면, 중국 농촌은 일반적으로 어떤 상황에서 두 명의 아이를 낳을 수 있습니까?

A 첫 번째 아이가 남자이다
B 첫 번째 아이가 병으로 죽었다
C 부모님들 모두가 외동자녀이다
D 첫 번째 아이가 여자이다

D

"头胎"는 '첫 번째 태아'를 뜻하고, "二胎"는 '두 번째 태아'를 뜻한다.

41

根据录音，造成性别失衡的原因不包括下面哪一项？

지문에 따르면 다음 중 성비 불균형을 초래하는 이유가 아닌 것은 무엇인가요?

A 전통적인 남아선호 사상
B 성별 감정 기술의 응용
C 영아 의료보건 환경이 열악하다
D 사회적으로 불합리한 상태

C

보기 C는 언급이 되지 않았고, 나머지들은 인위적인 요소로 "一是~, 二是~, 三是~"의 형식을 빌어 하나하나 언급하였다. 이 문형에 유의해서 듣기 연습을 하는 것도 중요하다. 이런 문형은 '인위적인 요소 몇 가지가 언급되었나?'라고도 변형이 가능하다.

42

下面哪一项不是由性别严重失衡而引发的社会问题？

다음 중 남녀 성비의 심각한 불균형으로 야기되는 사회 현상이 아닌 것은 무엇인가요?

A 경제사범
B 부녀자 인신매매
C 가정파괴
D 심리장애

A

보기 A는 언급되지 않았고, 다른 보기들은 지문의 마지막에 다 언급되었다. 문제 지문을 들으면서 보기 선택항을 최대한 활용해 언급된 것과 언급되지 않은 것을 구별해내야 한다. 그냥 눈감고 녹음 지문 전체를 듣고 나서 문제를 풀려고 하면, 이런 문제는 많이 혼동스럽다.

43-45 第43到45题是根据下面一段话：

儿子写完了作业下楼玩去了，我坐在沙发上看电视，这时婆婆打来电话，说她过会儿要过来看看孙子。听说婆婆就要来，我赶快起来准备晚饭。看看冰箱里还有什么，顺便把上面的肉馅拿出来解冻，她最爱吃饺子了。

婆婆现在住在我丈夫的姐姐家。我这婆婆可不好伺候，就因为我比丈夫大两岁，她就总是看我不顺眼，做什么都不合她的意。这么多年了，孩子都这么大了，还总爱挑我毛病，摆的放的都不合适，都得按她的意思重来，还得处处给她陪笑脸。

아들은 숙제를 마친 뒤 아래층에 놀러 가고 나는 소파에 앉아 TV를 보고 있었다. 그때 시어머니께서 전화를 하셔서 잠시 후 손자를 보러 오시겠단다. 시어머니 오신다는 말에 나는 서둘러 저녁을 준비했다. 냉장고에 뭐가 있나 살피다, 냉동실의 다진 고기를 꺼내 해동시켰다. 시어머니는 만두를 아주 좋아하신다.

시어머니는 지금 시누이 집에서 지내신다. 우리 시어머니 수발은 여간 힘든 일이 아니다. 내가 남편보다 두 살 연상이라는 것 때문에 우리 시어머니는 날 싫어하시고, 뭘 해도 마음에 안 들어하신다. 결혼한 지도 오래됐고 아이도 저렇게 컸건만, 시어머니는 여전히 내 트집을 잡느라 여념이 없으시다. 놓은 것들이 맘에 안 든다며 뭐든 당신 뜻대로 놓아야 하며, 게다가 방긋방긋 웃고 있는 얼굴이어야 한다.

肉馅 ròuxiàn 다진 고기 소
解冻 jiědòng 해동하다
伺候 cìhou 모시다
不顺眼 bùshùnyǎn 마음에 들지 않다
不合意 bùhéyì 마음에 들지 않다
挑毛病 tiāomáobing 결점을 지적하다

모의고사 ①
모의고사 ②
모의고사 ③
모의고사 ④
모의고사 ⑤

167

43

谁要来吃晚饭？

누가 저녁을 드시러 오나요?

A 남편의 어머니
B 남편의 누나
C 남편의 친구
D 부인의 할머니

 A

"婆婆"는 가족 관계에서 '시어머니'를 뜻한다. 누구인지를 물어보는 문제는 난이도가 낮은 문제로 평소에 가족 관계, 신분에 관련된 단어 공부를 기본적으로 알고 있어야 한다.

44

她家今晚的主食是什么？

그녀 집의 오늘 저녁 메뉴는 무엇인가요?

A 쌀밥
B 교자만두
C 국수
D 두부

 B

시어머니가 좋아하는 만두를 빚으려 다진 고기를 해동시키는 대목에서 더 확실히 알 수 있다. 보기 A, C, D는 언급되지 않았다.

45

根据录音，下面哪一项是错误的？

지문에 따르면, 다음 중 틀린 표현은 무엇인가요？

A 시어머니는 그녀에게 쌀쌀맞다
B 그녀는 시어머니에게 불만이다
C 그녀는 남편보다 나이가 많다
D 시어머니와 같이 살고 있다

 D

시어머니는 지금 시누이 집에 살고 있으므로 보기 D가 정답이다.

46-48 第46到48题是根据下面一段话：

　　昨天下午，江苏省苏州阳澄湖发生了一场十分罕见的"水龙卷风"，持续了近20分钟。据江苏省气象局工作人员介绍，这是强对流天气的一种现象，主要是由于上下空气出现强烈的对流，形成强烈的上升运动，形成龙卷风。

　　阳澄湖"水龙卷"发生时形成了直径约30米的水柱，将湖面的一些杂物和竹子一同卷起，而水柱边向上盘旋，边向东南方向缓慢移动，场面非常壮观。

어제 오후 장쑤성 쑤저우에 있는 양청호(阳澄湖)에서 평소에는 보기 힘든 '물용오름' 현상이 근 20분 가량 계속되었다. 장쑤성 기상청에 따르면 이것은 강한 대류가 만들어낸 현상으로, 주로 위 아래 공기에 강한 대류가 나타나 강력한 상승기류를 만들어내면서 용이 승천하는 듯한 형상을 만들어내는 것이다.

양청호에서 발생한 '물용오름'은 직경 30미터의 물기둥으로 수면 위의 일부 부유물과 대나무 등을 말아 올렸다. 그리고 물기둥은 상승 회전하며, 남동쪽으로 천천히 움직여 그야말로 장관을 이루었다.

单어 罕见 hǎnjiàn 매우 드물게 보이다
持续 chíxù 지속적이다
龙卷风 lóngjuǎnfēng 토네이도
将 jiāng ~을, ~를
盘旋 pánxuán 선회하다
壮观 zhuàngguān 장관이다

46

这次"水龙卷风"发生在哪里？

이번 "물용오름" 현상은 어디에서 발생하였나요？

A 기상대 상공
B 쑤조우시 상공
C 공업원 상공
D 양청호 상공

정답 **D**

'보기 드물게 양청호에서 생겼다'고 지문에 언급되어 있다.

47

关于"水龙卷风"，下面哪项描述不正确？

"물용오름"에 관하여 다음 중 틀리게 묘사된 것은 무엇인가요?

A 일종의 강한 대류 기상현상이다
B 수륙 두 곳에서 많이 발생한다
C 발생시 높고 큰 물기둥이 생긴다
D 대류가 만들어낸 상승운동이다

정답 **B**

해설 보기 A, C, D는 본문에 언급된 내용들로 맞는 표현이고, 이번에 발생한 것은 물 위에서 발생한 아주 드문 용오름으로 '물용오름'이라 부르는 데서 보기 B가 틀렸음을 알 수 있다.

48 "水龙卷风"持续了多长时间？

"물용오름"은 얼마 동안 지속되었나요?

A 2~3분간
B 5분간
C 20분간
D 30여분간

정답 **C**

해설 지문에 시간에 관련되어서는 '근 20분간'이라고 언급된 것밖에 없고, 나머지 숫자에 관한 것은 '물기둥 직경이 30미터 된다'고 하였다. 보기 A, B는 언급도 안 되었다.

49-50 第49到50题是根据下面一段话：

"无线关爱计划"今天启动，第一批受益者是北京盲人学校的学生。他们将用上一种类似于手机的"小爱星"终端，有了它，在迷路或遇到紧急情况时，使用者可快速确定自己的位置，并和家人、老师取得联系。这项社会公益事业是由中国联通和美国高通共同发起的，共向北京盲人学校赠送了150部"小爱星"。

联通的这种定位服务名为"关爱之星"，是在电子地图平台的支持下，为家人亲属提供图形化的位置信息，目前全球已有十五家运营商推出定位服务。

오늘부터 시작되는 '무선사랑(無線關愛) 프로젝트'의 최초 수혜자는 베이징 맹인학교의 학생들이다. 그들은 휴대폰처럼 생긴 샤오아이싱(小愛星) 단말기를 사용할 것인데, 이

것이 있으면 사용자가 길을 잃었거나 위급 상황이 발생했을 때 신속하게 자신의 위치를 확인할 수 있고, 게다가 가족이나 선생님과 연락을 취할 수 있다. 이런 공익사업은 차이나 유니콤(China Unicom)과 미국 퀄컴(Qual Comm)사가 함께 시작한 것으로 이들은 베이징 맹인학교에 총 150대의 샤오아이싱 단말기를 무상지원했다.

차이나 유니콤의 GPS서비스 '사랑의 별(關愛之星)'은 전자지도 플랫폼을 바탕으로 가족이나 친지에게 그래픽을 이용한 위치 정보를 제공하며, 이미 전세계 15개 업체에서 GPS서비스를 선보이고 있다.

단어
启动 qǐdòng 시작하다, 작동하다
受益者 shòuyìzhě 수혜자
类似 lèisì 유사하다
终端 zhōngduān 단말기
确定 quèdìng 확정하다
定位服务 dìngwèi fúwù GPS

49 "无线关爱计划"是针对谁开展的？

"무선사랑 프로젝트"는 누구를 상대로 전개하는 것인가요?

A 맹인
B 초등학생
C 장애인
D 경제적으로 학교를 못 가는 아동

정답 **A**

해설 보기 A, B, C를 잘 구분해야 한다. 본문에 '맹인 학교 학생들'이라고 직접 언급을 하였으므로 답은 A가 제일 적합하다.

50 录音中提到的"关爱之星"是什么？

지문에서 언급한 "사랑의 별"은 무엇인가요?

A 핸드폰
B 학교
C 회사
D GPS

정답 **D**

해설 GPS서비스 이름이라고 언급하고 있고, 핸드폰처럼 생긴 단말기는 샤오아이싱이라 부른다.

2. 독해(阅读)

제1부분

제1부분은 모두 10문제다. 문제마다 4개의 문장이 제시되며, 응시생은 오류가 있는 문장 하나를 골라야 한다. 그 오류에는 어법 구조 및 단어 조합, 문체 성향, 논리 관계 등이 포함되어 있는데, 이는 단순히 문법 위주의 평가가 아니라 여러 면에서 응시자의 언어 능력을 평가하게 된다.

---

51 A 그녀는 기품 있는 이미지를 가지고 있다. 책도 많이 보았고, 사회 경험이 많은 사람임을 단번에 알 수 있다
  B 비록 업무가 많이 바쁘지만, 어머니를 돌보기 위해, 그녀는 매주 고향집에 돌아가 돌보려 한다.
  C 집을 인테리어할 때, 색 운용이 적당한지, 배합이 합리적인지는 상당히 중요하다.
  D 현재 많은 외국인들이 중의학에 관심을 가지기 시작했으며, 신기한 의학 치료기술을 배우고자 한다.

정답 **B**

해설 관련사 사용이 부적절하다. 관련사 "不管"은 조건 관계를 나타낼 때 쓰는 것이고, 보기 B의 "忙"과 "照顾"가 전환의 관계가 되는 것이 적절하므로, 앞절의 "不管"을 "尽管" 혹은 "虽然"으로 바꾸어 주는 것이 좋다. 올바른 문장은 "尽管/虽然工作很忙, 为了照顾妈妈, 她每周都要回老家看看"이다.

단어 气质 qìzhì 기질, 품격
  照顾 zhàogù 돌보다
  装饰 zhuāngshì 장식
  搭配 dāpèi 배합을 이루다

52 A 앞으로 유사한 잘못이 발생하지 않도록 하기 위해, 우리는 반드시 진지하게 경험과 교훈을 종합 정리해야 한다.
  B 신입생은 반드시 9월 10일 전에 학교에 등록해야 한다. 그렇지 않으면 입학 자격은 취소된다.
  C 《손자병법》은 기원전 5세기에 쓰여진, 세상에서 제일 오래된 군사 이론 저서이다.
  D WHO 통계에 따르면, 심혈관, 뇌혈관 질병 사망률은 각 종 사망률 중 1위이다.

정답 **A**

해설 의미가 중복되었다. "避免" 뒤에는 나쁜 결과가 와야 하므로, "不"를 제거한 "为了避免今后再发生类似的错误"로 표현하거나, "避免"을 제거하고, "使"를 사용해서, "为了使今后不再发生类似的错误"라고 표현해도 올바른 문장이다.

단어 总结 zǒngjié 총결하다
  否则 fǒuzé 그렇지 않으면
  资格 zīgé 자격
  著作 zhùzuò 저작물
  组织 zǔzhī 조직

53 A 소금은 사람에게 식용으로 제공되는 것 이외에 또 염산, 염소, 수산화나트륨, 소다 등을 만들어낸다.
  B 샤오리우는 지금 정신 집중하여 중국 역사에 관한 글을 보고 있으므로, 내가 들어오는 소리를 듣지 못했다.
  C 찐화차는 남아시아 열대 지역의 나무로, 섭씨 20~25도에서 자라며, 섭씨 8~12에서 꽃을 피운다.
  D 우리가 이야기를 나누고 있을 때, 어떤 사람이 우리 곁에 다가와서, 백발 노인을 보지 못했냐고 물었다.

정답 **B**

해설 개사 사용이 부적절하다. "关于…的+名词(주어/빈어)"의 한정어 형식은 관련된 범위를 나타낸다. "对于"는 대상을 끌어내 태도나 관점을 나타낼 때 쓰며, 문장 전체를 수식하거나, 술어를 수식하는 상황어로만 사용 가능하다. 즉 주어나 빈어를 꾸미는 한정어 용법으로는 사용되지 않는다. 그러므로 보기 B의 "对于"를 "关于"나 "有关"으로 바꾸어, "小刘正聚精会神地看一篇关于/有关中国历史的文章"으로 표현해야 올바른 문장이다.

단어	制取 zhìqǔ 제조해 얻다

制取 zhìqǔ 제조해 얻다
聚精会神 jùjīnghuìshén 몰두하다
热带 rèdài 열대

54 A 우리는 노인은 공경하고 어린이를 사랑하는 미풍양
  속을 계승하고 발전시켜야 한다.
  B 대량의 육류, 조류, 알류, 채소들이 끊임 없이 외지에
  서 운반되어 들어와, 시장에 명절 분위기가 한창이다.
  C 정부는 건설사에 소형 주택을 증가시키라고 요구했
  는데, 중저소득층의 집 구매 수요를 만족시키기 위함
  이다.
  D 당신은 정신을 가다듬어야 해요. 이 정도의 충격을
  받았다고 해서 일마다 비관적인 태도를 품게 되면 안
  되지요.

정답 **D**

해설 형용사 사용이 부적절하다. 형용사 "悲哀"는 내면의 괴로움
  으로, "态度"를 수식하기에는 어색하다. "态度"를 수식할 수
  있는 "悲观"으로 바꾸는 것이 적합하다. "悲观"은 자신감을
  상실하였다거나 해서 기분이 쳐지고, 소극적인 태도가 되는,
  사람의 기분이나 관점을 표현하는 말이다. 그러므로 "不能
  因为受到这么一点儿打击就变得对各种事情都抱有悲
  观的态度"로 표현해야 올바른 문장이다.

단어 继承 jìchéng 계승하다
  发扬 fāyáng (계승)발전시키다
  建筑商 jiànzhùshāng 건설사
  群众 qúnzhòng 군중
  购房 gòufáng 집을 마련하다
  振作 zhènzuò 정신차리다
  悲哀 bēi'āi 슬프다
  态度 tàidù 태도

55 A 노동자들은 주인정신으로 도시 경제 건설에 뛰어들
  어야 한다.
  B 섬에서의 생활은 너무도 고달프지만, 그곳을 지키는
  병사들은 도리어 아무런 원망의 말도 하지 않는다.
  C 노무자들은 뜻밖에도 이렇게 허름한 공장에서 세계
  적 기술 수준의 생산품을 생산, 제조하고 있다.
  D 시가는 왜 사람들의 사랑을 받는 것일까? 주된 원인
  은 그 언어가 음악적인 아름다움이 있어, 낭랑하게
  읽을 수 있기 때문이다.

정답 **D**

해설 관련사 사용이 부적절하다. "之所以"는 평서문의 인과관계
  를 나타내는 관련사로 결과를 원인 앞에 도치시킬 때 사용

한다. "之所以~, 是因为~" 구문으로 쓰인다. 그러나 지문
D는 의문문으로 사용되었으므로, 결과를 나타내는 것보다는
원인을 묻는 의문사 "为什么"를 사용하는 것이 더 적절하다.
올바른 문장은 "诗歌之所以会得到大家的喜爱呢?"이다.

단어 主人翁 zhǔrénwēng 주인
  姿态 zītài 자태, 모양
  投入 tóurù 투입하다
  驻守 zhùshǒu 머물러 지키다
  毫无怨言 háowúyuànyán 조금도 원망하지 않다
  简陋 jiǎnlòu 초라하다
  琅琅上口 lánglángshàngkǒu 리드미컬하게 읽기
  좋다

56 A 무릇 나라에 이롭고, 모두에게 이로운 일이라면, 우
  리는 힘껏 제창해야 한다.
  B 녹색식품은 "녹색" 식품을 가리키는 말이 아니라, 무
  공해의 안전 식품을 지칭하는 말이다.
  C 여기 오면, 자기 집에 온 듯이 먹고 싶은 것 꺼내 먹
  고, 너무 예의를 차리려 하지 마세요.
  D 판화는 중국 전통 미술의 중요한 구성 부분 중 하나
  로 칼이 붓을 대신하고, 인쇄는 그림을 대신하여 회
  화, 조각, 인쇄가 하나의 예술 작품이 된다.

정답 **D**

해설 "以…代…"는 '~으로 ~을 대신하다'의 의미로 문법에 맞는
  형식이다. 그러나 뒤에 사용된 "以…为…" 구조는 "把…作
  为…"의 의미로 '~을 ~으로 삼다/여기다'의 뜻이다. 그러
  나 지문 중 '회화, 조각, 인쇄가 하나의 예술 작품이 된다'에
  서 개사 "以" 대신, 동사 "融"이나 "集"를 사용한, "融/集~
  为一体" 구문으로, 즉 '~이 결합하여 하나가 되다'의 표현
  이 옳다. 여기서 "为"는 '되다'의 뜻이다. 뒤 부분을 "集绘画、
  雕刻、印刷为一体的艺术作品"으로 바꾸어야 올바른 표현
  이다.

단어 提倡 tíchàng 제창하다
  污染 wūrǎn 오염

57 A 할 말 있으면, 시원스럽게 말해라, 이리저리 돌리지
  말고.
  B 고궁은 현재 세계에서 규모가 제일 크고, 건축물이
  제일 웅장하며, 보존이 제일 완전한 고대 궁전이다.
  C 그녀가 승낙한 것을 보고, 나는 매우 기뻐서, 연이어
  "그럼 우리 저녁 7시에 영화관 입구에서 봐요"라고
  말했다.
  D 당삼채는 당나라의 노란색, 녹색, 남색 3가지 색을
  위주로 한 다색 도기이며, 역대로 사람들의 사랑을

받아왔다.

정답 **C**

해설 상황어의 순서가 잘못되었다. 상황어가 여러 개일 경우, 시간 상황어가 장소 상황어 앞에 위치한다. "晚上七点"은 "电影院门口" 앞에 위치해야 한다. 올바른 문장은 "那我们晚上七点在电影院门口见"이다.

단어 拐弯抹角 guǎiwānmòjiǎo 빙빙 돌려 말하다
规模 guīmó 규모
雄伟 xióngwěi 장관이다
陶器 táoqì 도기

58 A 제일 먼저 사용한 나라이다.
B 현재, 우리나라 서부 지역의 경제 발전 상황은 낙관적이지만, 발전과 가난 구제 임무는 여전히 아주 어렵고도 힘들다.
C 《황토지》는 민족 정신을 드러내 다시 생각해보게 하는 영화로, 작가 커란의 산문을 각색한 것이다.
D 어떤 이가 중국 농촌의 교육은 아프리카와 같고, 도시의 교육은 유럽과 같다고 말하며 농촌과 도시의 교육 현황을 비교했는데, 도시와 농촌간의 교육 차이가 얼마나 큰지 알 수 있다.

정답 **D**

해설 비교 혹은 "把"자문이 잘못 사용되었다. "把农村和城市的教育现状比较"는 잘못 사용한 비교이거나 "把"자문이다. 비교 의미로 표현하려면 "比较农村和城市的教育现状"이 올바른 문장이고, "把"자문으로 사용하려면 동사 뒤에 기타 성분을 보충해 주면 된다. "把农村和城市的教育现状进行比较"로 사용하면 올바른 문장이라 볼 수 있다.

단어 资源 zīyuán 자원
形势 xíngshì 형세
减 jiǎn 감소하다
艰巨 jiānjù 힘겹다
揭示 jiēshì 드러내 보이다

59 A 이런 질병의 발병 원인은 명절 기간 가사노동 가중과 고부 갈등 심화로 생긴 것이다.
B 천여 년 동안 사람들은 줄곧 하늘을 날 수 있기를 희망해 왔는데, 미국의 라이트 형제가 설계한 비행기가

이런 꿈들을 실현시키게 하였다.
C 독자에게 독서는 의미 파악, 정보 습득의 과정일 뿐만 아니라, 언어 습관을 기르고 지식을 쌓는 과정이기도 하다.
D 호텔 객실 안의 칫솔, 치약, 빗, 슬리퍼, 샴푸, 바디워셔 등 일회성 용품은 "호텔 6가지 물품"이라 불린다.

정답 **C**

해설 개사구 사용이 부적절하다. "对…来说"는 고정조합으로, '~의 입장에서는', '~에게는'의 뜻이다. "对阅读者来说"가 올바른 문장이다.

단어 婆媳 póxí 시어머니와 며느리
吸收 xīshōu 흡수하다
积累 jīlěi 누적된다
拖鞋 tuōxié 슬리퍼
沐浴露 mùyùlù 바디샴푸

60 A 비록 모두들 생활이 힘들지만, 힘들다고 하는 사람이 없으며, 여전히 밥과 잠도 잊고 힘들게 새 기술 개발에 힘쓰고 있다.
B 여기의 아침 시장은 나를 놀라게 했다. 나는 지금껏 이렇게 중대한 행사를 거행하는 듯한 장면의 많은 사람을 본 적이 없다.
C 중국은 면적이 광활하고, 각 지역마다 자기들의 사투리가 있다. 외지인은 현지 사투리를 잘 몰라서 종종 에피소드를 만들어낸다.
D 학교에서 주최하는 사회 견학 실습 내용은 단조로워서, 학생들의 적극성을 전혀 끌어낼 수 없으며, 학생들 실력 향상의 목적도 이룰 수 없다.

정답 **C**

해설 방향보어 위치가 틀렸다. 복합방향보어 "出来"는 동사 뒤에 위치하고, 빈어 "笑话"는 "出"과 "来" 사이에 위치시킨다. "常常闹出笑话来"라고 써야 맞는 표현이다.

단어 废寝忘食 fèiqǐnwàngshí 잠도 잊고 먹는 것도 잊다 〔형용〕 마음을 기울여 노력하다
钻研 zuānyán 탐구하다
广阔 guǎngkuò 광활하다
单调 dāndiào 단조롭다
积极性 jījíxìng 적극성

제2부분

제2부분은 모두 10문제다. 이 부분은 빈칸에 알맞은 단어를 채워 넣는 문제다. 한 단락에 3~5개의 빈칸이 있고 네 가지 보기가 주어진다. 각 단락의 정답은 3~5개의 단어며, 응시자는 상황이 요구하는 대로 네 가지 보기 중 가장 적합한 답을 골라 답안지 알파벳 위에 가로줄을 그으면 된다.

이 부분은 응시자가 문단에서 상황에 따라 앞뒤가 맞고 적합한 단어를 사용하는지를 주로 평가하게 된다. 어휘의 사용은 정확해야 할 뿐만 아니라 어체에 부합해야 하며 적절해야 한다. 응시자의 단어 분별 능력과 언어 표현의 정확성과 적절성에 치중하여 평가한다.

61 공룡이 멸종된 이래로 지구상의 동물은 이미 5차례 대규모의 멸종을 겪었다. 이는 모두 자연적 원인이 만들어낸 결과였다. 그러나 현재의 동물들이 직면한 6번째 대규모 멸종은 인류가 일방적으로 빚어낸 결과이다.

A ~로부터 | 경험 | 구성하다 | 대면하다
B ~까지 | 체험하다 | 형성하다 | 얼굴을 마주하고
C ~로부터 | 겪다 | 만들다 | 직면하다
D ~로부터 | 체득하다 | 그래서 형성되다 | 맞은편

정답 C

해설
❶ 개사 "从", "自"와 "打"는 모두 "从"과 같은 '~로부터'의 의미로 시간, 장소, 범위의 개념에 사용할 수 있다. 세 단어 모두 "以来"와 조합을 이룰 수 있으며, "打"는 회화에 자주 사용하고, "自"는 문어체에 많이 사용한다. "到"는 시간, 장소, 범위의 '~까지'라는 개념이므로 "以来"와 조합을 이루기가 어색하다. 그러므로 보기 B는 제거한다.
❷ "经验"은 명사로 "了"와 같이 쓸 수 없으며, "经历"는 동사로 빈어 "灭绝"와 조합을 이룰 수 있다. "体验"과 "体会"는 모두 행동으로 실천하는 과정 속에서 어떤 것을 알아가는 것을 가리키므로, "灭绝"를 빈어로 가지기 어색하다.
❸ "组成", "形成"과 "而成"은 의미가 비슷한 단어들로 어떤 조합으로 무엇이 만들어졌을 때 사용한다. 개사 "由"와 같이 사용하여, "由…组成/形成/而成" 구조로 많이 쓰인다. 이 세 단어는 문맥과 맞지 않고, 나쁜 결과를 만들어내거나 초래한다는 "造成"이 제일 적합하다.
❹ 지금 발생하고 있는 일을 빈어로 가지려면 '직면하다'의 뜻인 "面临"이 제일 적합하다. "面对"는 일반적으로 사람이거나 일종의 상황을 빈어로 가지고, "当面"은 '사람 얼굴을 맞대고'라는 의미로 쓰인다. "对面"은 방위사로 '맞은편'이라는 뜻이다.

단어
灭绝 mièjué 멸종하다
制造 zhìzào 만들다, 제조하다

62 쓰촨성 대지진 소식에 전국이 들썩였다. 깊은 비통함에 잠긴 수많은 사람(마음)들 중 누구 하나 피해 지역 주민들을 걱정하지 않는 사람이 없었다. 갑작스럽게 발생한 재난에 대응하기 위해 중앙정부는 가능한 모든 구조 조치를 취했다.

A 비관적이다 | 약간 있다 | 사고 | 방법
B 비통하다 | 안 하는 것이 없다 | 재난 | 조치
C 마음이 아프다 | 그저 …일 뿐이다 | 상황 | 수단
D 괴롭다 | ×(없는 표현) | 일 | 출구

정답 B

해설
❶ 사망자에 대한 슬픔은 정도가 깊은 "悲痛"을 사용한다. 보기 C, D는 정도가 깊지 않은 얕은 슬픔으로 "巨大"의 수식을 받기가 어색하다. 보기 A는 비관적인 태도나 생각을 뜻하므로 이곳에서 답이 B임을 알 수 있다.
❷ "非无"는 틀린 사용법이고, "无非"는 동사 "是"와 같이 사용하여, '단지'라는 의미를 뜻한다. "不无+심리동사"는 "有一些+심리동사"의 뜻이다. "无不+동사"는 "没有不+동사"와 같은 뜻이며 이중부정으로 강한 긍정을 뜻하는 "모두+동사하다"의 뜻으로 보기 B가 답으로 제일 적합하다.
❸ 지진은 "灾难"에 속하는 것이며, 다른 보기들은 부적합하다.
❹ "采取", "措施"는 많이 쓰이는 "동사+빈어" 조합이다. "办法"와 "手段"은 동사 "使用"과 자주 사용되고, "出路"는 동사 "找" 혹은 "寻找" 등과 주로 같이 사용된다.

단어
震惊 zhènjīng 놀라게 하다
沉浸 chénjìn 잠기다
同胞 tóngbāo 동포, 교민
采取 cǎiqǔ 취하다
措施 cuòshī 조치

63 오후 다섯 시쯤 하늘에서 눈송이가 흩날리기 시작했다. 새하얀 눈송이들이 하늘에서 나풀나풀 내려왔다. 한 시간도 채 되지 않아 땅도 지붕 위도 전부 하얗게 변했고, 온 세상이 온통 하얀 눈으로 뒤덮였다.

A 뿌리다 | 창백하다 | 모두 | 종류

B 흩날리다 | 새하얗다 | 전부 | 편(온통)

C 젓다 | 비다 | 변하다 | 층

D 떨어지다 | 솔직하다 | 되다 | 개

정답 **B**

해설

❶ "洒"와 "淋"은 "雪"보다는 주로 "雨"와 같이 쓰이고, "飘"와 "落"는 "雪"와 같이 사용한다. "小雪花"라고 하였으므로, 어감상 '무게감 있는 것이 떨어진다'는 "落"보다는, '가벼운 것이 흩날린다'는 "飘"가 한층 더 어울린다.

❷ 보기 네 단어 중 "洁白"만이 "雪花"를 형용하기에 적합하다. "苍白"는 얼굴이 핏기 없이 '창백하다' 표현이고, "空白"는 종이나 어떤 '물건의 자리가 남는다'는 뜻이다. "坦白"는 동사로 자기의 잘못이나 관점을 '사실대로 말한다'는 뜻이다.

❸ "成"만 "白"와 못 쓰고, 나머지 세 단어들은 다 가능하다.

❹ 넓은 면적을 표현하는 양사는 "片"으로, '하얗게 된 넓은 면적, 즉 온 세상'을 뜻하기에는, 양사 "片"이 제일 적합하다.

단어 飘落 piāoluò 흩날려 떨어지다

64 고대 황하강 <u>유역</u>은 중국의 정치, 경제, 문화의 중심지로 수많은 왕조의 도읍지였다. 안양(安陽), 장안(長安), 낙양(洛陽), 함양(咸陽), 개봉(開封) 등은 모두 황하강 유역 근처에 위치한 지역으로, 이들 지역에는 셀 수 없이 많은 <u>명승 고적</u>이 있다. 수천 년 동안 <u>근면하고 용감한</u> 중국인들은 이 지역에서 찬란한 역사와 문화를 <u>창조해냈다.</u>

A 일대 | 문화 역사 | 가무에 능하다 | 생산하다

B 유역 | 명승 고적 | 근면하고 용감하다 | 창조하다

C 부근 | 지방색 | 어려운 일을 해내어 귀중하게 생각할 만하다 | 생기다

D 지역 | 역사 명승지 | 다재다능하다 | 빚어서 만들다

정답 **B**

해설

❶ 문맥상 '황하강이 흐르는 곳'을 뜻하므로, "一带"나 "流域" 다 가능하다. 황하강은 길기 때문에 범위가 비교적 좁은 "附近"이나 "地区"는 어색하다.

❷ 문맥상 많은 역대 왕조들의 수도가 황하 줄기 유역에 있었다고 하니 "名胜古迹"나 "历史名胜"은 다 가능하다. "文化历史"와 "风土人情"은 개수로 셀 수 있는 개념이 아니므로 "数不清"과 쓰기가 어색하다. 그러므로 보기 A, C는 제거한다.

❸ "中国人民"을 수식하는 말로는 "勤劳勇敢"이 제일 적합하며, 중국인들은 주로 이 단어로 본인들을 형용한다. "能歌善舞"도 사람을 수식할 수 있는 단어이기는 하지만 소수민족들을 형용하는 단어로 많이 사용한다.

❹ "文化"를 빈어로 가질 수 있는 동사는 "创造"와 "产生"이나.

174 新汉语水平考试 | 6급 | 모의고사 **해설**

단어 灿烂 cànlàn 찬란하다

塑造 sùzào 빚어서 만들다

65 인생 여정은 물 위에 쓴 글씨처럼 그냥 흘러가 버려 돌이켜 찾으려 하면 항상 <u>흔적</u>조차 사라진다. 물 위에 쓴 글씨이기 때문에 아무리 <u>힘주어</u> 쓴다 해도 영원할 수 없고 <u>심지어</u> 모양조차 만들어지지 않는다. 만약 우리가 과거의 즐거움 속에만 머물고자 한다면 그것은 실로 본인에게 <u>번뇌</u>를 만드는 것이다.

A 흔적 | 힘을 주다 | 심지어 | 번뇌

B 형상 | 노력하다 | 더욱이 | 난처함

C 도안 | 힘들이다 | 그러나 | 번거로움

D 화면 | 힘들다 | 정반대로 | 어려움

정답 **A**

해설

❶ 문맥상 '글자가 흐르는 물에 "痕迹"도 없이 사라진다'는 표현이 제일 적합하다.

❷ "用力", "努力" 모두 가능하고, "费力"나 "吃力"는 '힘겹다'는 의미로 문맥과 어울리지 않는다.

❸ 점층의 관계를 나타내야 하므로 "甚至"가 제일 적합하다.

❹ "自寻烦恼"는 고정조합으로 답은 A가 된다.

단어 寻找 xúnzhǎo 찾다

痕迹 hénjì 흔적

66 먼 옛날 사람들은 끓이지 않은 물을 마시고 나무열매를 따먹으며 땅에 기어 다니는 작은 벌레들을 잡아먹었다. 그래서 자주 병에 걸리고 중독을 일으키거나 다치기 일쑤였다. 이에 신농씨(神農氏, 중국의 고대 전설 속에 나오는 인물로 사람에게 농사를 가르치고 의약을 발명하였다고 함)는 인간에게 오곡을 <u>파종</u>하는 법을 가르쳐주었다. 그는 다양한 토양을 <u>연구</u>하여 각기 다른 토질의 땅에서 서로 다른 농작물이 자라도록 했다. 그는 또한 생명의 위험을 <u>무릅쓰고</u> 온갖 약초를 시험했으며, 갖가지 맛과 샘물의 달고 쓴 맛을 <u>직접</u> 맛보았다.

A 제조하다 | 실험하다 | 근거해 | 친히

B 생산하다 | 검사하다 | 빌어서 | 손수

C 파종하다 | 연구하다 | 무릅쓰고 | 자기 입으로

D 심다 | 관찰하다 | 따라서 | 몸소

정답 **C**

해설

❶ 빈어 "五谷"와 어울리는 동사는 "播种"이나 "种植"이다.

❷ 문맥상 "研究"나 "观察"가 와야 한다. "实验"은 주로 동사로 사용되면 빈어를 잘 갖지 않는다. "检查"는 품질이나 신체 검사 등에 자주 쓰이는 단어이다.

③ 빈어 "生命危险"과 어울리는 동사는 "冒着"밖에 없다.

④ 동사 "品尝"을 수식하는 부사는 "亲自"나 "亲口"가 적합하다.

단어 危险 wēixiǎn 위험하다
滋味 zīwèi 맛
凭着 píngzhe 근거로 하다
播种 bōzhòng 파종하다

67 인터넷이 전 세계를 하나의 지구촌으로 만든 것처럼 승용차 역시 끝없이 <u>뻗어져</u> 있는 도로를 크게 단축시켰다. 도시 규모가 지속적으로 <u>확대</u>되면서 시민들이 거주지를 교외로 옮기는 것이 하나의 <u>추세</u>로 자리잡았다. 이렇게 <u>광활한</u> 지역 대중 교통을 발전시키는 것은 비합리적이기 때문에 가정용 자가용은 오히려 더 필요해졌다.

A 확장하다 | 축소하다 | 흐름 | 많다
B 연장하다 | 늘리다 | 경향 | 광활하다
C 연장하다 | 변화 | 방향 | 광활하다
D 발전하다 | 성장하다 | 유행 | 광활하다

정답 B

해설 ① 문맥상 '고속도로의 연장'을 뜻하므로, "延伸"이나 "延长"이 적합하다.

② 빈어 "规模"에 어울리는 동사는 "扩大"이다. 문맥상으로 보아 나머지 보기 세 개는 어울리지 않는다.

③ 보기 단어 네 개는 다 사용 가능한 표현들이다.

④ 큰 면적의 지역을 가리키는 단어로는 "广大"나 "广阔" 둘 다 사용 가능하고, "辽阔"는 사막이나 초원 등을 형용할 때 많이 사용한다. "宽阔"는 도로 등에 사용한다.

단어 缩短 suōduǎn 축소되다
规模 guīmó 규모
延伸 yánshēn 뻗어 나가다
趋势 qūshì 경향
辽阔 liáokuò 광활하다

68 차는 1610년 처음으로 유럽에 <u>전해졌다</u>. 많이 팔기 위해 <u>그래서</u> 상인들은 찻잎을 '신선초(神仙草)'라 부르며 사람들에게 하루에 40~50잔씩 마실 것을 권했다. 한 네덜란드 의사는 찻잎으로 약을 대신하면서 찻잎이 모든 병을 <u>치료할 수 있다</u>고 여겼다. 그러나 찻잎은 차나무 잎으로 <u>만든 것이므로</u> 결코 약이라고는 할 수 없으며, 찻잎을 너무 많이 넣은 차를 마시는 경우 심지어 몸에 해롭기까지 하다.

A 진입하다 | 그러므로 | 폐지하다 | 제작하다
B 나오다 | 그래서 | 치료하다 | 연구 제작하다

C 수출하다 | 그리하여 | 해고하다 | 만들다
D 전해지다 | 그래서 | 치료하다 | 만들어지다

정답 D

해설 ① 동사 "进入"나 "传入"는 뒤에 장소를 빈어를 바로 가질 수 있다. "出口"는 "出口到"의 형식으로 변해야 장소 빈어를 가질 수 있다. "输出"는 상품, 물질 등을 빈어로 가진다. 그러므로 보기 B, C는 제거한다.

② 문맥상 인과 관계를 뜻하므로, 보기 네 개 단어 다 가능하다.

③ 동사 "治疗"와 "医治"는 빈어 "病"과 같이 사용 가능하다.

④ 원 재료에 다른 재료를 첨가하지 않고 만들었다'는 의미의 "制成"이 제일 어울린다.

단어 废除 fèichú 폐지하다
输出 shūchū 내보내다
研制 yánzhì 연구 제작하다
开除 kāichú 해고하다

69 윈난성의 성도(省都) 쿤밍은 고도(古都)로, 2400년이 넘는 역사를 <u>간직하고 있다</u>. 쿤밍은 윈구이(雲貴)고원(윈난성 동부에서 구이저우성(贵州省) 전역에 걸쳐져 있는 대고원) 중부에 <u>위치하여</u>, 남으로는 덴츠(滇池, 윈난성에 위치한 호수)에 접해 있고 삼면이 산으로 둘러싸여 전체 면적이 2만km에 달한다. 쿤밍은 기후가 <u>온난</u>하며 여름에는 아주 덥지 않고 겨울에는 많이 춥지 않아 1년 4계절 내내 봄 같은 날씨를 유지한다. 때문에 사람들은 쿤밍을 '봄의 도시'라 <u>부른다</u>.

A 갖추다 | ~에 있다 | 따뜻하다 | 부르다
B 가지다 | ~에 있다 | 부드럽다 | 부르다
C 함유하다 | ~에 처해 있다 | 따뜻하다 | 쓰다
D 있다 | ~에 있다 | 쾌적하다 | 부르다

정답 A

해설 ① 빈어 "历史"와 사용 가능한 동사는 "具有", "有着"이다. "拥有"는 재산이나 회사 등 '구체적인 물건을 가진다'는 뜻이다. "含有"는 '어떤 성분을 함유하다'란 의미이므로 보기 B, C는 제거한다.

② 문맥상으로 볼 때 '어떤 장소에 위치하고 있다'는 뜻이 되어야 하므로 "地处"나 "位于"가 사용 가능하다. "处于"는 '어떤 상황이나 상태에 처해 있다'는 뜻으로, "阶段"이나 "时期" 등과 같이 잘 사용된다. "在于"는 일반적으로 원인을 끌어낸다.

③ "气候"를 수식할 수 있는 단어는 "温暖"이나 "舒适"이다. "温暖"은 따뜻함을 강조하는 표현이고, "舒适"는 사람의 느낌을 강조하는 표현이다. "暖和"는 날씨에 자주 사용되는

회화체의 표현이다. "温和"는 태도를 형용하는 단어로 보기
C, D는 제거한다.

④ "称之为"는 고정조합이다.

[단어] 临 lín ~에 면해 있다

酷暑 kùshǔ 폭염

舒适 shūshì 편하다, 쾌적하다

70 일부 학자들은 인류의 수명과 지능이 <u>밀접</u>하게 연관되어 있다고 주장한다. 연구에 따르면 지능이 낮고 교육 수준이 낮은 사람일수록 수명이 짧다고 한다. 어떤 학자는 뇌의 <u>용량</u> 크기와 수명이 관련되어 있다고 보고 있다. 알 만(Arman) 교수는 인류의 평균 수명 연장은 세대를 거듭하면서 축적된 결과라고 주장한다. 그는 나이 많은 사람의 뇌야말로 가장 소중한 <u>재산</u>이며, 여기에는 수많은 지식과 경험이 누적되어 있다고 말한다. 그러므로 미래에는 장수하는 사람이 <u>분명</u> 점점 더 많아질 것이라고 전망하고 있다.

A 긴밀하다 | 함유량 | 재산 | 반드시
B 밀접하다 | 용량 | 재산 | 분명히
C 치밀하다 | 중량 | 돈과 귀중한 물품 | 반드시
D 치밀하다 | 품질 | 금전 | 반드시

[정답] B

[해설]
① "紧密", "密切"는 모두 "相关"을 수식할 수 있다. "周密"는 '주도 면밀하다'는 의미로 계획, 행동 등을 형용하는 단어이다. "严密"는 '구조나 결합이 치밀하다'는 뜻으로 어울리지 않는다.

② 뇌의 크기는 "容量" 혹은 "重量"으로 표현한다. "含量"은 '함유 물질의 양'을 뜻하는 것이고, "质量"은 업무나 상품 등의 '우열 정도'를 표현하는 단어이다.

③ 문맥상 '추상적인 의미의 재산'을 뜻하는 "财富"가 제일 적합하다. 나머지 보기들은 구체적인 물건이거나 금전을 뜻하는 단어들이다.

④ 보기 네 단어 다 사용 가능하다.

[단어] 智商 zhìshāng 지능(IQ)

累积 lěijī 축적되다

严密 yánmì 치밀하다

제3부분

제3부분은 모두 10문제다. 두 개의 단문이 제시되며 각 단문에는 5개의 빈칸이 있다. 응시자는 문맥에 맞게 5개의 보기 중 정답을 고르면 된다.
이 부분은 응시자의 빠른 독해 능력과 필요한 정보를 찾는 능력을 주로 평가한다.

71-75

25년 전 한 대학의 사회학과 교수가 학생들에게 볼티모어의 빈민촌에 사는 200명의 소년들을 대상으로 성장 배경과 경험을 조사하고, 이를 근거로 소년들의 미래 발전 가능성에 대한 평가를 내리도록 시켰다. <u>⁷¹학생들은 진지하게 조사했고 거의 만장일치로 이 소년들은 성공할 수 없을 것이라는 결론을 내렸다.</u>

25년 후 다른 교수 한 명이 우연히 이 연구보고서를 발견했다. 그는 이 연구 결과에 상당한 흥미를 느껴, <u>⁷²25년 전 소년들의 현재 상황을 알아보고 싶었다.</u> 25년 전의 추론을 검증하기 위해 학생들에게 후속 조사를 하도록 시켰다. 조사 결과는 모두의 예상을 벗어났다. 과거의 조사 대상자 가운데 주소지 이전이나 사망 등으로 인해 연락이 닿지 않는

20명을 제외하고 나머지 180명 중 176명이 크게 성공했으며, <u>⁷³그 중 대부분이 변호사나 의사, 사업가로 성장했던 것이다.</u>

이 교수는 너무 놀란 나머지 좀더 심층적인 연구를 하기로 마음먹었다. 그는 당시 평가를 받았던 소년들을 찾아가 '성공할 수 있었던 주된 이유'를 물었다. <u>⁷⁴그들의 대답은 무척 비슷했다.</u> 모두들 약속이라도 한 듯이 '좋은 선생님을 만나서'라고 대답한 것이다.

그들을 가르쳤던 선생님은 비록 나이는 많았지만 여전히 건강히 살아계셨다. 교수는 그 선생님을 찾아가 빈민촌에서 자란 아이들을 성공시킨 비결이 무엇인지 물었다. <u>⁷⁵그 여선생님은 자상한 눈빛으로 입가에 미소를 머금고 대답했다.</u> "특별한 건 없어요. 그저 아이들을 사랑해주었을 뿐이지요."

A 그 중 대부분이 변호사나 의사, 사업가가 되었다
B 25년 전 소년들의 현재 상황을 알아보고 싶었다
C 그 여선생님은 자상한 눈빛으로
D 학생들은 진지하게 조사했다
E 그들의 대답은 무척 비슷했다

단어
依据 yījù 근거하다
评估 pínggū 평가하다
一致 yízhì 일치하다
以 yǐ ~하기 위해(목적)
验证 yànzhèng 검증하다
推论 tuīlùn 추론하다
出乎意料 chūhūyìliào 뜻밖이다
非凡 fēifán 비범하다
询问 xúnwèn 물어보다
不约而同 bùyuē'értóng 약속도 안 했는데 똑같다
健在 jiànzài 건재하다
年迈 niánmài 연로하다
耳聪目明 ěrcōngmùmíng 건강하다, 귀와 눈이 밝다
登门拜访 dēngménbàifǎng 집으로 방문하다

71 정답 **D**

해설 빈칸 앞에 교수가 조사를 지시한 내용이 나오고, 빈칸 뒤에 결론을 얻었다고 하니, 이 칸에는 '조사를 하였다'는 표현이 순서상 제일 적합하다.

72 정답 **B**

해설 빈칸 뒤의 25년 전의 추론을 검증하고자 하는 목적을 이루려면, 지금 이들의 상황이 어떤지 알아야 25년 전의 추론이 맞다 틀리다를 확인할 수 있으므로 보기 B가 가장 적합하다.

73 정답 **A**

해설 빈칸 앞의 "176名成就非凡"의 부연 설명으로 제일 좋은 것은 보기 A이다.

74 정답 **E**

해설 빈칸 앞으로는 '질문했다'는 뜻이 나오니, 빈칸에는 '답을 했다'의 표현이 나와야 적절하고, 또 빈칸 뒤의 "几乎不约而同回答"는 '약속이나 한 듯이 똑같이 대답하였다'의 뜻이므로, 그들의 대답은 '다 같다'인 보기 E가 답이다.

75 정답 **C**

해설 보기 C "眼中闪着慈祥的光"은 빈칸 뒤의 "嘴角带着微笑"

와 호응을 이루며 노부인을 형용하는 것이다. 자애로운 눈빛과 미소로 사랑의 의미를 한층 부각시키고 있다.

76-80

어느 날 밤 노부부가 여관에 들어가 방을 달라고 하였다. "죄송하지만 이미 손님이 다 차서 남은 방이 없네요." 종업원이 대답했다. 하지만 ⁷⁶ 피곤에 지친 두 노인의 모습을 보고는 이내 "그래도 뭔가 다른 방법을 찾아볼게요."라고 말했다.

마음씨 착한 종업원은 두 노인을 한 방으로 안내했다. "좋은 방은 아니지만 지금으로선 이게 최선이에요." 노인은 나름대로 깨끗한 방을 보고 기쁜 마음으로 그곳에 묵었다.

다음날 그들이 계산을 하려고 하자 종업원이 말했다. "괜찮아요. ⁷⁷ 제 방을 하룻밤 빌려드린 것뿐인걸요. 돈은 안내셔도 되요. 즐거운 여행되시길 바래요!"

알고 보니 종업원은 프런트에서 밤을 지새며 여관에서 밤샘 근무를 한 것이었다. 두 노인은 크게 감동하여 말했다. "젊은이, 당신은 내가 만나본 중에 가장 친절한 직원이구려. ⁷⁸ 분명 보답을 받게 될 거요." 종업원은 웃으며 두 노인을 배웅한 뒤 이 일을 곧 잊어버렸다.

그러던 어느 날 종업원은 한 통의 편지를 받게 되었다. ⁷⁹ 안에는 뉴욕행 편도 비행기 티켓과 함께 그를 스카우트하겠다는 짧은 메모가 들어 있었다. 종업원은 이상하게 생각했지만 밑져야 본전이라는 생각에 뉴욕으로 향했다. 편지에 쓰여진 길을 따라 약속 장소에 다다르자 ⁸⁰ 눈앞에는 크고 호화로운 호텔이 떡하니 서 있었다. 알고 보니 몇 달 전 밤 그가 맞이했던 노부부는 엄청난 재산을 가진 재벌과 그의 아내였던 것이다. 그 재벌은 이 종업원을 위해 큰 호텔을 사들였고, 이 종업원이 호텔을 잘 관리할 것이라 굳게 믿었다.

A 나는 단지 내 방을 하룻밤 빌려준 것뿐이기 때문이다
B 안에는 뉴욕행 편도 비행기 티켓이 있다
C 피곤에 지친 두 노인의 모습을 보았다
D 눈앞에는 크고 호화로운 호텔이 떡하니 서 있는 것만 보였다
E 당신은 분명 보답을 받게 될 것이다

단어
结账 jiézhàng 계산하다
原来 yuánlái 알고 보니
通宵 tōngxiāo 밤을 세우다
聘请 pìnqǐng 스카우트하다
接待 jiēdài 접대하다

76 정답 C

> 빈칸 앞으로 '방이 없다'고 하였다가, 빈칸 뒤로 "但是…"라는 전환의 의미를 가지려면, 보기 C가 그 이유로 가장 적합하다.

77 정답 A

> 돈을 지불 안 해도 되는 이유로는 보기 A가 가장 적합하며, 빈칸 뒤로 "原来服务员自己一夜没睡"에서 자기 방을 빌려주었음을 추측할 수 있다.

78 정답 E

> 노 부부가 감동해서 종업원에게 할 수 있는 말은 보기 E가 가장 적합하다.

79 정답 B

> 편지를 받았고, 그 안에 있을 수 있는 것은 비행기 표이지, 호텔은 편지 안에 넣을 수 있는 것이 아니다. 그러므로 나머지 보기 중 B가 정답이다.

80 정답 D

> 빈칸 뒤로 재벌이 이 종업원을 위해서 큰 호텔을 구매하였다고 하므로 빈칸에는 큰 호텔에 관련되어 언급되어야 한다. 그러므로 보기 D가 적당하다.

제4부분

제4부분은 모두 20문제다. 이 부분은 소재, 장르, 문체, 스타일이 다른 여러 개의 단문이 주어지며, 단문 끝에 몇 개의 문제가 주어진다. 문제마다 네 가지 보기가 있으며, 응시자는 그 가운데 정답을 골라 답안지 알파벳 위에 가로줄을 그으면 된다.

81-85

언젠가 전동차가 가솔린 차를 대체하는 날이 오게 될 것이라고 생각하는 데에는 두 가지 이유가 있다. 첫째는 에너지 문제 때문이고 둘째는 오염 문제 때문이다. 중국 석유 생산량이 많지 않은데다가 절반 이상을 수입해야 한다. 게다가 가솔린 차로 인한 대기오염도 상당히 심각하다. 자동차 배기가스에 의한 대기오염은 현재 전체 오염원의 반 이상을 차지하고 있다. 세계적으로 대기오염이 가장 심각한 10대 도시 중 7개가 중국의 도시임을 미루어볼 때, 기존의 내연기관 기술을 이용한 자동차 산업 발전은 중국 등 세계 각국의 에너지 안보와 환경 보호에 심각한 영향을 끼치게 될 것이다. 하지만 전동차는 이런 문제를 해결할 수 있다. 전동차는 가솔린을 직접적인 연료로 사용하지 않기 때문에 에너지 효율이 높고 오염이 적다. 특히 수소 연료에 기반을 둔 연료전지차는 수소를 연료로 하여 화학반응을 통해 전류를 만들고 물을 배출하기 때문에, 순환 이용과 무공해라는 두 마리 토끼를 다 잡을 수 있다.

현재 전동차는 이미 '국가 863계획'에 포함되어 있다. 해외 정부와 대기업들은 이미 전동차 부분에서의 경쟁을 시작했다. 최근 10년간 미국, 유럽, 일본 등 정부와 다국적 기업들은 100억 달러가 넘는 막대한 자금을 투자하여 연료전지차를 포함한 전동차 연구개발에 주력하고 있다. 전동차라는 새로운 분야에서 중국과 해외 여러 나라는 비슷한 출발선에 위치하고 있으며, 기술 수준과 산업 격차도 그리 크지 않다. 만약 기존 내연기관 자동차 부문에서 중국이 해외 선진국 수준에 비해 20년 정도 뒤쳐졌다고 한다면, 전동차 부문에서는 겨우 4~5년 정도의 격차밖에 나지 않는다.

최근 10년간 세계 각국은 차세대 청정에너지 자동차에 대한 연구와 생산을 가속화해 왔으며, 각 유명 자동차 브랜드들도 이 분야에 막대한 자금을 투자하고 있는 실정이다. 전문가들은 수십 년 뒤 미래에는 전지 전동차, 하이브리드 자동차, 연료전지 전동차의 시장점유율이 안정적인 속도로 늘어나고 석유 자동차의 시장점유율은 점차 줄어들어, 전동차의 새 시대가 열릴 것이라고 예측하고 있다!

단어 代替 dàitì 대체하다

枯竭 kūjié 고갈되다
尾气排放 wěiqì páifàng 배기가스 배출
立足 lìzú 기반을 마련하다
氢能 qīngnéng 수소 에너지
领域 lǐngyù 영역, 분야
起跑线 qǐpǎoxiàn 출발선
差距 chājù 거리, 수준차

81 전동차가 반드시 가솔린 차를 대체할 것이라고 작가가 여기는 이유는 무엇인가요?

A 에너지 문제와 오염 문제
B 가솔린 가격 문제와 동력 문제
C 자동차 속도 문제와 오염 문제
D 에너지 문제와 가솔린 가격 문제

정답 **A**

해설 지문 처음에 이유는 '두 가지'라고 분명히 언급하고 있으므로 답은 A이며, 가솔린 가격 문제나 속도 문제 및 동력 문제는 언급되지 않았다.

82 본문에 따르면, 기존의 자동차가 불리한 면이 아닌 것은 무엇인가요?

A 배기가스 배출
B 공기 오염
C 막대한 투자
D 에너지를 수입에 의존하다

정답 **C**

해설 에너지 수입과 오염을 두 가지 원인으로 들었는데, 보기 A, B는 '오염'에 속하는 것이고, 보기 D는 '에너지 수입'을 뜻하므로 두 가지 원인이라 볼 수 있고, 보기 C '막대한 투자'는 새로운 전동차 연구비이므로 기존 자동차가 가진 불리한 점은 아니다.

83 중국의 몇 개 도시가 세계적으로 공기오염이 심각한 10대 도시에 들었나요?

A 3개
B 6개
C 7개
D 8개

정답 **C**

해설 지문에 세계 오염이 심각한 10대 도시 중 중국의 도시가 7개나 포함되었다고 하면서 공해의 심각성을 언급하고 있다. 나

머지는 언급된 내용들이 아니다.

84 아래 환경 오염이 제일 적은 자동차는 어떤 종류인가요?

A 전지 자동차
B 하이브리드 자동차
C 석유 자동차
D 수소연료 전동차

정답 **D**

해설 첫 번째 단락 끝 부분에 수소 연료 전동차는 물을 배출하는 무공해 "零排放"이라고 하였다.

85 미래의 자동차 시대는 어떤 시대인가요?

A 가솔린 자동차 시대
B 석유 자동차 시대
C 경유 자동차 시대
D 전동차 시대

정답 **D**

해설 마지막 단락의 맨 끝에 언급되어 있고, 이 글의 처음에도 분명히 언급하고 있다. 지문의 맨 앞과 맨 뒤는 항상 주의해서 봐야 하는 부분들이다.

86-90

인간은 매우 복잡한 유기체로서 누구나 칠정육욕(七情六欲)을 가지고 있다. 정상적인 정신 활동은 심신 건강에 도움을 주지만, 비정상적인 감정 활동은 정서장애를 일으켜 신경계의 기능 불균형을 초래하게 된다. 이는 인체 내 음양의 조화를 깨뜨리기 때문에 여러 가지 질병의 원인이 될 뿐 아니라, 빨리 늙거나 심지어 수명을 단축시키기도 한다. 그러므로 정서 조절에 주의해야만 건강을 유지할 수 있다.

과도한 감정 활동은 간을 상하게 한다. 분노는 비교적 흔히 보이는 정서 중 하나로 화를 내면 기(氣)가 상승하여 간을 상하게 하기 때문에 답답하고 우울해지거나, 짜증내고 쉽게 화를 내는 등의 증상, 현기증이나 시야가 흐려지는 등의 증세를 가져올 수 있다. 또한 고혈압이나 관상동맥경화증, 위궤양 등의 중요한 원인이 되기도 한다.

과도한 감정 활동은 심기(心氣)를 허하게 한다. 기쁨은 기혈의 순환을 돕고 근육의 긴장을 풀어주기 때문에 피로 회복에 도움이 되지만, 기쁨이 지나치면 심기에 좋지 않다. 《회남자·원도훈(淮南子·原道訓)》에서는 이를 '대희추만(大喜墜慢)'이라 말하고 있다. 양기가 떨어지면 심기가 불안정

해지고, 이로 인해 정신이 산만하고 나쁜 기운이 극에 달해 두근거림, 불면, 건망증, 노인성 치매 등의 원인이 된다. 《유림외사(儒林外史)》에서는 범진(范進)이 나이가 들어서야 장원에 급제하여 희비가 교차하는 가운데 갑자기 미쳐버린 이야기를 다루고 있는데, 이것이 바로 과도한 기쁨이 심기를 허하게 하는 전형적인 케이스이다.

과도한 감정 활동은 위장에도 영향을 준다. 중의학에서는 '사측기결(思則氣結)'이라 하여 생각이 너무 많으면 대뇌 신경계 기능이 균형을 잃게 되고 소화액 분비가 감소한다고 말한다. 이로 인해 식욕이 떨어지고 식사량이 줄며, 얼굴이 초췌하고 숨이 차는 증상, 기운이 없고 답답해하는 등의 증상이 나타난다.

과도한 감정 활동은 폐에도 영향을 준다. 근심과 슬픔은 폐와 밀접한 관계를 가진 감정으로 사람이 극도로 슬퍼지면 폐가 상하게 된다. 마른 기침을 하고 숨이 차며, 객혈이나 목이 잠기는 증상, 및 호흡 빈도가 달라지거나 소화 기능이 급격히 떨어지는 증상도 나타나게 된다. 《홍루몽(紅樓夢)》에서 매사에 근심이 많고 마음이 여리며, 슬픔과 걱정으로 건강이 나빠진 린다이위(林黛玉)는 가장 전형적인 예이다.

과도한 감정 활동은 신장에도 악영향을 끼친다. 놀람과 두려움은 신경계에 영향을 주어 귀울림, 귀가 들리지 않음, 현기증을 가져와 환자를 사망에까지 이르게 할 수 있다. 일상생활에서 무서운 말로 사람을 놀래켜 죽게 만들었다는 보도가 심심치 않게 들리는데, 이를 통해 공즉기하(恐則氣下), 즉 두려움으로 인해 기가 빠지는 것이 얼마나 위험한지 알 수 있다.

단어
有机体 yǒujītǐ 유기체
七情六欲 qīqíng liùyù 7정 6욕(사람의 감정)
皆 jiē 모두
失控 shīkòng 통제력을 잃다
紊乱 wěnluàn 흐트러지다
百病丛生 bǎibìngcóngshēng 모든 병이 생기다
善 shàn 잘하다
调解 tiáojiě 조절하다
坠 zhuì 떨어지다
邪气 xiéqì 사기, 나쁜 기운
典型 diǎnxíng 전형적이다
牵连 qiānlián 연루되다
屡见不鲜 lǚjiànbùxiān 흔하다

86 다음 중 감정 활동의 이상이 야기하는 불량 반응이 아닌 것은 무엇인가요?

A 사람이 정신병에 걸리게 된다
B 인제 내 음양의 불균형을 가져온다

C 빨리 늙거나 심지어는 단명하게 한다
D 신경계 기능에 영향을 준다

정답 **A**

해설 보기 B, C, D는 다 언급이 된 내용이지만, 보기 A는 언급되지 않은 내용이다.

87 본문에 따르면 "분노"는 어떤 장기를 상하게 하나요?

A 뇌
B 심장
C 간
D 폐

정답 **C**

해설 "怒–肝, 喜–心, 思–胃, 忧/悲–肺, 惊恐–肾"이라고 지문은 단계적으로 설명하고 있다.

88 지나치게 "기쁨"이 야기하는 증상 중 아래 언급되지 않은 것은 무엇인가요?

A 두근거림
B 불면증
C 치매
D 귀 울림

정답 **D**

해설 보기 A, B, C는 지나친 기쁨으로 인한 증상이지만, 보기 D는 놀람과 두려움의 감정활동으로 신장에 영향을 준 증상이다.

89 다음 중 어떤 것이 "과도한 감정은 위에 영향을 준다"의 증상들인가요?

A 짜증내며 쉽게 화는 내는 증상, 현기증
B 소화액 분비가 줄어든다
C 귀울림, 귀가 들리지 않음, 현기증
D 마른 기침, 숨이 찬다, 각혈

정답 **B**

해설 보기 A는 '간', 보기 C는 '신', 보기 D는 '폐'에 영향을 주었을 때 나타나는 증상들이다.

90 지문에 감정 활동에 의해 다치는 장기는 모두 몇 종류가 언급되었나요?

A 2종류
B 3종류

C 4종류

D 5종류

정답 **D**

해설 문제 87번 해설 참고.

91-94

어렸을 때 가끔 한기가 들면 어머니는 항상 나에게 뜨거운 국수를 한 사발 먹고 침대에 누워 두터운 솜이불을 덮어쓰고 땀을 흘리게 하셨다. 그런데 이상하게도 땀을 흘리고 나면 병이 낫곤 했다. 사람은 왜 땀을 흘리는 것일까? 땀과 건강은 어떤 관계가 있을까?

원래 사람의 땀은 보이지 않는 땀(不顯汗)과 보이는 땀(有效汗)으로 나뉜다. 기온이 20도 이하일 때 인체 기능은 정지 상태에 놓이게 되는데, 이때 호흡과 피부 모공 확장을 통해 매 시간마다 체내에서 땀을 배출하여 열을 발산한다. 이런 땀은 사람이 느끼지 못하기 때문에 '보이지 않는 땀'이라 부른다. 기온이 30도를 넘어가면 인체는 복사와 대류를 통한 보이지 않는 땀으로 시간당 174~348kcal의 열량을 발산하지만, 그래도 체내에서 생산되고 발산되어야 할 열량에 한참 못 미치기 때문에 전신에 분포한 땀샘을 통해 땀을 흘려 증발시키는 형식으로 열을 발산한다. 이런 땀은 액체의 형태로 사람이 느낄 수 있는 것이기 때문에 '보이는 땀'이라고 부른다. 그러므로 땀을 흘리는 것은 체온을 조절하여 신체의 안정적인 상태를 유지하고, 비교적 편안한 상태에 있게 한다. 이렇게 함으로써 언제나 기운이 차 있게 하고 건강한 신체와 정신의 중요한 기능을 유지한다.

몸이 찬 기운에 노출되면 감기에 걸리게 되는데, 이는 사실 피부 모공과 신체 표면의 땀샘이 추위로 인해 막히면서 땀을 통해 체내의 열을 발산할 수 없기 때문에 체온이 올라가는 증상이다. 이때 뜨거운 국물을 많이 마시고 두꺼운 솜이불을 덮으면, 땀샘과 피부의 모공이 열로 인해 확장되면서 땀을 배출해 체열을 발산하기 때문에 체온이 정상으로 돌아오게 되니, 땀이 나면 병도 낫는 것이라 말할 수 있다. 하지만 여기서 주의해야 할 점은, 만약 이유 없이 체온이 상승할 경우 앞서 말한 방법을 사용해선 안 된다는 것이다. 이때는 최대한 빨리 병원에 가서 원인을 찾아내고 증상에 맞는 처방을 받아야 하지, 절대 시기를 미루어서는 안 된다.

단어 孔隙 kǒngxì 빈틈
扩散 kuòsàn 확산되다
汗腺 hànxiàn 땀샘
呈 chéng ~되다
着凉 zháoliáng 감기 걸리다

禁闭 jìnbì 꼭 닫히다
盖严 gàiyán 잘 덮다
对症下药 duìzhèngxiàyào 증상에 맞게 약을 처방하다
拖延 tuōyán 미루다

91 인체가 눈에 보이는 땀을 흘릴 때는 체온이 몇 도 정도인가요?

A 20도보다 낮다

B 20-30도

C 25도 정도

D 30도 이상

정답 **D**

해설 지문에 '20도 이하이면 보이지 않는 땀이고, 30도 이상이면 보이는 땀을 흘린다'고 언급하였다.

92 본문에서 인체의 열 발산 방식으로 언급하지 않은 것은 무엇인가요?

A 복사

B 증발

C 대류

D 전도

정답 **D**

해설 보기 A, B, C는 보이는 땀을 흘리는 과정에서 다 언급이 되었고, 보기 D는 언급되지 않았다.

93 사람이 땀을 흘리는 근본적인 원인에 관하여, 다음 중 맞는 것은 무엇인가요?

A 실외 기온이 너무 높아서

B 사람의 건강이 안 좋아서

C 인체의 온도를 조절하기 위해서

D 운동이 열량을 만들어내기 때문에

정답 **C**

해설 두 번째 단락 마지막 부분 "所以~"에서 땀을 흘리는 근본 원인을 설명하고 있다.

94 사람이 찬 기운에 노출되어 감기가 걸리는 주된 원인은 무엇인가요?

A 땀이 나는 형식으로 체내의 열량을 발산할 수 없기 때문에

B 날이 차가워져서 감기 바이러스가 인체에 침투하여서

C 날씨가 너무 추워서 인체의 방한 능력이 저하되어서

D 피부 모공과 신체 표면의 땀샘이 바이러스에 감염되어서

 A

해설 세 번째 단락 첫 번째 줄에 '피부 모공과 땀샘이 막혀서 열을 체외로 발산할 수 있기 때문'이라고 설명하고 있다. 지문에 "**病毒**"라는 단어는 언급이 되지 않았으므로 보기 B, D는 제거한다.

95-100

2008년 서부지역 계획의 대졸자 자원 봉사자 모집 소식이 알려지자마자 전국의 대졸자들은 뜨거운 반응을 보였다. 날마다 '서부로 가자!'는 목소리가 전국으로 점점 더 큰 반향을 불러 일으켰다. 전국 49615명의 대학 당해 졸업생들이 앞다투어 신청했다. 현재 신청 업무는 순조롭게 끝난 상태다.

모집 책임자의 말에 따르면 올해 신청자는 작년과 다른 몇 가지 특징을 보인다고 한다. 첫째는 졸업자 신청자가 늘었고, 그중에서도 서부지역 출신 학생의 신청자 수가 현저히 늘었다는 것이다. 올해 서부에 가겠다고 신청한 사람은 작년보다 6000명 가량 늘어 13.4% 늘었다. 신청 졸업생 중 서부지역 출신은 24120명으로 작년보다 20.9% 늘어났다. 두 번째 특징은 신청 절차가 더욱 편리해진 덕에 정보 교류가 더욱 원활해졌다는 것이다. 셋째는 직종별로 모집했다는 점이다. 이로써 각 대학 졸업생들은 더욱 현실적으로 업무를 지원·선택할 수 있게 되었다. 올해 서부 계획은 교육 지원, 의료 지원, 농업 지원, 청소년센터 건설 및 관리, '전국 농촌 당원간부 현대화 원격 교육 시범지역 업무' 지원 서비스, '농촌지역의 문화사업 홍보' 지원 서비스, 서부 지방 검찰청 지원 서비스 등 7개 항목에 속한 직종에 대한 모집이 이루어졌는데, 각 졸업생들은 자신의 조건과 희망 사항, 그리고 각 부서의 요구 조건에 맞추어 이성적인 선택을 하게 되었으며 한 사람 당 두 개의 지망 부서에 지원했다. 현재 신청 현황으로 보면 교육부서가 여전히 인기가 높아 24297명의 졸업생이 1차 지원으로 '교육'을 선택하면서 전체 신청자의 48.9%를 차지했다. 넷째는 사업에 참여한 대학의 수가 눈에 띄게 증가해, 작년의 700여 개 학교에서 올해는 1203개로 늘어났다.

서부지역 계획의 봉사 부서 지원 신청 및 모집 관리 정보 시스템 등록 작업은 이미 대부분 마무리되었다. 전국의 사무처는 현재는 각 지역별 신청 상황과 부서별 지원 현황에 따라 각 성, 시의 지원자 모집 가이드라인을 검토하여 승인하려 하고 있다. 각 지역별 선발 작업도 곧 시작될 예정이며

각 대학 사무처에서도 배당된 가이드라인과 모집 부서에 맞게 신청자의 정치·사상적 성향, 학교 생활, 자원 봉사 경력, 건강 상태 등을 종합적으로 고려하여 우수한 지원자를 선발할 예정이다.

단어 **志愿服务** zhìyuàn fúwù 자원 봉사
招募 zhāomù 모집하다
响应 xiǎngyìng 호응하다
踊跃 yǒngyuè 뛰어오르다, 활기차다
渠道 qúdào 경로
便捷 biànjié 간편하다
沟通 gōutōng 소통하다
畅通 chàngtōng 원활하다
意向 yìxiàng 의향
围绕 wéirào ~를 둘러싸고
受青睐 shòuqīnglài 사랑을 받다
岗位 gǎngwèi 자리, 직위
就绪 jiùxù 자리 잡다, 마무리 짓다
指标 zhǐbiāo 지표
考察 kǎochá 고려하다, 조사하다

95 본문에 따르면 대학생들의 서부지역 계획은 무엇을 가리키는 것인가요?

A 서부지역에 가서 공부한다
B 서부지역에 가서 일을 찾는다
C 서부지역에 가서 자원 봉사한다
D 서부지역에 가서 선생님을 한다

 C

해설 보기 A, B, C, D 중 보기 C가 서부지역 발전 건설 계획에 제일 부합되는 답이다.

96 올해 신청 상황에 관하여, 다음 중 틀린 것은 무엇인가요?

A 서부 출신 학생들의 신청이 현저히 늘었다
B 신청 정보 교류가 작년보다 더 원활해졌다
C 졸업생들의 지원 부서 선택이 더 이성적이다
D 신청자는 전체 인원수는 작년보다 20.9% 증가했다

 D

해설 보기 D에 언급된 '20.9%'는 서부지역 인원수 증가 퍼센트이고, 전체 증가 퍼센트는 '13.4%'이다.

97 올해 신청한 인원수에 관하여, 다음 중 맞는 것은 무엇인가요?

A 6000명을 초과했다
B 작년의 13.4배이다
C 24120명에 이른다
D 49615명에 이른다

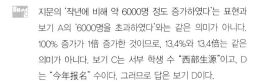 **D**

지문의 '작년에 비해 약 6000명 정도 증가하였다'는 표현과 보기 A의 '6000명을 초과하였다'와는 같은 의미가 아니다. 100% 증가가 1倍 증가한 것이므로, 13.4%와 13.4倍는 같은 의미가 아니다. 보기 C는 서부 학생 수 "西部生源"이고, D는 "今年报名" 수이다. 그러므로 답은 보기 D이다.

98 지원 신청에 관하여, 다음 중 맞는 것은 무엇인가요?

A 교육부서가 제일 인기 있다
B 한 개의 희망 부서만 지원할 수 있다
C 반 이상의 사람들이 교육 부서를 선택했다
D 700여 개의 대학교의 졸업생이 신청했다

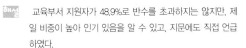 **A**

교육부서 지원자가 48.9%로 반수를 초과하지는 않지만, 제일 비중이 높아 인기 있음을 알 수 있고, 지문에도 직접 언급하였다.

99 다음 중 신청자를 상대로 고려하는 내용이 아닌 것은 무엇인가요?

A 사상, 정치 성향
B 자원 봉사 경력
C 건강 상태
D 학교 성적

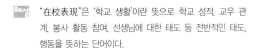 **D**

"在校表现"은 '학교 생활'이란 뜻으로 학교 성적, 교우 관계, 봉사 활동 참여, 선생님에 대한 태도 등 전반적인 태도, 행동을 뜻하는 단어이다.

100 본문에 따르면, 다음 중 틀린 표현은 무엇인가요?

A 자원 봉사자 신청 업무는 이미 끝났다
B 서부지역에 채용될 자원 봉사자 명단은 이미 대부분 확정되었다
C "모집 관리 정보 시스템" 등록 작업은 이미 대부분 마무리되었다
D 각 성, 시의 지원자 모집 가이드라인을 검토하여 승인하려 하고 있다

정답 **B**

보기 A, C, D는 지문 마지막 단락에 직접 언급이 되어 있고, 보기 B는 "高校项目办将根据~, 择优选拔志愿者。"에서 부사 "将"을 통해 아직 결정되지 않았음을 알 수 있다.

3. 쓰기(书写)

응시자는 우선 주어진 10분 동안 1,000자로 구성된 서사문을 읽는다. 읽으면서 본문을 베껴 쓰거나 기록할 수 없으며, 감독관이 문제를 회수한 후에 이 서사문을 400자 정도의 단문으로 요약해야 한다.

요구사항 :

(1) **쓰기** 전부 중국어로 쓰고(번체자로 써도 된다) 한 칸에 한 자씩 쓴다. 중국어는 반듯하고 또박또박하게 써야 한다. 문장부호도 정확해야 하며, 문장부호도 빈칸에 하나씩 쓴다.

(2) **글자수** 400자 내외

(3) **시험 시간** 35분

(4) **내용** 제목은 직접 붙이고 문장 내용을 반복 서술하되 자신의 관점이 들어가서는 안 된다.

101

나는 농촌에서 태어났고 나의 어머니는 시골에서 나고 자라 많이 못 배웠다. 하지만 시골뜨기 엄마라고 해서 자식 사랑이 다른 많이 배우고 교양있는 엄마들보다 못한 건 아니다. 단지 가끔 '특이한 방식'으로 그 사랑을 표현할 뿐이다.

고3의 어느 날, 어머니는 처음으로 다른 사람의 차를 얻어 타고 시내의 제1중학까지 오셨다. 어머니는 집에서 담근 장아찌 두 병을 내게 건네고는 기쁜 표정으로 잘 포장된 영양드링크를 한 박스 내게 안기셨다. 나는 깜짝 놀라 물었다. "집에 돈도 없으면서 뭐 하러 이런 걸 샀어?" 어머니는 진지하게 말했다. "사람들이 그러는데 이것이 머리에 좋다는구나. 이거 마시면 대학에 딱 붙는다더라." 나는 영양드링크를 만지작거리며 작은 소리로 물었다. "이거 비싼데, 또 돈 빌렸지?" 어머니는 웃으시며, "아니야, 팔찌랑 바꿨어." 하고 대답했다. 그 예쁜 팔찌는 외할머니가 어머니께 물려준 것인데, 가난한 어머니에겐 가장 귀중한 물건이었기에 오랫동안 아까워서 끼지도 못하고 상자 밑에 모셔뒀던 것이었다.

어머니가 집으로 돌아간 후 나는 영양드링크를 열어 그 속의 탁한 액체를 천천히 들이켰고, 결국 그날 밤 병원 신세를 지고야 말았다. 알고 보니 그 영양드링크는 가짜였다. 학교로 돌아온 나는 영양드링크를 모두 내다버렸다.

대학 입학 통지서를 받았을 때 어머니는 신나서 말했다. "그 영양드링크가 한몫 단단히 했구나. 너희 아버지는 우리가 사기라도 당했을까 봐 얼마나 노심초사한 줄 아니?" 나는 힘차게 고개를 끄덕였다.

어느 무더운 여름날이었다. 대학에 다니던 나는 집에서

소포가 왔다는 통보를 받았다. 서둘러 우체국으로 가서 소포를 찾는데 이상하리만치 꼼꼼히 포장된 상자를 채 열기도 전에 심상치 않은 냄새가 나고 있었다. 상자를 열어보니 그 안에는 삶은 달걀 5개가 썩어 있었다. 먼 길을 배달되어 오는 동안 썩어버린 것이었다. 나는 달걀을 모두 버리고 마음 속으로 어머니를 원망했다. '엄마도 참. 생각 좀 해보시지. 이렇게 큰 도시에서 설마 달걀을 못 사먹을까 봐?' 상자의 맨 밑에는 어머니께서 이웃에게 대필을 부탁해 쓴 편지가 들어 있었다. 알고 보니 고향에선 요새 엄마가 달걀 5개를 삶아서 자식에게 주면 자식이 무사안전하다는 소문이 돈다고 한다. 편지에서 어머니는 반드시 한 번에 5개를 다 먹어야 한다고 거듭 당부했다…

그 편지를 읽으면서 나는 달걀 5개를 먹는 모습을 흐뭇하게 바라보는 어머니가 마치 눈앞에 있는 것처럼 마음이 따뜻해지는 것을 느낄 수 있었다. 여름방학에 집에 돌아가자 어머니는 달걀이 썩지 않았냐고 물어왔다. 나는 웃으며 "아니, 안 썩었어. 내가 한입에 다 먹었어." 하고 대답했다.

졸업 후 나는 어머니께 편지를 써서 여자친구가 생겼다고 알렸다. 어머니는 무척 기뻐하며 빨간 목도리를 선물로 보내왔다. 여자친구에게 그 목도리를 선물하자 그녀는 가차 없이 말했다. "아휴, 촌스러워. 요즘 누가 이런 걸 하고 다녀?" 물론 여자친구의 말은 사실이었다. 이런 목도리를 하고 다니는 도시 아가씨는 없었으니까.

그 후 여자친구와의 관계는 점점 소원해졌고 결국 헤어지고 말았다. 나는 그녀에게 "그 목도리는 어떻게 했어?" 하고 물었다. "옛날에 버렸지. 정 필요하면 하나 사줄게." 내게 그 목도리가 필요할 리 없었다. 단지 어머니가 보내 준 애꿎은 목도리가 날 슬프게 할 따름이었다.

　나중에 지금의 아내를 만나 연애를 하면서, 내가 그녀에게 준 첫 번째 선물은 바로 어머니께서 보내주셨던 것과 똑같은 빨간 목도리였다. 나는 그녀에게 어머니께서 사주신 목도리라고 말했다. 아내는 그 목도리를 무척 아꼈다.

　어머니는 그 후 "목도리 한 장이 우리 아들하고 며느리를 엮어줬다는구먼…"라며 사람들에게 자랑을 하고 다니신다. 어머니의 기뻐하는 표정을 보면서 나는 차마 그 빨간 목도리가 '엮어 준' 사람이 지금의 며느리가 아니라는 사실을 밝힐 수 없었다.

　아무려면 어떤가? 어머니의 사랑을 느낄 수만 있으면 그것으로 된 것 아닐까? 그리고 내가 어머니께 드릴 수 있는 최고의 위로는, 어머니의 그 사랑이 아들의 인생을 행복하게 만들어주었다는 사실을 보여드리는 것이다. 그래서 이 세 가지 일은 평생 어머니께 비밀로 하겠다고 결심했다.

단어
土生土长 tǔshēng tǔcháng 토박이
只不过~而已 zhǐbùguò ~ éryǐ 겨우 ~일 뿐이다
念高三 niàngāosān 고3 때
搭车 dāchē 차를 타다
递 dì 건내다
准 zhǔn 반드시
摸 mō 더듬다
手镯 shǒuzhuó 팔찌
浑浊 húnzhuó 혼탁하다
伪劣 wěiliè 저질의 가짜
白 bái 효과가 없다
千里迢迢 qiānlǐtiáotiáo 먼 길
发臭 fāchòu 구린내가 나다
禁不住 jīnbúzhù 참지 못하다
保平安 bǎopíng'ān 무사함을 보장하다
嘱咐 zhǔfù 당부하다
仿佛 fǎngfú ～처럼
慈祥 cíxiáng 자애롭다
不屑 bùxiè 가차없다
土 tǔ 촌스럽다
淡 dàn (관계가) 소원해지다
悲哀 bēi'āi 슬프다
无辜 wúgū 죄가 없다
拴住 shuānzhù 붙잡아 매다
喜悦 xǐyuè 기쁘다

三件不能让母亲知道的事

　我的母亲是农村人，没什么文化，但没文化的母亲对孩子的爱也是一样的，只是有的时候会以"特别"的形式表现出来而已。

　我念高三的那年，母亲卖了外祖母传给她的银手镯，给我买了一盒包装得挺漂亮的营养液。结果，我喝了以后，当天晚上就进了医院。那盒营养液根本就是骗人的伪劣产品。当我接到大学录取通知书时，母亲高兴地说："那营养液还真没白喝呀。"我使劲儿点着头。

　我读大学的时候，母亲从千里之外寄来5个熟鸡蛋，寄到的时候，已经发臭了。原来，母亲听说，买5个鸡蛋，煮熟了给儿女吃，就能保儿女平安。放暑假回家，母亲问我鸡蛋是否坏了，我笑着说："没有，我一口气都吃了。"

　毕业后，我交女朋友了。母亲寄来了一条红围巾。当时的女友觉得很难看，就丢掉了。后来我和妻子恋爱时，我又送给她一条一模一样的红围巾，并告诉她是母亲买的，妻子很珍惜。母亲一直以为这个媳妇是她那条红围巾给"拴住"的。

　不过这有什么关系呢，我只要知道母亲是爱我的，而我能给予母亲的就是——让母亲知道正是这爱成就了儿子的人生幸福。所以这三件事的真相我决定永远不告诉母亲。

세 가지 비밀

　어머니는 시골 사람이라 배우신 것이 별로 없다. 시골 엄마라도 지식사랑은 똑같다. 가끔 '득이한' 방식으로 사랑을 표현하는 게 문제일 뿐이다.

　고3이던 어느 날, 어머니는 외할머니가 물려주신 은팔찌를 팔아 예쁘게 포장된 영양드링크를 사주셨다. 그 드링크를 마신 날 밤 나는 병원 신세를 지게 되었다. 그 드링크제는 가짜였던 것이다. 내가 대학입학 통지서를 받았던 날 어머니는 신나서 말씀하셨다. "그 영양드링크 사길 참 잘했다." 나는 고개를 힘차게 끄덕였다.

　대학에 다니고 있을 때 어머니는 삶은 달걀 5개를 머나먼 고향에서 부쳐오셨다. 소포를 받고 보니 달걀은 오래 전에 썩어 있었다. 알고 보니 어머니는 삶은 달걀 5개를 자식에게 먹이면 자식이 무사안전하다는 말을 듣고 소포를 보내신 것이었다. 여름방학이 되어 집에 돌아가자 어머니는 달걀이 상하지 않았냐고 물어보셨다. 나는 "아니, 한입에 다 먹었어."라고 대답했다.

　졸업 후 여자친구가 생겼다. 어머니는 빨간 목도리를 선물로 보내오셨다. 당시 여자친구는 목도리가 마음에 안 들었는지 버려버

렸다. 나중에 지금의 아내를 만나 연애를 할 때, 나는 지난번과 똑같은 빨간 목도리를 선물하면서 어머니께서 사주신 것이라고 했다. 아내는 목도리를 무척 아꼈다. 어머니는 아직도 당신이 보낸 그 목도리가 아내와 나를 이어주었다고 믿고 계신다.

아무렴 어떠랴. 어머니의 사랑을 느낄 수만 있다면 그것으로 족하다. 그리고 내가 어머니께 드릴 수 있는 최선의 선물은, 어머니의 사랑이 자식에게 행복을 주었다는 것을 보여드리는 것이다. 그래서 이 세 가지 일은 어머니께 평생 비밀로 하기로 했다.

부록

新汉语水平考试

HSK
6级

필수 어휘 2500

A

0001 哎哟 āiyo [감] 놀람, 고통, 아쉬움 등을 나타냄

0002 癌症 áizhèng [명] 【의학】 암[생체 조직 내에서 악성 종양이 생기는 병]

0003 矮 ǎi [형] (키가) 작다

0004 爱不释手 àibùshìshǒu [성어] 손에서 뗄 수 없을 정도로 매우 아끼다

0005 爱戴 àidài [동] 추대하다, 지지하다

0006 暧昧 àimèi [형] (태도나 의도 등이) 애매하다

0007 安居乐业 ānjūlèyè [성어] 편안하게 살면서 즐겁게 일하다

0008 安宁 ānníng [형] (질서가 잡혀) 안녕하다

0009 安详 ānxiáng [형] 침착하다 / 묵직하다 / 듬직하다

0010 安置 ānzhì [동] (사람이나 물건을) 배치하다, 두다

0011 暗示 ànshì [동] 암시하다

0012 案件 ànjiàn [명] 사건

0013 案例 ànlì [명] 사례, 경우

0014 按摩 ànmó [동] 안마하다

0015 昂贵 ángguì [형] (가격이) 높다

0016 凹凸 āotū [형] 울퉁불퉁하다

0017 熬 áo [동] (죽을) 쑤다

0018 奥秘 àomì [명] (심오하여 남들에게 아직 알려지지 않은) 비밀

B

0019 扒 bā [동] (붙어 있는 것을) 붙잡다

0020 疤 bā [명] 흉터

0021 巴不得 bābude [동] 열망하다, 간절히 바라다

0022 巴结 bājie [동] 비위를 맞추다

0023 拔苗助长 bámiáozhùzhǎng [성어] 모를 뽑아 자라는 것을 돕다, 일을 급하게 이루려고 하다가 도리어 일을 그르치다

0024 把关 bǎguān [이합동사] 길목을 지키다, 중요한 곳을 지키다

0025 把手 bǎshou [명] (서랍, 문 등에 달린) 손잡이

0026 把戏 bǎxì [명] 곡예, 재주, 서커스

0027 霸道 bàdao [형] 세차다 / 사납다 / 심하다

0028 罢工 bàgōng [동] 파업하다

0029 掰 bāi [동] (손으로 물건을) 나누다, 가르다

0030 百分点 bǎifēndiǎn [명] 퍼센트(percent)

0031 摆脱 bǎituō [동] (견제, 속박, 곤란함, 좋지 못한 상황에서) 벗어나다

0032 拜访 bàifǎng [동] [높임말] 방문하다

0033 拜年 bàinián [동] [높임말] 방문하다, 새해 인사 드리다

0034 拜托 bàituō [동] [높임말] 부탁하다

0035 败坏 bàihuài [동] (명예, 기풍 등을) 해치다

0036 颁布 bānbù [동] 공포하다, 반포하다

0037 颁发 bānfā [동] (명령·지시·정책 등을) 하달하다

0038 斑纹 bānwén [명] 얼룩무늬

0039 版本 bǎnběn [명] 【출판】 판본

0040 半途而废 bàntúérfèi [성어] (어떤 일을 완성하지 않고) 중도에 그만두다

0041 伴侣 bànlǚ [명] 짝, 동반자

0042 伴随 bànsuí [동] 따르다, 동행하다

0043 扮演 bànyǎn [동] …역을 연기하다

0044 绑架 bǎngjià [동] (사람을) 납치하다

0045 榜样 bǎngyàng [명] 본보기, 귀감

0046 磅 bàng [양] 떨어지는 소리, 파운드-방

0047 包庇 bāobì [동] (나쁜 사람이나 나쁜 일을) 감싸다, 은폐시키다

0048 包袱 bāofu [명] 보자기

0049 包围 bāowéi [동] 포위하다, 둘러싸다

0050 包装 bāozhuāng [동] (상품을) 포장하다

0051 饱和 bǎohé [동] 【물리】 포화 상태에 이르다

0052	饱经沧桑 bǎojīngcāngsāng [성어] [형] 온갖 풍파를 다 겪다, 수많은 세상사의 변천을 경험하다
0053	保管 bǎoguǎn [동] 보관하다
0054	保密 bǎomì [이합동사] 비밀[기밀]을 지키다
0055	保姆 bǎomǔ [명] 보모
0056	保守 bǎoshǒu [동] 지키다 / 보수적이다
0057	保卫 bǎowèi [동] 보위하다
0058	保养 bǎoyǎng [동] 보양하다
0059	保障 bǎozhàng [동] (생명, 재산, 권리 등이 침범을 받거나 파괴되지 않도록) 보호하다
0060	保重 bǎozhòng [동] 건강에 주의하다
0061	抱负 bàofù [명] 포부, 원대한 뜻
0062	抱怨 bàoyuàn [동] 불평하다
0063	报仇 bàochóu [이합동사] 복수하다, 적에게 보복하다
0064	报酬 bàochou [명] 보수, 사례비
0065	报答 bàodá [동] 보답하다
0066	报到 bàodào [이합동사] (조직에게) 도착했음을 보고하다
0067	报复 bàofù [동] 보복하다
0068	报告 bàogào [동] 보고하다
0069	报社 bàoshè [명] 신문사
0070	报销 bàoxiāo [동] 청산하다, 청구하다
0071	爆发 bàofā [동] 폭발하다
0072	爆炸 bàozhà [동] 터지다, 파열하다
0073	曝光 bàoguāng [동] (카메라 필름이나 감광지를) 노출하다
0074	暴力 bàolì [명] 폭력, 무력
0075	暴露 bàolù [동] 폭로하다, 까발리다
0076	悲哀 bēi"āi [형] 슬프다, 상심하다
0077	悲惨 bēicǎn [형] 비참하다
0078	卑鄙 bēibǐ [형] 악랄하다, 부도덕하다
0079	北极 běijí [명] 북극

0080	被动 bèidòng [형] 피동적이다, 소극적이다
0081	被告 bèigào [명] 피고
0082	背叛 bèipàn [동] 배신하다
0083	背诵 bèisòng [동] 외우다, 암송하다
0084	备份 bèifèn [명] 여벌, 백업본
0085	备忘录 bèiwànglù [명] 각서
0086	贝壳 bèiké [명] (조개류의) 껍데기
0087	奔波 bēnbō [동] (생활을 위해) 바쁘게 뛰어다니다
0088	奔驰 bēnchí [동] (수레나 말 등이) 내달리다
0089	本能 běnnéng [명] 본능
0090	本钱 běnqián [명] 밑천
0091	本人 běnrén [대] 본인
0092	本身 běnshēn [대] (그룹이나 사물·사람 등의) 그 자체
0093	本事 běnshi [명] 재능
0094	本着 běnzhe [개] …에 따라, …에 입각하여
0095	笨拙 bènzhuō [형] 어리석다, 둔하다
0096	崩溃 bēngkuì [동] 붕괴하다
0097	甭 béng [부] [방언] …할 필요 없다
0098	蹦 bèng [동] 뛰어오르다 / 껑충 뛰다
0099	迸发 bèngfā [동] (안쪽에서 바깥쪽으로 갑자기) 터져 나오다
0100	逼迫 bīpò [동] 핍박하다
0101	鼻涕 bítì [명] 콧물
0102	比方 bǐfang [동] 비유하다
0103	比喻 bǐyù [명] 비유
0104	比重 bǐzhòng [명] 비중
0105	臂 bì [명] 팔
0106	弊病 bìbìng [명] 폐해
0107	弊端 bìduān [명] 폐단
0108	必定 bìdìng [부] 꼭

0109 闭塞 bìsè [동] 막다 / 소식에 어둡다

0110 碧玉 bìyù [명] 녹색 또는 암녹색의 연옥

0111 鞭策 biāncè [동] (말을) 채찍질하다

0112 编织 biānzhī [동] 짜다

0113 边疆 biānjiāng [명] 변방 / 국경 지대

0114 边界 biānjiè [명] (지역과 지역 사이의) 경계선

0115 边境 biānjìng [명] 국경 지대 / 경계 지역

0116 边缘 biānyuán [명] 가장자리

0117 扁 biǎn [형] 평평하다

0118 贬低 biǎndī [동] 낮게 평가하다

0119 贬义 biǎnyì [명] 폄의, 나쁜 뜻

0120 遍布 biànbù [동] (도처에) 고루 분포하다

0121 便利 biànlì [형] (사용하거나 행동하기에) 편리하다

0122 便条 biàntiáo [명] 쪽지

0123 便于 biànyú [동] (어떤 일을 하기에) 편리하다

0124 变故 biàngù [명] 변고(뜻밖에 발생한 일이나 재난)

0125 变迁 biànqiān [동] 변천하다

0126 变质 biànzhì [이합동사] (본질이 원래와) 변질되다

0127 辩护 biànhù [동] 【법률】 변호하다

0128 辩解 biànjiě [동] 변명하다

0129 辩证 biànzhèng [동] 변증하다

0130 辨认 biànrèn [동] 판별하다

0131 辫子 biànzi [명] 땋은 머리, 변발

0132 标本 biāoběn [명] 표면적인 것과 근본적인 것

0133 标记 biāojì [명] 기호, 표지

0134 标题 biāotí [명] 제목, 표제

0135 飙升 biāoshēng [동] (가격이) 급격히 오르다

0136 表决 biǎojué [동] 표결하다

0137 表情 biǎoqíng [명] 표정

0138 表态 biǎotài [이합동사] 태도를 밝히다

0139 表彰 biǎozhāng [동] 표창하다

0140 憋 biē [동] (나오지 않게) 참다

0141 别墅 biéshù [명] 별장

0142 别致 biézhì [형] 새롭다, 별나다

0143 别扭 bièniu [형] 괴팍하다, 별나다

0144 濒临 bīnlín [동] 근접하다

0145 冰雹 bīngbáo [명] 우박

0146 并存 bìngcún [동] 함께 존재하다

0147 并非 bìngfēi [부] 결코 …가 아니다

0148 并列 bìngliè [동] 병렬하다

0149 拨打 bōdǎ [동] (전화를) 걸다

0150 播放 bōfàng [동] (라디오를 통해) 방송하다

0151 播种 bōzhòng [이합동사] 씨를 뿌리다

0152 波浪 bōlàng [명] 파도

0153 波涛汹涌 bōtāoxiōngyǒng [성어] 파도가 거세다

0154 剥削 bōxuē [동] 착취하다

0155 博大精深 bódàjīngshēn [성어] 해박하다

0156 博览会 bólǎnhuì [명] 박람회

0157 搏斗 bódǒu [동] 싸우다, 격투하다

0158 伯母 bómǔ [명] 큰어머니

0159 薄弱 bóruò [형] 박약하다, 취약하다

0160 不顾 búgù [동] 돌보지 않다, 살피지 않다

0161 不愧 búkuì [부] …에 부끄럽지 않다, …답다

0162 不料 búliào [접속] 뜻밖에, 의외로

0163 不像话 búxiànghuà 말이 되지 않다

0164 不屑一顾 búxièyígù [성어] 생각해볼 가치도 없다

0165 补偿 bǔcháng [동] (손실, 손해를) 보상하다

0166 补救 bǔjiù [동] (행동을 취하여 착오나 실수를) 고치다

0167 补贴 bǔtiē [동] (주로 재정적으로) 보태다

0168 哺乳 bǔrǔ [동] 젖을 먹이다

0169 捕捉 bǔzhuō [동] 잡다, 붙잡다

0170 不得已 bùdéyī [형] 부득이하다

0171	不妨 bùfáng	[부] 무방하다, 괜찮다
0172	不敢当 bùgǎndāng	별 말씀을 다하십니다
0173	不禁 bùjīn	[부] 참지 못하게, 견디지 못하게
0174	不堪 bùkān	[동] 견딜 수 없다
0175	不可思议 bùkěsīyì	[성어] 불가사의하다
0176	不时 bùshí	[부] 때때로
0177	不惜 bùxī	[동] 아끼지 않다
0178	不相上下 bùxiāngshàngxià	[성어] 막상막하
0179	不言而喻 bùyánéryù	[성어] 말하지 않아도 안다
0180	不由得 bùyóude	[동] …하지 않을 수 없다
0181	不择手段 bùzéshǒuduàn	[성어] (목적을 이루기 위해) 수단과 방법을 가리지 않다
0182	不止 bùzhǐ	[동] (계속) 그치지 않다
0183	布告 bùgào	[명] 공지문, 공고문
0184	布局 bùjú	[명] (바둑, 장기 등에서의) 포석 / 구도, 구성, 배치
0185	布置 bùzhì	[동] 배치하다
0186	步伐 bùfá	[명] 스텝(step)
0187	部署 bùshǔ	[동] (인력, 임무 등을) 안배하다
0188	部位 bùwèi	[명] 부위

C

0189	才干 cáigàn	[명] 일을 처리하는 능력
0190	财富 cáifù	[명] 재산
0191	财务 cáiwù	[명] 재무
0192	财政 cáizhèng	[명] 재정
0193	裁缝 cáifeng	[동] 옷을 재단하여 봉제하다
0194	裁判 cáipàn	[동] 재판하다
0195	裁员 cáiyuán	[동] (기관이나 기업 등에서) 인원을 줄이다
0196	采购 cǎigòu	[동] (주로 기관에서 선택하여) 구입하다

0197	采集 cǎijí	[동] 모으다
0198	采纳 cǎinà	[동] (의견, 건의, 요구 등을) 받아들이다
0199	彩票 cǎipiào	[명] 복권
0200	参谋 cānmóu	[명] (군대에서의) 참모, 카운셀러
0201	参照 cānzhào	[동] 참조하다
0202	残酷 cánkù	[형] 잔인하다
0203	残留 cánliú	[동] (부분적으로) 남다
0204	残忍 cánrěn	[형] 잔인하다
0205	灿烂 cànlàn	[형] 찬란하다
0206	舱 cāng	[명] 조종실, 객실
0207	苍白 cāngbái	[형] 창백하다, 희끗하다
0208	仓促 cāngcù	[형] 급하다
0209	仓库 cāngkù	[명] 창고
0210	操劳 cāoláo	[동] 힘들게 일하다
0211	操练 cāoliàn	[동] 조련하다, 훈련하다
0212	操纵 cāozòng	[동] 조종하다
0213	操作 cāozuò	[동] 조작하다
0214	嘈杂 cáozá	[형] (소리가) 떠들썩하다, 시끌벅적하다
0215	草案 cǎoàn	[명] 초안
0216	草率 cǎoshuài	[형] 진지하지 못하다, 경솔하다
0217	策划 cèhuà	[동] 계획하다, 기획하다
0218	策略 cèlüè	[명] 책략, 전략
0219	测量 cèliáng	[동] 측량하다
0220	侧面 cèmiàn	[명] 측면, 옆면
0221	层出不穷 céngchūbùqióng	[성어] 끊임없이 나타나다
0222	层次 céngcì	[명] 내용의 순서
0223	差距 chājù	[명] 차이, 격차
0224	查获 cháhuò	[동] 수색해서 찾다
0225	岔 chà	[명] 갈래
0226	刹那 chànà	[명] 찰나, 순간

191

0227	诧异 chàyì [형] 이상하다, 의아하다	
0228	柴油 cháiyóu [명] 경유	
0229	搀 chān [동] 부축하다	
0230	馋 chán [형] (음식을) 탐내다	
0231	缠绕 chánrào [동] 감다, 휘감다	
0232	产业 chǎnyè [명] 부동산	
0233	阐述 chǎnshù [동] 논술하다	
0234	颤抖 chàndǒu [동] 덜덜 떨다	
0235	猖狂 chāngkuáng [형] 맹렬하다, 무지막지하다	
0236	昌盛 chāngshèng [형] 번창하다	
0237	尝试 chángshì [동] 시험하다, 테스트하다	
0238	偿还 chánghuán [동] (빚을) 갚다, 상환하다	
0239	常年 chángnián [부] 장기간	
0240	常务 chángwù [형] 일상적인 업무	
0241	场合 chǎnghé [명] (어떤) 시간, 장소	
0242	场面 chǎngmiàn [명] 장면, 신(scene)	
0243	场所 chǎngsuǒ [명] 장소	
0244	敞开 chǎngkāi [동] (활짝) 열다	
0245	倡导 chàngdǎo [동] 앞장서서 부르짖다	
0246	倡议 chàngyì [동] 건의하다, 발기하다	
0247	畅通 chàngtōng [형] 막힘 없이 통하다	
0248	畅销 chàngxiāo [동] (물건이) 잘 팔리다	
0249	超级 chāojí [형] 극도의, 최상급의	
0250	超越 chāoyuè [동] 뛰어넘다	
0251	钞票 chāopiào [명] 지폐, 돈	
0252	潮流 cháoliú [명] 조류	
0253	潮湿 cháoshī [형] 습기가 많다	
0254	嘲笑 cháoxiào [동] (말이나 글로써 남을) 비웃다	
0255	撤退 chètuì [동] (군대가) 철수하다, 철군하다	
0256	撤销 chèxiāo [동] 취소하다	
0257	沉淀 chéndiàn [동] 가라앉다, 침전하다	

0258	沉闷 chénmèn [형] (날씨나 분위기 등이) 무겁다	
0259	沉思 chénsī [동] 깊이 생각하다	
0260	沉重 chénzhòng [형] (무게가) 무겁다 / (정도가) 깊다	
0261	沉着 chénzhuó [형] 침착하다	
0262	陈旧 chénjiù [형] 오래되다	
0263	陈列 chénliè [동] 진열하다	
0264	陈述 chénshù [동] 진술하다	
0265	称心如意 chēnxīnrúyì [성어] (일이 뜻대로 되어서) 마음에 쏙 들다	
0266	称号 chēnghào [명] 칭호(주로 영광스러운 것에 쓰임)	
0267	橙 chéng [명] 오렌지(orange) 나무	
0268	乘务员 chéngwùyuán [명] 승무원	
0269	承办 chéngbàn [동] 일을 받아 처리하다	
0270	承包 chéngbāo [동] 책임지고 완수하다 / 하청을 받다	
0271	承诺 chéngnuò [동] 승낙하다	
0272	城堡 chéngbǎo [명] 성(城), 성보(城堡)	
0273	成本 chéngběn [명] 원가	
0274	成交 chéngjiāo [이합동사] 거래가 이루어지다	
0275	成天 chéngtiān [명] 하루 종일, 온종일	
0276	成效 chéngxiào [명] 효과	
0277	成心 chéngxīn [부] 고의로, 일부러	
0278	成员 chéngyuán [명] 구성원	
0279	惩罚 chéngfá [동] 처벌하다	
0280	诚挚 chéngzhì [형] 성실하고 진지하다	
0281	澄清 chéngqīng [형] 맑고 깨끗하다	
0282	呈现 chéngxiàn [동] 나타나다, 드러나다	
0283	秤 chèng [명] 저울	
0284	吃苦 chīkǔ [이합동사] 고생하다	
0285	吃力 chīlì [형] 힘들다, 고생스럽다	

0286 迟缓 chíhuǎn [형] 느릿하다

0287 迟疑 chíyí [형] 생각을 정하지 못하다

0288 持久 chíjiǔ [형] 영구적이다 / 오래 유지되다

0289 池塘 chítáng [명] 못

0290 赤道 chìdào [명] 적도

0291 赤字 chìzì [명] 적자

0292 冲动 chōngdòng [명] 충동

0293 冲击 chōngjī [동] 부딪치다

0294 冲突 chōngtū [동] 충돌하다

0295 充当 chōngdāng [동] 충당하다

0296 充沛 chōngpèi [형] (충분하여) 왕성하다, 넘치다

0297 充实 chōngshí [형] (내용, 인원, 물자 등이) 충실하다, 풍부하다

0298 充足 chōngzú [형] 충분하다

0299 崇拜 chóngbài [동] 숭배하다

0300 崇高 chónggāo [형] 숭고하다, 고상하다

0301 崇敬 chóngjìng [동] 숭배하고 존경하다

0302 重叠 chóngdié [동] 중첩하다, 겹치다

0303 重阳节 Chóngyángjié [명]【민속】중양절[음력 9월 9일]

0304 抽空 chōukòng [이합동사] 시간을 짜내다

0305 筹备 chóubèi [동] 사전에 준비하다, 기획하고 준비하다

0306 踌躇 chóuchú [형] 주저하다

0307 稠密 chóumì [형] 빼곡하다

0308 丑恶 chǒuè [형] 추악하다, 못생기다

0309 出路 chūlù [명] 출구, 출로

0310 出卖 chūmài [동] 팔다, 판매하다

0311 出身 chūshēn [동] …출신이다

0312 出神 chūshén [이합동사] (정신을 지나치게 집중하여) 멍해지다

0313 出息 chūxi [명] 발전성, 장래성

0314 出洋相 chūyángxiàng 추태를 부리다, 웃음거리가 되다

0315 初步 chūbù [형] 시작 단계의

0316 储备 chǔbèi [동] (급할 때 쓰려고 물자를) 비축하다

0317 储存 chǔcún [동] (물자를) 저장하다, (돈을) 저축하다

0318 储蓄 chǔxù [동] (주로 은행에) 저축하다

0319 处分 chǔfèn [동] 처벌하다

0320 处境 chǔjìng [명] 처지, 환경, 상태

0321 处置 chǔzhì [동] 처리하다, 해결하다

0322 触犯 chùfàn [동] 침범하다 / 화나게 하다

0323 穿越 chuānyuè [동] (어떤 지역을) 통과하다

0324 川流不息 chuānliúbùxī [성어] (사람이나 차의 행렬이) 흐르는 물처럼 끊이지 않다

0325 船舶 chuánbó [명] 배(의 총칭)

0326 传达 chuándá [동] (한쪽의 의사를 다른 쪽에) 전달하다

0327 传单 chuándān [명] 전단, 전단지

0328 传授 chuánshòu [동] (학문, 기예를 남에게) 가르치다, 전수하다

0329 喘气 chuǎnqì [이합동사] 숨을 몰아쉬다, 심호흡하다

0330 串 chuàn [동] 연관되다, 이어지다 / 꿰다

0331 床单 chuángdān [명] 침대 시트

0332 创立 chuànglì [동] 창립하다, 처음으로 세우다

0333 创新 chuàngxīn [동] (옛것을 버리고 새것을) 창조하다

0334 创业 chuàngyè [동] 창업하다

0335 创作 chuàngzuò [동] (문예 작품을) 창작하다

0336 吹牛 chuīniú [이합동사] 허풍을 떨다

0337 吹捧 chuīpěng [동] (지나치게) 치켜세우다

0338 锤 chuí [명] 망치

0339 垂直 chuízhí [동] 수직이다

0340 纯粹 chúncuì [형] 순수하다

0341 纯洁 chúnjié [형] 순결하다 / 사심이 없다

부록 필수어휘2500

193

0342 词汇 cíhuì [명] 어휘

0343 慈祥 cíxiáng [형] 자상하다, 상냥하다

0344 雌雄 cíxióng [명] 암컷과 수컷, 암수

0345 刺 cì [동] (뾰족한 물건으로 물체를) 찌르다

0346 次品 cìpǐn [명] 저질품

0347 次序 cìxù [명] 순서, 차례

0348 伺候 sìhou [동] 돌보다, 보살피다

0349 丛 cóng [형태소] 모이다, 집합하다

0350 从容不迫 cóngróngbùpò [성어] [형용] 매우 침착하다, 매우 느긋하다

0351 凑合 còuhe [동] 모이다

0352 粗鲁 cūlǔ [형] (성격이나 행동이) 거칠다

0353 窜 cuàn [동] 날뛰다, 달아나다

0354 摧残 cuīcán [동] 심각한 손해를 입게 하다

0355 脆弱 cuìruò [형] 취약하다, 연약하다

0356 搓 cuō [동] (양손의 손바닥을) 비비다, 문지르다

0357 磋商 cuōshāng [동] 반복해서 상의하다

0358 挫折 cuòzhé [동] 좌절시키다, 꺾다

D

0359 搭 dā [동] (막, 울타리 등을) 치다

0360 搭档 dādàng [동] 협력하다, 협동하다

0361 搭配 dāpèi [동] (일정한 요구에 따라) 배합하다, 조합하다

0362 答辩 dábiàn [동] 답변하다

0363 答复 dáfù [동] (문제 또는 요구에 대하여) 대답하다, 회답하다

0364 达成 dáchéng [동] (주로 상담 후, 어떤 결과에) 이르다 / 달성하다

0365 打包 dǎbāo [이합동사] 포장하다, 싸다

0366 打官司 dǎguānsi 소송을 진행하다

0367 打击 dǎjī [동] 공격하다, 타격을 주다

0368 打架 dǎjià [이합동사] (사람이나 동물이 서로) 싸우다

0369 打量 dǎliang [동] 관찰하다, 훑어보다

0370 打猎 dǎliè [이합동사] 사냥하다

0371 打仗 dǎzhàng [이합동사] 전쟁하다, 전투하다

0372 大不了 dàbuliǎo [부] 아무리 나빠도, 기껏해야

0373 大臣 dàchén [명] 대신

0374 大伙儿 dàhuǒr [대] 여러분, 사람들

0375 大厦 dàshà [명] 빌딩, 고층 건물

0376 大肆 dàsì [부] 제멋대로, 거리낌없이

0377 大体 dàtǐ [명] 중요한 도리, 기본 원칙 [부] 대체로

0378 大意 dàyì [명] 주요한 뜻 [형] 소홀하다

0379 大致 dàzhì [형] 대체적인, 기본적인

0380 歹徒 dǎitú [명] 나쁜 사람

0381 带 dài [동] (몸에) 지니다, 가지다

0382 带领 dàilǐng [동] 인솔하다, 이끌다

0383 代价 dàijià [명] 대금, 물건 값

0384 代理 dàilǐ [동] 대리하다

0385 逮捕 dàibǔ [동] (사법기관에서 피의자를) 체포하다

0386 怠慢 dàimàn [동] 쌀쌀맞게 대하다

0387 担保 dānbǎo [동] (문제가 발생하지 않도록 하거나, 반드시 해낼 것임을) 보증하다

0388 胆怯 dǎnqiè [형] 담이 적다, 용기가 부족하다

0389 淡季 dànjì [명] 【경제】 비수기

0390 淡水 dànshuǐ [명] 민물, 담수

0391 蛋白质 dànbáizhì [명] 【생물】 단백질

0392 诞辰 dànchén [명] 탄신일

0393 诞生 dànshēng [동] (사람이) 출생하다

0394 当场 dāngchǎng [부] 당장, 현장에서

0395 当初 dāngchū [명] 당초, 처음

0396 当面 dāngmiàn [부] 면전에서, 얼굴을 맞대고

0397 当前 dāngqián [명] 눈앞, 목전

0398	当事人 dāngshìrén [명] 【법률】 당사자
0399	当务之急 dāngwùzhījí [성어] 급선무, 당장 급한 일
0400	当心 dāngxīn [동] 조심하다
0401	当选 dāngxuǎn [동] 당선되다, 뽑히다
0402	挡 dǎng [동] 막다, 가로막다
0403	档案 dàng"àn [명] 데이터(data), 문서
0404	档次 dàngcì [명] 등급, 수준
0405	岛屿 dǎoyǔ [명] 섬
0406	倒闭 dǎobì [동] 도산하다, 망하다
0407	导弹 dǎodàn [명] 【군사】 유도탄, 미사일
0408	导航 dǎoháng [동] (비행기나 선박의 항행을) 유도하다, 인도하다
0409	导向 dǎoxiàng [동] (어떤 방향으로) 발전하다
0410	捣乱 dǎoluàn [이합동사] 소란을 피우다, 말썽을 피우다
0411	稻谷 dàogǔ [명] 【식물】 벼
0412	盗窃 dàoqiè [동] 도둑질하다
0413	得不偿失 débùchángshī [성어] 얻는 것보다 잃는 것이 많다
0414	得力 délì [이합동사] 덕을 보다, 이익을 보다
0415	得天独厚 détiāndúhòu [성어] 특별히 뛰어난 조건을 갖추다
0416	得罪 dézuì [동] 죄를 짓다
0417	蹬 dēng [동] 밟다, 디디다
0418	灯笼 dēnglóng [명] 등롱, 초롱
0419	登陆 dēnglù [이합동사] 상륙하다, 육지에 오르다
0420	登录 dēnglù [동] 등기하다, 등록하다
0421	等级 děngjí [명] 등급
0422	瞪 dèng [동] (힘을 주어) 눈을 크게 뜨다, 부릅뜨다
0423	堤坝 dībà [명] (방수용) 둑, 제방
0424	敌视 díshì [동] 적대시하다
0425	抵达 dǐdá [동] (어떤 장소에) 도착하다, 이르다
0426	抵抗 dǐkàng [동] (힘으로써 상대방의 진공에) 저항하다
0427	抵制 dǐzhì [동] 저지하다, 거부하다
0428	递增 dìzēng [동] 점차 늘다, 점점 증가하다
0429	地步 dìbù [명] (주로 좋지 않은) 형편, 상태
0430	地势 dìshì [명] 땅의 형세
0431	地质 dìzhì [명] 【지리】 지질
0432	颠簸 diānbǒ [동] (아래위로) 요동하다, 진동하다
0433	颠倒 diāndǎo [동] 뒤바뀌다, 전도되다
0434	点缀 diǎnzhuì [동] 단장하다, 장식하다
0435	典礼 diǎnlǐ [명] 의식
0436	典型 diǎnxíng [명] 전형적인 인물, 전형적인 사건
0437	垫 diàn [동] 받치다 / 깔다, 펴다
0438	电源 diànyuán [명] 【물리】 전원
0439	奠定 diàndìng [동] 다지다 / 닦다
0440	惦记 diànjì [동] (사람이나 사물에 대해) 걱정하다, 염려하다
0441	叼 diāo [동] (물체의 일부분을 입에) 물다
0442	雕刻 diāokè [동] 【미술】 조각하다
0443	雕塑 diāosù [동] 조소하다
0444	吊 diào [동] 걸다, 달다, 매달다
0445	调动 diàodòng [동] (위치, 용도를) 바꾸다, 옮기다
0446	跌 diē [동] 넘어지다
0447	盯 dīng [동] 주시하다
0448	叮嘱 dīngzhǔ [동] (재삼) 부탁하다
0449	定期 dìngqī [동] 기한을 정하다
0450	定义 dìngyì [명] 정의
0451	丢人 diūrén [이합동사] 체면을 잃다
0452	丢三落四 diūsānlàsì [성어] 세 개를 잃어버리고 네 개를 빠뜨리다 [형용] 대충대충 하여 잘 잊어버리다
0453	东道主 dōngdàozhǔ [명] 손님을 초대한 주인이나 행사의 주최자

0454	东张西望 dōngzhāngxīwàng [성어] [형용] (여기저기를) 두리번거리다
0455	董事长 dǒngshìzhǎng [명] 회장, 이사장
0456	栋 dòng [양] 동(집채를 셀 때 쓰는 단위)
0457	冻结 dòngjié [동] 동결하다, 얼리다
0458	洞穴 dòngxué [명] 땅굴
0459	动荡 dòngdàng [동] (파도가) 일다, 출렁이다
0460	动机 dòngjī [명] 동기, (어떤 행동을 하도록) 하는 계기
0461	动静 dòngjing [명] 동정, 인기척
0462	动力 dònglì [명] 【물리】 기계를 움직이게 하는 각종 힘
0463	动脉 dòngmài [명] 【의학】 동맥
0464	动身 dòngshēn [이합동사] 출발하다, 떠나다
0465	动手 dòngshǒu [이합동사] 착수하다, (…하기) 시작하다
0466	动态 dòngtài [명] 동태, (어떤 일이 변화하고 발전하는) 상황
0467	动员 dòngyuán [동] (전쟁, 전투에) 동원하다
0468	兜 dōu [명] 주머니, 자루
0469	陡峭 dǒuqiào [형] (지세, 산세 등이) 험준하다, 가파르다
0470	斗争 dòuzhēng [동] 투쟁하다, 싸우다
0471	督促 dūcù [동] 독촉하다, 감독하고 재촉하다
0472	都市 dūshì [명] 대도시, 도시
0473	独裁 dúcái [동] 독재하다
0474	毒品 dúpǐn [명] 【약학】 마약
0475	赌博 dǔbó [동] 도박하다, 노름하다
0476	堵塞 dǔsè [동] (터널, 통로 등을) 가로막다, 막다
0477	杜绝 dùjué [동] 두절하다, 끊다
0478	端 duān [형태소] (일의) 시작, 발단 [명] (물체의) 끝
0479	端午节 Duānwǔjié [명] 【민속】 단오절
0480	端正 duānzhèng [형] (물체, 신체 등이) 가지런하다, 단정하다
0481	短 duǎn [형] 짧다
0482	短促 duǎncù [형] (시간이) 촉박하다, 없다
0483	断定 duàndìng [동] 단정하다, 결론을 내리다
0484	断断续续 duànduànxùxù [형] 끊어졌다 이어졌다 하다
0485	断绝 duànjué [동] (연락, 왕래를) 단절하다, 끊다
0486	堆积 duījī [동] (사물이 무더기로) 쌓이다
0487	对策 duìcè [명] 대책, 방법
0488	对称 duìchèn [형] 대칭의
0489	对付 duìfu [동] 대처하다, 대응하다
0490	对抗 duìkàng [동] 대항하다, 저항하다
0491	对立 duìlì [동] 대립하다
0492	对联 duìlián [명] 대련(종이, 천 등에 쓰거나, 대나무, 기둥 등에 새긴 대구(對句))
0493	对应 duìyìng [동] 대응하다
0494	对照 duìzhào [동] 대조하다
0495	兑换 duìhuàn [동] 현금으로 바꾸다, 환전하다
0496	兑现 duìxiàn [동] (어음, 수표 등을 은행에서) 현금으로 바꾸다
0497	队伍 duìwu [명] 군대
0498	顿时 dùnshí [부] 즉시, 바로
0499	多元化 duōyuánhuà [동] 다원화되다
0500	哆嗦 duōsuō [동] (자신도 모르게 몸을 부들부들) 떨다
0501	堕落 duòluò [동] (사상이나 행위가) 타락하다

E

0502	额外 éwài [형] 추가의, 가외의
0503	恶心 ěxīn [형] 메스껍다, 역겹다
0504	恶化 èhuà [동] 악화되다, 악화하다
0505	遏制 èzhì [동] 제지하다, 제어하다
0506	恩怨 ēnyuàn [명] 은혜와 원한
0507	而已 éryǐ [조] 다만 …일 뿐이다

0508 耳环 ěrhuán [명] 귀걸이

0509 二氧化碳 èryǎnghuàtàn [명] 【화학】 이산화탄소

F

0510 发布 fābù [동] (명령, 지시, 뉴스 등을) 선포하다

0511 发财 fācái [이합동사] 돈을 벌다

0512 发呆 fādāi [이합동사] 넋을 놓다, 넋을 잃다

0513 发动 fādòng [이합동사] 개시하다, 발동하다

0514 发火 fāhuǒ [이합동사] 발화하다

0515 发觉 fājué [동] 알게 되다, 알아차리다

0516 发射 fāshè [동] (총알, 전파 등을) 발사하다

0517 发誓 fāshì [이합동사] 맹세하다

0518 发行 fāxíng [동] (채권, 서적, 화폐 등을) 발행하다

0519 发炎 fāyán [동] 【의학】 염증을 일으키다

0520 发扬 fāyáng [동] (우수한 기풍, 전통 등을) 떨쳐 일으키다

0521 发育 fāyù [동] (생물이) 발육하다, 자라나다

0522 法人 fǎrén [명] 【법률】 법인

0523 番 fān [양] 번, 차례

0524 繁华 fánhuá [형] 번화하다

0525 繁忙 fánmáng [형] (일이 많아서) 바쁘다, 여유가 없다

0526 繁体字 fántǐzì [명] 번체자

0527 繁殖 fánzhí [동] 번식하다

0528 反驳 fǎnbó [동] 반박하다

0529 反常 fǎncháng [형] 비정상적이다

0530 反倒 fǎndào [부] 오히려, 도리어

0531 反动 fǎndòng [형] (혁명이나 진보에) 반동적이다

0532 反感 fǎngǎn [명] 반감

0533 反抗 fǎnkàng [동] 반항하다, 저항하다

0534 反馈 fǎnkuì [동] 【전기】 피드백(feedback)하다

0535 反面 fǎnmiàn [명] 뒷면, 배면

0536 反射 fǎnshè [동] 【물리】 반사하다

0537 反思 fǎnsī [동] 반성하다, 돌아보다

0538 反问 fǎnwèn [동] 되묻다, 반문하다

0539 反之 fǎnzhī [접속] 이와 반대로, 바꾸어서 말하면

0540 范畴 fànchóu [명] 범주, 유형

0541 泛滥 fànlàn [동] (물이) 범람하다, 넘치다

0542 贩卖 fànmài [동] 판매하다, 팔다

0543 方位 fāngwèi [명] 방위, 방향

0544 方针 fāngzhēn [명] 방침

0545 防守 fángshǒu [동] 수비하다, 막아서 지키다

0546 防疫 fángyì [동] 방역하다

0547 防御 fángyù [동] 방어하다

0548 防止 fángzhǐ [동] (나쁜 일을) 방지하다

0549 防治 fángzhì [동] 예방 치료하다

0550 纺织 fǎngzhī [동] 방직하다, 짜다

0551 放大 fàngdà [동] 확대하다, 크게 하다

0552 放射 fàngshè [동] 방사하다, 방출하다

0553 放手 fàngshǒu [이합동사] 손을 놓다, 손을 떼다

0554 非法 fēifǎ [형] 비합법적인, 불법의

0555 飞禽走兽 fēiqínzǒushòu [성어] 날짐승과 들짐승, 새와 짐승

0556 飞翔 fēixiáng [동] 날다, 비상하다

0557 飞跃 fēiyuè [동] 비약하다, (나는 듯이 높이) 뛰어오르다

0558 肥沃 féiwò [형] (토지가) 기름지다, 비옥하다

0559 诽谤 fěibàng [동] (없는 것을 꾸며 대어) 비방하다, 헐뜯다

0560 匪徒 fěitú [명] 강도, 도적

0561 废除 fèichú [동] (법령, 제도 등을) 폐지하다, 취소하다

0562 废墟 fèixū [명] 폐허

0563 沸腾 fèiténg [동] (액체가) 끓다

부록 필수어휘 2500

0564	分辨 fēnbiàn [동] 판별하다, 구별하다	
0565	分寸 fēncun [명] (적절한) 분수, 한도 / 조금, 소량	
0566	分红 fēnhóng [이합동사] 인민공사에서 사원들에게 정기적으로 이익을 배당하다	
0567	分解 fēnjiě [동] 분해하다	
0568	分裂 fēnliè [동] 분열하다, 갈라지다	
0569	分泌 fēnmì [동] 【의학】 분비하다	
0570	分明 fēnmíng [형] 분명하다	
0571	分歧 fēnqí [형] 불일치하다, 차이가 있다	
0572	分散 fēnsàn [형] 흩어져 있다, 분산되어 있다	
0573	分手 fēnshǒu [이합동사] 헤어지다, 갈라서다	
0574	吩咐 fēnfù [동] (말로) 분부하다, 시키다	
0575	坟墓 fénmù [명] 뫼, 묘	
0576	粉末 fěnmò [명] 가루	
0577	粉色 fěnsè [명] 분홍색	
0578	粉碎 fěnsuì [형] 가루가 된, 산산조각이 난 [명] 분쇄하다	
0579	份 fèn [양] 어울려서 그룹을 이루는 물건을 세는 데 쓰임	
0580	分量 fènliàng [명] 무게, 중량	
0581	风暴 fēngbào [명] 폭풍	
0582	风度 fēngdù [명] 풍격, 훌륭한 태도	
0583	风光 fēngguāng [명] 경치, 풍경	
0584	风气 fēngqì [명] 풍조, 기풍	
0585	风趣 fēngqù [명] 유머	
0586	风土人情 fēngtǔrénqíng [성어] 한 지방 특유의 자연 환경과 풍속, 예절, 습관 등의 총칭	
0587	风味 fēngwèi [명] (사물의) 특색 / 맛	
0588	封闭 fēngbì [동] 봉쇄하다	
0589	封建 fēngjiàn [명] 【정치】 봉건	
0590	封锁 fēngsuǒ [동] (강제적인 힘을 써서) 봉쇄하다	
0591	丰满 fēngmǎn [형] 충분하다, 풍만하다	

0592	丰盛 fēngshèng [형] 풍성하다	
0593	丰收 fēngshōu [동] 풍성하게 수확하다	
0594	锋利 fēnglì [형] 예리하다, 날카롭다	
0595	逢 féng [동] (우연히) 만나다, 닥치다	
0596	奉献 fèngxiàn [동] (삼가) 바치다, 공헌하다	
0597	否决 fǒujué [동] 부결하다	
0598	夫妇 fūfù [명] 부부	
0599	夫人 fūrén [명] 부인	
0600	敷衍 fūyǎn [동] 대충하다	
0601	幅度 fúdù [명] (사물이 변동하는) 폭	
0602	服气 fúqì [동] 따르다, 복종하다	
0603	符号 fúhào [명] 휘장, 마크	
0604	福利 fúlì [명] 복리	
0605	福气 fúqì [명] 복	
0606	俘虏 fúlǔ [동] 적을 사로잡다 [명] 포로	
0607	辐射 fúshè [동] 【물리】 복사하다	
0608	腐败 fǔbài [동] 부패하다	
0609	腐烂 fǔlàn [동] 썩다	
0610	腐蚀 fǔshí [동] 부식하다	
0611	腐朽 fǔxiǔ [동] (섬유질을 가진 것이) 썩다	
0612	辅助 fǔzhù [동] 보조하다	
0613	抚养 fǔyǎng [동] 부양하다	
0614	俯仰 fǔyǎng [동] 아래를 굽어보고 위를 우러러보다	
0615	富裕 fùyù [형] 넉넉하다	
0616	副 fù [양] 짝	
0617	副作用 fùzuòyòng [명] 부작용	
0618	负担 fùdān [동] 부담하다 [명] 부담, 책임	
0619	覆盖 fùgài [동] 덮다	
0620	附和 fùhè [동] 따라 하다	
0621	附件 fùjiàn [명] 별지	
0622	附属 fùshǔ [형] 부속된	

0623	复活 fùhuó [동] 부활하다
0624	复兴 fùxīng [동] 부흥하다
0625	腹泻 fùxiè [동] 설사하다
0626	赋予 fùyǔ [동] 부여하다

G

0627	改良 gǎiliáng [동] 개량하다
0628	盖章 gàizhāng [이합동사] 도장을 찍다
0629	干旱 gānhàn [형] 가물다
0630	干扰 gānrǎo [동] 방해하다
0631	干涉 gānshè [동] 간섭하다
0632	干预 gānyù [동] 관여하다
0633	尴尬 gāngà [형] 난처하다
0634	甘心 gānxīn [동] (기꺼이) 바라다
0635	感慨 gǎnkǎi [동] 감개하다
0636	感染 gǎnrǎn [동] 【의학】 감염되다
0637	干劲 gànjìn [명] 일을 하려는 의욕
0638	纲领 gānglǐng [명] 강령
0639	港口 gǎngkǒu [명] 항구
0640	港湾 gǎngwān [명] 항만
0641	岗位 gǎngwèi [명] 초소 / 직장
0642	杠杆 gànggǎn [명] 지레
0643	高超 gāochāo [형] 뛰어나다
0644	高潮 gāocháo [명] 【지리】 만조
0645	高峰 gāofēng [명] 고봉
0646	高考 gāokǎo [명] 대입 시험
0647	高明 gāomíng [형] (견해, 기능이) 훌륭하다
0648	高尚 gāoshàng [형] 고상하다
0649	高涨 gāozhǎng [동] (수위, 물가 등이) 오르다
0650	稿件 gǎojiàn [명] 원고

0651	告辞 gàocí [동] (주인에게) 작별을 고하다
0652	告诫 gàojiè [동] 경고하다, 훈계하다
0653	割 gē [동] (칼로) 베다
0654	搁 gē [동] 물건을 두다
0655	疙瘩 gēda [명] 뾰루지
0656	歌颂 gēsòng [동] 찬미하다
0657	隔阂 géhé [명] (사상, 감정상의) 골
0658	隔离 gélí [동] 격리하다
0659	格局 géjú [명] 구조와 격식
0660	格式 géshì [명] 격식
0661	个体 gètǐ [명] 개체 / 자영업
0662	各抒己见 gèshūjǐjiàn [성어] 각자 자기의 의견을 드러내다
0663	根深蒂固 gēnshēndìgù [성어] 뿌리가 깊고 꼭지가 튼실하다
0664	根源 gēnyuán [동] …에서 비롯되다
0665	跟前 gēnqián [명] 곁, 부근
0666	跟随 gēnsui [동] 따르다, 뒤따르다
0667	跟踪 gēnzōng [동] 미행하다
0668	耕地 gēngdì [이합동사] 밭을 갈다
0669	更新 gēngxīn [동] 업데이트(update)하다
0670	更正 gēngzhèng [동] 수정하다
0671	公安局 gōng"ānjú [명] 공안국
0672	公道 gōngdào [형] 공평하다
0673	公告 gōnggào [동] 공고하다
0674	公关 gōngguān [명] 공공 관계
0675	公民 gōngmín [명] 【법률】 공민, 국민
0676	公婆 gōngpó [명] 시부모
0677	公然 gōngrán [부] 공개적으로
0678	公认 gōngrèn [동] 공인하다
0679	公式 gōngshì [명] 【수학】 공식

0680	公务 gōngwù [명] 공무
0681	公正 gōngzhèng [형] 공정하다
0682	公证 gōngzhèng [동]【법률】공증하다
0683	供不应求 gōngbúyìngqiú [성어] 공급이 수요를 따르지 못하다
0684	供给 gōngjǐ [동] 공급하다
0685	工夫 gōngfu [명] 시간, 틈
0686	工艺品 gōngyìpǐn [명] 공예품
0687	宫殿 gōngdiàn [명] 궁전
0688	功课 gōngkè [명] 수업
0689	功劳 gōngláo [명] 공로
0690	功效 gōngxiào [명] 효율, 효능
0691	攻击 gōngjī [동] 공격하다
0692	攻克 gōngkè [동] 정복하다
0693	恭敬 gōngjìng [형] 예의가 바르다
0694	巩固 gǒnggù [형] 견고하다
0695	共和国 gònghéguó [명]【정치】공화국
0696	共计 gòngjì [동] 함께 계산하다
0697	共鸣 gòngmíng [동] 공감하다
0698	勾结 gōujié [동] 결탁하다
0699	钩子 gōuzi [명] 갈고리
0700	构思 gòusī [동] 구상하다
0701	孤独 gūdú [형] 고독하다
0702	孤立 gūlì [형] 고립되다
0703	辜负 gūfù [동] 저버리다
0704	姑且 gūqiě [부] 잠깐
0705	古董 gǔdǒng [명] 골동품
0706	古怪 gǔguài [형] (보기) 드물다 / 괴상하다
0707	股东 gǔdōng [명] 주주
0708	股份 gǔfèn [명]【경제】주식
0709	鼓动 gǔdòng [동] 날갯짓하다 / 선동하다
0710	骨干 gǔgàn [명]【의학】골간
0711	固然 gùrán [부] 비록 …하지만
0712	固有 gùyǒu [형] 고유의
0713	固执 gùzhí [형] 고집스럽다
0714	顾虑 gùlǜ [동] 걱정하다
0715	顾问 gùwèn [명] 고문, 해설
0716	故乡 gùxiāng [명] 고향
0717	故障 gùzhàng [명] (기계 등의) 고장
0718	拐杖 guǎizhàng [명] 지팡이
0719	关照 guānzhào [동] 관심을 가지고 보살피다
0720	官方 guānfāng [명] 정부(政府) 측
0721	观光 guānguāng [동] 관광하다
0722	管辖 guǎnxiá [동] 관할하다
0723	罐 guàn [명] 단지, 항아리
0724	贯彻 guànchè [동] 관철하다
0725	灌溉 guàngài [동] (농사에 필요한) 물을 대다
0726	惯例 guànlì [명] 관례
0727	光彩 guāngcǎi [명] 광채
0728	光辉 guānghuī [명] 눈부신 빛
0729	光芒 guāngmáng [명] (사방으로 뿜는) 광선
0730	广阔 guǎngkuò [형] 광활하다, 넓다
0731	规范 guīfàn [명] 규범
0732	规格 guīgé [명] (상품의) 규격
0733	规划 guīhuà [명] (전면적이고 장기적인 발전) 계획
0734	规章 guīzhāng [명] 규칙
0735	归根到底 guīgēndàodǐ [성어] 결국
0736	归还 guīhuán [동] 원래 주인에게 돌려주다
0737	归纳 guīnà [동]【논리】귀납하다
0738	轨道 guǐdào [명] 궤도
0739	跪 guì [동] (무릎을) 꿇다
0740	贵族 guìzú [명] 귀족

0741	棍棒 gùnbàng [명] 몽둥이, 작대기	
0742	国防 guófáng [명] 국방	
0743	国务院 guówùyuàn [명] 【정치】 국무원	
0744	果然 guǒrán [부] 과연	
0745	过度 guòdù [동] 지나치다	
0746	过渡 guòdù [명] 과도기	
0747	过奖 guòjiǎng [동] 과찬하다	
0748	过滤 guòlǜ [동] 거르다	
0749	过失 guòshī [명] 과실	
0750	过问 guòwèn [동] 관여하다	
0751	过瘾 guòyǐn [형] 짜릿하다 / 만족하다	
0752	过于 guòyú [부] (정도나 수량이) 지나치게	

H

0753	嗨 hāi [감] 다른 사람을 부르거나 주의를 환기시킴을 나타냄
0754	海拔 hǎibá [명] 해발
0755	海滨 hǎibīn [명] 해변
0756	含糊 hánhu [형] 모호하다
0757	含义 hányì [명] 포함하는 의미
0758	寒暄 hánxuān [동] 인사하다
0769	罕见 hǎnjiàn [형] 보기 드물다
0760	捍卫 hànwèi [동] 수호하다
0761	航空 hángkōng [동] (비행기가) 공중을 날다
0762	航天 hángtiān [동] 우주를 비행하다
0763	航行 hángxíng [동] (선박 또는 비행기가) 항해하다
0764	行列 hángliè [명] 행렬, 대열
0765	豪迈 háomài [형] 기백이 크다
0766	毫米 háomǐ [양] 【도량형】 밀리미터
0767	毫无 háowú [부] 조금도 …없다

0768	号召 hàozhào [동] 호소하다
0769	耗费 hàofèi [동] 함부로 소비하다
0770	好客 hàokè [동] 손님 접대를 좋아하다
0771	呵 hē [동] (입김을) 불다
0772	和蔼 hé"ǎi [형] 상냥하다
0773	和解 héjiě [동] 화해하다
0774	和睦 hémù [형] 화목하다
0775	和气 héqì [형] 온화하다
0776	和谐 héxié [형] 어울리다
0777	合并 hébìng [동] 합병하다
0778	合成 héchéng [동] 합성하다
0779	合乎 héhū [동] …에 맞다
0780	合伙 héhuǒ [동] 동업자가 되다
0781	合身 héshēn [형] (옷이 몸에) 맞다
0782	合算 hésuàn [형] 수지가 맞다
0783	嘿 hēi [감] 다른 사람을 부르거나 주의를 환기시킴을 표시함
0784	痕迹 hénjì [명] 흔적
0785	狠心 hěnxīn [이합동사] 모질게 마음먹다
0786	恨不得 hènbude [동] 간절히 바라다
0787	哼 hēng [동] 콧소리를 내다
0788	哄 hōng [의성] (여러 사람들이) 떠드는 소리
0789	烘 hōng [동] (불이나 증기로) 말리다
0790	轰动 hōngdòng [동] 동요하다
0791	红包 hóngbāo [명] 상여금
0792	宏观 hóngguān [형] 【물리】 거시적인
0793	宏伟 hóngwěi [형] 웅대하다
0794	洪水 hóngshuǐ [명] 홍수
0795	喉咙 hóulóng [명] 목구멍
0796	吼 hǒu [동] 울부짖다
0797	后代 hòudài [명] 후대

부록 필수어휘 2500

201

0798	后顾之忧 hòugùzhīyōu [성어] 뒷걱정	
0799	后勤 hòuqín [명] 후방 근무	
0800	候选 hòuxuǎn [동] 입후보하다	
0801	忽然 hūrán [부] 갑자기	
0802	呼啸 hūxiào [동] 높고 긴 소리를 내다	
0803	呼吁 hūyù [동] (원조, 지지 등을) 구하다	
0804	胡乱 húluàn [부] 마음대로	
0805	湖泊 húpō [명] 호수	
0806	互联网 hùliánwǎng [명]【컴퓨터】인터넷	
0807	花瓣 huābàn [명]【식물】꽃잎	
0808	华丽 huálì [형] 화려하다	
0809	华侨 huáqiáo [명] 화교	
0810	画蛇添足 huàshétiānzú [성어] [비유] 쓸데없는 짓을 하다, 사족을 달다	
0811	化肥 huàféi [명]【농업】화학 비료	
0812	化石 huàshí [명]【지리】화석	
0813	化验 huàyàn [동] 화학 실험하다	
0814	化妆 huàzhuāng [이합동사] 화장하다	
0815	划分 huàfēn [동] 나누다	
0816	话筒 huàtǒng [명] 수화기, 마이크	
0817	怀孕 huáiyùn [이합동사] 임신하다	
0818	欢乐 huānlè [형] 즐겁다	
0819	还原 huányuán [동] 환원하다	
0820	环节 huánjié [명]【동물】환절, 몸마디	
0821	缓和 huǎnhé [동] 완화하다	
0822	患者 huànzhě [명] 환자	
0823	荒凉 huāngliáng [형] 적막하다	
0824	荒谬 huāngmiù [형] 황당무계하다	
0825	荒唐 huāngtáng [형] 황당하다	
0826	慌张 huāngzhāng [형] 안절부절못하다	
0827	黄昏 huánghūn [명] 해질녘	

0828	恍然大悟 huǎngrándàwù [성어] 문득 크게 깨닫다	
0829	挥霍 huīhuò [동] 돈을 헤프게 쓰다	
0830	辉煌 huīhuáng [형] 눈부시다	
0831	回报 huíbào [동] 보고하다	
0832	回避 huíbì [동] 회피하다	
0833	回顾 huígù [동] 되돌아보다, 회고하다	
0834	回收 huíshōu [동] 회수하다	
0835	悔恨 huǐhèn [동] 뉘우치다	
0836	毁灭 huǐmiè [동] 소멸시키다	
0837	会晤 huìwù [동] 대면하다	
0838	汇率 huìlǜ [명]【경제】환율	
0839	贿赂 huìlù [동] 뇌물을 주다	
0840	昏迷 hūnmí [동] 의식을 잃다	
0841	浑身 húnshēn [명] 온몸	
0842	混合 hùnhé [동] 혼합하다	
0843	混乱 hùnluàn [형] 혼란하다	
0844	混淆 hùnxiáo [동] 뒤섞이다	
0845	混浊 hùnzhuó [형] 혼탁하다	
0846	活该 huógāi [동] 당연하다	
0847	活力 huólì [명] 활력	
0848	火箭 huǒjiàn [명] 미사일 / 로켓	
0849	火焰 huǒyàn [명] 불꽃	
0850	火药 huǒyào [명] 화약	
0851	货币 huòbì [명]【경제】화폐	
0852	或许 huòxǔ [부] 아마	

J

0853	基地 jīdì [명] 기지	
0854	基金 jījīn [명]【경제】기금	

0855	基因 jīyīn	[명]【생물】유전자
0856	机动 jīdòng	[형] 기계를 이용하여 전동하는
0857	机构 jīgòu	[명] 기구
0858	机关 jīguān	[명]【기계】기관
0859	机灵 jīling	[형] 영리하다
0860	机密 jīmì	[형] 기밀이다
0861	机械 jīxiè	[명] 기계
0862	机遇 jīyù	[명] 찬스, 기회
0863	机智 jīzhì	[형] 머리 회전이 빠르다
0864	激发 jīfā	[동] (감정을) 불러일으키다
0865	激励 jīlì	[동] 격려하다
0866	激情 jīqíng	[명] 열정
0867	饥饿 jīè	[형] 배고프다
0868	讥笑 jīxiào	[동] 비웃다
0869	极端 jíduān	[명] 극단
0870	极限 jíxiàn	[명] 극한
0871	即便 jíbiàn	[접속] 설령 …하더라도
0872	即将 jíjiāng	[부] 머지않아
0873	级别 jíbié	[명] 등급
0874	疾病 jíbìng	[명] 병
0875	嫉妒 jídù	[동] 질투하다
0876	及早 jízǎo	[부] 빨리, 일찌감치
0877	急功近利 jígōngjìnlì	[성어] 눈앞의 성과(이익)에 급급하다
0878	急剧 jíjù	[형] 급격하다
0879	急切 jíqiè	[형] 절박하다
0880	急于求成 jíyúqiúchéng	[성어] 급하게 이루려고 하다
0881	急躁 jízào	[형] (성격이) 급하다
0882	籍贯 jíguàn	[명] 본적
0883	集团 jítuán	[명] 집단
0884	吉祥 jíxiáng	[형] 운수가 좋다
0885	给予 jǐyǔ	[동] (물건이나 대우를) 주다
0886	寄托 jìtuō	[동] 위탁하다
0887	继承 jìchéng	[동] 상속받다
0888	继往开来 jìwǎngkāilái	[성어] 이전의 사업을 계승하고 (앞날을 위해) 새 길을 개척하다
0889	记性 jìxing	[명] 기억력
0890	记载 jìzǎi	[동] 기재하다
0891	季度 jìdù	[명] 분기
0892	季军 jìjūn	[명]【운동】3위
0893	计较 jìjiào	[동] 계산하여 비교하다
0894	忌讳 jìhuì	[동] 꺼리다
0895	寂静 jìjìng	[형] 잠잠하다, 적막하다
0896	纪要 jìyào	[명] 요점 기록
0897	技能 jìnéng	[명] 솜씨
0898	技巧 jìqiǎo	[명] 기교
0899	迹象 jìxiàng	[명] 흔적
0900	家常 jiācháng	[명] 일상생활
0901	家伙 jiāhuo	[명] 녀석
0902	家属 jiāshǔ	[명] 가족
0903	家喻户晓 jiāyùhùxiǎo	[성어] 어느 집이나 다 잘 알고 있다
0904	加工 jiāgōng	[이합동사] 가공하다
0905	加剧 jiājù	[동] 심해지다
0906	佳肴 jiāyáo	[명] 훌륭한 요리
0907	夹杂 jiāzá	[동] 혼합하다
0908	假设 jiǎshè	[동] 임시로 정하다
0909	假使 jiǎshǐ	[접속] 만약
0910	坚定 jiāndìng	[형] 꿋꿋하다
0911	坚固 jiāngù	[형] 견고하다
0912	坚韧 jiānrèn	[형] 강인하다

부록 필수어휘 2500

0913	坚实 jiānshí [형] 튼튼하다	
0914	坚硬 jiānyìng [형] 단단하다	
0915	监督 jiāndū [동] 감독하다	
0916	监视 jiānshì [동] 감시하다	
0917	监狱 jiānyù [명] 교도소	
0918	尖锐 jiānruì [형] 물체의 끝이 날카롭다	
0919	艰难 jiānnán [형] 곤란하다	
0920	兼职 jiānzhí [이합동사] 직무를 겸임하다	
0921	剪彩 jiǎncǎi [이합동사] 테이프 컷팅을 하다	
0922	检查 jiǎnchá [동] 점검하다	
0923	检讨 jiǎntǎo [동] 깊이 반성하다, 비평하다	
0924	检验 jiǎnyàn [동] 검증하다	
0925	简化 jiǎnhuà [동] 간소화하다	
0926	简陋 jiǎnlòu [형] 초라하다	
0927	简体字 jiǎntǐzì [명] 간체자	
0928	简要 jiǎnyào [형] 간단명료하다	
0929	件 jiàn [양] 개체로 된 기구, 용구, 기물 등을 세는 데 쓰임	
0930	鉴别 jiànbié [동] 판별하다	
0931	鉴定 jiàndìng [동] (사람의 장단점을) 평가하다	
0932	鉴于 jiànyú [개] …에 비추어 보아	
0933	间谍 jiàndié [명] 간첩	
0934	间隔 jiàngé [명] 간격	
0935	间接 jiànjiē [형] 간접적인	
0936	见多识广 jiànduōshíguǎng [성어] 보고 들은 것이 많고 식견이 넓다	
0937	见解 jiànjiě [명] 견해	
0938	见闻 jiànwén [명] 견문	
0939	见义勇为 jiànyìyǒngwéi [성어] 정의를 위해 용감하게 뛰어들다	
0940	健全 jiànquán [형] 튼튼하고 온전하다	
0941	践踏 jiàntà [동] 밟다	

0942	舰艇 jiàntǐng [명] 【군사】함정	
0943	将近 jiāngjìn [부] 거의	
0944	将军 jiāngjūn [명] 장군	
0945	僵硬 jiāngyìng [형] 경직되다	
0946	桨 jiāng [명] 노	
0947	奖励 jiǎnglì [동] 장려하다	
0948	奖赏 jiǎngshǎng [동] 상을 주다	
0949	降临 jiànglín [동] 강림하다	
0950	交叉 jiāochā [동] 엇갈리다, 교차하다	
0951	交代 jiāodài [동] 인계하다	
0952	交涉 jiāoshè [동] 교섭하다, 절충하다	
0953	交往 jiāowǎng [동] 왕래하다	
0954	交易 jiāoyì [동] 거래하다	
0955	焦点 jiāodiǎn [명] 【수학】 초점	
0956	焦急 jiāojí [형] 초조해하다	
0957	娇气 jiāoqì [명] 여린 태도	
0958	角落 jiǎoluò [명] 모퉁이	
0959	搅拌 jiǎobàn [동] 휘젓다	
0960	缴纳 jiǎonà [동] 납부하다	
0961	教养 jiāoyǎng [동] 가르쳐 키우다	
0962	较量 jiàoliàng [동] 겨루다	
0963	接连 jiēlián [부] 연달아	
0964	阶层 jiēcéng [명] 계층	
0965	揭发 jiēfā [동] 까발리다	
0966	揭露 jiēlù [동] 들추어내다	
0967	节奏 jiézòu [명] 리듬	
0968	杰出 jiéchū [형] 출중하다	
0969	结晶 jiéjīng [동] 고체 상태로 바뀌다	
0970	结局 jiéjú [명] 결말	
0971	结算 jiésuàn [동] 결산하다	
0972	竭尽全力 jiéjìnquánlì [성어] 모든 힘을 다 기울이다	

0973	截至 jiézhì [동] 마감하다		1003	精确 jīngquè [형] 틀림없다
0974	解除 jiěchú [동] 제거하다		1004	精通 jīngtōng [동] 정통하다
0975	解雇 jiěgù [동] 해고하다		1005	精心 jīngxīn [형] 공들이다, 세심하다
0976	解剖 jiěpōu [동] 해부하다		1006	精益求精 jīngyìqiújīng [성어] 더 뛰어나게 하려고 공을 들이다
0977	解散 jiěsàn [동] 해산하다		1007	精致 jīngzhì [형] 정밀하다
0978	解体 jiětǐ [동] 분해하다, 해체하다		1008	经费 jīngfèi [명] 경비
0979	借鉴 jièjiàn [동] 본보기로 삼다		1009	经商 jīngshāng [이합동사] 상업을 경영하다
0980	借助 jièzhù [동] 힘을 빌리다		1010	经纬 jīngwěi [명] (직물의) 날줄과 씨줄
0981	戒备 jièbèi [동] 경계하여 방비하다		1011	惊动 jīngdòng [동] 놀라게 하다
0982	界限 jièxiàn [명] 경계		1012	惊奇 jīngqí [형] 이상하게 여기다
0983	津津有味 jīnjīnyǒuwèi [성어] 흥미진진하다		1013	惊讶 jīngyà [형] 놀랍고 의아하다
0984	金融 jīnróng [명] 금융		1014	兢兢业业 jīngjīngyèyè [성어] 부지런하고 성실하다
0985	紧密 jǐnmì [형] 밀접하다		1015	井 jǐng [명] 우물
0986	紧迫 jǐnpò [형] 급박하다		1016	警告 jǐnggào [동] 경고하다
0987	尽快 jǐnkuài [부] 되도록 서둘러		1017	警惕 jǐngtì [동] 경계하다
0988	锦绣前程 jǐnxiùqiánchéng [성어] 마치 수를 놓은 비단과 같은 장래		1018	颈椎 jǐngzhuī [명] 【의학】 경추
0989	进而 jìn"ér [접속] 더 나아가		1019	敬礼 jìnglǐ [이합동사] 경례하다
0990	进攻 jìngōng [동] 공격하다		1020	境界 jìngjiè [명] 경계
0991	进化 jìnhuà [동] 진화하다		1021	竞选 jìngxuǎn [동] 선거운동을 벌이다
0992	进展 jìnzhǎn [동] (일이) 진전하다		1022	竞争 jìngzhēng [동] 경쟁하다
0993	近来 jìnlái [명] 근래		1023	镜头 jìngtóu [명] 카메라 렌즈
0994	近视 jìnshì [형] 근시안적이다, 안목이 짧다		1024	纠纷 jiūfēn [명] 분규
0995	浸泡 jìnpào [동] (액체 속에) 담그다		1025	纠正 jiūzhèng [동] (결점이나 잘못 등을) 바로잡다
0996	晋升 jìnshēng [동] 승진하다		1026	酒精 jiǔjīng [명] 에틸알코올
0997	劲头 jìntóu [명] 힘		1027	救济 jiùjì [동] 구제하다
0998	茎 jīng [명] (식물의) 줄기		1028	就近 jiùjìn [부] 근방에서
0999	精打细算 jīngdǎxìsuàn [성어] 면밀하게 계산하다		1029	就业 jiùyè [이합동사] 취업하다
1000	精华 jīnghuá [명] 정화		1030	就职 jiùzhí [이합동사] 정식으로 부임하다
1001	精简 jīngjiǎn [동] 간소화하다		1031	鞠躬 júgōng [형] 조심하고 삼가는 모양
1002	精密 jīngmì [형] 정밀하다			

부록 필수어휘 2500

1032	拘留 jūliú [동] 구류하다	
1033	拘束 jūshù [동] 구속하다	
1034	居住 jūzhù [동] 거주하다	
1035	局部 júbù [명] (전체에서의) 일부분	
1036	局面 júmiàn [명] 국면	
1037	局势 júshì [명] (정치나 군사 등의) 정세	
1038	局限 júxiàn [동] 한정하다	
1039	举动 jǔdòng [명] 거동	
1040	举世闻名 jǔshìwénmíng [성어] 명성이 자자하다	
1041	举世瞩目 jǔshìzhǔmù [성어] 전 세계가 다 주목하고 있다	
1042	举足轻重 júzúqīngzhòng [성어] 중요한 위치에 있어서 일거수일투족이 전체에 영향을 끼치다	
1043	咀嚼 jǔjué [동] (음식물을) 씹다	
1044	沮丧 jǔsàng [형] 용기를 잃다	
1045	剧本 jùběn [명] 대본	
1046	剧烈 jùliè [형] 격렬하다	
1047	聚精会神 jùjīnghuìshén [성어] 정신을 집중하다	
1048	据悉 jùxī [동] 소식에 따라 알다	
1049	决策 juécè [동] 결정하다	
1050	觉悟 juéwù [동] 깨닫다	
1051	觉醒 juéxǐng [동] 각성하다	
1052	绝望 juéwàng [이합동사] 조금의 희망도 없다, 절망하다	
1053	军队 jūnduì [명] 군대	

K

1054	卡通 kǎtōng [명] 만화영화	
1055	开采 kāicǎi [동] 채굴하다	
1056	开除 kāichú [동] 해고하다	
1057	开阔 kāikuò [형] 넓다	

1058	开朗 kāilǎng [형] 탁 트이고 밝다 / 낙관적이다	
1059	开明 kāimíng [형] 진보적이다	
1060	开辟 kāipì [동] (길을) 열다	
1061	开水 kāishuǐ [명] 끓인 물	
1062	开拓 kāituò [동] 개척하다	
1063	开展 kāizhǎn [동] 확대시키다	
1064	开支 kāizhī [동] 지불하다	
1065	刊登 kāndēng [동] 게재하다	
1066	刊物 kānwù [명] 간행물	
1067	勘探 kāntàn [동] 탐사하다	
1068	看待 kàndài [동] 대하다	
1069	看望 kànwàng [동] 방문하다	
1070	慷慨 kāngkǎi [형] 격해지다	
1071	扛 káng [동] 메다	
1072	考察 kǎochá [동] 현지 조사하다	
1073	考古 kǎogǔ [동] 고고하다, 고고학을 연구하다	
1074	考核 kǎohé [동] 심사하다	
1075	考验 kǎoyàn [동] 시험하다	
1076	靠拢 kàolǒng [동] 가까이 다가서다	
1077	磕 kē [동] 부딪히다	
1078	颗粒 kēlì [명] 과립, 알	
1079	科目 kēmù [명] 과목	
1080	渴望 kěwàng [동] 간절히 바라다	
1081	可观 kěguān [형] 가관이다	
1082	可口 kěkǒu [형] 입에 맞다	
1083	可恶 kěwù [형] 얄밉다	
1084	可笑 kěxiào [형] 우습다	
1085	可行 kěxíng [형] 실행 가능하다	
1086	刻不容缓 kèbùrónghuǎn [성어] 잠시라도 지체할 수 없다	
1087	课题 kètí [명] 과제	

1088 客户 kèhù [명] 옛날, 외지에서 이주해 온 주민 / 고객	1117 况且 kuàngqiě [접속] 게다가
1089 啃 kěn [동] 갉아먹다	1118 亏待 kuīdài [동] 불공평하게 대하다
1090 恳切 kěnqiè [형] 간절하다	1119 亏损 kuīsǔn [동] 적자 나다
1091 坑 kēng [명] 구멍	1120 昆虫 kūnchóng [명] 곤충
1092 空洞 kōngdòng [명] 공동, 작은 구멍	1121 捆绑 kǔnbǎng [동] (밧줄로) 묶다
1093 空前绝后 kōngqiánjuéhòu [성어] 전에도 없었고, 앞으로도 없을 것이다	1122 扩充 kuòchōng [동] 확충하다
1094 空想 kōngxiǎng [동] 공상하다	1123 扩散 kuòsàn [동] 확산하다
1095 空虚 kōngxū [형] 공허하다	1124 扩张 kuòzhāng [동] 세력을 확장하다
1096 孔 kǒng [명] 구멍	
1097 恐吓 kǒnghè [동] 위협하다	**L**
1098 恐惧 kǒngjù [형] 무섭다	
1099 空白 kòngbái [명] 공백	1125 喇叭 lǎbā [명] 나팔
1100 空隙 kòngxì [명] 틈, 간격	1126 啦 la [조] '了 le'와 '啊 a'를 합친 음
1101 口气 kǒuqì [명] 말버릇	1127 来历 láilì [명] 내력
1102 口腔 kǒuqiāng [명]【의학】구강	1128 来源 láiyuán [명] 근원
1103 口头 kǒutóu [명] 입	1129 栏目 lánmù [명] 칸
1104 口音 kǒuyīn [명] 악센트	1130 懒惰 lǎnduò [형] 게으르다
1105 枯竭 kūjié [형] 고갈되다	1131 狼狈 lángbèi [형] 낭패스럽다
1106 枯燥 kūzào [형] 무미건조하다	1132 朗读 lǎngdú [동] 낭독하다
1107 苦尽甘来 kǔjìngānlái [성어] [비유] 고생스러운 날이 끝나고 행복한 날이 오다	1133 捞 lāo [동] (액체 속에서 물건을) 건지다
1108 挎 kuà [동] (팔에) 걸다	1134 唠叨 láodao [동] 잔소리하다
1109 跨 kuà [동] 뛰어넘다	1135 牢固 láogù [형] 단단하다
1110 快活 kuàihuo [형] 쾌활하다	1136 牢骚 láosāo [명] 불만
1111 宽敞 kuānchang [형] 널찍하다	1137 乐趣 lèqù [명] 즐거움
1112 款待 kuǎndài [동] 환대하다	1138 乐意 lèyì [동] …하기를 원하다
1113 款式 kuǎnshì [명] 양식	1139 雷达 léidá [명] 레이더
1114 筐 kuāng [명] 광주리	1140 类似 lèisì [동] 비슷하다
1115 旷课 kuàngkè [이합동사] 무단결석하다	1141 冷淡 lěngdàn [형] 한산하다 / 냉담하다
1116 框架 kuàngjià [명] 틀, 프레임	1142 冷酷 lěngkù [형] 가혹하다
	1143 冷却 lěngquè [동] 냉각시키다
	1144 愣 lèng [동] 멍해지다

부록 필수어휘2500

207

1145 黎明 límíng [명] 여명	1174 谅解 liàngjiě [동] 양해하다
1146 里程碑 lǐchéngbēi [명] 이정표	1175 辽阔 liáokuò [형] 광활하다
1147 礼节 lǐjié [명] 예절	1176 列举 lièjǔ [동] 열거하다
1148 理睬 lǐcǎi [동] 아랑곳하다, 거들떠보다	1177 淋 lín [동] 젖다
1149 理所当然 lǐsuǒdāngrán [성어] 도리상 당연히 이러하다	1178 临床 línchuáng [동] 【의학】 임상하다
1150 理直气壮 lǐzhíqìzhuàng [성어] 이유가 충분하여 말에 힘이 있다	1179 吝啬 lìnsè [형] 인색하다
1151 理智 lǐzhì [명] 이성	1180 零星 língxīng [형] 소량의
1152 立场 lìchǎng [명] 입장	1181 凌晨 língchén [명] 새벽
1153 立交桥 lìjiāoqiáo [명] 입체교차로	1182 灵感 línggǎn [명] 영감
1154 立体 lìtǐ [형] 입체적인	1183 灵魂 línghún [명] 영혼
1155 立足 lìzú [이합동사] 기반을 마련하다	1184 灵敏 língmǐn [형] 민감하다
1156 历代 lìdài [명] 역대	1185 伶俐 línglì [형] 영리하다
1157 历来 lìlái [부] 줄곧	1186 领会 lǐnghuì [동] 이해하다
1158 利害 lìhai [형] 심하다 / lìhài [명] 이익과 손해	1187 领事馆 lǐngshìguǎn [명] 영사관
1159 利率 lìlǜ [명] 이율	1188 领土 lǐngtǔ [명] 영토
1160 力所能及 lìsuǒnéngjí [성어] 자신의 능력으로 해낼 수 있다	1189 领悟 lǐngwù [동] 깨닫다
1161 力图 lìtú [동] 힘써 꾀하다	1190 领先 lǐngxiān [이합동사] 선두에 서다
1162 力争 lìzhēng [동] 힘껏 구하다	1191 领袖 lǐngxiù [명] 지도자
1163 例外 lìwài [동] 예외로 하다	1192 溜 liū [동] 미끄러지다
1164 连年 liánnián [동] 몇 해 동안 이어지다	1193 留恋 liúliàn [동] 그리워하다
1165 连锁 liánsuǒ [형] 연쇄적인	1194 留念 liúniàn [동] (주로 이별할 때 선물을 주어) 기념으로 남기다
1166 连同 liántóng [접속] …와 함께	1195 留神 liúshén [이합동사] 조심하다
1167 联欢 liánhuān [동] 함께 모이다	1196 流浪 liúlàng [동] 떠돌다
1168 联络 liánluò [동] 연락하다	1197 流露 liúlù [동] 감정을 드러내다
1169 联盟 liánméng [명] 연맹	1198 流氓 liúmáng [명] 악당
1170 联想 liánxiǎng [동] 연상하다	1199 流通 liútōng [동] 통하다
1171 廉洁 liánjié [형] 청렴하다	1200 聋哑 lóngyā [형] 귀고 먹고 말도 못하다, 농아
1172 良心 liángxīn [명] 양심	1201 隆重 lóngzhòng [형] 성대하고 엄숙하다
1173 晾 liàng [동] 말리다	1202 垄断 lǒngduàn [동] 독점하다
	1203 笼罩 lóngzhào [동] 뒤덮다

1204	搂 lǒu [동] 껴안다	
1205	炉灶 lúzào [명] 가마와 부뚜막	
1206	轮船 lúnchuán [명] 기선	
1207	轮廓 lúnkuò [명] 윤곽	
1208	轮胎 lúntāi [명] 타이어	
1209	论坛 lùntán [명] 포럼, 논단	
1210	论证 lùnzhèng [명] 논증	
1211	啰嗦 luōsuō [형] 말이 많다	
1212	螺丝钉 luósīdīng [명] 나사	
1213	落成 luòchéng [동] 완공되다	
1214	落实 luòshí [동] 실현하다	
1215	络绎不绝 luòyìbùjué [성어] 왕래가 빈번하여 끊이지 않다	
1216	屡次 lǚcì [부] 자주	
1217	履行 lǚxíng [동] 이행하다	
1218	掠夺 lüèduó [동] 약탈하다	
1219	略微 lüèwēi [부] 조금	

M

1220	麻痹 mábì [동] 마비되다	
1221	麻木 mámù [형] (몸이) 저리다	
1222	麻醉 mázuì [동] 마취하다	
1223	码头 mǎtou [명] 부두	
1224	嘛 ma [조] 일이 마땅히 이러해야 함을 표시함	
1225	埋伏 máifú [동] 매복하다	
1226	埋没 máimò [동] 매몰하다	
1227	埋葬 máizàng [동] 묻다, 매장하다	
1228	迈 mài [동] 큰 걸음으로 걷다	
1229	脉搏 màibó [명] 맥박	
1230	埋怨 mányuàn [동] 원망하다	

1231	慢性 mànxìng [형] 만성의	
1232	漫长 màncháng [형] (시간이나 길 등이) 길다	
1233	漫画 mànhuà [명] 만화	
1234	蔓延 mànyán [동] 널리 퍼지다	
1235	忙碌 mánglù [형] 바쁘다	
1236	茫茫 mángmáng [형] 아득하다	
1237	茫然 mángrán [형] 무식하다	
1238	盲目 mángmù [형] 맹목적인	
1239	冒充 màochōng [동] 사칭하다	
1240	茂盛 màoshèng [형] 무성하다	
1241	枚 méi [양] 개, 장	
1242	没辙 méizhé [이합동사] 방법이 없다	
1243	媒介 méijiè [명] 중개자	
1244	媒体 méitǐ [명] 매스컴	
1245	美观 měiguān [형] 보기 좋다	
1246	美满 měimǎn [형] 아름답고 원만하다	
1247	美妙 měimiào [형] 미묘하다	
1248	门诊 ménzhěn [명] 외래 진료	
1249	蒙 méng [동] 덮다	
1250	萌芽 méngyá [동] 싹트다	
1251	猛烈 měngliè [형] 맹렬하다	
1252	梦想 mèngxiǎng [동] 허황된 생각을 하다	
1253	眯 mī [동] 실눈을 뜨다	
1254	弥补 míbǔ [동] 보충하다	
1255	弥漫 mímàn [동] 자욱하다	
1256	迷惑 míhuò [형] 정신을 못차리다	
1257	迷人 mírén [형] 매력적이다	
1258	迷失 míshī [동] (방향이나 길을) 잃다	
1259	迷信 míxìn [명] 미신	
1260	密度 mìdù [명] 밀도	
1261	密封 mìfēng [동] 밀봉하다	

부록 필수어휘 2500

1262 免得 miǎnde [접속] …하지 않도록	1293 莫名其妙 mòmíngqímiào [성어] 영문을 모르다
1263 免疫 miǎnyì [동] 면역하다	1294 默默 mòmò [부] 묵묵히
1264 勉励 miǎnlì [동] 용기를 북돋우다	1295 墨水儿 mòshuǐr [명] 먹물
1265 勉强 miǎnqiǎng [형] 어려움을 참다	1296 谋求 móuqiú [동] 도모하다
1266 面貌 miànmào [명] 용모	1297 模样 móyàng [명] 겉모습
1267 面子 miànzi [명] 물체의 외형	1298 母语 mǔyǔ [명] 모국어
1268 描绘 miáohuì [동] 묘사하다	1299 目睹 mùdǔ [동] 직접 보다
1269 渺小 miǎoxiǎo [형] 보잘것없다	1300 目光 mùguāng [명] 시선
1270 蔑视 mièshì [동] 멸시하다	1301 沐浴 mùyù [동] 목욕하다
1271 灭亡 mièwáng [동] 멸망하다	

1272 民间 mínjiān [명] 민간	
1273 民用 mínyòng [형] 민간의	# N
1274 敏感 mǐngǎn [형] 민감하다	
1275 敏捷 mǐnjié [형] 민첩하다	1302 拿手 náshǒu [형] 재간이 있다
1276 敏锐 mǐnruì [형] 예민하다	1303 纳闷儿 nàmènr [이합동사] 궁금하다
1277 明明 míngmíng [부] 명백히	1304 耐用 nàiyòng [형] 오래가다
1278 名次 míngcì [명] 석차	1305 难得 nándé [형] 얻기 어렵다
1279 名额 míng"é [명] 정원	1306 难堪 nánkān [동] 참기 힘들다
1280 名副其实 míngfùqíshí [성어] 명실상부하다	1307 难免 nánmiǎn [형] 피하기 어렵다
1281 名誉 míngyù [명] 명성	1308 难能可贵 nánnéngkěguì [성어] 어려운 일을 해내어 귀중하게 생각할 만하다
1282 命名 mìngmíng [이합동사] 이름을 붙이다	1309 恼火 nǎohuǒ [동] 매우 화내다
1283 摸索 mōsuǒ [동] 길을 더듬어 찾다	1310 内涵 nèihán [명] 내포
1284 膜 mó [명] 막	1311 内幕 nèimù [명] 속사정
1285 摩擦 mócā [동] 마찰하다	1312 内在 nèizài [형] 내재하는
1286 磨合 móhé [동] 맞물리다	1313 能量 néngliàng [명] 에너지
1287 模范 mófàn [명] 모범	1314 嗯 ng [감] 의문이나 추궁을 나타냄
1288 模式 móshì [명] 표준 양식	1315 拟定 nǐdìng [동] 초안을 잡다
1289 模型 móxíng [명] 모델, 견본	1316 年度 niándù [명] 연도
1290 魔鬼 móguǐ [명] 마귀	1317 捏 niē [동] 손가락으로 집다
1291 魔术 móshù [명] 마술	1318 拧 níng [동] 비틀다
1292 抹杀 mǒshā [동] 없애다	1319 凝固 nínggù [동] 응고하다

1320	凝聚 níngjù [동] 맺히다		1345	判决 pànjué [동] 판결하다
1321	凝视 níngshì [동] 응시하다		1346	庞大 pángdà [형] 방대하다
1322	宁肯 nìngkěn [부] 차라리		1347	抛弃 pāoqì [동] 방치하다
1323	宁愿 nìngyuàn [부] 차라리		1348	泡沫 pàomò [명] (물)거품
1324	纽扣儿 niǔkòur [명] 단추		1349	培训 péixùn [동] 훈련시키다
1325	扭转 niǔzhuǎn [동] (방향을) 돌리다		1350	培育 péiyù [동] 심어서 가꾸다
1326	浓厚 nónghòu [형] 짙다		1351	配备 pèibèi [동] 분배하다, 배치하다
1327	农历 nónglì [명] 음력		1352	配偶 pèi"ǒu [명] 배필
1328	努力 nǔlì [이합동사] 노력하다		1353	配套 pèitào [이합동사] 조립하다
1329	挪 nuó [동] 옮기다		1354	盆地 péndì [명] 분지
1330	虐待 nüèdài [동] 학대하다		1355	烹饪 pēngrèn [동] 요리하다

O

1331	哦 ò [감] 깨달음이나 기억해냄을 나타냄
1332	殴打 ōudǎ [동] 때리다
1333	欧洲 ōuzhōu [명] 유럽
1334	呕吐 ǒutù [동] 구토하다

1356	捧 pěng [동] (두 손으로) 받쳐들다
1357	劈 pī [동] (도끼 등으로) 찍다
1358	批发 pīfā [동] 대량으로 팔다
1359	批判 pīpàn [동] 비판하다
1360	疲惫 píbèi [형] 피곤하다
1361	疲倦 píjuàn [형] 고단하다
1362	皮革 pígé [명] 가죽
1363	屁股 pìgu [명] 엉덩이
1364	譬如 pìrú [동] 예를 들다
1365	偏差 piānchā [명] 오차
1366	偏见 piānjiàn [명] 편견
1367	偏僻 piānpì [형] 외지다
1368	偏偏 piānpiān [부] 기어코 / 하필

P

1335	趴 pā [동] 엎드리다
1336	排斥 páichì [동] 배척하다
1337	排除 páichú [동] 없애다
1338	排放 páifàng [동] (폐기물 등을) 내보내다
1339	徘徊 páihuái [동] 배회하다
1340	派别 pàibié [명] 파벌
1341	派遣 pàiqiǎn [동] 파견하다
1342	攀登 pāndēng [동] 기어오르다
1343	盘旋 pánxuán [동] 원을 그리며 돌다
1344	畔 pàn [형태소] 가장자리

1369	片断 piànduàn [명] 토막, 단편
1370	片刻 piànkè [명] 잠깐
1371	飘扬 piāoyáng [동] (바람에) 펄럭이다
1372	漂浮 piāofú [동] (액체 표면에) 뜨다
1373	拼搏 pīnbó [동] 끝까지 다투다
1374	拼命 pīnmìng [이합동사] 목숨을 내걸다
1375	频繁 pínfán [형] 매우 잦다

1376	频率 pínlǜ [명] 주파수
1377	贫乏 pínfá [형] 가난하다
1378	贫困 pínkùn [형] 빈곤하다
1379	品尝 pǐncháng [동] (맛을) 보다
1380	品德 pǐndé [명] 인품과 덕성
1381	品行 pǐnxíng [명] 품행
1382	品质 pǐnzhì [명] 품성
1383	平凡 píngfán [형] 평범하다
1384	平面 píngmiàn [명] 평면
1385	平坦 píngtǎn [형] 평탄하다
1386	平行 píngxíng [형] 동등한
1387	平原 píngyuán [명] 평원
1388	评估 pínggū [동] 평가하다
1389	评论 pínglùn [동] 평론하다
1390	屏障 píngzhàng [명] 장벽
1391	坡 pō [명] 경사진 곳
1392	泼 pō [동] 액체를 밖으로 쏟거나 뿌리다
1393	颇 pō [부] 꽤, 상당히
1394	破例 pòlì [이합동사] 관례를 깨뜨리다
1395	迫不及待 pòbùjídài [성어] 일이 절박하여 잠시도 지체할 수 없다
1396	迫害 pòhài [동] 박해하다
1397	魄力 pòlì [명] 패기
1398	扑 pū [동] 돌진하다
1399	铺 pū [동] 물건을 바닥에 펴다
1400	普及 pǔjí [동] 보급되다
1401	朴实 pǔshí [형] 소박하다
1402	瀑布 pùbù [명] 폭포

Q

1403	期望 qīwàng [동] (사물이나 사람의 앞날에 대해) 기대하다
1404	期限 qīxiàn [명] 기한
1405	欺负 qīfu [동] 업신여기다
1406	欺骗 qīpiàn [동] (허위적인 말과 행동으로) 속이다
1407	凄凉 qīliáng [형] (환경이나 경치 등이) 쓸쓸하다 / 처량하다
1408	奇妙 qímiào [형] 신기하다
1409	旗袍 qípáo [명] 치파오
1410	旗帜 qízhì [명] 깃발
1411	齐全 qíquán [형] 완전히 갖추다
1412	齐心协力 qíxīnxiélì [성어] 한마음 한뜻으로 협력하다
1413	歧视 qíshì [동] 경시하다
1414	起草 qǐcǎo [이합동사] (글의) 초안을 잡다
1415	起初 qǐchū [명] 처음
1416	起伏 qǐfú [동] 높아졌다 낮아졌다 하다 / 기복이 있다
1417	起哄 qǐhòng [이합동사] 소란을 피우다 / 희롱하다
1418	起码 qǐmǎ [형] 최저한도
1419	起义 qǐyì [동] 봉기하다 / [명] 봉기
1420	起源 qǐyuán [동] (사물이) 발생하기 시작하다 / [명] 사물의 생긴 근원
1421	启程 qǐchéng [동] (길을) 떠나다
1422	启示 qǐshì [동] (나아갈 길을) 알려주다, 계몽하다
1423	启事 qǐshì [명] 공고
1424	乞丐 qǐgài [명] 거지
1425	岂有此理 qǐyǒucǐlǐ [성어] 어디에 이런 경우가 있는가?
1426	器材 qìcái [명] 기자재
1427	器官 qìguān [명] 기관

1428 气概 qìgài [명] 기개	1456 强制 qiángzhì [동] 강박하다
1429 气功 qìgōng [명] 기공	1457 抢劫 qiǎngjié [동] 약탈하다
1430 气魄 qìpò [명] 패기 / 기세	1458 抢救 qiǎngjiù [동] 급히 구조하다
1431 气色 qìsè [명] 얼굴빛	1459 强迫 qiǎngpò [동] 강요하다
1432 气势 qìshì [명] 기세	1460 桥梁 qiáoliáng [명] 【건설】교량 / [비유] 매개
1433 气味 qìwèi [명] 냄새 / 기질	1461 翘 qiào [동] (젖었다가 마르면서) 뒤틀리다
1434 气象 qìxiàng [명] 기상 /기세	1462 锲而不舍 qiè"érbùshě [성어] 마음이 변하지 않고 꿋꿋하게 견지하다
1435 气压 qìyā [명] 기압	1463 切实 qiēshí [형] 확실하다
1436 迄今为止 qìjīnwéizhǐ [성어] (이전의 어느 시점부터) 지금까지	1464 亲热 qīnrè [형] 친근하다
1437 掐 qiā [동] (손톱으로) 누르다 / (어떤 사물을 손아귀로) 조르다	1465 亲身 qīnshēn [부] 친히, 몸소
1438 恰当 qiàdàng [형] 적당하다	1466 侵犯 qīnfàn [동] 침범하다
1439 恰到好处 qiàdàohǎochù [성어] (말이나 일 처리 등이) 적절하다	1467 钦佩 qīnpèi [동] 존경하다
1440 恰巧 qiàqiǎo [부] 공교롭게	1468 勤俭 qínjiǎn [형] 근검하다
1441 洽谈 qiàtán [동] 의논하다	1469 勤恳 qínkěn [형] 부지런하고 성실하다
1442 牵扯 qiānchě [동] 연루되다	1470 氢 qīng [명] 수소
1443 牵制 qiānzhì [동] 견제하다	1471 轻而易举 qīng"éryìjǔ [성어] (어떤 일을) 수월하게 하다
1444 千方百计 qiānfāngbǎijì [성어] 온갖 계책이나 꾀를 다 생각해내다	1472 清澈 qīngchè [형] 맑다
1445 签订 qiāndìng [동] 체결하다	1473 清晨 qīngchén [명] 새벽녘
1446 签署 qiānshǔ [동] 서명하다	1474 清除 qīngchú [동] 모조리 제거하다
1447 迁就 qiānjiù [동] 순응하다	1475 清洁 qīngjié [형] 청결하다
1448 迁徙 qiānxǐ [동] 옮겨 가다	1476 清理 qīnglǐ [동] 정리하다
1449 谦逊 qiānxùn [형] 겸손하다	1477 清晰 qīngxī [형] 분명하다
1450 前景 qiánjǐng [명] 전경 / 전망	1478 清醒 qīngxīng [형] (머리가) 맑고 깨끗하다
1451 前提 qiántí [명] 전제	1479 清真 qīngzhēn [형] 순결하고 수수하다 / 이슬람교의
1452 潜力 qiánlì [명] 잠재력	1480 倾听 qīngtīng [동] 주의해서 듣다
1453 潜水 qiánshuǐ [동] 잠수하다	1481 倾向 qīngxiàng [동] 한쪽으로 기울다 / [명] 추세
1454 潜移默化 qiányímòhuà [성어] 모르는 사이에 감화되다	1482 倾斜 qīngxié [동] 경사지다
1455 谴责 qiǎnzé [동] 꾸짖다 / [명] 견책	1483 晴朗 qínglǎng [형] 쾌청하다
	1484 情报 qíngbào [명] 정보

부록 필수어휘2500

213

情节 qíngjié [명] (사건이나 범죄 행위 등의 구체적인) 상황

情理 qínglǐ [명] 일의 인정과 도리

情形 qíngxíng [명] (일의) 상황

请柬 qǐngjiǎn [명] 초대장

请教 qǐngjiào [동] 지도를 부탁하다

请示 qǐngshì [동] (상급 기관에) 지시를 청하다

请帖 qǐngtiě [명] 초대장

丘陵 qiūlíng [명] 언덕

区分 qūfēn [동] 구분하다

区域 qūyù [명] 구역

屈服 qūfú [동] 굴복하다

趋向 qūxiàng [동] …방향으로 발전하다

曲折 qūzhé [형] 구불구불하다 / [명] 복잡한 사연이나 내용

驱逐 qūzhú [동] 몰아내다

渠道 qúdào [명] 관개수로 / 절차, 방법

取缔 qǔdì [동] 금지를 명하다

曲子 qǔzi [명] 노래

趣味 qùwèi [명] 흥미

圈套 quāntào [명] 계략

全局 quánjú [명] 전체의 국면

全力以赴 quánlìyǐfù [성어] 모든 힘을 쏟다

权衡 quánhéng [동] [비유] 가늠하다

权威 quánwēi [명] 권위

权益 quányì [명] 권익

拳头 quántóu [명] 주먹

犬 quǎn [명] 【동물】 개

缺口 quēkǒu [명] (물체가 파손되어 생긴) 홈

缺席 quēxí [이합동사] 참석하지 않다

缺陷 quēxiàn [명] 결함

瘸 qué [동] 절뚝거리다

确保 quèbǎo [동] 확보하다

确立 quèlì [동] 확립하다

确切 quèqiè [형] 정확하다

确信 quèxìn [동] 굳게 믿다 / [명] 확실한 소식

群众 qúnzhòng [명] 군중

R

染 rǎn [동] 물들다

让步 ràngbù [이합동사] 양보하다

饶恕 ráoshù [동] 처벌을 면하게 하다

扰乱 rǎoluàn [동] 교란하다

惹祸 rěhuò [이합동사] 화를 초래하다

热泪盈眶 rèlèiyíngkuàng [성어] 뜨거운 눈물이 눈에 가득하다 / [형용] 매우 감격하다

热门 rèmén [명] 많은 사람들에게 인기있는 것

人道 réndào [명] 인도(사람으로서 마땅히 지켜야 할 도리)

人格 réngé [명] 인격

人工 réngōng [형] 인공의, 인위적인

人家 rénjiā [명] 인가 / 가정 / 시댁

人间 rénjiān [명] 세상

人士 rénshì [명] 인사(사회적으로 영향력이 있는 인물)

人为 rénwéi [동] 사람이 하다 / [형] 인위적인

人性 rénxìng [명] 인성

人质 rénzhì [명] 인질

仁慈 réncí [형] 인자하다

忍耐 rěnnài [동] 인내하다

忍受 rěnshòu [동] (어려움을) 견디다

认定 rèndìng [동] 굳게 믿다

1540	认可 rènkě [동] 인가하다
1541	任命 rènmìng [동] 임명하다
1542	任性 rènxìng [형] 제 마음대로의
1543	任意 rènyì [부] 제멋대로 / [형] 임의의
1544	任重道远 rènzhòngdàoyuǎn [성어] 책임이 막중하다
1545	仍旧 réngjiù [동] 예전대로 하다 / [부] 여전히
1546	日新月异 rìxīnyuèyì [성어] 발전이 매우 빠르다
1547	日益 rìyì [부] 날이 갈수록
1548	融洽 róngqià [형] (서로의) 관계가 좋다
1549	溶解 róngjiě [동] 【화학】 녹다
1550	容貌 róngmào [명] 용모
1551	容纳 róngnà [동] (일정한 규모나 범위 내에서) 받아들이다
1552	容器 róngqì [명] 용기(물품을 담을 수 있는 기구)
1553	容忍 róngrěn [동] 용인하다
1554	揉 róu [동] (손으로) 문지르다 / 뭉치다
1555	柔和 róuhé [형] 부드럽다
1556	弱点 ruòdiǎn [명] 약점
1557	若干 ruògān [대] 약간

S

1558	撒谎 sāhuǎng [이합동사] 거짓말하다
1559	腮 sāi [명] 볼, 뺨
1560	三角 sānjiǎo [명] 【수학】 삼각법 / [형] 삼각형으로 된
1561	散文 sǎnwén [명] 산문
1562	散布 sànbù [동] 흩어지다
1563	散发 sànfā [동] 배포하다 / 발산하다
1564	丧失 sàngshī [동] (주로 추상적인 것을) 잃다
1565	嫂子 sǎozi [명] 형수

1566	色彩 sècǎi [명] 색채 / [비유] (사람의 어떤) 사상적 경향
1567	刹车 shāchē [이합동사] 차를 세우다
1568	沙滩 shātān [명] 백사장
1569	啥 shá [대] [방언] 무슨, 무엇
1570	筛选 shāixuǎn [동] 선별하다
1571	山脉 shānmài [명] 산맥
1572	闪烁 shǎnshuò [동] 깜빡이다
1573	擅长 shàncháng [명] 장기 / [동] 장기가 있다
1574	擅自 shànzì [부] 독단적으로
1575	商标 shāngbiāo [명] 상표
1576	伤脑筋 shāngnǎojīn 골머리를 앓다
1577	上级 shàngjí [명] 상급자
1578	上进心 shàngjìnxīn [명] 진취적인 생각
1579	上任 shàngrèn [이합동사] 부임하다 / [명] 전임자
1580	上瘾 shàngyǐn [이합동사] (어떤 것을 너무 좋아하여) 중독되다
1581	上游 shàngyóu [명] (강의) 상류 / [비유] 진보적인 기술이나 지위
1582	捎 shāo [동] 인편에 보내다
1583	梢 shāo [명] 끝(가늘고 긴 물체의 끝 부분을 뜻함)
1584	哨 shào [명] 【군사】 보초
1585	奢侈 shēchǐ [형] 사치스럽다
1586	设立 shèlì [동] 설립하다
1587	设想 shèxiǎng [동] 상상하다
1588	设置 shèzhì [동] 설치하다
1589	社区 shèqū [명] 공동체
1590	涉及 shèjí [동] (힘, 말, 작용 등이) 영향을 주다
1591	摄取 shèqǔ [동] (영양 등을) 빨아들이다 / (사진, 영화, 드라마 등을) 촬영하다
1592	摄氏度 shèshìdù [양] 섭씨
1593	深奥 shēn"ào [형] (학문, 이론 등의 뜻이) 깊고 오묘하다

215

1594 深沉 shēnchén [형] (정도가) 심하다	1622 声明 shēngmíng [동] 공개적으로 발표하다
1595 深情厚谊 shēnqínghòuyì [성어] 깊고 두터운 감정과 우의	1623 声势 shēngshì [명] 명성과 위세
1596 申报 shēnbào [동] (서면으로) 보고하다	1624 声誉 shēngyù [명] 명예
1597 绅士 shēnshì [명] 유력 인사	1625 省会 shěnghuì [명]【지리】성(省)
1598 呻吟 shēnyín [동] 신음하다	1626 盛产 shèngchǎn [동] (대량으로) 생산하다
1599 神奇 shénqí [형] 신기하다	1627 盛开 shèngkāi [동] (꽃이) 활짝 피다
1600 神气 shénqì [명] 표정	1628 盛情 shèngqíng [명] 두터운 정
1601 神情 shénqíng [명] 얼굴빛	1629 盛行 shèngxíng [동] 성행하다
1602 神色 shénsè [명] (얼굴에 나타난 마음속의) 생각	1630 胜负 shèngfù [명] 승패
1603 神圣 shénshèng [형] 신성하다	1631 失误 shīwù [동] 실수하다
1604 神态 shéntài [명] 표정과 태도	1632 失踪 shīzōng [이합동사] 실종되다
1605 神仙 shénxiān [명] 신선	1633 师范 shīfàn [명] 사범 / 본보기
1606 审查 shěnchá [동] 심사하다	1634 施加 shījiā [동] (압력, 영향 등을) 주다
1607 审理 shěnlǐ [동] (어떤 사건 또는 안건에 대해) 심리하다	1635 施展 shīzhǎn [동] (재능, 수완 등을) 발휘하다
1608 审美 shěnměi [동] (사물이나 예술품의 아름다움을) 깨닫다	1636 尸体 shītǐ [명] 시신, 시체
1609 审判 shěnpàn [동] 심판하다	1637 拾 shí [동] 줍다
1610 渗透 shèntòu [동] 스며들다	1638 十足 shízú [형] 함유율이 높다 / 충분하다
1611 慎重 shènzhòng [형] 신중하다	1639 识别 shíbié [동] 식별하다
1612 生存 shēngcún [동] 생존하다	1640 时差 shíchā [명] 시차
1613 生机 shēngjī [명] 생존의 기회 / 생명력	1641 时常 shícháng [부] 늘
1614 生理 shēnglǐ [명] 생리(유기체의 생명 활동과 체내 각 기관의 기능을 말함)	1642 时而 shí"ér [부] 때때로, 이따금
1615 生疏 shēngshū [형] 생소하다	1643 时光 shíguāng [명] 세월 / 시절
1616 生态 shēngtài [명]【의학】생태	1644 时机 shíjī [명] 시기, 기회
1617 生物 shēngwù [명] 생물	1645 时事 shíshì [명] 시사(그때그때의 세상의 정세나 일어난 일)
1618 生效 shēngxiào [동] 효과가 발생하다	1646 时装 shízhuāng [명] 새로운 패션, 유행복
1619 生锈 shēngxiù [동] 녹이 슬다	1647 实惠 shíhuì [명] 실리 / [형] 실속이 있다
1620 生育 shēngyù [동] (아이를) 낳다	1648 实力 shílì [명] 실력
1621 牲畜 shēngchù [명] 가축	1649 实施 shíshī [동] 실시하다
	1650 实事求是 shíshìqiúshì [성어] 사실을 토대로 하여 진리를 탐구하다

1651 石油 shíyóu [명] 석유	1682 守护 shǒuhù [동] 지키다
1652 使命 shǐmìng [명] 사명	1683 受罪 shòuzuì [이합동사] 고통을 받다
1653 是非 shìfēi [명] 옳고 그름	1684 授予 shòuyǔ [동] 수여하다
1654 试图 shìtú [동] 시도하다	1685 书法 shūfǎ [명] 서예의 필법
1655 试验 shìyàn [명] 테스트 / [동] 시험하다	1686 书籍 shūjí [명] 서적
1656 势必 shìbì [부] 반드시	1687 书记 shūji [명] 서기
1657 势力 shìlì [명] 세력	1688 书面 shūmiàn [형] 서면의
1658 世代 shìdài [명] 세대	1689 舒畅 shūchàng [형] (기분이) 상쾌하다
1659 世界观 shìjièguān [명] 세계관	1690 疏忽 shūhū [부] 갑자기 / [동] 소홀히 하다
1660 示范 shìfàn [동] 모범을 보이다	1691 数 shù [명] 수
1661 示威 shìwēi [명] 시위 / [이합동사] 위세를 떨쳐 보이다	1692 竖 shù [형] 세로의 / [동] (물체를) 똑바로 세우다
1662 示意 shìyì [동] 의사를 표하다	1693 束 shù [동] 묶다 / [양] 묶음
1663 释放 shìfàng [동] 석방하다 / 방출하다	1694 束缚 shùfù [동] (貶) 속박하다
1664 事故 shìgù [명] 사고	1695 树立 shùlì [동] 수립하다
1665 事迹 shìjì [명] 사적	1696 数额 shù"é [명] 액수
1666 事件 shìjiàn [명] 사건	1697 数目 shùmù [명] 수, 숫자
1667 事态 shìtài [명] 일이 되어가는 상태	1698 耍 shuǎ [동] [방언] 장난하다
1668 事项 shìxiàng [명] 사항	1699 衰老 shuāilǎo [형] 노쇠하다
1669 事业 shìyè [명] 사업	1700 衰退 shuāituì [동] 쇠퇴하다
1670 适宜 shìyí [형] 적당하다	1701 率领 shuàilǐng [동] 거느리다
1671 视力 shìlì [명] 시력	1702 涮火锅 shuànhuǒguō 훠궈를 먹다
1672 视线 shìxiàn [명] 시선	1703 双胞胎 shuāngbāotāi [명] 쌍둥이
1673 视野 shìyě [명] 시야	1704 爽快 shuǎngkuài [형] 상쾌하다 / (태도나 성격 등이) 시원시원하다
1674 逝世 shìshì [동] 서거하다	1705 水利 shuǐlì [명] 수력
1675 收藏 shōucáng [동] 소장하다	1706 水龙头 shuǐlóngtóu [명] 수도꼭지
1676 收缩 shōusuō [동] 축소하다	1707 水泥 shuǐní [명] 시멘트
1677 收益 shōuyì [명] 수익	1708 司法 sīfǎ [명] 사법
1678 收音机 shōuyīnjī [명] 라디오	1709 司令 sīlìng [명] 사령관
1679 手法 shǒufǎ [명] (예술품이나 문학작품의) 기법	1710 思念 sīniàn [동] 그리워하다
1680 手艺 shǒuyì [명] 손재간, 수공 기술	1711 思索 sīsuǒ [동] 깊이 생각하다
1681 首要 shǒuyào [명] 영도자 / [형] 제일 중요한	

부록 필수어휘 2500

1712	思维 sīwéi [명] 【철학】 사유 / [동] 사유하다	
1713	思绪 sīxù [명] 사고의 실마리 / 정서	
1714	私自 sīzì [부] 제멋대로 / 몰래	
1715	斯文 sīwén [명] 문인	
1716	死亡 sǐwáng [동] 사망하다	
1717	四肢 sìzhī [명] 【생물】 사지	
1718	肆无忌惮 sìwújìdàn [성어] 거리낌없이 제멋대로 굴다	
1719	饲养 sìyǎng [동] 사육하다	
1720	耸 sǒng [동] 치솟다 / (어깨를) 으쓱거리다	
1721	艘 sōu [양] 선박을 셀 때 쓰는 단위	
1722	搜索 sōusuǒ [동] 수색하다 / 검색하다	
1723	苏醒 sūxǐng [동] 되살아나다	
1724	俗话 súhuà [명] 속담	
1725	宿舍 sùshè [명] 기숙사	
1726	素食主义 sùshízhǔyì [명] 채식주의	
1727	素质 sùzhì [명] 흰 바탕 / 자질, 소질 / 본질	
1728	诉讼 sùsòng [동] 소송하다	
1729	算了 suànle [동] 됐다	
1730	算数 suànshù [이합동사] (유효하다고) 인정하다 / 그것으로 됐다	
1731	随即 suíjí [부] 즉시	
1732	随身 suíshēn [형] 몸에 지니는	
1733	随手 suíshǒu [부] …하는 김에	
1734	随意 suíyì [부] 뜻대로	
1735	岁月 suìyuè [명] 세월	
1736	隧道 suìdào [명] 터널	
1737	损坏 sǔnhuài [동] (원래의 기능을) 파손하다	
1738	索赔 suǒpéi [동] 배상을 요구하다	
1739	索性 suǒxìng [부] 차라리	

T

1740	塌 tā [동] 움푹 들어가다 / (마음을) 안정시키다	
1741	踏实 tāshi [형] 착실하다 / (마음이) 놓이다	
1742	台风 táifēng [명] 태풍	
1743	太空 tàikōng [명] 우주	
1744	泰斗 tàidǒu [명] 권위자	
1745	瘫痪 tānhuàn [동] 마비되다	
1746	贪婪 tānlán [형] 탐욕스럽다	
1747	贪污 tānwū [동] 횡령하다	
1748	摊儿 tānr [명] 노점	
1749	弹钢琴 tán gāngqín 피아노를 치다	
1750	坦白 tǎnbái [형] 솔직하게 털어놓다	
1751	探测 tàncè [동] 관측하다	
1752	探索 tànsuǒ [동] 탐색하다	
1753	探讨 tàntǎo [동] 연구 토론하다	
1754	探望 tànwàng [동] (어떤 상황이나 변화 등을) 살피다 / 문안하다	
1755	叹气 tànqì [이합동사] 탄식하다	
1756	糖葫芦 tánghúlu [명] 탕후루[열매를 꼬치에 꿰어, 사탕물을 묻혀 굳힌 과자]	
1757	倘若 tǎngruò [접속] 만약 …한다면	
1758	滔滔不绝 tāotāobùjué [성어] 흐르는 물처럼 끊이지 않다 / 말이 많고 끝이 없다	
1759	陶瓷 táocí [명] 도자기	
1760	淘气 táoqì [형] 장난이 심하다	
1761	淘汰 táotài [동] 도태되다	
1762	讨价还价 tǎojiàhuánjià [성어] 가격(값)을 흥정하다 / (담판을 지을 때) 논쟁을 거듭 벌이다	
1763	特长 tècháng [명] 특기	
1764	特定 tèdìng [형] 특정한 / 어떤	
1765	特色 tèsè [명] 특색	
1766	提拔 tíbá [동] 등용하다	

1767	提炼 tíliàn [동] 정련하다
1768	提示 tíshì [동] 제시하다
1769	提议 tíyì [동] 제의하다 / [명] 제의
1770	题材 tícái [명] 제재
1771	体谅 tǐliàng [동] (타인의 입장에서) 알아주다
1772	体面 tǐmiàn [명] 체면
1773	体系 tǐxì [명] 체계
1774	天才 tiāncái [명] 타고난 재능 / 천재
1775	天伦之乐 tiānlúnzhīlè [성어] 가정의 단란함
1776	天然气 tiānránqì [명] 천연가스
1777	天生 tiānshēng [형] 천성적인
1778	天堂 tiāntáng [명] 천당
1779	天文 tiānwén [명] 천문
1780	田径 tiánjìng [명] 육상경기
1781	舔 tiǎn [동] 핥다
1782	挑剔 tiāotī [동] (결점, 잘못 등을) 지나치게 지적하다
1783	条款 tiáokuǎn [명] (문서, 계약 등의) 조항
1784	条理 tiáolǐ [명] 맥락, 조리
1785	条约 tiáoyuē [명] 조약
1786	调和 tiáohé [동] 타협하다
1787	调剂 tiáojì [동] 조절하다 / (의사의 처방에 따라 약 등을) 조제하다
1788	调节 tiáojié [동] (수량이나 정도 등을) 조절하다
1789	调解 tiáojiě [동] 조정하다
1790	调料 tiáoliào [명] 조미료
1791	挑拨 tiǎobō [동] 이간질하다
1792	挑衅 tiǎo xìn [동] 도발하다
1793	跳跃 tiàoyuè [동] 뛰어오르다
1794	停泊 tíngbó [동] (배가 부두에) 머물다
1795	停顿 tíngdùn [동] (일이) 중지되다
1796	停滞 tíngzhì [동] 정체하다
1797	亭子 tíngzi [명] 정자
1798	挺拔 tǐngbá [형] 우뚝하다 / (몸매 등이) 빼어나다
1799	通货膨胀 tōnghuòpéngzhàng [명]【경제】인플레이션
1800	通俗 tōngsú [형] 통속적이다
1801	通用 tōngyòng [동] (일정한 범위 안에서) 보편적으로 사용하다
1802	铜矿 tóngkuàng [명]【광업】동광석
1803	同胞 tóngbāo [명] 친형제자매 / 동포
1804	同志 tóngzhì [명] 동지
1805	童话 tónghuà [명] 동화
1806	统筹兼顾 tǒngchóujiāngù [성어] 여러 방면의 일을 통일적으로 계획하고 두루 살피다
1807	统计 tǒngjì [동] 통계하다
1808	统统 tǒngtǒng [부] 전부
1809	投机 tóujī [형] 마음이 맞다
1810	投票 tóupiào [이합동사] 투표하다
1811	投降 tóuxiáng [동] 투항하다
1812	投掷 tóuzhì [동] 던지다
1813	秃 tū [형] (사람이) 대머리다 / (나무가) 앙상하다
1814	突破 tūpò [동] 돌파하다
1815	图案 tú"àn [명] 도안
1816	徒弟 túdì [명] 제자
1817	途径 tújìng [명] 길
1818	涂抹 túmǒ [동] (안료, 약물 등을) 바르다
1819	土壤 tǔrǎng [명] 토양
1820	团结 tuánjié [동] 단결하다
1821	团体 tuántǐ [명] 단체
1822	团圆 tuányuán [명] 단원
1823	推测 tuīcè [동] 추측하다
1824	推翻 tuīfān [이합동사] 전복시키다
1825	推理 tuīlǐ [동] 추리하다

부록 필수어휘 2500

1826	推论 tuīlùn [동] 추론하다	
1827	推销 tuīxiāo [동] 판로를 확장하다	
1828	吞咽 tūnyān [동] 아편을 삼키고 자살하다	
1829	脱离 tuōlí [동] (어떤 환경이나 상황 등에서) 벗어나다	
1830	拖延 tuōyán [동] 연기하다	
1831	托运 tuōyùn [동] (짐, 화물 등의) 운송을 위탁하다	
1832	妥当 tuǒdang [형] 적당하다	
1833	妥善 tuǒshàn [형] 적절하다	
1834	妥协 tuǒxié [동] 타협하다	
1835	椭圆 tuǒyuán [명] 타원	
1836	唾沫 tuòmo [명] 침	

W

1837	挖掘 wājué [동] (땅 속에 묻혀 있는 것을) 캐다	
1838	娃娃 wáwa [명] 갓난아이 / 인형	
1839	瓦解 wǎjiě [동] 와해되다 / (상대의 힘을) 와해시키다	
1840	哇 wā [조] '啊'가 'u' 또는 'ao'으로 끝나는 앞 음절의 영향을 받아 음이 변한 것	
1841	歪曲 wāiqū [동] 다르게 해석하다, 왜곡하다	
1842	外表 wàibiǎo [명] (사물의) 겉면	
1843	外行 wàiháng [명] 겉모양 / 문외한이다	
1844	外界 wàijiè [명] 외계, 외부	
1845	外向 wàixiàng [형] (성격이) 외향적이다	
1846	丸 wán [명] 둥글고 작은 물건	
1847	完备 wánbèi [형] 완비되다	
1848	完毕 wánbì [동] 완결하다, 종료하다	
1849	完善 wánshàn [형] 완벽하다	
1850	玩弄 wánnòng [동] 가지고 놀다	
1851	玩意儿 wányìr [명] 장난감 / (재담, 연극, 마술 등의) 잡기	
1852	顽固 wángù [형] (성질이) 완고하다	

1853	顽强 wánqiáng [형] (태도나 성질 등이) 완강하다	
1854	挽回 wǎnhuí [동] 만회하다	
1855	挽救 wǎnjiù [동] (위험에서) 구해내다	
1856	惋惜 wǎnxī [동] 애석하게 여기다	
1857	万分 wànfēn [부] 매우	
1858	往常 wǎngcháng [명] 평상시	
1859	往事 wǎngshì [명] 지난 일	
1860	网络 wǎngluò [명] 체계 / 네트워크	
1861	妄想 wàngxiǎng [동] 망상하다 / [명] (실현될 수 없는) 망상	
1862	微不足道 wēibùzúdào [성어] 보잘것없어서 말할 가치도 없다	
1863	微观 wēiguān [형] 미시적	
1864	威风 wēifēng [형] 위엄이 있다	
1865	威力 wēilì [명] 위력	
1866	威望 wēiwàng [명] 위세와 명망	
1867	威信 wēixìn [명] 위엄과 신망	
1868	危机 wēijī [명] 위기	
1869	违背 wéibèi [동] 위반하다	
1870	维持 wéichí [동] 유지하다 / 보호하다	
1871	维生素 wéishēngsù [명] 비타민	
1872	维修 wéixiū [동] 수리하다	
1873	唯独 wéidú [부] (여럿 가운데) 유독	
1874	为难 wéinán [형] 곤란하다	
1875	为期 wéiqī [동] (…을) 약속한 날짜로 삼다	
1876	为首 wéishǒu [동] …을 리더로 삼다	
1877	委员 wěiyuán [명] 위원	
1878	伪造 wěizào [동] 가짜를 만들다	
1879	胃口 wèikǒu [명] 식욕 / 흥미	
1880	位于 wèiyú [동] (어떤 지역에) 위치하다	
1881	未免 wèimiǎn [부] …을 면할 수 없다	

1882 畏惧 wèijù [동] 두려워하다

1883 卫星 wèixīng [명] 위성

1884 慰问 wèiwèn [동] (말이나 물품으로) 위로하다

1885 温带 wēndài [명] 온대

1886 温和 wēnhé [형] (기후가) 따뜻하다 / (성질, 태도, 행동 등이) 온화하다

1887 文凭 wénpíng [명] 위임장 / 졸업장

1888 文物 wénwù [명] 문물

1889 文献 wénxiàn [명] 문헌

1890 文雅 wényǎ [형] (말이나 행동 등이) 고상하다

1891 文艺 wényì [명] 문예

1892 问世 wènshì [동] 출판되다

1893 窝 wō [명] 둥지

1894 乌黑 wūhēi [형] 매우 검다

1895 污蔑 wūmiè [동] (남을) 헐뜯고 욕하다

1896 诬陷 wūxiàn [동] (없는 사실을 꾸며) 남을 함정에 빠뜨리다

1897 无比 wúbǐ [형] (다른 것과) 비할 바 없다(매우 뛰어남)

1898 无偿 wúcháng [형] 아무런 대가가 없는, 무상의

1899 无从 wúcóng [부] (어떤 일을 할 때) 갈피를 잡을 수 없는

1900 无动于衷 wúdòngyúzhōng [성어] 조금의 동요도 없다

1901 无非 wúfēi [부] 단지 …에 지나지 않다

1902 无精打采 wújīngdǎcǎi [성어] [형용] 흥이 나지 않다

1903 无可奉告 wúkěfènggào [성어] 알려줄 게 없다

1904 无可奈何 wúkěnàihé [성어] 속수무책이다

1905 无赖 wúlài [형] 막돼먹다

1906 无理取闹 wúlǐqǔnào [성어] 아무런 이유없이 소란을 피우다

1907 无能为力 wúnéngwéi lì [성어] 무력하다

1908 无穷无尽 wúqióngwú jìn [성어] 무궁무진하다

1909 无微不至 wúwēibúzhì [성어] (배려와 보살핌이) 매우 세심하다

1910 无忧无虑 wúyōuwúlǜ [성어] 아무런 근심이나 걱정도 없다

1911 无知 wúzhī [형] 무지하다

1912 舞蹈 wǔdǎo [동] 춤추다

1913 武侠 wǔxiá [명] 무협

1914 武装 wǔzhuāng [명] 무장 / 군대 [동] (전쟁이나 전투를 위한 장비를) 갖추다

1915 侮辱 wǔrǔ [동] 모욕하다 / [명] 모욕

1916 勿 wù [부] …하지 마라 / …이 아니다

1917 务必 wùbì [부] 필히, 반드시

1918 务实 wùshí [이합동사] 실무에 종사하다 / [형] 실제적이다

1919 误差 wùchā [명] 오차

1920 误解 wùjiě [동] 오해하다 / [명] 오해

1921 物美价廉 wùměijiàlián [성어] 물건도 좋고, 값도 싸다

1922 物资 wùzī [명] 물자

X

1923 溪 xī [형태소] 시내

1924 膝盖 xīgài [명] 무릎

1925 熄灭 xīmiè [동] (등이나 불을) 끄다 / 사라지다

1926 吸取 xīqǔ [동] (주로 추상적인 것을) 흡수하다

1927 昔日 xīrì [명] 지난날

1928 牺牲 xīshēng [명] 희생 / [동] 희생하다

1929 夕阳 xīyáng [명] 석양

1930 媳妇 xífù [명] 며느리

1931 习俗 xísú [명] 습관과 풍속

1932 袭击 xíjī [동] 갑자기 공격하다 / [명] 기습

1933 喜闻乐见 xǐwénlèjiàn [성어] 즐겨 듣고 즐겨 보다, 매우 환영을 받다

1934	喜悦 xǐyuè	[형] (마음이) 즐겁고 상쾌하다 / [명] 기쁨
1935	系列 xìliè	[명] 계열
1936	细胞 xìbāo	[명] 세포
1937	细菌 xìjūn	[명] 세균, 박테리아
1938	细致 xìzhì	[형] 세심하다 / 정교하다
1939	霞 xiá	[명] 노을
1940	狭隘 xiá"ài	[형] 좁다
1941	狭窄 xiázhǎi	[형] 편협하다
1942	峡谷 xiágǔ	[명] (좁고 험한) 골짜기, 협곡
1943	夏令营 xiàlìngyíng	[명] 여름 캠프
1944	下属 xiàshǔ	[명] 아랫사람
1945	先进 xiānjìn	[형] 수준이 뛰어나다
1946	先前 xiānqián	[명] 이전
1947	鲜明 xiānmíng	[형] (어떤 색채가) 선명하다 / 명확하다
1948	掀起 xiānqǐ	[동] 솟구치다 / (군중이나 감정 등을) 일게 하다
1949	纤维 xiānwéi	[명] 섬유
1950	嫌 xián	[동] 싫어하고 미워하다
1951	嫌疑 xiányí	[명] 혐의
1952	闲话 xiánhuà	[명] 잡담
1953	贤惠 xiánhuì	[형] (여자가) 어질고 총명하다
1954	衔接 xiánjiē	[동] (사물이) 잇닿다
1955	显著 xiǎnzhù	[형] 현저하다
1956	现场 xiànchǎng	[명] 현장
1957	现成 xiànchéng	[형] 이미 갖추어진
1958	现状 xiànzhuàng	[명] 현재의 상태
1959	宪法 xiànfǎ	[명] 헌법
1960	陷害 xiànhài	[동] (모략으로) 남을 해치다
1961	陷入 xiànrù	[동] (어떤 불리한 상황으로) 빠지다
1962	馅儿 xiànr	[명] 소(밀가루 음식이나 간식 속에 넣는 각종 재료)
1963	线索 xiànsuǒ	[명] 실마리 / 줄거리
1964	相差 xiāngchà	[동] 서로 차이가 나다
1965	相等 xiāngděng	[동] 대등하다
1966	相辅相成 xiāngfǔxiāngchéng	[성어] 서로 보완하고 서로 협력하다
1967	相应 xiāngyìng	[동] 서로 호흡이 맞다
1968	镶嵌 xiāngqiàn	[동] 끼워 넣다
1969	乡镇 xiāngzhèn	[명] (지방의) 작은 도시
1970	想方设法 xiǎngfāngshèfǎ	[성어] 온갖 방법을 다 생각하다
1971	响亮 xiǎngliàng	[형] (소리가) 우렁차다
1972	响应 xiǎngyìng	[동] 동감하다, 대응하다
1973	巷 xiàng	[명] 비교적 좁은 도로나 길
1974	向导 xiàngdǎo	[동] (길을) 안내하다 / [명] 길잡이
1975	向来 xiànglái	[부] 줄곧
1976	向往 xiàngwǎng	[동] 동경하다
1977	消除 xiāochú	[동] (불리한 것을) 없애다
1978	消毒 xiāodú	[이합동사] 소독하다
1979	消防 xiāofáng	[동] 소방하다
1980	消耗 xiāohào	[동] 소모하다
1981	消极 xiāojí	[형] 부정적인 / 소극적인
1982	销毁 xiāohuǐ	[동] 불에 태워버리다
1983	小心翼翼 xiǎoxīnyìyì	[성어] 엄숙하고 공손하다
1984	效益 xiàoyì	[명] 효과와 이익
1985	肖像 xiàoxiàng	[명] 초상
1986	携带 xiédài	[동] (어떤 물건을) 몸에 지니다
1987	协会 xiéhuì	[명] 협회
1988	协商 xiéshāng	[동] 여럿이 모여 협의하다
1989	协议 xiéyì	[동] 여럿이 모여 의논하다 / [명] 협의
1990	协助 xiézhù	[동] (남이 하는 일을) 거들어 주다
1991	写作 xiězuò	[동] 글을 짓다

1992	屑 xiè [동] 자질구레하다 / 할 만한 가치가 있다고 여기다 / [명] 부스러기
1993	谢绝 xièjué [동] 완곡하게 거절하다
1994	泄露 xièlù [동] (비밀이나 기밀 등을) 누설하다
1995	泄气 xièqì [이합동사] 의욕이 없어지다
1996	新陈代谢 xīnchéndàixiè [명] 신진대사
1997	新郎 xīnláng [명] 신랑
1998	新娘 xīnniáng [명] 신부
1999	新颖 xīnyǐng [형] 참신하다
2000	心得 xīndé [명] 심득, 느낌
2001	心灵 xīnlíng [명] 정신, 영혼
2002	心态 xīntài [명] 심리 상태
2003	心疼 xīnténg [동] 몹시 아끼다
2004	心血 xīnxuè [명] 심혈
2005	心眼儿 xīnyǎnr [명] 마음속
2006	辛勤 xīnqín [형] 근면하다
2007	欣慰 xīnwèi [형] 기쁘고 편안하다
2008	欣欣向荣 xīnxīnxiàngróng [성어] (나무와 풀이) 무성하다 / (사업이) 활기차게 발전하다
2009	薪水 xīnshui [명] 급여
2010	信赖 xìnlài [동] 믿고 의지하다
2011	信念 xìnniàn [명] 신념
2012	信仰 xìnyǎng [동] 믿다
2013	信誉 xìnyù [명] 위신
2014	腥 xīng [명] 비린내
2015	兴隆 xīnglóng [형] 번창하다
2016	兴旺 xīngwàng [형] (어떤 기운이나 세력 등이) 왕성하다
2017	行政 xíngzhèng [명] 행정
2018	形态 xíngtài [명] 형태
2019	刑事 xíngshì [형] 형사의
2020	性感 xìnggǎn [명] 성적 매력 / [형] 섹시하다

2021	姓名 xìngmíng [명] 성명
2022	性能 xìngnéng [명] 성능
2023	性情 xìngqíng [명] 성정
2024	幸好 xìnghǎo [부] 운 좋게
2025	兴高采烈 xìnggǎocǎiliè [성어] 대단히 기쁘다
2026	兴致勃勃 xìng zhìbóbó [성어] 흥미진진하다
2027	胸怀 xiōnghuái [동] 마음에 품다 / [명] 포부
2028	胸膛 xiōngtáng [명] 가슴
2029	凶恶 xiōng"è [형] (용모, 성질, 행위 등이) 흉악하다
2030	凶手 xiōngshǒu [명] 살인범
2031	雄厚 xiónghòu [형] (인력, 물자 등이) 풍부하다
2032	修复 xiūfù [동] 수리하여 복원하다
2033	修建 xiūjiàn [동] 시공하다
2034	修理 xiūlǐ [동] 수리하다
2035	羞耻 xiūchǐ [명] 치욕
2036	休养 xiūyǎng [동] 휴양하다 / 수련하다
2037	绣 xiù [동] 수를 놓다
2038	嗅觉 xiùjué [명] 후각 / [비유] 판단력
2039	虚假 xūjiǎ [형] 실제에 부합하지 않다
2040	虚荣 xūróng [명] 허영
2041	虚伪 xūwěi [형] 허위적이다
2042	需求 xūqiú [명] 수요
2043	须知 xūzhī [명] 주의 사항
2044	许可 xǔkě [동] 허락하다
2045	酗酒 xùjiǔ [동] 폭음하다
2046	畜牧 xùmù [명] 목축
2047	序言 xùyán [명] 머리말
2048	宣誓 xuānshì [이합동사] 선서하다
2049	宣扬 xuānyáng [동] 널리 떨치다
2050	悬挂 xuánguà [동] 매달다

2051 悬念 xuánniàn [동] (마음에 걸려) 걱정하다 / [명] 불안감

2052 悬崖峭壁 xuányáqiàobì [성어] 산세가 험하다

2053 旋律 xuánlǜ [명] 선율, 멜로디

2054 旋转 xuánzhuǎn [동] 원을 그리며 돌다

2055 选拔 xuǎnbá [동] (인재를) 선발하다

2056 选手 xuǎnshǒu [명] 선수

2057 削弱 xuēruò [동] (힘이나 세력 등이) 약화되다

2058 学历 xuélì [명] 학력

2059 学说 xuéshuō [명] 학설

2060 学位 xuéwèi [명] 학위

2061 雪上加霜 xuěshàngjiāshuāng [성어] 불행한 일이 연거푸 일어나다

2062 血压 xuè yā [명] 혈압

2063 熏陶 xūntáo [동] 훈도하다

2064 循环 xúnhuán [동] 순환하다

2065 循序渐进 xúnxùjiànjìn [성어] 순서에 따라 조금씩 나아가다

2066 巡逻 xúnluó [동] 순찰하다

2067 寻觅 xúnmì [동] 찾다

Y

2068 押金 yājīn [명] 보증금

2069 压迫 yāpò [동] 억압하다

2070 压岁钱 yāsuìqián [명] 세뱃돈

2071 压缩 yāsuō [동] 압축하다 / 줄이다

2072 压抑 yāyì [동] 억압하다 / [형] 가슴이 답답하다

2073 压榨 yāzhà [동] (기계로) 눌러 짜다 / [비유] 착취하다

2074 压制 yāzhì [동] (행동이나 욕망 등을) 억지로 누르다

2075 亚军 yàjūn [명] (운동 경기에서의) 준우승(자)

2076 烟花爆竹 yānhuā bàozhú [명] 불꽃놀이 폭죽

2077 淹没 yānmò [동] 물에 빠져 가라앉다

2078 延期 yánqī [동] (정해 놓은 기간을) 연기하다

2079 延伸 yánshēn [동] (폭, 크기, 범위 등을) 확대하다

2080 延续 yánxù [동] 연장하다

2081 严寒 yánhán [형] (기후가) 매우 춥다

2082 严禁 yánjìn [동] 엄금하다

2083 严峻 yánjùn [형] 가혹하다 / 심각하다

2084 严厉 yánlì [형] (어떤 정도 등이 매우) 심하다

2085 严密 yánmì [형] 빈틈없다

2086 沿海 yánhǎi [명] 연해

2087 言论 yánlùn [명] 언론

2088 炎热 yánrè [형] (날씨가) 무덥다

2089 岩石 yánshí [명] 암석

2090 演变 yǎnbiàn [동] (시간이 비교적 오래 걸려) 변화하고 발전하다

2091 演讲 yǎnjiǎng [동] (일정한 주제로 많은 사람들 앞에서) 강연하다

2092 演习 yǎnxí [동] 훈련하다

2093 演绎 yǎnyì [명] 【논리】 연역

2094 演奏 yǎnzòu [동] 연주하다

2095 掩盖 yǎngài [동] (위에서) 덮다 / 숨기다

2096 掩护 yǎnhù [동] 【군사】 엄호하다

2097 掩饰 yǎnshì [동] (어떤 일의 사실을) 숨기다

2098 眼光 yǎnguāng [명] 시선 / 안목 / 관점

2099 眼色 yǎnsè [명] 눈짓 / 눈치

2100 眼神 yǎnshén [명] 눈빛

2101 眼下 yǎnxià [명] 현재

2102 验收 yànshōu [동] 검수하다

2103 验证 yànzhèng [동] 검증하다

2104 厌恶 yànwù [동] 혐오하다

2105 氧气 yǎngqì [명] 산소

2106	样品 yàngpǐn [명] 샘플
2107	摇摆 yáobǎi [동] 동요하다
2108	摇滚 yáogǔn [명] 【음악】 로큰롤(rock'n'roll)
2109	摇晃 yáohuàng [동] 흔들다
2110	遥控 yáokòng [동] 원격 조종하다
2111	遥远 yáoyuǎn [형] 요원하다
2112	谣言 yáoyán [명] 헛소문
2113	咬牙切齿 yǎoyáqièchǐ [성어] 원수처럼 대하다
2114	要不然 yàoburán [접속] 그렇지 않으면
2115	要点 yàodiǎn [명] 요점
2116	要命 yàomìng [이합동사] 목숨을 빼앗다
2117	要素 yàosù [명] 요소
2118	耀眼 yàoyǎn [형] 눈부시다
2119	野蛮 yěmán [형] 야만스럽다 / 거칠다
2120	野心 yěxīn [명] 야심
2121	一流 yīliú [명] 같은 종류 / [형] 일류의
2122	依次 yīcì [부] 순서대로
2123	依旧 yījiù [형] 여전하다 / [부] 여전히
2124	依据 yījù [개] …에 따르면
2125	依靠 yīkào [동] 의지하다
2126	依赖 yīlài [동] 기대다
2127	依托 yītuō [동] 의지하다
2128	衣裳 yīshang [명] 옷
2129	一度 yídù [수량] 일 회
2130	一贯 yíguàn [형] 일관된
2131	一律 yílǜ [형] 일률적이다 / [부] 일률적으로
2132	一目了然 yímùlerán [성어] 한 번 보고도 환히 알 수 있을 만큼 분명하다
2133	一向 yíxiàng [명] 지난 한때 / [부] 줄곧, 내내
2134	一再 yízài [부] 거듭
2135	遗产 yíchǎn [명] 유산

2136	遗传 yíchuán [동] 유전하다
2137	遗留 yíliú [동] (예전의 사물이나 현상 등이) 남아 있다
2138	遗失 yíshī [동] 유실하다
2139	疑惑 yíhuò [동] 수상하게 여기다
2140	仪器 yíqì [명] 측정 기구
2141	仪式 yíshì [명] 의식
2142	以便 yǐbiàn [접속] …하기 위해서
2143	以免 yǐmiǎn [접속] …하지 않기 위해서
2144	以往 yǐwǎng [명] 이전
2145	以至 yǐzhì [접속] …에 까지
2146	以致 yǐzhì [접속] …을 초래하다
2147	亦 yì [부] …도 역시
2148	翼 yì [명] 날개
2149	一帆风顺 yìfānfēngshùn [성어] 일이 순조롭게 진행되다
2150	一举两得 yìjǔliǎngdé [성어] 한 가지 일로써 동시에 두 가지의 이득을 얻다
2151	一如既往 yìrújìwǎng [성어] (태도가) 예전과 같다
2152	一丝不苟 yìsībùgǒu [성어] [형용] 일 처리가 철저하다
2153	异常 yìcháng [형] 예사롭지 않다 / [부] 매우
2154	意料 yìliào [동] 예상하다
2155	意识 yìshí [명] 의식 / [동] 의식하다
2156	意图 yìtú [명] 의도
2157	意味着 yìwèizhe [동] (어떤 뜻을) 의미하다
2158	意向 yìxiàng [명] 의향
2159	意志 yìzhì [명] 의지
2160	毅力 yìlì [명] 굳센 의지
2161	依然 yìrán [형] 여전하다 / [부] 변함없이
2162	抑制 yìzhì [동] 억제하다
2163	阴谋 yīnmóu [동] (나쁜 일을) 암암리에 꾸미다 / [명] 음모

부록 필수어휘 2500

音响 yīnxiǎng [명] 음향

隐蔽 yǐnbì [동] 은폐하다

隐患 yǐnhuàn [명] 겉으로 드러나지 않는 폐해

隐瞒 yǐnmán [동] (진상을) 감추다

隐私 yǐnsī [명] 프라이버시

隐约 yǐnyuē [형] 뚜렷하지 않다

引导 yǐndǎo [동] 인도하다

引擎 yǐnqíng [명] 엔진

引用 yǐnyòng [동] 인용하다

饮食 yǐnshí [명] 음식 / [동] 먹고 마시다

印刷 yìnshuā [동] 인쇄하다

婴儿 yīng"ér [명] 영아

英明 yīngmíng [형] 영명하다

英勇 yīngyǒng [형] 용감하다

迎面 yíngmiàn [부] 정면으로

盈利 yínglì [명] (기업의) 이익 / [동] 이윤을 얻다

荧屏 yíngpíng [명] 【물리】 형광판 / 텔레비전

应酬 yìngchóu [동] 접대하다

应邀 yìng yāo [동] (초청이나 초대 등에) 응하다

拥护 yōnghù [동] 옹호하다

拥有 yōngyǒu [동] 보유하다

庸俗 yōngsú [형] 저속하다

勇气 yǒngqì [명] 용기

勇于 yǒngyú [동] 용감하다

永恒 yǒnghéng [형] 영원히 변하지 않다

涌现 yǒngxiàn [동] 대량으로 나타나다

踊跃 yǒngyuè [동] 껑충껑충 뛰다

用功 yònggōng [이합동사] 열심히 공부하다 / [형] 근면하다

用户 yònghù [명] 사용자

优胜劣汰 yōushèngliètài [성어] 우수한 것은 살아남고, 나쁜 것은 도태하다

优先 yōuxiān [동] 우선하다

优异 yōuyì [형] (성적이나 활동 등이) 우수하다

优越 yōuyuè [형] 뛰어나다

忧郁 yōuyù [형] (마음이) 무겁다

油腻 yóunì [형] 느끼하다

油漆 yóuqī [명] 페인트 / [동] 페인트를 칠하다

犹如 yóurú [동] …와 같다

有条不紊 yǒutiáobùwěn [성어] (조금도 어지럽지 않고) 질서 정연하다

幼稚 yòuzhì [형] 유치하다

诱惑 yòuhuò [동] 유혹하다 / 매료시키다

愚蠢 yúchǔn [형] 어리석다

愚昧 yúmèi [형] 우매하다

舆论 yúlùn [명] 여론

渔民 yúmín [명] 어민

与日俱增 yǔrìjùzēng [성어] 끊임없이 증가하다

羽绒服 yǔróngfú [명] 다운재킷(물새의 깃털을 넣은 방한용 웃옷)

予以 yǔyǐ [동] 주다

愈 yù [부] 점점, 더욱더

预料 yùliào [동] 예상하다 / [명] 전망

预期 yùqī [동] (사전에) 기대하다

预赛 yùsài [동] 예선전하다

预算 yùsuàn [명] 예산 / [동] 예산하다

预先 yùxiān [부] 미리

预言 yùyán [동] 예언하다 / [명] 예언

预兆 yùzhào [명] 조짐 / [동] 징조를 보이다

欲望 yùwàng [명] 욕망

寓言 yùyán [명] 우화

冤枉 yuānwang [형] 억울하다

元首 yuánshǒu [명] 군주

2223	元素 yuánsù [명] 요소 / 원소[수학]
2224	元宵节 Yuánxiāojié [명] 정월 대보름, 원소절(음력 1월 15일)
2225	圆满 yuánmǎn [형] 원만하다
2226	原告 yuángào [명] 【법률】 원고
2227	原理 yuánlǐ [명] 원리
2228	原始 yuánshǐ [형] 최초의 / 원시의
2229	原先 yuánxiān [명] 원래
2230	园林 yuánlín [명] 조경 풍치림, 원림
2231	源泉 yuánquán [명] 원천
2232	约束 yuēshù [동] 구속하다
2233	岳父 yuèfù [명] 장인(아내의 아버지)
2234	乐谱 yuèpǔ [명] 악보
2235	熨 yùn [동] 다림질하다
2236	蕴藏 yùncáng [동] 잠재하다, 매장되다
2237	运算 yùnsuàn [동] 연산하다
2238	运行 yùnxíng [동] 운행하다
2239	酝酿 yùnniàng [동] 술을 담그다 / [비유] (어떤 일이 이루어지도록) 미리 준비하다
2240	孕育 yùnyù [동] 낳아 기르다

Z

2243	杂交 zájiāo [동] 교배하다
2244	咋 zǎ [대] [방언] 어찌, 어째서=(怎) (怎么)
2245	灾害 zāihài [명] 재해
2246	栽培 zāipéi [동] 심어 가꾸다, 배양하다, 재배하다
2247	宰 zǎi [동] 주관하다 / (주로 가축이나 동물을) 도살하다
2248	在乎 zàihu [동] …에 달려 있다 / 마음에 두다
2249	在意 zàiyì [이합동사] 마음에 두다
2250	再接再厉 zàijiēzàilì [성어] 계속해서 한층 더 노력하다

2251	攒 zǎn [동] 저축하다
2252	赞叹 zàntàn [동] 칭찬하다
2253	赞同 zàntóng [동] 동의하다
2254	赞扬 zànyáng [동] 찬양하다
2255	赞助 zànzhù [동] 지원하다
2256	暂且 zànqiě [부] 잠시
2257	糟蹋 zāota [동] 망치다 / 유린하다
2258	遭受 zāoshòu [동] (불행한 일이나 손해를) 당하다
2259	遭殃 zāoyāng [이합동사] 불행한 일을 당하다
2260	遭遇 zāoyù [동] (적이나 불행한 일, 여의치 못한 일 등을 우연히) 부닥치다
2261	造反 zàofǎn [이합동사] 반역하다
2262	造型 zàoxíng [동] 조형하다 / [명] 조형
2263	噪音 zàoyīn [명] 소음
2264	贼 zéi [명] 도둑
2265	增添 zēngtiān [동] 첨가하다
2266	赠送 zèngsòng [동] (대가 없이 물건을) 증정하다
2267	渣 zhā [명] 찌꺼기
2268	扎 zhā [동] (침이나 가시 등으로) 찌르다
2269	扎实 zhāshi [형] 튼튼하다 / (일, 학문 등이) 견고하다
2270	眨 zhǎ [동] (눈을) 깜박거리다
2271	诈骗 zhàpiàn [동] 속여서 빼앗다
2272	摘要 zhāiyào [동] 요점을 (따서) 적다 / [명] 요점
2273	债券 zhàiquàn [명] 【경제】 채권
2274	沾光 zhānguāng [이합동사] 덕을 보다
2275	瞻仰 zhānyǎng [동] (공경하며) 바라보다
2276	斩钉截铁 zhǎndīngjiétiě [성어] (말하는 것 또는 일 처리가) 과단성이 있고 머뭇거리지 않다
2277	展示 zhǎnshì [동] 펼쳐 보이다, 드러내다
2278	展望 zhǎnwàng [동] 전망하다
2279	展现 zhǎnxiàn [동] (눈앞에) 펼쳐 보이다

2280	崭新 zhǎnxīn [형] 참신한	
2281	战斗 zhàndǒu [동] (몸을 부들부들) 떨다 / zhàndòu [명] 요점	
2282	战略 zhànlüè [명] 전략	
2283	战术 zhànshù [명] 전술	
2284	战役 zhànyì [명] 캠페인	
2285	占据 zhànjù [동] 점거하다	
2286	占领 zhànlǐng [동] 점령하다	
2287	占有 zhànyǒu [동] 점유하다	
2288	章程 zhāngchéng [명] 규정	
2289	长辈 zhǎngbèi [명] 손윗사람	
2290	障碍 zhàng"ài [동] (통과하지 못하게 길을) 가로막다 / [명] 장애물	
2291	帐篷 zhàngpéng [명] 장막, 텐트	
2292	招收 zhāoshōu [동] 모집하다	
2293	招投标 zhāotóubiāo 입찰에 참가하다	
2294	朝气蓬勃 zhāoqìpéngbó [성어] 활력이 넘치다	
2295	着迷 zháomí [이합동사] 빠지다	
2296	沼泽 zhǎozé [명] 늪	
2297	照料 zhàoliào [동] 보살피다	
2298	照样 zhàoyàng [이합동사] (어떤) 똑같이 하다 / [부] 예전처럼	
2299	照耀 zhàoyào [동] 비추다	
2300	照应 zhàoyìng [동] 협력하다	
2301	遮挡 zhēdǎng [동] 저지하다 / [명] 방해물	
2302	折腾 zhēteng (주로 잠자리에서) 뒤척거리다 / (어떤 일을) 반복하다	
2303	折 zhé [동] 꺾다 / 에누리하다	
2304	折磨 zhémó [동] (육체적, 정신적으로) 고통스럽게 하다	
2305	真相 zhēnxiàng [명] 진상	
2306	真挚 zhēnzhì [형] 진실하다	
2307	珍贵 zhēnguì [형] 귀중하다	
2308	珍稀 zhēnxī [동] 아끼다	
2309	珍珠 zhēnzhū [명] 진주	
2310	侦探 zhēntàn [동] 정탐하다 / [명] 탐정, 스파이	
2311	斟酌 zhēnzhuó [동] 숙고하다	
2312	阵地 zhèndì [명] 전장	
2313	阵容 zhènróng [명]【군사】【운동】진용 / 라인업	
2314	镇定 zhèndìng [형] (긴급한 상황에 처해서도) 침착하다 / [동] 진정시키다	
2315	镇静 zhènjìng [형] (마음, 기분이) 차분하다	
2316	镇压 zhènyā [동] 진압하다(주로 정치 분야에 쓰임)	
2317	振奋 zhènfèn [형] (정신이) 활기차다 / [동] 북돋우다	
2318	振兴 zhènxīng [동] 흥성하게 하다	
2319	震惊 zhènjīng [동] 놀라다, 놀래게 하다	
2320	争端 zhēngduān [명] 싸움의 발단	
2321	争夺 zhēngduó [동] 싸워서 빼앗다	
2322	争气 zhēngqì [이합동사] 뒤처지지 않으려고 애쓰다	
2323	争先恐后 zhēngxiānkǒnghòu [성어] 뒤질세라 앞을 다투다	
2324	争议 zhēngyì [동] 논쟁하다	
2325	蒸发 zhēngfā [동] 증발하다 / [비유] (매우 빨리 혹은 갑자기) 사라지다	
2326	征服 zhēngfú [동] 정복하다 / 매료시키다	
2327	征收 zhēngshōu [동] (정부가 법에 따라 세금을) 징수하다	
2328	正月 zhēng yuè [명] 정월(음력 1월)	
2329	挣扎 zhēngzhá [동] 발버둥 치다	
2330	整顿 zhěngdùn [동] (조직, 규율, 기풍을) 정돈하다	
2331	正当 zhèngdāng [동] 마침 …에 처하다	
2332	正负 zhèngfù [명]【수학】플러스마이너스 / 긍정과 부정	
2333	正规 zhèngguī [형] 정규의	
2334	正经 zhèngjīng [명] 십삼경(十三經) / [형] zhèng jing 정직하다	

2335	正气 zhèngqì [명] 정기 / 강직한 기개
2336	正义 zhèngyì [명] 정의
2337	政权 zhèngquán [명] 정권
2338	证实 zhèngshí [동] 증명하다
2339	证书 zhèngshū [명] 증서
2340	郑重 zhèngzhòng [형] 정중하다
2341	症状 zhèngzhuàng [명] 증상
2342	枝 zhī [명] (초목의) 가지 / [양] 가지를 가진 꽃을 셀 때 쓰임
2343	支撑 zhīchēng [동] 지탱하다, 버티다 / [명] 지주, 버팀목
2344	支出 zhīchū [동] 지출하다 / [명] 지출
2345	支流 zhīliú [명] 지류 / [비유] (주요한 것과 함께 나타나는) 부차적인 것
2346	支配 zhīpèi [동] 배치하다 / (사람 또는 사물을) 지배하다
2347	支援 zhīyuán [동] 지원하다
2348	支柱 zhīzhù [명] 받침대
2349	知觉 zhījué [명] 지각 / 감각, 의식
2350	知足常乐 zhīzúchánglè [성어] 만족함을 알면 항상 즐겁다
2351	脂肪 zhīfáng [명]【생물】지방
2352	直播 zhíbō [동] 생방송을 하다
2353	值班 zhíbān [이합동사] 당직을 서다
2354	殖民地 zhímíndì [명] 식민지
2355	职能 zhínéng [명] 기능
2356	职位 zhíwèi [명] 직위
2357	植物 zhíwù [명] 식물
2358	指标 zhǐbiāo [명] 지표
2359	指定 zhǐdìng [동] 지정하다
2360	指甲 zhǐjiǎ [명] 손톱
2361	指令 zhǐlìng [동] 지시하다 / [명] (상급자가 하급자에게 내리는) 명령
2362	指南针 zhǐnánzhēn [명]【물리】나침반 / [명] [비유] 지침
2363	指示 zhǐshì [동] 지시하다
2364	指望 zhǐwang [동] 기대하다 / [명] 바람
2365	指责 zhǐzé [동] (실수나 허물 등을 들추어내) 탓하다
2366	治安 zhì"ān [명] 치안
2367	治理 zhìlǐ [동] 통치하다 / 처리하다
2368	制裁 zhìcái [동] 제재하다
2369	制订 zhìdìng [동] (초안을 세워) 제정하다
2370	制服 zhìfú [명] 제복 / [이합동사] 제압하다
2371	制约 zhìyuē [동] 제약하다
2372	制止 zhìzhǐ [동] 제지하다
2373	致辞 zhìcí [이합동사] (의식에서) 연설하다
2374	致力于 zhìlìyú [동] 애쓰다
2375	致使 zhìshǐ [동] …하여 …하게 되다
2376	智力 zhìlì [명] 지능
2377	智能 zhìnéng [명] 지능, 지력
2378	智商 zhìshāng [명] 아이큐
2379	滞留 zhìliú [동] 머물다
2380	志气 zhìqì [명] 패기
2381	忠诚 zhōngchéng [형] 충성스럽다
2382	忠实 zhōngshí [형] 충직하고 성실하다 / 진실하다
2383	终点 zhōngdiǎn [명] 종점
2384	终究 zhōngjiū [부] 결국
2385	终年 zhōngnián [부] 일년 내내
2386	终身 zhōngshēn [명] 평생
2387	终止 zhōngzhǐ [동] 끝내다
2388	中断 zhōngduàn [동] 중단하다
2389	中立 zhōnglì [동] 중립하다
2390	中央 zhōngyāng [명] 중심 / 중앙(국가 정권 및 정치 단체의 최고 지휘 기관을 가리킴)

부록 필수어휘2500

229

2391 衷心 zhōngxīn [형] 충심의	2420 注视 zhùshì [동] 주시하다
2392 种籽 zhǒngzi [명] 종자	2421 注释 zhùshì [동] 주해하다 / [명] 주석
2393 种族 zhǒngzú [명] 종족	2422 注重 zhùzhòng [동] 중시하다
2394 肿瘤 zhǒngliú [명] 【의학】 종양	2423 助理 zhùlǐ [형] (주요 책임자의) 돕는 / [명] 보조
2395 重心 zhòngxīn [명] 【물리】 중심 / (일의) 핵심	2424 助手 zhùshǒu [명] 조수
2396 众所周知 zhòngsuǒzhōuzhī [성어] 모든 사람들이 다 알다	2425 著作 zhùzuò [동] 저작하다 / [명] 저작
2397 洲 zhōu [명] 【지리】 주(洲), 대륙	2426 驻扎 zhùzhā [동] 【군사】 주둔하다
2398 舟 zhōu [명] 배	2427 铸造 zhùzào [동] 주조하다
2399 粥 zhōu [명] 죽	2428 拽 zhuài [동] 당기다
2400 周边 zhōubiān [명] 주변	2429 专长 zhuāncháng [명] 특기
2401 周密 zhōumì [형] 주도면밀하다	2430 专程 zhuānchéng [부] 특별히
2402 周年 zhōunián [명] 주년	2431 专科 zhuānkē [명] 전공과목 / 전문대학
2403 周期 zhōuqī [명] 주기	2432 专利 zhuānlì [명] 특허
2404 周折 zhōuzhé [명] 우여곡절	2433 专题 zhuāntí [명] 특별 주제, 전문적인 주제
2405 周转 zhōuzhuǎn [동] (기업의 자금이나 물건 등이) 돌다	2434 砖瓦 zhuānwǎ [명] 벽돌과 기와
2406 皱纹 zhòuwén [명] 주름	2435 转达 zhuǎndá [동] (한쪽의 말을 다른 쪽에게) 전달하다
2407 昼夜 zhòuyè [명] 밤낮	2436 转让 zhuǎnràng [동] 양도하다
2408 株 zhū [양] 그루=棵	2437 转移 zhuǎnyí [동] 전이하다, 위치를 이동시키다
2409 诸位 zhūwèi [대] 여러분	2438 转折 zhuǎnzhé [동] 전환하다
2410 逐年 zhúnián [부] 해마다	2439 传记 chuánjì [명] 전기
2411 拄 zhǔ [동] 짚다	2440 装备 zhuànbèi [동] (무기, 군복, 기자재, 기술력 등을) 갖추다
2412 主办 zhǔbàn [동] 주최하다	2441 装卸 zhuāngxiè [동] 조립하고 분해하다 / 하역하다
2413 主导 zhǔdǎo [형] 주도적인 / [명] 주도	2442 庄严 zhuāngyán [형] 장엄하다
2414 主管 zhǔguǎn [동] 주관하다 / [명] 주관자	2443 庄重 zhuāngzhòng [형] (언행이) 무게가 있다
2415 主流 zhǔliú [명] 주류	2444 幢 zhuàng [형] 동, 채
2416 主权 zhǔquán [명] 주권	2445 壮观 zhuàngguān [형] (경관이) 장관이다 / [명] 장관
2417 主题 zhǔtí [명] 주제	2446 壮丽 zhuànglì [형] 웅장하고 아름답다
2418 住宅 zhùzhái [명] (규모가 비교적 큰) 주택	2447 壮烈 zhuàngliè [형] 장렬하다
2419 注射 zhùshè [동] 【의학】 (주사기로) 주사하다	2448 追悼 zhuīdào [동] (죽은 자를) 추모하다

2449	追究 zhuījiū [동] 추궁하다	
2450	准则 zhǔnzé [명] 준칙	
2451	琢磨 zhuómó [동] (옥석을) 갈다 / (문장을) 다듬다	
2452	着手 zhuóshǒu [동] 착수하다	
2453	着想 zhuóxiǎng [동] 고려하다	
2454	着重 zhuózhòng [동] 역점을 두다	
2455	卓越 zhuóyuè [형] 탁월하다	
2456	资本 zīběn [명] 자본	
2457	资产 zīchǎn [명] 자산	
2458	资深 zīshēn [형] 베테랑의	
2459	资助 zīzhù [동] 경제적으로 돕다	
2460	姿态 zītài [명] 모습	
2461	滋味 zīwèi [명] 맛	
2462	滋长 zīzhǎng [동] (주로 추상적 의미로) 생장하다	
2463	子弹 zǐdàn [명] 총탄	
2464	字典 zìdiǎn [명] 자전	
2465	字母 zìmǔ [명]【언어】 자모, 알파벳	
2466	自卑 zìbēi [형] 열등감을 가지다	
2467	自发 zìfā [형] 자발적인	
2468	自立更生 zìlìgēngshēng [성어] 자력갱생하다	
2469	自满 zìmǎn [형] 자만하다	
2470	自主 zìzhǔ [동] 스스로 처리하다	
2471	踪迹 zōngjì [명] 종적	
2472	宗旨 zōngzhǐ [명] 목적	
2473	棕色 zōngsè [명] 갈색	
2474	总而言之 zǒng"éryánzhī 총괄적으로 말하면, 한마디로 말하자면	
2475	总和 zǒnghé [명] 총계	
2476	纵横 zònghéng [형] 종횡의 / (글이나 그림 등이) 자유분방하다	
2477	走廊 zǒuláng [명] 복도	

2478	走漏 zǒulòu [동] (소식 등이) 새다	
2479	走私 zǒusī [이합동사] 밀수하다	
2480	揍 zòu [동] (사람을) 때리다	
2481	租赁 zūlìn [동] 빌려 쓰다 / 세주다	
2482	足以 zúyǐ [동] …하기에 족하다	
2483	组 zǔ [동] 조직하다 / [명] 그룹	
2484	阻碍 zǔ"ài [동] 지장을 주다 / [명] 걸림돌	
2485	阻拦 zǔlán [동] 저지하다	
2486	阻挠 zǔnáo [동] (몰래) 방해하다	
2487	祖父 zǔfù [명] 할아버지	
2488	钻研 zuānyán [동] 깊이 연구하다	
2489	钻石 zuànshí [명] 다이아몬드	
2490	嘴唇 zuǐchún [명] 입술	
2491	尊严 zūnyán [형] 존엄하다 / [명] 존엄성	
2492	遵循 zūnxún [동] 따르다	
2493	左右 zuǒyòu [명] 왼쪽과 오른쪽 / 가량 / [동] 좌우하다	
2494	做东 zuòdōng [이합동사] 주인 노릇을 하다, 한턱내다	
2495	做主 zuòzhǔ [이합동사] (어떤 일을) 책임지고 결정하다	
2496	座右铭 zuòyòumíng [명] 좌우명	
2497	作弊 zuòbì [이합동사] (속임수를 써서) 커닝하다	
2498	作废 zuòfèi [동] (효력을 잃어) 폐기하다	
2499	作风 zuòfēng [명] 태도 / 풍격	
2500	作息 zuòxī [동] 일하고 휴식하다	

부록 필수어휘2500

231

저자 **위펑(于鵬)**

천진사범대학 졸업 문학석사
천진사범대학 졸업 교육학박사
무한대학 연구기관 대외한어과 수료
천진사범대학 국제교육교류학원 부교수
(현) 한국성결대학교 중어중문과 교환 교수
저서 ▶ HSK실용어법(감숙인민출판사), HSK고등모의고사(고등교육출판사) 외 다수

쟈오위메이(焦毓梅)

천진사범대학 졸업 문학석사
사천대학 졸업 문학박사
천진외국어대학 대외한어과 주임, 부교수
(현) 한국덕성여자대학교 중어중문과 외국인교수
저서 ▶ HSK30일 막판 스퍼트(북경대학출판사), HSK지름길고등모의고사(북경대학출판사) 외 다수

스징(史靖)

천진재경대학 회계학과 졸업
천진사범대학 대외한어학 석사 수료
천진아리랑 어언문화학원 전문강사
천진남개대학 한어언학원 겸직강사
천진붕우HSK전문학원 강사
저서 ▶ HSK초·중등 어법(한국학고방출판사), HSK고급독해실전연습(북경대학출판사) 외 다수

해설 **박은영**

HSK, 중국어 대입, HSK 강사 양성 전문 강사
신HSK 고득점자와 유명대학 합격생 다수 배출
CTCSOL(국제 중국어교사) 보유
신HSK 관련 교재 20 여권 집필
신HSK 동영상 강의 다수
산동 중의약 대학 의학석사
저서 ▶ 신HSK 실전모의고사-1급·2급(집필) / 3급·4급·5급·6급(해설) – 제이플러스 외 다수

한번에 합격!
新 HSK 6급 실전 모의고사

저자 위펑(于鵬), 쟈오위메이(焦毓梅), 스징(史靖)
해설 박은영
발행인 이기선
발행처 제이플러스
등록번호 제10–1680호
등록일자 1998년 12월 9일

개정1쇄 2020년 5월 25일

주소 서울시 마포구 월드컵로 31길 62
전화 (02)332–8320
팩스 (02)332–8321
홈페이지 www.jplus114.com
ISBN 979–11–5601–127–9(13720)

이 도서의 국립중앙도서관 출판예정도서목록(CIP)은
서지정보유통지원시스템 홈페이지(http://seoji.nl.go.kr)와 국가자료종합목록 구축시스템(http://kolis–net.nl.go.kr)에서 이용하실 수 있습니다.
(CIP제어번호 : CIP2020014374)

HSK（六级）答题卡

新 汉 语 水 平 考 试
HSK（六级）答题卡

姓名	

国籍		[1] [2] [3] [4] [5] [6] [7] [8] [9]
		[1] [2] [3] [4] [5] [6] [7] [8] [9]
		[1] [2] [3] [4] [5] [6] [7] [8] [9]

性别	男 [1]	女 [2]

序号		[1] [2] [3] [4] [5] [6] [7] [8] [9]
		[1] [2] [3] [4] [5] [6] [7] [8] [9]
		[1] [2] [3] [4] [5] [6] [7] [8] [9]
		[1] [2] [3] [4] [5] [6] [7] [8] [9]
		[1] [2] [3] [4] [5] [6] [7] [8] [9]

考点		[1] [2] [3] [4] [5] [6] [7] [8] [9]
		[1] [2] [3] [4] [5] [6] [7] [8] [9]
		[1] [2] [3] [4] [5] [6] [7] [8] [9]

年龄		[1] [2] [3] [4] [5] [6] [7] [8] [9]
		[1] [2] [3] [4] [5] [6] [7] [8] [9]

你是华裔吗？	
是 [1]	不是 [2]

学习汉语的时间：				
2年以下 [1]	2年—3年 [2]	3年—4年 [3]	4年—5年 [4]	5年以上 [5]

注意	请用2B铅笔这样写： ▄

一、听力

1. [A] [B] [C] [D]　　6. [A] [B] [C] [D]　　11. [A] [B] [C] [D]　　16. [A] [B] [C] [D]　　21. [A] [B] [C] [D]
2. [A] [B] [C] [D]　　7. [A] [B] [C] [D]　　12. [A] [B] [C] [D]　　17. [A] [B] [C] [D]　　22. [A] [B] [C] [D]
3. [A] [B] [C] [D]　　8. [A] [B] [C] [D]　　13. [A] [B] [C] [D]　　18. [A] [B] [C] [D]　　23. [A] [B] [C] [D]
4. [A] [B] [C] [D]　　9. [A] [B] [C] [D]　　14. [A] [B] [C] [D]　　19. [A] [B] [C] [D]　　24. [A] [B] [C] [D]
5. [A] [B] [C] [D]　　10. [A] [B] [C] [D]　　15. [A] [B] [C] [D]　　20. [A] [B] [C] [D]　　25. [A] [B] [C] [D]

26. [A] [B] [C] [D]　　31. [A] [B] [C] [D]　　36. [A] [B] [C] [D]　　41. [A] [B] [C] [D]　　46. [A] [B] [C] [D]
27. [A] [B] [C] [D]　　32. [A] [B] [C] [D]　　37. [A] [B] [C] [D]　　42. [A] [B] [C] [D]　　47. [A] [B] [C] [D]
28. [A] [B] [C] [D]　　33. [A] [B] [C] [D]　　38. [A] [B] [C] [D]　　43. [A] [B] [C] [D]　　48. [A] [B] [C] [D]
29. [A] [B] [C] [D]　　34. [A] [B] [C] [D]　　39. [A] [B] [C] [D]　　44. [A] [B] [C] [D]　　49. [A] [B] [C] [D]
30. [A] [B] [C] [D]　　35. [A] [B] [C] [D]　　40. [A] [B] [C] [D]　　45. [A] [B] [C] [D]　　50. [A] [B] [C] [D]

二、阅读

51. [A] [B] [C] [D]　　56. [A] [B] [C] [D]　　61. [A] [B] [C] [D]　　66. [A] [B] [C] [D]　　71. [A] [B] [C] [D] [E]
52. [A] [B] [C] [D]　　57. [A] [B] [C] [D]　　62. [A] [B] [C] [D]　　67. [A] [B] [C] [D]　　72. [A] [B] [C] [D] [E]
53. [A] [B] [C] [D]　　58. [A] [B] [C] [D]　　63. [A] [B] [C] [D]　　68. [A] [B] [C] [D]　　73. [A] [B] [C] [D] [E]
54. [A] [B] [C] [D]　　59. [A] [B] [C] [D]　　64. [A] [B] [C] [D]　　69. [A] [B] [C] [D]　　74. [A] [B] [C] [D] [E]
55. [A] [B] [C] [D]　　60. [A] [B] [C] [D]　　65. [A] [B] [C] [D]　　70. [A] [B] [C] [D]　　75. [A] [B] [C] [D] [E]

76. [A] [B] [C] [D] [E]　　81. [A] [B] [C] [D]　　86. [A] [B] [C] [D]　　91. [A] [B] [C] [D]　　96. [A] [B] [C] [D]
77. [A] [B] [C] [D] [E]　　82. [A] [B] [C] [D]　　87. [A] [B] [C] [D]　　92. [A] [B] [C] [D]　　97. [A] [B] [C] [D]
78. [A] [B] [C] [D] [E]　　83. [A] [B] [C] [D]　　88. [A] [B] [C] [D]　　93. [A] [B] [C] [D]　　98. [A] [B] [C] [D]
79. [A] [B] [C] [D] [E]　　84. [A] [B] [C] [D]　　89. [A] [B] [C] [D]　　94. [A] [B] [C] [D]　　99. [A] [B] [C] [D]
80. [A] [B] [C] [D] [E]　　85. [A] [B] [C] [D]　　90. [A] [B] [C] [D]　　95. [A] [B] [C] [D]　　100. [A] [B] [C] [D]

三、书写

101.

HSK（六级）答题卡

新 汉 语 水 平 考 试
HSK（六级）答题卡

姓名	

国籍	[1] [2] [3] [4] [5] [6] [7] [8] [9]
	[1] [2] [3] [4] [5] [6] [7] [8] [9]
	[1] [2] [3] [4] [5] [6] [7] [8] [9]

性别	男 [1]　　　　女 [2]

序号	[1] [2] [3] [4] [5] [6] [7] [8] [9]
	[1] [2] [3] [4] [5] [6] [7] [8] [9]
	[1] [2] [3] [4] [5] [6] [7] [8] [9]
	[1] [2] [3] [4] [5] [6] [7] [8] [9]
	[1] [2] [3] [4] [5] [6] [7] [8] [9]

考点	[1] [2] [3] [4] [5] [6] [7] [8] [9]
	[1] [2] [3] [4] [5] [6] [7] [8] [9]
	[1] [2] [3] [4] [5] [6] [7] [8] [9]

你是华裔吗？
是 [1]　　　　不是 [2]

年龄	[1] [2] [3] [4] [5] [6] [7] [8] [9]
	[1] [2] [3] [4] [5] [6] [7] [8] [9]

学习汉语的时间：

2年以下 [1]　　2年—3年 [2]　　3年—4年 [3]　　4年—5年 [4]　　5年以上 [5]

注意	请用2B铅笔这样写： ▬

一、听力

1. [A] [B] [C] [D]　　6. [A] [B] [C] [D]　　11. [A] [B] [C] [D]　　16. [A] [B] [C] [D]　　21. [A] [B] [C] [D]
2. [A] [B] [C] [D]　　7. [A] [B] [C] [D]　　12. [A] [B] [C] [D]　　17. [A] [B] [C] [D]　　22. [A] [B] [C] [D]
3. [A] [B] [C] [D]　　8. [A] [B] [C] [D]　　13. [A] [B] [C] [D]　　18. [A] [B] [C] [D]　　23. [A] [B] [C] [D]
4. [A] [B] [C] [D]　　9. [A] [B] [C] [D]　　14. [A] [B] [C] [D]　　19. [A] [B] [C] [D]　　24. [A] [B] [C] [D]
5. [A] [B] [C] [D]　　10. [A] [B] [C] [D]　　15. [A] [B] [C] [D]　　20. [A] [B] [C] [D]　　25. [A] [B] [C] [D]

26. [A] [B] [C] [D]　　31. [A] [B] [C] [D]　　36. [A] [B] [C] [D]　　41. [A] [B] [C] [D]　　46. [A] [B] [C] [D]
27. [A] [B] [C] [D]　　32. [A] [B] [C] [D]　　37. [A] [B] [C] [D]　　42. [A] [B] [C] [D]　　47. [A] [B] [C] [D]
28. [A] [B] [C] [D]　　33. [A] [B] [C] [D]　　38. [A] [B] [C] [D]　　43. [A] [B] [C] [D]　　48. [A] [B] [C] [D]
29. [A] [B] [C] [D]　　34. [A] [B] [C] [D]　　39. [A] [B] [C] [D]　　44. [A] [B] [C] [D]　　49. [A] [B] [C] [D]
30. [A] [B] [C] [D]　　35. [A] [B] [C] [D]　　40. [A] [B] [C] [D]　　45. [A] [B] [C] [D]　　50. [A] [B] [C] [D]

二、阅读

51. [A] [B] [C] [D]　　56. [A] [B] [C] [D]　　61. [A] [B] [C] [D]　　66. [A] [B] [C] [D]　　71. [A] [B] [C] [D] [E]
52. [A] [B] [C] [D]　　57. [A] [B] [C] [D]　　62. [A] [B] [C] [D]　　67. [A] [B] [C] [D]　　72. [A] [B] [C] [D] [E]
53. [A] [B] [C] [D]　　58. [A] [B] [C] [D]　　63. [A] [B] [C] [D]　　68. [A] [B] [C] [D]　　73. [A] [B] [C] [D] [E]
54. [A] [B] [C] [D]　　59. [A] [B] [C] [D]　　64. [A] [B] [C] [D]　　69. [A] [B] [C] [D]　　74. [A] [B] [C] [D] [E]
55. [A] [B] [C] [D]　　60. [A] [B] [C] [D]　　65. [A] [B] [C] [D]　　70. [A] [B] [C] [D]　　75. [A] [B] [C] [D] [E]

76. [A] [B] [C] [D] [E]　　81. [A] [B] [C] [D]　　86. [A] [B] [C] [D]　　91. [A] [B] [C] [D]　　96. [A] [B] [C] [D]
77. [A] [B] [C] [D] [E]　　82. [A] [B] [C] [D]　　87. [A] [B] [C] [D]　　92. [A] [B] [C] [D]　　97. [A] [B] [C] [D]
78. [A] [B] [C] [D] [E]　　83. [A] [B] [C] [D]　　88. [A] [B] [C] [D]　　93. [A] [B] [C] [D]　　98. [A] [B] [C] [D]
79. [A] [B] [C] [D] [E]　　84. [A] [B] [C] [D]　　89. [A] [B] [C] [D]　　94. [A] [B] [C] [D]　　99. [A] [B] [C] [D]
80. [A] [B] [C] [D] [E]　　85. [A] [B] [C] [D]　　90. [A] [B] [C] [D]　　95. [A] [B] [C] [D]　　100. [A] [B] [C] [D]

三、书写

101.

HSK（六级）答题卡

新 汉 语 水 平 考 试
HSK（六级）答题卡

姓名	

国籍 [1] [2] [3] [4] [5] [6] [7] [8] [9]
[1] [2] [3] [4] [5] [6] [7] [8] [9]
[1] [2] [3] [4] [5] [6] [7] [8] [9]

性别　男 [1]　　女 [2]

序号 [1] [2] [3] [4] [5] [6] [7] [8] [9]
[1] [2] [3] [4] [5] [6] [7] [8] [9]
[1] [2] [3] [4] [5] [6] [7] [8] [9]
[1] [2] [3] [4] [5] [6] [7] [8] [9]
[1] [2] [3] [4] [5] [6] [7] [8] [9]

考点 [1] [2] [3] [4] [5] [6] [7] [8] [9]
[1] [2] [3] [4] [5] [6] [7] [8] [9]
[1] [2] [3] [4] [5] [6] [7] [8] [9]

年龄 [1] [2] [3] [4] [5] [6] [7] [8] [9]
[1] [2] [3] [4] [5] [6] [7] [8] [9]

你是华裔吗?　是 [1]　　不是 [2]

学习汉语的时间:
2年以下 [1]　　2年—3年 [2]　　3年—4年 [3]　　4年—5年 [4]　　5年以上 [5]

注意　请用2B铅笔这样写: ▬

一、听力

1-25, 26-50 各题 [A] [B] [C] [D]

二、阅读

51-70 [A] [B] [C] [D]
71-75 [A] [B] [C] [D] [E]
76-80 [A] [B] [C] [D] [E]
81-100 [A] [B] [C] [D]

三、书写

101.

HSK（六级）答题卡

新 汉 语 水 平 考 试
HSK（六级）答题卡

姓名	

序号	[1] [2] [3] [4] [5] [6] [7] [8] [9] [1] [2] [3] [4] [5] [6] [7] [8] [9] [1] [2] [3] [4] [5] [6] [7] [8] [9] [1] [2] [3] [4] [5] [6] [7] [8] [9] [1] [2] [3] [4] [5] [6] [7] [8] [9]

年龄	[1] [2] [3] [4] [5] [6] [7] [8] [9] [1] [2] [3] [4] [5] [6] [7] [8] [9]

国籍	[1] [2] [3] [4] [5] [6] [7] [8] [9] [1] [2] [3] [4] [5] [6] [7] [8] [9] [1] [2] [3] [4] [5] [6] [7] [8] [9]

性别	男 [1]	女 [2]

考点	[1] [2] [3] [4] [5] [6] [7] [8] [9] [1] [2] [3] [4] [5] [6] [7] [8] [9] [1] [2] [3] [4] [5] [6] [7] [8] [9]

你是华裔吗？	
是 [1]	不是 [2]

学习汉语的时间：

2年以下 [1]　　2年—3年 [2]　　3年—4年 [3]　　4年—5年 [4]　　5年以上 [5]

注意	请用2B铅笔这样写： ▬

一、听力

1. [A] [B] [C] [D]	6. [A] [B] [C] [D]	11. [A] [B] [C] [D]	16. [A] [B] [C] [D]	21. [A] [B] [C] [D]
2. [A] [B] [C] [D]	7. [A] [B] [C] [D]	12. [A] [B] [C] [D]	17. [A] [B] [C] [D]	22. [A] [B] [C] [D]
3. [A] [B] [C] [D]	8. [A] [B] [C] [D]	13. [A] [B] [C] [D]	18. [A] [B] [C] [D]	23. [A] [B] [C] [D]
4. [A] [B] [C] [D]	9. [A] [B] [C] [D]	14. [A] [B] [C] [D]	19. [A] [B] [C] [D]	24. [A] [B] [C] [D]
5. [A] [B] [C] [D]	10. [A] [B] [C] [D]	15. [A] [B] [C] [D]	20. [A] [B] [C] [D]	25. [A] [B] [C] [D]
26. [A] [B] [C] [D]	31. [A] [B] [C] [D]	36. [A] [B] [C] [D]	41. [A] [B] [C] [D]	46. [A] [B] [C] [D]
27. [A] [B] [C] [D]	32. [A] [B] [C] [D]	37. [A] [B] [C] [D]	42. [A] [B] [C] [D]	47. [A] [B] [C] [D]
28. [A] [B] [C] [D]	33. [A] [B] [C] [D]	38. [A] [B] [C] [D]	43. [A] [B] [C] [D]	48. [A] [B] [C] [D]
29. [A] [B] [C] [D]	34. [A] [B] [C] [D]	39. [A] [B] [C] [D]	44. [A] [B] [C] [D]	49. [A] [B] [C] [D]
30. [A] [B] [C] [D]	35. [A] [B] [C] [D]	40. [A] [B] [C] [D]	45. [A] [B] [C] [D]	50. [A] [B] [C] [D]

二、阅读

51. [A] [B] [C] [D]	56. [A] [B] [C] [D]	61. [A] [B] [C] [D]	66. [A] [B] [C] [D]	71. [A] [B] [C] [D] [E]
52. [A] [B] [C] [D]	57. [A] [B] [C] [D]	62. [A] [B] [C] [D]	67. [A] [B] [C] [D]	72. [A] [B] [C] [D] [E]
53. [A] [B] [C] [D]	58. [A] [B] [C] [D]	63. [A] [B] [C] [D]	68. [A] [B] [C] [D]	73. [A] [B] [C] [D] [E]
54. [A] [B] [C] [D]	59. [A] [B] [C] [D]	64. [A] [B] [C] [D]	69. [A] [B] [C] [D]	74. [A] [B] [C] [D] [E]
55. [A] [B] [C] [D]	60. [A] [B] [C] [D]	65. [A] [B] [C] [D]	70. [A] [B] [C] [D]	75. [A] [B] [C] [D] [E]
76. [A] [B] [C] [D] [E]	81. [A] [B] [C] [D]	86. [A] [B] [C] [D]	91. [A] [B] [C] [D]	96. [A] [B] [C] [D]
77. [A] [B] [C] [D] [E]	82. [A] [B] [C] [D]	87. [A] [B] [C] [D]	92. [A] [B] [C] [D]	97. [A] [B] [C] [D]
78. [A] [B] [C] [D] [E]	83. [A] [B] [C] [D]	88. [A] [B] [C] [D]	93. [A] [B] [C] [D]	98. [A] [B] [C] [D]
79. [A] [B] [C] [D] [E]	84. [A] [B] [C] [D]	89. [A] [B] [C] [D]	94. [A] [B] [C] [D]	99. [A] [B] [C] [D]
80. [A] [B] [C] [D] [E]	85. [A] [B] [C] [D]	90. [A] [B] [C] [D]	95. [A] [B] [C] [D]	100. [A] [B] [C] [D]

三、书写

101.

HSK（六级）答题卡

新 汉 语 水 平 考 试
HSK（六级）答题卡

姓名	

国籍		[1] [2] [3] [4] [5] [6] [7] [8] [9]
		[1] [2] [3] [4] [5] [6] [7] [8] [9]
		[1] [2] [3] [4] [5] [6] [7] [8] [9]

序号		[1] [2] [3] [4] [5] [6] [7] [8] [9]
		[1] [2] [3] [4] [5] [6] [7] [8] [9]
		[1] [2] [3] [4] [5] [6] [7] [8] [9]
		[1] [2] [3] [4] [5] [6] [7] [8] [9]
		[1] [2] [3] [4] [5] [6] [7] [8] [9]

性别	男 [1]	女 [2]

考点		[1] [2] [3] [4] [5] [6] [7] [8] [9]
		[1] [2] [3] [4] [5] [6] [7] [8] [9]
		[1] [2] [3] [4] [5] [6] [7] [8] [9]

你是华裔吗？	
是 [1]	不是 [2]

年龄		[1] [2] [3] [4] [5] [6] [7] [8] [9]
		[1] [2] [3] [4] [5] [6] [7] [8] [9]

学习汉语的时间：
2年以下 [1]　　2年—3年 [2]　　3年—4年 [3]　　4年—5年 [4]　　5年以上 [5]

注意	请用2B铅笔这样写： ▬

一、听力

1. [A] [B] [C] [D] 6. [A] [B] [C] [D] 11. [A] [B] [C] [D] 16. [A] [B] [C] [D] 21. [A] [B] [C] [D]
2. [A] [B] [C] [D] 7. [A] [B] [C] [D] 12. [A] [B] [C] [D] 17. [A] [B] [C] [D] 22. [A] [B] [C] [D]
3. [A] [B] [C] [D] 8. [A] [B] [C] [D] 13. [A] [B] [C] [D] 18. [A] [B] [C] [D] 23. [A] [B] [C] [D]
4. [A] [B] [C] [D] 9. [A] [B] [C] [D] 14. [A] [B] [C] [D] 19. [A] [B] [C] [D] 24. [A] [B] [C] [D]
5. [A] [B] [C] [D] 10. [A] [B] [C] [D] 15. [A] [B] [C] [D] 20. [A] [B] [C] [D] 25. [A] [B] [C] [D]

26. [A] [B] [C] [D] 31. [A] [B] [C] [D] 36. [A] [B] [C] [D] 41. [A] [B] [C] [D] 46. [A] [B] [C] [D]
27. [A] [B] [C] [D] 32. [A] [B] [C] [D] 37. [A] [B] [C] [D] 42. [A] [B] [C] [D] 47. [A] [B] [C] [D]
28. [A] [B] [C] [D] 33. [A] [B] [C] [D] 38. [A] [B] [C] [D] 43. [A] [B] [C] [D] 48. [A] [B] [C] [D]
29. [A] [B] [C] [D] 34. [A] [B] [C] [D] 39. [A] [B] [C] [D] 44. [A] [B] [C] [D] 49. [A] [B] [C] [D]
30. [A] [B] [C] [D] 35. [A] [B] [C] [D] 40. [A] [B] [C] [D] 45. [A] [B] [C] [D] 50. [A] [B] [C] [D]

二、阅读

51. [A] [B] [C] [D] 56. [A] [B] [C] [D] 61. [A] [B] [C] [D] 66. [A] [B] [C] [D] 71. [A] [B] [C] [D] [E]
52. [A] [B] [C] [D] 57. [A] [B] [C] [D] 62. [A] [B] [C] [D] 67. [A] [B] [C] [D] 72. [A] [B] [C] [D] [E]
53. [A] [B] [C] [D] 58. [A] [B] [C] [D] 63. [A] [B] [C] [D] 68. [A] [B] [C] [D] 73. [A] [B] [C] [D] [E]
54. [A] [B] [C] [D] 59. [A] [B] [C] [D] 64. [A] [B] [C] [D] 69. [A] [B] [C] [D] 74. [A] [B] [C] [D] [E]
55. [A] [B] [C] [D] 60. [A] [B] [C] [D] 65. [A] [B] [C] [D] 70. [A] [B] [C] [D] 75. [A] [B] [C] [D] [E]

76. [A] [B] [C] [D] [E] 81. [A] [B] [C] [D] 86. [A] [B] [C] [D] 91. [A] [B] [C] [D] 96. [A] [B] [C] [D]
77. [A] [B] [C] [D] [E] 82. [A] [B] [C] [D] 87. [A] [B] [C] [D] 92. [A] [B] [C] [D] 97. [A] [B] [C] [D]
78. [A] [B] [C] [D] [E] 83. [A] [B] [C] [D] 88. [A] [B] [C] [D] 93. [A] [B] [C] [D] 98. [A] [B] [C] [D]
79. [A] [B] [C] [D] [E] 84. [A] [B] [C] [D] 89. [A] [B] [C] [D] 94. [A] [B] [C] [D] 99. [A] [B] [C] [D]
80. [A] [B] [C] [D] [E] 85. [A] [B] [C] [D] 90. [A] [B] [C] [D] 95. [A] [B] [C] [D] 100. [A] [B] [C] [D]

三、书写

101.

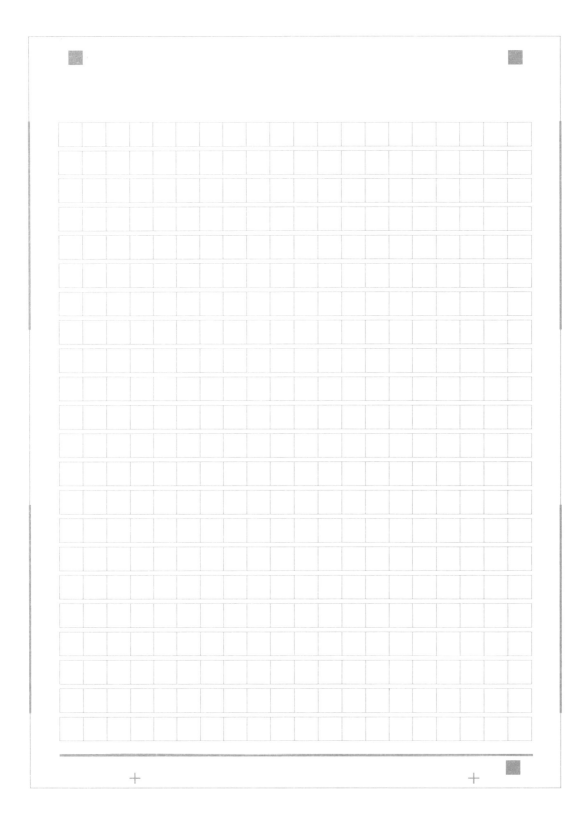